普通高等教育"十一五"国家级规划教材
21世纪交通版高等学校教材

公路施工机械

（第二版）

李自光　展朝勇　主编
何挺继　郭小宏　主审

人民交通出版社

内 容 提 要

本书为普通高等教育"十一五"国家级规划教材。全书共十五章，系统地介绍了各种公路施工机械的主要结构、工作原理、工作装置及操作控制系统等，反映出了现代公路施工机械的结构特点。

本书可供高等院校相关专业广大师生教学使用，也适合于工程机械行业科研与生产单位的工程技术人员参考。

图书在版编目(CIP)数据

公路施工机械/李自光，展朝勇主编. —北京：人民交通出版社，2008. 1

ISBN 978-7-114-06979-6

I. 公… II. ①李… ②展 III. 道路工程—工程机械—高等学校—教材 IV. U415. 5

中国版本图书馆 CIP 数据核字(2008)第 010117 号

普通高等教育"十一五"国家级规划教材
书　　名：21 世纪交通版高等学校教材
公路施工机械(第二版)
著 作 者：李自光　展朝勇
责任编辑：赵　蓬　黎小东
出版发行：人民交通出版社股份有限公司
地　　址：(100011)北京市朝阳区安定门外外馆斜街 3 号
网　　址：http://www.ccpress.com.cn
销售电话：(010)59757973
总 经 销：人民交通出版社股份有限公司发行部
经　　销：各地新华书店
印　　刷：北京市密东印刷有限公司
开　　本：787×1092　1/16
印　　张：23
字　　数：576 千
版　　次：2005 年 7 月第 1 版　2008 年 1 月　第 2 版
印　　次：2018 年 1 月第 2 版　第 8 次印刷　总第 9 次印刷
书　　号：ISBN 978-7-114- 06979- 6
印　　数：20001-21000 册
定　　价：43. 00 元

前　言

近十几年来，我国的公路交通事业发展十分迅速，尤其是高等级公路的快速建设，高速公路通车里程的不断延伸，为国民经济的持续稳定发展创造了有利的条件。公路施工机械是现代公路建设中必不可少又极其重要的关键机械，随着公路建设的现代化，公路施工机械也得到了快速发展。目前，现代公路施工机械已发展到高技术、高效能、多品种的新时代，正朝着自动化、智能化方向发展。为加快公路建设的步伐，满足交通、能源等大型基本建设工程施工的要求，近几年来，我国先后从美、日、德、意大利等工业发达国家引进大量的具有世界先进水平的工程机械。这些机械与设备自动化程度高，技术性能先进，作业效率高，可满足高质量施工作业的要求，在重点建设工程中发挥了重大的作用。我国工程机械的一些重点骨干企业，在引进和消化国外先进技术的基础上，也研发和生产出不同系列的国产公路施工机械新产品，许多产品已接近或达到国际先进水平。

为适应工程机械专业的发展和满足公路施工机械课程现代化教学的需要，我们在多年专业教学经验、科研成果和收集的国内外现代工程机械最新技术资料的基础上，组织编写了本教材。教材中所介绍的各类施工机械，多为我国近年来从国外引进的具有世界先进水平和国内工程机械企业最新研制生产的施工机械。

全书共分十五章：第一章推土机，第二章铲运机，第三章装载机，第四章平地机，第五章挖掘机，第六章静力式光面滚压路机，第七章轮胎压路机，第八章振动压路机，第九章稳定土拌和机，第十章稳定土厂拌设备，第十一章沥青加热及喷洒设备，第十二章沥青混合料拌和设备，第十三章沥青混合料摊铺机，第十四章水泥混凝土搅拌设备，第十五章滑模水泥混凝土摊铺机。书中全面介绍了各种公路施工机械的主要结构、工作原理、工作装置及操纵控制系统等，该书力求反映出现代公路施工机械的结构特点。

全书由长沙理工大学李自光教授、长安大学展朝勇副教授主编，其中第一章～第七章由展朝勇副教授统稿，第八章～第十五章由李自光教授统稿；长安大学何挺继教授、重庆交通大学郭小宏教授主审。书中第一章、第四章由长安大学展朝勇副教授编写；第二章、第三章由长安大学许安副教授编写；第五章由长安大学崔荔编写；第六章、第七章由长安大学陈新轩教授编写；第八章、第十五章由长沙理工大学李自光教授编写；第九章由同济大学李万莉教授编写；第十章由长沙理工大学游小平研究员编写；第十一章由长沙理工大学何志勇编写；第十二章由长沙理工大学朱福民教授编写；第十三章由长沙理工大学卢和铭副教授编写；第十四章由长沙理工大学彭勇讲师编写。另外，参加本书编写的人员还有：湖南省公路管理局李学俊教授级高级工程师、湖南省公路桥梁建设总公司肖国强教授级高级工程师、广西壮族自治区公路管理局陆天标高级工程师、广西壮族自治区公路管理局沈旭明高级工程师、湖南省怀化路桥公司王月工程师、长沙理工大学工程机械专业研究生张巍、李战慧、王文、周小峰等。

本书编写过程中还得到了三一重工股份有限公司、湖南省工程机械及材料研究中心、湖南省公路桥梁建设总公司、湖南省公路管理局、广西壮族自治区公路管理局以及国内外多家工程机械生产厂家的大力支持，并提供了许多宝贵资料。人民交通出版社的领导和同仁予以通力合作，在此一并表示感谢。同时，作者在编写本书时，参考了许多公路施工机械方面的技术文献，对于文献作者为推进我国公路施工机械的发展所作的贡献表示敬佩，并借此机会向他们表示由衷的谢意！

限于编者水平和实际经验有限，书中不足和错漏之处在所难免，敬请使用本教材的老师和读者批评指正。

编者

2008年1月

目　　录

第一章 推 土 机

第一节 概 述

一、用途

推土机是一种多用途的自行式施工机械，用来铲挖并移运土壤、砂石等物料。在公路施工中，路基基底的处理、路侧取土横向填筑高度不大于1m的路堤、沿公路中心纵向移挖作填完成路基挖填、傍山取土侧移修筑半堤半堑的路基，通常用推土机来完成。在稳定土拌和场和沥青混凝土搅拌厂，也经常用推土机来完成松散集料的堆集任务。

在公路机械化施工中，当土壤太硬，铲运机或平地机施工作业不易切入土壤时，可以利用推土机的松土作业装置将土壤疏松，或者利用推土机的铲刀直接顶推铲运机以增加铲运机的铲土能力(即铲运机助铲)。利用推土机协助平地机或铲运机完成施工作业，可提高这些施工机械的作业效率。

推土机由于受到铲刀容量的限制，推运土壤的距离不宜太长，因而，它只是一种短运距的土方施工机械。运距过长时，运土过程受到铲刀下的土壤漏失的影响，会降低推土机的生产效率；运距过短时，由于换向、换挡操作频繁，在每个工作循环中这些操作所用时间所占比例增大，同样也会使推土机生产效率降低。通常中小型推土机的运距为30～100m；大型推土机的运距一般不应超过150m。推土机的经济运距为50～80m。

二、分类

推土机可以按以下几个方面进行分类。

1.按发动机的功率分

目前推土机的动力装置均为柴油机。推土机按其装备的柴油机功率大小，可分为以下三类。

(1)小型推土机：功率在37kW以下。

(2)中型推土机：功率在37～250kW。

(3)大型推土机：功率在250kW以上。

2.按行走方式分

推土机是以履带式或轮胎式拖拉机、牵引车等为主机，配以悬挂式铲刀的施工机械。按主机的行走方式，可分为履带式推土机和轮胎式推土机两种。

(1)履带式推土机：其附着性能好，牵引力大，接地比压小，爬坡能力强，能适应恶劣的工作环境，具有优越的作业功能，是重点发展的机种。

(2)轮胎式推土机：其行驶速度快、机动性好、作业循环时间短，转移场地方便迅速且不损坏路面，特别适合城市建设和道路维修工程使用。因其制造成本较低，维修方便，近年来有较大的发展。但轮胎推土机的附着性能远不如履带式，因此，轮胎式推土机的使用范围受到一定的限制。

3.按用途分

(1)普通型推土机：这种推土机通用性好，可广泛用于各类土石方工程施工作业，是目前施工现场广为采用的推土机机种。

(2)专用型推土机：有浮体推土机、水陆两用推土机、深水推土机、湿地推土机、爆破推土机、低噪声推土机、军用高速推土机等。浮体推土机和水陆两用推土机属浅水型推土施工作业机械。浮体推土机的机体为船形浮体，发动机的进、排气管装有导气管通往水面，驾驶室安装在浮体平台上，可用于海滨浴场、海底整平等施工作业。水陆两用推土机主要用于浅水区或沼泽地带作业，也可在陆地上使用。

4.按推土板安装形式分

(1)固定式铲刀推土机：这种推土机的推土板与基础车纵向轴线夹角固定为直角，也称直铲式推土机。小型及经常重载作业的推土机都采用这种铲刀安装形式。

(2)回转式推土机：这种推土机的推土板在水平面内能回转一定角度，推土板与主机纵向轴线夹角可以安装为固定直角，也可以安装成主机纵向轴线呈非直角。回转式推土机作业时，可以直线行驶一侧排土(像平地机施工作业时那样)，适合于平地作业，也宜于横坡铲土侧移。这种推土机又称活动式推土机或角铲式推土机。

5.按铲刀操纵方式分

(1)钢索式：铲刀升降由钢索操纵，动作迅速可靠，铲刀靠自重入土；缺点是不能强制切土，并且机构的摩擦件较多(如滑轮、动力铰盘等)。铲刀操纵机构经常需要人工调整，钢索易磨损。

(2)液压式：铲刀在液压缸作用下动作，铲刀一般有固定、上升、下降、浮动四个动作状态。铲刀可以在液压缸作用下强制入土，也可以像钢索式推土机的铲刀那样靠自重入土(当铲刀在“浮动”状态时)。液压式推土机能铲推较硬的土壤，作业性能优良，平整质量好。另外，铲刀结构轻巧，操纵轻便，不存在操纵机构的经常性人工调整。但液压式铲刀升降速度一般比钢索式慢，在冬季更为显著。

6.按传动方式分

(1)机械传动式推土机：采用机械传动式的推土机具有工作可靠、制造简单、传动效率高、维修方便等优点，但操作费力，传动装置对负荷的自适应性差，容易引起柴油机熄火，降低了作业效率。

(2)液力机械式推土机：这种形式的推土机采用液压变矩器与动力换挡变速箱组合的传动装置，具有自动无级变扭，自动适应外负荷变化的能力，柴油机不易熄火，且可带载换挡，减少换挡次数，操纵轻便灵活，作业效率高。缺点是液力变矩器工作过程中容易发热，降低了传动效率，同时传动装置结构复杂，制造精度高，制造成本高，且维修较困难。目前大中型推土机采用这种传动形式较为普遍。

(3)全液压传动式推土机：由液压电动机驱动，驱动力直接传递到行走机构。因为取消了主离合器、变速箱、后桥等传动部件，所以结构紧凑，大大方便了推土机的总体布置，使整机质量减轻。操纵轻便，可实现原地转向。全液压推土机制造成本较高，且耐用度和可靠性差、维修困难，目前只在中等功率的推土机上采用全液压传动。

(4)电传动式推土机：由柴油机带动发电机——电动机，进而驱动行走装置。这种电传动结构紧凑、总体布置方便，也能实现原地转向；行驶速度和牵引力可无级调整，对外界阻力有良好的适应性，作业效率高。但由于质量大、结构复杂、成本高，目前只在大功率推土机上使用，且以轮胎式为主。另一种电传动推土机的动力装置不是柴油机，而采用动力电网的电力，可称为电气传动。此类推土机一般用于露天矿山的开采或井下作业。因受电力和电缆的限制，它的使用范围受很大限制，但这类推土机结构简单、工作可靠、不污染环境，作业效率很高。

三、国内外发展概况

美国卡特匹勒(Caterpillar)公司是世界上最大的工程机械生产企业，生产的履带式推土机除基本系列型外，还有多种变形产品，不但品种齐全，而且结构新颖、性能先进，目前在世界市场上极具竞争力。日本的推土机工业虽然起步较晚，但发展十分迅速，已成为现代推土机的生产大国之一。日本小松制作所(KOMATSU)是日本最大的工程机械制造公司，不仅重视大型推土机的发展，同时还注重小型推土机以及推土机的多用途和作业性能，生产的推土机也具世界一流水平。

我国的推土机近十年来发展较快。推土机专业制造厂家有山东推土机总厂、黄河工程机械厂、宣化工程机械厂、上海彭浦机器厂、郑州工程机械厂、青海工程机械厂等十多家。从20世纪70年代后期开始，我国先后引进小松制作所、卡特彼勒公司履带式推土机的制造技术，相继开发了TY180、TY220、TY320等现代中、大型液压式推土机。我国主要生产履带式推土机，除普通型推土机外，还生产多种型号的低比压湿地推土机和其他专用型推土机。20世纪70年代我国开始生产轮胎式推土机，现已初步形成系列。目前，我国生产的推土机已有30多种规格，产品结构有了很大改进，整机性能也有了很大提高，部分产品已达到国际先进水平。

国外推土机技术近年来发生了一些变化，主要是扩大电子技术的应用和提高推土机作业性能、可靠性、操纵舒适性、维修保养性能以及在环境保护方面的一些新技术。美国卡特匹勒公司于1995年底和1996年初相继推出D8R、D9R、D10R和D11R四种机型的R系列推土机，是该公司N系列的换代产品。R系列推土机继承和保留了N系列的一些长处，同时进一步扩大了电子控制技术的应用，即电子控制发动机，在D10R的3412发动机上首先采用了先进的液压驱动电子控制喷射系统(HEUI系统)。该系统由液压系统、燃油系统、电子控制器、电控喷油嘴和传感器等部分组成。通过电子控制器可实现四个方面的控制：燃料喷射压力、燃料喷射正时、燃料喷射持续时间和喷油量、燃料喷射状态，从而可改善排出气体成分、抑制了NO_X的产生、降低噪声和油耗、提高发动机可靠性及耐久性。卡特彼勒公司在D10R和D11R型推土机上设置了“电子控制的离合器/制动器转向系统”(ECB系统)。这种转向系统由多片式油冷却的离合器和可减弱阻力的免调整的制动器以及电子控制系统组成。ECB系统在操纵控制上改变了传统的双手操作方式，由一个位于驾驶员左侧可单手操作的“轻触式控制器(FTC)”控制，可控制转向、机械的前进后退和换挡。卡特彼勒履带推土机D9R型上安装了最新的电子计算机监视系统(CMS)。该系统除了具有N系列推土机三级报警监视系统(EMS)功能外，还有一个能对数据进行记忆、存储和分析的电子控制器(ECM)，以实现四种信息管理。CMS系统有助于防止小故障转化为大故障，大大降低了判断故障和排除故障所需时间，提高了推土机的完好率。

国内的推土机生产厂家、工程机械科研部门和高等院校近年来对推土机技术的发展也做出了突出的贡献。天津工程机械研究所和上海彭浦机器厂联合开发研制的上海410型履带式推土机是我国目前自行研制开发的最大功率的推土机，发动机功率为306kW。在研制过程中成功地解决了大功率推土机动力传动系统的匹配，大功率变矩器的设计，重型结构件的焊接，低速大扭矩行星终传动齿轮、三角锥形花键的选材、加工、热处理等关键技术。工程兵工程学院研制开发了推土机切土深度自动控制系统，该系统是根据发动机转速的变化，利用单片机来控制铲刀液压缸升降，从而实现了推土机工作装置的自动控制。该系统在上海-120A 型推土机装机试验中表明：可以减轻驾驶员操作强度，因而改善了操作条件；提高了推土机作业效率和质量，适合于履带式和轮胎式推土机安装使用。

第二节　推土机构造

一、总体构造

图 1-1 示出了履带式推土机和轮胎式推土机的外貌。推土机不论是履带式还是轮胎式，都由发动机、传动系统、行走装置、工作装置和操纵控制系统等 5 部分组成。

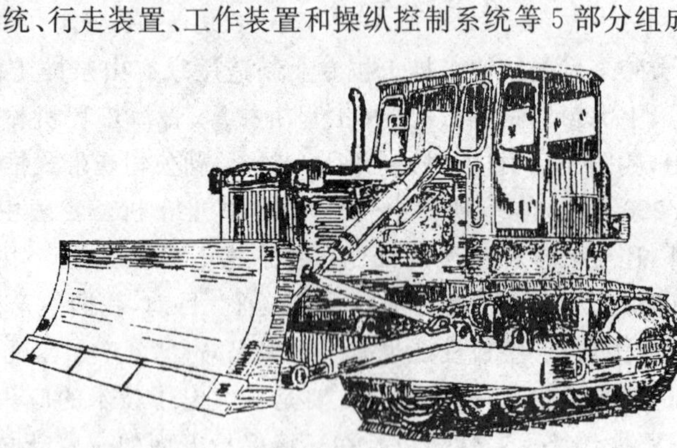

a)

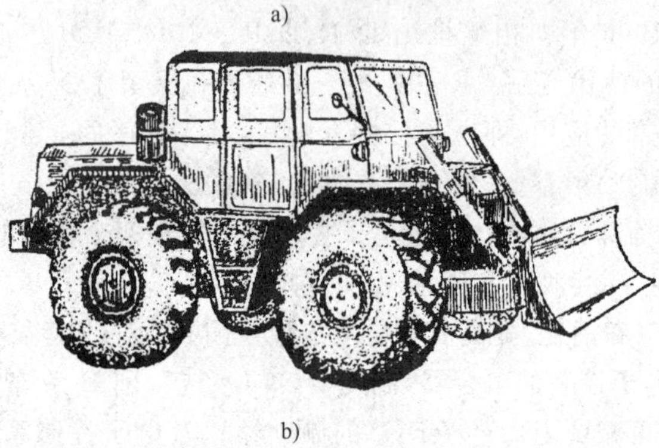

b)

图 1-1　推土机的外貌

a)履带式推土机；b)轮胎式推土机

1. 传动系统

传动系统的作用是将发动机的动力传递给履带或车轮，使推土机具有足够的牵引力和合适的工作速度。履带式推土机的传动系统多采用机械传动和液力机械传动；轮胎式推土机的传动系统多为液力机械传动。

(1)履带推土机的机械式传动系统布置

以国产 TY180 型推土机为例，该机采用机械式传动系统，动力装置采用柴油机铲刀操纵方式为液压式。机械传动系统如图 1-2 所示。

发动机的动力经主离合器 3、联轴节 5 和变速箱 6 进入中央传动装置 7，经左、右转向离合器 8、最终传动机构 10 最后传给驱动链轮 11，进而驱动履带使推土机行驶。

动力输出箱 2 装在主离合器 3 壳体上，由飞轮上的齿轮驱动，用来带动 3 个齿轮油泵。这 3 个齿轮油泵分别向工作装置、主离合器 3 和转向离合器 8 的液压操纵机构提供液压油。

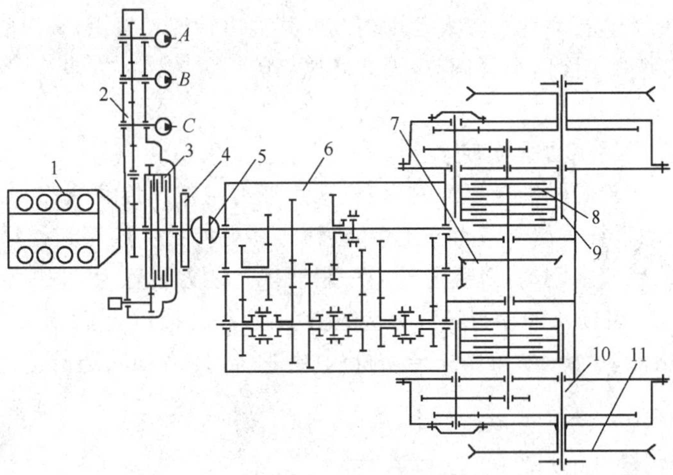

图 1-2　推土机的机械式传动系统布置简图

1-柴油机发动机；2-动力输出箱；3-主离合器；4-小制动器；5-联轴节；6-变速箱；7-中央传动装置；8-转向离合器；9-带式制动器；10-最终传动机构；11-驱动链轮；*A*-工作装置油泵；*B*-主离合器油泵；*C*-转向油泵

(2)履带推土机的液力机械式传动系统布置

以日本小松制作所产的 D85A-12 型推土机为例，该机采用液力机械式传动系统，其动力装置为六缸、水冷、四行程、直喷式柴油机。液力机械式传动系统布置如图 1-3 所示。

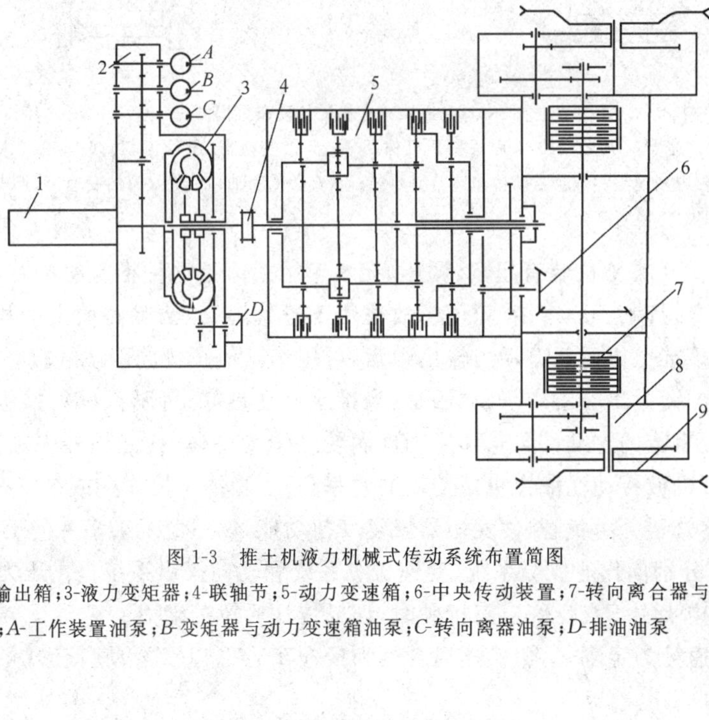

图 1-3　推土机液力机械式传动系统布置简图

1-发动机；2-动力输出箱；3-液力变矩器；4-联轴节；5-动力变速箱；6-中央传动装置；7-转向离合器与制动器；8-最终传动装置；9-驱动链轮；*A*-工作装置油泵；*B*-变矩器与动力变速箱油泵；*C*-转向离器油泵；*D*-排油油泵

D85A-12 型推土机的两个转向离合器是直接液压式，即离合器分离和接合都是靠油液压力的作用实现的。

液力机械式传动系统与机械式传动的主要区别是离合器由液力变矩器代替，并采用了液压操纵的行星齿轮式动力换挡变速箱。这种变速箱用压力油操纵变速箱中的各多片式换挡离合器，可在不切断发动机动力的情况下换挡。液力变矩器的从动部分(涡轮及其输出轴)能够根据推土机负荷的变化，自动地在较大范围内改变其输出转速和扭矩，从而使推土机的工作速度和牵引能力在较宽的范围内自动调节，因此变速箱的挡位数无需太多，且又可减少传动系统的冲击载荷。

(3)轮胎式推土机的传动系统布置

以国产 TL160 型轮胎式推土机为例，该机采用液力机械式传动系统，为中等功率的液压操纵式推土机。传动系统采用了液力变矩器、定轴式动力换挡变速箱和行星齿轮式轮边减速装置；驱动方式为前后双轴驱动，前桥为转向—驱动桥。动力装置为 6120 型柴油机。传动系统布置如图 1-4 所示，发动机的动力经液力变矩器 16 和动力换挡变速箱 14 传到前、后传动轴 8、18，然后分别再由前、后桥 11 和 3 的传动机构(差速器 2、10 和轮边减速器 9)驱动前、后轮转动。

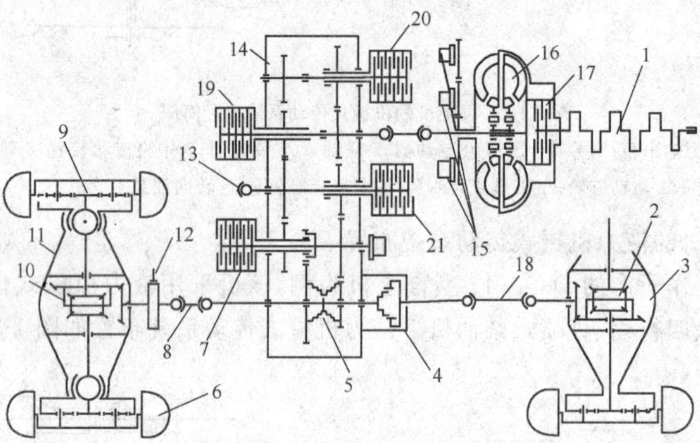

图 1-4　轮胎式推土机的传动布置简图

1-发动机；2、10-普通差速器；3-后驱动桥；4-后桥脱开机构；5-高、低挡变换器(滑动齿套)；6-车轮；7、21-变速离合器；8、18-前、后传动轴；9-轮边减速器；11-前驱动桥；12-手制动器；13-绞盘传动轴；14-动力换挡变速箱；15-油泵；16-液力变矩器；17-锁紧离合器；19、20-换向离合器

TL160 型轮胎式推土机装有超宽、调压、充水轮胎。由于这种推土机的行驶速度快，机动灵活且越野性能好，且利于城市街道行驶，故适用于抢修道路、清除路面上的积雪、灰土，同时还可作牵引车。该推土机还备有动力输出绞盘，可用作其他车辆的困境解救。

传动系统中的锁紧离合器 17 的功用是：当推土机在良好道路行驶时，操纵锁紧离合器处于接合状态，将变矩器的主动件泵轮和从动件涡轮轴锁为一体，使变矩器失去变扭作用，从而变成机械式传动(机械传动比液力机械传动的效率高)。当推土机作业或在路况较差的道路上行驶时，让离合器处于分离状态，使变矩器恢复变扭功能，以适应复杂多变的工况。

3 个油泵 15 分别向作业操纵系统、变速操纵系统和转向操纵系统提供压力油。

后桥脱开机构 4 用于在良好道路行驶时，切断传往后桥的动力。

动力换挡变速箱为定轴式，用换挡离合器和换向离合器以及滑动齿套式的高低挡变换器的操纵控制可实现四个前进挡和四个倒退挡。

前后驱动桥的主传动器和差速器结构形式与普通轮式车辆上的一样。由于前桥是转向驱动桥,在车辆转向时两个半轴必须保证转向的需要,所以前桥的两个半轴应为等角速万向传动轴。前后桥采用了行星轮式轮边减速器,以进一步增加驱动轮的扭矩。这种轮边减速器,实际是简单行星排机构,每个半轴外端的小齿轮直接驱动行星排机构的太阳轮,齿圈与桥壳固定连接,用行星轮架带动车轮轮毂。行星轮式轮边减速器的结构紧凑,传动比较大,且传矩能力也较大。

2.行走系统与机架

行走系统是支承体,并使推土机运行。轮式推土机的行走系统包括前桥和后桥。由于推土机的行驶速度不如汽车那样高,所以车桥与机架一般采用刚性连接(刚性悬挂)。为了保证在地面不平时也能做到四个车轮均能与地面接触,将一个驱动桥与机架采用铰连接,以使车桥左右两端能随地面的不平情形上下摆动。机架是推土机的安装基础,发动机、传动系、工作装置、驾驶室、转向系统等都安装在机架上。

履带式推土机的行走系统包括机架、悬挂装置和行走装置三部分。机架是全机的骨架,用来安装所有总成和部件。行走装置用来支承机体,并将发动机传递给驱动轮的转矩转变成推土机所需的驱动力。机架与行走装置通过悬挂装置连接起来。行走装置由驱动轮、履带、支重轮、托带轮、引导轮、张紧—缓冲装置等6部分组成。履带围绕着驱动轮、托带轮、引导轮、支重轮呈环状安装,故驱动轮转动时通过轮齿驱动履带使之运动,推土机就能行驶。支重轮用于支承整机,将整机的重载传给履带。支重轮在履带上滚动,同时又可以夹持履带以防其横向滑脱;推土机转向时,可迫使履带在地面上滑移。托带轮用来承托履带的上方部分,防止履带过度下垂和运转时的上下跳动,也有防止履带横向脱落的作用。引导轮是引导履带缠绕的,可使履带铺设在支重轮的前方,同时又借张紧—缓冲装置使履带保持一定的张紧度,以防其跳振和滑落。张紧—缓冲装置除可调整履带的松紧度以外,还是一个缓冲机构,可缓和外冲击力通过履带对台车架的冲击。

二、传动系统典型部件结构原理

1.主离合器

采用机械式传动系统的履带推土机,其传动系统的第一个部件就是主离合器。主离合器的功用是:临时切断动力,便于换挡;使推土机平稳起步;使发动机空载启动;防止传动系统其他零件过载;利用其半接合状态使推土机微动。

主离合器有干式和湿式两种。

干式主离合器在频繁的接合与分离过程中磨损较大,需要经常调整才能保证正常传动。而推土机功率增大时,干式主离合器摩擦材料的抗压强度不够大,因而湿式主离合器在大中型机械推土机上被普遍采用。

湿式主离合器壳内注有机油,摩擦片在油中工作,摩擦系数较低。为了提高摩擦力只能增大压紧力,这就要求摩擦片上有较高的承载能力,因此采用了强度较高,且在高温下有较好耐磨性的铜基粉末冶金层,来代替干式主离合器所用的石棉铜丝材料。由于湿式主离合器摩擦片所承受的压力要比相应的干式摩擦片大2~3倍,在离、合过程中会产生大量的热量,故离合器中的油液都采用泵来强制循环。湿式摩擦片在油流的不断冲刷下,得到了良好的冷却和润滑,因此摩擦片的磨损较小,主离合器长期使用不需要调整,使用寿命可为一般干式主离合器的5～6倍。这种主离合器随着压紧力的增大而使操纵费力，故通常采用液压助力器来解决。

图 1-5 所示的是 D80A 推土机湿式主离合器，属于非经常接合式、多片、杠杆压紧式的主离合器。

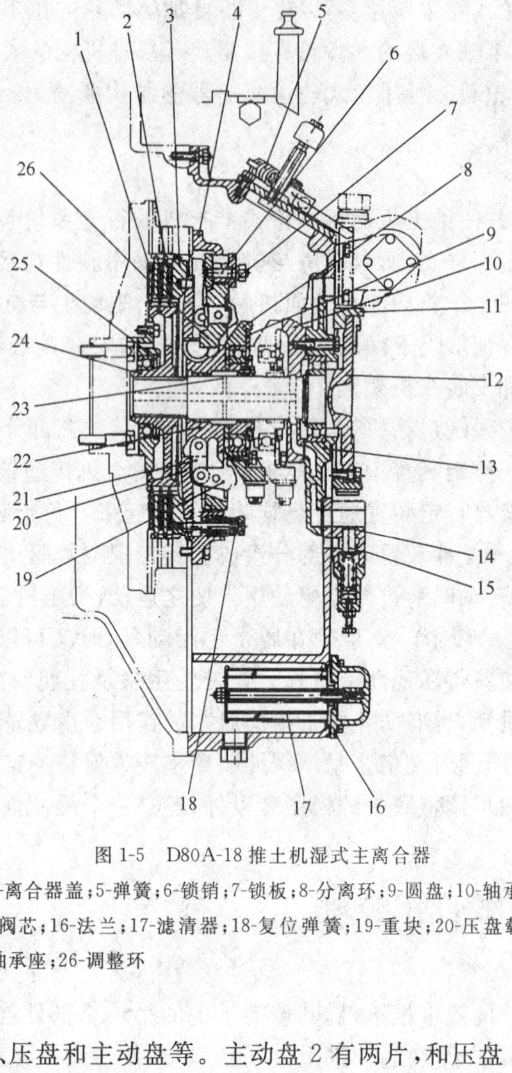

图 1-5 D80A-18 推土机湿式主离合器

1-从动盘；2-主动盘；3-压盘；4-离合器盖；5-弹簧；6-锁销；7-锁板；8-分离环；9-圆盘；10-轴承座盖；11-小制动鼓；12-离合器轴；13-后轴承座；14-阀体；15-阀芯；16-法兰；17-滤清器；18-复位弹簧；19-重块；20-压盘毂；21-分离杠杆；22-分离套筒；23-衬套；24-从动鼓；25-滚动轴承座；26-调整环

(1)主动部分

主动部分包括飞轮、压盘和主动盘等。主动盘 2 有两片，和压盘 3 一道通过外齿与飞轮上的内齿啮合，随飞轮转动并可做轴向移动。压盘后面用销子连接在压盘毂 20 上。

(2)被动部分

被动部分包括从动盘、从动鼓和离合器。从动盘一共有 3 片，通过内齿和从动鼓 24 上的外齿啮合，可做轴向移动。从动鼓和离合器轴 12 则以花键连接，离合器轴前端通过从动鼓的中间轮毂和向心球轴承支承在飞轮的内孔中，后端以向心滚子轴承支承离合器外壳上。轴端接盘连接着小制动器的制动轮，同时又通过双十字节组成的万向联轴节和变速箱输入轴连接。这样，当主离合器接合时，压盘即可前移并将主、从动盘压紧在飞轮的端面上，使飞轮的动力可传给离合器轴，进而经联轴节驱动变速箱输入轴。

每个从动盘都由两片圆环形锰钢板铆接而成，盘的外侧烧结有铜基粉末冶金层，两钢片之间又装有 4 个均匀分布的碟形弹簧，可使从动盘形成波浪的不平面。当离合器接合时不平面逐渐被压平，从而使接合平稳。粉末冶金层外表面开有螺旋形与辐射油槽，机油通过这些油槽时，可对摩擦面进行润滑、冷却，并可排除磨屑。

(3)分离压紧机构

分离压紧机构主要是分离套组合件，分离套筒 22 通过衬套装在离合器轴上，在离合器分离后可随主动部分在轴上旋转。套筒上开有环状沟槽，并装有盖板，槽内安装分离环 8，分离环与分离拨叉连接在一起。当主离合器进行离、合动作时，分离拨叉即可通过分离环带动旋转着的分离套筒做轴向移动(分离拨叉和分离环是不能转动的)。套筒上均匀分布有 5 个对凸出的耳环，每对耳环用销连接 1 个分离杠杆 21，杠杆的外端又用销连接一对小压滚和 1 个重锤，重锤的连接端为一凹槽，分离杠杆和一对小压滚即装在此凹槽内。重锤中间有销孔，借销连接在调整环 26 的衬块上。由于凹形重锤外端较厚，所以重心处在中间销孔之外。

调整环的外圆制有螺纹，可将其旋紧在离合器盖 4 上，并用内外夹板固定于合适的位置。离合器盖是用螺栓连接在飞轮上的，故离合器盖连同整个压滚、杠杆合件都能随飞轮旋转。小压滚直接抵靠在压盘毂的背面，是使压盘前移的元件。旋松锁紧螺母，转动调整环使其前后移动，即可改变小滚轮与压盘背面之间的间隙，从而改变对压盘的压紧力。

离合器分离时，压盘靠复位弹簧 18 的张力回位。复位弹簧共有 3 根，均匀地装在离合器盖的凹槽内，可通过螺杆将压盘牵动。

当离合器接合时，通过操纵机构使分离套左移，重锤杠杆使滚轮压向压盘，离合器逐渐接合。当重锤杠件处于垂直位置时，滚轮的压力重大，但这个位置不稳定，稍有振动就有可能分离，故应使重锤杠杆越过垂直位置 3mm 左右。

(4)液压助力器

液压助力器是一个带有异形活塞的滑阀式液压随动机构，为减轻驾驶员的劳动强度而设置，其结构和工作情形如图 1-6 所示。

阀体 10 横装在主离合器壳体后部的上方，内装有带中心通孔的异形活塞 9，在活塞的通孔内装有滑阀 8。活塞的左端连接着球座接头 11，球座中装有一个球头杠杆 12，杠杆的另一端装在分离拨叉轴 1 上。轴 1 上又安装着分离拨叉 2，它是直接拨动主离合器分离套筒使之前后移动而完成离、合动作的零件。

滑阀右端延长的阀杆 5 通过双臂杠杆 4 和操纵杆相连，只要前后拨动操纵杆即可使滑阀在活塞内向左或向右移动。平时滑阀由其左端的两根大、小弹簧 7 来平衡，使之处于中间位置。

阀体内有进油腔 H，阀体与活塞之间组成一个回油腔 F 和左、右两个工作油腔 E 和 G，它们都是环形空腔。在活塞内孔中有四个带径向孔的内环槽，滑阀中部具有两个台肩和三个直径较小的腰部，4 个内环槽的两侧和滑阀分别形成 4 个压力油的流动通道 A、B、C、D。当滑阀在活塞内移动时，由于两者所处的相对位置不同，分别启闭上述 4 个通道，从而改变了油流通路。

当滑阀处在中位时[图 1-6b)]，H、F、E、G 4 个油腔互通，压力油可通过活塞的内孔直接从回油腔流出，此时作用在油塞上的油压处于平衡状态，活塞不动。

①主离合器接合

如图 1-6a)所示，当操纵杆向后拉动，通过双臂杠杆 4 使滑阀克服弹簧 7 的张力自中位向后移动，于是滑阀中部的两个台肩就堵住了 B、D 通道，并打开 A、C 通道，让 H 腔来的压力油通过通道 A 进入左工作腔 E，推着活塞向右移动。与此同时，右腔 G 中的油则经通道 C 从回油腔 F 流出。活塞的右移动作通过球头杠杆和分离拨叉使分离套筒前移，从而推动压盘使主离合器进入接合状态。

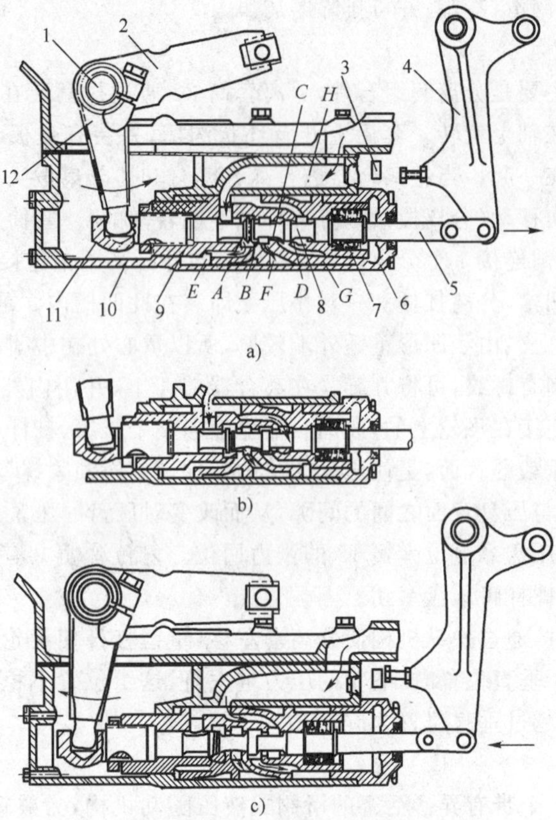

图 1-6　主离合器的液压助力器

a)接合状态；b)中间位置；c)分离状态

1-分离拨叉轴；2-分离拨叉；3-小制动器的制动杠杆；4-双臂杠杆；5-阀杆；6-阀盖；7-大、小弹簧；8-滑阀；9-活塞；10-阀体；11-球座接头；12-球头杠杆；A、B、C、D-阀内通道；E、G-工作油腔；F-回油腔；H-进油腔

活塞随动的位置量等于滑阀的移动量，也就是说活塞阀移动到一定位置量后就停止了，这是因为活塞位移的结果，使它又恢复到与滑阀原来相对的中间位置，各油腔互通，作用于活塞上的油压亦恢复到原来的平衡状态。因此，欲使离合器完全接合，必须持续拉动操纵杠杆，使滑阀保持 B、D 通道处于关闭的位置，这样活塞左端就能继续接受油压作用，并跟随动阀继续移动直到使离合器完全接合。主离合器接合后，应立即松放操纵杆，解除对滑阀的拉力，这时滑阀在弹簧 7 的作用下向回移动，将活塞内各通道完全打开，使油压平衡，活塞不再受力。

②主离合器的分离

将操纵杆向前推[图 1-6c)]，滑阀克服弹簧 7 的张力，向左移动(弹簧可以从左边压缩，又可以从右边压缩)，滑阀上的两个台肩就堵住活塞内的 A、C 通道，并打开 B、D 通道。于是压力油就经 D 通道进入右工作腔 G，推动活塞向左移动。分离拨叉即可使离合器分离套筒后移，使主离合器分离。此时工作油腔的油经通道 B 而从回油腔 F 流出。

自回油腔流出的油先进入冷却器冷却，然后流入主离合器。流到主离合器内的油首先沿离合器轴的中心油道从轴前端流出，再经从动鼓飞散开，一部分油沿各从动片表面上的辐射油槽流过，以润滑和冷却主、从动片的表面。辐射流出的油向四周甩出还可润滑从动片与压盘上的齿轮。另一部分油进入动力输出箱的其他各润滑部位。它们最后全部集流在离合器壳底部，再由油泵通过滤油器吸出进行下次循环，如图 1-7 所示。

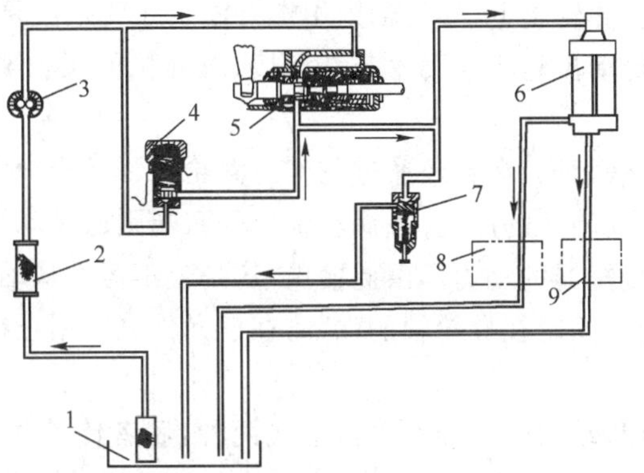

图 1-7　主离合器油路循环

1-离合器壳；2-滤油器；3-油泵；4-助力器的安全阀；5-液压助力器；6-油冷却器；7-溢流阀；8-动力输出装置的各部位；9-主离合器各润滑部位

(5)小制动器

小制动器采用外带式的，安装在主离合器壳体的后盖上，如图 1-8 所示。

当主离合器分离时，双臂杠杆 4 在推进助力器滑阀的同时，将利用杠杆上的调整螺栓 3 推压制动杆 5 上端右侧，使制动杆绕铰接轴逆时针转动，制动杆的下端即可拉紧制动带 9，使制动轮 7 制动，从而使离合器轴迅速停止旋转。

2. 液力变矩器

图 1-9 所示为上海 TY320(D155A)履带式推土机的液力变矩器，其结构简单，属三元件单级单相液力变矩器。变矩器泵轮 5 的外壳螺钉固定在传动箱 2 上，泵轮内缘用螺钉与驱动齿

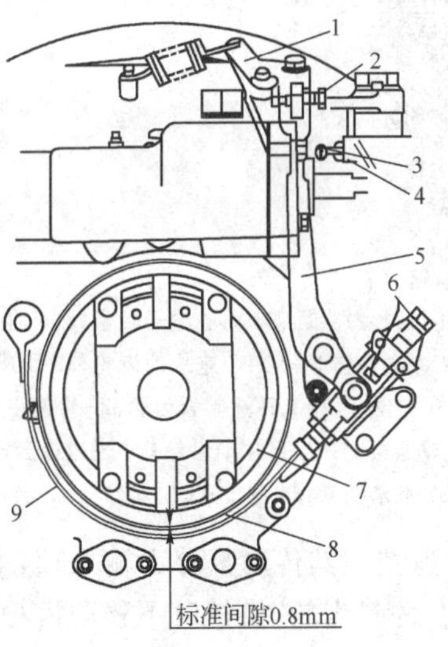

图 1-8　小制动器

1-制动杠杆；2-制动杠杆调整螺栓；3-助力器双臂杠杆调整螺栓；4-双臂杠杆；5-制动杆；6-制动器调整螺栓；7-制动轮；8-制动带摩擦衬面；9-制动带

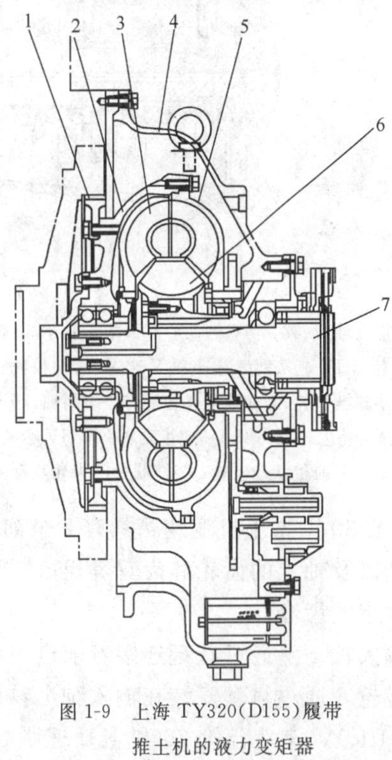

图 1-9　上海 TY320(D155)履带推土机的液力变矩器

1-传动轮；2-传动箱；3-涡轮；4-变矩器外壳；5-泵轮；6-导轮；7-涡轮轴

轮相连，并通过轴承支承在导轮轴上，导轮轴则用螺钉固定在变矩器壳体 4 上。传动箱 2 则用螺钉固定在传动轮 1 上，传动齿轮 1 与飞轮花键连接，发动机的飞轮驱动泵轮旋转，这是变矩器的主动部分。

涡轮 3 用螺钉与涡轮毂相连，涡轮毂通过花键与涡轮轴(即输出轴)7 左端相连，并通过涡轮毂轴颈用轴承支承在传动箱 2 的座孔内；涡轮轴 7 的右端则通过球轴承安装在导轮轴上，并通过花键与联轴器相连，变矩器的动力即由此输出，这是变矩器的从动部分。

变矩器的导轮通过花键固定在导轮轴的端部，在三元件之间用止推轴承起轴向定位作用。

3. 机械式变速箱

机械换挡的变速箱有移动齿轮式和移动齿套式两种，后者传递动力的齿轮设计成常啮合的圆柱斜齿，具有较大的啮合系统和传力能力，在功率较大的机械传动的推土机上被采用。图 1-10 所示的移动齿套式变速箱为 TY180 型推土机变速箱。

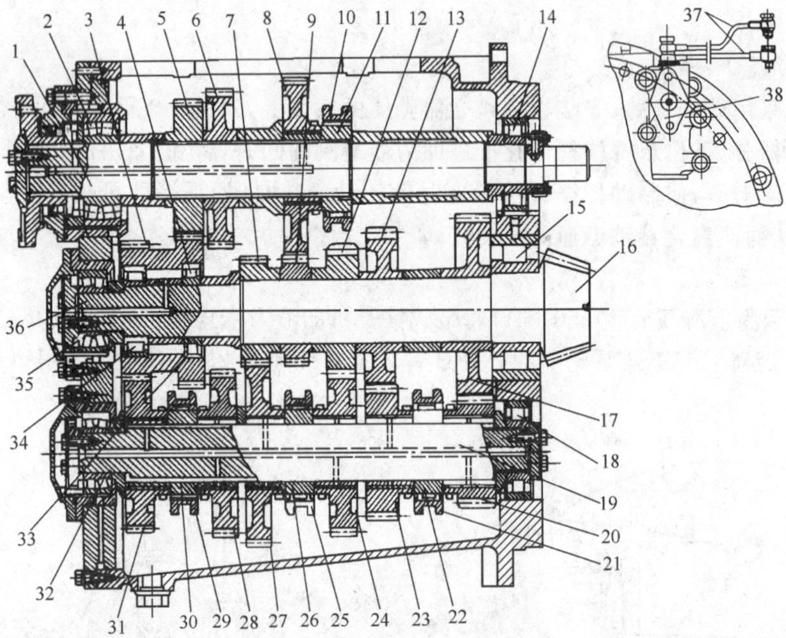

图 1-10　移动齿套式变速箱

1-动力输入轴；2、32、35-双列向心球面滚子轴承；3-双联中间齿轮主动端；4、14、15、18、34-向心滚子轴承；5、6-前进、后退主动齿轮；7-IV 速从动齿轮；8、9-V 速主、从动齿轮；10-V 速齿套；11-V 速啮合齿轮；12-III 速从动齿轮；13-II 速从动齿轮；16-小圆锥齿轮；17-I 速从动齿轮；19-中间轴；20-I 速主动齿轮；21-I、II 速齿套；22-I、II 速啮合齿轮；23-II 速主动齿轮；24-III 速主动齿轮；25-III、IV 速齿套；26-III、IV 速啮合齿轮；27-IV 速主动齿轮；28-后退从动齿轮；29-进退齿套；30-进退啮合齿轮；31-前进从动齿轮；33-双联中间齿轮从动端；36-动力输出轴；37-润滑油管；38-背压阀

TY180 型推土机变速箱具有 5 个前进挡和 4 个后退挡。其传动部分由输入轴、中间轴、输出轴以及轴上的齿轮和齿套等组成。齿轮都是常啮合的斜齿轮，换挡时不移动齿轮而移动带有内齿的齿套。

输入轴 1 上通过花键连接着前进主动齿轮 5、后退主动齿轮 6 和 V 速啮合齿轮 11。V 速主动齿轮 8 通过衬套安装在输入轴上，可自由旋转。中间轴 19 上通过花键连接着进退啮合齿轮 30，III、IV 速啮合轮 26 和 I、II 速啮合齿轮 22，它们均随中间轴一道旋转。前进从动齿轮 31、后退从动齿轮 28、IV 速主动齿轮 27、III 速主动齿轮 24、II 速主动齿轮 23 和 I 速主齿轮 20 则由衬套安装在中间轴上，能自由旋转。双联齿轮 3(33)通过向心滚子轴承安装在输出轴 36

上，亦可自由旋转。IV 速从动齿轮 7、V 速从动齿轮 9、III 速从动齿轮 12、II 速从动齿轮 13 和 I 速从动齿轮 17 均以花键连接在输出轴上，可随轴旋转。

齿套 10、21、25 和 29 可由拨叉拨动，使其在各自的啮合齿轮上前后移动。各速主动齿轮和进、退从动齿轮的边侧均制有模数与齿套相同的直齿，可与齿套啮合。

主离合器接合以后，输入轴即被带动旋转，轴上的齿轮 5、6 和 11 亦跟随旋转。当各齿套均处于中间位置时，输入轴的动力可经齿轮 5、33、3 传递到前进从动齿轮 31，使其空转。同时，因齿轮 6 和后退从动齿轮 28 也是经常啮合的，故动力又可传递到后退从动齿轮上，也使其空转。由于进退啮合齿轮 30 与中间轴以花键连接，若前、后移动进退齿套，使其内齿与前进从动齿轮或后退从动齿轮侧边的直齿啮合时，动力即可传到中间轴，使其正向或反向旋转，这时如啮合任一挡的齿套，推土机就可前进或后退。

后退移动齿套 21 使齿轮 20 与 22 连接起来，动力可以齿轮 20 和 17 传到输出轴，得 I 挡速度。向前移动同一齿套使齿轮 23 和 22 连接起来，动力则经齿轮 23 和 13 传到输出轴，得 II 挡速度。将齿套 21 移回到中间位置，再向后移动齿套 25，使齿轮 24 与 26 连接起来，动力可经齿轮 24 和 12 传到输出轴，得 III 挡速度。向前移动同一齿套使齿轮 27 和 26 连接起来，动力则经齿轮 27 和 7 传到输出轴，得 IV 挡速度。向前移动齿套 10，使齿轮 8 和 11 连接起来，动力可经齿轮 8 和 9 传到输出轴，得 V 挡速度。

这种变速箱属组合式，其换向机构是双联中间齿轮和进退从动齿轮。通过换向机构使简单啮合所取得的挡位数几乎增加一倍。

变速箱内各啮合齿轮和轴承采用强制润滑，其润滑方式是利用转向离合器的油泵，从后桥壳体内吸取油液强制输送到各轴的中心油道，再向各个齿轮和轴承分配，故变速箱的润滑和转向离合器的润滑、冷却以及转向操纵的液压传动都使用同一种油液。转向离合器室就兼作油箱。变速箱润滑油路是这一整套油路系统的一部分，但它自成一个循环，如图 1-11 所示。

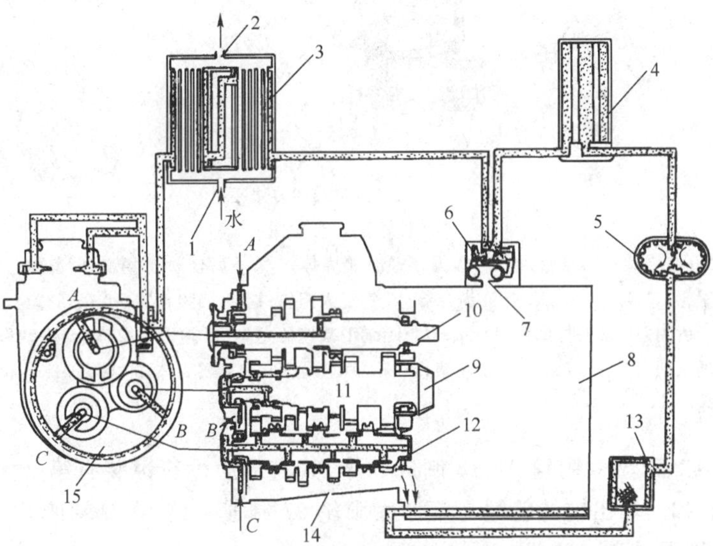

图 1-11 TY180 型推土机变速箱的润滑油路

1-进水口(自发动机散热器来)；2-出水口(流向发动机)；3-油冷却器；4-滤油器；5-转向离合器油泵；6-卸压阀；7-转向操纵阀；8-转向离合器室；9-中央传动小圆锥齿轮；10-输入轴；11-输出轴；12-中间轴；13-转向油过滤器；14-变速箱；15-变速箱的前端面；*A*、*B*、*C*-油口

4.动力变速箱

液力变矩器虽然能在一定范围内自动地、无级地改变输出转矩，但由于变矩系数不够大，难以满足进一步的要求，尤其对工况复杂多变的推土机来说，外阻力变化范围很大，这就需要有一个与液力变矩器相配合的变速箱。液力变矩器不能彻底切断动力，因此与它配合使用的变速箱应具有不切断动力就能换挡的性能，这种变速箱就是所谓的动力换挡变速箱。它由液压离合器或液压制动器来操纵，实现挡位变换。采用这种形式变速箱的推土机可无须再装主离合器。动力变速箱主要有两种基本形式：行星齿轮式和定轴式。现以 D85A-12 推土机的变速箱为例，介绍动力变速箱。

图 1-12a)所示为 D85A-12 推土机的行星齿轮式动力变速箱结构图。箱壳体隔成前后两部分，前部分装置行星轮机构，后部分装置单级减速器。行星轮机构接受变矩器传来的动力，可进行 4 个前进挡和两个倒退挡的变换。减速器是变速箱的动力输出部分。

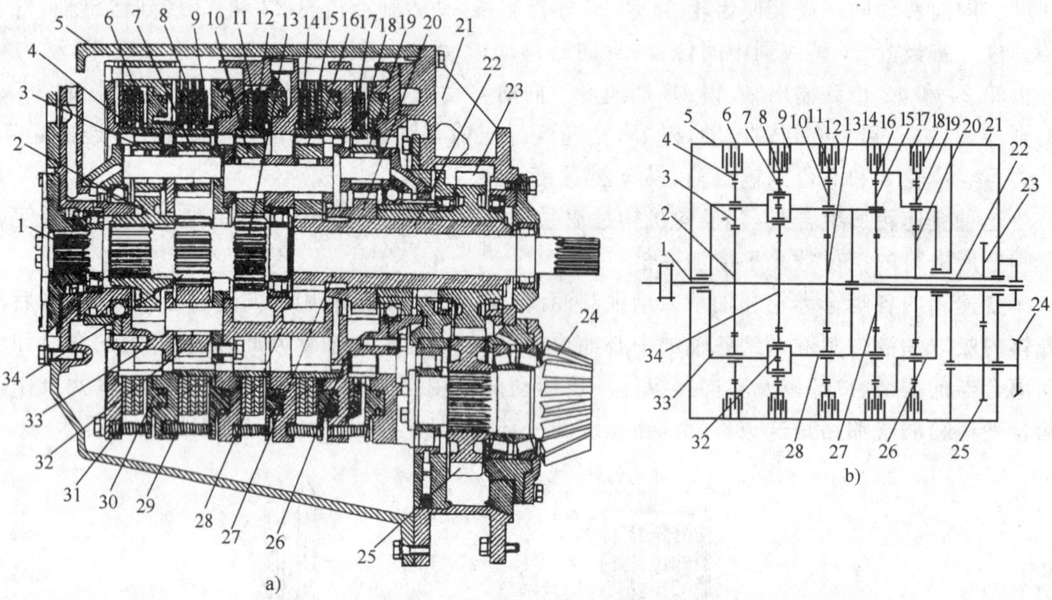

图 1-12 行星齿轮式动力变速箱

a)剖面图；b)传动图

1-输入轴；2-第一太阳轮；3-第一行星轮；4-第一齿圈；5-变速箱壳体；6-第一离合器；7-第二外行星轮；8-第二齿圈；9-第二离合器；10-第三行星轮；11-第三齿圈；12-第三离合器；13-第三太阳轮；14-第四离合器；15-第四行星轮；16-第四齿圈；17-第五离合器；18-第五齿圈；19-第五行星轮；20-第五太阳轮；21-减速器壳体；22-输出轴；23-速器主动齿轮；24-中央传动小圆锥齿轮；25-减速器从动齿轮；26、28、33-行星轮架；27-第四太阳轮；29-离合器壳体；30-活塞；31-复位弹簧；32-第二内行星轮；34-第二太阳轮

输入轴与第二、三两太阳轮 34、13 制成一体，其前部通过花键装有第一太阳轮 2，后部套着空心的输出轴 22。输出轴的前端与第四太阳轮 27 制成一体，在该轴的花键上还依次装有第五太阳轮 20、箱隔套和减速器主动齿轮 23。

第一、二两组行星轮同装在一个行星架 33 上。第二组行星轮又有内、外行星轮各 3 个。第二外行星轮 7 与第一行星轮同轴，第二内行星轮 32 装于行星轮架 33 内的一个短轴上。第三、四两组行星轮则同装在另一个行星轮架 28 上，该架用圆柱滚子轴承支承于输入轴上。这两组的各个行星轮都是彼此同轴的。第一、二行星轮架 33 和 28 是连接在一起的，可一起旋转。第三行星轮架 26 上装有第五组行星轮 19，其前端还制有外齿可与第四齿圈 16 的内齿啮合。故第四齿圈与第三行星架一起旋转。

各齿圈的外齿上装有各自的多片液压离合器，通过离合器的接合使齿圈固定，从而可进行变速和换向。第一、二、三离合器进行前进和后退的方向变换，称为换向离合器。其中第一离合器可进行高挡前进传动，第二离合器可进行倒退传动，第三离合器可进行低挡前进传动。第四、五两个离合器为变速离合器，它们分别进行前进和后退的高挡或低挡传动。从这两种离合器中，各选择一个接合，使相应的齿圈固定就可以获得所需的挡位和方向。

前进和后退两个方向的各挡离合器接合情况如下：

前进 I 挡：第三、五离合器接合，箱内齿轮的动力传递路线为：

$$1\to13\to10\to28\to15\to\left|\begin{array}{l}27\text{ 与 }22\\ \to16\to26\to19\to20\text{ 与 }22\end{array}\right.$$

前进 II 挡：第一、五离合器接合，箱内齿轮的动力传递路线为：

$$1\to2\to3\to33\to28\to15\to\left|\begin{array}{l}27\text{ 与 }22\\ \to16\to26\to19\to20\text{ 与 }22\end{array}\right.$$

前进 III 挡：第三、四离合器接合，箱内齿轮的动力传递路线为：

$$1\to13\to10\to28\to15\to27\text{ 与 }22$$

前进 IV 挡：第一、四离合器接合，箱内齿轮的动力传递路线为：

$$1\to2\to3\to33\to28\to15\to27\text{ 与 }22$$

倒退 I 挡：第二、五离合器接合，箱内齿轮的动力传递路线为：

$$1\to34\to32\to8\to33\to28\to15\to\left|\begin{array}{l}27\text{ 与 }22\\ \to16\to26\to19\to20\text{ 与 }22\end{array}\right.$$

倒退 II 挡：第二、四离合器接合，箱内齿轮的动力传递路线为：

$$1\to34\to32\to8\to33\to28\to15\to27\text{ 与 }22$$

空挡：第五离合器接合。

行星齿轮式动力变速箱实现变速传动和变向传动，主要依靠行星轮机构和液压离合器来进行。

图 1-13 所示为行星轮机构。每一组行星轮机构均由 1 个太阳轮、1 个齿圈、3 个行星轮（第二组行星轮机构有内、外两组共 6 个行星轮，以便进行反向传动）和所在的行星架所组成（前两个行星架分别为前四组行星轮机构所共用）。

图 1-14 所示为液压离合器，其从动内摩擦片 4 以内齿套在齿圈 5 的外齿上（齿圈的内齿为啮合行星齿轮用），可与齿圈一起转动，且可轴向移动。主动外摩擦片 3 以外圆上的六个凸缘缺口用销连接在离合器壳体 7 上，可轴向移动，但不能转动。活塞 8 能对着摩擦片移动，是压紧元件。

当从操纵阀来的压力油自进出孔 A 进入壳体内时，活塞被推动将内、外摩擦片压向固定的壳体侧壁，使离合器接合，齿圈亦被固定。此时，传到太阳轮的动力便驱动各行星轮在各自的轴上自转，又使行星轮绕太阳轮公转。行星架也按着太阳轮的转向随着回转起来，从而传递了动力。

当停止输送压力油时，复位弹簧 2 使离合器分离，于是各行星轮只在各自的轴上自转，起中间传动齿轮的作用，使齿圈按着与太阳轮相反的转向旋转，此时行星架不再传递动力。

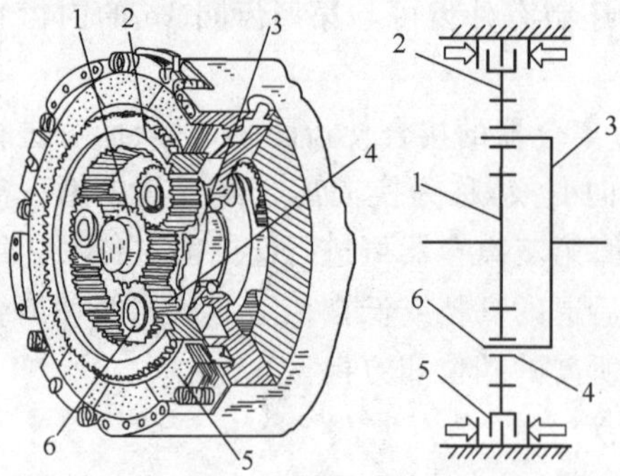

图 1-13　行星轮机构

1-太阳轮；2-齿圈；3-行星轮架；4-行星轮；5-离合器；6-行星轮轴

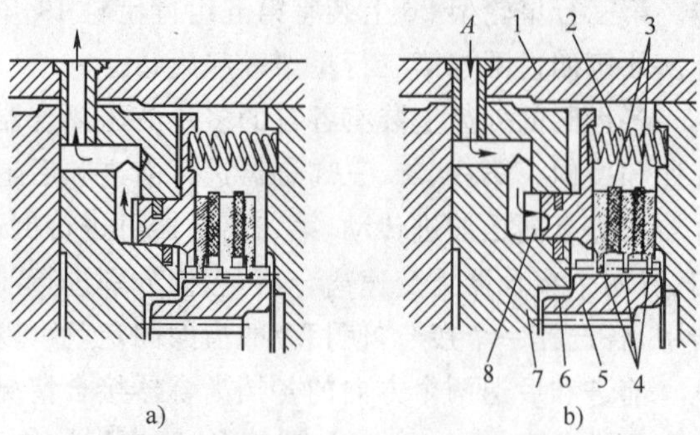

图 1-14　液压离合器

a)离合器分离时；b)离合器接合时

1-变速箱壳体；2-复位弹簧；3-主动外摩擦片；4-从动内摩擦片；5-齿圈；6-油封；7-离合器壳体；8-活塞；A-压力油进出口

5. 转向离合器

转向离合器与主离合器工作原理相同，但因动力经过变速箱和中央传动之后，所传递的转矩大大增加，所以它的摩擦片是多片的。推土机的转向离合器有左、右两个，对称安装在后桥壳体的左、右转向离合器室内。转向离合器有干式、湿式之分，T120 型及更小功率的推土机的转向离合器是干式的；TY180 型及更大功率的推土机的转向离合器都是湿式的。湿式离合器必须在油液中工作。以下介绍两种湿式转向离合器。

(1)弹簧压紧湿式转向离合器

图 1-15 所示为 TY180 型推土机弹簧压紧湿式转向离合器。它靠 16 组大、小弹簧使离合器经常接合，而以液压操纵使其分离，是一种称之为单作用液压操纵式转向离合器。液压分离机构安装在横轴的两端，由接盘式油缸和带有密封环的活塞等组成。

接盘式油缸 13 由花键装在横轴端部，油缸上装有主动鼓 9，油缸内装有带密封环的活塞 11。弹簧压盘 10 的轴端以半圆键装着外压盘 2。当离合器接合时，它可带着弹簧压盘一起旋转。外压盘与主动鼓外缘盘之间夹着主、从动片 7 与 6，它们借主动鼓内的 16 组大、小弹簧 4 和 5 压紧。当油缸内进入压力油时，活塞被油液压力向外推，通过弹簧压盘克服弹簧的压力，使离合器分开。

后桥壳体内充装油液(左、右转向离合器室与中央传动齿轮室都是连通的，变速箱内的油也能通过单向阀经中央传动齿轮室流入后桥壳体内的油池中)，离合器即在油液中工作。

(2)液压压紧式转向离合器

图 1-16 所示为 D85A-12 型推土机液压压紧湿式转向离合器，它与前者的主要区别是离合器的接合也靠液压，故又称双作用液压操纵式转向离合器。

压力弹簧 8 在这里仅作为液压操纵系统出故障时辅助用。

主动鼓 5 壁上的纵向与径向油道与锥毂形接盘 6 的锥壁上的油道相通。当压力油经这些油道进入活塞 7 外侧的主动鼓内腔时，就将活塞向里推移，并通过活塞轴杆及轴杆端部的螺母拉着外压盘 2 向里移动，从而使主、从动片 3 和 4 被压紧在外压盘和主动鼓外缘盘之间，转向离合器即呈接合状态。

活塞内侧的锥鼓形接盘内腔，是分离离合器的油腔，当从横轴中心油道来的压力进入此内腔后，将活塞向外推移时，外压盘即放松对主、从动片的压紧作用，转向离合器即呈分离状态。

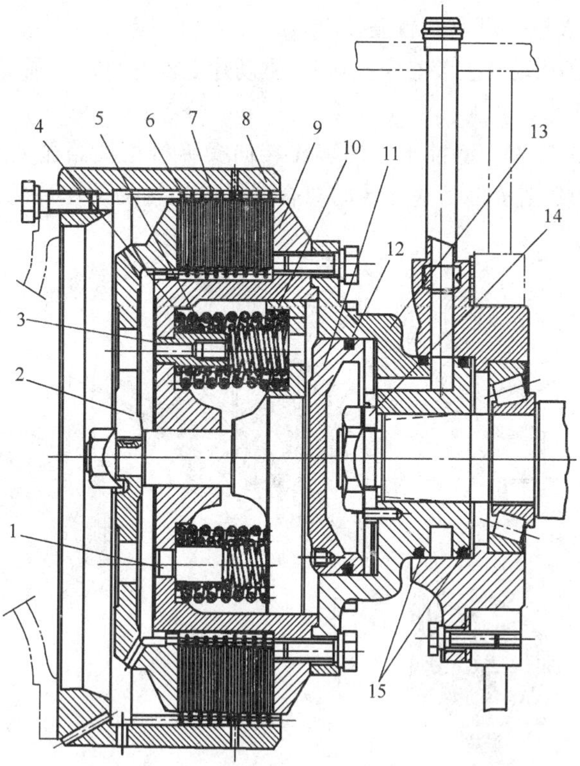

图 1-15　弹簧压紧湿式转向离合器

1-弹簧螺杆；2-外压盘；3-带中心孔的弹簧螺杆；4、5-大、小压紧弹簧；6、7-从、主动片；8、9-从、主动鼓；10-弹簧压盘；11-活塞；12、15-油封环；13-接盘式油缸；14-垫板

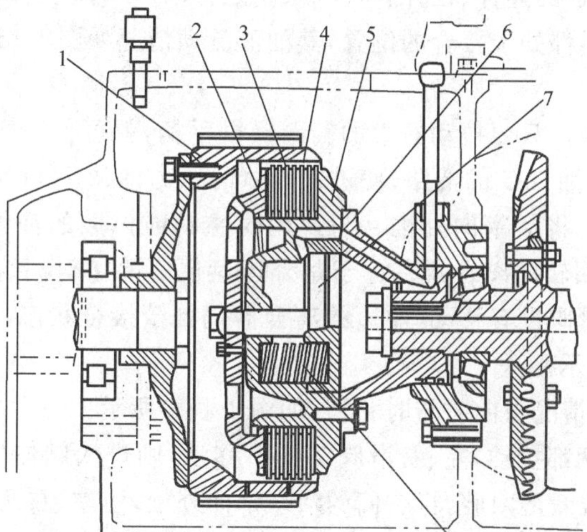

图 1-16　液压压紧湿式转向离合器

1、5-从、主动鼓；2-外压盘；3、4-主、从动片；6-锥毂形接盘；7-活塞；8-压力弹簧

液压操纵系统发生故障时，主动鼓内的 8 个压力弹簧，仍能使离合器以较小的紧压力接合，继续传递动力，推土机仍可空载行驶。

转向离合器多是在从动片上装有摩擦衬片，主动片上没有衬片。湿式的衬片是烧结上去的。

(3)转向操纵系统

图 1-17 所示为 D85A-12 型推土机的液压转向操纵机构油路循环系统，其中转向滑阀可由转向杆操纵。图 1-18 则示出了这种转向离合器操纵机构的动作情况。

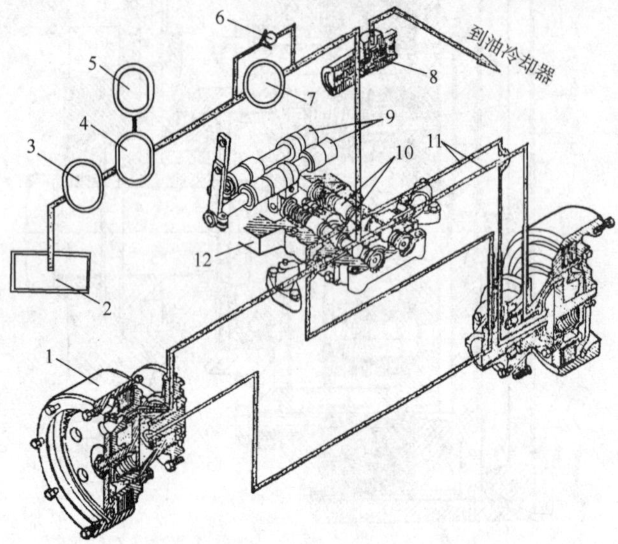

图 1-17 液压转向操纵机构油路循环系统

1-转向离合器；2-后桥壳体油池；3-滤网；4-油泵；5-发动机；6-单向阀；7-滤油器；8-减压阀；9-转轴；10-滑阀；11-油路；12-操纵阀体

液压转向操纵阀装于驾驶室座下的后桥壳体上部，阀内安装着两根滑阀，分别由驾驶室内的两根操纵手柄通过各自的连杆、杠杆和转轴来使之移动。不拉手柄时，两根滑阀由各自的弹簧保持在使左、右离合器都处于接合的位置，其油液流动情况如图 1-18a)所示，此时，推土机直线行驶。

当推土机向右转弯时，只要拉动右边的转向操纵手柄，就可使右边的滑阀向后移动，沟通阀内通向 F 油口和后回油口 C 的油路，使进入阀体的压力油从 F 口流出，沿横轴的中心油道进入锥毂形接盘的内腔，将活塞向外推。与此同时主动鼓内腔的油经油管进入阀体的 G 油口，再从后回油口 C 流回转向离合器室。于是外压盘便解除了对离合器片的压力，使右离合器分离。此时，因左边滑阀没有移动，左边的离合器仍处于接合状态，所以推土机向右转。其油流情况如图 1-18b)所示。

推土机向左转弯的情况与向右转时相似，如图 1-18c)所示。

如将左、右操纵手柄都拉动，左、右滑阀都向后移动，则进入阀体的压力油将分别从 E 与 F 油口进入左、右两个锥毂形内腔，将它们的活塞都向外推，使左、右两个离合器都分离。此时的油流情况如图 1-18d)所示。

6.履带式推土机的行星轮式最终传动机构

最终传动机构位于转向离合器和履带驱动轮之间，其功用是将动力最后一次增扭减速，并传递给驱动链轮。最终传动机构可分为单级或双级外啮合齿轮传动和行星齿轮传动。行星齿轮式的最终传动机构虽结构较复杂，但体积较小，已被越来越多的大中功率推土机所采用。

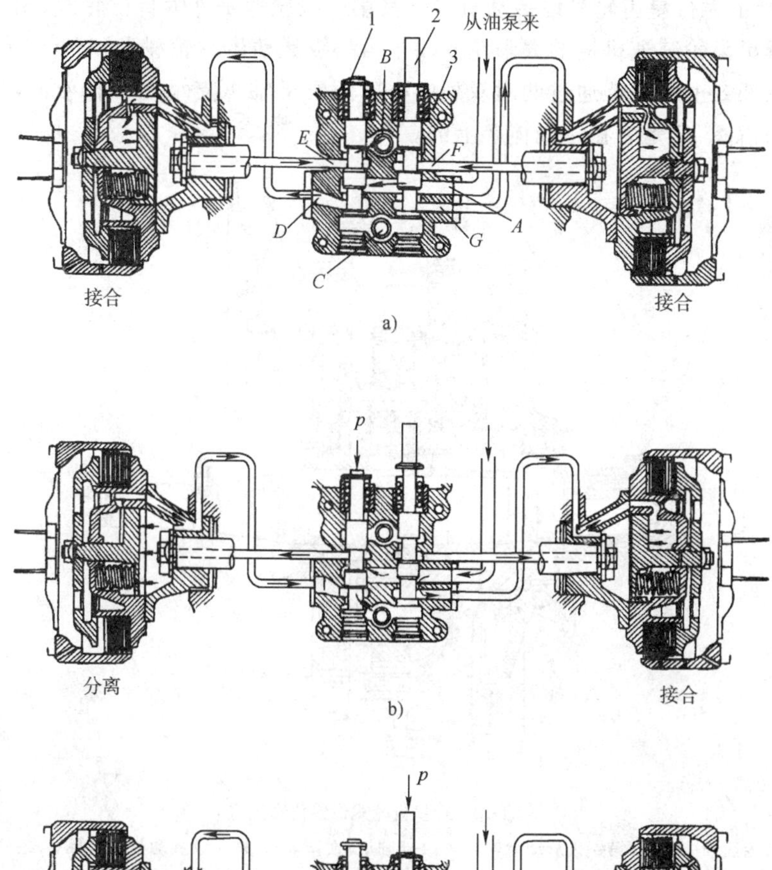

图 1-18　液压离合器转向操纵机构及其动作情况

a)两离合器接合时；b)左分离右接合时；c)左接合右分离时；d)两离合器分离时

1、2-左、右滑阀；3-液压操纵阀；A-接油泵的总进油口；B-总进油口；C-后回油口；D、E、F、G-接转向离合器的进、出油口

图 1-19 所示为行星齿轮最终传动机构。其第一级减速是外啮合齿轮式，第二级减速为行星齿轮式。行星齿轮减速机构的太阳轮 5 装于第一级从动齿轮轮毂上，3 个行星齿轮 11 同装在一个行星轮架 8 上。该架通过两对双列向心球面滚子轴承支承在半轴 4 上，其外端连着驱动轮。固定的齿圈 12 是装在箱壳体 7 上的。

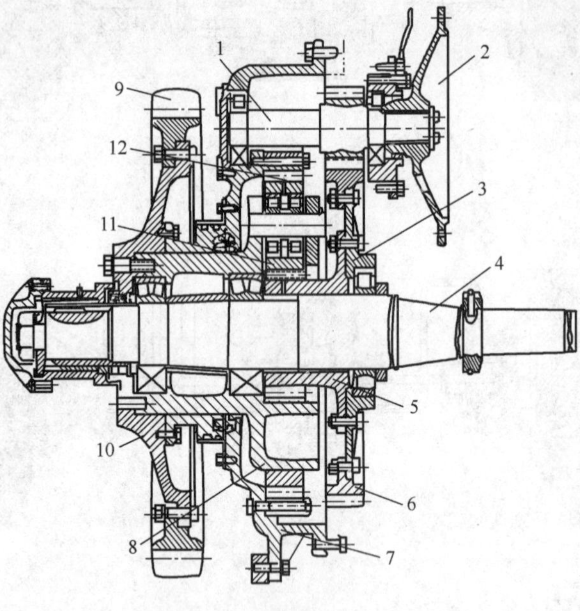

图 1-19 行星齿轮式最终传动机构

1-第一级减速齿轮油；2-接盘；3-第一级从动齿轮轮毂；4-半轴；5-太阳轮；6-第一级从动齿轮齿圈；7-最终传动箱壳体；8-行星轮架；9-驱动轮；10-驱动轮轮毂；11-行星齿轮；12-齿圈

当动力经一级减速的外啮合轮传动传给太阳轮 5 时，因齿圈 12 是固定不动的，行星齿轮 11 即绕太阳轮自转同时又沿齿圈滚动，进行公转，从而行星轮架 8 即可带着驱动轮 9 旋转，并将动力传递给履带。

7. 推土机传动系统的液压油路

图 1-20 所示为 D85A-12 型推土机的液压油路系统。油液装于转向离合器室内。油泵 1 所泵出的油经过滤油器 2 供给变速箱操纵阀，超过 2MPa 的压力油传输到液力变矩器进口处的减压阀 22 内。在那里只允许 0.75～0.8MPa 的压力油进入液力变矩器内充作工作液，超压的余油则仍旧流回转向离合器室内。另一个油泵 17 所泵出的油经过滤油器 14 和转向限压阀 16，允许压力在 1MPa 以内的压力油供给转向离合器操纵阀，超压的余油也转输到变矩器的减压阀 22 内。

两个滤油器 2 与 14 都设有旁通阀，当滤芯被堵塞不通而油压超过 0.12MPa 时，压力油就绕过滤芯直接从旁通阀流出去(此时没有过滤)。从两路输入变矩器内的油，在它们输出后还要经过油冷却器 27 的冷却，然后流回转向离合器室内，供再循环使用。

这里需要指出的是：在变矩器内，作为传递动力的介质，油液流过泵轮、涡轮和导轮作强烈的循环运动，同时在整个液压油路系统中，油液又做大的循环流动。油液在变矩器内的运动是传递动力，在油路系统中的流动可冷却变矩器和使变矩器内的油液始终处于饱和状态。

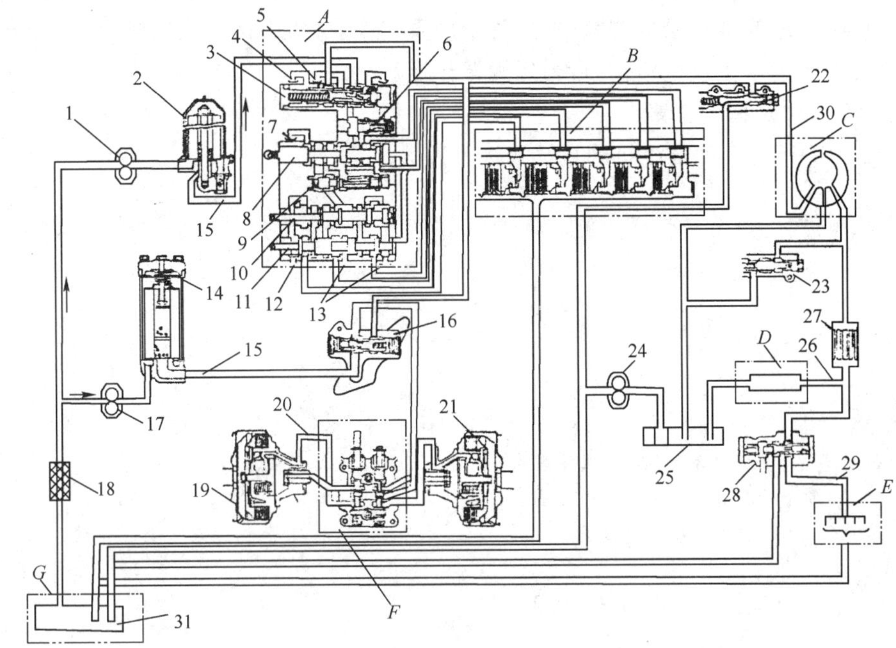

图 1-20　液力变矩器、动力变速箱、转向离合器的油中循环

1-动力变速箱油泵；2、14-滤油器；3-调压阀；4、5、7、12、13-回油口；6-速回阀；8、10-第一、二变速阀；9-安全阀；11-换向阀；15-压力油；16-转向限压阀；17-转向离合器油泵；18-滤网；19、21-左、右转向离合器；20-转向操纵油路；22-减压阀；23-调压阀(在变矩器上)；24-排油泵(在变矩器上)；25-飞轮壳体滤油器；26-动力输出润滑油路；27-油冷却器；28-限压阀；29-变速箱润滑油路；30-变矩器工作油路；31-转向离合器室油池；*A*-变速箱液压操纵阀；*B*-变速箱的液压离合器；*C*-液力变矩器；*D*-动力输出箱；*E*-变速箱；*F*-转向离合器液压操纵阀；*G*-转向离合器壳体

第三节　推土机工作装置

一、推土工作装置

推土工作装置由铲刀和推架两大部分组成。推土装置安装在推土机的前端，是推土机的主要工作装置。

推土机处于运输工况时，推土装置被提升油缸提起，悬挂在推土机前方；推土机进入作业工况时，则降下推土装置，将铲刀置于地面，向前可以推土，后退可以平地。推土机牵引或拖挂其他机具作业时，可将推土工作装置拆除。

履带式推土机的铲刀有固定式和回转式两种安装形式。采用固定式铲刀的推土机称之为直铲式或正铲式推土机；回转式铲刀可在水平面内回转一定的角度(一般为 0°～25°)，实现斜铲作业，称为回转式推土机，如果将铲刀在垂直平面内倾斜一个角度(0°～9°)，则可实现侧铲作业，因而这种推土机有时也称为全能型推土机，如图 1-21 所示。

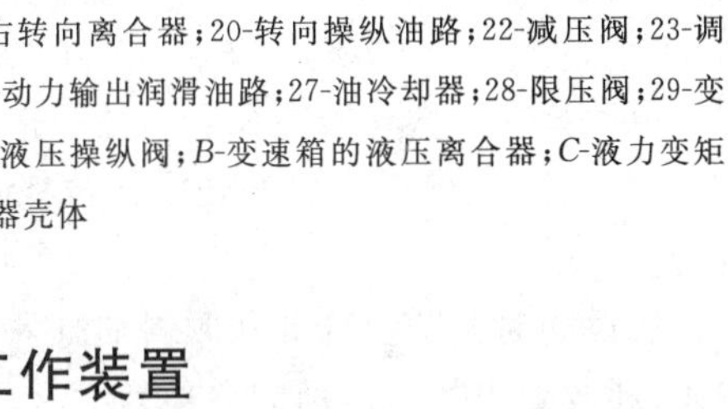

图 1-21　回转式铲刀

a)铲刀平斜；b)铲刀侧倾

现代大、中型履带式推土机，可安装固定式推土铲，也可换装回转式推土铲。通常，向前推挖土石方、平整场地或堆积松散物料时，广泛采用直铲作业；傍山铲土或单侧弃土，常采用斜铲作业；在斜坡上铲削硬土或挖边沟，可采用侧铲作业。

1. 直铲推土机的推土装置

图 1-22 为 D155A3 型推土机的直铲式推土装置。

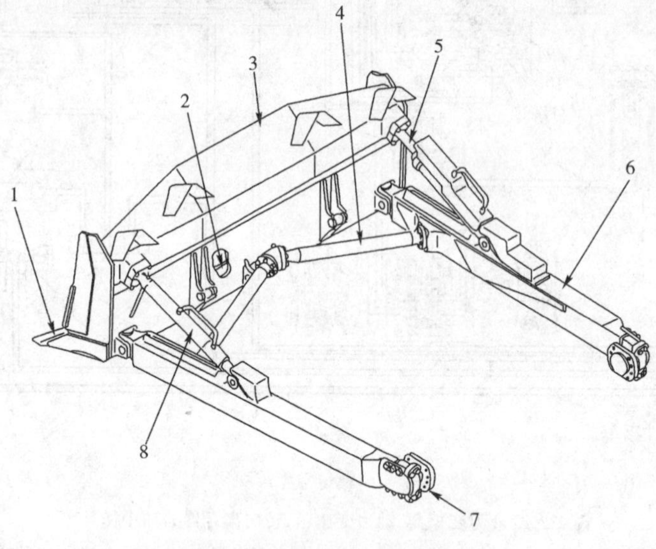

图 1-22 D155A3 型推土机直铲式推土装置

1-刀角；2-切削刃；3-铲刀；4-中央拉杆；5-倾斜油缸；6-顶推梁；7-框销；8-拉杆

顶推梁 6 铰接在履带式底盘的台车架上，推土板 1 可绕其铰接支承提升或下降。推土板、顶推梁、拉杆 8、倾斜油缸 5 和中央拉杆 4 等组成一个刚性构架，整体刚度大，可承受重载作业负荷。

通过同时调节拉杆 8 和倾斜油缸 5 的长度（等量伸长或等量缩短），可以调整推土板的切削角（即改变刀片与地面的夹角）。

为了扩大直铲推土机的作业范围，提高推土机的工作效率，现代推土机广泛采用侧铲可调式新结构，只要反向调节倾斜油缸和斜撑杆的长度，即可在一定范围内改变铲刀的侧倾角，实现侧铲作业。铲刀侧倾前，提升油缸应先将推土板提起。当倾斜油缸收缩时，安装倾斜油缸一侧的推土板升高，伸长斜撑杆一端的推土板则下降；反之，倾斜油缸伸长，倾斜油缸一侧的推土板下降，收缩斜撑杆一端的推土板则升高，从而实现铲刀左、右侧倾。

直铲作业是推土机最常用的作业方法。固定式铲刀较回转式铲刀质量轻、使用经济性好、坚固耐用、承载能力强，一般在小型推土机和承受重载作业的大型履带式推土机上采用。

2. 斜铲推土机的推土装置

斜铲推土机装有回转式铲刀装置，其构造如图 1-23 所示。它由推土板（铲刀）1、顶推门架 6、推土板推杆 5 和斜撑杆 2 等主要部件组成。

回转式铲刀可根据施工作业的需要调整铲刀在水平和垂直平面内的倾斜角度。铲刀水平斜置后，可在直线行驶状态下实现单侧排土，回填沟渠，提高作业效率；铲刀侧倾后，可在横坡上进行推铲作业，或平整坡面，也可用铲尖开挖小沟。

为避免铲刀由于升降或倾斜运动导致各构件之间发生运行干涉，引起附加应力，铲刀与顶门架前端应采用球铰连接，铲刀与推杆、铲刀与斜撑杆之间，也应采用球铰或万向联轴器连接。

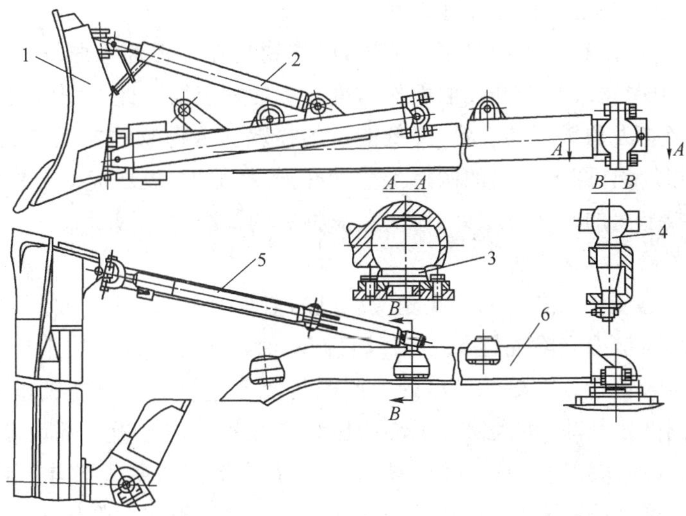

图 1-23 回转式铲刀推土装置

1-推土板；2-斜撑杆；3-顶推门架支承；4-推杆球状铰销；5-推土板推杆；6-顶推门架

当两侧的螺旋推杆分别铰装在顶推门架的中间耳座上时，铲刀呈正铲状态；当一侧推杆铰装在顶推门架的后耳座上，而另一侧推杆铰装在顶推门架的前耳座上时，铲刀则呈斜铲状态；当一侧斜撑杆伸长，而另一侧斜撑杆缩短时，即可改变铲刀在垂直平面内的侧倾角，铲刀则呈侧铲状态。同时，调节两侧斜撑杆的长度（左、右斜撑杆的长度应相等），还可改变铲刀的切削角。

顶推门架铰接在履带式基础车台车架的球状支承上，铲刀可绕其铰接支承升降。

回转式推土装置可改变推土机的作业方式，扩大了推土机的作业范围。大、中型履带式推土机常采用回转式铲刀。

直铲式推土机的作业过程，是一个铲土、运土、卸土和空载返回的循环过程。采用斜铲作业的推土机，铲土、运土和卸土则是连续进行的，类似平地机的工作过程，具有平地机的部分作业功能。

3.推土板的结构与形式

推土板主要由曲面板和可卸式刀片组成。推土板断面的结构有开式、半开式、闭式三种形式（图 1-24）。小型推土机采用结构简单的开式推土板；中型推土机大多采用半开式的推土板；大型推土机作业条件恶劣，为保证足够强度和刚度，采用闭式推土板。闭式推土板为封闭的箱形结构，其背面和端面均用钢板焊接而成，用以加强推土板的刚度。

推土板的横向结构外形可分为直线形和 U 形两种。铲土、运土和回填的距离较短，可采用直线形推土板。直线形推土板属窄型推土板，宽高比较小，比切力大（即切削刃单位宽度上的顶推力大），但铲刀的积土容易从两侧流失，切土和推运距离过长会降低推土机的生产率。

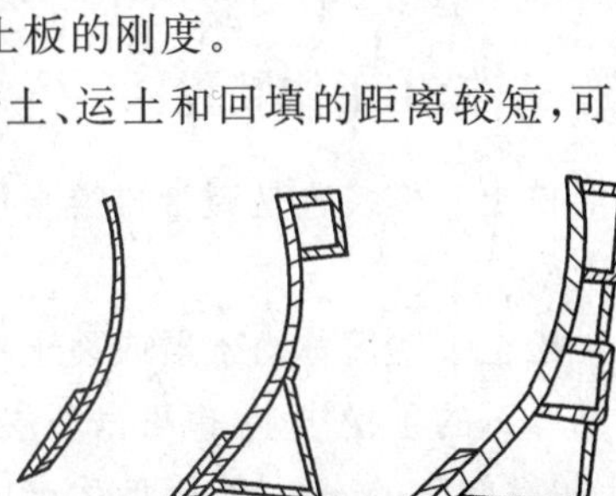

图 1-24 推土板断面结构形式

a)开式；b)半开式；c)闭式

运距稍长的推土作业宜采用 U 形推土板。U 形推土板具有积土、运土容量大的特点。在运土过程中，U 形铲刀中部的土壤上卷起并前翻，两侧的土壤则上卷向铲刀内侧翻滚，有效地减少了土粒或物料的侧漏现象，提高了铲刀的充盈程度，因而可以提高推土机的作业效率。

为了减少积土阻力，有利于物料滚动前翻，以防物料在铲刀前散胀堆积，或越过铲刀顶面向后溢漏，通常采用抛物线或渐开线曲面作为推土板的积土面。此类积土表面物料贯入性好，可提高物料的积聚能力和铲刀的容量，降低能量的损耗。因抛物线曲面与圆弧曲面的形状及其积土特性十分相近，且圆弧曲面的制造工艺性好，容易加工，故现代推土板多采用圆弧曲面。除合理选择铲刀积土面的几何形状外，还应考虑物料的卸净性等因素。

4. 气流润滑式铲刀推土装置

气流润滑式推土装置用螺栓固定在轮式底盘的前车架上，如图 1-25 所示。它由铲刀 1、上拉杆 2、推架 3、横梁、铲刀升降油缸 4、铲刀垂直倾斜油缸 5 等组成。推土板下部背面左、右各装一根压缩空气输入钢管。在轮式底盘的后部安装大容量的空气压缩机，从两侧的输入钢管向推土板下部提供高压气流，进入铲刀下部的压缩空气室。推土板下部设有一定数量的被挡板盖住的小孔，进入的压缩空气从小孔中高速喷出，并沿铲刀曲面从下向上形成“气垫”。这层“气垫”在铲刀和土壤之间起着离拆和润滑作用，降低了推土板的切削作业阻力，不仅提高了推土机的生产率，同时也提高了推土机的经济性能。

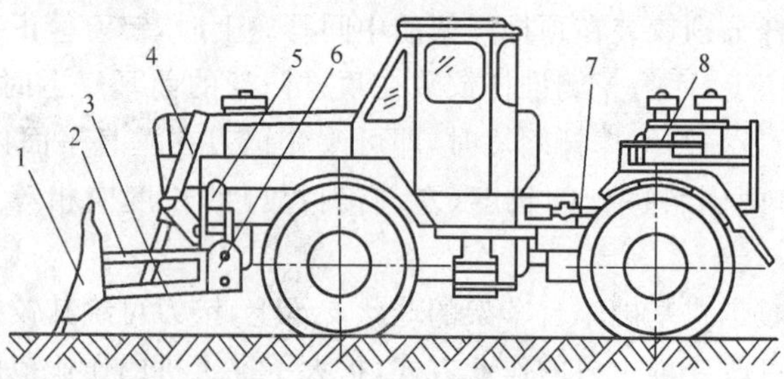

图 1-25　气流润滑式轮式推土机

1-铲刀；2-上拉杆；3-推架；4-铲刀升降油缸；5-铲刀垂直倾斜油缸；6-横梁；7-空气压缩机传动轴；8-空气压缩机

这种推土机的推土装置是由推土板、推架 3、上拉杆 2 和横梁 6 组成的一个平行四连杆机构。平行四连杆机构的构件具有平行运动的特点，因此，推土板升降时始终保持垂直平稳运动，不会随铲刀浮动改变预期先确定的切削角，这样可以使铲刀始终在最小阻力工况下稳定进行作业。同时，铲刀垂直升降还有利减小铲刀在土壤中的升降阻力。铲刀垂直倾斜油缸可改变铲刀的入土切削角，即可将垂直状态的铲刀向前或向后倾斜一定的角度（倾斜幅度为$\pm 8^\circ$），以适应不同土质对最佳切削角选择的要求。

二、松土工作装置

松土工作装置是履带式推土机的一种主要附属工作装置，通常配备在大、中型履带式推土机上。

松土装置简称松土器或裂土器，悬挂在推土机基础车的尾部，广泛用于硬土、黏土、软岩、黏结砾石的预松作业，也可凿裂层理发达的岩石，开挖露天矿山，用以替代传统的爆破施工方法，提高施工的安全性，降低生产成本。

松土器的结构可分为铰链式、平行四边形式、可调整平行四边形式和径向可调式 4 种基本形式。现代松土器多采用平行四边形连杆机构、可调式平行四边形连杆机构和径向可调式连杆机构，其典型结构如图 1-26 所示。

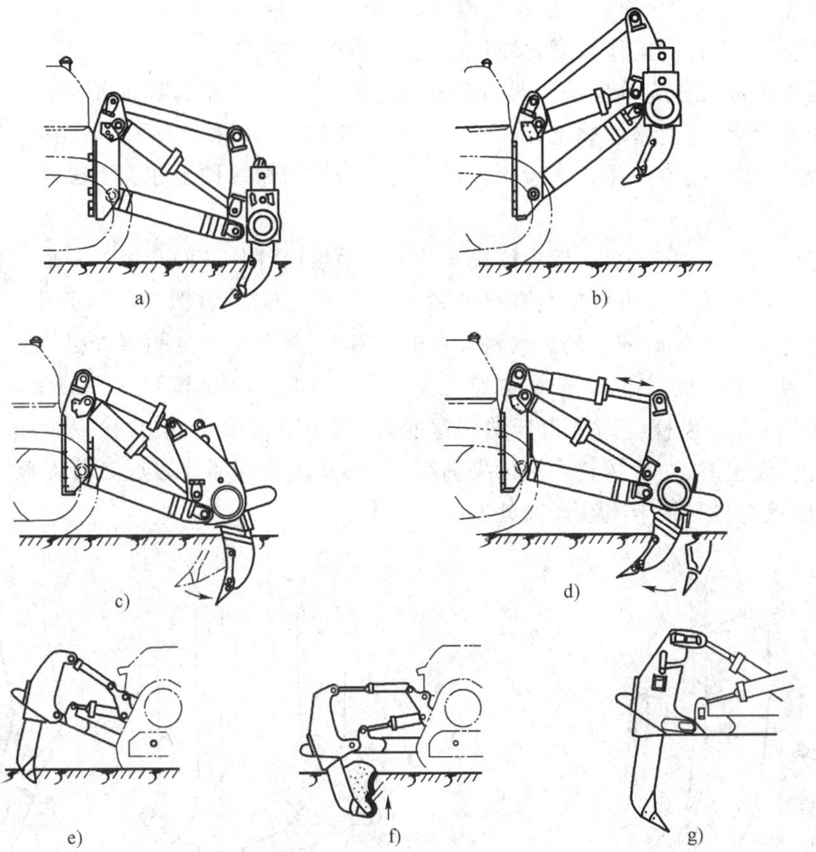

图 1-26　现代松土器的典型结构

a)、b)固定式平行四杆机构松土器；c)、d)、e)、f)可调式平行四杆机构松土器；g)径向可调式松土器

图 1-27 所示为 D155A3 型推土机上安装的松土器。它由安装机架 1、松土器臂 8、横梁 4、倾斜油缸 2、提升油缸 3 以及松土齿等组成。整个松土器悬挂在推土机后部的支撑架上。松

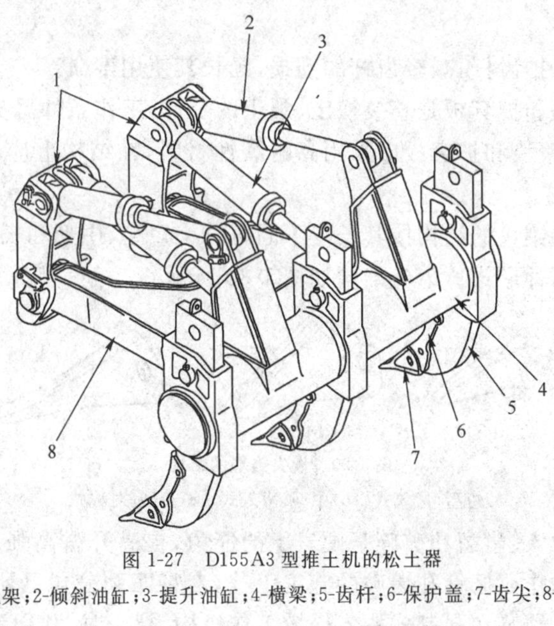

图 1-27　D155A3 型推土机的松土器

1-安装机架；2-倾斜油缸；3-提升油缸；4-横梁；5-齿杆；6-保护盖；7-齿尖；8-松土器臂

土齿用销轴固定在横梁松土齿架的齿套内，松土齿杆上设有多个销孔，改变齿杆销孔的固定位置，既可改变松土齿杆的工作长度，又可调节松土器的深度。

松土器按齿数可分为单齿松土器和多齿松土器，多齿松土器通常装有 2～5 个松土齿。单齿松土器开挖力大，既能松散硬土、冻土层，又可开挖软石、风化岩石和有裂隙的岩层，还可拔除树根，为推土作业扫除障碍。多齿松土器主要用来预松薄层硬土和冻土层，用以提高推土机和铲运机的作业效率。

松土齿由齿杆 1、护套板 2、齿尖镶块 3 及固定销组成(图 1-28)。齿杆 1 是主要的受力件，承受着巨大的切削载荷。齿杆形状有直形和弯形两种基本结构(图 1-29)，其中弯形齿杆又有曲齿和折齿之分。直形齿杆在松裂致密分层的土壤时，具有良好的剥离表层的能力，同时具有凿裂块状和板状岩层的效能，因而被卡特匹勒公司的 D8L、D9L 和 D10 型履带式推土机作为专用齿杆采用；弯形齿杆提高了齿杆的抗弯能力，裂土阻力较小，适合松裂非均质性的土壤。采用弯形齿杆松土时，块状物料先被齿尖掘起，并在齿杆垂直部分通过之前即被凿碎，松裂效果较好，但块状物料易被卡阻在弯曲处。

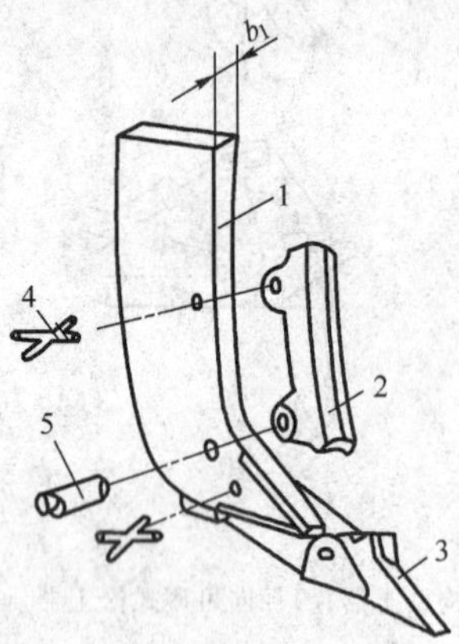

图 1-28　松土齿构造

1-齿杆；2-护套板；3-齿尖镶块；4-钢性销轴；5-弹性固定销

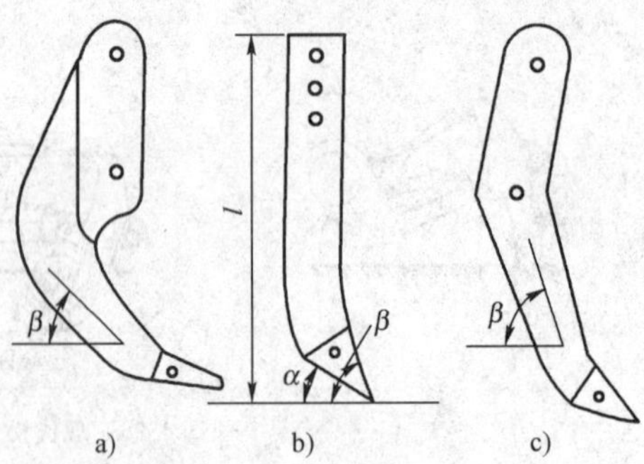

图 1-29　齿杆外形结构

a)曲齿；b)直齿；c)折齿

松土齿护板用以保护齿杆，减轻齿杆的磨损，延长其使用寿命。

松土齿的齿尖镶块和护套板是直接松土、裂土的零件，工作条件恶劣，容易磨损，使用寿命短，需经常更换。齿尖镶块和护套板应采用高耐磨性材料，在结构上应尽可能拆装方便，连接可靠。

现代松土器的齿尖镶块的结构按其长度不同可分为短型、中型和长型 3 种；按其对称性又可分凿入式和对称式两种形式。齿尖结构如图 1-30 所示。

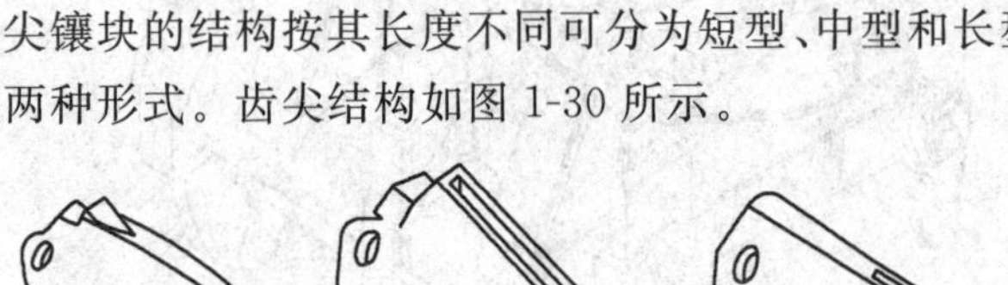

图 1-30　齿尖镶块的结构

a)短型(凿入式)；b)中型(凿入式)；c)长型(对称式)

为了提高松土器凿入、凿裂和破碎坚硬岩土的能力，提高开凿高强度岩层的生产率，并用松土机替代靠近建筑物作业区钻孔爆破的施工工艺，卡特匹勒公司已研制出一种新型强制式的松土器。该新型松土器装在强制式凿入松散工作机构，裂土时，利用液压锤的冲击动能和牵引力同时做功，其生产率可以提高20%～70%，施工成本较之钻孔爆破要低1/3。

第四节　推土机工作装置液压操纵系统

现代推土机工作装置的操纵已实现液压化。随着液压控制技术的迅速发展，推土机整机的技术性能已日趋完善，控制精度越来越高。现代大、中型推土机所采用的液压操纵系统，具有切土能力强、平整质量好、生产效率高等特点，可以满足现代化大型工程对施工质量的要求。

推土机工作装置液压系统可根据作业需要，迅速提升或降下工作装置，也可实现铲刀或松土齿的缓慢就位。操纵液压系统还可改变推土铲的作业方式，调整铲刀或松土器的切削角。

推土机普遍采用开式液压回路，开式回路系统具有结构简单、散热性能好、工作可靠等优点。

现以上海TY320(小松D155A-1A)型履带式推土机为例，对其工作装置液压系统进行分析。

如图1-31所示，该液压系统由推土板升降、推土板倾斜、松土器升降和松土器倾斜回路组成，可分为液压动力元件(PAL200型油泵2)、控制元件(包括推土板升降控制阀5、松土机构控制阀11、推土板倾斜控制阀21、选择阀15)、执行元件(铲刀升降油缸9、推土板倾斜油缸22、松土器升降油缸16和松土器倾斜油缸19)和辅助装置(油箱1和24、滤清器及油管等)四大部分。

油泵2可分别向推土板升降回路、推土板倾斜回路、松土器升降和倾斜控制回路，提供压力油，分别驱动推土工作装置和松土机构的工作油缸，控制铲刀和松土器的升降和倾斜。为了避免工作油缸活塞的惯性冲击，降低其工作噪声，油缸内一般都装有缓冲装置，用以降低工作装置的冲击载荷。

在系统中，推土板和松土器工作油缸的控制阀，均采用先导式操纵的随动换向控制阀。先导式操纵控制阀均为滑阀式结构，能实现换向、卸荷、节流调节和工作装置的微动控制。换向时，先操纵手动式先导阀，若将先导式阀心向左拉，先导阀则处于右位工作状态，来自变矩器、变速箱油泵的压力油，则分别进入伺服油缸的大(无杆)腔和小(有杆)腔。由于活塞承压面积的差值，活塞杆将右移外伸，并通过连杆拉动推土板或松土器工作油缸的换向控制阀右移。当换向控制阀阀心右移时，连杆机构以伺服油缸活塞杆为支点，又带动先导阀的阀体左移，使先导阀复位，回到"中立"位置。此时，主换向控制阀就处于左位工作，而伺服油缸活塞因其大腔被关闭，小腔仍通压力油而向左推压活塞，故活塞被固定在此确定的位置上，主换向控制阀也固定在相应的左位工作状态。

先导式操纵换向控制阀具有伺服随动助力作用，操纵伺服阀较直接操纵手动式换向控制阀要轻便省力，可减轻驾驶人员的疲劳程度。

大型推土机的液压元件一般尺寸较大，管路较长，若采用直接操纵的手动式换向控制阀，因受驾驶室空间的限制，布置起来比较困难，难以实现控制元件靠近执行元件，无法缩短高压管路的长度，致使管路沿程压力损失增加。现代大型履带式推土机上，已广泛采用了便于布置的先导式操纵换向控制阀，用以缩短换向阀与工作油缸之间的管路，减少系统功率损失，提高传动效率。

如果伺服助力机构与主控制阀匹配合理，还可改善铲刀和松土器工作油缸的微调性能，扩大调速范围，提高推土机的使用性能。

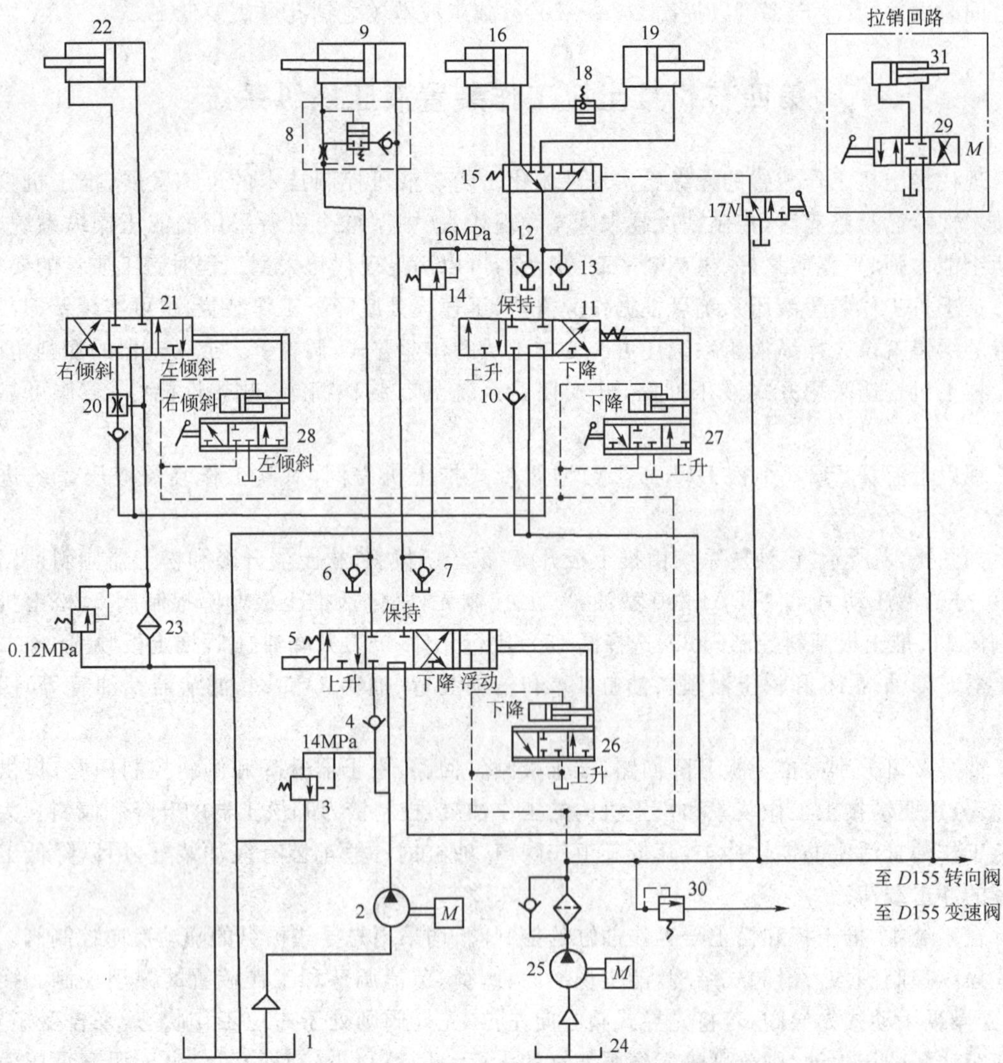

图 1-31 TY320(D155A-1A)型履带式推土机工作装置液压系统

1、24-油箱;2-油泵;3-主溢流阀;4、10-单向阀;5-推土板升降控制阀;6、7-吸入阀(补油阀);8-快速下降阀;9-铲刀升降油缸;11-松土器选择阀;12、13-吸入阀(补油阀);14-过载阀;15-选择阀;16-松土器升降油缸;17-先导阀;18-锁紧阀;19-松土器倾斜油缸;20-单向节流阀;21-推土板倾斜油缸换向阀;22-推土板倾斜油缸;23-滤油器;25-变矩器变速箱油泵;26-推土板油缸先导随动阀;27-松土器油缸先导随动阀;28-推土板倾斜油缸先导随动阀;29-拉锁换向阀;30-变矩器、变速箱溢流阀;31-拉锁油缸

在使用中,松土器的升降与倾斜并非同时进行,其升降和倾斜油缸可共用一个先导式操纵换向控制阀,另再设置一个选择工作油缸的松土器选择阀 15。作业时,可根据需要操纵手动先导阀来改变松土器选择阀的工作位置,再分别控制松土器的升降与倾斜。松土器选择阀 15 的控制压力油由变矩器、变速箱的齿轮油泵提供。

操纵推土板升降的先导式换向控制阀,可使铲刀处于"上升"、"固定"、"下降"和"浮动"4 种不同的工作状态。当铲刀处于"浮动"状态时,铲刀可随地面起伏自由浮动,便于仿形推土作业,也可在推土机倒行时利用铲刀平地。

大型推土机铲刀的升降高度可达 2m 以上,提高铲刀的下降速度,对缩短铲刀作业循环时间，提高推土机的生产效率有着重要的意义。为此，在推土板升降回路上装有铲刀快速下降阀8，用以降低铲刀升降油缸 9 的排油腔（有杆腔）的回油阻力。铲刀在快速下降过程中，回油背压增大，速降阀在液控压差作用下将自动开启，有杆腔的回油即通过速降单向阀直接向铲刀升降油缸进油腔补充供油，从而加快了铲刀的下降速度。

推土板在速降过程中，推土装置的自重对其下降速度将起加速作用。铲刀下降速度过快，有可能导致升降油缸进油腔（无杆腔）供油不足，形成局部真空，产生气蚀现象，影响升降油缸工作的平稳性。为防止气蚀现象的产生，确保油缸动作的平稳，在油缸的进油道上均设有推土板升降油缸单向吸入阀（补油阀）6、7，在进油腔出现负压时，吸入阀 6、7 迅速开启，进油腔可直接从油箱中补充吸油。

同样，松土器液压回路也具有快速补油功能，松土机构吸入阀 12、13 在松土器快速升降或快速倾斜时可迅速开启，直接从油箱中补充供油，实现松土机构快速平衡动作，提高松土作业效率。

在推土板倾斜回路的进油道上，设有流量控制单向节流阀 20，该阀可调节和控制铲刀倾斜油缸的倾斜速度，实现铲刀稳速倾斜，并保持油缸内的恒定压力。

在松土器液压回路上，还装有松土机构安全过载阀 14 和控制单向阀（锁紧阀）18。

松土机构安全过载阀 14 可在松土器突然过载时起保护作用。当松土器固定在某一工作位置作业时，其升降油缸闭锁，油缸活塞杆受拉，如遇突然载荷，过载腔（有杆腔）油压将瞬时骤增。当油压超过安全阀调定压力时，安全阀即开启卸荷，油缸闭锁失效，从而起到保护系统的作用。为了提高安全阀的过载敏感性，应将该阀安装在靠近升降油缸的位置上。通常，松土机构安全阀的调定压力要比系统溢流阀 3 调定压力高 15％～25％。

松土器倾斜油缸控制单向阀 18 安装在倾斜油缸无杆腔的进油道上。松土器松土作业时，倾斜油缸处于锁闭状态，油缸活塞杆受压，无杆腔承受载荷较大，该腔闭锁油压相应较大，装设倾斜油缸锁闭控制单向阀 18，可提高松土机构控制阀 11 中位锁闭的可靠性。

采用单齿松土器作业时，松土齿杆高度的调整也可实现液压操纵。用液压控制齿杆高度固定拉锁，只需在系统中并联一个简单的拉锁回路即可实现，执行元件为拉锁油缸 31。

第二章 铲 运 机

第一节 概 述

铲运机是一种利用装在前后轮轴或左右履带之间的带有铲刃的铲斗，在行进中顺序完成铲削、装载、运输和卸铺的铲土运输机械。

一、用途及适用范围

铲运机主要用于中距离(100～2 000m)大规模土方转移工程。它能综合地完成铲土、装土、运土和卸铺4个工序，并有控制填土铺层厚度、进行平土作业和对卸下的土进行局部碾压等作用。铲运机适用于I～III级土壤的铲运作业，在IV级土壤或冻土中进行铲运作业时，应预先进行松土。铲运机不能在混有大石块、树桩的土壤中作业。

铲运机广泛用于公路、铁路、港口及大规模的建筑施工等工程中的土方作业。如在公路施工中，用来开挖路堑、填筑路堤、搬运土方等；在水利工程中，可开挖河道、渠道，填筑土坝、土堤等；在农田基本建设中，进行土地整平、铲除土丘、填平洼地等；在机场、矿山建设施工中，进行土方铲削作业；在适宜的条件下亦可用于石方破碎的软石工程施工。此外，铲运机在井下采掘、石油开发、军事工程等场合，也得到了广泛的应用。

铲运机的适用范围主要取决于运距、道路状况和运输材料的性质等。铲运机是根据运距、地形、土质来选用，其中经济适用运距和作业阻力是选择铲运机的主要依据。各种铲运机的适用范围见表2-1。当运距在100～600m时，用拖式铲运机最经济；当运距在600～2 000m时，宜用轮胎自行式铲运机。当运距短，场地狭小时，可用履带自行式铲运机。铲运机适宜于在含水量较小的砂黏土上作业，而在干燥的粉土、砂加卵石与含水量过大的湿黏土作业时，生产率则大为下降。

各种铲运机的适用范围　　表2-1

<table>
<tr><th colspan="3" rowspan="2">类　别</th><th colspan="2">推装斗容(m^3)</th><th colspan="2">适用运距(m)</th><th rowspan="2">道路坡度(%)</th></tr>
<tr><th>一般</th><th>最大</th><th>一般</th><th>最大</th></tr>
<tr><td colspan="3">拖式铲运机</td><td>2.5～18</td><td>24</td><td>100～300</td><td>100～1 000</td><td>15～30</td></tr>
<tr><td rowspan="4">自行式铲运机</td><td rowspan="2">单发动机</td><td>普通装载式</td><td>10～30</td><td>50</td><td>200～1 500</td><td>200～2 000</td><td>5～8</td></tr>
<tr><td>链板装载式</td><td>10～30</td><td>35</td><td>200～600</td><td>200～1 000</td><td>5～8</td></tr>
<tr><td rowspan="2">双发动机</td><td>普通装载式</td><td>10～30</td><td>50</td><td>200～1 500</td><td>200～2 000</td><td>10～15</td></tr>
<tr><td>链板装载式</td><td>6.5～16</td><td>34</td><td>200～600</td><td>200～1 000</td><td>10～15</td></tr>
</table>

单发动机的轮胎自行式铲运机，因其附着牵引力不足，铲装时一般都用助铲机。双发动机的轮胎自行式铲运机虽附着牵引力大，铲装时最好还是用助铲机加力，以提高作业效率。

在特别困难的铲装条件下，可采用两台双发动机铲运机串联的方法进行推拉作业。两机首尾连接，后机推动前机装满铲斗后，前机再拉后机装满铲斗，即 4 台发动机为一个铲斗铲装提供动力。装满后两机脱开，各自运行。

链板装载铲运机适用于运距较短(约 1 000m 左右)的场地，它最大的优点是能自装，不需助铲。链板升运机构铲装的物料、土质不能太黏，石块不能太大，对于粒度均匀的砾石最适宜。

二、铲运机的分类

铲运机主要根据行走方式、卸载方式、行走装置、铲斗容量、操纵方式、装载方式等进行分类。

1. *按行走方式分*

按行走方式不同分为拖式和自行式两种，如图 2-1 所示。

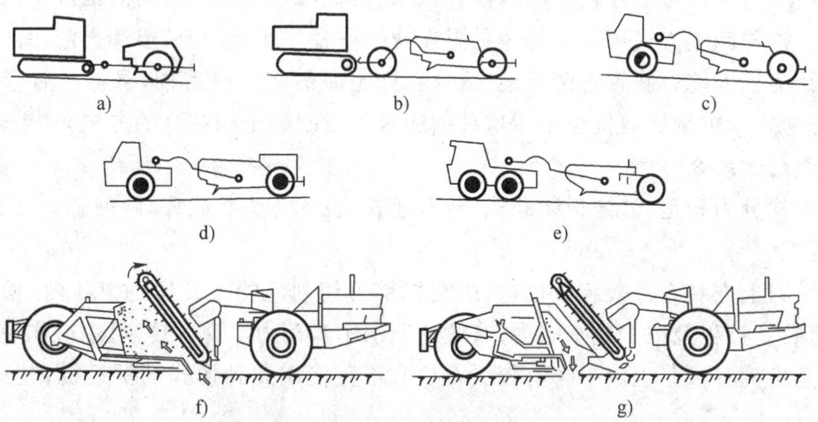

图 2-1 铲运机类型

a)单轴拖式；b)双轴拖式；c)单发动机自行式；d)双发动机自行式；e)三轴自行式；f)、g)链板装载式

拖式铲运机：通常拖式铲运机由履带式拖拉机牵引，它具有接地比压小、附着能力大和爬坡能力强等优点，在短运距和松软潮湿地带工程中普遍使用。

自行式铲运机：按行走装置可分为履带式和轮胎式两种，其本身具有行走能力。履带式自行铲运机又称铲运推土机，它的铲斗直接装在两条履带的中间，适用于运距不长、场地狭窄和松软潮湿地带工作。轮胎式自行铲运机按发动机台数又可分为单发动机、双发动机和多发动机 3 种，按轴数分为二轴式和三轴式[图 2-1c)、d)、e)]。轮胎式自行铲运机由牵引车和铲运车两部分组成，大多采用铰接式连接，铲运车不能独立进行工作。轮胎式自行铲运机具有结构紧凑、行驶速度快、机动性好等优点，在中距离的土方转移施工中应用较多。

2. *按卸土方式分*

按卸土方式不同分为自由卸土式、半强制卸土式和强制卸土式，如图 2-2 所示。

(1)自由卸土式[图 2-2a)]

利用铲斗倾翻(有向前、向后两种形式)，斗内土靠本身自重卸土。卸土时所需功率小，但对粘在铲斗两侧壁和斗底上的黏湿土无法卸除干净，一般只用于小容量铲运机。

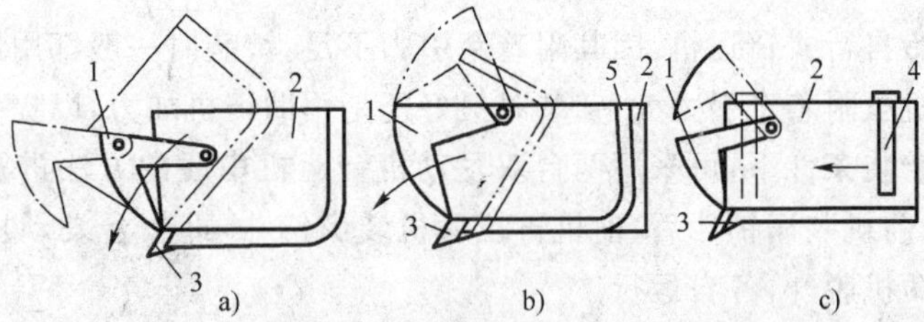

图 2-2　铲运机卸土方式

a)自由式卸土；b)半强制式卸土；c)强制式卸土

1-斗门；2-铲斗；3-刀刃；4-后斗壁；5-斗底后壁

(2)半强制卸土式[图 2-2b)]

利用连在一起的铲斗底板与后壁共同向前翻转，以强制方式卸去一部分土，同时利用土本身重量将其余部分土卸出。这种卸土方式可使黏附在铲斗侧壁上的土部分地被清除，斗底上黏附的土不能卸除干净。

(3)强制卸土式[图 2-2c)]

铲斗的后壁为一块可沿导轨移动的推板，靠此推板(卸土板)自后向前推进，将铲斗中的土壤强制推出。这种卸土方式可彻底卸净黏附在两侧壁及斗底上的土，但卸土消耗的功率较大。

升运式铲运机因前方斜置着链板运土机构，卸土时需将斗底后抽，再将斗后壁前推，把土卸出，有的普通式大中型铲运机也采用这种抽底板和强制卸土相结合的方法，效果较好。

3.按装载的方式分

按装载方式分为升运式(链板装载式)与普通式(也称开头装载式)两种。

(1)升运式

在铲斗铲刀上方装有链板装载机构，由它把铲刀切削起的土升运到铲斗内，如图 2-1f)所示，从而加速装土过程及减少装土阻力，有效地利用本身动力实现自装，可单机作业，不用助铲机械即可装至堆尖容量。土壤中含有较大石块时不宜使用此种形式的铲运机，其经济运距在 1 000m之内。

(2)普通式

靠牵引机的牵引力和助铲机的推力，使用铲斗的铲刀将土壤铲切起，并在行进中将铲切起的土屑挤入铲斗内来装载土，这种铲装土的方式其装斗阻力较大。

4.按铲斗容量分

(1)小型：铲斗容量$<3m^3$；

(2)中型：铲斗容量 $3\sim15m^3$；

(3)大型：铲斗容量 $15\sim30m^3$；

(4)特大型：铲斗容量 $30m^3$ 以上。

5.按工作机构的操纵方式分

按工作机构的操纵方式分为液压操纵式、电液操纵式和机械操纵式 3 种。

(1)机械操纵式：用动力绞盘、钢索和滑轮来控制铲斗、斗门及卸土板的运动，由于结构复杂、技术落后，已逐渐被淘汰。

(2)液压操纵式：工作装置各部分用液压操纵，能使铲刀刃强制切入土，结构简单，操纵轻便灵活，动作均匀平稳，应用越来越广泛。

(3)电液操纵式：操纵轻便，易实现自动化，是今后发展的方向。

第二节 自行式铲运机构造

自行式铲运机一般由单轴牵引机和铲运车组成，如图 2-3 所示。轮胎式双发动机铲运机一般由单轴牵引车和单轴铲运车两部分组成，如图 2-4 所示。

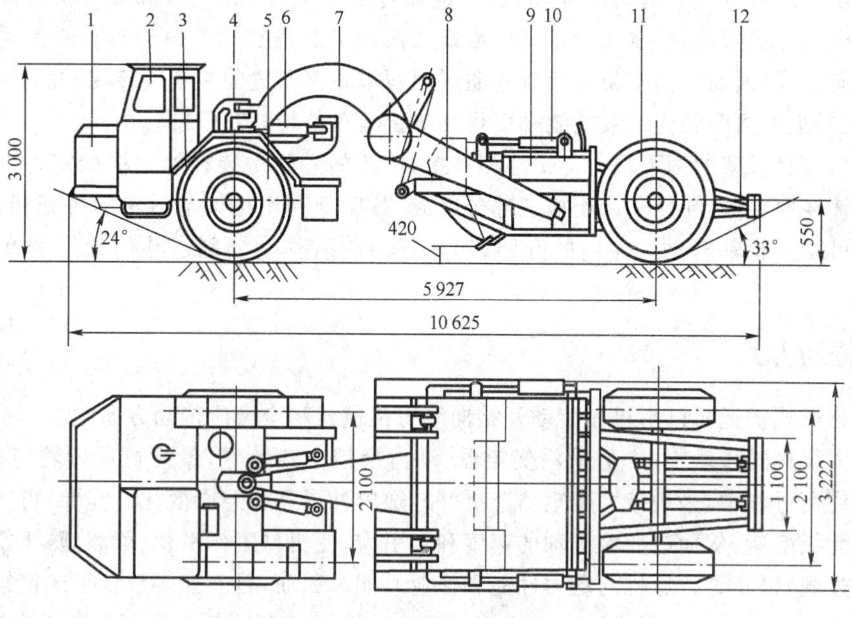

图 2-3 CL7 型自行式铲运机外形(尺寸单位:mm)

1-发动机;2-驾驶室;3-传动装置;4-中央枢架;5-前轮;6-转向油缸;7-曲梁;8-辕架;9-铲斗;10-斗门油缸;11-后轮;12-尾架

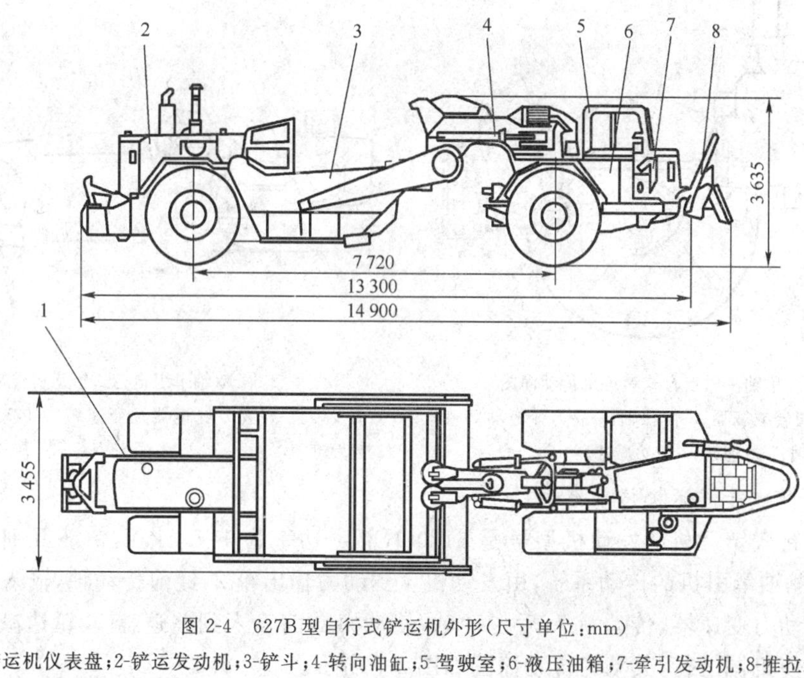

图 2-4 627B 型自行式铲运机外形(尺寸单位:mm)

1-铲运机仪表盘;2-铲运发动机;3-铲斗;4-转向油缸;5-驾驶室;6-液压油箱;7-牵引发动机;8-推拉装置

一、总体构造

单轴牵引机是自行式铲运机的动力部分，由发动机、传动系、转向系、制动系、悬挂装置、车架等组成。铲运车是自行式铲运机的工作装置，主要由转向枢架、辕架、前斗门、铲斗体、尾架及卸土装置等组成。

单发动机的自行式铲运机的发动机、变速器等都安装在机架上，机架与驱动桥壳连在一起。中央枢架与机架铰接，以保持驱动桥可能在横向平面内摆动。由于自行式铲运机普遍采用铰接转向方式，因而转向枢架与辕架的曲梁用两根垂直布置的主销铰接在一起，以便在转向时，用液压操纵的两个转向油缸控制牵引机相对铲运车偏转，实现转向。

辕架的“门”形架的两下端点与铲斗相铰接，铲斗的升降由装在辕架横梁支臂上的铲斗油缸控制。铲斗由斗体、斗门和卸土板三部分组成，其后部利用尾架与后轮的桥壳相连，保证铲斗升降时可绕后轮轴转动。斗门的开闭、卸土板的前后移动分别由斗门油缸和卸土板油缸控制。

二、传动方式

现代自行式铲运机已由机械传动开始向液力机械式和全液压传动方向发展。

在液力机械式传动中，广泛采用变矩器、动力换挡变速装置、最终行星齿轮传动等元件。在铲运机使用过程中，采用液力变矩器能更好地适应外界载荷急剧变化的需要，可实现自动有载换挡和无级变速，从而改变输出轴的速度和牵引力，使机械工作平稳、可靠，防止发动机熄火及传动系过载，提高了铲运机的动力性能和作业性能。因而，目前大多数自行式铲运机采用液力机械传动。单轴牵引自行式铲运机传动如图 2-5 所示，双轴牵引的铲运机传动布置如图 2-6 所示。

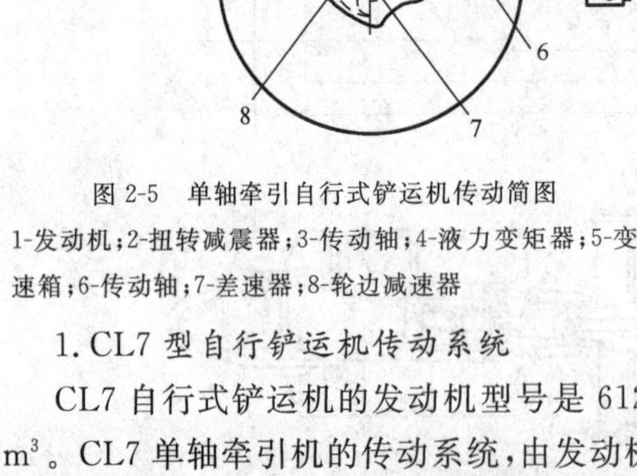

图 2-5 单轴牵引自行式铲运机传动简图

1-发动机；2-扭转减震器；3-传动轴；4-液力变矩器；5-变速箱；6-传动轴；7-差速器；8-轮边减速器

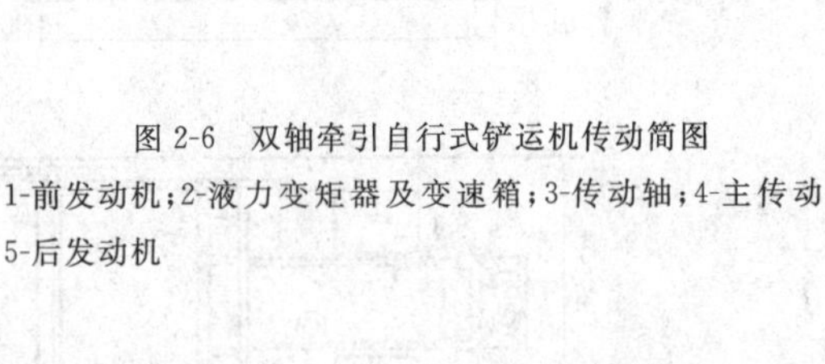

图 2-6 双轴牵引自行式铲运机传动简图

1-前发动机；2-液力变矩器及变速箱；3-传动轴；4-主传动；5-后发动机

1. CL7 型自行铲运机传动系统

CL7 自行式铲运机的发动机型号是 6120Q，额定功率为 117.6kW，铲斗几何容量为 7～9m^3。CL7 单轴牵引机的传动系统，由发动机 1 到动力输出箱 2，经前传动轴，输入液力变矩器 5，再经行星动力变速器、传动箱 7、后传动轴，使动力向前输入到差速器 9、轮边减速器 10，最后驱动车轮使机械运行，其动力传动简图如图 2-7 所示。

CL7 型自行式铲运机装有四元件单级三相液力变矩器。该变矩器的特性由两个变矩器特性和一个耦合器特性合成,高效率范围较广。当涡轮转速达 1 700r/min 时,变矩器的锁紧离合器起作用,将泵轮和涡轮直接闭锁在一起,变液力传动为直接机械传动,提高了工作效率。

由于该变矩器由两个导轮和两个自由轮(单向离合器)构成,因而随外扭矩的变化,可实现两个导轮被单向离合器楔紧不转、第一导轮自由旋转、第二导轮仍被单向离合器楔紧及两个导轮均自由旋转成为耦合器工况等三种工作特性。变矩器的原始特性曲线如图 2-8 所示。闭锁离合器为单片油压自动作用式。

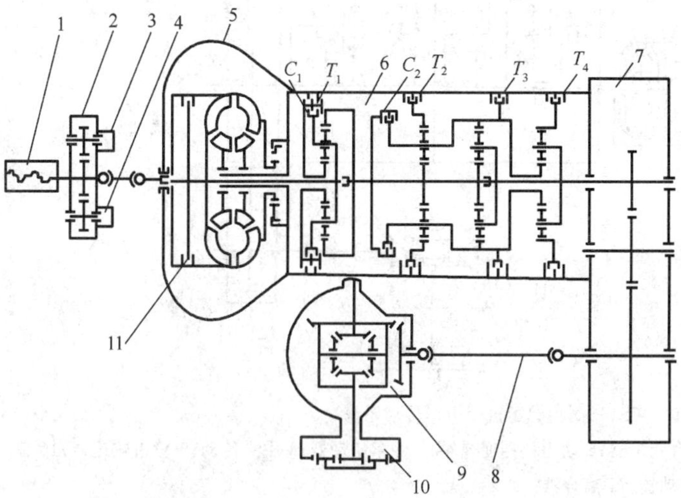

图 2-7 CL7 型铲运机传动系统

1-发动机;2-动力输出箱;3、4-齿轮油泵;5-液力变矩器;6-变速箱;7-传动箱;8-传动轴;9-差速器;10-轮边减速器;11-锁紧离合器;C_1、C_2-离合器;T_1、T_2、T_3、T_4-制动器

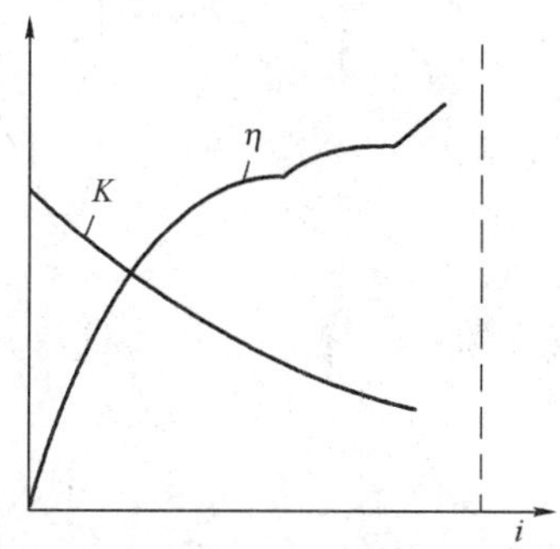

图中: i—传动比; K—变矩系数; η—变矩器效率。

图 2-8 CL7 型单轴牵引车液力变矩器原始特性曲线

行星式动力换挡变速器由两个行星变速箱串联组合而成,前变速箱有 1 个行星排,后行星变速箱有 3 个行星排。整个行星变速器有 2 个离合器 C_1、C_2 和 4 个制动器 T_1、T_2、T_3、T_4,这 6 个操纵件均采用液压控制。前后变速箱自由度数均为 2,前后变速箱各接合 1 个操纵件变速器可实现 1 个挡位。前行星变速箱接合 C_1 可得直接挡,接合 T_1 可得高速挡,再分别与后行星变速箱操纵件组合实现不同的挡位。CL7 行星动力变速器有 4 个前进挡,2 个倒退挡。各挡位接合操纵件及速比见表 2-2。

CL 型单轴牵引机变速箱各挡动作及速比 表 2-2

挡位		接合操纵件	速比	液压操纵系统		
				调压阀	闭锁离合器	皮氏油路
前进挡	I	C_1、T_3	3.81	作用		作用
	II	C_1、T_2	1.94	作用	结合	作用
	III	C_1、C_2	1.0	作用	结合	作用
	IV	T_1、C_1	0.72	作用	结合	作用
倒挡	I	C_1、T_4	−4.35			作用
	II	T_1、T_4	−3.13			作用

2. WS16S-2 型自行式铲运机传动系统

WS16S-2 型自行式铲运机的发动机功率为 280kW，堆装斗容为 16m^3（平装斗容为 11m^3）。传动系由液力变矩器 4、行星式动力换挡变速器 5、中央传动 8、差速器和行星齿轮式轮边减速器 9 等组成，如图 2-9 所示。

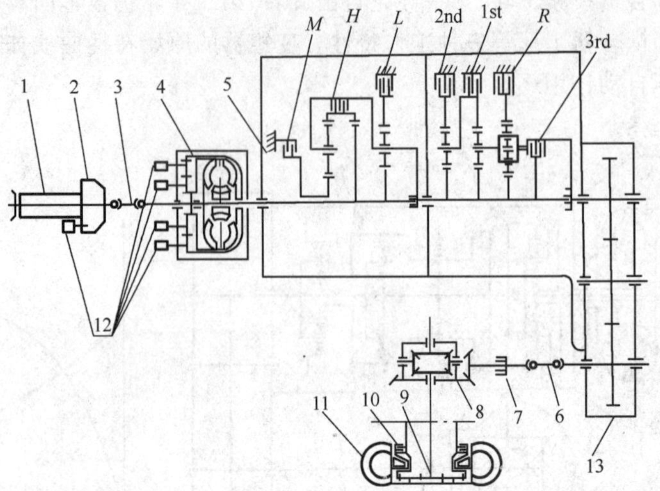

图 2-9　WS16S-2 型铲运机牵引车传动系统

1-发动机；2-动力输出箱；3、6-传动轴；4-液力变矩器；5-动力换挡变速箱；7-停车制动器；8-中央传动；9-轮边减速器；10-制动器；11-轮胎；12-油泵；13-传动箱；*M*、*L*-制动器；*H*-离合器

WS16S-2 型自型式铲运机的液力变矩器 4 为 TCA43-2B 型三元件一级两相带闭锁离合器式，导轮随外扭矩的变化可实现被单向离合器楔紧不转（变矩工况）及导轮自由旋转的耦合工况。闭锁离合器为单片油压自动作用式。当控制闭锁离合器的电磁阀通电时，闭锁离合器接合，变矩器的泵轮和涡轮锁紧在一起，发动机到变速器为机械直接传动，以提高传动效率。

行星式动力换挡变速器 5 设有 8 个前进挡和一个倒退挡。当变速器在 III 挡到 VIII 挡工作时，闭锁离合器自动锁紧；在 I 挡和倒挡工作时，闭锁离合器解锁，动力经液力变矩器 4 传递；在 II 挡工作时，既可实现变矩工况工作，也可在闭锁离合器闭锁工况下工作。用微型计算机根据行驶速度、外负荷和路面情况在 II 挡到 VIII 挡范围内控制变速器实现自动换挡。变速器由前、后两部分组成，前部包括 2 个制动器和 1 个离合器，后部包括 3 个制动器和 1 个离合器。变速器换挡时，其相应接合的换挡离合器、制动器见表 2-3。

各挡接合的离合器及变速比　　表 2-3

挡位	*R*	*N*	I	II	III	IV	V	VI	VII	VIII
前部	*L*	*M*	*L*	*L*	*M*	*H*	*M*	*H*	*M*	*H*
后部	*R*		1st	2nd	1st	1st	2nd	2nd	3rd	3rd
速比	4.58		7.64	4.44	3.45	2.53	2.00	1.47	1.08	1.00

3. 627B 型自行式铲运机传动系统

美国卡特皮勒公司生产的 627B 型自行式铲运机是轮胎式双发动机铲运机，采用全轮驱动，液压操纵、强制卸土、斗容量为 11～16m^3 的中型普通式铲运机。两个发动机采用 3306 型直接喷射式柴油机，单机功率为 166kW。

传动系统分为牵引车与铲运机两部分，利用电—液系统控制牵引车与铲运机的变速器同步换挡，全速同步驱动。

图 2-10 为 627B 型牵引车的传动系统简图。动力由发动机输出，经传动轴驱动液力变矩器泵轮转动，同时还带动 6 个油泵工作。行星动力换挡变速器有 8 个前进挡和一个倒退挡。倒挡、I 挡和 II 挡为手动换挡，此时动力经变矩器输出，以满足机械低速大扭矩变负荷驱动的需要，变速器在 III～VIII 挡之间为自动换挡范围，此时动力直接输出，不经过液力变矩器，以提高传动效率。差速器为行星齿轮式，并设有气动联锁离合器。

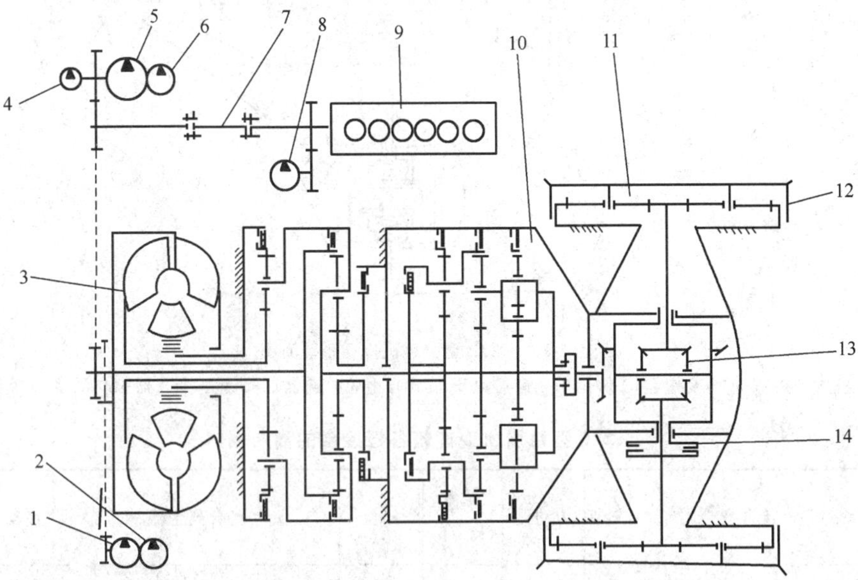

图 2-10　627B 型牵引车传动系统

1-回油油泵；2-牵引变速箱工作油泵；3-液力变矩器；4-缓冲装置油泵；5-工作装置油泵；6-转向系统油泵；7-传动轴；8-飞轮室回油泵；9-牵引发动机；10-牵引变速箱；11-轮边减速器；12-轮毂；13-差速器；14-差速锁离合器

图 2-11 为 627B 型铲运机传动系统简图。铲运机发动机的动力经变矩器传递到行星式动力变速器。铲运机变速器有 4 个前进挡和 1 个倒退挡。铲运机变速器通过电液控制系统与牵引车变速器同步换挡或保持空挡。铲运机的一个前进挡位对应于牵引车的两个前进挡位，见表 2-4。它利用液力变矩器在一定范围内可以自动变矩变速的特点，补偿前、后传动比的不同，保证前后传动系统同步驱动。铲运车采用牙嵌式自由轮差速器。轮边减速器均采用行星齿轮减速。

627B 型牵引车铲运车变速箱挡位配合　　表 2-4

牵引机变速箱	铲运车变速箱	牵引机变速箱	铲运车变速箱
倒挡	倒挡	III 挡和 IV 挡	II 挡
空挡	空挡	V 挡和 VI 挡	III 挡
I 挡和 II 挡	I 挡	VII 挡和 VIII 挡	IV 挡

牵引车变速器共有 7 个液压湿式离合器，5 个行星排(其中倒挡行星排为双行星轮结构)。IV 号为旋转离合器，其余均为制动离合器。该变速器实现各挡位的运动时，相应接合的离合器或制动器见表 2-5 所示。

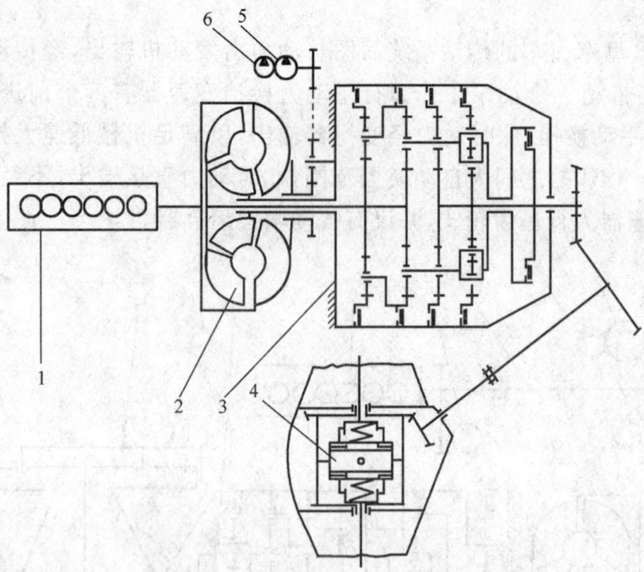

图 2-11　627B 型铲运机传动系统简图

1-铲运机发动机；2-液力变矩器；3-铲运车变速器；4-牙嵌式自由轮差速器；5-铲运车变速器工作油泵；6-回油油泵

627B 型牵引机变速箱各挡接合的离合器　　表 2-5

挡位	接合离合器							传动比	车速(km/h)	挡位	接合离合器							传动比	车速(km/h)
倒挡(R)	I						VII	6.75		IV 挡		II				VI		3.74	15
空挡(N)				IV						V 挡			III		V			2.55	23
I 挡	I					VI		10.93	3	VI 挡		II			V			1.87	28
II 挡	I				V			5.46	5	VII 挡			III	IV				1.36	39
III 挡			III			VI		5.11	8	VIII 挡		II		IV				1	55

三、转向装置及转向操纵

现代轮胎式自行铲运机大多采用铰接式双作用双油缸动力转向。有带换向阀非随动式和四杆机构随动式两类，随动式又有机械反馈和液压反馈之分。

双作用双油缸装在牵引转向枢架和辕架曲梁上的牵引座之间，油缸与活塞杆分别与转向枢架和牵引座铰接。当一液压缸活塞杆伸出，另一液压缸活塞杆收进时，可使自行式铲运机活塞杆收进的一侧转向。

1. CL7 型铲运机转向系统

CL7 自行式铲运机转向系统如图 2-12 所示。它由球面蜗杆滚轮式转向器 2、常流式非随动转向操纵阀 1、转向油泵 4、滤油器 5、双作用安全阀 9、换向阀 8、换向曲臂 11、辕架牵引座 6、牵引机转向枢架 10 等组成。

铲运机在转向过程中，随着转角的增加会出现 O、D、K 或 O、B、C 三点成一直线的情况，称为死点位置，这时相应的液压缸的活塞杆需改变原来的运动状态，缩进的油缸变为外伸，方可使转向持续进行。这一特殊要求在结构上是通过换向曲臂抵压换向阀来实现，达到继续转向的目的。其原理可参阅图 2-12 和图 2-13。图 2-13 中溢流阀的限制压力为 10MPa，双作用安全阀是用来消除道路不平，驱动轮碰到障碍物而引起的冲击负荷。

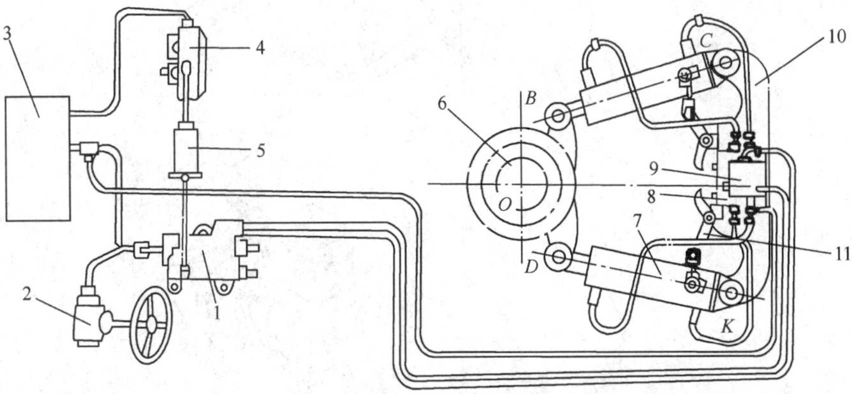

图 2-12　CL7 型自行式铲运车转向系统

1-转向操纵阀；2-转向器；3-油箱；4-转向油泵；5-滤油器；6-辕架牵引座；7-转向油缸；8-换向阀；9-双作用安全阀；10-牵引机转向枢架；11-换向曲臂

2. WS16S-2 型铲运机转向系统

WS16S-2 型自行式铲运机转向系的转向机构杆系如图 2-14 所示，铲斗绕上下垂直铰销 4 相对于牵引车回转实现铲运机的转向，采用机械反馈随动式动力转向，如图 2-15 所示。

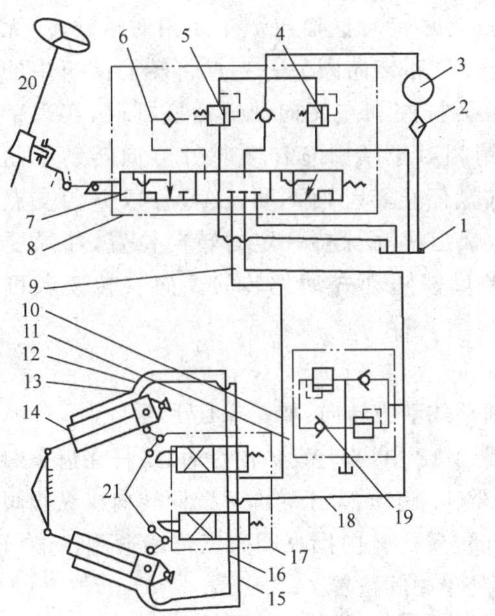

图 2-13　CL7 型铲运机转向液压系统

1-油箱；2-滤油器；3-油泵；4-溢流阀；5-流量控制阀；6-控制油路；7-分配阀；8-分配阀组；9、10、12、13、15、16、18-外管路；11-双作用安全阀；14-转向油缸；17-换向阀；19-单向阀；20-转向器；21-换向曲臂

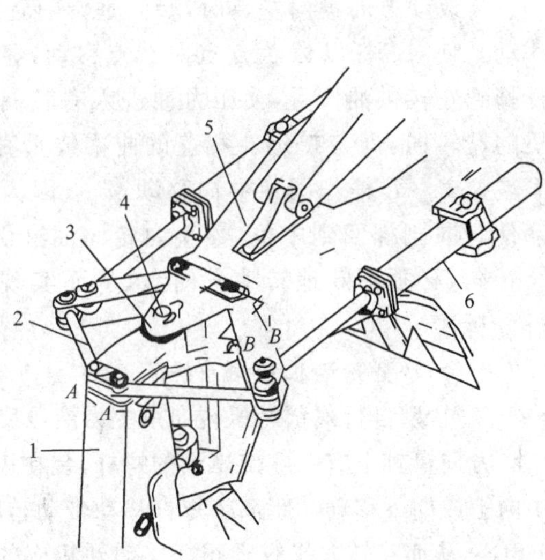

图 2-14　WS16S-2 型铲运机转向机构杆系

1-转向枢架；2-连杆；3-杠杆；4-牵引车与铲斗之间的垂直铰销；5-辕架；6-左转向油缸

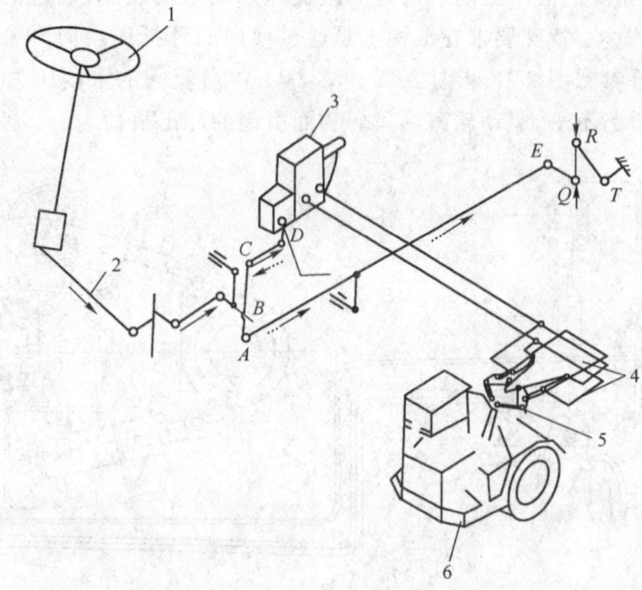

图 2-15　WS16S-2 型铲运机转向系统

1-转向器;2-随动杠杆系;3-转向控制阀组;4-铲运机;5-油缸六连杆机构;6-牵引车;→转向器左转引起的杆系运动方向 …→随动杆系反馈运动方向(左转)

转向器为循环球齿条齿扇式,其转向垂臂的下端铰接于 AC 上的 B 点。

RQ 轴经托架装在牵引车上,其上装有双臂杠杆,而铰点 T 则刚性地装在铲运斗的曲梁上,位置靠近垂直铰销的左侧。

当扳动方向盘向左转时,转向垂臂随着摆动(此时转向枢架与铲斗无相对运动,A 无法移动),使 AC 杆以 A 为支点向 C 点移动,经连杆 CD 和转向阀另一支点将转向阀组中的阀杆移到左转供油位置,使压力油进入右转向油缸无杆腔和左转向油缸活塞杆腔,实现铲运机的左转向,即与铲运斗相连的曲梁绕垂直主销相对于牵引车作顺时针方向转动。此时 T 点拉着 AE 杆作图示方向移动,B 点因为方向盘停止转动而不动。AC 杆以 B 为支点转动使转向阀杆回到中位,停止向转向油缸供油,铲运机就保持一定的转向位置,如果要继续转向,必须不断地转动方向盘,从而实现机械反馈随动式动力转向。向右转读者可自行分析。

3. 627B 型铲运机转向系统

627B 型自行式铲运机转向系统为液压反馈随动式动力转向,如图 2-16 所示。

方向盘轴上有一左旋螺纹的螺杆,装在齿条螺母 12 中,当转动方向盘时,螺杆在齿条螺母中向上或向下移动一距离。螺杆移动带动转向垂臂 11 摆动,由于转向垂臂同转向操纵阀阀杆 9 相连,从而将转向操纵阀阀杆移动到相应的转向位置。转向操纵阀为三位四通阀,有左转、右转和中间 3 个位置,方向盘不动时,转向操纵阀处于中间位置。

输入随动油缸 4 的缸体和活塞杆分别铰接于牵引车和铲运机上,装在转向枢架左侧。输出随动油缸 3 的缸体铰接在牵引车上,活塞杆端过扇形齿轮 14 连杆与转向器杠杆臂相连。

转向时,输入随动油缸 4 的活塞杆向外拉出或缩回,将其小腔的油液或大腔的油液压入输出随动油缸 3 的小腔或大腔,迫使输出随动油缸 3 的活塞杆拉着转向器杠杆臂及扇形齿轮 14

转动一角度，从而使与扇形齿轮 14 啮合的齿条螺母 12 及螺杆和转向垂臂 11 回到原位，转向操纵阀阀杆 9 在转向垂臂 11 的带动下回到中间位置，转向停止。因此，方向盘转一角度，牵引车相对铲运机转一角度，以实现随动作用。

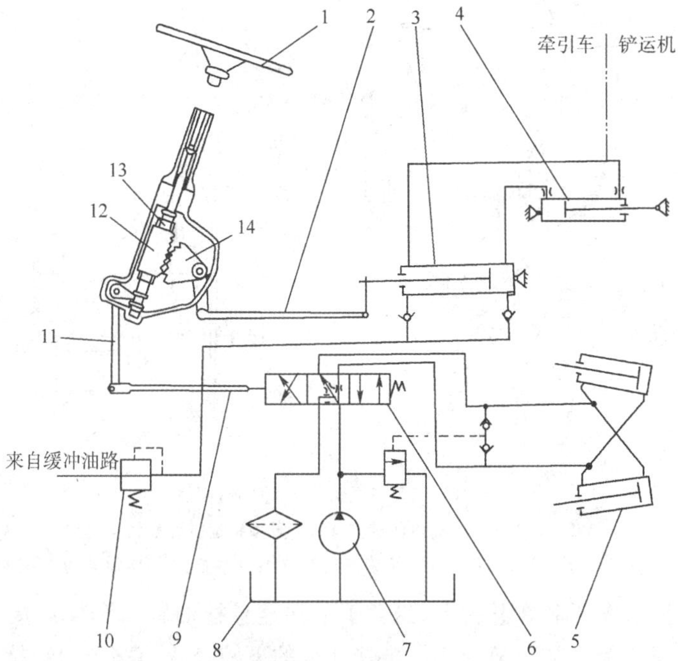

图 2-16　627B 型铲运机液压转向系统

1-方向盘；2-扇形齿轮连杆；3-输出随动油缸；4-输入随动油缸；5-转向油缸；6-转向阀；7-转向油泵；8-液压油箱；9-转向操纵阀阀杆；10-补油减压阀；11-转向垂臂；12-齿条螺母；13-转向螺杆；14-扇形齿轮

来自缓冲油路的压力油经补油减压阀 10 进入随动油缸以补充其油量。

综合以上 3 种转向形式可以看出，CL7 型铲运机采用的带换向阀非随动式转向系统由于没有随动作用，操纵比较困难；而 WS16S-2 型铲运机采用的机械式反馈四杆机构随动式转向系统虽操作性能好，但其铰点及杆系多，结构复杂；627B 型铲运机采用的液压式反馈机构随动式转向系统结构质量好，操作性能好，比机械式反馈更有应用价值。

四、悬挂系统

自行式铲运机在铲装作业过程中需要采用刚性悬挂的底盘使铲运工作稳定，铲装土壤效率高，但在运输和回驶过程中，还采用刚性悬挂，就会影响到运行速度的提高，且机械的振动较大，显然这样会极大地影响到铲运机的生产效率，降低其使用寿命。

自行式铲运机在铲装作业时要求底盘为刚性悬挂，高速行驶时要求底盘为弹性悬挂这一矛盾从油气式弹性悬挂在重型汽车上采用以来得到了解决。20 世纪 60 年代以来，出现了两种结构形式的弹性悬挂：一种是日本小松公司和美国通用汽车公司生产的铲运机上采用的弹性悬挂；另一种是美国卡特皮勒公司生产的铲运机上采用的弹性转向枢架，如图 2-17 所示。

1. 油气弹性悬挂

小松公司的自行式铲运机和美国通用汽车公司的 TS-24B 型铲运机的牵引机，都采用了油气弹性悬挂。WS16S-2 型铲运机的全部车轮都经油气悬挂装置悬挂在车架上。图 2-17a)为牵引车悬挂部分原理图，其铲运车悬挂部分与之相仿。图 2-18 为悬挂系统气液控制原理图。

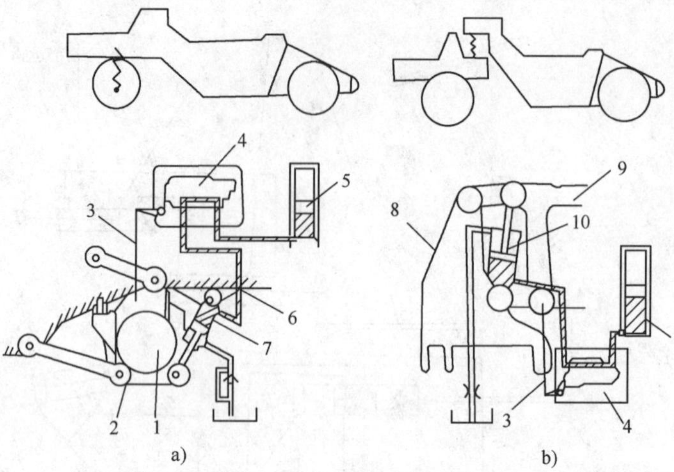

图 2-17　两种不同结构形式的弹性悬挂

a)WS16S-2 型铲运机弹性悬挂；b)621E 型铲运机弹性转向枢架

1-前桥；2-悬臂；3-随动杆；4-水平阀；5-储能器；6-牵引车机架；7-悬挂油缸；8-转向枢架；9-辕架曲梁；10-减振油缸

由图 2-17a)可见，车桥装在悬臂上，悬臂于前端经悬挂油缸与车架连接，后端用一个铰与车架铰接，上端也用一个铰与车架铰接。悬挂油缸的下腔经止回阀与油箱接通，故下腔中的油液没有压力。

WS16S-2 为气控液压悬挂，装有悬挂锁定机构，可以方便地将弹性悬挂装置锁住使机身稳定。例如，在工地用铲运机铲装或刮平地面时，就把弹性悬挂锁住便成刚性悬挂。此外悬挂还装有自动控制水平机构。左右前轮为独立悬挂，后轮为共同悬挂。

悬挂锁定机构如图 2-18 所示，当悬挂操纵阀 11 关闭(图 2-18 中 10 处右位)，电磁阀电路被切断，电磁铁失去磁性作用而电磁阀打开，使压缩空气从储气筒经梭阀 17 和速放阀 16 进入汽缸 14 的小腔，活塞杆缩入汽缸。这一动作使液压水准阀 5 的阀杆移位，将悬挂油缸 3 的大腔经液压水准阀 5 和液压油箱接通，而关闭通向蓄能器 6 的油路。这时，悬挂成为刚性悬挂。

当悬挂操纵阀 11 开启(图 2-18 中 10 处左位)，电流接通激励电磁铁使电磁阀关闭，压缩空气从储气筒经电磁阀 10 和上水平控制阀 20(此时摇臂 19 压着它而换位工作，详见水平控制机构)、梭阀 17 进入汽缸 14 的大腔。由于汽缸 14 的活塞杆向外推出，液压水准阀 5 的阀杆的换位，使悬挂油缸 3 的大腔进油，最后液压水准阀 5 定位在将油泵来油泄回油箱的位置。这时，悬挂油缸 3 活塞的位移给予蓄能器 6 中压缩氮气以不同的压力，形成有效的弹性，使悬挂成为弹性悬挂。而受压的油液根据行驶时的冲击和振动，在悬挂油缸 3 和蓄能器 2 之间来回流动。

此外，当主开关(图 2-18 中未示出)关闭，也与悬挂操纵阀 11 关闭的作用相同，即蓄能器 6 的油路闭锁，悬挂油缸 3 的大腔与油箱通连，铲运机以刚性悬挂的方式停放。

WS16S-2 型铲运机油气水平控制机构的功用是无论施加在铲运机车轴上的载荷如何变化(如空斗和装载的铲斗)，可保持铲运机离地间隙是不变的。

水平控制机构的工作原理参见图 2-18。当悬挂油缸 3 的活塞杆在某一负荷作用下缩回到

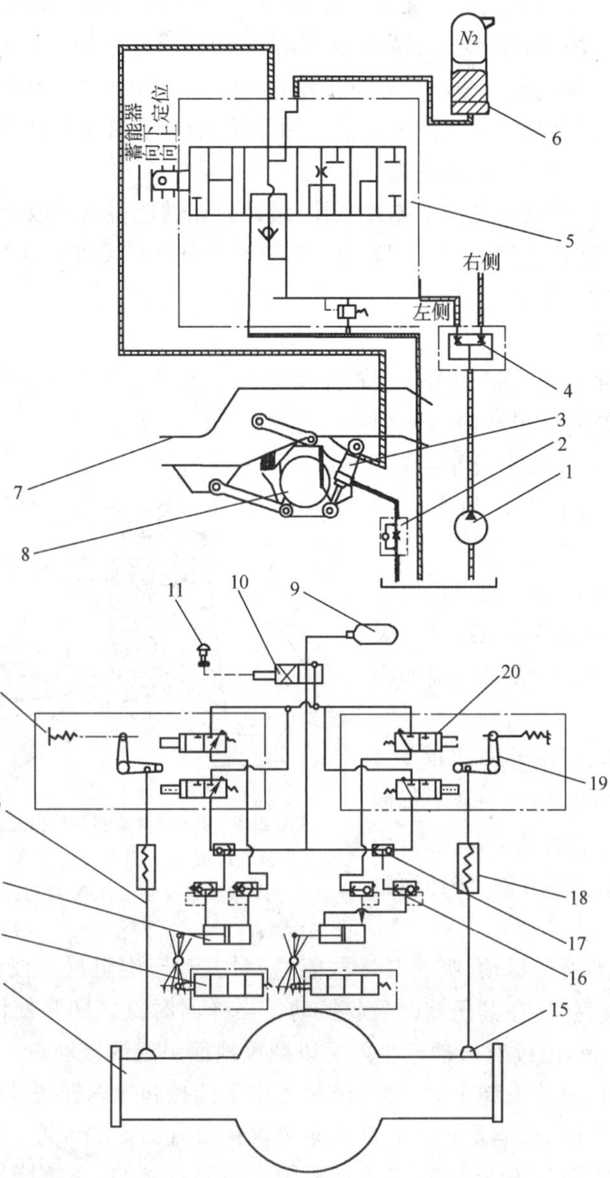

图 2-18　WS16S-2 型铲运机悬挂系统

1-油泵；2-单向节流阀；3-悬挂油缸；4-分流阀；5-液压水准阀；6-蓄能器；7-车架；8-前桥；9-储气罐；10-电磁阀；11-悬挂操纵阀；12-控制箱；13-随动杆；14-气缸；15-悬臂；16-速放阀；17-梭阀；18-弹簧衬套链节；19-摇臂；20-上水平控制阀

某种程度，车架 7 和悬臂 15 之间的距离随之减小，使得连接悬臂 15 和装在机架上控制箱 12 之间的随动杆 13 向上移动。由于水平控制阀 20 装在控制箱上，随动杆 13 向上移动时带动摇臂 19 压向上水平控制阀 20，使上水平控制阀 20 换位（以图 2-18 中左侧为例），压缩气从储气罐 9 经电磁阀 10（此时在左位）、左上水平控制阀 20（在左位）、梭阀 17，进入汽缸 14，汽缸活塞杆向左移动，带动液压水准阀 5 换“向上”位工作，压力油经液压水准阀 5 进入悬挂油缸 3 的上腔，活塞杆外伸，使车架 7 和悬臂 15 之间的距离增加，随动杆 13 拉动摇臂 19 逐渐离开左上水平控制阀。当悬挂油缸 3 的活塞杆回复到其原来的位置，随动杆 13 也回复到原来位置，左上水平控制阀又恢复右位工作，汽缸 14 在右腔密封气体压力的作用下复位，液压水准阀 5 也回复到“定位”位置。由刚性悬挂变弹性悬挂时也有上述这样一个动作过程。

当铲运机卸铺土壤时，因铲运机减载，悬挂油缸的活塞杆外伸（压力油从蓄能器中补入），车架和悬臂之间的距离增加。随动杆向下拉动，导致液压水准阀的阀杆向内移动到另一位置。这时，阀内的油路使得悬挂油缸大腔中的油流回油箱，悬挂油缸中的活塞杆逐渐缩回。如此循环往复，使铲运机始终处于一定的高度。

由于 WS16S-2 型铲运机采用了弹性悬挂，缓冲减振性能得到了改善，使之行驶平稳，从而作业循环时间缩短，延长了轮胎的使用寿命，且在铲装作业时又可以实现刚性悬挂，防止铲斗出现摇摆和铲装困难现象。

2. 弹性转向枢架

自行式铲运车牵引车与铲运车是用转向枢架相连在一起。转向枢架与铲运车之间用一个垂直铰销铰接，以实现机械转向。转向枢架与牵引车之间由一水平铰销铰接，使牵引车与铲运车可有一定的横向摆动。

美国卡特皮勒公司生产的自行式铲运机的转向枢架与铲运车辕架之间，设计了减振式连接装置，其结构原理如图 2-19 所示。

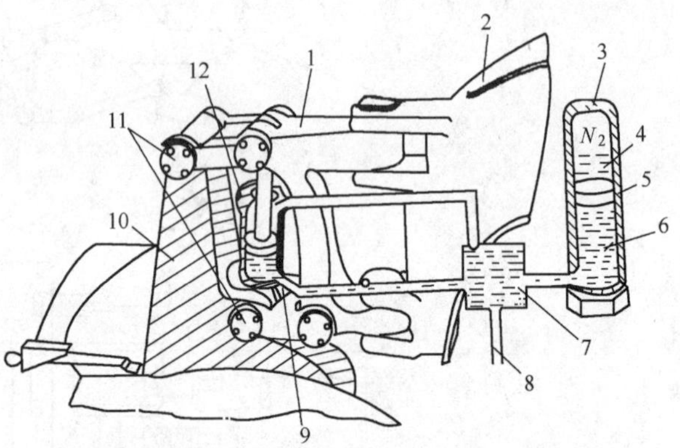

图 2-19　自行式铲运机的减振式连接装置构造与原理

1-后转向枢架；2-辕架；3-蓄能器；4-氮气；5-浮动活塞；6-油液；7-水平控制阀组；8-液压系统来油；9-节流孔；10-前转向枢架；11-水平铰；12-缓冲油缸

在前转向枢架 10 和后转向枢架 1 之间，用两个连杆相连，构成一套平行四连杆机构，具有一个自由度。这个自由度的运动由缓冲油缸 12 节制，缓冲油缸的下腔为工作腔。

节流孔 9 限制油液的脉动，吸收其一些能量，对振动产生阻尼。液流进入蓄能器 3，强制活塞向上移动，压缩氮气，在其压缩时吸收振动。当弹回时氮气膨胀使活塞下移，液流经节流孔 9 流回缓冲油缸 12，继续对振动产生阻尼以减缓地面引起的振动。

在自行式铲运机铲装或卸土时，驾驶员只要推下选择阀操纵杆使油路闭锁，弹性减振式连接装置即转为刚性系统，以满足铲装和卸土时要求铲刀有固定的位置。

减振式连接装置装有安全装置，在发动机熄火时自动断路，系统降压，铲运车辕架 2 连同后转向枢架 1 落到下位，抵在止动块上。

水平控制阀组起控制液流通向蓄能器及油缸大腔的作用。

卡特皮勒公司生产的 627B 型铲运机的连接缓冲装置的结构外形及液压系统如图 2-20 所示。

水平控制阀组包含一先导组合阀及一定位组合阀。二者用螺栓连接成一体装在弹性连接装置处，如图 2-20a）所示。它经选择阀 19 由压力油控制，又经装在下前铰点上的板弹簧 6 机械地控制定位阀 22 的阀杆（二者铰接）。

油缸单向阀 17 的作用是在选择阀处于“锁定”位时，或在铲运斗引起的抬起力作用时，防止油缸活塞杆向外过于伸出。

选择阀 19 常用二位，即“弹性”位和“锁定”位，发动机启动前及熄火后，选择阀因弹簧 1 的作用，可自动回到“锁定”位置。

单向阀 14 有两个作用：其一，使基本油路有油压；其二，当发动机熄火时，选择阀仍在“弹性”位，切断蓄能器的压力油返流回油泵供油路。

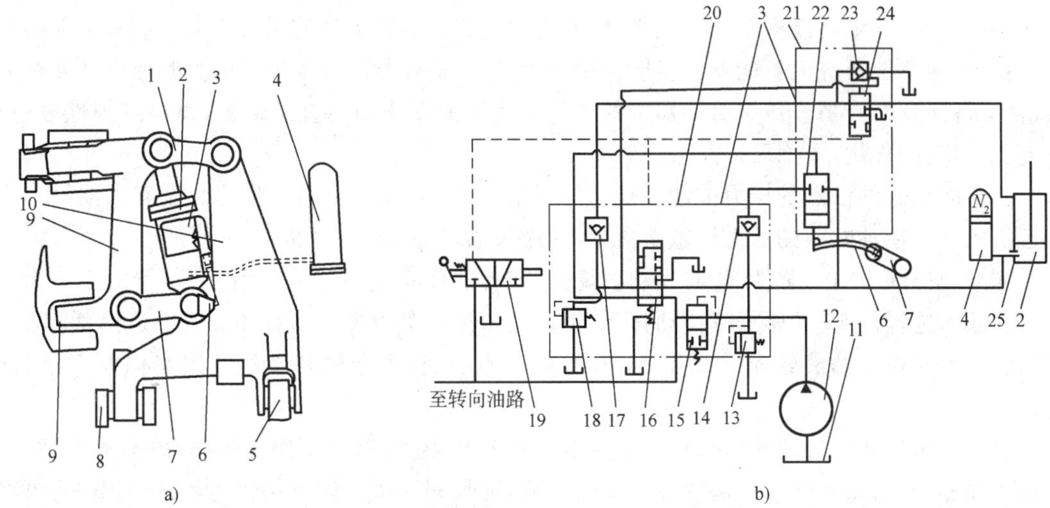

图 2-20　627B 型铲运机连接缓冲装置

a)外形；b)液压系统

1-上连杆；2-缓冲油缸；3-水平控制阀组(包括 20、21 两部分)；4-蓄能器；5-牵引车架；6-板弹簧；7-下连杆；8-铲运机枢架；9-后转向枢架；10-前转向枢架；11-油箱；12-油泵；13-主溢流阀；14-单向阀；15-放油阀；16-先导阀；17-油缸单向阀；18-溢流阀；19-选择阀(在驾驶员室)；20-先导阀组；21-定位组合阀；22-定位阀；23-锁定单向阀；24-先导阀；25-节流孔口

溢流阀 18 的作用是，当选择阀从“弹性”位换到“锁定”位，以及蓄能器的氮气消失时，防止油压过高。

当先导阀杆 16 因将选择阀置于“弹性”位而换上位工作时，关闭了 2 个上通道，即通向定位阀 22 阀杆的通道和连接油缸大小腔的通道。

主溢流阀 13 用来防止油压过高以保护各元件。

当发动机熄火或选择阀 19 拨到“锁定”位置(图示左位)时，缓冲油缸 2 总是全部缩进去。

当发动机启动，选择阀 19 在“锁定”位时，油从油箱 11 经泵 12 及油管进入控制阀，使单向阀 14 和放油阀 15(换上位)打开通道使油液分流。一部分油液经单向阀 14 和油道流向定位阀 22。另一部分油液经油道流向定位阀 22 阀杆的顶部。其余部分油液经油管流向选择阀 19。到阀杆顶部的压力油迫使定位阀 22 换上位工作。这时，蓄能器 4 和油缸大腔的油经油管、先导阀 16、油缸单向阀 17，与缓冲油缸 2 的小腔接通。

当选择阀 19 换位到右位(弹性位)时，压力油经选择阀后分为两路：一路到先导阀 24 的底部，先导阀上部的油因先导阀 16 换位泄回油箱，使先导阀 24 换下位工作，缓冲油缸 2 的上腔与油箱接通；另一路进入先导阀 16 的上部，使先导阀 24 换上位工作，沟通了作用在先导阀 24 上部和定位阀 22 上部的油回油箱的通路，先导阀 24 在下部压力油的作用下换下位工作，定位阀 22 在定位弹簧 6 的作用下也换下位工作。此时经单向阀 14 来的压力油进入蓄能器 4 和缓冲油缸 2 的大腔，使油缸活塞杆伸出而铲运机升到“弹性”位。

在缓冲油缸 2 活塞杆逐渐伸出的同时，定位阀 22 的阀杆被绕四连杆右下铰点顺时针旋转的定位板弹簧 6 逐渐往下拉，到铲运机升到“弹性”位时，定位阀 22 又处于上位工作，使压力油不再流向蓄能器 4 和缓冲油缸 2 的大腔。蓄能器 4 底部的油压和其上部密封氮气压力相等。

当铲运机运行时，因地面不平而上下运动，选择阀 19 扳到“弹性”位时，封闭的油液则在缓冲油缸 2 的大腔和蓄能器 4 之间往返流动。当油缸 2 的活塞杆缩入，油液挤入蓄能器，将蓄能器活塞向上推，压缩蓄能器上部的氮气，使其压力增高到活塞上部的压力稍大于活塞下部的油压为止，油液不能再进入蓄能器。蓄能器回弹时，油液被强行压回油缸 2 的大腔而使活塞杆伸出，铲运行回到“中位”。压缩蓄能器中的氮气和氮气的反作用的直接结果，就得到弹性效应。节流孔口 25 的作用，上面已提及。

当蓄能器来的油液的压力推动油缸 2 的活塞向上运动时，油缸小腔的油液流入油箱。当铲运机的重力使油缸 2 的活塞杆重新落下，油液从油箱补入油缸小腔。

如果选择阀 19 在“弹性”位时发动机熄火，或者油压系统中的油压消失（不管由于什么原因所引起），选择阀 19 的阀杆将自动移到“锁定”位，铲运车的重力和氮气的压力迫使蓄能器 4 和油缸 2 大腔中的油液经先导阀流 16 入油缸 2 的小腔，多余的油液经锁定单向阀 23 流回油箱。

加装了减振式连接装置的自行式铲运机优点明显，它可以提高作业效率，改善操作性，提高舒适性和安全性；可使机械部件少受冲击负荷，延长其寿命，减少停机时间和修理费用；可在一定程度上防止运土道路形成搓板路，节省养路时间和费用；可以在长距离运土时，容易达到并保持其较高的运行速度；某些结构件可以铸代焊，减少焊接应力以提高强度。

上面介绍的弹性悬挂与弹性转向枢架两者的结构，如果从原理上分析，前者的缓冲减振性能应优于后者，但其零部件数也较多，结构较复杂。

第三节　自行式铲运机工作装置

一、转向枢架

自行式铲运机靠转向枢架来实现牵引机与铲运车的连接。转向枢架一般通过一垂直铰与辕架相连，允许牵引机相对于辕架、铲运斗及后轴向左右各转一定角度，使转弯半径尽可能小。转向枢架下部还通过一纵向水平铰与牵引机相连，使牵引机可绕水平铰轴线相对于辕架左右各摆动一定角度，以保证铲运机在不平地面作业时牵引轮可同时着地。以 627B 型铲运机为例，其转向枢架的结构如图 2-20a）所示。它由前转向枢架 10、后转向枢架 9、两根连杆 1、7 和一个用来作为缓冲用的油缸 2 等组成。前转向枢架 10 下部与牵引车机架 5 通过同一轴心的两个纵向水平铰相连，其上端与连杆 1 铰接，中后部与连杆 7 和缓冲油缸 2 缸体铰接。后转向枢架 9 前端上部与连杆 1 及缓冲油缸 2 的活塞杆铰接。两个连杆及前、后转向枢架构成一平行四连杆机构，用作缓冲装置。后转向枢架后部上、下端通过同心轴的两个垂直销与辕架相铰接。

WS16S-2 型铲运机的转向枢架上端与辕架通过同一轴心的两个垂直销铰接，如图 2-14 所示；下部在与牵引机之间采用一种独特的四杆机构式连接，如图 2-21b）所示。

转向枢架和牵引机的连接，绝大多数铲运机用纵向单水平铰沿纵轴布置，如 627B 型铲运机，允许牵引机相对于转向枢架及铲运车作横向摆动，而另用限位块限制其摆动量为 $\pm 15° \sim \pm 20°$，如图 2-21a）所示。这种纵向单铰连接的缺点是横向稳定性差，因为当牵引机一侧轮胎落入凹处，铲运车经转向枢架作用到牵引机上的重力（垂直载荷）W 的横向分力为

W_x 形成力矩 $W_x \cdot H$。此力矩使落在凹处的轮胎加载，轮胎变形增加；而另一面的轮胎减载轮胎变形减小。因此，牵引机就更加倾斜。如此恶性循环，直到挡块相抵，落在凹处的轮胎才不再加载。

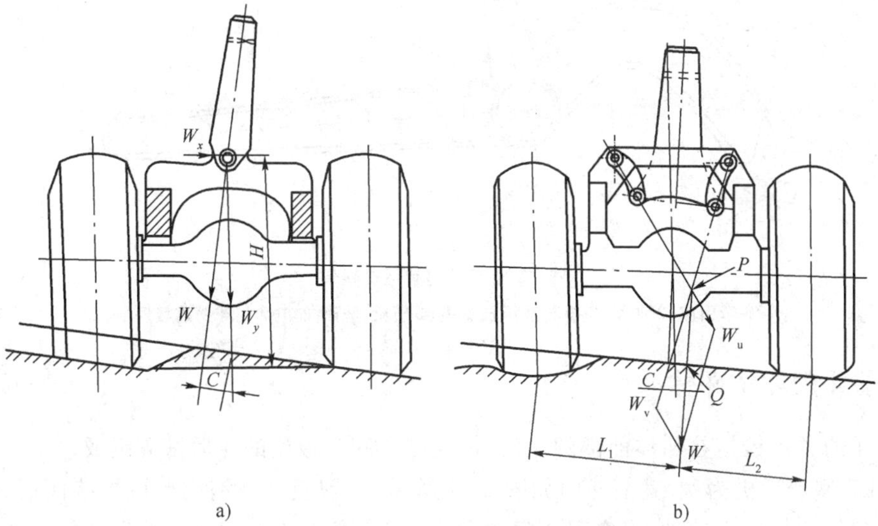

图 2-21　转向枢架和牵引机的连接示意图

a)纵向单铰连接；b)四杆机构连接

四杆机构悬挂式铲运机，当牵引机一侧轮胎一旦落入凹处，四杆机构即以如图 2-21b)所示方式变位，转向枢架向未落入凹处的轮胎横移。前轴所受铲运机重力的合力作用到 P 点，使落在凹处的轮胎荷重减少，另一侧的荷重增加，牵引机可减小倾斜，在崎岖地面上运行时的稳定性因此提高。

以 CL7 型铲运机为例，其工作装置(即铲运车)靠转向枢架(图 2-22)与牵引车相连接。转向枢架由上、下立轴、枢架体、水平轴等组成。枢架体 3 的下部带有向下的凹口，可通过水平轴 6 安装在牵引机后部的牵引梁 5 上。枢架体上部带有向后的凹口，可通过下立轴 1 和上立轴连接着辕架曲梁前端的牵引座 2，这样就使铲运车和牵引机呈铰接状态，利于转弯。

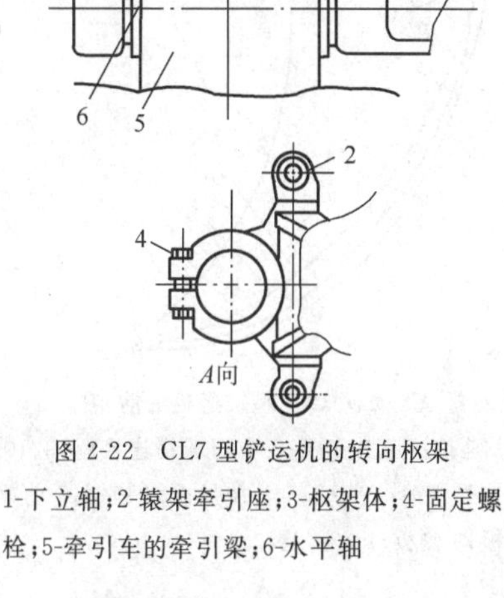

图 2-22　CL7 型铲运机的转向枢架

1-下立轴；2-辕架牵引座；3-枢架体；4-固定螺栓；5-牵引车的牵引梁；6-水平轴

二、辕架

辕架主要由曲梁(又称象鼻梁)和“门”形架两部分组成。图 2-23 所示为 CL7 型铲运机的辕架。辕架由钢板卷制或弯曲成形后焊接而成。曲梁 2 为整体箱形断面，其后部焊在横梁 4 的中部。臂杆 5 亦为整体箱形断面，按等强度原则作变断面设计，其前部焊在横梁 4 的两端。辕架横梁 4 在作业时主要受扭，故作圆形断面设计。连接座 6 为球形铰座。

其他机型的辕架与 CL7 型铲运机的辕架均相似，只不过是有的机型在曲梁上或横梁上多加一个安装斗门油缸的支架。

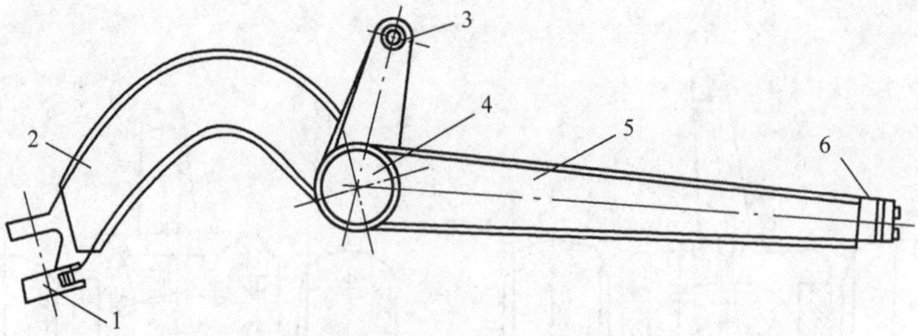

图 2-23　CL7 型铲运机辕架

1-牵引座；2-曲梁；3-提斗液压缸支座；4-横梁；5-臂杆；6-铲斗球销连接座

三、前斗门和铲斗体

铲运斗通常由铰接在斗体前部的斗门、铲斗体作卸土板用的斗后壁等组成。

以 CL7 型铲运机为例，其前斗门如图 2-24 所示，由钢板及型钢成形后焊接而成。前斗门可绕斗门球销连接座 2 转动，以实现斗门的启闭。斗门侧板 9 可将斗门体和斗门臂 11 连为一体，又可加强斗门体的强度和刚度。

铲斗体的结构如图 2-25 所示，为钢板和型钢焊接而成，是具有侧壁和斗底的箱形结构。左、右侧壁中部各焊有前伸的侧梁 3，铲运斗横梁 2 则焊接在侧梁的前端，横梁两边焊有提斗液压缸支座 1。斗门臂球销支座 5、斗门液压油缸支座 6 和辕架臂杆球销支座 7 均焊接在斗体侧壁 8 上。两侧壁内侧上方焊有导轨 4，以引导卸土板滚轮沿轨道滚动，进行正常的卸土作业。

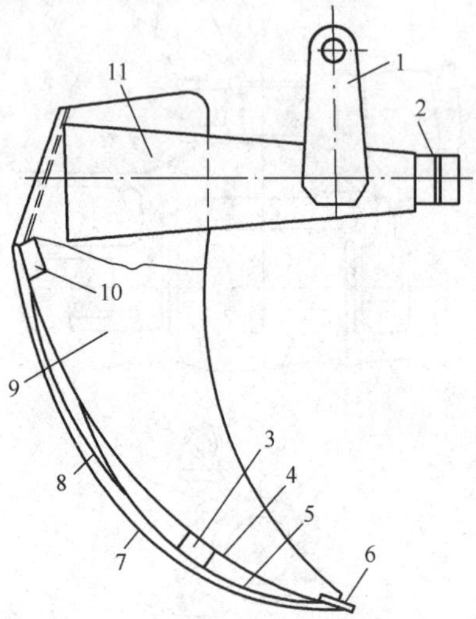

图 2-24　CL7 型铲运机的前斗门

1-斗门液压缸支座；2-斗门球销连接座；3、10-加强槽钢；4-前壁；5、8-加强板；6-扁钢；7-前罩板；9-侧板；11-斗门臂

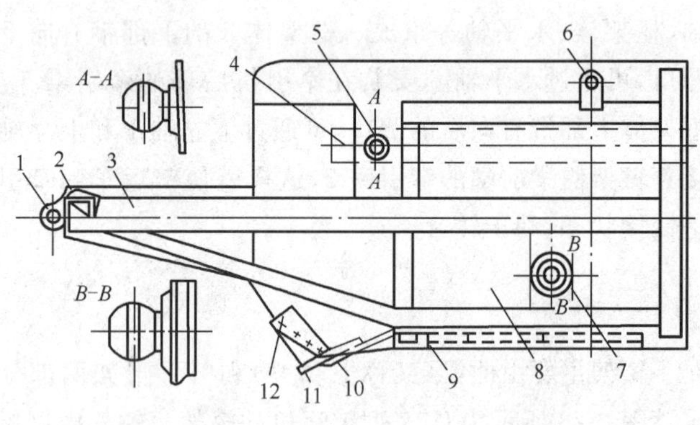

图 2-25　CL7 型铲运机的铲斗体

1-提斗液压缸支座；2-铲运斗横梁；3-侧梁；4-内侧导轨；5-斗门臂球销支座；6-斗门液压油缸支座；7-辕架臂杆球销支座；8-斗体侧壁；9-斗底；10-刀架板；11-前刀片；12-侧刀片

CL7 型铲运机的尾架如图 2-26 所示，它由卸土板 1 和刚架 2 两部分构成。卸土板为铲运斗后壁，与左、右推杆 8，上、下滚轮 12 和 9 及导向架 3 焊为一体，可以在液压缸的作用下，前后往复运动，以完成卸土动作。4 个限位滚轮 5 的支架焊在导向架 3 的后端，卸土时沿尾架上的导轨滚动。上滚轮 12 沿铲斗侧壁导轨（图 2-25 所示）滚动，下滚轮 9 沿斗底滚动。

刚架 2 为一立体三角架，与铲斗体后部刚性连接，铲运机的后轮支承在刚架上。刚架后端的顶推板 4 可供其他机械助铲用。两只卸土液压油缸安装在前推座 7 和支座 6 之间，以实现卸土板前后方向的推移，而完成卸土。

斗门自装式铲运机是利用斗门的扒土运动实现将铲斗刃切削下的土装入铲斗内。其斗门部分由斗门及斗门杠杆、斗门油缸等组成，如图 2-27 所示。

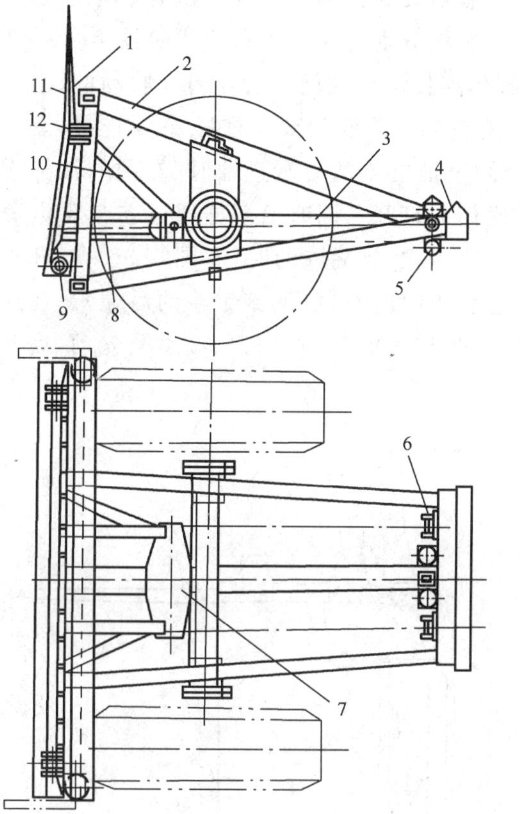

图 2-26　CL7 型铲运机的尾架

1-卸土板；2-刚架；3-导向架；4-顶推板；5-限位滚轮；6-液压缸后支座；7-液压缸前推座；8-左、右推杆；9-下滚轮；10-上推杆；11-推板；12-上滚轮

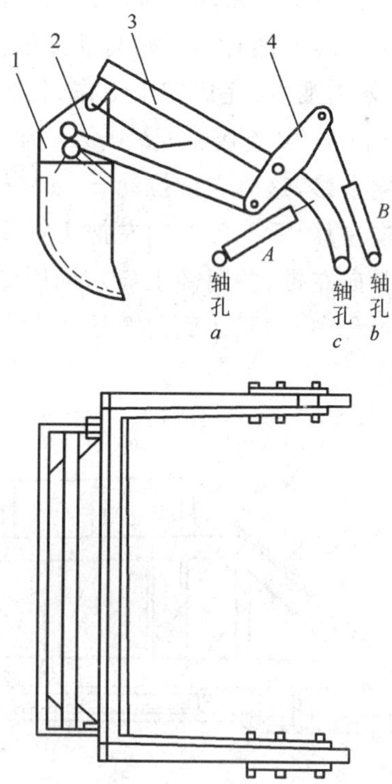

图 2-27　斗门自装式铲运机斗门及斗门杠杆

1-斗门；2-拉杆；3-斗门臂；4-摇臂

轴孔 a、b、c 分别与铲斗侧壁上的相应轴销连接，斗门运动由 A、B 两油缸完成。A 缸活塞杆伸缩使斗门绕 b 孔转动而升降。B 缸活塞杆伸缩通过摇臂 4 和拉杆 2 使斗门收闭或张开。斗门收闭与上升是通过顺序阀控制连续完成的，而斗门张开与下降是通过压力阀控制而连续完成的，其液压换向控制将在液压系统中详细介绍。

斗门自装式型铲运机的铲斗见图 2-28。它主要由对称的左右侧板 6 和前后斗底板 3、13、后横梁 12 组焊成一体，此外两侧对称地焊上辕架连接球轴 9、斗门升降臂连接轴座 10、斗门升降油缸连接轴座 8、斗门扒土油缸连接轴座 11 和铲斗升降油缸连接吊耳 5。铲斗前端的铲刀片 2、铲齿 1 和侧刀片 4 是装配式连接的，磨损后可以拆换。斗底门碰撞块 7 的作用是当斗底活动门向前推动时，活动斗底门前端两侧的杠杆，碰到撞块 7 后就关闭活动板。反之，斗底门后退，活动板就打开。

斗门自装式铲运机的斗底门是一活动部件，如图 2-29 所示。它由 4 个悬挂轮系挂在铲斗两侧的槽子内。轮轴是偏心的，可以调整与铲斗底板的间隙。斗底板的前部是一个活动板 1，可以转动。推拉杆 4 与铲运机后面的推拉杠杆连接。斗底门的作用主要是卸土，活动板 1 在卸土时可以刮平卸下的土。在铲运过程中，活动板在斗体上的碰撞块的作用下关闭。后斗门也是铲斗的卸土板。推拉杠杆是两组 V 形杠杆，如图 2-30 所示。两 V 形杠杆在上端用同一轴心的两铰接连接，下端销轴分别与斗底板和后斗门铰接。两 V 形杠杆在中间上的孔则分别与油缸的活塞杆和缸体连接。斗底门与后斗门是联动的，由一个油缸（卸土油缸）完成卸土动作，其工作原理见图 2-31。斗底门 2 与杠杆 a—e 连接，后斗门 3 与杠杆 a—d 连接。a、b、c、d、e 为铰接点。当卸土油缸 4 的后端进油时（左图），油缸 4 的缸体向右移，这时它就拉动 a—e 杠杆向右，斗底门 2 打开。同时活塞杆通过 b 点推动 a—d 杠杆向左移，后斗门 3 向左把土推到卸土口。油缸 4 的前端进油时（右图），a—e 杠杆把斗底门 2 向左推（关闭卸土口），同时 a—d 杠杆把后斗门向右拉（回到铲斗的后端）。在这一联动过程中，由于斗底门 2 移动力小于后斗门 3 的移动力，所以斗底门 2 总是先动，后斗门 3 后动。

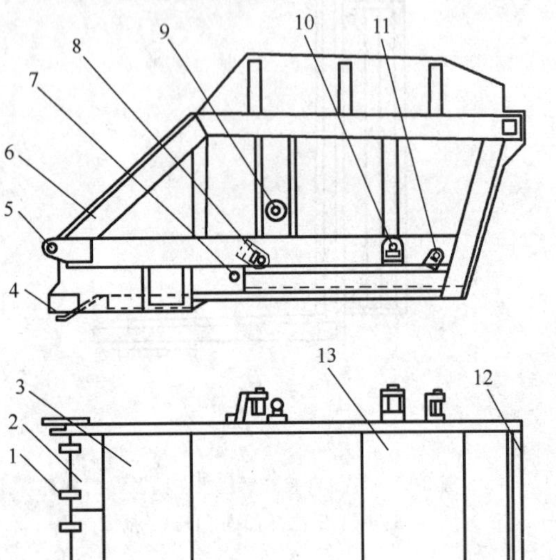

图 2-28　斗门自装式铲运机铲斗

1-铲齿；2-铲刀片；3-前斗底板；4-侧刀片；5-铲斗升降油缸连接吊耳；6-侧板；7-斗底门撞块；8-斗门升降油缸连接轴座；9-辕架连接球轴；10-斗门升降臂连接轴座；11-斗门扒土油缸连接轴座；12-后横梁；13-后斗底板

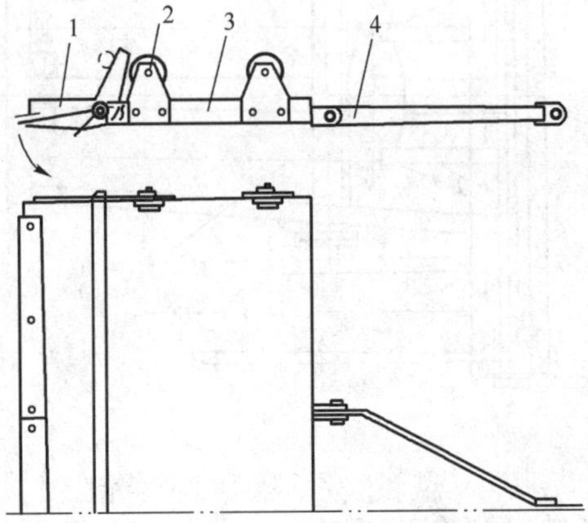

图 2-29　斗底板

1-活动板；2-悬挂轮系；3-底板；4-推拉杆

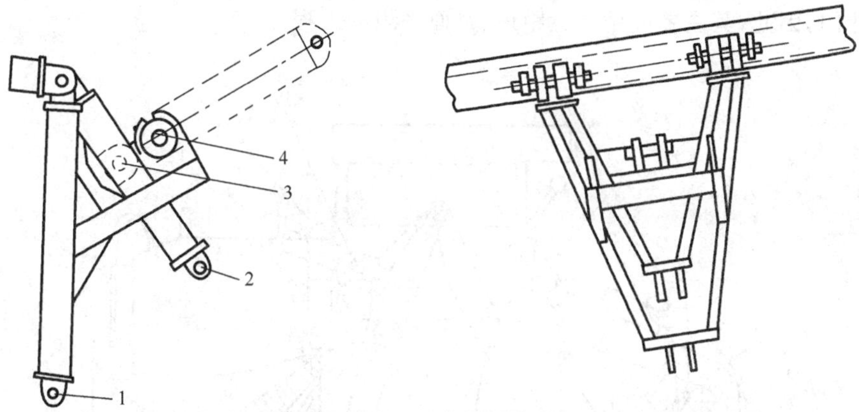

图 2-30　推拉杠杆

1-斗底门铰接孔；2-后斗门铰接孔；3-油缸活塞杆铰接销；4-油缸缸体铰接销

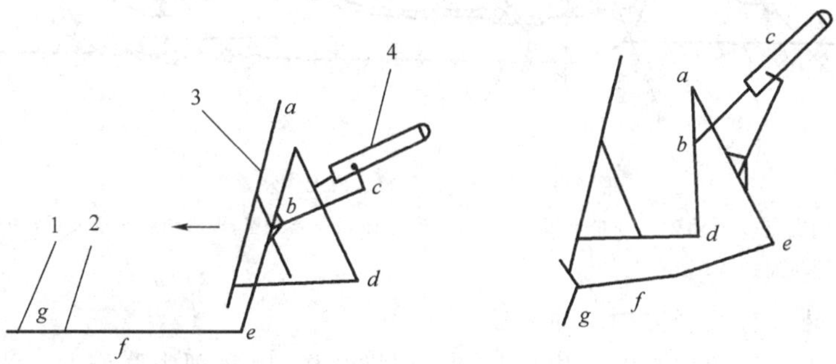

图 2-31　卸土工作原理

1-活动板；2-斗底门；3-后斗门；4-卸土油缸

四、其他形式铲运机工作装置

1. 履带自行式铲运机工作装置

履带自行式铲运机是将铲运斗直接安装在两条履带中间，铲运斗也当作机架用，前面装有辅助推土板，后部装发动机和传动装置。上部是驾驶室，司机座位横向安放，以便前后行驶时观察方便。

铲运斗后部经后轴铰接在左右履带架上，两侧经铲斗油缸和铰支承在履带架上。左右铲斗油缸油路连通时可保证履带贴靠在不平地面上。与轮胎式铲运机比较，履带自行式铲运机的附着牵引力大，接地比压低，纵向尺寸小，作业灵活，进退均可卸土，可填深沟。因为发动机装置较高，也可涉水作业。但因铲运斗宽度受履带的限制，其装土容量一般为 $7m^3$ 以下。当辅助推土板转下来时，可作推土机用。其工作装置如图 2-32 所示。

装土时，铲运机向前行驶，开启斗门并降下斗体底部的切土刀片将土铲起，土壤被强行挤入铲斗。铲斗装满后，将斗提起并关闭斗门，斗中土壤即可运送到卸土场卸出。卸土时可按要求铺土层的厚度，将斗体置于某一高度，开启斗门，前移铲斗后壁，将土强行挤出。

2. 链板装载自行式铲运机工作装置

链板装载自行式铲运机在铲运斗前部刀刃上方装有链板升送装置，用以将铲运斗刀刃切削下的土壤输送到铲斗内，以加速装载过程和减少装土阻力，故可单机作业，不用推土机助铲。

由于其前方斜置着链板升送器，多采用抽底式卸载方式。链板式铲运机因安装了升运装置而无法设置斗门，因此，其主要应用于运距短、路面平坦的工程。

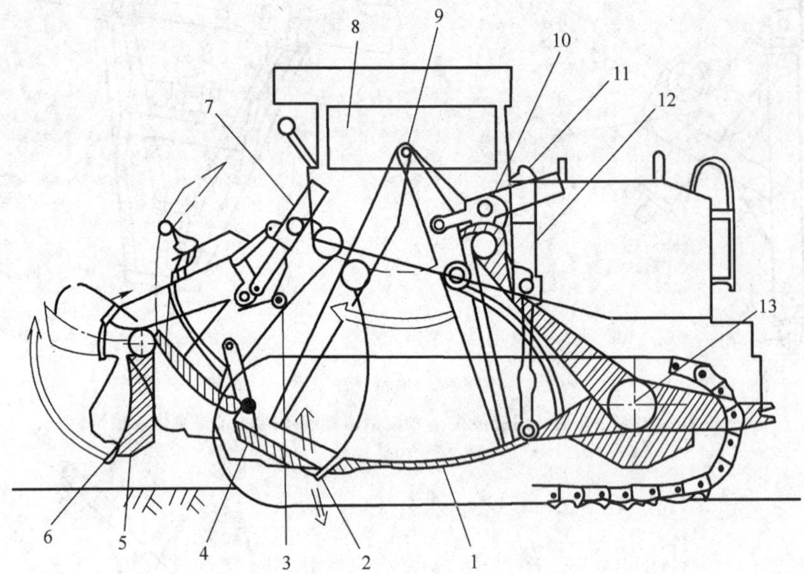

图 2-32　履带式自行铲运机工作装置

1-铲斗；2-刀片；3-斗门支点；4-活动斗门；5-推土板；6-刀片；7-斗门油缸；8-驾驶室；9-活动后斗壁支点；10-活动后斗壁油缸；11-缓冲储气筒；12-铲斗油缸；13-铲斗支点

3. 串联作业的自行式铲运机工作装置

在两台自行铲运机的前后端加装一套牵引顶推装置，以实现串联作业。当前铲运机铲土作业时后机为助铲机，后机铲土作业时，前机可给后机强大的牵引力，从而使铲土时间大大缩短，降低土方成本，如图 2-33 所示。

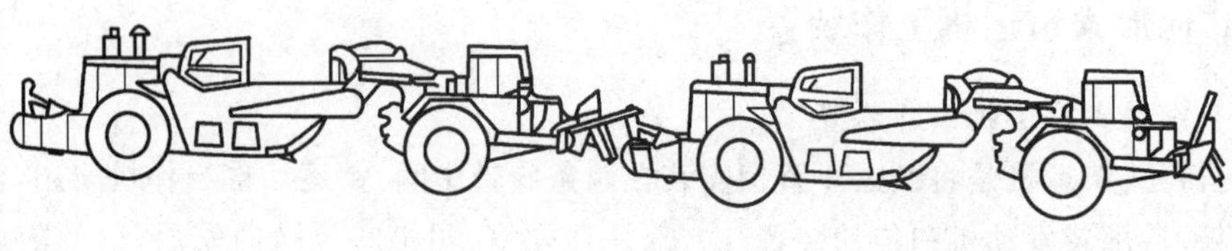

图 2-33　串联作业的自行式铲运机

4. 螺旋装载自行式铲运机工作装置

这种铲运机在铲运斗中垂直安装了一个螺旋装料器，如图 2-34 所示。它把标准式铲运机与链板铲运机结合起来，结构简单，更换迅速，易于在一般铲运机上改装。

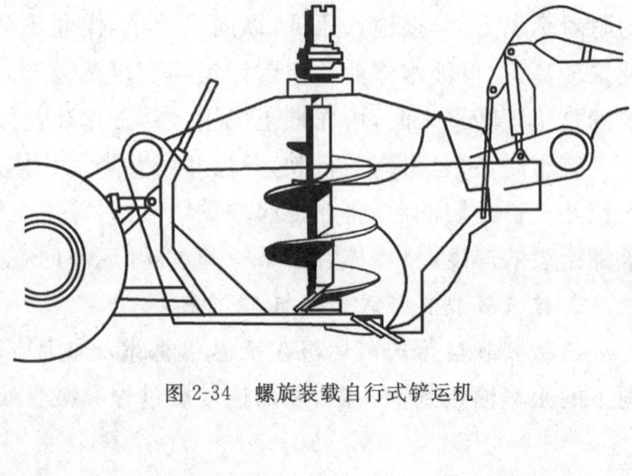

图 2-34　螺旋装载自行式铲运机

螺旋装料器有一套独立的液压系统，包括油泵、液压电动机、冷却器、滤油器、压力油箱及电子气动控制器。轴向柱塞液压电动机经一个行星齿轮减速器驱动螺旋旋转，转速为 35～50r/min。它把刀刃切削下来的物料提升起来并均匀地撒在整个铲斗之内。液压系统采用高压小流量，可在一定转速范围内获得较大转矩。

这种铲运机的优点是：能在较短的时间里自己装满铲斗，作业时尘土较少；由于斗门关闭，能使易流动的物料很好地保持在铲斗内，运输时不致撒漏。螺旋式铲运机的生产率比斗容量相等的链板式或推拉作业的铲运机高10%～30%，而铲装距离减少一半。其运动零件比链板式铲运机少，因而维修保养的时间和费用也少，驱动轮胎寿命是助铲式铲运机的2～3倍。

5.带有双铲刀机构的铲运机工作装置

带有双铲刀机构的铲运机其铲斗的结构特点是：在铲斗后部另设一装料口，并在料口沿整个铲斗宽度装有直刀刃的第二铲刀，故称为双铲刀铲运机。

铲运机可用前铲刀单独作业，也可同时用两个铲刀作业。当用两个铲刀作业时，用液压缸控制后铲刀相对于固定铰摆动，打开有一定切削角的装料口，铲刀切入土表面，同时土进入后部铲斗[如图2-35a)]，前后铲刀能处在同一水平，也可以处在不同的水平面。也可只用前铲刀铲装[图2-35b)]，此时关闭后部装料口，铲运机可按传统的方式作业。

关闭前斗门和后铲刀机构，便形成重载运输状态[图2-35c)]。在液压系统中，控制铲刀机构的液压缸和油管之间装有液压锁，以保证后铲刀机构在举升运输时可靠地关闭。

卸土时，后铲刀机构也可进行卸铺[图2-35d)]。

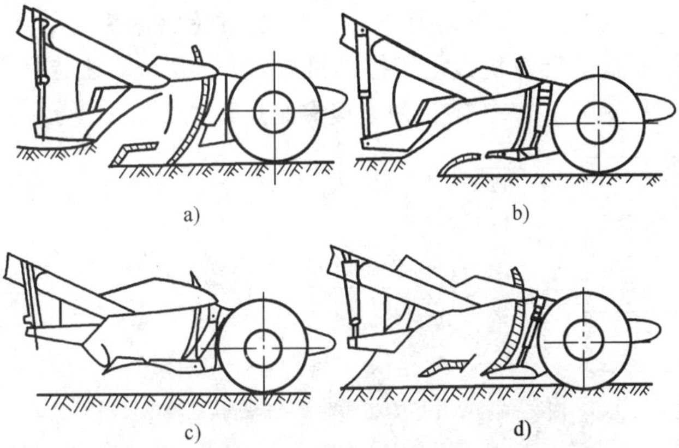

图2-35　双铲刀铲运机的工作循环图

a)用双铲刀铲切土；b)用前铲刀作业；c)运输状态；d)卸土作业

这种形式的铲运机提高了铲装效率，而且保持了普通式铲运机结构简单、工作可靠的优点。

第四节　铲运机的操纵与控制系统

轮胎式自行铲运机在铲装土壤时要求其牵引力大、速度慢、铲装距离短、用时尽量少，而在运土过程和返程时则要求铲运机像运输车辆那样行驶速度快、通过性好、生产率高，这样才能使自行式铲运机在中长距离的土方转移工程中发挥高产、高效的作用。因此，现代轮胎式自行铲运机的变速器采用多挡位、动力换挡的形式较多，且朝着半自动化、自动化换挡方向发展；工作装置的操纵、机械的转向等多采用液压操纵方式。

一、变速控制系统

现代自行式铲运机多采用液力机械传动。其液力机械变速控制系统主要是指动力变速箱、变矩器及闭锁离合器的操纵机构和电液系统。

(一)WS16S-2 型铲运机的变速控制系统

1. 自行换挡系统的基本组成

自动换挡系统有液压式和电液式两种形式。WS16S-2 自行式铲运机采用电液式自动换挡系统,其基本组成为:

(1)供油系统。由油滤器、油泵、变矩器、减压阀、背压阀、定压阀、锁止阀、顺序阀、冷却器等组成。

(2)执行机构。由 5 个制动器和 2 个离合器、闭锁离合器组成。制动器和离合器不同组合的接合,可构成变速器的 8 个前进挡和 1 个倒挡,见表 2-3。

(3)换挡控制机构。实际上是一个计算机控制的开关电路。它以速度传感器、油门开度电位计的电信号为依据,接收机械的行驶状况参数;再根据变速选择器的电信号,自动计算合适的换挡时刻;在换挡时向相应的电磁阀通电,使换挡阀动作而接通主压力油与执行离合器的油路,接合相应的挡位。系统设有先导控制油路,形成电磁阀控制先导控制油路,先导控制油路再控制换挡阀的动作。变矩器上的闭锁离合器受电磁阀信号的控制。电磁阀控制的先导控制油路使闭锁阀动作,从而接通或切断压力油通往闭锁离合器的油路,使闭锁离合器闭锁或解锁。

(4)信号转换系统。在电液式自动换挡系统中,速度传感器和油门开度电位计将车辆行驶状态参数转换成电信号送至计算机或电子控制机构,定位器和变速选择器也同样将相应的其他选择参数变为电信号输入。WS16S-2 的换挡控制过程如图 2-36 所示。

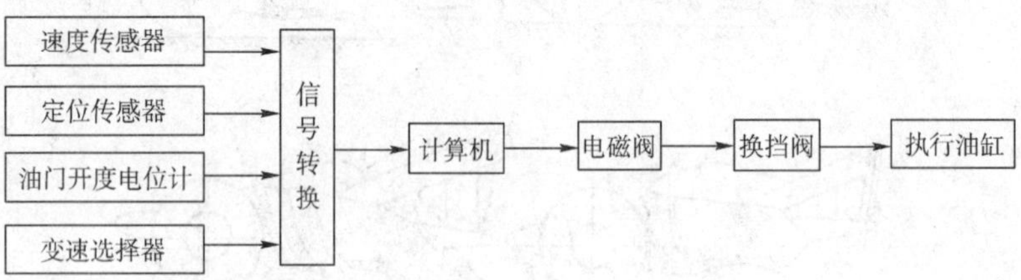

图 2-36 WS16S-2 型自行式铲运机换挡控制简图

2. 自动变速器控制系统原理

自动变速器控制系统的主要任务就是自动改变传动系的传动比,即根据外负荷的变化情况自动换挡。具体地讲,就是对变矩器的闭锁离合器、变速器等的自动控制。

WS16S-2 型自行式铲运机自动变速器控制系统的传递路线如图 2-37 所示。动力的传递路线由发动机到变矩器、变速器至终传动。控制系统包括速度传感器、定位传感器、变速控制器(内装计算机)、各电磁阀及执行元件。

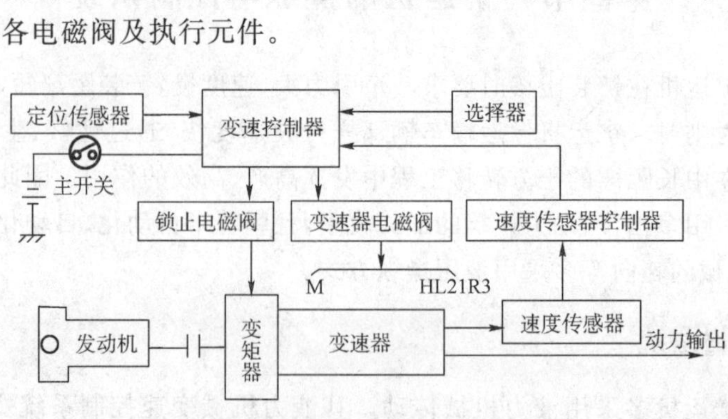

图 2-37 控制系统的传递路线

依据从速度传感器送来的脉冲信号及变速杆位置信号，微型计算机通过驱动电路驱动相应的变速器电磁阀，利用电磁阀控制先导控制油路，进而控制换挡阀进行换挡。

WS16S-2 变速选择器与控制器联合工作时，其手动操纵杆不同位置时车辆的行驶速度范围如表 2-6 所示。在表中，*R*、*N*、3、2、1 分别为选择器操纵手柄的倒退、空挡、前进 3、前进 2、前进 1 位置。I、II、III、IV、V、VI、VII、VIII 为车辆的各个前进行驶速度挡位。

操纵杆不同位置时行驶速度范围表　　表 2-6

操纵杆位置	变速范围								
	R	I	II	III	IV	V	VI	VII	VIII
R	○								
N									
3			○	○	○	○	○	○	○
2			○	○	○	○			
1		○							

选择器手柄在“*R*”位置时手动操作，电磁阀作用使 *L*、*R* 离合器接合，用于车辆倒退。

选择器手柄“*N*”位置时，变速器处于中立(即空挡)状况，此时只有 *M* 离合器是接合的。启动发动机之前，要求将选择器手柄放在中立“*N*”位置上，否则安全电路将使发动机不能启动。

选择器手柄在位置“3”上时，变速控制器根据速度传感器传来的脉冲信号，自动选择 II～VIII 之间的最佳速度挡位。自动转换点如表 2-7 所示：

表 2-7

变速器输入轴转速(r/min)	转换形式	变速器输入轴转速(r/min)	转换形式
1 950±50	自动加速(升挡)	1 500±50	变矩器上的离合器闭锁
1 350±50	自动减速(降挡)	1 150±50	变矩器上的离合器解锁

在前进“3”位置上加速时，自动变速范围为 II～VIII。踩下加速踏板，则发动机转速上升，如果变矩器涡轮轴速度(变速器输入轴速度)上升到 1 500r/min 则闭锁离合器闭锁，发动机传来的动力不经变矩器变矩而直接机械传动至变速器。转速上升到 1 950r/min 时，高一挡接合，在这一换挡过程中，首先闭锁离合器短时解锁，原来挡位脱开；随后高一挡平顺接合，闭锁离合器随高一挡位接合而闭锁。换挡后如果载荷小，则变速器输入轴转速继续上升，在转速达到 1 950r/min 时，继续换升高一挡位，直到 VIII 挡。

前进“3”位置上减速时，自动变速范围为 VIII～II。当载荷增加，输入轴转速下降至 1 350r/min，则实现自动降挡(如原为 VI 挡，则降至 V 挡)。随载荷继续增加，速度将在 VIII～II 范围内逐挡下降，当降到 II 转速下降至 1 150r/min 时，变矩器的闭锁离合器解锁，车辆恢复用变矩器进行变矩或耦合状态工作。

变速时，自动变速系统可防止速度的急剧变化。在变速之后，挡位总是在某一时间内(加速 1.5s，减速 0.9s)保持不变(不管载荷情况如何)，防止变速过度而产生误操作。

选择器手柄在前进“2”位置时，自动变速在 II～V 范围内，其变速方法同上述前进“3”位置时相同。前进“2”位置用于山地或有许多转弯的地区。

选择器手柄在前进“1”位置上时，手动操作电磁阀作用使得 *L* 和 1st 制动器接合，车辆以 I 速度前进。前进“1”位置用于铲土、卸土作业过程或坡度较大和从松软地脱出的场合。

3. 自动换挡计算机控制系统

WS16S-2 型铲运机的自动换挡计算机控制系统 A·E·S·C 的组合电路见图 2-38，它是由计算机印刷电路板组件和变速选择器印刷电路板两部分组成。

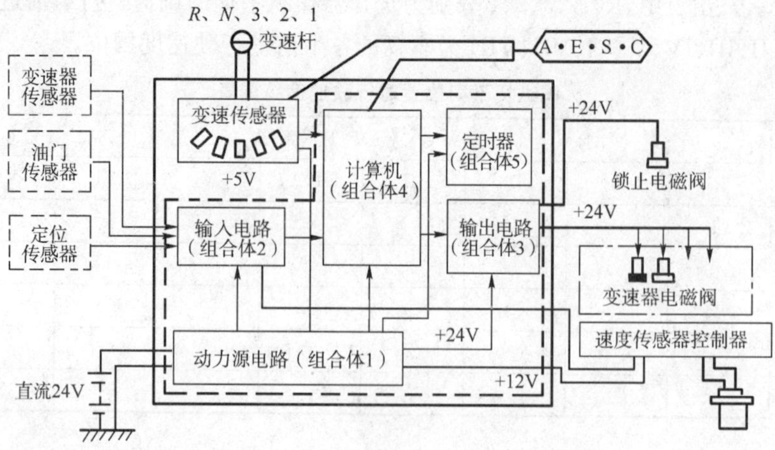

图 2-38　变速控制器组合电路

组合体 1：产生＋5V、＋12V、＋24V 的直流稳压电源，并具有对电路中反常电压的探测及保护电路的作用。输入电压超过 19～32V 这一范围时，电路断开，防止高、低电压输入。

组合体 2：用来记录速度传感器控制器传来的信号，并区别定位传感器、油门传感器、变速器传感器等来自车辆的所有传感器信号，同时将信息送至计算机（组合体 4）中。

组合体 3：输出驱动电路，它按照计算机发出的命令，对变速器电磁阀及变矩器闭锁电磁阀进行动作控制。

组合体 4：是控制器的头脑，它包括 1 个中央处理机（CPU），1 个只读存储器（ROM，具有 24kB 的信息组）和周边电路。单片微型计算机还包括 1 个随机存取存储器（RAM）、振荡器电路和用于计算机工作时的其他电路。

组合体 5：工作电压＋5V，1MHz 的时钟。这个定时器在速度传感器脉冲计数中作标准计时使用，同时用于变速时不可能计数的时间和闭锁延迟时间的控制。

变速选择器结构和光学原理如图 2-39 所示。此电路包括 5 个光电管，用于探测变速选择器手柄在 R、N、3、2、1 哪一个位置上，它实际上是由发光二极管和光敏接收元件组成的变速范围选择器。

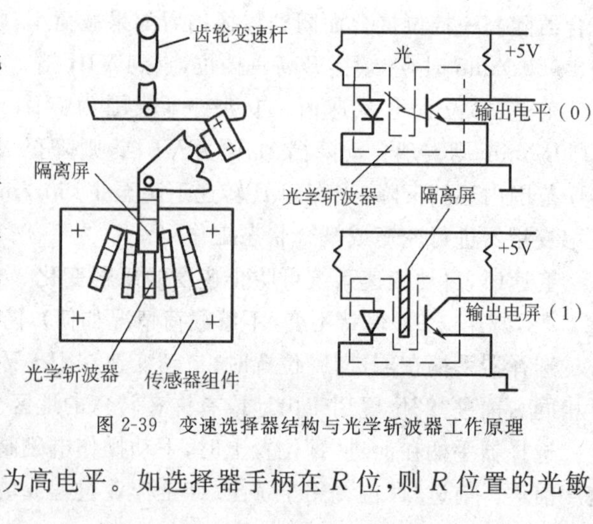

图 2-39　变速选择器结构与光学斩波器工作原理

隔离屏用于遮挡来自发光二极管的光束，使各光电管元件处于“接通”或“断开”位置。它与选择器手柄相连而一起动作。当隔离屏没有隔断来自发光二极管的光源时（选择器未在接通位置），光敏管接收发光二极管的光束而导通，此时输出电平为零电平。若选择器手柄接通某位置，即隔离屏隔断来自发光二极管的光源，相应的光敏管截止，输出电平为高电平。如选择器手柄在 R 位，则 R 位置的光敏管被隔离遮挡无法接收发光二极管发出的光束而截止，R 位的输出电平为 1，其余 N、3、2、1 位输出电平为 0。选择器手柄在 N、3、2、1 位置时同理。

表 2-8 为控制器的速度级及相应操作的电磁阀、离合器。

控制器操作的电磁阀及相应离合器 表 2-8

速度级	VIII	VII	VI	V	IV	III	II	I	N	R
操作电磁阀	H 3 D	O 3 D	H 2 D	O 2 D	H 1 D	O 1 D	L 2 D	L 1 O	O O O	L R O
离合器	H 3rd	M 3rd	H 2nd	M 2nd	H 1st	M 1st	L 2nd	L 1st	M O	R L

注："O"表示不操作电磁阀及离合器。

D 为操作变矩器闭锁离合器的电磁阀，在 II～VIII 范围内自动变速时均与 D 相连，也就是在 II～VIII 范围内任一挡位均可用 D 的通、断电使闭锁离合器闭锁或解锁。这种情况主要用在自动升、降挡时，需定时解锁后又闭锁。I 和 R 挡位车速较低，变矩器在变矩或耦合工况下工作，D 不通电激磁。

4. 自动换挡的液压系统

WS16S-2 型自行式铲运机的变矩器及变速器的液压系统如图 2-40 所示。

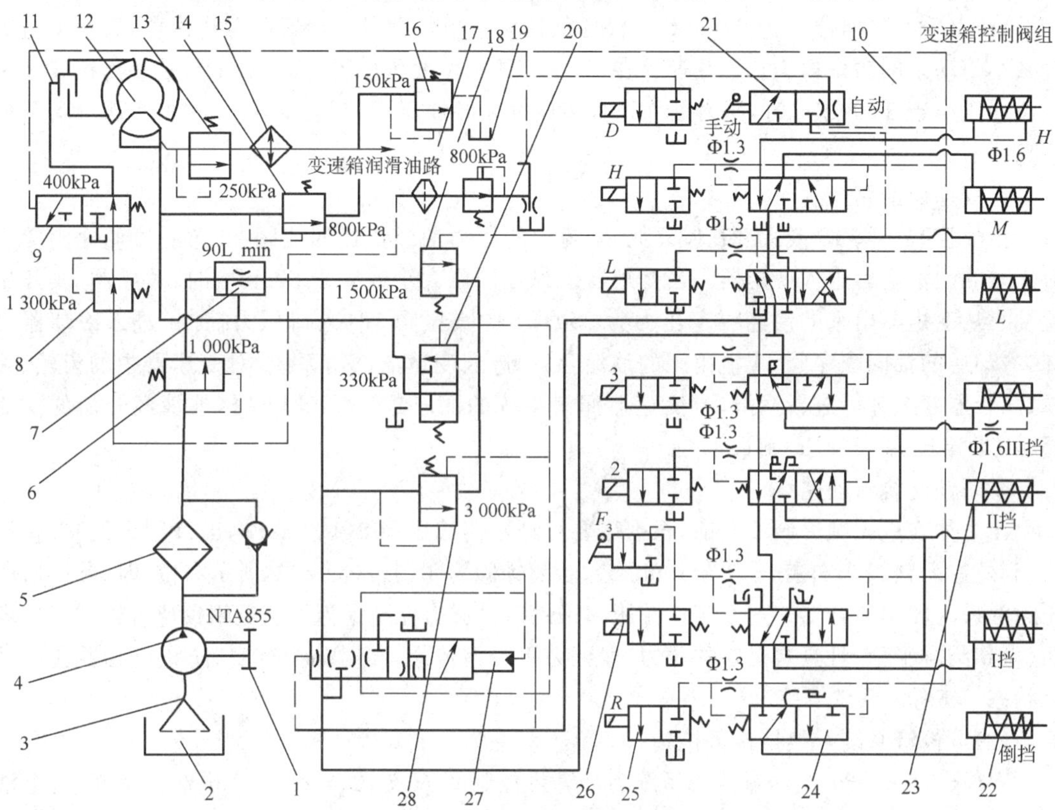

图 2-40 WS16S-2 型铲运机变矩器和变速箱液压系统

1-驱动齿轮；2-油箱；3-吸油器；4-油泵；5、17-滤油器；6、13、14-顺序阀；7-溢流调速阀；8、19-减压阀；9-闭锁二位三通阀；10-变速箱控制阀组；11-闭锁离合器；12-液力变矩器；15-冷却器；16-溢流阀；18-外控减压阀；20-回流阀；21-闭锁双动阀；22-换挡制动器；23-换挡离合器；24、25-电液换向阀；26-手动阀；27-先导加压调节阀；28-无载荷减压阀

(1)供油系统

①先导油路循环系统

它是在压力油输入顺序阀6之前，把油导入变速控制阀(各电磁阀 D、H、L、3、2、1、R 及相应的滑阀)中。先导油路的压力控制为800kPa。由定值减压阀19调定。先由导油路将压力为800kPa的压力油作用在各换挡滑阀上，以保证换挡阀工作圆滑，能平稳、快速地换挡。

为了保证先导油路油压保持不变(即使主要循环管路的油压下降)，液压系统中采用压力顺序阀。压力顺序阀在主要循环系统中的油压下降至1 000kPa时，切断流入主要循环系统的油路，即切断变矩器和变速离合器的油路。图中顺序阀6的开启压力为1 000kPa，进口压力控制。油压下降到1 300kPa时，切断闭锁离合器的油路(定值减压阀8的开启压力为1 300kPa，出口压力控制，一般进口压力大于1 300kPa)。这样就保证了压力油优先输入先导油路中去。因此，在先导油路减压阀8的出口处油压总是保持在800kPa(进口压力可大于800kPa)。

②换挡主油路

进入顺序阀6的压力油经过溢流调速阀7(流量为90L/min)后，一部分经外控减压阀18(外控至1 500kPa)或无载荷减压阀28(入口压力控制和外控，设定压力为3 000kPa，与外控减压阀18在油路中并联)进入液力变矩器，另一部分则经先导加压调节阀27进入换挡阀控制的换挡主油路。经过外控压力的调节，可以使主油压在III～VIII挡位时为1 500kPa，R、I、II挡位时为3 000kPa，保证低速大扭矩时换挡离合器可靠地接合，高速小扭矩时减小传动系的功率损失。当变速器在III～VIII挡位油压小于1 500kPa或变速器在 R、I、II挡位油压小于3 000kPa时，压力油优先直接通过先导加压调节阀27，然后进入换挡滑阀及相应离合器。

③变速器油路

由外控减压阀18或无载荷减压阀28流出的压力油经快速回流阀20与溢流调速阀7溢流出来的油汇合后进入变矩器。当变矩器入口处油压大于或等于800kPa时，顺序阀14开启泄油。从变矩器出来的油经调定压力为250kPa的减压阀13(入口压力控制)进入冷却器冷却，冷却后的油同顺序阀14泄出来的油汇合后，进入变速器润滑系统，对变速器中的齿轮、轴承、离合器摩擦片等进行润滑，当变速器润滑系统的油压超过150kPa时，油液经开启的溢流阀16(调定压力150kPa)流回油箱。

④闭锁离合器油路

压力油在进入顺序阀6之前，根据需要可经定值减压阀8(1 300kPa，出口压力控制)减压后，到外控闭锁阀9(外控压力为400kPa)，若闭锁阀为闭锁位(图2-40所示右位)时，减压后的压力油进入闭锁离合器。这里定值减压阀采用出口压力控制是为了满足闭锁离合器的工作需要，做到结合平稳，且具有足够的压力，保证力矩可靠传递，同时分离彻底，防止离合器在半结合状态下工作。

(2)电控液系统及换挡执行机构

WS16S-2型铲运机的电控液系统为计算机控制的 H、L、2、1、R 及 D 电液控制阀组，电液控制阀控制先导油路中的压力油使换挡滑阀换位，主压力油进入换挡执行机构而接合相应的离合器。换挡执行机构为变速器中的5个制动器和2个离合器，它们均采用接合柔和的多片湿式离合器。D 电液控制阀控制的闭锁先导油路与其他每一个电液控制阀(电磁阀与其控制的先导油路二位二通阀)控制的换挡滑阀先导油路并联，只要在II～VIII挡位范围内自动换一次挡位，闭锁离合器在 D 电液控制阀的控制下则要各解锁、闭锁一次。

铲运机在各速度下接通的电磁阀及液压系统中控制的相应离合器及接合压力见表 2-9。

各挡位接通的电磁阀、离合器表 表 2-9

速度级（变速）	控制中的离合器（油压单位：MPa）							使用中的电磁阀（自动）						锁止离合器		变速器入口油压（单位：MPa）
	R	1st	2nd	3rd	*L*	*M*	*H*	SOL. R	SOL. 1	SOL. 2	SOL. 3	SOL. L	SOL. H	自动	手动	3.0
R	○3.0				○3.0			○				○				1.5
N						○1.5									○	3.0
I		○3.0			○3.0				○			○				3.0
II			○3.0		○3.0					○		○		○		1.5
III		○1.5				○1.5			○					○	○	1.5
IV		○1.5					○1.5		○				○	○	○	1.5
V			○1.5			○1.5				○				○	○	1.5
VI			○1.5				○1.5			○			○	○	○	1.5
VII				○1.5		○1.5					○			○	○	1.5
VIII				○1.5			○1.5				○		○	○	○	1.5

注：标记○表示电磁为激磁。

5. 预防换挡系统中冲击的安全装置

自动换挡变速器在自动换挡过程中，我们希望其换挡过程要短，且尽可能平稳无冲击地完成。通常降低换挡冲击主要通过工作油压控制（选择合适的摩擦元件的工作油压）、缓冲控制（离合器等操纵件接合油压缓慢上升而平稳结合）、定时控制（对两个交替作用的操纵件充放油液过程的协调控制）等来实现。

WS16S-2 型自行式铲运机在铲土和卸土时负荷较大，用手动 F_1 挡工作；在运土过程中负荷较小，需快速行驶，因而采用切断动力换挡式。其利用 D 电液控制阀在换挡过程中先解锁，滞后 0.6s 时间再闭锁，使动力不能机械式传递到变速器输入轴（闭锁双动阀 21 在自动位）；先导加压调节阀 27 与快速回流阀 20 在换挡过程中联合动作，使流往变速器的油液一部分直接回油箱，流往变矩器的油液压力下降，流量减少，使变矩器传递动力的能力下降；变矩器的换挡方式是先将前一挡位的离合器迅速脱开，然后接合新挡位的离合器等缓冲控制，并通过变压方式实现工作油压控制等措施来防止换挡过程中的冲击。

6. 换挡操纵件油路（主油路）的变压

以工程机械铲运作业工况与行驶工况相比，其输出扭矩相差较大，如果按照传递扭矩较大的工况确定换挡主油路的油压且一成不变，会使操纵件在接合过程中产生过大的摩擦转矩，形成较大的输出冲击，也不利于油路中各密封件长期有效地工作。故在不同作业工况下的各变速器工作挡位的操纵件的接合油压应有所不同。现代自动换挡液压系统均有不同方式的主油路变压功能。

WS16S-2 型自行式铲运机在外负荷较大、车速较低的 *R*、I、II 挡位工作时，变速器入口油压及离合器工作油压为 3MPa。III、IV、V、VI、VII、VIII 和 *N* 挡位时，变速器入口油压及离合器工作油压为 1.5MPa。

WS16S-2 型铲运机的变速压力控制有两路并联的减压控制油路：1.5MPa 外控减压阀 18 油路和 3MPa 外控加进口油压控制的无载荷减压阀 28 油路。

车辆在 R、I、II 挡位工作时，L 制动器必须接合，这样就使得流经 L 滑阀而去外控减压阀 18 的压力油路被切断，减压阀 18 不导通，此时只有无载荷减压阀起作用。这就限定了系统的工作压力为 3MPa 以内，满足了低速大扭转矩下传递力时离合器的接合压力应足够大的要求。

在 III～VIII 挡位范围内，车辆是在高速小扭转矩工况下工作的，且 L 制动器在这几个挡位都不参与工作，控制 L 制动器的滑阀不动作，流经 L 滑阀而去外控减压阀 18 的压力油路导通，使得外控减压阀 18 将换挡液压系统的主压力调节至 1.5MPa 以内，这既满足了高速小扭转矩工况下离合器接合的要求，也避免了因油压过高造成液压系统功率的损失。

在 N 挡时，车辆在空挡，只有 M 制动器接合，系统主压力同上所述为 1.5MPa。M 制动器是一个常结合式离合器，即在空挡时它也是接合的，在 III、V、VII 挡位时也参加工作。

7. 应急行驶

应急行驶挡位对采用电液控制的自动换挡系统的工程机械和运输车辆来讲是必需的。WS16S-2 型铲运机的 III 速手动行驶是应急行驶挡位。在发生电气故障，所有电液控制阀停止工作时，用手动阀 26 将车辆行驶速度挂在 III 挡位，使车辆能返回场地或修理厂。此时 M 制动器接合，1st 制动器由于手动阀控制接合，其换挡过程为：手动阀 26 用手动移到左位，换挡滑阀因压力差左移换至右位而接通去制动器 1st 的压力油路，1st 制动器接合（M 制动器常结合），实现变速器手动 III 挡位。

在手动 III 挡位应急行驶时，车辆既可以在机械式传递发动机动力到变速器工况下工作，也可在变矩工况或耦合工况下工作。这是因为闭锁双动阀 21 在右位（自动控制位）时，先导油压将闭锁阀 9 移至左位，闭锁离合器解锁，动力由发动机传递到变矩器，经变矩或耦合后传到变速器；当闭锁双动阀手动换至左位（手动位）时，先导油路被切断，闭锁双动阀出口至闭锁阀 9 之间的油泄回油箱，闭锁阀在弹簧力的作用下移至右位，闭锁油路接通，闭锁离合器接合，发动机的动力机械式直接传递到变速器。

8. 自动换挡液压系统部分阀件的工作过程

（1）闭锁离合器

WS16S-2 型铲运机闭锁阀的液压特性如图 2-41 所示，它反映了在自动换挡过程中闭锁离合器中油压随时间变化的情况。

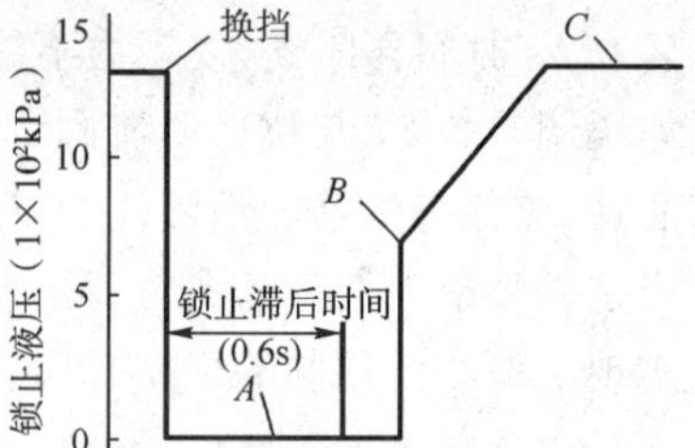

图 2-41　闭锁阀的液压特性

闭锁离合器在自动换挡过程中的工作过程为：计算机驱动电路“断开”电信号使电磁阀 D 断电，电液控制阀 D 换右位（图 2-40），先导压力油使闭锁阀 9 换左位，闭锁离合器解锁。由电信号提供一个 0.6s 的解锁滞后时间后，计算机驱动电路“接通”电信号使电磁阀 D 通电，电液控制阀 D 换左位，先导压力油泄压，闭锁阀在弹簧力的作用上换右位，闭锁离合器随油压的上升而闭锁（起始闭锁压力为 0.5～0.7MPa，限定压力为 1.2～1.4MPa），发动机动力机械式直接传递到变速器。

（2）先导加压调节阀和快速回流阀

WS16S-2 型铲运机的先导加压调节阀 27 和快速回流阀 20 的作用是：决定需接合的离

合器的油压特性；液压系统中的变矩器油路中的压力油在换挡过程部分直接泄回油箱，消除换挡过程中的振动、冲击，使换挡平稳，接合圆滑。

换挡时需接合的离合器液压特性如图 2-42 所示。在此必须说明的是，离合器接合的限定压力由外控减压阀 18 或无载荷减压阀 28 确定。

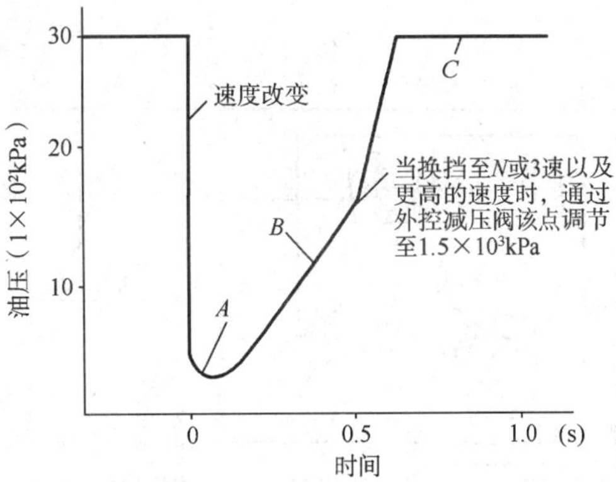

图 2-42　换挡时离合器中的液压特性

为了说明先导加压调节阀和快速回流阀在换挡时的工作过程，我们以车辆由 IV 升为 V 挡位为例进行分析。在换挡开始进行时，计算机发出指令使相应电磁阀动作，1st、H 离合器因为油路接通泄油口而分离，2nd、M 制动器接通压力油开始接合；当压力油刚接通空的 2nd 和 M 制动器时，由于先导加压调节阀在左位时的节流作用造成其出口压力下降，在调节阀芯两端面压力差的作用下，先导加压调节阀换位到右位，无节流快速地向 2nd、M 制动器供压力油。此时，变矩器油路中快速回流阀 20 因外控油压因调节阀换位为 0Pa 而换下位，使通往变矩器的油部分直接泄回油箱，液力变矩器传递动力的能力因此而下降；当 2nd、M 制动器中充满油后，先导加压调节阀出口的油压上升，调节阀因两端受力面积不同而换左位，快速回流阀的外控油压随调节阀的换位而通过节流孔逐渐上升，当外控油压上升到 0.3MPa 时，快速回流阀换到上位，关闭泄油口，由外控减压阀 18 流出的油全部流往变矩器，变矩器恢复正常的变矩或耦合工作状态(在自动换挡情况下，一般闭锁离合器接合机械式传递动力)。

由图 2-41 和图 2-42 可以看出，换挡离合器从脱开到限压接合一般需 0.5～0.7s，而闭锁离合器经滞后 0.6s 解锁时间再开始闭锁，完成一个解锁到限压闭锁过程需 0.8～1.3s，换挡切断动力时间小于 0.7s。在自动换挡过程中，发动机的动力经变矩器变矩能力下降传递、液力传递和机械式直接传递三个阶段由小到大地到变速器，使得变速器的换挡离合器传递的扭矩由小到大，接合压力也由低到高的工况下牢靠且柔和地完成接合过程，避免了换挡冲击、峰值扭矩传递，可提高传动系的工作寿命和驾驶的舒适性。

(二)627B 型铲运机的变速控制系统

1. 牵引机变速箱液压控制系统

牵引机变速箱的液压控制系统可分为两部分：一是自动控制系统，二是变速控制系统。其液压控制系统如图 2-43 所示。自动控制部分包括调压阀组 3、操纵阀组 4、切断阀组 5 及液压调节器 17 等；手动变速控制部分包括压力控制阀组 2(33、34)和变速换挡阀组 1 等。

(1)主要阀组的作用

切断阀组 5 用以防止换挡时调节器 17 到操纵阀组 4 间的油压冲击。

操纵阀组 4 由液动阀 7、手动阀 8 和六个自动控制阀 18、19、20、21、22、23 等构成。液动阀 7 的阀杆经由一套连杆机构到变速换挡阀组 1。液压力可以推动该阀杆，使变速箱既可以手动换挡也可以自动换挡。自动控制阀在来自调压阀组 3“标定”的基准油压和液压调节器实际运行速度所反映的油压相互作用下，控制通向液动阀 7 的油流达到自动地进行加挡和减挡。

调压阀组 3 由顺序阀 24、减压阀 25，挡位保持阀 26 和基准油压阀 27、28、29 等构成。顺序阀将压力 880kPa 的油液供入半自动控制阀组。减压阀 25 保持半自动控制系统中的油压力高于 880kPa。此阀也供压力油到液压调节器，减压阀的调节影响变速箱减挡的早晚，而基准油压减压阀的调节则影响加挡时刻的早晚。

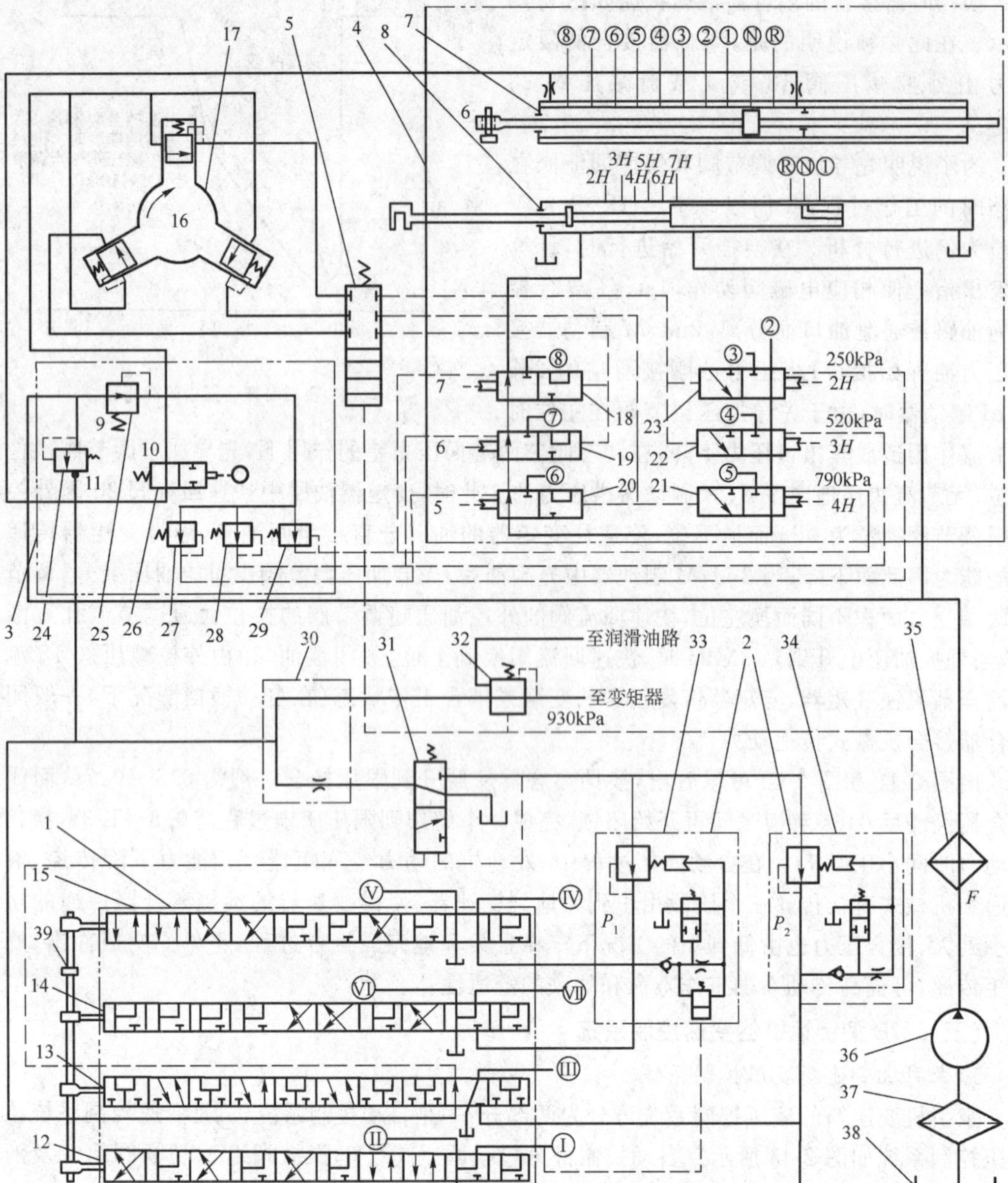

图 2-43　627B 型牵引车液力变矩器变速箱液压控制系统

1-变速换挡阀组；2-压力控制阀组；3-调压阀组；4-操纵阀组；5-切断阀组；6-转轴；7-液动阀；8-手动阀；9、10、11-调压螺钉；12、13、14、15-离合器换向阀；16-旋转电极；17-液压调节器；18、19、20、21、22、23-自动控制阀；24-顺序阀；25-减压阀；26-挡位保持阀；27、28、29-基准油压减压阀；30-节流阀；31-切断阀；32-变矩器减压阀；33-主减压阀组；34-减压阀组；35-油冷却器；36-油泵；37-滤清器；38-油箱；39-连杆；$2H$～$7H$、Ⓝ、Ⓡ、①～⑧-对应油路接头；Ⅰ～Ⅶ-各换挡离合器；P_1、P_2、F-测压孔

变速换挡阀组 1 装在换挡离合器壳体上，其有四根换挡阀杆。换挡阀杆经连杆机构和液动阀阀杆相连并可由其推动。换挡阀杆的移位直接操纵各离合器以决定变速箱挡位。

压力控制阀组 2 由节流阀 30、安全阀 31、变矩器减压阀 32、主减压阀组 33 和减压阀组 34 构成。它保持通向变矩器的油压不超过 930kPa，系统压力的最大值为 2 880kPa；提供给换挡离合器的油流流量为 56.8L/min。

液压调节器 17 装在齿轮箱壳体上，经轴接到变速箱的输出轴上。其内部有三个阀，质量各不相同。随着输出轴转速升高，在离心力的作用下，这三个阀从调节器中心向外移动。因为质量不同，阀是在输出轴不同转速之下移动，从而输出一定压力的油液，导致操纵阀组自动控制阀的作用使变速箱液压控制换挡(加挡或减挡)。

(2)自动控制过程的工作原理

来自油泵 36 的压力油通过减压阀 25 及挡位保持阀 26 送入液动阀 7 的活塞两端。当活塞两侧的油口Ⓡ～⑧(活塞堵住的油口除外)与回油路没有接通时，活塞受力平衡，阀杆保持不动，变速箱挡位不变。如果活塞某侧的一个油口(例如①口)与回油路接通时，则活塞该侧压力下降，另一侧压力油推动活塞移动(左移)。当活塞移动堵住该油口时，活塞达到新的平衡状态。活塞的移动通过连杆带动变速换挡阀组变位，实现换挡。

在自动变速挡位(III 挡～VIII 挡之间)上，③～⑧油口的回油主要取决于 6 个自动控制阀的变位。各自动控制阀的变位取决于：①锁定油压(来自手动阀 2H～7H 油路)；②来自液压调节器 17 和基准油压、减压阀 27、28、29 之间的压力差。

手动阀 8 在自动变速的某一挡位时，例如 V 挡，则 $5H$、$6H$、$7H$ 接通来自油泵的压力油，相应的自动控制阀 20、19、18 被锁定；而 $2H$、$3H$、$4H$ 与回油油路相通，相应的自动控制阀 23、22、21 允许变位，此时变速箱最高速度仅能到 V 挡，即变速手柄所处挡位是给定的最高挡位。液压调节器 17 可根据车辆实际行驶速度依次送出不同压力的信号(三路 6 个信号)，顺序加至 6 个自动控制阀内侧。一旦作用在自动控制阀上两端的作用力不相等，则自动控制阀就会动作，打开相应的油路，使液动阀 7 移动实现换挡。

下面以自动控制阀 23、22 为例，说明变速箱在 II—III、III—IV 挡自动变速的工作过程。

变速箱手柄在 IV 挡时，$2H$、$3H$ 锁定油压产生的作用力解除。随车速的变化，当液压调节器 17 输入自动控制阀 23 的油压产生的作用力超过其右端基准油压 250kPa 乘以阀 23 右端面积产生的力时，阀 23 右移，接通液动阀③油口回油路，液动阀 7 左移，直至③口被堵住，液动阀的移动带动变速换挡阀组 1，实现变速 III 挡动作。随着车速的增加，液压调节器 17 输入自动控制阀 22 的作用力超过其右端基准油压 520kPa 产生的作用力时，阀 22 右移，接通液动阀④油口回油路，使液动阀 7 继续左移，则变速箱置于 IV 挡工作，此时②、③油口回油路被切断。当实际车速下降时，自动控制阀 22、23 和液动阀 7 又会以相反的动作，实现 IV—III、III—II 的变速箱换低挡工作。

由于液压调节器 17 有 3 个离心滑阀，故机械根据实际行驶速度的变化，可在 II 挡和 VIII 挡之间自动地变换挡位。

挡位保持阀 26 利用气压操纵，当驾驶员踩下踏板，气压推动阀 26 切断进入液动阀 7 的压力油，使液动阀不能位移，即实现挡位保持。

(3)手动换挡过程的工作原理

在倒挡、空挡和 I 挡位置时，变速手柄控制手动阀 8 分别接通Ⓡ、Ⓝ和①的回油通路(通过阀杆 8 右端通路)。在 II 挡位置时，②中油经各自动控制阀 18～23、手动阀 8 右端流回油箱。手动阀的移动，引起液动阀 7 的移动，进而带动变速换挡阀组 1 移动，实现选定挡位。

变速器 I、II 及倒挡时用液力变矩器传动，只能由司机操纵手动阀 8 来选定，此时压力油经先导阀 24 分路进入压力控制阀组 2 和变速换挡阀组 1。进入压力控制阀组 2 的压力油分成几路分别到变矩器补油路、润滑油路、节流阀 30、切断阀 31、主减压阀组 33 和减压阀组 34 中。主减压阀组的出油口与变速换挡阀组接通操纵换挡离合器Ⅶ～Ⅷ；减压阀组的出油口与变速换挡阀组连通操纵换挡离合器①～Ⅶ。手动换挡时变速换挡阀组的位置决定手动阀选定的挡位。

(4)变矩器补油及润滑油路(图 2-44)

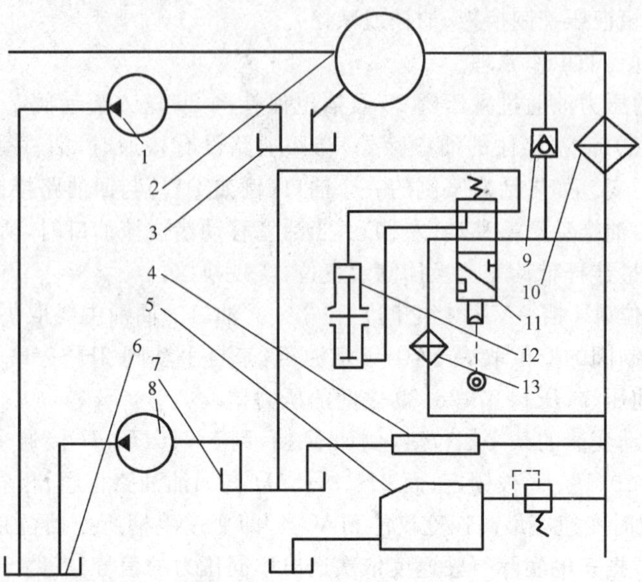

图 2-44　627B 型牵引车变矩器补油及润滑系统

1-油泵；2-液力变矩器；3-变速箱油室；4-飞轮室；5-变速箱润滑；6-差速器油室；7-飞轮室油室；8-油泵；9-温控单向阀；10、13-油冷却器；11-液力减速器控制阀；12-液力减速器

该系统内包括有液力减速器这种辅助制动系统。

2. 铲运车变速箱的操纵方式

铲运车的变速箱在结构上有 4 个行星排 5 个液压离合器(图 2-15)。该变速箱各挡位工作时，相应接合的离合器见表 2-10。

627B 型铲运机变速箱各挡接合离合器　　表 2-10

挡　位	接合离合器	传　动　比	挡　位	接合离合器	传　动　比
倒挡(*R*)	II　IV	2.12	II 挡	I　V	1.88
空挡(*N*)	III		III 挡	II　III	1.14
I 挡	II　V	3.82	IV 挡	I　III	0.56

627B 型铲运机液力变矩器和变速箱液压控制系统如图 2-45 所示。

油泵 12 输出的压力油分四路：①输入电磁阀 17 可进入变矩器补油，并可输入液力减速器和润滑冷却油路；②输入同步阀 16 后，一路再进入调压阀 19 向变矩器补油等油路，另一路进入换向阀 5 和 6；③输入换挡电磁阀 9 和 10；④输入主控制阀 18，可进入换向阀 6。进入换向阀的油路是在电磁阀的控制下使整个铲运机牵引机变速箱与铲运车部分变速箱实现同步工作。

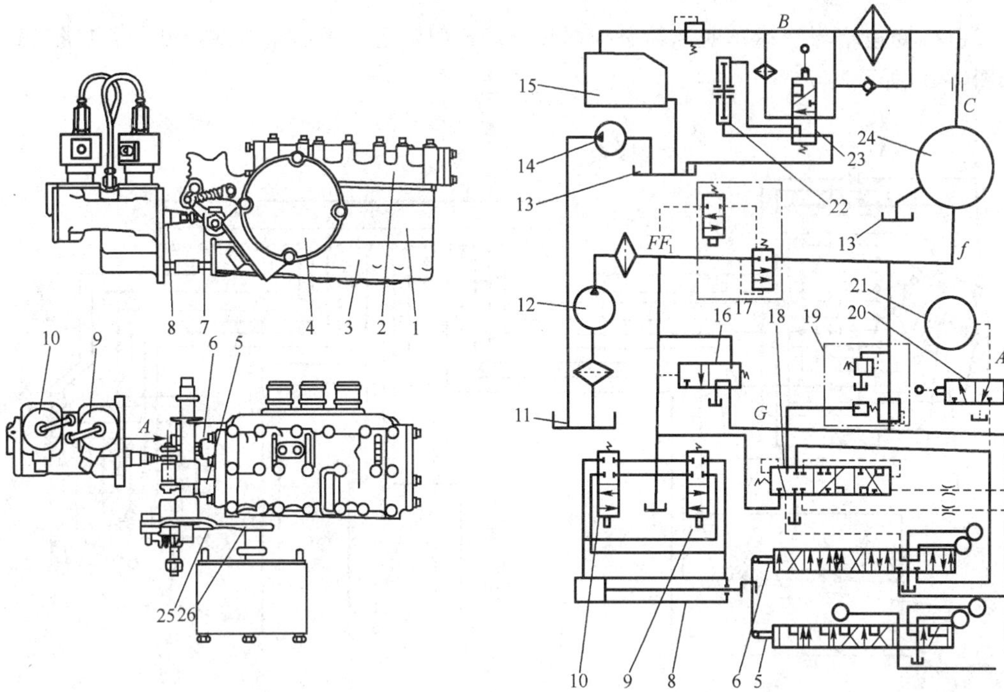

a)　　　　b)

图 2-45　627B 型铲运机变速相液压控制系统

a)外形；b)液压控制系统

1-变速换向阀组；2-压力控制阀组；3-同步阀；4-旋转电极开关；5-III、IV、V 号离合器换向器；6-I、II 号离合器换向阀；7-连杆；8-液动阀；9-低挡换向阀；10-高挡换向阀；11-液压油箱；12-工作油泵；13-变速箱油室；14-回油泵；15-变速箱润滑；16-同步阀；17-电磁同步阀；18-主控阀；19-调压阀；20-减速闭锁离合器气控阀；21-减速闭锁离合器；22-液力减速器；23-减速器气控阀；24-液力变矩器；25-棘爪；26-棘轮；*A*、*B*、*C*、*F*、*G* -测压孔

主控制阀主要有三个作用。

(1)安全起动

经同步阀 16 输出的液压油有一部分经换向阀 6 输入主控制阀 18。当铲运车发动机在变速箱没有置于空挡的情况下启动时，经换向阀 6 送到主控制阀 18 左端面的压力油使主控制阀 18 处左位而不能动作，主控制阀将通向 I、II 号离合器的液压油路切断，I、II 号离合器无法接合。这样就可保证发动机在空挡时才能启动。

(2)变速时挡位接合平稳

当发动机正常启动时，油压使主控制阀 18 左移，处于第二工位(此时液压油仍然不能进入换向阀 6)。变速换挡时，液压油先进入换向阀 5，使其控制的离合器接通并且升压，随着油压力的升高，使主控制阀进一步左移，达到第三个工位，再接通流经换向阀 6 的通路进入该阀控制的离合器，以完成变速换挡过程。

(3)减压

主控制阀 18 使输入 I、II 号离合器的油压力低于输入其他离合器的油压力。调压阀 19 可以使变速时系统油压逐步上升并保持输入变矩器的油压为 88kPa。

3. 牵引机变速箱与铲运车变速箱同步换挡控制系统

牵引机变速箱与铲运车变速箱必须同步，627B 型铲运机采用微电脑控制，其电路控制系统如图 2-46 所示。

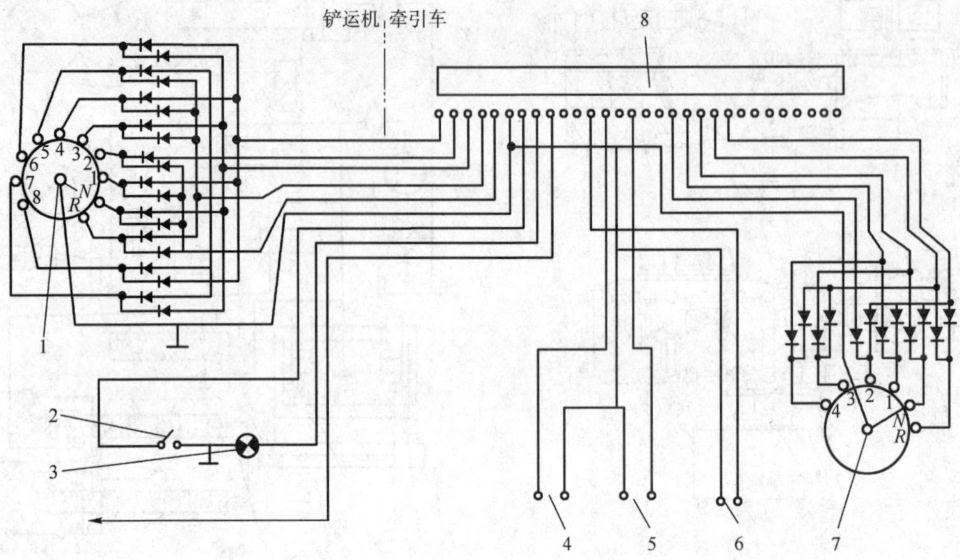

图 2-46　627B 型牵引机铲运车变速箱同步换挡控制系统

1-牵引机旋转开关；2-空挡/启动开关；3-不同步指示灯；4-换高挡电磁阀接线柱；5-换低挡电磁阀接线性；6-电磁同步阀接线柱；7-铲运车旋转开关；8-微电脑

该系统有如下作用：

①控制牵引机变速箱与铲运车变速箱实现同步换挡；

②当牵引机变速箱与铲运车变速箱不同步时，使铲运车液压控制系统中进入变速换挡离合器的压力油被切断，并报警；

③不需要双发动机驱动时，铲运车变速箱可置于空挡。

二、工作装置的液压操纵系统

1. 斗门自装式铲运机工作装置液压操纵系统

斗门自装式铲运机工作装置的液压系统图见图 2-47，它主要由手动控制和自动控制两大部分组成。

斗门液压工作原理如下：油泵输出油先流经二位四通电液切换阀 4，此阀不通电时，油液进入手动三联多路阀 5，该阀 3 个手柄都处于中位时，油液直接回到油箱，形成卸荷回路。当手动阀 c 左移，压力油就进入顺序阀 11 和同步阀 17。由于顺序阀 11 调定压力为 7MPa，所以压力油先经同步阀 17 进入斗门扒土油缸 12、13 的下端，活塞上移，斗门就收拢扒土。油缸 12、13 的活塞上移到顶时，油压增高到大于 7MPa 时，压力油冲开顺序阀 11，进入斗门升降油缸 14、15 的下端，使活塞上移，带动斗门上升。斗门上升到顶后，将手动阀 c 换向，压力油就先后进入油缸 12、13 及 14、15 上端，由于油缸 14、15 上端的进油要经过顺序阀 18，所以压力油先进入油缸 12、13 的上端，活塞下移，斗门张开。当此活塞下移到底后，油缸 12、13 上端油压增高，当油压大于2MPa时，进油就冲开顺序阀18进入油缸14、15上端，油缸14、15的活塞就下移，斗门下降。由于顺序阀的作用，手动阀c每一次换向，斗门就可完成扒土—上升或张开—下降两个动作。

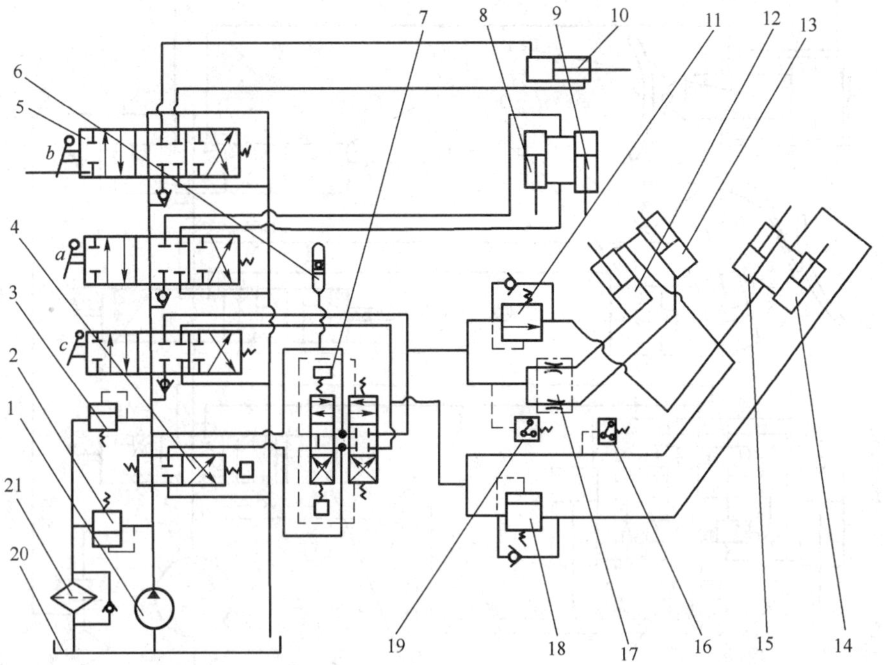

图2-47　斗门自装式铲运机工作机构液压系统

1-油泵；2-直动式溢流阀；3-先导式溢流阀；4-电液切换阀；5-手动三联多路阀；6-缓冲器；7-电液换向阀；8、9-铲斗升降油缸；10-卸土油缸；11、18-顺序阀；12、13-斗门开闭油缸；14、15-斗门升降油缸；16、19-压力继电器；17-同步阀；20-油箱；21-回油路过滤器

铲运机装满一斗土，斗门需扒土5～6次，手动阀就需换向10～12次，这造成司机操作频繁紧张。为了改善操作性能，液压系统中增加了电液换向阀7和压力继电器16、19，通过它们的动作可实现斗门运动的自动控制。其工作原理如下：

当电液切换阀4激磁后，油泵来的压力油被切换到电液换向阀7，向油缸12、13、14、15供油。油缸动作顺序与手动阀控制相同，当斗门上升到顶时，油压升高，压力继电器19动作，产生电信号，使电液换向阀7自动换向。反之，斗门下降到底后，压力继电器16动作，又产生一个电信号，电液换向阀7又自动换向。如此循环5～6次后自动停止。

铲斗的升降及卸土板的前后移动是由手动阀a、b控制的，其工作原理为：当电液切换阀不通电时，油泵来油就进入手动多路阀5，操纵阀a，压力油进入铲斗升降油缸可实现铲斗升降；操纵阀b，压力油进入卸土油缸10，可实现强制卸土和卸土板回位。回油均从多路阀5流回油箱。

为了防止油泵压力过载，系统中设有先导式大通径溢流阀3，因为先导式溢流阀灵敏度低，所以，增设了小通径直动式溢流阀2。为了减小系统中电液换向阀换向时的压力脉冲，本系统中装有囊式缓冲器6。考虑到斗门扒土负载不可能两侧相等，又要求斗门扒土油缸活塞的伸缩在两侧负载不同时基本同步，所以装有同步阀17。

2. 627B 型铲运机工作装置液压操纵系统

627B 型铲运机的工作装置的液压操纵系统如图 2-48 所示。

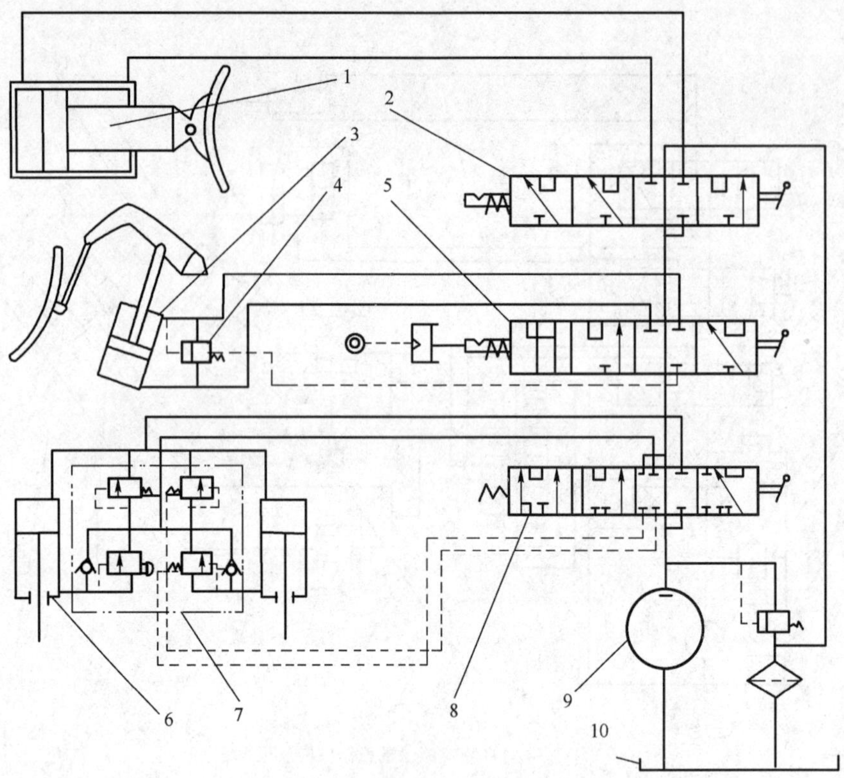

图 2-48 627B 型铲运机工作装置液压系统

1-卸土板油缸；2-卸土板操纵阀；3-斗门油缸；4-顺序阀；5-斗门操纵阀；6-铲运斗油缸；7-单向速降阀；8-铲运斗操纵阀；9-油泵；10-油箱

(1)铲运斗控制油路

铲运斗操纵阀 8 共有 4 个工位(图 2-48 从左到右)：

①快落铲运斗：压力油送入铲运斗大端的同时，油缸小腔的回路通过单向速降阀也直接送入油缸大腔，即可实现铲运斗快落；

②铲运斗下降；

③中位：铲运斗保持不动；

④提升铲运斗放下斗门：铲运斗操纵阀杆向前推，可控制气阀(图中未标出)使铲运斗提升的同时斗门放下，这样可以用同一手柄控制铲运斗和斗门。

(2)斗门控制油路

①斗门浮动：此时斗门油缸的两腔相通，斗门可以根据地面支反力的大小自由升降；

②斗门下降：此工位也可由压缩空气作用操纵阀实现，此时由铲斗操纵杆控制，由于压力油作用于顺序阀，使其不能开启，不会由顺序阀回油；

③中位：斗门固定不动，若此时铲斗提升迫使斗门上升时，由于此时顺序阀的开启压力较低(7 030Pa)，油缸小腔压出的油液可经顺序阀排至油缸大腔；

④斗门上升。

(3)卸土板控制油路

卸土板操纵阀2共有4个工位：

①卸土板锁定收回:在此工位操纵阀杆可以锁定,卸土板完全收回后阀杆可自动复位；

②卸土板收回；

③中位:卸土板固定不动；

④卸土板推土卸料。

第三章　装　载　机

第一节　概　　述

一、用途

装载机是一种广泛用于公路、铁路、矿山、建筑、水电、港口等工程的土方施工机械。它主要用来铲、装、卸、运土与砂石等散状物料，也可对岩石、硬土进行轻度铲掘作业。如果换不同工作装置，还可以扩大其使用范围，完成推土、起重、装卸其他物料的工作。在公路、特别是在高速公路施工中，它主要用于路基工程的填挖、沥青和水泥混凝土料场的集料、装料等作业。由于它具有作业速度快、效率高、操作轻便等优点，因而装卸机在国内外得到迅速发展，成为公路建设中土石方施工的主要机种之一。

装载机的作业对象主要是：各种土壤、砂石料、灰料及其他筑路用散状物料等。

二、分类、特点及适用范围

常用单斗装载机的分类、特点及适用范围见表 3-1。

单斗装载机分类、特点及适用范围　　表 3-1

分类型式	分　类	特点及适用范围
发动机功率	小型	功率小于 74kW
	中型	功率 74～147kW
	大型	功率 147～515kW
	特大型	功率大于 515kW
传动形式	机械传动	结构简单、制造容易、成本低、使用维修较容易；传动系冲击振动大，功率利用差。仅小型装载机采用
	液力机械传动	传动系冲击振动小，传动件寿命高、车速随外载自动调节、操作方便、减少驾驶员疲劳。大中型装载机多采用
	液压传动	无级调速、操作简单；启动性差、液压元件寿命较短。仅小型装载机上采用
	电传动	无级调速、工作可靠、维修简单；设备质量大、费用高。大型装载机上采用
行走系结构	轮胎式装载机 (1)铰接式 (2)整体式车架装载机	质量轻、速度快、机动灵活、效率高、不易损坏路面；接地比压大、通过性差、稳定性差、对场地和物料块度有一定要求应用范围广泛。转弯半径小、纵向稳定性好，生产率高。不但适用于路面，而且可用于井下物料的装卸运输作业。车架是一个整体，转向方式有后轮转向、全轮转向、前轮转向及差速转向。仅小型全液压驱动和大型电动装载机采用

续上表

分类型式	分　类	特点及适用范围
行走系结构	履带式装载机	接地比压小，通过性好、重心低、稳定性好、附着性能好、牵引力大、比切入力大；速度低、机动灵活性差、制造成本高、行走时易损路面、转移场地需拖运。用在工程量大，作业点集中，路面条件差的场合
装载方式	前卸式	前端铲装卸载，结构简单、工作可靠、视野好。适用于各种作业场地，应用广
	回转式	工作装置安装在可回转90°～360°的转台上，侧面卸载不需调车，作业效率高；结构复杂、质量大、成本高、侧稳性差。适用狭小的场地作业
	后卸式	前端装料，后端卸料，作业效率高；作业安全性差，应用不广
	侧卸式	前端装料，侧面卸料，适用于地下或场地狭窄的作业场地

三、发展概况及趋势

装载机在国外从20世纪20年代问世以来，已经历了四轮驱动装载机、铰接式装载机和机电液一体化等发展阶段。现在，装载机不论在整机性能，还是作业效能、安全性、可靠性以及操作舒适性等方面都得到了较大的提高，其技术水平已达到了较高的程度。

截至2002年，我国有近百个厂家生产轮胎式装载机和少量履带式装载机，装载机的年产量已达到40 000多台，规格型号130多个，其中轮胎式装载机占99%。除单斗轮胎式装载机和履带式装载机外，我国近几年还开发有少量的多功能装载机，如装载挖掘机和伸缩臂装载机。

经过四十几年的发展，我国装载机产品已形成了量大价廉、服务网点遍布全国、维修人员充足、技术及质量都有了较大提高的局面。

近年来，国内外装载机的发展趋势可归结如下几个方面。

1.装载机朝大型化与小型化方向发展

为适应越来越多的大型工程建设发展的需要，装载机(特别是轮胎式装载机)向大功率、大斗容量的方向发展。在国内，开发了ZL100型(斗容量5.4m^3)和ZL72B型(斗容量6.1m^3)较大型装载机。在国外，美国卡特匹勒公司开发了斗容量为17.5～30.4m^3的大型装载机。同时，为适应市政建设、城市环境和小型工地施工的需要，小型装载机也得到了较大的发展，例如日本东洋运搬株式会社生产的“310”型小型轮胎式装载机(斗容量仅为0.1m^3)，功率约为10kW。特别是全液压传动小型装载机，在美国已占装载机总数的40%。

2.广泛采用新结构、新技术

为了提高机器效率、操作性、安全性和舒适性，装载机广泛采用了新结构、新技术。

在装载机动力上，普遍采用废气涡轮增压柴油机。传动系统采用了双泵轮液力变矩器，使发动机功率和装载机的牵引力随作业工况获得比较理想的匹配；有的装载机(例如日本神户制钢所的LK1500型装载机)在发动机和变矩器之间安装一个“奥米伽”离合器，使离合器传递扭矩可在0%～100%范围内变化；新型差速器，如扭矩比例式差速器、防滑差速器、限制滑动差速器；避免了采用常规圆锥齿轮差速器时出现的一侧车轮打滑，另一侧车轮失去牵引性能的缺陷；变速箱采用了涡轮变速器(如美国克拉克471C装载机)。传动方式也有发展，出现了电动轮装载机。制动系统方面，国外已使用封闭结构油冷湿式多片制动器、双泵双管制动系统等。

工作装置方面，普遍采用"Z"型连杆机构，以及反转单摇臂形式，以提高铲掘力。驾驶室装有ROPS和FOPS以及空调和隔音设备等。这些新结构、新技术使机械始终保持在最佳工作状态，工作安全、可靠、舒适，并充分发挥操作人员的最大效能，提高机器的综合性能。

3. 向机电液一体化、电子化方向发展

随着电子技术、计算机技术的进步与不断发展，为保证机器的可靠性、安全性和节省能量，已将一些电子技术、智能技术用在装载机等一些工程机械上，以提高机器的各种性能和作业质量。我国"ZL50G机器人化装载机"项目的主要技术成果"工作装置电液比例控制系统"，采用了具有自主知识产权的脉宽调制电液比例控制模块，通过计算机控制技术实现了装载机工作装置的电液比例控制，极大地改善了装载机的控制性能，减轻了操作者的劳动强度。再如Clark公司定轴式动力换挡变速器和CAT公司行星动力换挡变速器，由于采用了半自动或自动换挡，司机只须集中注意力行车，因而改善了装载机的使用性能与操作性能。

4. 追求快速、灵活、高效

由于轮胎式装载机具有质量轻、速度快、机动灵活、效率高、维修方便等优点，所以，国内外轮胎式装载机发展较快，轮胎式装载机在品种规格、数量上都远比履带式装载机多。

第二节　装载机构造

一、总体构造

轮胎式装载机是由动力装置、车架、行走装置、传动系统、转向系统、制动系统、液压系统和工作装置等组成。其结构简图如图3-1所示。轮胎式装载机的动力是柴油发动机，大多采用液力变矩器动力、换挡变速箱的液力机械传动形式（小型装载机有的采用液压传动或机械传动），液压操纵、铰接式车体转向、双桥驱动、宽基低压轮胎、工作装置等多采用反转连杆机构等。

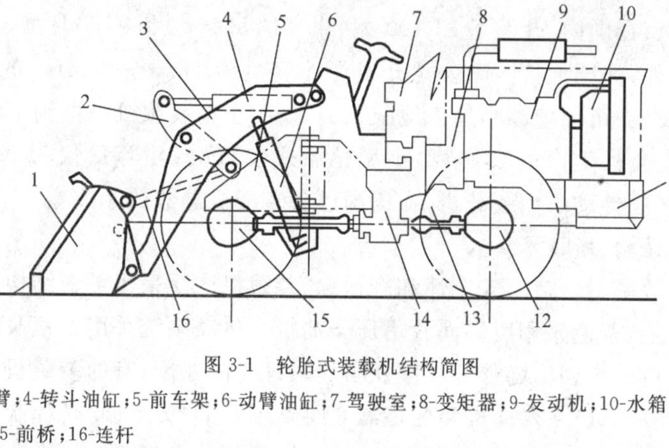

图3-1　轮胎式装载机结构简图

1-铲斗；2-摇臂；3-动臂；4-转斗油缸；5-前车架；6-动臂油缸；7-驾驶室；8-变矩器；9-发动机；10-水箱；11-配重；12-后桥；13-后车架；14-变速箱；15-前桥；16-连杆

履带式装载机是以专用底盘或工业拖拉机为基础，装上工作装置并配装适当的操纵系统而构成的，其结构见图3-2。其动力为柴油机，机械传动系采用液压助力湿式离合器、湿式双向液压操纵转向离合器和正转连杆工作装置。

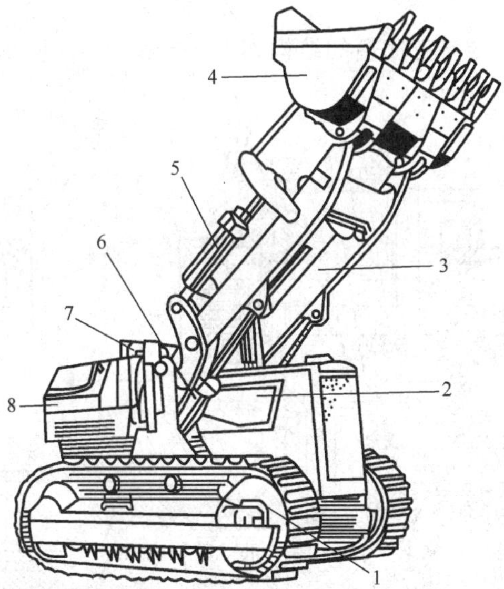

图 3-2　履带式装载机结构简图

1-履带行走机构；2-发动机；3-动臂；4-铲斗；5-转斗油缸；6-动臂油缸；7-驾驶室；8-油箱

二、传动系统

轮胎式装载机传动系统如图 3-3 所示。它是由变矩器 2、变速箱 6、传动轴 8、前后驱动桥 9、轮边减速器 10 等组成。

履带式装载机传动系统如图 3-4 所示。它是由主离合器 2、变速箱 3、中央传动箱 5、最终传动箱 4、万向轴 6 等组成。

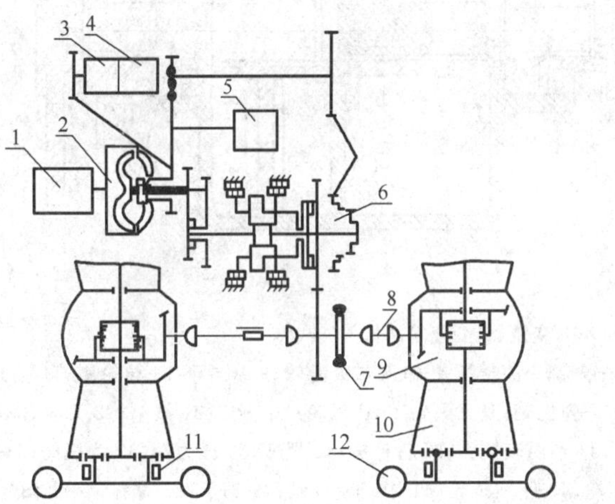

图 3-3　轮胎式装载机传动系统

1-发动机；2-液力变矩器；3-变速油泵；4-工作油泵；5-转向油泵；6-变速箱；7-驻车制动；8-传动轴；9-驱动桥；10-轮边减速器；11-行车制动器；12-轮胎

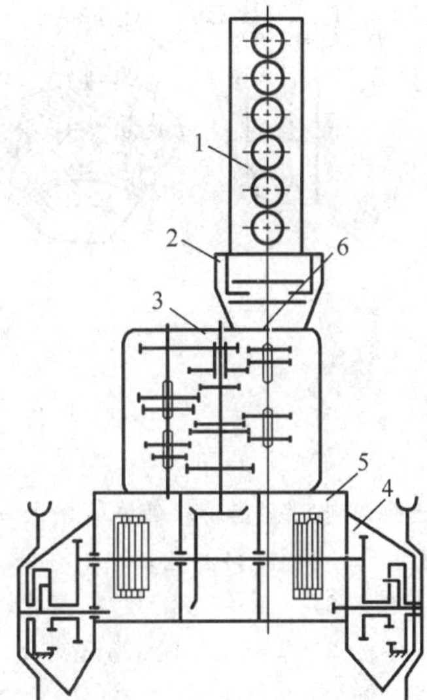

图 3-4　履带式装载机传动系统

1-发动机；2-主离合器；3-变速箱；4-最终传动箱；5-中央传动箱；6-万向轴

1. 变矩器与变速箱

轮胎式装载机的变矩器与变速箱的结构如图 3-5 和图 3-6 所示。

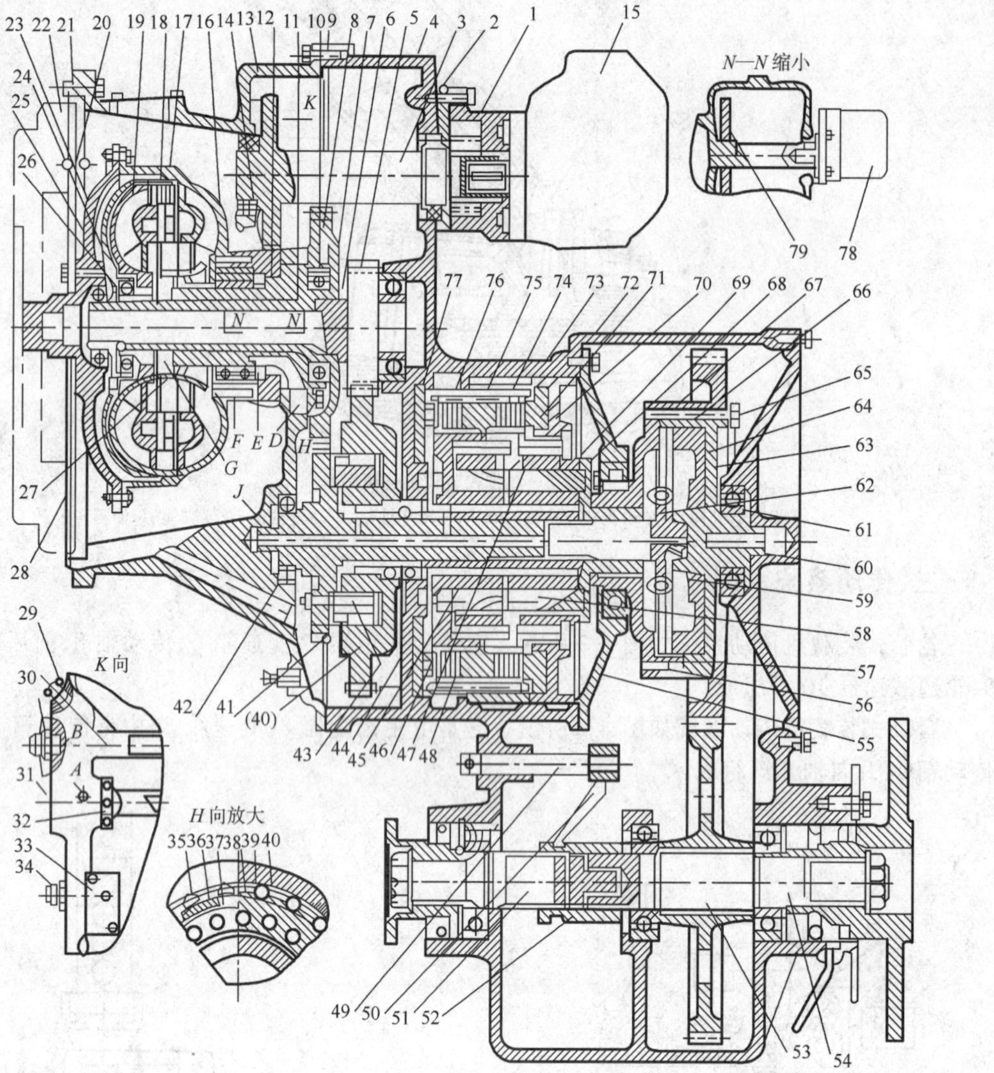

图 3-5　ZL40B 变矩器、变速箱结构

1-变速泵；2-垫；3-轴齿轮；4-箱体；5-输入一级齿轮；6-铜套；7-油封环；8-输入二级齿轮；9-密封环 10-导轮座；11-油封环；12-密封环；13-壳体；14-齿轮；15-工作油泵；16-泵轮；17-弹性销；18-I 涡轮 19-II 涡轮；20-垫片；21-纸垫；22-飞轮；23-涡轮罩；24-铆钉；25-罩轮；26-涡轮毂；27-导轮；28-弹性板；29-油温表接头；30-管接头；31-螺塞；32-压力阀；33-背压阀；34-管接头；35-滚柱；36-弹簧；37-压盖；38-隔离环；39-内环凸轮；40-外环齿轮；41-中间输入轴；42-轴承；43-螺栓；44-太阳轮；45-(倒挡)行星轮；46-倒挡行星轮架；47-(I 挡)行星轮；48-倒挡内齿轮；49-前后桥连接拉杆；50-前后桥连接拨叉；51-后输出轴；52-滑套；53-输出轴齿轮；54-前输出轴；55-中盖；56-圆柱销；57-中间轴输出齿轮；58-I 挡行星轴；59-盘形弹簧；60-端盖；61-球轴承；62-直接挡轴；63-直接挡油缸；64-直接挡活塞；65-螺栓；66-直接挡闭锁离合器；67-直接挡受压盘；68-直接挡连接盘；69-I 挡行星轮架；70-I 挡油缸；71-I 挡活塞；72-I 挡挡内齿圈；73-I 挡摩擦片离合器；74-弹簧；75-弹簧销轴；76-倒挡摩擦片离合器；77-倒挡活塞；78-转向油泵；79-转向油泵驱动齿轮

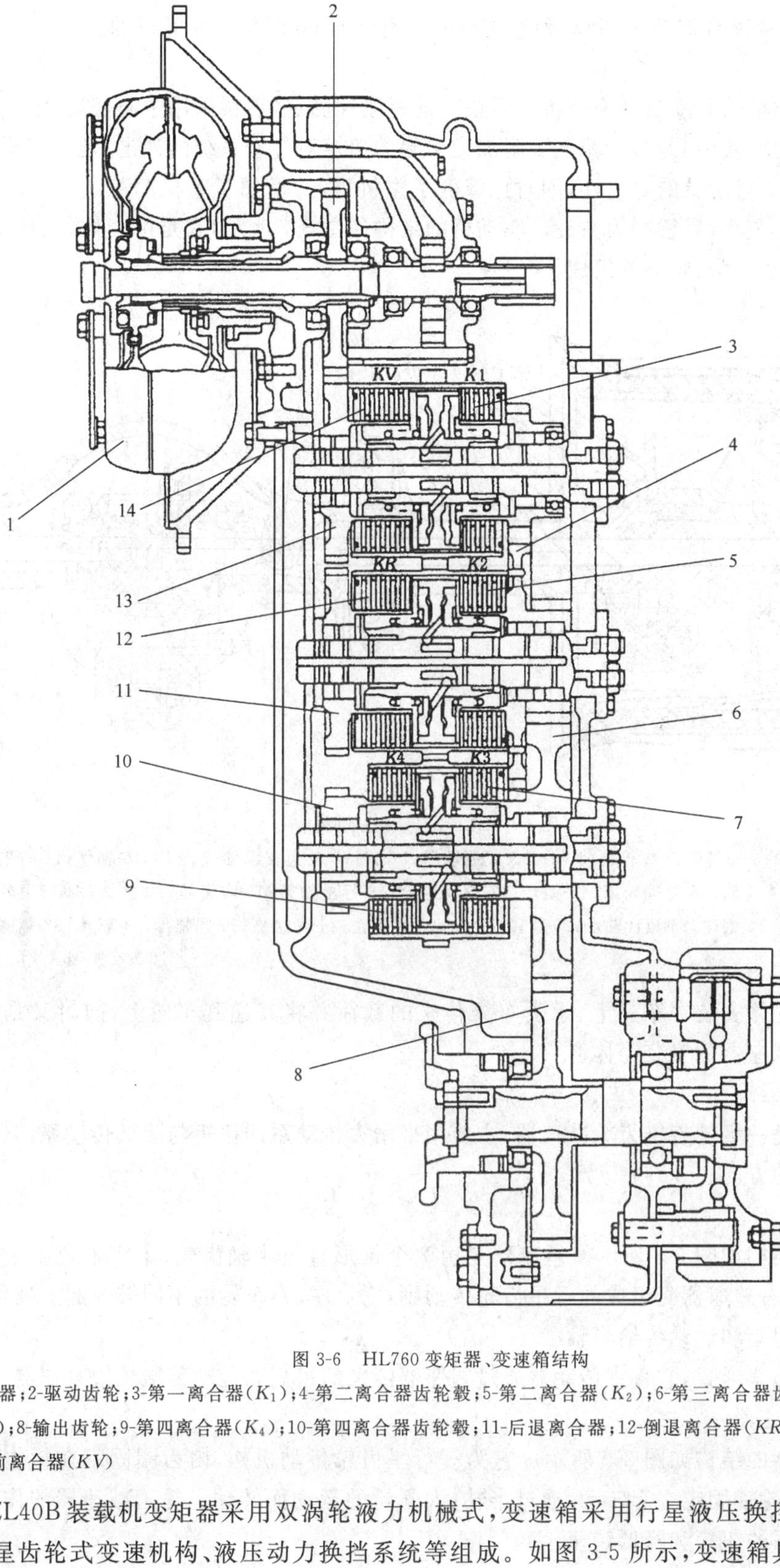

图 3-6　HL760 变矩器、变速箱结构

1-变矩器；2-驱动齿轮；3-第一离合器(K_1)；4-第二离合器齿轮毂；5-第二离合器(K_2)；6-第三离合器齿轮毂；7-第三离合器(K_3)；8-输出齿轮；9-第四离合器(K_4)；10-第四离合器齿轮毂；11-后退离合器；12-倒退离合器(KR)；13-向前离合器；14-向前离合器(KV)

ZL40B 装载机变矩器采用双涡轮液力机械式，变速箱采用行星液压换挡。变速箱由箱体、行星齿轮式变速机构、液压动力换挡系统等组成。如图 3-5 所示，变速箱具有两个前进挡

和一个倒退挡。I挡和倒退挡采用行星变速机构，II挡为直接挡，它们分别由I挡摩擦片离合器73、倒挡摩擦片离合器76的制动和直接挡闭锁离合器66的接合来完成的。

2.驱动桥

轮胎式装载机的驱动桥分为前桥和后桥。前桥刚性固定，后桥采用中心摆动结构，使后桥摆动中心与动力输入中心重合，减少了附加力引起的扭矩对传动系统的冲击，延长了驱动桥的使用寿命，提高了驾驶员的舒适性，同时也降低了整机重心，增加了整机的稳定性。前桥的主动螺旋锥齿轮为左旋，后桥则为右旋。驱动桥的结构如图3-7所示，它是由壳体、主传动器、半轴、轮边减速器及轮胎、轮辋等组成。

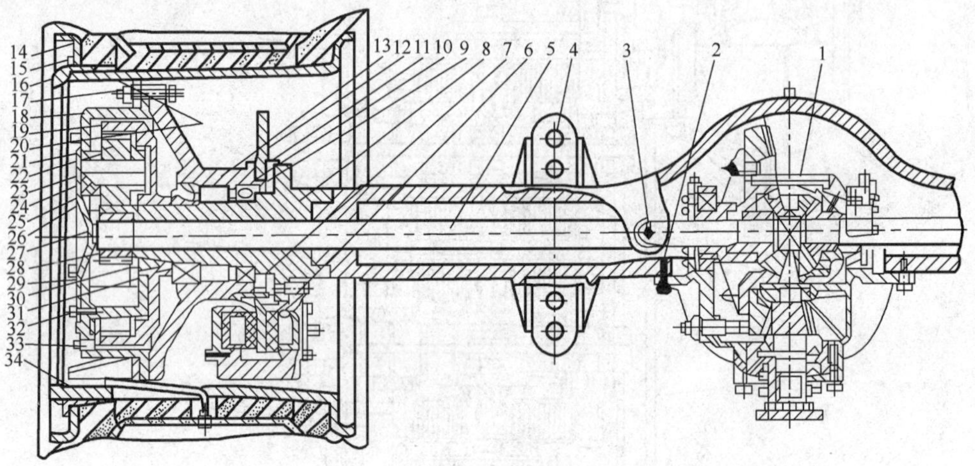

图3-7 ZL40B装载机驱动桥

1-主传动器；2-螺栓；3-透气管；4-螺栓；5-半轴；6-盘式制动器；7-油封；8-轮边支承轴；9-卡环；10-轴承；11-防尘罩；12-制动盘；13-轮毂；14-轮胎；15-轮辋轮缘；16-锁环；17-轮辋螺栓；18-行星轮架；19-内齿轮；20-挡圈；21-行星轮；22-垫片；23-行星齿轮轴；24-钢球；25-滚针轴承；26-盖；27-挡圈；28-太阳轮；29-密封垫；30-圆螺母；31-轴承；32-螺塞；33-螺塞；34-轮辋

驱动桥的壳体安装在车架上，承受车架传来的载荷并将其递到车轮上，同时又是主传动器、半轴、轮边减速器的安装壳体。

(1)主传动器

主传动器是一级螺旋锥齿轮减速器，主要用来增大传动系的扭矩与降低传动系的转速，并改变传递运动的方向。

(2)差速器

差速器的结构如图3-8所示。差速器是由2个锥形直齿半轴齿轮、十字轴及4个锥形直齿行星齿轮、左右差速器壳组成的行星齿轮传动副，它对左、右车轮的不同转速起差速作用，并将主传动器的扭矩和运动传给半轴。

左右半轴为全浮式，它将主传动器通过差速器传来的扭矩和运动传给轮边减速器。

(3)轮边减速器

轮边减速器的结构如图3-9所示。它为一行星齿轮传动机构，内齿圈固定在轮边支承轴上，行星轮架与轮辋固定一起转动，通过半轴、太阳轮的运动而转动。轮边减速器的作用是进一步增大传动系的扭矩和降低转速。

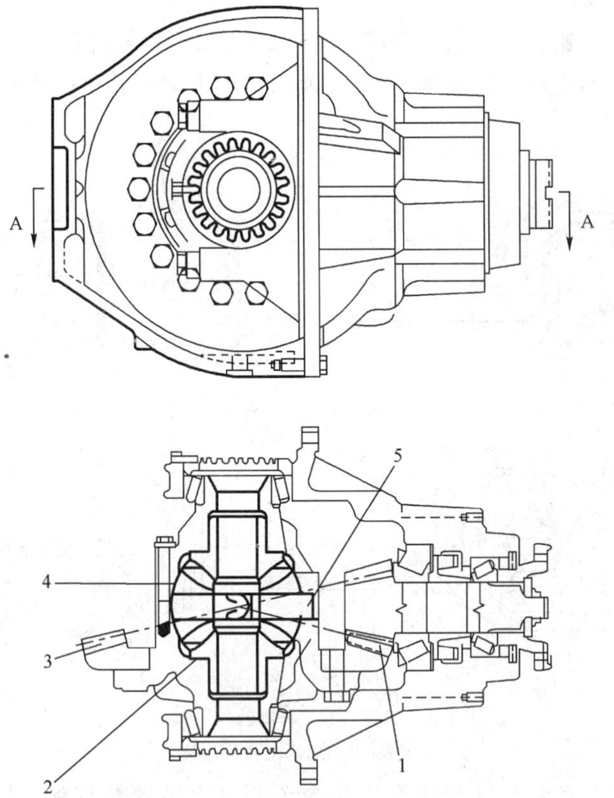

图 3-8　差速器

1-小螺旋伞齿轮；2-半轴齿轮(差速器)；3-螺旋伞齿轮；4-太阳轮；5-十字轴

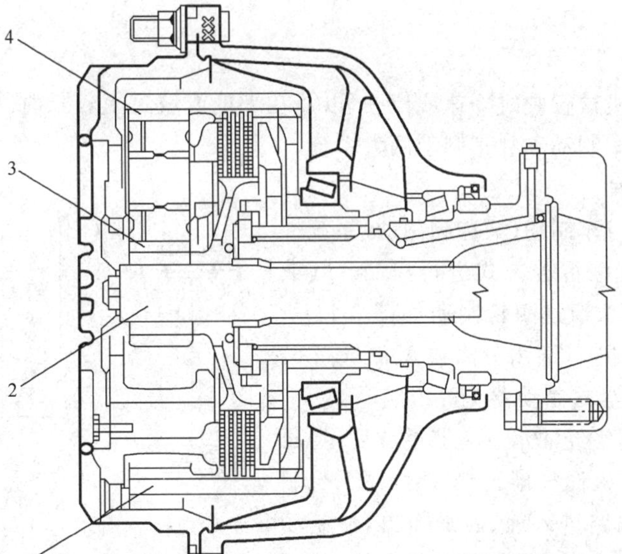

图 3-9　轮边减速器

1-齿圈；2-半轴；3-太阳齿轮；4-行星齿轮

3. 传动轴

传动轴用来把变速箱输出的动力传给驱动桥。ZL50C 装载机有两根传动轴，连接变速箱前输出轴与前驱动桥的为前桥传动轴，连接变速箱后输出轴与后驱动桥的为后桥传动轴，如图 3-10 所示。

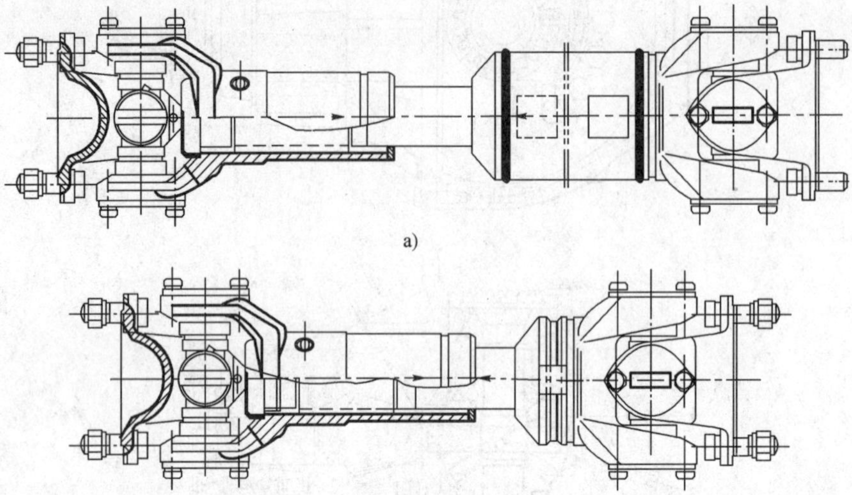

图 3-10 传动轴

a)前桥传动轴；b)后桥传动轴

传动轴由花键连接的滑动叉与轴管总成，能够保证在变速箱与驱动桥的相对位置发生变动的情况下，可靠地传递动力。

装载机在运行和作业过程中，传动轴要承受很大的扭矩、冲击载荷、振动，且传动轴位于装载机底部，工作条件非常恶劣。因此，必须对传动轴进行认真的维护保养。

三、制动系统

制动系统用于机械行驶时降速或停驶，以及在平地或坡道上较长时间停车。按功能可以将制动系统分为行车制动和驻车制动两大系统。

1. 行车制动系统

轮胎式装载机行车制动（又称脚制动）系统一般用气压、液压或气液混合方式进行控制。气液混合方式的气顶油双管路四轮制动如图 3-11 所示，它是由空气压缩机 7、油水分离器 6、储气筒 8、双管路气制动阀 4、盘式制动器 1 等组成。

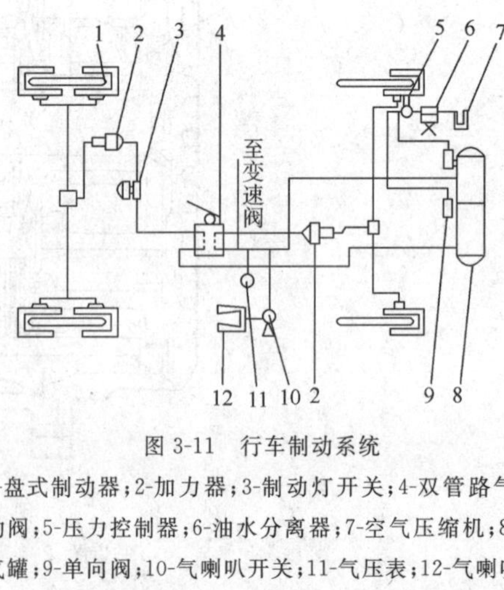

图 3-11 行车制动系统

1-盘式制动器；2-加力器；3-制动灯开关；4-双管路气制动阀；5-压力控制器；6-油水分离器；7-空气压缩机；8-储气罐；9-单向阀；10-气喇叭开关；11-气压表；12-气喇叭

工作时，压缩空气经油水分离器过滤后，经压力控制器、单向阀进入储气罐。制动时，踩下气制动阀，压缩空气分两路进入前、后加力器，使制动液产生高压，进入盘式制动器制动车轮。

(1)双管路气制动阀

双管路气制动阀的结构如图 3-12 所示。当踏下制动踏板时，顶杆 2 推动顶杆座 5，压缩平衡弹簧 6 推动大活塞 7 及活塞杆 9，打开阀门 12，储气罐的压缩空气由 A 口进入，经 C 口到加力器。同时，鼓膜夹板 11 推动顶杆 14、小活塞 15 及活塞杆 16，打开下阀门 17，另一路压缩空气由 B 口进入，经 D 口到前加力器，前后桥同时制动。当一个加力器发生故障时，另一加力器仍可工作。

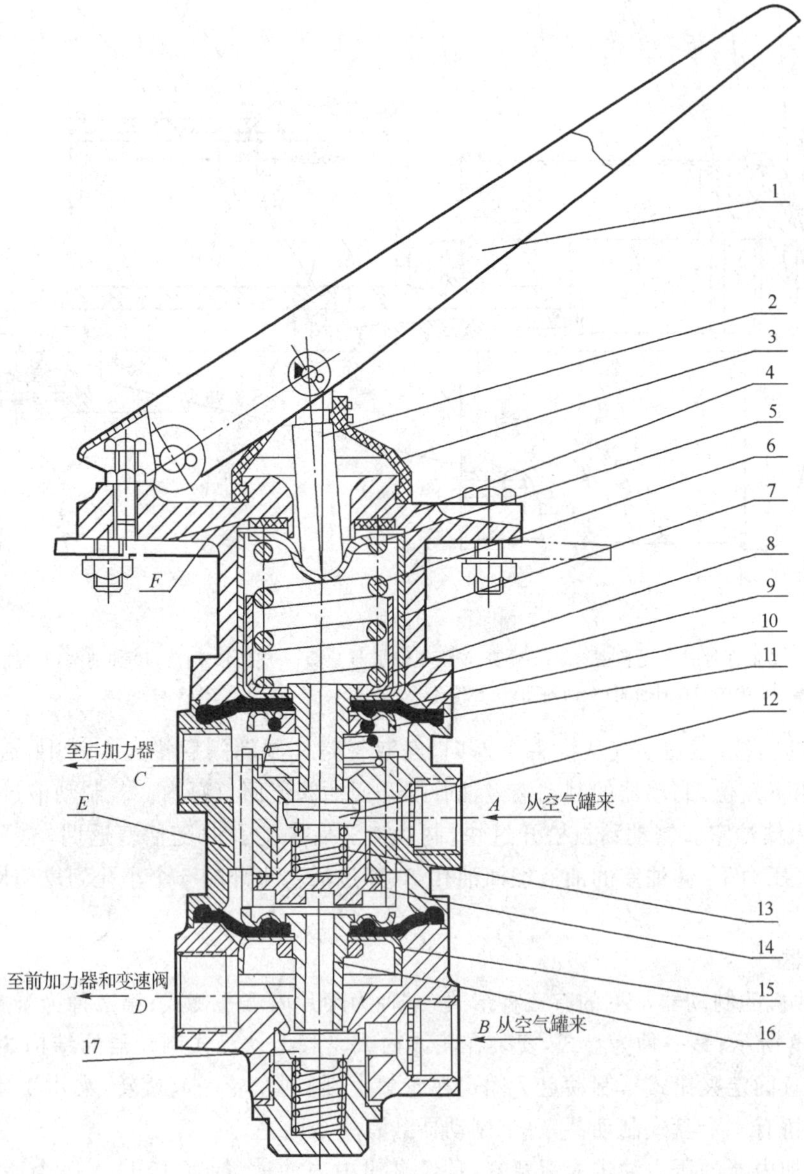

图 3-12　双管路气制动阀

1-制动踏板；2-顶杆；3-防尘罩；4-阀支架；5-顶杆座；6-平衡弹簧；7-大活塞；8-弹簧座；9-活塞杆；10-鼓膜；11-鼓膜夹板；12-阀门；13-阀门回位弹簧；14-顶杆；15-小活塞；16-活塞杆；17-阀门

松开制动踏板 1，前加力器空气由 D 口经活塞杆 16 进入通道 E，与从 C 口进来的后加力器空气一起经活塞杆 9 中孔，由 F 腔排入大气，制动解除。

(2)加力器

气推油加力器的结构如图 3-13 所示，它由气缸和液压总成两部分组成。

制动时，压缩空气推动活塞 2 克服弹簧 5 的阻力，通过推杆使液压总泵的活塞 13 右移，总泵缸体内的制动液产生高压，推开回油阀 16 的小阀门，进入制动器的活塞油缸。当气压为 0.68～0.7MPa 时，出口的油压为 10MPa。

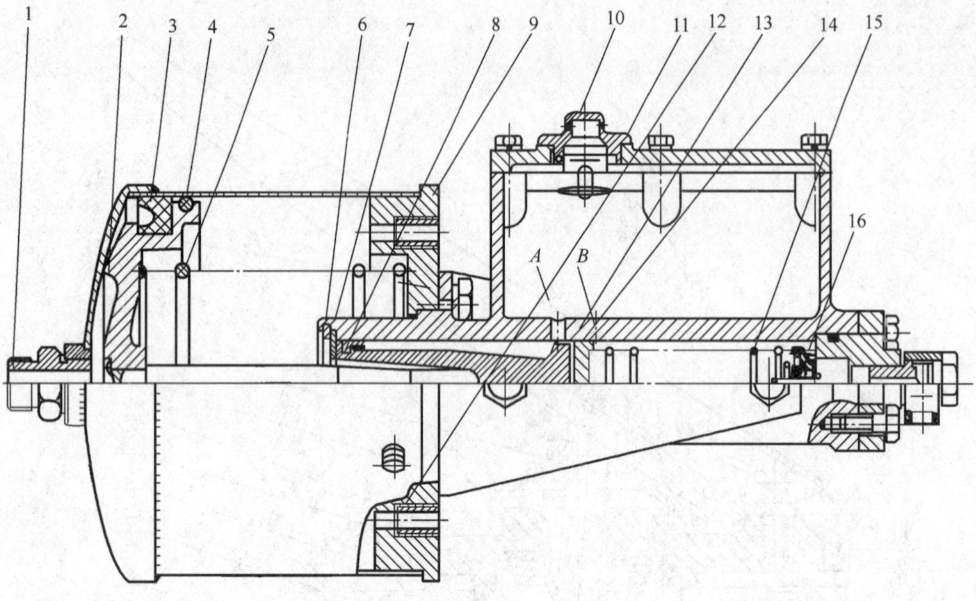

图 3-13　加力器结构图

1-接头；2-活塞；3-Y 形密封圈；4-毛毡密封圈；5-弹簧；6-锁环；7-止推垫圈；8-皮圈；9-端盖；10-加油塞；11-衬垫；12-滤网；13-活塞；14-皮碗；15-弹簧；16-回油阀；A-回油孔；B-补偿孔

松开制动踏板，压缩空气从接头 1 返回，经双管路气制动阀后排入大气中，活塞 2 和 13 在弹簧力作用下复位，制动器的制动液经油管推开回油阀流回总泵内。若制动液过多，可以经补偿孔 B 流入储油室。制动踏板松开过快，制动液滞后未能及时随活塞返回，总泵缸内形成低压。在大气压力下，储油室的油液经回油孔 A，穿过活塞头部的 6 个小孔到皮碗周围而补充到总泵内。

(3)制动器

轮式装载机的制动器常见的有三种形式：一种为蹄片内涨平衡式；第二种为湿式多片式制动器，如图 3-9 所示；另一种为盘式，安装在轮鼓内或轮毂上。盘式制动器的结构如图 3-14 所示，为双缸对置固定夹钳式。制动盘 7 固定在轮毂上，随同车轮一起旋转，夹钳 1 固定在桥壳上，每一驱动桥有 4 个盘式制动器，每个制动器共有 4 个活塞。

制动时，加力器的压力油进入活塞缸，且经夹钳中内油道、油管 10 进入每个活塞缸中，活塞 5 推动摩擦片 4 压向制动盘 7，产生制动力矩。制动解除后，在矩形密封圈 2 的弹性作用下，活塞 5 复位。摩擦片磨损后与制动盘的间隙增大，活塞的移动大于矩形密封圈 2 的变形，活塞和矩形密封圈之间产生相对移动，从而补偿摩擦片的磨损。摩擦片有 3 条纵向沟通槽，是磨损量的标记，摩擦片磨损量达到沟槽底部之前须更换新件。

2. 驻车制动器系统

驻车制动(又称手制动)系统用于装载机在工作中出现紧急情况时制动，也用在停车后使装载机保持原位置，不致因路面倾斜或其他外力作用而移动。当装载机的气压过低时，还可以对制动机械起保护作用。

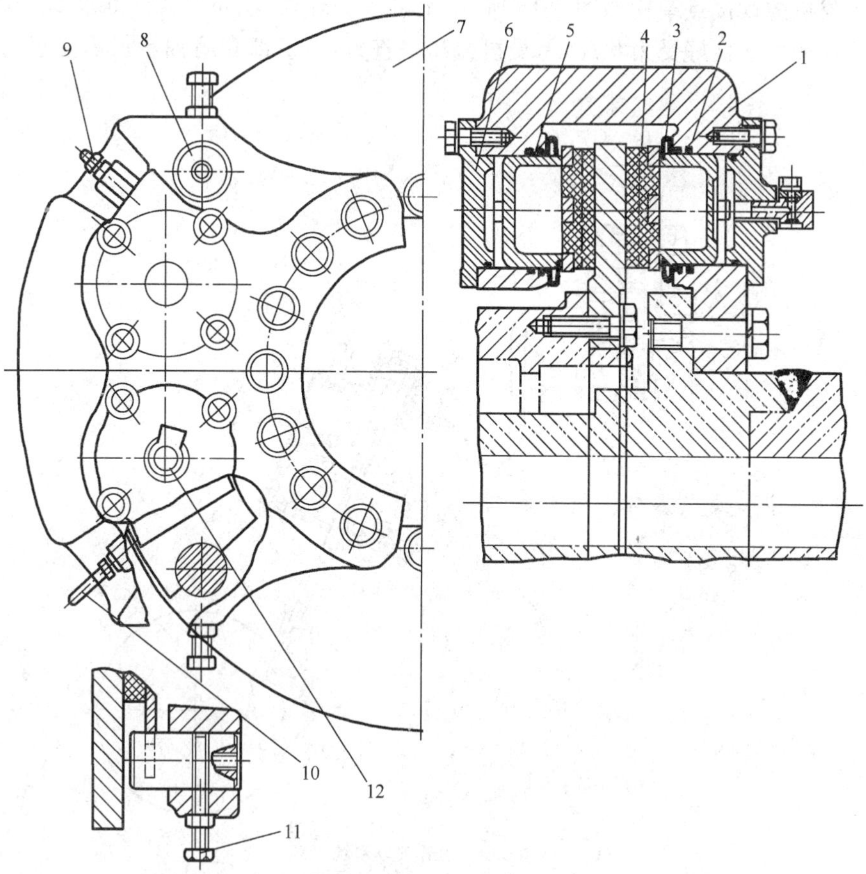

图 3-14　盘式制动器

1-夹钳；2-矩形密封圈；3-防尘圈；4-摩擦片；5-活塞；6-上油缸盖；7-制动盘；8-销轴；9-放气嘴；10-油管；11-止动螺钉；12-管接头

轮胎式装载机的驻车制动有两种形式：一种是机械式操纵的制动系统，它主要由操纵杆、软轴、制动器等组成，多用在小型轮胎式装载机上；另一种是气制动系统，它主要由储气罐、控制按钮、制动控制阀、制动气室、制动器等组成，可以实现人工控制和自动控制。人工控制是司机操纵制动控制阀上的控制按钮，使制动器结合或脱开；自动控制是当制动系统气压过低时，控制阀会自动关闭，制动器处于制动状态。如图 3-15 所示，推下控制按钮时，则排气口 C 被封闭，压缩空气经进气口柱塞，进入制动气室，克服气室弹簧的弹力使制动器放松。当往上拉控制按钮或压缩空气压力不足，柱塞弹簧向上的力大于压缩空气作用在阀片上的力时，阀片将进气通道关闭同时打开排气口 C，制动气室的压缩空气被排到大气中，气室弹簧的弹力使气室拉杆随膜片上行，制动器处于制动状态。驻车制动系中的制动器多安装在变速箱的输出轴的前端。

四、转向系统

装载机的行驶方向是依靠转向系统来进行操纵的，转向系统能够根据作业要求保持装载机稳定地沿直线方向行驶或改变其行驶方向。

轮式装载机目前大多采用铰接式结构，其转向系统主要由液压泵、粗滤油器、精滤油器、液压转向器、分流阀、转向液压缸等组成。

轮式装载机的铰接点结构如图 3-16 所示，上铰点为球铰式，下铰点为销套式。上部球面轴承可确保铰销处于良好受力状况，承受扭力和垂直力，而下部套筒轴承仅承受扭力，其结构较简单。

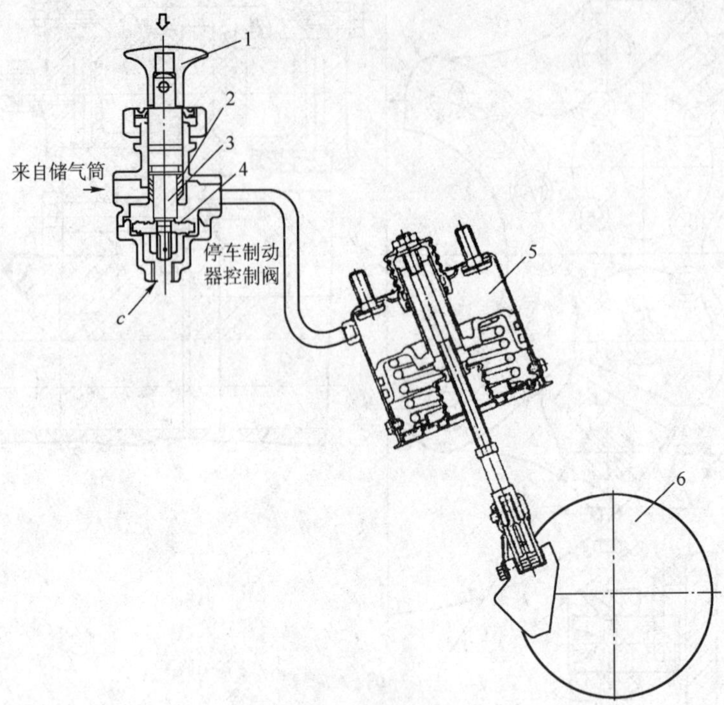

图 3-15　驻车制动系统

1-控制按钮；2-柱塞弹簧；3-柱塞；4-阀片；5-制动气室；6-制动器

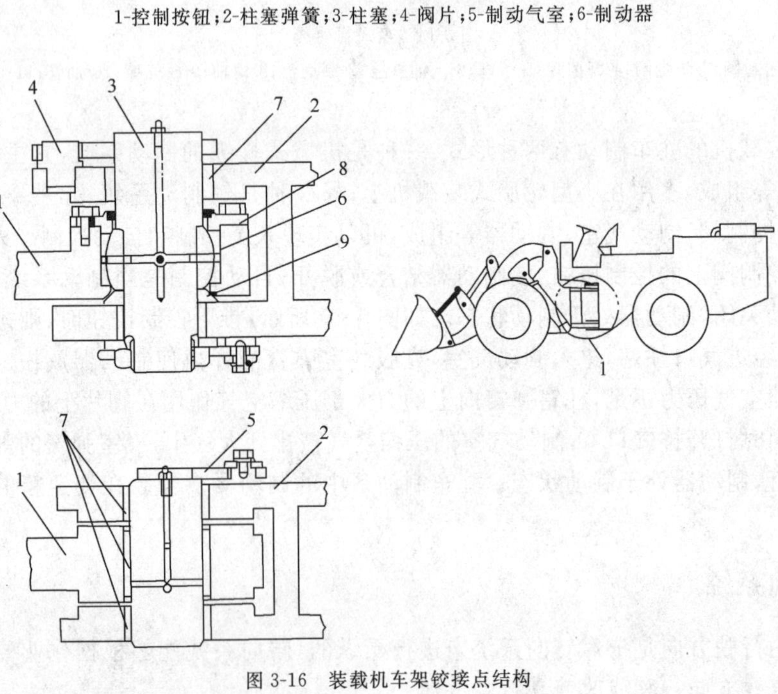

图 3-16　装载机车架铰接点结构

1-前车架；2-后车架；3-铰销(上部)；4-锁块；5-铰销(下部)；6-球面轴承；7-套筒；8-轴承盖；9-垫片

有些机型将上下铰销连接板的距离加宽，使作用分散开来，因而轴承寿命能提高，用加厚铰销板和蝶式支承减少了挠曲变形；上下铰接销安装有一组双列圆锥滚柱轴承，这种设计可使垂直和水平力分布在一个较大的面积上。

轮式装载机转向系统一般采用转向器、转向阀、转向油缸分开式动力转向，图 3-17 为转向系统的转向杆系。

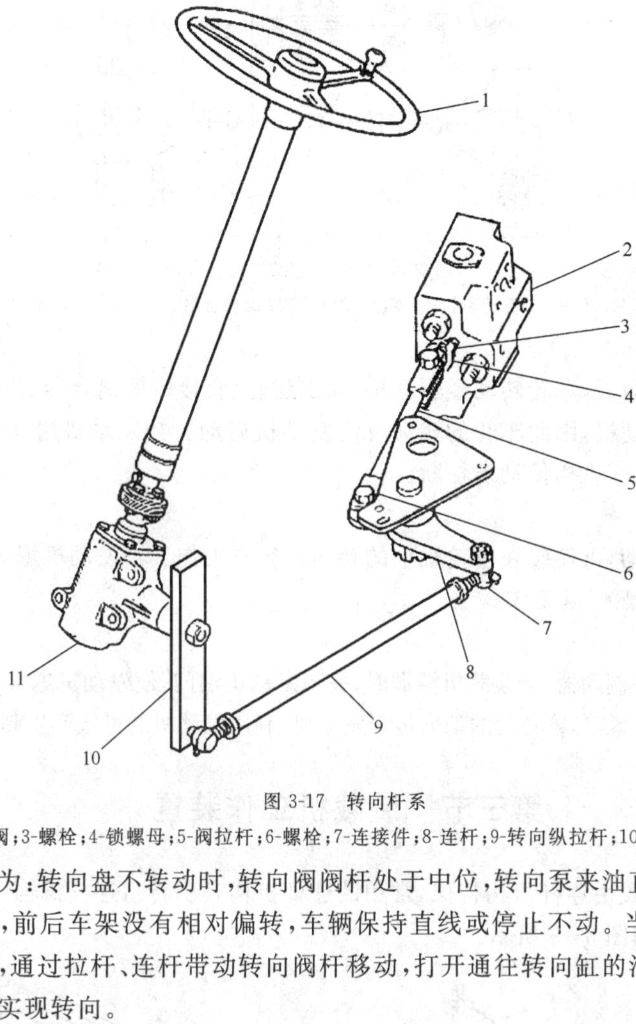

图 3-17　转向杆系

1-转向盘；2-转向阀；3-螺栓；4-锁螺母；5-阀拉杆；6-螺栓；7-连接件；8-连杆；9-转向纵拉杆；10-转向垂臂；11-转向齿轮

其转向原理为：转向盘不转动时，转向阀阀杆处于中位，转向泵来油直接流回油箱，转向缸活塞杆没有伸缩，前后车架没有相对偏转，车辆保持直线或停止不动。当转动转向盘时，转向器带动垂臂摆动，通过拉杆、连杆带动转向阀杆移动，打开通往转向缸的油道，使转向缸活塞杆伸缩，车架偏摆，实现转向。

1. 全液压转向器

全液压转向器主要由随动转阀和计量电动机组成。

2. 转向油缸

转向油缸由缸体、缸盖、活塞杆、活塞等组成。油缸的活塞杆端与后车架相连，另一端与前车架相连接，两个转向油缸进入油管路采用交叉连接，即一个转向油缸的大腔与另一个转向油缸的小腔相连，转向时使前后车架相对转动，实现铰接式装载机的左右转向。

3.“三合一”结构

在一些液压、液力机械传动的工程机械中，存在着柴油机熄火后，出现液压系统不能正常工作，机械不能拖启动，转向发生困难等严重缺点。因此，有的轮胎式装载机设计采用了“三合一”机构(图 3-18)，利用超越离合器等结构来解决柴油机熄火后的转向、拖启动以及排气制动等问题。

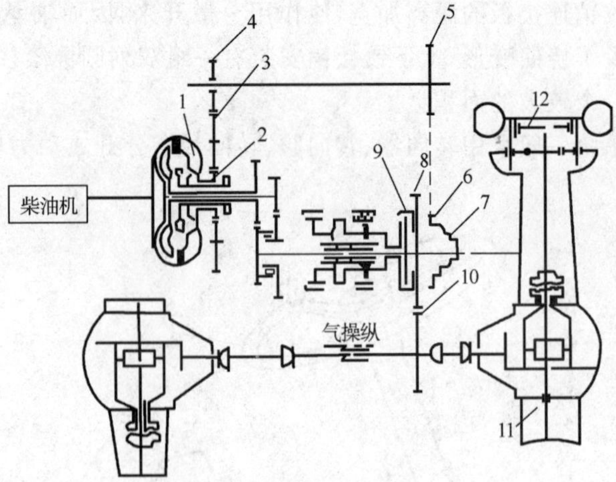

图 3-18 “三合一”结构

1-变矩器;2、3、4、5、6、8、10-传动齿轮;7-离合器滑套;9-摩擦离合器;11-驱动桥;12-轮边减速器

(1)拖启动

“三合一”机构接通后,车轮转动经驱动桥、输出齿轮、直接摩擦离合器、齿轮 6、5、4、3、2 及变矩器 1 泵轮传到发动机,因此车轮的转动可使发动机启动。当发动机启动后,转速提高,超越离合器脱开,“三合一”机构传动被切断。

(2)熄火转向

由于齿轮 3 的转动,可使装在齿轮轴上的转向齿轮泵工作。当发动机熄火时,车轮的转动传至齿轮 3,转向泵仍然可以工作。

(3)排气制动

发动机上装有排气制动器,当装载机滑坡时,关闭发动机油门,使发动机熄火,此时车轮的转动使超越离合器内外环楔紧,车轮转动的动力传至发动机,利用发动机的排气产生制动力矩来制动。

第三节　装载机工作装置

装载机的工作装置由连杆机构构成,常用的连杆机构有正转六连杆机构,正转八连杆机构和反转六连杆机构,如图 3-19 所示。

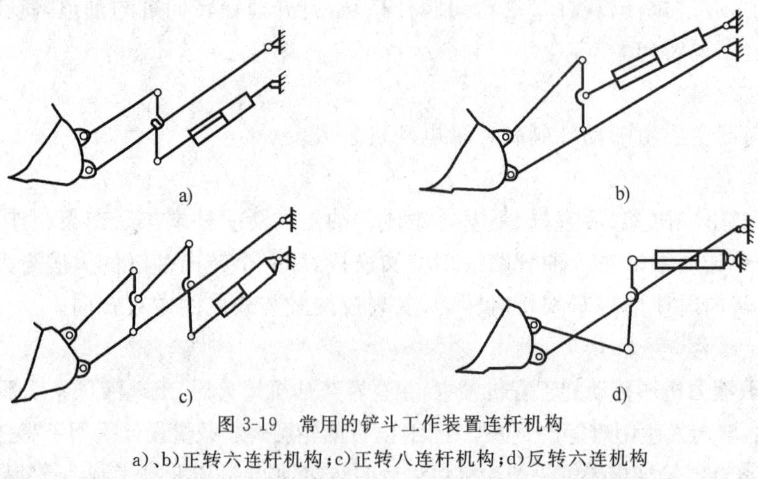

图 3-19　常用的铲斗工作装置连杆机构

a)、b)正转六连杆机构;c)正转八连杆机构;d)反转六连杆机构

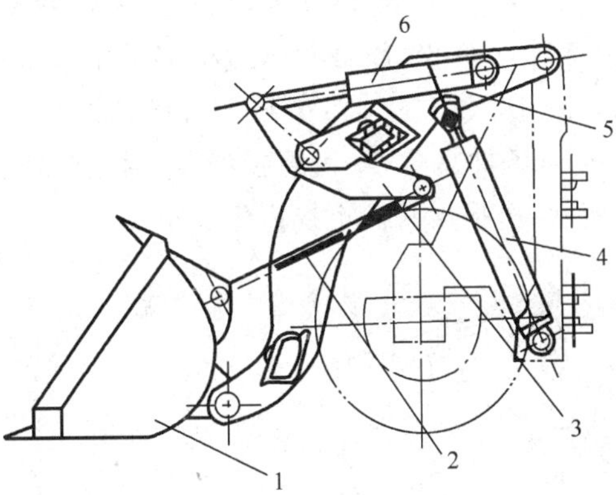

图 3-20　反转六连杆转斗机构

1-铲斗；2-连杆；3-摇臂；4-动臂油缸；5-动臂；6-转斗油缸

轮式装载机的工作装置广泛采用正转八连杆和反转六连杆机构。我国 ZL 系列轮式装载机的工作装置则多数采用反转 Z 型六连杆机构。

反转六连杆转斗机构由铲斗、动臂、摇臂、连杆(或托架)、转斗油缸和动臂油缸等组成，如图 3-20 所示。

履带式装载机工作装置多采用正转八连杆或正转六连杆转斗机构。正转六连杆机构形成两个正转四连杆机构。该机构的转斗油缸通常布置在动臂的后上方并铰接在机架上，铲斗物料撒漏时不易损伤油缸。由于工作装置的重心靠近装载机，因而有利于提高铲斗的装载量。正转八连杆主要由铲斗、动臂、摇杆、拉杆、弯臂、转斗油缸和动臂油缸等组成，如图 3-21 所示。

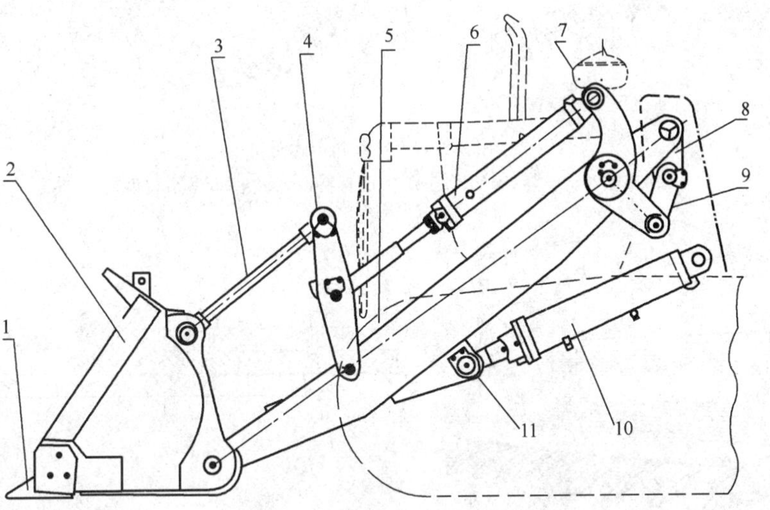

图 3-21　履带式装载机工作装置

1-斗齿；2-铲斗；3-拉杆；4-摇杆；5-动臂；6-转斗油缸；7-弯臂；8-销臂装置；9-连接板；10-动臂油缸；11-销轴

在装载机进行作业时，工作装置应能保证：当转斗油缸闭锁，动臂举升或降落时，连杆机构能使铲斗上下平动或接近平动，以免铲斗倾斜而撒落物料；当动臂处在任何位置，铲斗绕动臂铰点转动进行卸料时，其卸料角不小于 45°，在最高位置卸料后，当动臂下降时，又能使铲斗自动放平。

一、铲斗结构

土方工程的装载机铲斗如图 3-22 所示。铲斗斗体常用低碳、耐磨、高强度钢板焊接而成，切削刃采用耐磨的中锰合金钢材料，侧切削刃和加强角板都用高强度耐磨材料制成。

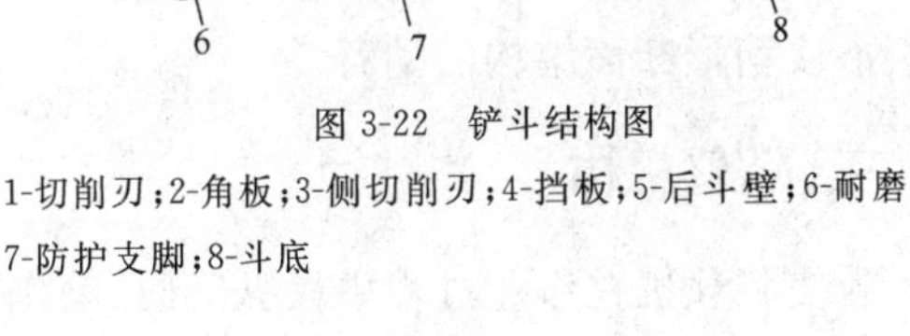

图 3-22　铲斗结构图

1-切削刃；2-角板；3-侧切削刃；4-挡板；5-后斗壁；6-耐磨板；7-防护支脚；8-斗底

铲斗切削刃的形状分四种，如图 3-23 所示。齿形的选择应考虑插入阻力、耐磨性和易于更换等因素。齿形分尖齿和钝齿，轮胎式装载机多采用尖形齿，履带式装载机多采用钝齿形；斗齿的数目视斗宽而定，一般平齿距在 150～300mm 比较合适。斗齿结构分整体式和分体式，中小型装载机多采用整体式；大型装载机由于作业条件恶劣，斗齿磨损严重，常用分体式。分体式斗齿分为基本齿和齿尖两部分，如图 2-24 所示，磨损后只需更换齿尖。

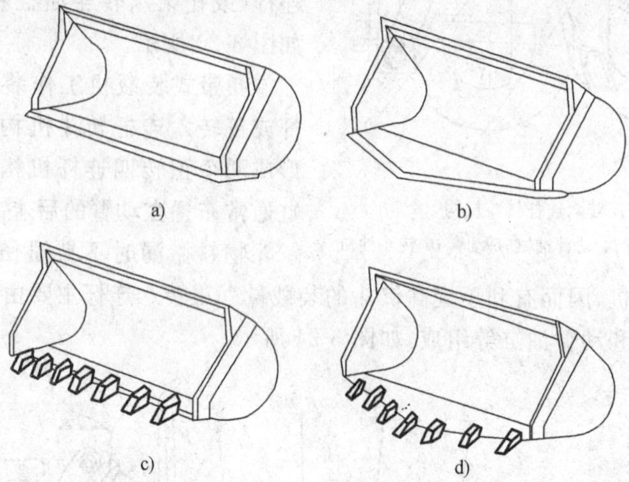

图 3-23　铲斗结构形式简图

a)直型斗刃铲斗；b)V 形刃铲斗；c)直型带齿铲斗；d)V 形带齿铲斗

图 3-24　带分体式斗齿的铲斗

a)装有分体式斗齿的铲斗；b)分体式斗齿

1-齿尖；2-基本齿；3-切削刃；4-固定销

二、动臂结构

动臂的形状按其纵向中心形状分为直线形和曲线形两种，如图 3-25 所示。直线形动臂多用于正转式连杆工作装置(履带式装载机)，曲线形动臂常用于反转式连杆工作装置(轮胎式装载机)。

动臂的断面结构形式有单板、双板和箱形。小型装载机多采用单板；大中型装载机多采用双板形或箱形断面结构的动臂。

三、限位机构

为使装载机在作业过程中操纵简便、动作准确、安全可靠、生产率高，在工作装置中常设有

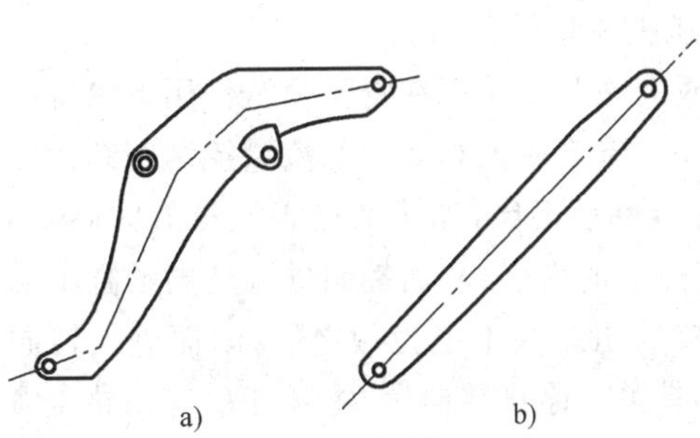

图 3-25　动臂结构形式

a)曲线形；b)直线形

铲斗前倾及后倾角限位、动臂升降自动限位装置以及铲斗自动放平机构。

在铲装、卸料作业时，对铲斗后倾、前倾角度有一定的要求，要进行限位控制，限位方式多采用限位挡块。后倾角限位的限位块分别安装（焊接）在铲斗后斗臂背面和动臂前端与之相对应的位置上；前倾角限位的限位块安装（焊接）在铲斗前斗臂背面和动臂前端与之相对应的位置上，也可将限位块放置在动臂中部限制摇臂转动的位置上。这样可以控制前倾及后倾角，防止连杆机构超越极限位置而发生干涉现象。

动臂升降气控自动限位由凸轮、气阀、储气筒、动臂油缸控制阀等组成。其功能是使动臂在提升或下降到极限位置时，动臂油缸控制阀能自动回到中间位置，限制动臂继续运动，防止事故发生。

铲斗气控自动放平机构由凸轮、导杆、气阀、行程开关、储气筒、转斗油缸控制阀等组成。其功能是使铲斗在任意位置卸载后自动控制铲斗上翻角，保证铲斗降落地面铲掘位置时，斗底与地面保持合理的铲掘角度。

第四节　装载机的操纵与控制系统

装载机的操纵与控制系统一般由转向、工作装置和动力换挡液压系统组成，液压系统通常有三种构成形式：第一种是独立形式，即工作装置液压系统、转向液压系统和动力换挡液压系统均为独立的液压系统，分别由各自的液压泵供油，系统之间无任何联系，具有独立的操作性。国产 ZL20、ZL30 等轮式装载机采用此种独立形式的液压系统。第二种是共泵分流形式，工作装置液压系统与转向液压系统共用一个液压泵，通过单路稳定分流阀将压力油分别分配到两个液压系统。此种形式的液压系统通常在小型轮式装载机（如 ZL10 和 ZL15）上采用。第三种是能量转换形式，工作装置液压系统与转向液压系统可通过流量转换阀，自动控制和合理分配转向系统与工作装置系统的液压油流量，使系统既能保障转向液压系统有足够的稳定流量，又能最大限度地满足工作装置对流量的要求。

一、转向液压系统

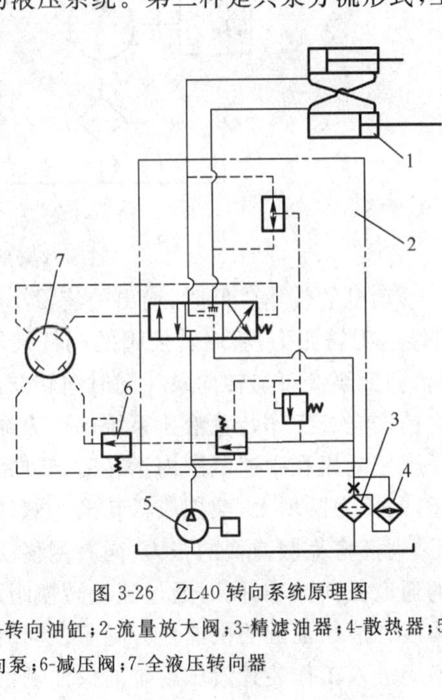

图 3-26　ZL40 转向系统原理图

1-转向油缸；2-流量放大阀；3-精滤油器；4-散热器；5-转向泵；6-减压阀；7-全液压转向器

图 3-26 所示转向系统采用流量放大系统，是独立形式的转向液压回路，油路由先导油路与主油路组成。所谓流量放大，是指通过全液压转向器以及流量放大阀，可保证先导油路流量变化与主油路中进入转向缸的流量变化具有一定的比

例，达到低压(一般不大于2.5MPa)小流量控制高压大流量的目的。

转向盘不转动时，转向器7两出口关闭，流量放大阀2主阀杆在复位弹簧作用下保持在中位，转向泵5与转向油缸1的油路被断开，主油路经过流量放大阀2中的流量控制阀卸荷回油箱。转动转向盘时，转向器7排出的油与方向盘的转角呈正比，先导油进入流量放大阀2后，通过主阀杆上的计量小孔控制主阀杆位移，即控制开口的大小，从而控制进入转向油缸1的流量，由于流量放大阀2采用了压力补偿，使得进出口的压差基本上为一定值，因而进入转向油缸1的流量与负荷无关，而只与主阀杆上开口大小有关。停止转向后，主阀杆一端先导压力油经计量小孔卸压，两端油压趋于平衡，在复位弹簧的作用下，主阀杆回复到中位，从而切断到油缸的主油路。

图3-27所示转向系统采用能量转换形式的液压系统，该液压系统可随发动机转速变化自动转换工作状态。流量转换阀4有三个工作位置：左位为辅助泵2向工作装置液压系统供油；中位为辅助泵2同时向工作装置和转向液压系统供油；右位为辅助泵2单独向转向液压系统供油。

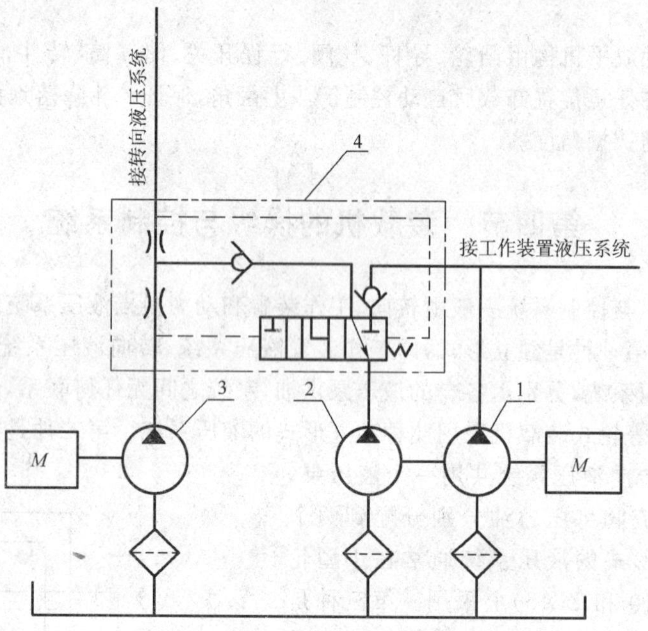

图3-27　ZL50能量转换液压系统工作原理图

1-主泵；2-辅助泵；3-转向泵；4-流量转换阀

发动机的转速较低时，输出的流量小，阻尼孔所产生的压力降不足以克服液控流量转换阀4右端的弹簧张力，所以转换阀的阀杆被右端弹簧推向左侧，流量转换阀4则处于右位工作。此时，辅助泵2可与转向泵3同时向转向液压系统供油，用以补偿转向油缸的供油量，以保证转向的安全。工作装置液压系统的压力油仅靠主油泵提供。

当发动机在中速范围内运转时，转向泵和辅助泵的输出流量增加，通过阻尼孔的流量也随之增加，压力降增大，液控流量转换阀阀杆两端的压力差亦相应增大。此时，在液控压差的作用下，阀杆将克服弹簧的张力，向右侧移动，流量转换阀自动进入中位，辅助泵进入转向液压系统的通道截面减小，同时通过流量转换阀进入工作装置，并与主油泵提供的压力油合流，增大工作装置液压油缸的供油量。随着发动机的转速提高，阀杆右移量将随之增加，辅助泵经流量转换阀进入工作装置液压系统的供油量也相应增加，而进入转向液压系统的补偿供油量则相应减少，但辅助油泵和转向油泵向转向液压系统的总供油量将基本保持不变，不会受发动机转速变化的影响。此工况，辅助泵同时向转向和工作装置液压系统供油。

发动机高速运转时，阀杆两端的液控压力差进一步增大，迫使阀杆进一步移至最右端，辅助泵经流量转换阀通往转向液压回路的油路则被截断，转向液压系统仅由转向泵提供压力油，流量转换阀自动进入左位。由于发动机处于高速运转状态，转向泵提供的流量已能完全满足转向的要求，无需辅助泵再提供流量补偿，辅助泵输出的压力油全部供给工作装置液压系统。

图 3-28 所示的转向液压系统也可实现自动转换。在装载机不转向时，转向泵向工作装置液压系统供油，提高了工作装置的作业速度；当装载机转向时，转向泵通过转向阀向转向液压缸供油，实现可靠转向。这样可以充分利用转向油泵的能量，满足转向系统的运动要求，提高工作装置的速度和循环作业效率，充分利用发动机功率，减少液压系统发热。

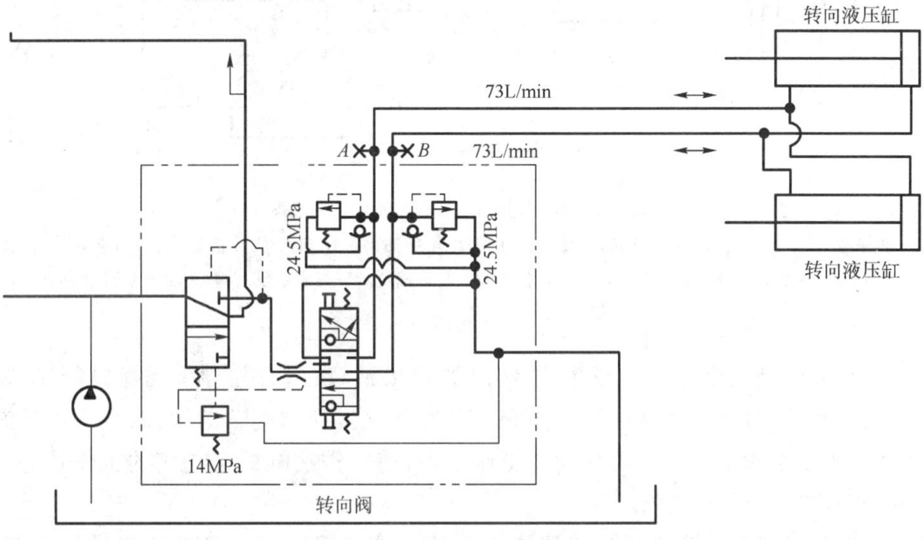

图 3-28　W90-2 装载载机转向液压系统

二、工作装置控制系统

1. 工作装置液压操纵系统

装载机工作装置液压控制系统的发展主要经历了三个阶段：由操纵杆手动直接控制换向阀阀芯，到由手动先导比例减压阀液控主换向阀，之后发展为目前先进的计算机控制下的电液比例控制技术，其控制性能及自动化程度逐步提高。

装载机工作装置液压系统原理如图 3-29、图 3-30 所示，它主要由工作油泵、分配阀、安全阀、动臂油缸、转斗油缸、油箱、油管等组成。

装载机工作装置的液压系统应保证工作装置能完成铲掘、提升、保持、翻斗等动作，这就要求动臂油缸操纵阀必须具有提升、保持、下降和浮动四个位置，而转斗油缸操纵阀必须具有后倾、保持和前倾三个位置。

在大中型现代化装载机的工作装置液压系统中，已普遍采用先导式操纵的液压系统，用以改善操作性能。采用先导控制方式，还可对多路换向阀进行远距离操纵，有利于结构较大的多路换向阀进行合理布置，缩短主工作油路，减少沿程压力损失，这对提高大功率装载机的经济效益有着十分重要的意义。

图 3-29 所示为 CAT966D 型装载机反转六连杆机构工作装置的液压控制系统，由工作装置主油路系统和先导油路系统组成。主油路多路换向阀由先导油路系统控制，操纵十分轻便。

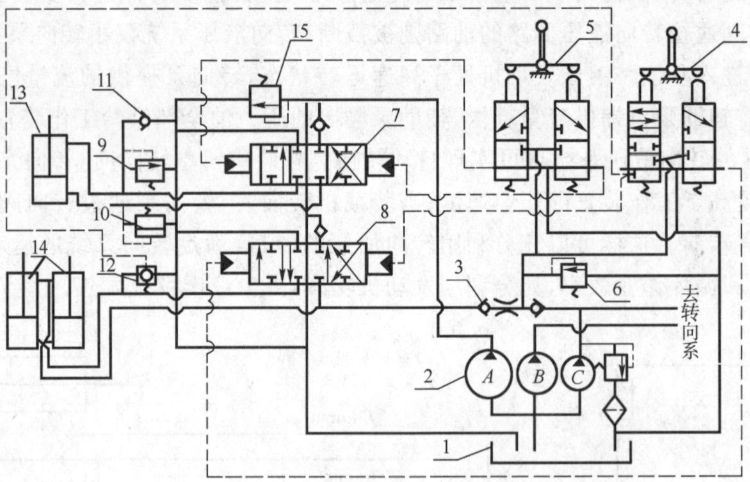

图 3-29　966D 型装载机工作装置液压系统图

1-油箱；2-油泵组；3-单向阀；4-举升先导阀；5-转斗先导阀；6-先导油路调压阀；7-转斗油缸换向阀；8-动臂油缸换向阀；9、10-安全阀；11-补油阀；12-液控单向阀；13-转向斗油缸；14-动臂油缸；15-主油路限压阀；A-主油泵；B-转向油泵；C-先导油泵

先导控制油路是一个低压油路，由先导油泵 C 供油，由举升先导手动操纵阀 4 和转斗先导手动操纵阀 5，分别控制举升油缸换向阀 8 和转斗油缸换向阀 7 的阀杆（也称主阀芯）向左或向右移动，改变工作油缸多路换向阀的工作位置，使工作油缸处于相应的工作状态，以实现铲斗升降、转斗或处于闭锁工况。

在先导控制回路上设有先导油路调压阀 6，在动臂举升油缸无杆腔与先导油路的连接管路上设有单向阀。在发动机突然熄火的情况下先导油泵无法向先导控制油路中提供压力油时，举升油缸在动臂和铲斗的自重作用下，无杆腔的液压油可通过单向阀 3 向先导控制油路供油，同样可以操纵举升先导阀 4 和转斗先导阀 5，使铲斗下落，还可实现铲斗前倾或后转。

在转斗油缸 12 的两腔油路上，分别设有安全阀 9 和 10，当转斗油缸过载时，两腔的压力油可分别通过安全阀 9 和安全阀 10 直接卸荷回油箱。

当铲斗前倾卸料速度过快时，转斗油缸的活塞杆将加快收缩运动，有杆腔可能出现供油不足。此时，可通过补油阀 11 直接从油箱向转斗油缸有杆腔补油，避免气穴现象的产生，消除机械振动和液压噪声。同时，工作装置的左右动臂举升油缸在铲斗快速下降时，也可通过液控单向阀 12 直接从油箱向举升油缸上腔补充供油，防止液压缸内形成局部真空，影响系统正常工作。

966D 型装载机的工作装置设有两组自动限位机构，分别控制铲斗的最高举升位置和铲斗最佳切削角的位置。

自动限位机构设在先导操纵杆的下方，通过动臂油缸举升定位传感器和转斗油缸定位传感器的无触点开关，自动实现铲斗限位。当定位传感器的无触点开关闭合时，对应的定位电磁铁即通电，限位连杆机构产生少许位移，铲斗回转定位器或举升定位器与支承滚之间出现间隙，在先导阀回位弹簧的作用下，先导阀操纵杆即可从“回转”或“举升”位置自动回到“中立”位置，停止铲斗回转或举升。

ZL40 型装载机工作装置的液压系统是一种优先油路开式系统(又称互锁油路)。图 3-30 中分配阀的两个换向阀位于中位,油泵 6 输出的油液通过两换向阀直接返回油箱,油泵处于卸荷状态。转斗油缸的换向阀为三位六通阀,它控制铲斗后倾、保持和前倾三个工作位置。当转斗油缸换向阀离开中位时,即切断了去动臂换向阀的油液通路,保证动臂与铲斗不能同时工作。转斗油缸 1 的两腔装有双作用安全阀 3 和 4,其作用一是在动臂升降过程中,因工作装置的连杆机构不完全是平行四边形结构,且转斗油缸的换向阀又在中位,会引起转斗油缸活塞被拉或受压而造成油缸油压过高或真空现象,必须及时泄油或少量补油;二是当动臂在最高位卸料时,铲斗和物料将靠自重迅速前倾,此时应大量补充油液,以免造成后腔真空。动臂油缸换向阀为四位六通阀,可控制动臂提升、闭锁、下降和浮动。当换向阀接通浮动位置时,油缸处于浮动状态,可保证空斗迅速下降和在坚硬地面上铲刮作业时,铲斗可在地面上浮动。

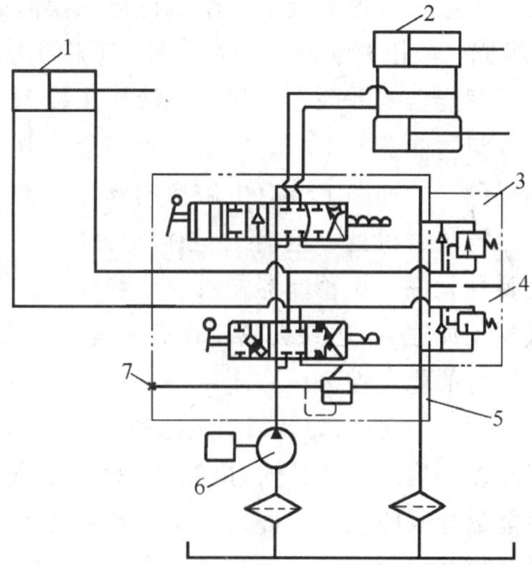

图 3-30 ZL40 型装载机工作装置液压系统图

1-转斗油缸;2-动臂油缸;3-转斗油缸小腔双作用安全阀;4-转斗油缸大腔双作用安全阀;5-分配阀;6-工作液压泵;7-测压点

图 3-31 所示为具有减振器性能的装载机工作装置液压控制系统原理图。

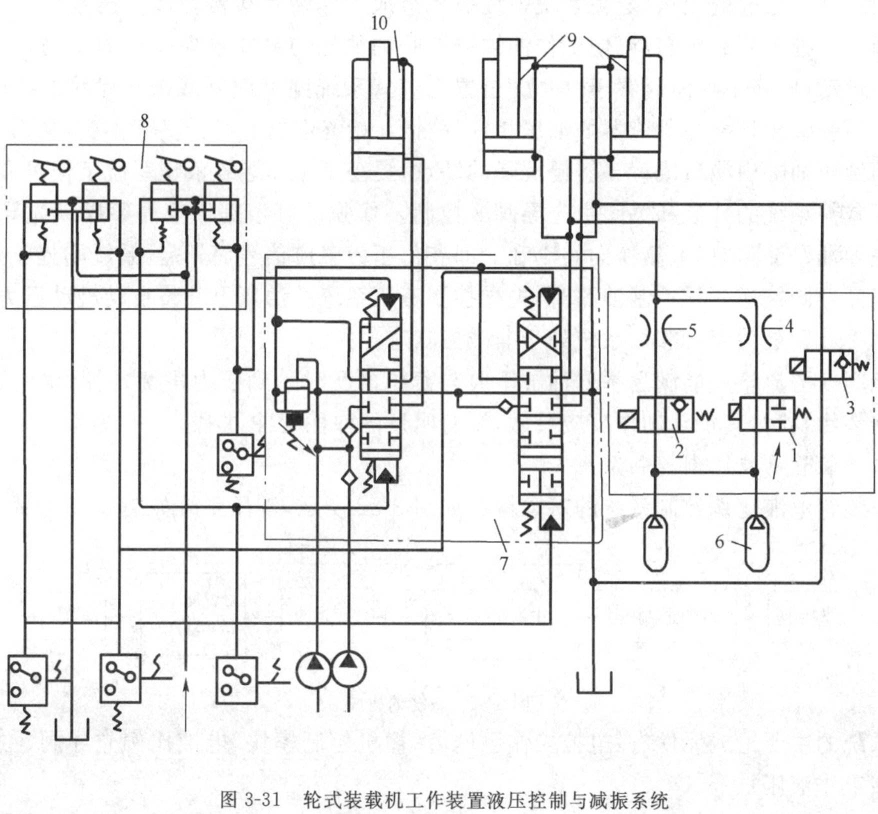

图 3-31 轮式装载机工作装置液压控制与减振系统

1、2、3-电磁换向阀;4、5-节流阀;6-蓄能器;7-工作装置油缸换向主控制阀;8-先导阀;9-动臂举升油缸;10-转斗油缸该液压减振系统由3个二位电磁换向阀(1、2、3)、2个或多个膜片式蓄能器6、节流阀4和5组成。液压蓄能器为弹性元件，节流阀为阻尼元件，构成装载机工作装置的液压减振装置。

蓄能器6并联在工作装置液压主控制系统的动臂油缸下腔(无杆腔)的油路上，节流阀4和5与蓄能器6串联。在蓄能器与节流阀之间装有电磁换向阀1和2;在动臂举升油缸上腔(有杆腔)的油路上装有电磁换向阀3，与油箱直接相连。

当装载机处于运输工况时，地面的不平度引起机械振动和颠簸，工作装置液压减振系统中的弹性元件液压蓄能器便吸收或释放冲击振动压力能，同时通过节流阀的阻尼作用，可有效降低振动加速度，达到衰减装载机及其工作装置振动的目的，从而提高装载机的行驶平稳性和铲斗运行的稳定性。

图3-31所示为装载机的运输工况，其动臂举升油缸和转斗油缸均闭锁，液压减振系统处于减振开启状态。此时，电磁阀1和2接通举升油缸下腔和蓄能器，装载机机架受到冲击后，蓄能器即吸收或释放冲击和振动产生的压力能，随时进行油液交换。其中，节流阀4的节流孔径要比节流阀5的节流孔径大得多，在举升油缸下腔与蓄能器进行油液交流时，主要靠节流阀4起阻尼作用。因为在此工况下，动臂举升油缸内活塞与缸壁的摩擦，以及液压油在油管和液压阀内的黏性摩擦，基本上可以满足减振的要求，故节流阀4只需起阻尼补偿作用，而流经节流阀5和电磁阀2的流量甚少。此时，动臂举升油缸的有杆腔则通过电磁换向阀3与油箱相通，具有排油和补油的作用。

当装载机处于铲掘作业工况时，无论举升动臂还是转斗，都要求工作装置主液压系统迅速供油，提高循环作业效率。此时，应将液压减振系统的电磁换向阀1和3关闭，以保证主油路向工作油缸提供足够的流量，避免系统弹性缓冲造成工作装置缓慢。但液压减振系统中的电磁换向阀2仍处于开启状态，以便工作油缸进油腔的油压与蓄能器保持压力平衡。如果需要停止铲斗运动，应将主换向阀置于“中立”位置，此时，系统则可恢复减振开启状态。由于动臂举升油缸下腔油压始终与蓄能器的油压相等，故铲斗始终保持其举升高度不变，从而避免了装载机常因液压油缸内漏造成铲斗缓慢沉降的缺点，提高了工作装置液压系统工作可靠性。

液压减振系统的开启和关闭由先导阀8控制。驾驶员可根据作业需要操纵先导阀手柄，当切断先导油泵油路时，电磁换向阀1和3即获得压力感应信号而开启，系统则处于减振开启状态。当先导阀接通先导控制油路时，先导控制液压系统的油压上升将自动触动压力开关，电磁换向阀1、3则被关闭，此时，系统处于非减振状态。

节流阀5的流量应能满足举升油缸下腔与蓄能器及时达到压力平衡，同时也应满足工作装置在铲装物料时，其铲斗动作反应灵敏，没有明显的弹性缓冲过程。

2. 工作装置电液比例控制系统

工作装置电液比例控制系统的基本构成如图3-32所示，液压系统如图3-33所示。

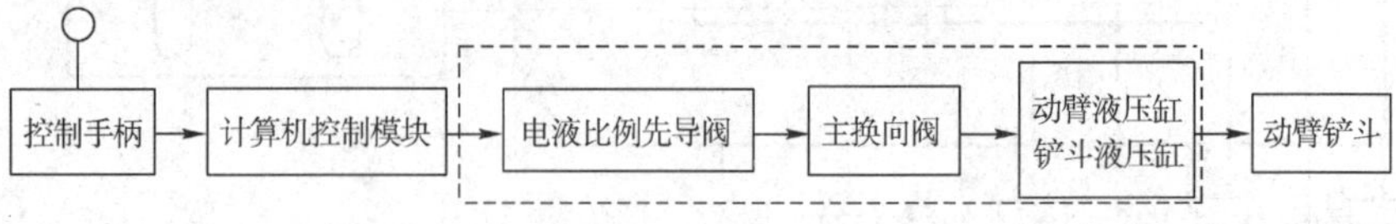

图3-32 系统的构成

该系统的主要组成元件有：电控操作手柄、计算机控制模块、电液比例先导阀、主换向阀、液压泵和工作液压缸等。

工作装置电液比例控制系统有两个液压泵供油，主泵用于控制动臂和铲斗液压缸的运动；

先导泵用于控制电液比例先导阀，进而控制主换向阀芯的位移，以便控制动臂和铲斗液压缸的工作速度。先导泵的油液首先通过减压阀减至先导控制系统所需的控制压力，然后进入控制油路安全锁定阀。安全锁定阀是为了防止误操作而设置的，它是一个二位二通电磁换向阀，当操作者将控制开关置于“关闭”位置时，电磁铁处于断电状态，此时对操作手柄的任何操作都不会使工作装置动作。当将控制开关置于“开启”位置时，控制油液进入电液比例先导阀，通过操作手柄控制电液比例先导阀完成工作装置的动作。

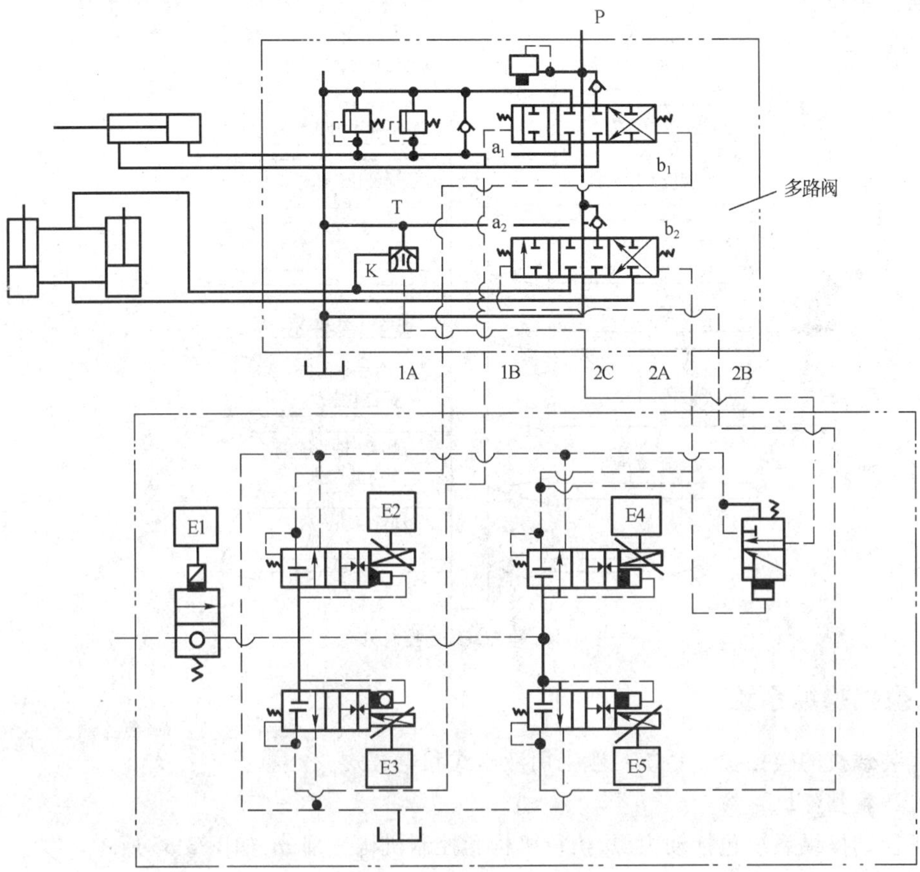

图 3-33　工作装置液压系统原理图

工作装置控制手柄是系统中的输入信号，随着手柄位置的变化，输出相应的电信号，由计算机控制模块将信号放大并驱动相应的比例电磁铁，从而控制电液比例减压阀输出相应的控制压力，控制主换向阀阀芯的位移。

计算机控制模块的主要功能是接收、控制手柄输入的电信号，用于控制动臂及铲斗的动作；接收动臂及铲斗限位输入信号，用于设定动臂和铲斗的理想位置；控制工作装置锁定电磁铁及手柄极限位置电磁铁；与中央电控模块进行数据交换用以诊断工作装置控制系统的故障。电控系统的控制关系如图 3-34 所示。

工作装置电控系统由工作装置操作手柄的位置传感器、动臂位置传感器、控制开关、行程开关、锁定电磁铁、电液先导阀比例电磁铁及工作装置控制器组成。控制器通过电缆接收与输出信号，并通过通信线路与监控系统和行走驾驶系统交换数据。

如要使动臂上升，拉动动臂控制手柄向后移动，此时手柄的位置传感器输出的电信号进入电液比例先导减压阀的比例电磁铁，先导减压阀输出的压力信号与输入电信号呈比例，即手柄的角度越大，输出的电信号越大。电液比例先导减压阀的输出压力越大，控制主换向阀阀芯的位移越大，通过主换向阀的流量越大，动臂上升的速度越快。当手柄拉至极限位置时，手柄中的限位电磁铁通电，手柄在极限位置被吸合，动臂以最大的速度上升；当升至动臂上位限开关所限定的位置时，计算机控制模块控制操作手柄限位电磁铁断电，手柄自动恢复到中位，动臂就可保持在所限定的位置上。在动臂上升的过程中，若需要动臂在某一位置停止，则需将操作手柄退回到中位。

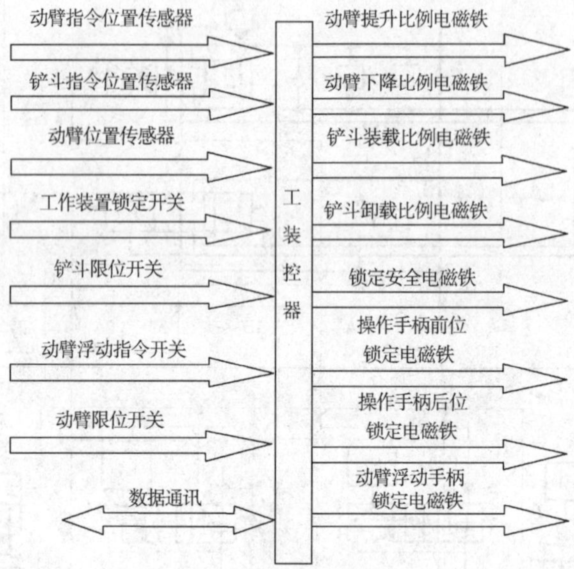

图 3-34　电控系统的控制关系

三、换挡操纵系统

现代装载机的换挡操纵系统一般采用液压式和电液式。

1. 液压换挡操纵系统

液压换挡操纵系统包括动力源、执行机构和控制机构三部分，如图 3-35 所示。

动力源为一齿轮泵，装在变速器壳体上，由变矩器齿轮传动。它除了向执行机构提供压力油以实现换挡外，还向液力变矩器提供工作油液以保证变矩器有规定的油液压力，最后向行星齿轮变速器供应润滑油。

执行机构是指各挡离合器，控制机构根据装载机不同行驶条件，分别在各液压执行机构中建立或消除油压而实现挂挡和摘挡，以获得变速器的不同工作挡位。

控制机构主要由油路系统、变速操纵阀、滤清器和冷却散热器等组成。

油路系统包括吸油管路、压力管路、变速油路、变矩油路、润滑油路、压力阀、背压阀等。变速油泵通过软管和滤网将变速器油底的油吸出，输出的油经过滤后送入变速操纵阀，自此压力油分为两路：一路经调压阀（1.1～1.5MPa）、切断阀进入变速器操纵分配阀，根据变速杆的不同位置分别进入 I 挡、II 挡和倒挡油缸，结合不同挡位；另一路经调压后从箱壁油道进入变矩器，而后又经软管道流入散热器。散热冷却后的低温油经软管进入变速器，以对超越离合器和变速器的各行星齿轮进行润滑，最后流入油底。

油路中的压力阀和背压阀的作用是保证变速器的进口油液压力（0.55MPa）、出口压

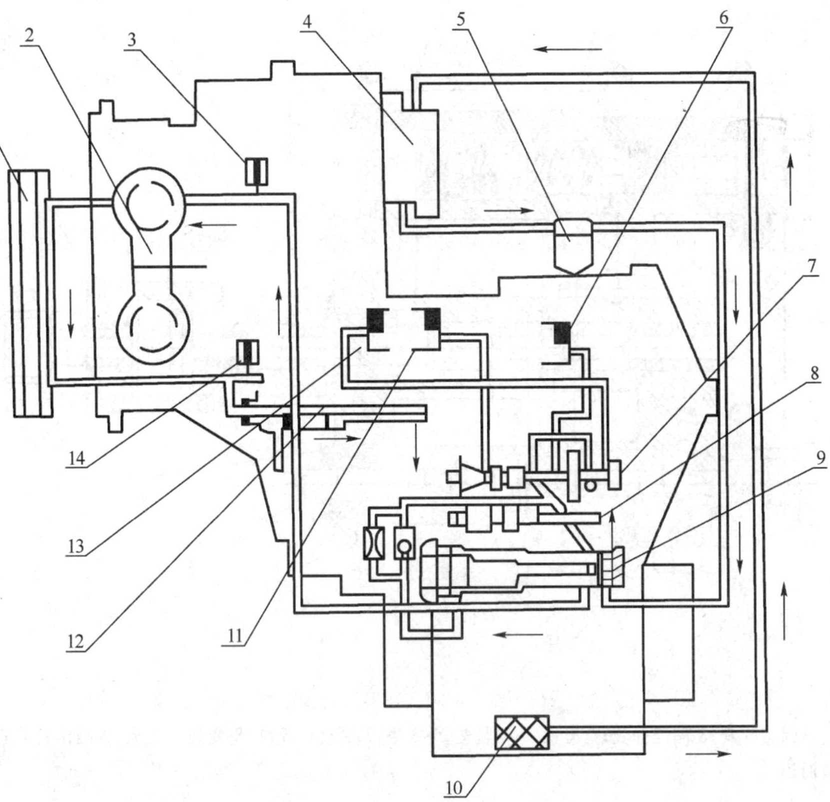

图 3-35　液压换挡操纵系统示意图

1-散热器；2-液力变矩器；3-调压阀；4-油泵；5-滤清器；6-II 挡离合器；7-变速操纵分配阀；8-切断阀；9-调压阀；10-滤网；11-I挡离合器；12-回油；13-倒挡离合器；14-背压阀

力(0.1～0.2MPa)，以使变矩器正常工作。

变速操纵阀主要由调压阀、切断阀、分配阀、弹簧蓄能器及阀壳等组成，如图 3-36 所示。

调压阀的作用是保持系统压力在规定范围内，起调压作用和安全阀作用。

分配阀主要由滑阀、阀体和定位装置组成，其作用是使滑阀处于某确定位置时接通相应的挡位离合器的压力油路，同时接通其他不工作挡位的离合器与油箱的回油油路，实现某一挡位。

切断阀是操纵阀的一个组成部分，其作用是制动时保证切断动力实现迅速停车，防止传动系统过载而造成机件的损坏。

2.电液自动换挡控制系统

图 3-37 为装载机电液自动换挡控制系统的组成，其控制过程如图 3-38 所示。

(1)控制箱。控制箱中有一个中央处理器，它接收驾驶室的控制器、变矩器、变速器及油门的数据信号，并根据这些信号及机器的预定要求进行处理，然后向变速器发送电子信号，从而以最快的速度进行相应的操作，其过程见图 3-38。

(2)电子挡位选择器。它可以预先设定各变速挡，从而提供简单且平稳的换挡操作，使手柄型和操作台型的控制器可以与大多数变速器配合使用，减轻司机的精神集中程度和劳动强度，还可以对传动系统起保护作用。该选择器与大功率的微机和显示器相连，起着反向保护、反向设定挡位、降速保护、空挡启动保护、变矩器自动锁紧、半自动换挡和预启动挡位等设定

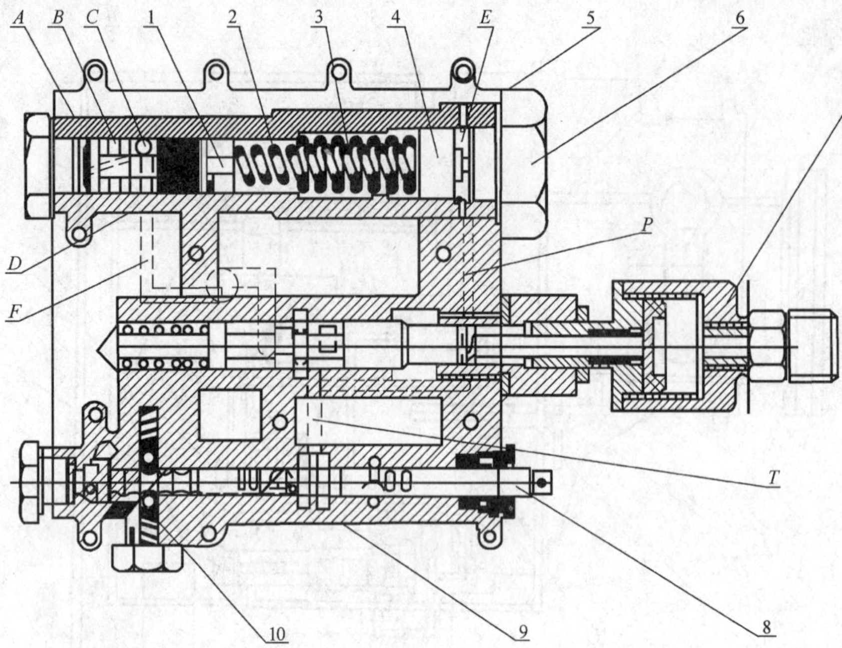

图 3-36　变速操纵阀示意图

1-减压杆;2-调压弹簧;3-储能弹簧;4-滑块;5-调整垫;6-螺塞;7-制动切断阀;8-变速分配阀;9-阀体;10-定位装置;$A \sim F$、P、T-油口通道

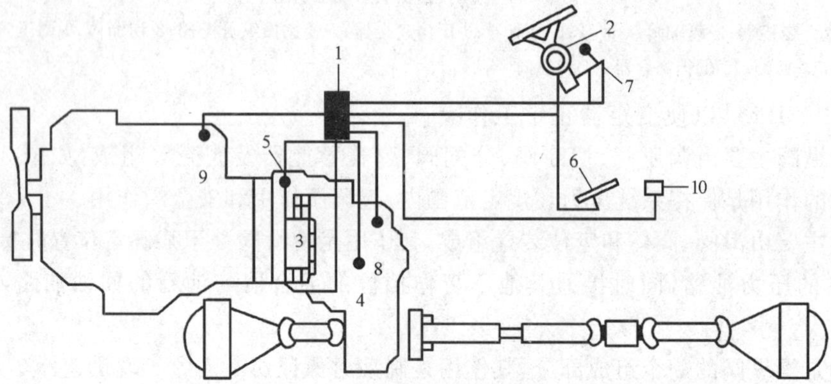

图 3-37　自动控制系统的组成

1-控制箱;2-电子挡位选择器;3-变速与方向控制阀;4-涡轮传感器;5-发动机传感器;6-油门传感器;7-开关及显示器;8-变速器温度与压力传感器;9-发动机温度及压力传感器;10-离合器脱开开关

作用。

(3)速度与方向控制阀。它是一个执行元件,受中央处理器与电子挡位选择器的控制,其作用是按预定要求换挡。

(4)涡轮传感器。用于检测变矩器油温与涡轮转速。

(5)发动机传感器。用以检测发动机的各种特性。

(6)油门传感器。它是脚踏板总成的一部分,代替了从驾驶室到油门的机械连接,把对油

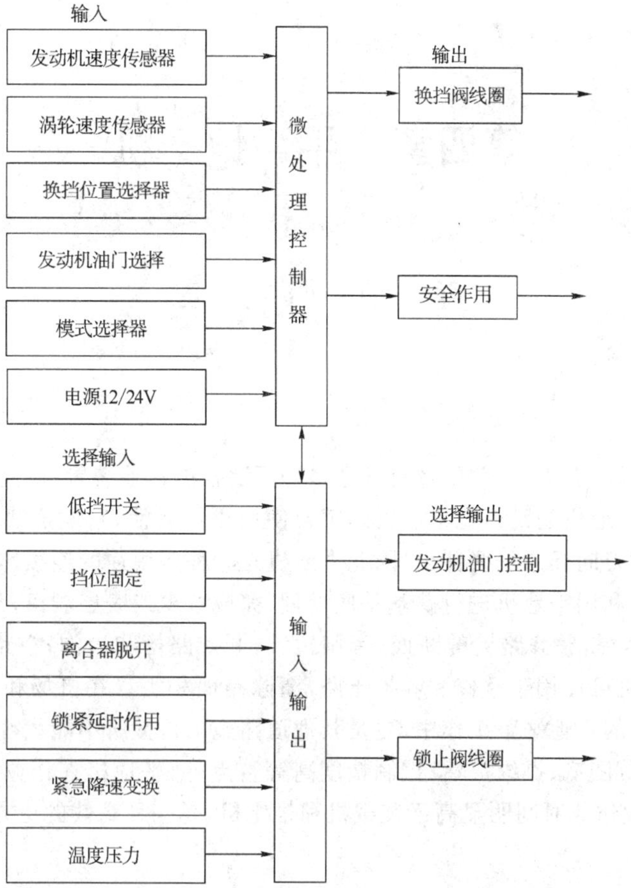

图 3-38　自动控制系统的控制过程

门的控制转化为电信号,送入中央处理器。

(7)操纵盘上的开关及显示器。它能诊断硬件的故障,检查油门传感器的功能和速度传感器的运行状况,如果机器一旦出现故障,所有的输出将全部被关掉。

(8)变速器温度与压力传感器。检测变速器的油温与离合器的压力。

(9)发动机温度与压力传感器。检测发动机机油压力与温度。

(10)离合器脱开开关。使司机利用制动器踏板将变速器转换到空挡位置,此种功能可为实现机器的其他功能提供足够的发动机动力。

第四章　平　地　机

第一节　概　　述

一、用途

平地机是一种以刮刀为主，并配置有其他多种可更换的作业装置，以完成土地平整和整形作业的施工机械。平地机的刮刀比推土机的铲刀使用更加灵活，它能连续改变刮刀的平面角和倾斜角，并可使刮刀向任意一侧伸出，因此平地机是一种多用途的连续作业式土方机械。

公路施工中，可利用平地机进行路基基底处理，完成草皮或表层剥离；从路线两侧取土，填筑高度小于1m的路堤；整修路堤的断面；旁刷边坡；开挖路槽和边沟；在路基上拌和、摊铺路面基层材料。平地机可以用于整修和养护土路，清除路面积雪。在机场和现代交通设施建设中的大面积、高精度的场地平整工作中，更是其他道路施工机械所不能代替的。

除了具有作业范围广、操纵灵活、控制精度高等特点外，平地机在作业过程中空行程时间只占15%左右，有效作业时间明显高于装载机和推土机，是一种高效的土方施工作业机械。

二、分类

1.按操纵方式分：平地机可分为机械操纵式的平地机和液压操纵式的平地机。

2.按车轮分类分：平地机均为轮胎式，可按车轮数、驱动轮对数和转向轮对数来分，如图4-1所示。

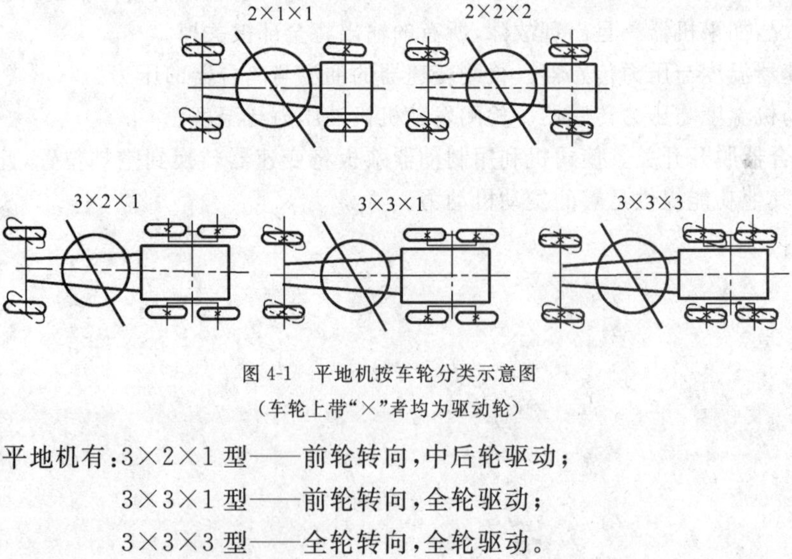

图4-1　平地机按车轮分类示意图

（车轮上带“×”者均为驱动轮）

(1)六轮平地机有：3×2×1型——前轮转向，中后轮驱动；

3×3×1型——前轮转向，全轮驱动；

3×3×3型——全轮转向，全轮驱动。

(2)四轮平地机有：2×1×1 型——前轮转向，后轮驱动；

2×2×2 型——全轮转向，全轮驱动。

驱动轮对数越多，在工作中所产生的附着牵引力越大；转向轮越多，平地机的转弯半径越小。因此，上述5种型号式中3×3×3型的性能最好，大中型平地机多采用这种型号。2×2×2型和2×1×1型均在轻型平地机中用。目前，转向轮装有倾斜机构的平地机获得了广泛的应用。装设倾斜机构后，在斜坡工作时，车轮的倾斜可提高平地机工作的稳定性；在平地上转向时，能进一步减小转弯半径。

3.按机架结构形式分：整体机架式平地机和铰接机架式平地机。图4-2示出了最普通的箱形结构的机架，它是一个弓形的焊接结构。弓形纵梁2为箱形断面的单桁梁，工作装置及其操纵机构就悬挂或安装在此梁上。机架后部由两根纵梁和一根后横梁5组成。机架上面安装着发动机、传动机构和驾驶室；机架下面则通过轴承座4固定在后桥上；机架的前鼻则以钢座支承在前桥上。

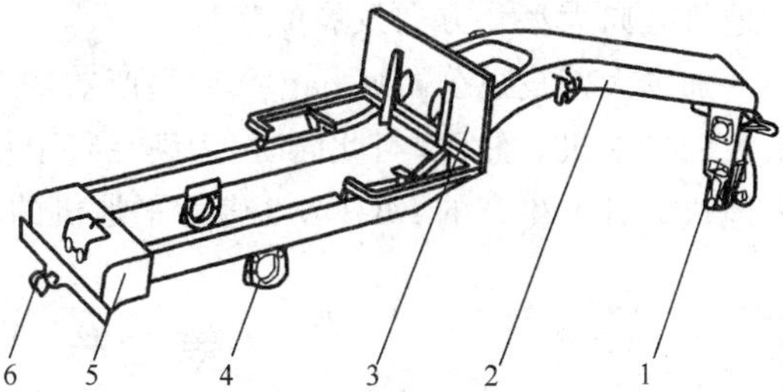

图4-2 整体式机架

1-铸钢座；2-弓形纵梁；3-驾驶室底座；4-轴承座；5-后横梁；6-拖钩

整体机架式有较大的整体刚度，但转弯半径较大。传统的平地机多采用这种机架结构。目前生产的平地机大都采用铰接机架，它的优点是：

(1)转弯半径小，一般比整体式的小40%左右，可以容易地通过狭窄地段，能快速掉头，在弯道多的路面上尤为适宜。

(2)采用铰接式机架可以扩大作业范围，在直角拐弯的角落处，刮刀刮不到的地方极少。

(3)在斜坡上作业时，可将前轮置于斜坡上，而后轮和机身可在平坦的地面上行进，提高了机械的稳定性，使作业比较安全。

三、发展概况

随着科学技术的进步和工业的发展，平地机也由于采用了新技术、新工艺和新材料而不断发展改进。纵观近几十年来世界各主要平地机生产厂家和公司的发展情况，多数产品仅是作了一些完善和修改。在机械结构上，平地机已发展到比较完善的地步。如果以它的操纵方式来反映它的发展阶段：第一阶段是机械操纵，第二阶段为液压操纵，而现在已迈入第三阶段，即机电液一体化阶段。目前的发展趋势主要集中在操纵、维护、使用方面，进一步与电子技术相结合，以便提高平地机的综合性能。

美国是最早生产平地机的国家，平地机的产量居世界首位。美国卡特匹勒、德莱赛、约翰·迪尔等公司的平地机制造技术先进，其生产的平地机技术性能居世界先进水平。

日本小松制作所和三菱重工是世界著名的平地机生产企业，其电子技术应用领先于世界水平。小松平地机品种齐全，其中GD825A-1型超重型平地机采用了最先进的电子监控系统和负荷传感液控技术，性能先进，在世界市场上具有很强的竞争力。

在欧洲，生产平地机的厂家有德国O&K、Gehl和意大利的菲亚特·阿里斯(Fiat-allis)。

我国生产平地机的历史较短，天津工程机械厂是我国最早生产平地机的专业厂家。该厂具有先进的设计和制造水平，近年引进德国FAUN公司的制造技术，形成了新的PY系列产品，其中PY180和F系列平地机系引进德国FAUN公司的制造技术；PY250 (16G)系列平地机系引进美国卡特匹勒公司的制造技术。另外，还有哈尔滨第一机器制造厂生产的PY180(850)铰接机架式平地机系引进美国德莱赛公司的A500E制造技术；温州冶金机械厂生产的PY220平地机系引进英国Barford公司的ASG021制造技术。可以预料，随着整个工程机械行业的发展和对引进技术的消化与吸收，我国平地机的研究和制造技术必将迅速提高，逐步满足国内市场的需求并参与国际市场的竞争。

据统计，全世界平地机的年产量约2万台，其中，中型平地机占总需求量的50%，功率一般在86～127kW之间。在世界范围内，各国正在加速现代化的进程，土方工程规模日益扩大，平地机有向大型化方向发展的趋势。

加拿大柴皮恩公司(Chanpion)生产的功率为522kW的100t超重型平地机是当前世界上最大的平地机。然而，与此同时，为满足狭窄场地施工作业的需要，一些国家也注重发展轻型平地机。日本生产的MGD743轻型平地机的功率只有26kW，是世界上最小的平地机。

第二节 平地机构造

一、总体构造

图4-3和图4-4分别示出了PY180平地机和PY160B平地机的外形。这两种平地机的主要区别是：PY180型为铰接机架式平地机，而PY160B型则是整体机架式平地机。铰接机架式平地机外形尺寸(长×宽×高)为10 280mm×2 995mm×3 305mm；整体机架式平地外形尺寸(长×宽×高)为8 146mm×2 575mm×3 340mm。虽然前者的长度和宽度均较大，但最小转弯半径为7 800mm，而后者的最小转弯半径为8 200mm，这显示出铰接机架式平地机机动灵活的特点。

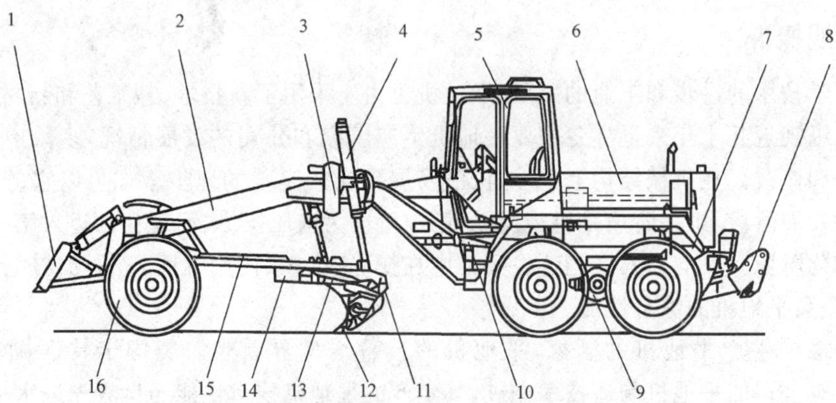

图4-3 PY180型平地机外形图

1-前推土板；2-前机架；3-摆架；4-刮刀升降油缸；5-驾驶室；6-发动机罩；7-后机架；8-后松土器；9-后桥；10-铰接转向油缸；11-松土耙；12-刮刀；13-铲土角变换油缸；14-转盘齿圈；15-牵引架；16-转向轮

平地机主要组成部分有发动机、传动系统、机架、行走装置、工作装置和操纵控制系统。

发动机一般采用风冷或水冷柴油机，大多数柴油机都采用了废气涡轮增压技术。很多公司生产的平地机上装有工程机械专用柴油机，以适应施工中的恶劣工况：在高负荷低转速下可以较大幅度地提高输出扭矩。另有许多公司使用普通的柴油机发动机，普通型柴油机价格较低，体积也比前者小，常在传动系统中装液力变矩器，使发动机的负荷比较平稳。

传动系统一般由主离合器、液力变矩器、变速箱、后桥传动、平衡箱串联传动装置等组成，其总体布置如图 4-5 所示。

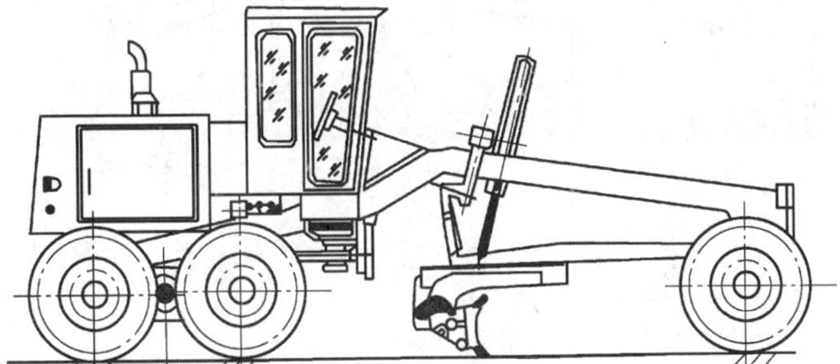

图 4-4　PY160B 型平地机外形图

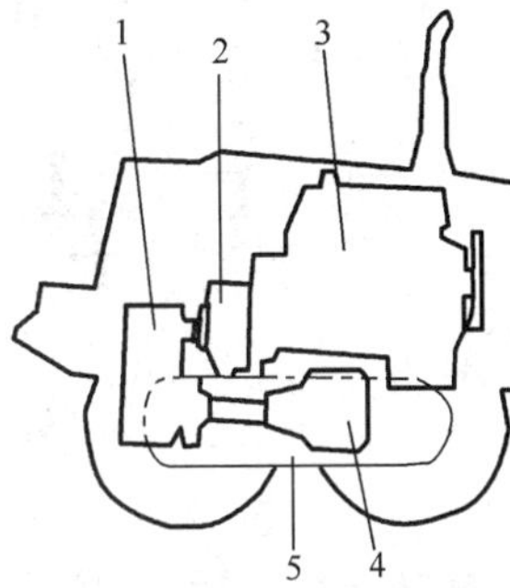

图 4-5　传动装置的布置

1-变速箱；2-主离合器（或液力变矩器）；3-发动机；4-后桥；5-平衡箱串联装置

主离合器的功用是接合与分离发动机与传动系统之间的动力。主离合器在机械起步时可以使发动机与传动系统柔和地接合。使机械起步平稳；换挡时能将发动机与传动系迅速、彻底分离，减少换挡时齿轮间产生的冲击。过载时，主离合器能通过其打滑来保护传动系统，以免遭破坏。

液力变矩器可以使机器在挡位速度范围内实现无级变速。当外负荷增大时，它使机器自动减速，并同时增大输出扭矩，自动适应外阻力的变化，提高了操作使用性能。

平地机的变速箱一般有较宽的速度变化范围和较多的速度挡位，以满足正常行驶和作业时对速度的多种需求。当变速箱为动力换挡变速箱时，一般不需设主离合器，因为变速箱内的换挡离合器就可起到主离合器的功用。

后桥传动是将变速箱输入的动力进一步增扭减速，并通过圆锥齿轮传动将纵向传动转换为横向传动，将动力直接传给两侧的车轮（四轮平地机），或传给两侧的平衡箱（六轮平地机），再由平衡箱内的串联传动装置将动力传给驱动轮。

行走装置有后轮驱动型和全轮驱动型。当全轮驱动时，前轮的驱动力可由变速箱输出，通过多级带万向节的传动轴转至前桥，或采用液压传动方式将动力传至前桥。

机架是一个支持在前桥与后桥上的弓形梁架。在机架上装着发动机、主传动装置、驾驶室和工作装置等。在机架中间的弓背处装有油缸支架，上面安装刮刀升降油缸和牵引架引起油缸。铰接机架设有左右铰接转向油缸，用以改变或固定前后机架的相对位置。

工作装置分为主要工作装置和附加工作装置。

主要工作装置是刮刀。多数平地机将耙土器装在刮刀与前轮之前，用来帮助清除杂物和疏松表层土壤。此外，在平地机的尾部常安装有松土器，而在平地机前面安装有推土铲，用来配合刮刀作业。耙土器、松土器和推土铲均属平地机的附加工作装置，生产厂家可根据用户要求加装其中一种或两种。

为使平地机具有最好的平整效果，刮刀布置在平地机前后桥之间，图 4-6 示出了车轮通过不平地面时，地面的起伏对刮刀刮平精度的影响。由图 4-6a）可见，当四轮平地机前轮或后轮遇障碍物抬起时，刮刀刃 C 点的跳动量约为前桥 A 点跳动量的 1/2。由图 4-6b）可见，当六轮平地机的后轮（或中轮）遇障碍物抬起时，刮刀刃 C 点的跳动量约后桥 B 点的 1/2，即 D 点（车轮抬起量)的 1/4。

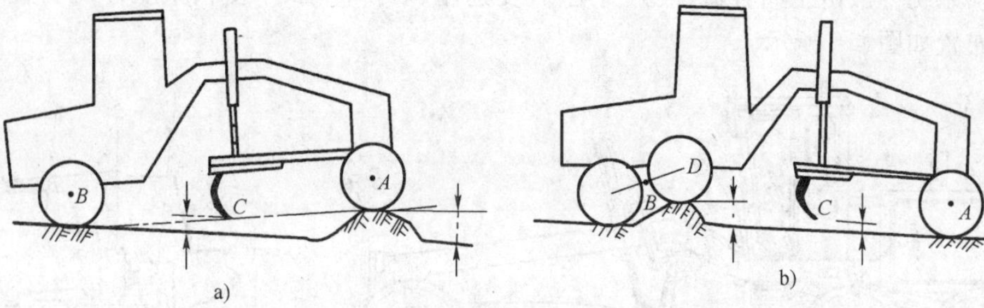

图 4-6 刮刀跳动量示意图

a)四轮平地机车轮抬起;b)六轮平地机后轮抬起

操纵系统包括作业装置操纵系统和行驶操纵系统。作业装置操纵系统用来控制刮刀、耙土器、松土器、推土铲的运动。

二、行走装置

1. 前后桥

对于小型四轮平地机,一般为后桥与机架固定,前桥与机架铰接,以保证四轮同时着地;对于六轮平地机,一般为后桥与机架固定,前桥与机架铰接摆动,后轮则通过平衡箱绕后桥摆动,这样保证了六轮同时着地,后四轮平均承载。这种结构形式已比较成熟,多年一直沿用。

PY180 平地机的前桥(图 4-7)由前桥横梁 2、车轮轴 5、转向节 6、转向节销 9、转向节支承 4、梯形拉杆 8、倾斜拉杆 1 等主要零部件组成。前桥横梁与前机架铰接,可绕前机架铰接轴上下摆动,用以提高前轮对地面的适应性。前桥为转向桥,左右车轮可通过转向油缸推动左右转向节偏转,实现平地机转向,也可通过倾斜油缸和倾斜拉杆实现前轮左右倾斜。转向时,将前轮向转向内侧倾斜,可以进一步减小弯半径,提高平地机的作业适应性和机动灵活性。平地机在横坡上作业时,倾斜前轮使之处于垂直状态,有利于提高前轮的附着力和平地机的作业稳定性。

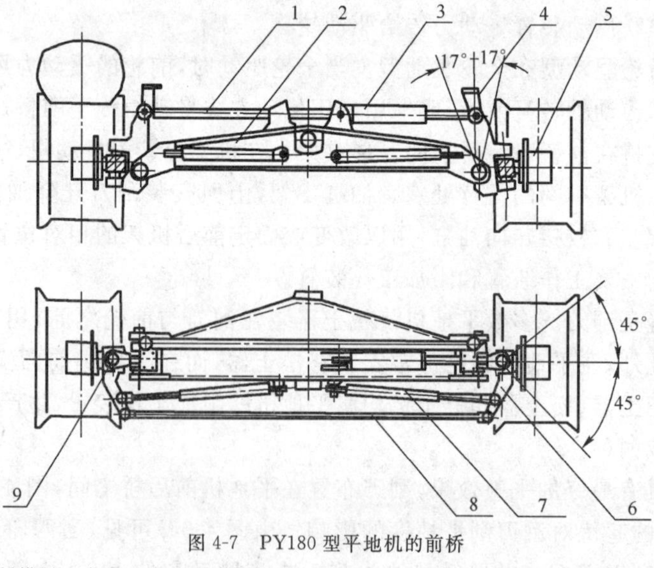

图 4-7 PY180 型平地机的前桥

1-倾斜拉杆;2-前桥横梁;3-倾斜油缸;4-转向节支承;5-车轮轴;6-转向节;7-转向油缸;8-梯形拉杆;9-转向节销

2. 转向装置

平地机的转向型式有以下三种：

(1)前轮转向

这种单纯依靠前轮偏摆转向的平地机仍在生产。在铰接式机架出现之前，这种转向形式比较普遍。但这种转向型式过于简单，转弯半径大，有时不能满足作业中的特殊需要，因此这种转向方式目前已很少采用。

(2)全轮转向

图 4-8a)所示为四轮平地机全轮转向时的状态，它采用前轮和后轮分别偏摆转向的方式。图 4-8b)为六轮平地机全轮转向时的示意图，前桥为偏摆车轮转向，后桥为桥体回转转向。PY160A 平地机即采用这种转向形式，它的后桥体上部与机架铰接，允许后桥体在水平面内绕铰点转动，见图 4-8c)。转向油缸 3 的一端与后桥壳体 2 铰接，另一端铰接在机架上。转向时，外侧的油缸缩进，内侧油缸伸出，后桥壳体 2 在油缸液压力的作用下相对于机架铰点转动。

全轮转向在操纵上有两种方式：一种是前轮和后轮分别操纵，前轮由方向盘操纵，后轮由液压换向阀操纵；另一种是通过方向盘操纵全液压转向器，在液压油路上装有分配阀，实现前后轮转向分配控制，分配阀是可调的，用一个扳动手柄控制。

后轮转向结构复杂，转动角也不可能大。由于铰接式机架的出现，后轮转向已逐渐被铰接式机架转向取代。

(3)前轮转向和铰接式机架转向

前轮转向形式仍为偏转车轮，机架被分为前后两部分，中间铰接，用液压油缸控制机架的偏摆角。有些平地机在驾驶室内的操纵台前还装有角度指示器，能显示机架的摆动角度。此外，为了防止在运输或高速行驶时出现意外事故，在铰接处还装有锁定杆，能将机架锁住，起安全保护作用。机架铰接结构如图 4-9 所示。

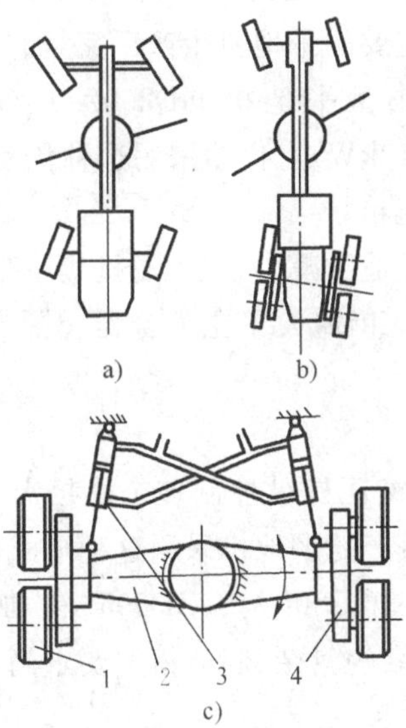

图 4-8　全轮转向示意图

a)四轮平地机全轮转向；b)六轮平地机全轮转向；c)六轮平地机后桥转向

1-后轮；2-后桥壳体；3-转向油缸；4-平衡箱

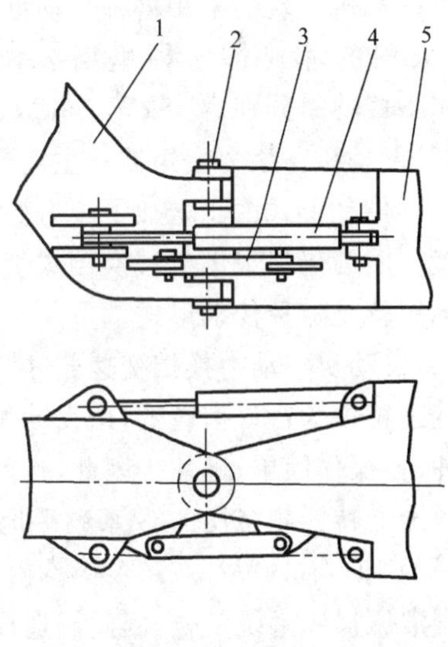

图 4-9　机架铰接结构

1-前机架；2-销轴；3-锁定杆；4-油缸；5-后机架

铰接式平地机有三种基本行走方式：直行、折身转弯、折身直行，如图 4-10 所示。由图 4-10b）可见，机械折身转弯时，后轮驱动力作用方向偏离前轮中心，转弯阻力比单纯前轮转向时要小，同时允许前轮有更大的偏转角。图 4-10c）所示的折身前进，也称偏置行驶，这是平地机作业时常用的行走方式。

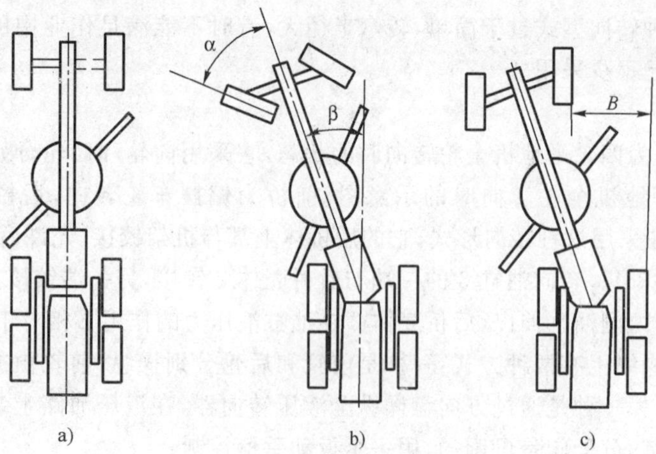

图 4-10　铰接式平地机的行走方式

a）直行；b）折身转弯；c）折身前进

三、动力传动系统

1. 动力传动的型式与特点

这里讲的动力传动是指发动机到变速箱之间的传动。主要有下列几种形式。

（1）发动机—主离合器—机械换挡变速箱

这是一种传统的传动形式。由于它具有结构简单、制造方便的特点，很多平地机，尤其在中小型平地机上现仍采用这种传动型式，甚至世界上最主要的平地机生产厂家，如日本小松公司、意大利的菲亚特·阿里斯公司，在他们生产的小型平地机 GD200A-1、GD300A-1、GD600R-1（功率分别为 48kW、56kW、108kW）和 F65A（49kW）上仍然采用这种传动形式。

（2）发动机—液力变矩器—主离合器—机械换挡变速箱

这种传动形式由于增加了液力变矩器，变速箱挡位可适当减少，便于司机集中精力操纵工作装置。因为仍然采用机械换挡式变速箱，所以传动系统仍需设置主离合器。国产 PY160A 型平地机就是这种传动形式。

（3）发动机—动力换挡变速箱

变速箱多为行星齿轮式，由发动机直接驱动，它通过液压操纵控制多个换挡离合器，换挡时无冲击，操作简单、迅速。因此，目前世界上许多厂家生产的平地机采用这种形式的传动系，例如美国卡特匹勒公司的 G 系列平地机，日本小松公司的 GD505A-2、GD505A-3，加拿大柴皮恩公司的 70/710A、720/720A 等。由于动力换挡变速箱结构复杂、制造精度要求高，同时还需要一套液压操纵系统配合，因此制造成本比较高。

（4）发动机—液力变矩器—动力换挡变速箱

这种传动形式是在前一种形式的基础上增加了液力变矩器，更进一步改善了机械的作业性能。目前国内外各主要生产厂家，在较大功率的平地机上均采用这种传动形式，PY180 型平地机的传动系属于此类型。

(5)发动机—液压泵—液压电动机—变速箱

这种传动形式即所谓静液传动。它是由变量泵和定量电动机组成的闭式回路，通过改变油泵的斜盘倾角来改变泵的流量。为了增大车速范围，电动机后边接一个变速箱，变速箱直接与后桥连接。由于变量泵的流量变化范围已经很大，所以变速箱只需两个速度，其结构较简单。静液传动可以使机械的操纵性能更进一步提高，且在很大的速度范围内可实现无级变速，恒功率控制，作业时司机可以集中全力操纵控制刮刀。这种静液传动不同于液力变矩器，它可以在整个速度范围内保持比较恒定的传动效率，而液力变矩器只是在一定的速比范围内有较高效率值。此外，这种传动形式使传动系的结构大为简化。其主要缺点是总的传动效率比前几种传动形式低。对于较大功率的平地机，这一缺点就越发明显。因此，这种传动型式目前仅用于一些小型的平地机上。

2. PY180 型平地机传动系统

PY180 型平地机的传动系统如图 4-11 所示。发动机输出的动力经液力变矩器，进入动力换挡变速箱，然后从变速箱输出轴输出，经万向节传动轴进入驱动桥的中央传动。中央传动设有自动闭锁差速器，左右半轴分别与左右行星减速装置的太阳轮相连，动力由齿圈输出，然后输入左右平衡箱轮边减速装置，通过重型滚子链传动减速增扭，再经车轮轴驱动左右驱动轮。驱动轮可随地面起伏迫使左右平衡箱做上下摆动，均衡前后驱动轮的载荷，提高平地机的附着牵引性能。

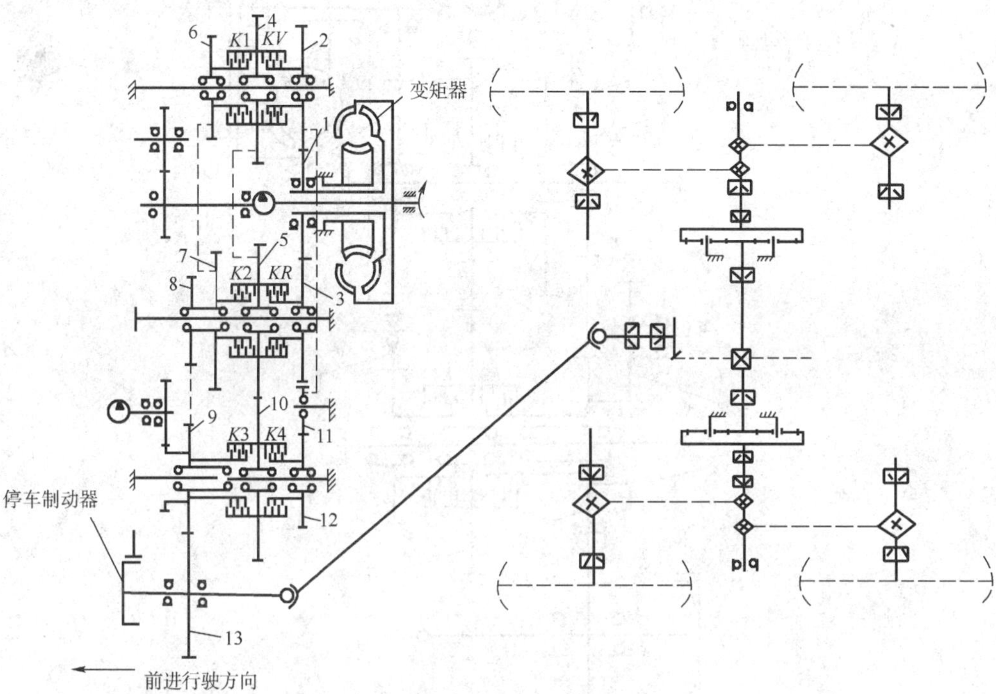

图 4-11　PY180 型平地机传动系统示意图

1-涡轮轴齿轮；2～13-常啮合传动齿轮；KV、K1、K2、K3、K4-换挡离合器；KR-换向离合器

PY180 型平地机用 ZF 液力变矩器－变速箱或采用 Clark 液力变矩器－变速箱，与发动机共同工作。液力变矩器与动力换挡变速箱共壳体，前端与发动机飞轮壳体用螺栓连接，并整体固紧在后机架上。

变速箱由变速油泵向液压换挡离合器提供压力油，以实现动力换挡。变速泵由泵轮轴驱动，安装在变速箱内的后上方。变速泵为齿轮油泵，除向换挡离合器提供压力油外，同时向液力变矩器供油，然后经冷却器冷却，再供给变速箱的压力润滑系统。

液力变矩器为单级向心式变矩器，具有一定的正透性。变矩器泵轮通过弹性连接盘(非金属材料)与发动机飞轮直接相连，涡轮轴为定轴式动力换挡变速箱的输入轴。

ZF 液力变矩器—变速箱和 Clark 液力变矩器—变速箱均为组合式变速箱，由主、副变速箱串联而成。前者采用高低挡副变速箱，具有 6 个前进挡和 3 个倒退挡；后者采用倒、顺挡副变速箱，设有 6 个前进挡和 6 个倒退挡。

ZF 液力变矩器—变速箱的传动简图如图 4-12 所示。

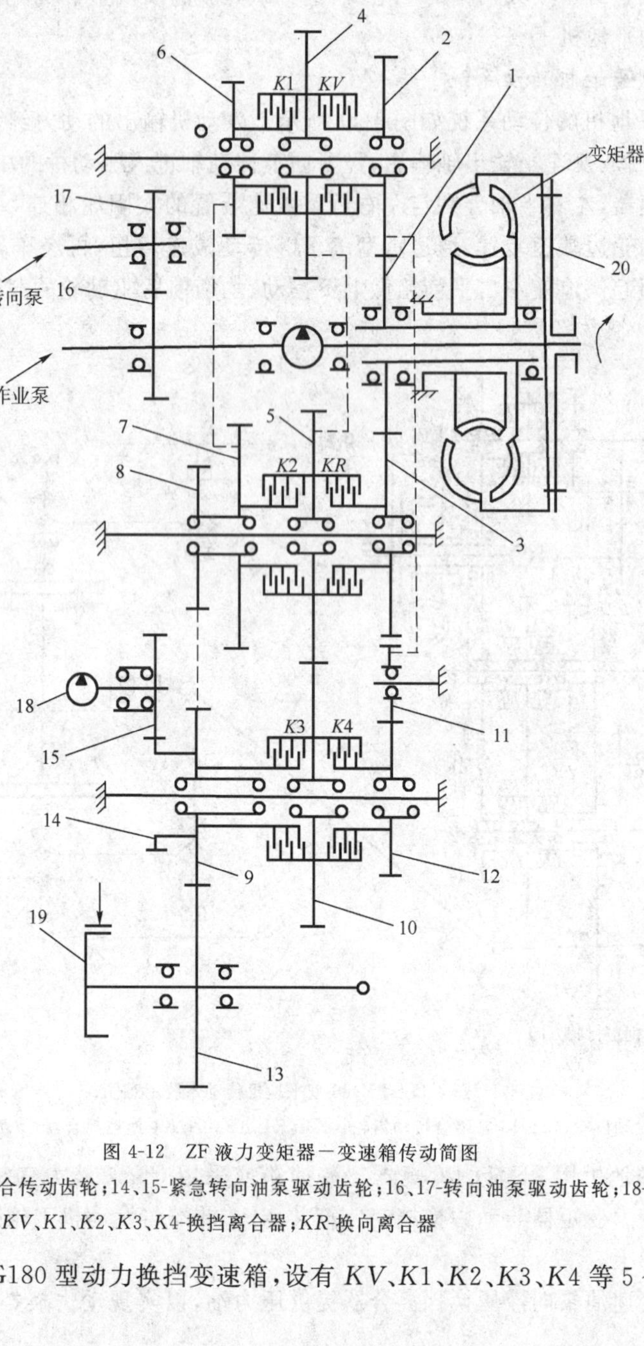

图 4-12　ZF 液力变矩器－变速箱传动简图

1-涡轮轴齿轮；2～13-常啮合传动齿轮；14、15-紧急转向油泵驱动齿轮；16、17-转向油泵驱动齿轮；18-紧急转向泵；19-停车制动器；20-发动机飞轮；KV、$K1$、$K2$、$K3$、$K4$-换挡离合器；KR-换向离合器

齿轮箱采用 6WG180 型动力换挡变速箱，设有 KV、$K1$、$K2$、$K3$、$K4$ 等 5 个换挡离合器和

1 个换向离合器（KR），均采用常啮合齿轮定轴传动。换挡离合器为多片多双离离合器结构，"KV-$K1$"、"KR-$K2$"、"$K4$-$K3$"换挡离合器均为单作用双离合器，即左右离合器在传动时可以单独接合，也可以同时接合传递动力。双离合器共设一个油缸，左右离合器分别设有压紧活塞。离合器接合靠压力油推动活塞压紧多片式摩擦衬片，从而可以驱动离合器从动鼓传递动力。离合器接合油压卸荷，分离弹簧即可迅速分离离合器，中断动力传递。换挡离合器可实现负载换挡、换挡柔和无冲击。

在变速箱后端伸出的泵轮轴上，装有平地机工作装置的驱动油泵。由泵轮轴齿轮驱动的短轴上装有平地机的转向油泵。变速箱输出轴啮合副的主动齿轮通过双联小齿轮驱动紧急转向泵。变速箱输出轴前端装有停车制动器，后端通过传动轴将动力输入后桥行走驱动装置。

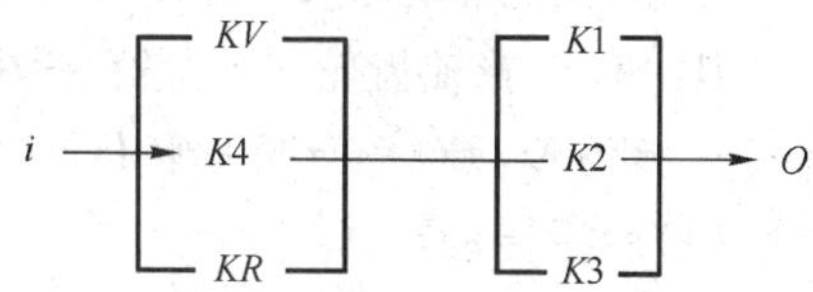

图 4-13　变速箱传动方案框图

KV、$K1$、$K2$、$K3$、$K4$-换挡离合器；KR-换向离合器

变速箱的传动方案框图如图 4-13 所示。该变速箱由主、副变速箱组成，副变速箱前置，含有两个前进挡，一个倒退挡；主变速箱后接合一个挡位，需要接合两个换挡离合器（主、副变速箱各接合一个）。采用这种三自由度多离合器主副变速箱串联的传动方案，具有换挡离合器个数较少、挡位数较多的优点，同时结构较简单，操纵也较方便。

6WG180 型动力换挡变速箱采用电液系统控制换挡。电液控制系统由变速泵、换挡压力控制阀、电磁换挡液压信号阀、液压换挡阀、换挡（换向）离合器组成以及滤清器、安全阀、油箱等液压元件和挡位选择器等电气元件所组成。

在电液换挡控制系统中，电磁换挡信号阀的信号油压和通过液压换挡阀进入换挡（换向）离合器的接合油压，都由变速泵主油路提供。换挡时，应根据所行驶的路面状况，手动操纵电控挡位选择器，选择适合的挡位（挡位选择器安装在驾驶室司机座位右侧）。操纵挡位选择器，即接通与选择器相关的电磁信号阀，并通过电磁信号阀输出信号油压，再控制液压换挡阀实现动力换挡。换挡时应按电路逻辑依次变换挡位，不能跳挡操作。平地机换向时，应将挡位降至 I 挡进行。

PY180 型平地机依次升挡或降挡的换挡规律可提高平地机对负载的自适应性能，使液力变矩器经常处在高效区转速范围内工作，有利于稳定发动机的转速，使之经常处在靠近额定转速的调整特性工作，充分发挥柴油机的经济技术性能，提高传动效率。

液控液压换挡换向阀有缓冲装置，可使换挡（换向）离合器接合平稳、换挡无冲击。

6WG180 变速箱的电液换挡电气线路中设有空挡保险装置，只有在变速箱处于空挡位置时，才能启动发动机，这样可以避免发动机负载启动，防止司机错误操作。采用 Clark 液力变矩—变速箱的换挡（换向）控制工作原理与此相同。

6WG180 变速箱的各挡传动路线如下（图 4-11、图 4-12）。

（1）前进挡

I 速：涡轮轴齿轮 1→齿轮 2→KV→齿轮 6→齿轮 7→齿轮 8→齿轮 9→齿轮 13→输出轴；

II 速：涡轮轴齿轮 1→齿轮 2→齿轮 11→齿轮 12→$K4$→齿轮 10→齿轮 5→齿轮 4→K1→齿轮 6→齿轮 7→齿轮 8→齿轮 9→齿轮 13→输出轴；

III 速：涡轮轴齿轮 1→齿轮 2→KV→齿轮 4→齿轮 5→$K2$→齿轮 8→齿轮 9→齿轮 13→输出轴；

IV 速：涡轮轴齿轮 1→齿轮 2→齿轮 11→齿轮 12→$K4$→齿轮 10→齿轮 5→$K2$→齿轮 8→齿轮 9→齿轮 13→输出轴；

V 速：涡轮轴齿轮 1→齿轮 2→KV→齿轮 4→齿轮 5→齿轮 10→$K3$→齿轮 9→齿轮 13→输出轴；

VI 速：涡轮轴齿轮 1→齿轮 2→齿轮 11→齿轮 12→$K4$→$K3$→齿轮 9→齿轮 13→输出轴。

(2)倒退挡

I 速：涡轮轴齿轮 1→齿轮 3→KR→齿轮 5→齿轮 4→$K1$→齿轮 6→齿轮 7→齿轮 8→齿轮 9→齿轮 13→输出轴；

II 速：涡轮轴齿轮 1→齿轮 3→KR→$K2$→齿轮 8→齿轮 9→齿轮 13→输出轴；

III 速：涡轮轴齿轮 1→齿轮 3→KR→齿轮 5→齿轮 10→$K3$→齿轮 9→齿轮 13→输出轴。

3. *后桥传动和平衡箱串联传动*

(1)后桥传动形式

①主传动器为两级齿轮减速(一对螺旋锥齿轮，一对圆柱齿轮)，不设差速器，这是一种结构较为简单的传动形式。不设差速器优点是当一侧车轮出现打滑现象时，另一侧车轮仍有驱动力。缺点是转弯阻力大，轮胎容易磨损。PY160A 型平地机采用这种形式的后桥。这种传动形式，过去采用较多，现已不多见。

②主传动为两级齿轮减速(一对螺旋锥齿轮和一对圆住齿轮)，使用差速器(带差速锁的差速器或无滑差速器)。采用这种传动形式的平地机较为普遍。作业时，为了防止一侧车轮打滑，将差速锁锁住；转弯时或在公路上正常行驶时将锁打开。

③后桥主传动加桥边行星减速传动，主传动一般为一级圆柱齿轮加一级螺旋锥齿轮(带差速器)传动，或只有一级圆锥齿轮(带差速器)传动。例如卡特匹勒、约翰·迪尔、德莱赛公司生产的平地机均采用此种传动形式。

后桥传动形式主要取决于对速比的要求。后桥主传动、桥边减速传动及平衡箱串联传动都可以实现减速传动，因此可以有多种传动组合来满足对速比的要求。

(2)差速器

平地机上使用的差速器都有防止一侧车轮打滑的功能，目前采用的差速器有三种结构形式。

①带刚性差速锁的差速器。图 4-14 所示为带刚性差速锁的差速器。这种差速器按照功能的不同，在结构上可分为两部分：中央箱内为普通的闭式圆锥齿轮式差速器部分；左边的箱内为差速锁部分。需要使用差速锁时，操纵滑套 8 右移与固定在差速器壳上的牙嵌啮合，将半轴 9 与差速器壳 10 固定在一起，这时两根半轴不能相对运动，被刚性地连接在一起，这样未打滑的一侧车轮便不受打滑车轮的限制，它可以得到更多的，甚至全部的由主传动传来的扭矩，使未打滑一侧车轮的附着力得到充分利用，以使车轮能顺利摆脱打滑的困境。在转弯时，驾驶员通过操纵滑套左移将差速锁脱开。

②带非刚性差速锁的差速器。这种差速器用液压控制的湿式多片摩擦离合器作为差速锁(图 4-15)，以控制差速器两侧半轴的锁定与脱开。

外摩擦片 6 与差速器壳 3 用花键相连，内摩擦片 5 与右半轴齿轮 9 也用花键相连。作业时，活塞 7 在油压力作用下将内外摩擦片压紧，利用摩擦力将右半轴齿轮与差速器壳锁在一起，从而左右半轴不能相对转动。这种差速锁的特点是，两根半轴处在任何相对转角位置都可以随时锁住；当一侧车轮突然受到过大外阻力矩时，摩擦片有打滑缓冲作用；此外，液压操纵非常方便，通过操纵电磁控制阀可随时将差速器锁打开或关闭。

③无滑转差速器。这种差速器也称 NO—spin 差速器，其结构如图 4-16 所示。差速器壳体的左右两部分 10 与 1 与大齿轮 12(一般为主传动的大锥齿轮或第二级圆柱齿轮)用螺栓 11

紧固在一起，主动环 2 固定在左右两半壳体之间，随着差速器壳体一起转动。主动环的两个侧面有沿圆周分布的许多倒梯形（角度很小）断面的径向传力齿，相应的左右从动环 3 的内侧面也有相类似的传力齿。倒梯形传力齿之间有较大的侧隙，制成倒梯形的目的在于防止传递扭矩过程中，从动环与主动环脱开。弹簧 4 力图使主从动环处于接合状态。花键毂内外均有花键，外花键与从动环 3 相啮合，内花键用以连接半轴。

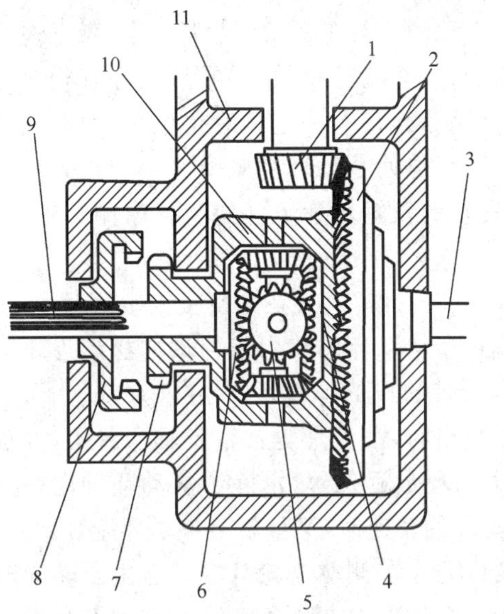

图 4-14　带刚性差速锁的差速器

1-小锥齿轮；2-大锥齿轮；3-右半轴；4、6 半轴齿轮；5-行星锥齿轮；7-差速器壳上的牙嵌；8-带牙嵌的滑动套；9-左半轴；10-差速器壳；11-后桥箱体

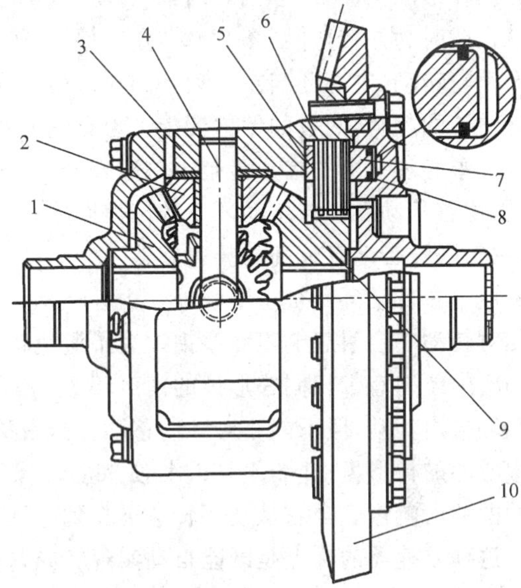

图 4-15　带非刚性差速锁的差速器

1-左半轴齿轮；2-行星锥齿轮；3-差速器壳；4-十字轴；5-内摩擦片；6-外摩擦片；7-活塞；8-密封圈；9-右半轴齿轮；10-大锥齿轮

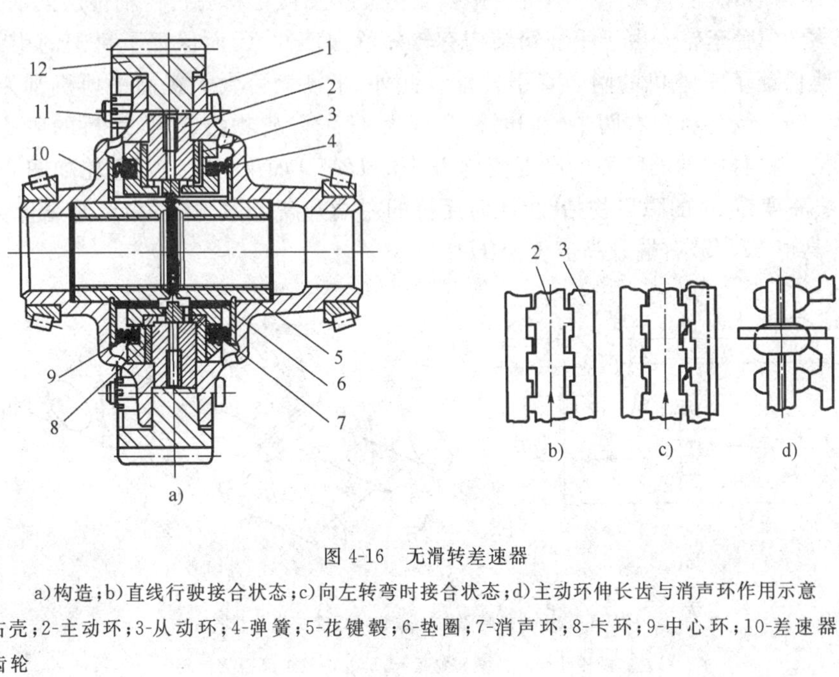

图 4-16　无滑转差速器

a)构造；b)直线行驶接合状态；c)向左转弯时接合状态；d)主动环伸长齿与消声环作用示意

1-差速器右壳；2-主动环；3-从动环；4-弹簧；5-花键毂；6-垫圈；7-消声环；8-卡环；9-中心环；10-差速器左壳；11-螺栓；12-大齿轮

当直行时，主动环 2 通过传力齿带动左右从动环 3、花键毂 5 及半轴一起转动，如图 4-16b)所示，传动齿轮传给主动环的扭矩，按左、右车轮阻力的大小分配给左、右半轴，此时与不设差速锁时相同。

当转弯时，要求差速器起差速作用。为此，在主动环 2 的孔内装有中心环 9，它可以相对于主动环作自由转动，但受卡环 8 的限制不能做轴向移动。中心环的两侧有沿圆周分布的许多轴向梯形断面齿，它分别与两个从动环内侧面内圈相应的梯形齿接合，梯形齿间为无侧隙啮合。设此时为左转弯[图 4-16c)]，左轮慢，右轮快，则主动环 2 与左从动环紧紧啮合，带动左半轴及车轮转动，中心环与左从动环的梯形齿也紧紧啮合；右车轮转得快，即右从动环有相对主动环快转的趋势，两者的倒梯形传力齿有较大的齿侧间隙，允许有一定相对角位移，而右从动环 3 与中心环 9 上的梯形齿是无侧隙啮合，右轮的快转将迫使从动环克服弹簧 4 的压力向右移动，使右从动环 3 与主动环 2 的传力齿分开，中断右轮的扭矩传递，这时左轮（内侧车轮）驱动，右轮则被带动以较高的转速旋转。

由于右从动环是被迫不断地在中心环梯形齿作用下向右滑移，又在弹簧 4 作用下返回，因此相对转动中会引起响声和磨损。为了避免这一缺陷，在从动环的传力齿与轴向梯形齿之间的凹槽中还装有带相同梯形齿的消声环 7。消声环是个带缺口的弹性环，卡在从动环上，可绕从动环自由转动，但不能相对轴向移动。当右从动环脱出时，消声环也被带着轴向脱出，并顶在中心环的梯形齿上[图 4-16d)]，使从动环保持离主动环最远位置，消除了从动环轴向往复移动的冲击响声。当右从动环转速下降到稍低于主动环的转速时，又重新与主动环接合。

这种差速器的优点是既能自动实现转向差速，又可防止单侧驱动轮打滑。但由于转向时外侧车轮是被带动的，没有驱动力，只有内侧车轮驱动，这会使转向阻力增大，转向时车速瞬时增大，不利于转向操纵。

(3)后桥平衡箱串联传动

为了提高行驶、牵引性能和作业性能，一般六轮平地机都采用在后桥的每一侧由两个车轮前后布置的结构形式，但只用一个车桥。平衡箱串联传动就是将后桥半轴传出的动力，经串联传动分别传给中、后车轮。由于平衡箱结构有较好的摆动性，因而保证了每侧的中、后轮同时着地，有效地保证了平地机的附着牵引性能。此外，平衡箱可大大提高平地机刮刀作业平整性。如图 4-17a)所示，当左右两中轮同时被高度为 H 的障碍物抬起时，后桥的中心升起高度为 $H/2$，而位于机身中部的刮刀的高度变化为升高 $H/4$。如果只有一只车轮如图 4-17b)所示的左右轮，被高度为 H 的障碍物抬起，此时后桥的左端升高 $H/2$，后桥中产升高值为 $H/4$，刮刀的左端升高值 $3H/8$，右端升高值仅为 $H/8$。

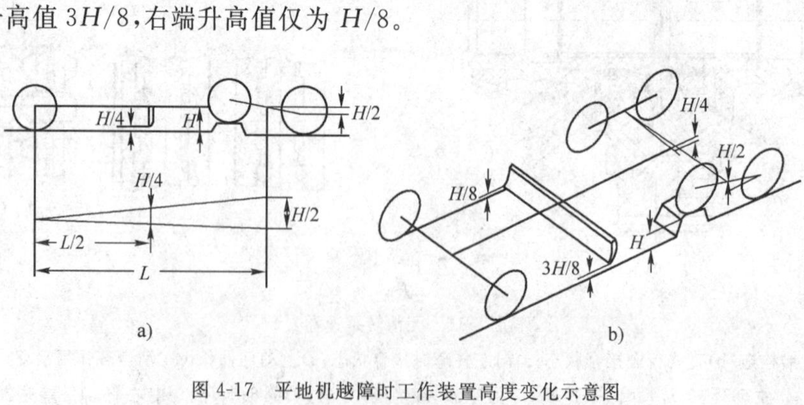

图 4-17　平地机越障时工作装置高度变化示意图

a)左右两中轮同时被障碍物抬起；b)左中轮被障碍物抬起

平衡箱串联传动有链条传动和齿轮传动两种形式。链条传动结构简单，并且有减缓冲击的作用，缺点是链条寿命低，需要经常调整链条长度。齿轮传动寿命较长，不需调整，但是这种结构造价较高。齿轮传动可以在平衡箱内实现较大的减速比，所以采用这种形式的平衡箱时，后桥主传动通常只使用一级螺旋齿轮减速。目前大多数平地机都采用链条传动平衡箱。

后桥平衡箱串联传动的结构如图 4-18 所示。

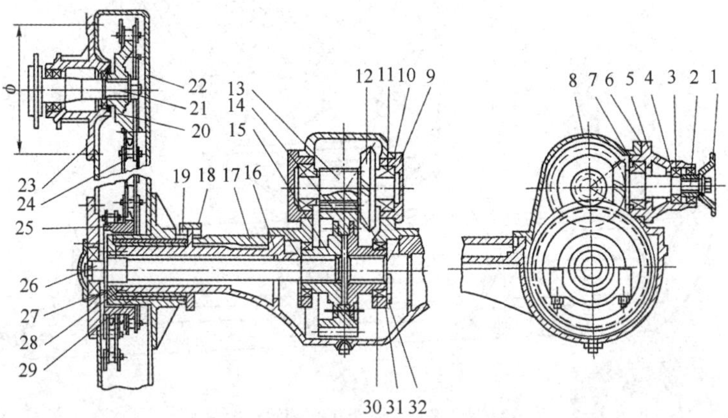

图 4-18　后桥及平衡箱

1-连接盘；2-主动锥齿轮轴；3、7、11-轴承；4、6、10、31-垫片；5-主动锥齿轮座；8-齿轮箱体；9-轴承盖；12-从动锥齿轮；13-直齿轮；14-从动直齿轮；15-轮毂；16-壳体；17-托架；18-导板；19、28-垫片；20-链轮；21-车轮轴；22-平衡箱体；23-轴承座；24-链条；25-主动链轮；26-半轴；27-端盖；29-钢套；30-轴承；32-压板

第三节　平地机的工作装置

一、刮土工作装置

刮土工作装置是平均数机的主要工作装置，其结构如图 4-19 所示。牵引架的前端为球形铰，与车架前端铰接，因而牵引架可绕球铰在任意方向转动和摆动。回转圈支承在牵引架上，可在回转驱动装置的驱动下绕牵引架转动，从而带动刮刀回转。刮刀的背面有上下两条滑轨支撑在两侧角位器的滑槽上，可在刮刀侧移油缸的推动下侧向滑动。角位器与回转圈耳板下铰接，上端用螺母固定住。当松开螺母时，角位器可以摆动，从而带动刮刀改变切削角（也称铲土角）。

作业装置操纵系统可以控制刮刀作如下六种形式的动作：

①刮刀左侧提升与下降；②刮刀右侧提升与下降；③刮刀回转；④刮刀侧移（相对于回转圈左移或右移）；⑤刮刀随回转圈一起侧移，即牵引架引出；⑥刮刀切削角的改变。

其中①、②、④、⑤一般通过油缸控制，③采用液压电动机或油缸控制，而⑥一般为人工调节或通过油缸调节，调好后再用螺母锁定。

不同的平地机，刮刀的运动也不尽相同，例如有些小型平地机为了简化结构没有角位器机构，切削角则固定不变。

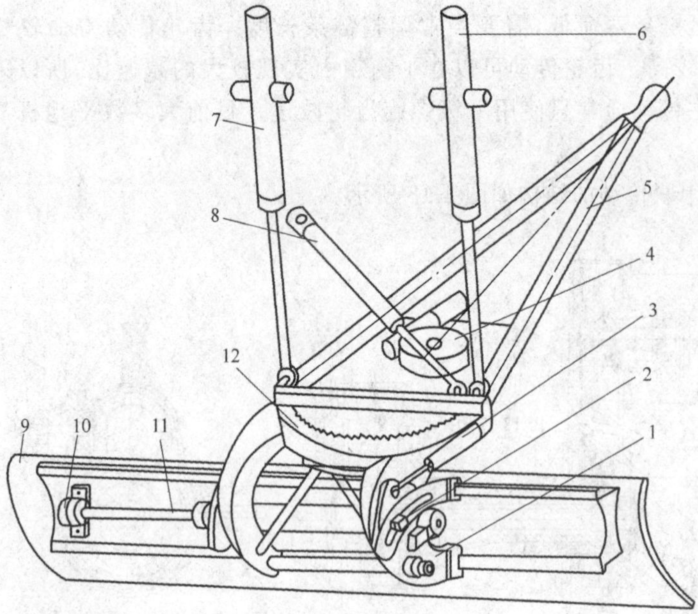

图 4-19 刮土工作装置

1-角位器;2-角位器紧固螺母;3-切削角调节油缸;4-回转驱动装置;5-牵引架;6-右升降油缸;7-左侧降油缸;8-牵引架引出油缸;9-刮刀;10-油缸头铰接支座;11-刮刀侧移油缸;12-回转圈

1.牵引架及转盘

牵引架在结构形式上可分为 A 形和 T 形两种。A 形与 T 形是指从上向下看牵引杆的形状。A 形牵引架(图 4-20)为箱形截面三角形钢架,其前端通过球铰 1 与弓形前机架前端铰接,后端横梁两端通过球头 4 与刮刀提升油缸活塞杆铰接,并通过两侧刮刀提升油缸悬挂在前机架上。牵引架前端和后端下部焊有底板,前底板中部伸出部分可安装转盘驱动小齿轮。

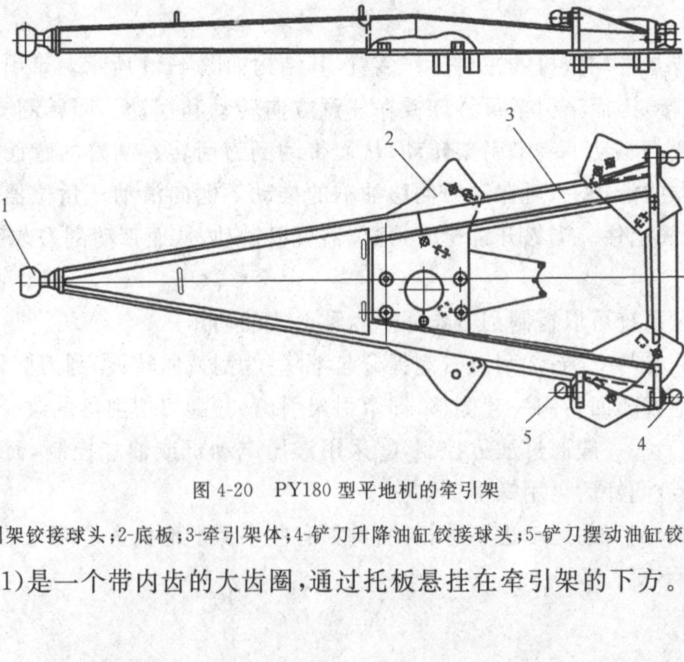

图 4-20 PY180 型平地机的牵引架

1-牵引架铰接球头;2-底板;3-牵引架体;4-铲刀升降油缸铰接球头;5-铲刀摆动油缸铰接球头

转盘(图 4-21)是一个带内齿的大齿圈,通过托板悬挂在牵引架的下方。转盘驱动小齿轮与转盘内齿圈相啮合,用来驱动转盘和铲刀回转。前底板和后端两侧底板下方对称焊有8个转盘支承座,通过8个垂直悬挂螺栓和托板将转盘悬挂在牵引架下方的转盘支承座上。转盘两侧焊有弯臂2,左右弯臂外侧可安装刮刀液压角位器。角位器弧形导槽套装在弯臂2的角位器定位销6上,上端与铲土角变换油缸活塞杆铰接。刮刀背面的下铰座安装在弯臂2下端的刮刀摆动铰销4上。刮刀可相对弯臂前后摆动,改变其铲土角。刮刀后面弯臂的铰轴上可安装1～6个松土耙齿。刮刀背上方焊有滑槽,刮刀滑槽可沿液压角位器上端的导轨左右侧移,刮刀可向左右两侧引出外伸或收回。刮刀背面还焊有刮刀引出油缸油塞杆铰接支座,液压引出油缸通过该铰接支承座将刮刀向左侧或向右侧移引出。

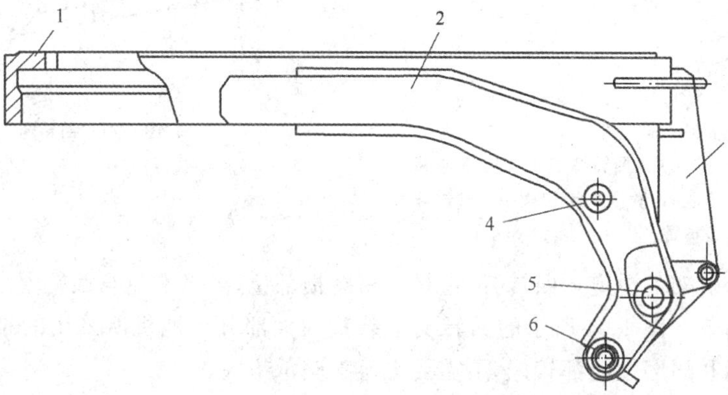

图 4-21 PY180型平地机的转盘

1-带内齿的转盘;2-弯臂;3-松土耙支承架;4-刮刀摆动铰销;5-松土耙安全杆;6-液压角位器定位销

在牵引架后端的左侧支架上焊有刮刀摆动油缸铰接球头5(图4-20)。刮刀摆动油缸伸缩可使刮刀随转盘绕牵引架对称轴线左右摆动。

改变刮刀的工作位置,即可改变平地机的工作状态。平地机处于运输工况时,刮刀应提升至运输位置。刮刀升降时,牵引架可绕前机架球铰上下摆动。平地机处于作业工况时,可根据施工作业的需要,适时调整刮刀的工作位置。

安装在牵引架中部的刮刀回转液压电动机,可通过涡轮减速装置驱动转盘,使安装其上的刮刀相对于牵引架回转360°,用以改变刮刀相对于整机行驶方向的平斜角度,实现平地机侧移卸土填堤,或回填沟渠。如果将刮刀在水平面内平置于地面,平地机则可向前直移刮土平地;若将刮刀回转180°,则可倒退进行平地作业。

图4-22所示为T形牵引架,其牵引杆12为箱形截面结构。这种结构的优点是在回转圈前面的部分只是一根小截面杆,横向尺寸小,当牵引架向外引出时不易与耙土器发生干涉,但它在回转平面内的抗弯刚度较差。

与T形牵引架相比,A形牵引架承受水平面内弯矩能力强,相对于液压电动机驱动涡轮涡杆减速器形式的回转驱动装置便于安装。所以A形结构比T形结构应用普遍。当松土耙土器装在刮刀与前轮之前时,A形牵引架的运动占用空间大,容易与耙土器干涉。但是,如果使用液压电动机驱动的涡轮减速器的回转驱动装置,其结构布置不如A形结构方便。

回转圈(图4-23)由齿圈1、耳板2、拉杆3、4、5等焊接而成。刮刀作业时的负荷都传到耳板上,因此耳板必须牢固。回转圈属于不经常传动件,所以齿圈制造精度要求不高。配合面的配合精度也不高,并且暴露在外。

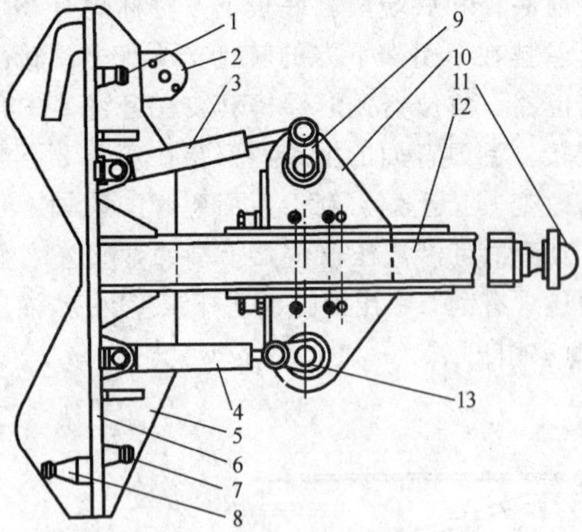

图 4-22 T形牵引架

1、7-刮刀升降油缸球铰头；2-回转圈安装耳板；3、4-回转驱动油缸；5、10-底板；6-横梁；8-牵引架引出油缸球铰头；9、13-回转齿轮摇臂；11-球铰头；12-牵引杆

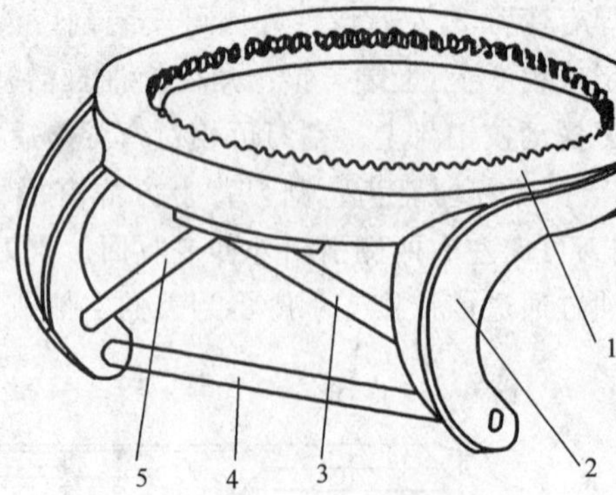

图 4-23 回转圈

1-齿圈；2-耳板；3、4、5-拉杆

回转圈在牵引架的滑道上回转，滑道是个易磨损部位，要求滑道与回转圈之间有滑动配合间隙且应便于调节。图 4-24 所示的回转支承装置为大部分平地机所采用的结构形式。这种结构的滑动性能和耐磨性能都较好，不需要更换支座承垫块。

回转圈 8 的上滑面与青铜合金衬片 6 接触，衬片 6 上有两个凸圆块卡在牵引架底板上；青铜合金衬片 7 有两个凸方块卡在支承块 5 上，通过调整垫片 3 调节上下配合间隙。回转圈在轨道内的上下间隙一般为 1～3mm。用调整螺栓 1 调节径向间隙(一般值为 1.5～3mm)，用 3 个紧固螺栓 4 固定，支承整个回转圈和刮刀装置的重量和作业负荷。这种结构简单易调，成本也低，因此得到普遍应用。

2. 回转驱动装置

由回转圈带动刮刀回转基本上都是全回转式，即 360°回转，属于连续驱动形式。驱动方式主要是液压电动机带动涡杆减速器驱动回转小齿轮；另一种是双油缸交替随动控制驱动小齿轮，工作原理如图 4-25 所示。回转小齿轮 1 上带有偏心轴4，偏心轴与两个回转油缸 2 的活塞连接；回转油缸的缸体分别铰接在牵引架底板 3 上。这样，就组成一个类似曲柄柄连杆机构的 V 形结构，在两个油缸活塞杆伸、缩和缸体绕铰点摆动的互相配合作用下，通过偏心轴带动小齿轮回转。

目前多数平地机采用液压电动机带动涡轮涡杆减速器驱动型。这种传动结构尺寸小，驱动力矩恒定、平稳。涡轮涡杆减速器的输出轴朝下，很容易漏油，因此对密封要求高。双油缸驱动式在传动过程中油缸的作用力和作用臂是交替变化的，因此驱动力矩变化幅度较大。目前国产 PY160A、PY180 和加拿大 Champion 公司的 710 型、720 型等平地机均采用这种驱动形式。

作业时，当刮刀离回转中心较远的切削刃遇障碍物，产生很大阻力时，容易引起刮刀扭曲变形或损坏。为此不少平地机在回转机构上采用缓冲保护措施。涡轮涡杆减速器有一定的自锁性能，因此一般不宜用液压过载保护；双油缸驱动因驱动力矩变化幅度大，也不宜用液压保护方法。因此回转机构多采用机械方法保护，通常在涡轮减速器内用弹簧压紧的摩擦片传递动力，当过载时摩擦片打滑而起保护作用。

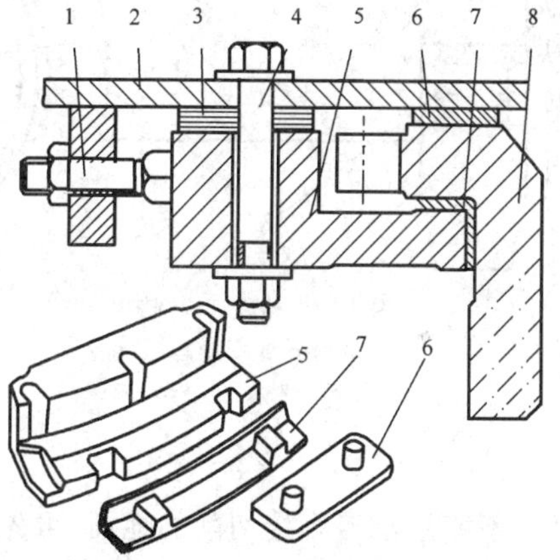

图 4-24　回转支承装置

1-调节螺栓;2-牵引架;3-垫片;4-紧固螺栓;5-支承垫块;6-衬片;7-衬片;8-回转齿圈

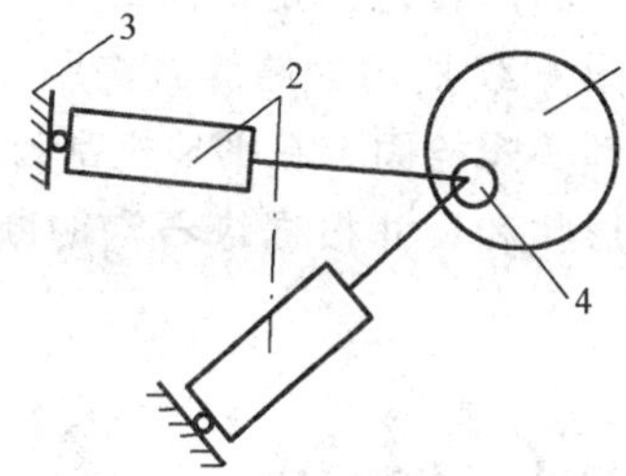

图 4-25　双回转油缸驱动机构示意图

1-回转小齿轮;2-回转油缸;3-牵引架底板;4-偏心轴

3. 刮刀

各种平地机的刮刀都基本相似,它包括刀身和切削刃两部分。刀身为一块钢板制成的长方形曲面弧形板,在其下缘和两端用螺栓装有切削刀片。刀片采用特殊的耐磨抗冲击高合金钢制成。刀片为矩形,一般有 2～3 片,其切削刃是上下对称的,因此刀口磨钝或磨损后可上下换边或左右对换使用。为了提高刮刀抗扭抗弯刚度和强度,在刀身的背面焊有加固横条,在某些平地机上,此加固横条就是上下两条供刮刀侧伸时使用的滑轨。

刮刀相对于回转中心侧移是平地机作业中最常用的操作之一,目前生产的平地机基本上都采用了油缸控制刮刀侧移。为了扩大刮刀侧移的范围,刮刀体上一般都有两个以上油缸铰点,根据作业时的需要随时调换。

平地机刮土作业时,应根据土壤性质和切削阻力大小适时调整刮刀切削角。刮刀切削角的调整有两种方式:人工调整[图 4-26a)]和油缸调整[图 4-26b)]。油缸体铰接在回转圈两侧,缸杆头部与角位器铰接,当松开紧固螺母后,操纵油缸伸缩,即可使角位器绕下铰点转动,使切削角改变,调好后人工将紧固螺母锁紧。人工调节方式目前比较多,尤其在中小型平地机上。不论采用哪种方式调整切削角,调整后都必须将紧固螺母锁紧。

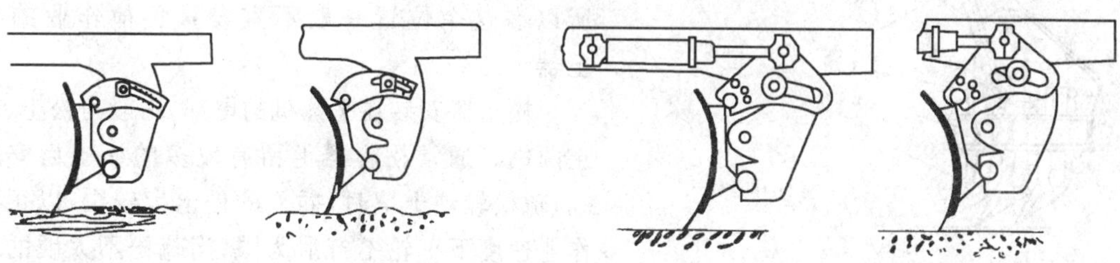

a)　　b)

图 4-26　平地机刮刀切削角调整方式

a)由人工调整;b)通过油缸调整

为了拓宽平地机的作业范围，可在刮刀的一侧安装刀片，用于开挖安装路缘石的矩形沟或小排水沟等。根据刀的回转角决定挖出的土堆放在沟的左侧或右侧。图 4-27 所示为路缘石沟刮刀的结构。挖沟刀片 1 用埋头螺栓固装在平地机刮刀的一侧端部，刀片的正面形状和尺寸根据缘石沟的断面形状和尺寸来确定。

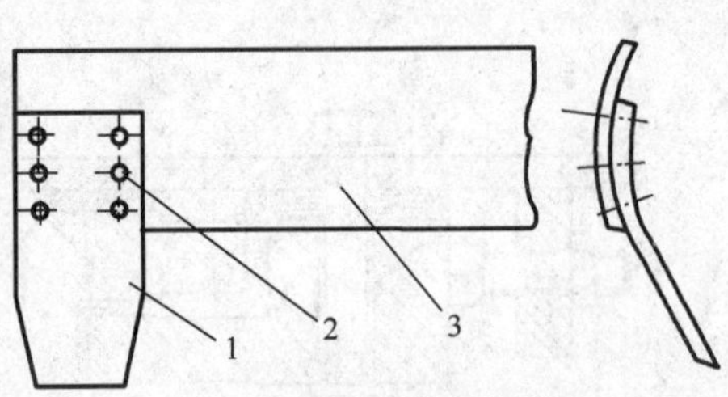

图 4-27　路缘石沟刮刀结构

1-挖沟刀片；2-螺栓；3-刮刀

二、松土工作装置

松土工作装置主要用于疏松比较坚硬的土壤，对于不能用刮刀直接切削的地面，可先用松土装置疏松，然后再用刮刀切削。松土工作装置按作业负荷程度分为耙土器和松土器。由于负荷大小不同，松土器和耙土器在平地机上安装的位置是有差别的。耙土器负荷比较小，一般采用前置布置方式，即布置在刮刀和前轮之间。松土器负荷较大，采用后置布置方式，布置在平地机尾部，安装位置离驱动轮近，车架刚度大，允许进行重负荷松土作业。

耙土器齿多而密，每个齿上的负荷比较小，适用于不太硬的土质。可用来疏松、破碎土块，也可用于清除杂草。耙过后的土块度较小，疏松效果好。松土器一般适用于土质较硬的情况，也可破碎路面或疏松凿裂坚硬的土质。由于受到机械牵引力的限制，松土器的齿数较少，但每个齿的承载能力大。

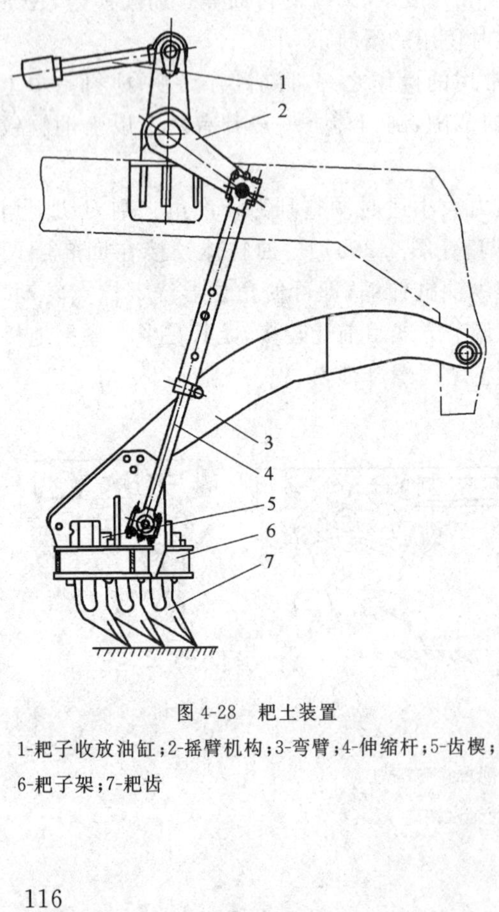

图 4-28　耙土装置

1-耙子收放油缸；2-摇臂机构；3-弯臂；4-伸缩杆；5-齿楔；6-耙子架；7-耙齿

耙土器（图 4-28）通过两个弯臂 3 头部铰接在机架前部的两侧。耙齿 7 插入耙子架 6 内，用齿楔 5 楔紧。耙齿用高锰钢铸成，经淬火处理，有较高的强度和耐磨性，耙齿磨损后可往下调整，调量为 6cm。伸缩杆 4 可用来调整耙子的上下作业范围，摇臂机构 2 有三个臂：两侧的 2 个臂与伸缩杆铰接，中间的臂（位于机架正中）与油缸 1 铰接，油缸为单缸，作业时油缸推动摇臂机构 2，通过伸缩杆 4 推动耙齿入土。这样，作业时的阻力通过弯臂和油缸就作用于机架弓形梁上，使弓形机架处于不利的受力状况，所以在这个位置一般不宜设重负荷作业的松土器。

松土器安装在平地机的尾部，一般为松土、耙土两用。通常松土器上留有较多的松土齿安装孔，疏松较硬土壤时，插入的松土齿较少，以正常作业速度下车轮不打滑为限；当疏松不太硬的土壤时，可插入较多的松土齿，这时就相当于耙土器。

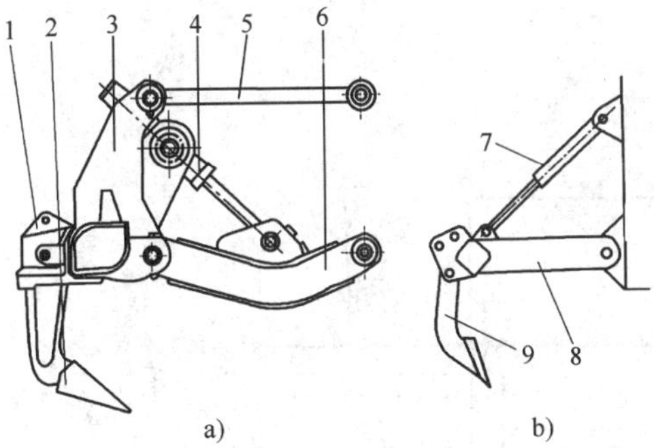

图 4-29 松土器的结构形式

a)双连杆式松土器；b)单连杆式松土器

1-松土器；2-齿套；3-松土器架；4-控制油缸；5-连杆；6-下连杆；7-油缸；8-松土器架；9-松土器

松土器有双连杆式和单连杆式两种(图 4-29)。双连杆近似于平行四边形机构，这种结构的优点是松土齿在不同的切土深度角基本不变，这对松土有利。另外，双连杆同时承载，改善了松土器架的受力状态。单连杆式松土器由于其连杆长度有限，松土齿在不同的入土深度下的松土角变化较大，但结构简单。

松土器的松土角一般为 40°～50°，松土器作业时松土齿受到两个方向力的作用，即水平方向的切向阻力和垂直于地面方向的法向阻力。由于松土角所致，法向阻力一般为向下，这个力使平地机对地面的压力增大，使后轮减少打滑，增大了牵引力。

图 4-29a)所示的松土器，在卡特匹勒公司的 G 系列平地机上被采用，松土器连杆 5 和 6 右端铰接在平地机尾部的连接板上，左端与松土器架 3 铰接，油缸 4 的缸体铰接在松土器架 3 上，松土器 3 的截面为箱形结构，箱形架的后面焊后松土齿座，松土齿插入松土座内用销子定位，松土齿的头部装有齿套 2，齿套用高耐磨耐冲击材料制成，经淬火处理，齿套磨损后可以更换，使松土齿免受磨损。作业时，油缸 4 收缩，松土齿在松土器带动下插入土内。松土器有轻型和重型两种。

图 4-29 中所示为重型作业用松土器，共有 7 个松土齿安装位置，一般作业时只选装 3 个或 5 个齿。轻型松土器可安装 5 个松土齿或 9 个耙土齿，耙土齿的尺寸比松土齿小，因而作业时阻力也小，作业时可根据需要选用安装作业耙齿。

三、推土工作装置

推土工作装置是平地机主要的辅助作业装置之一，装在车架前端的顶推板上。推土铲刀的宽度应大于前轮外侧宽度，铲刀体多为箱形截面，有较好的抗扭刚度。铲刀的升降机构有单连杆式和双连杆式。双连杆式机构为近似平行四边形机构，铲刀升降时铲土角基本保持不变；单连杆式结构较简单。由于平地机上装置的推土铲与推土机上的不同，它主要用来切削较硬一些的土壤、填沟以及刮刀无法够到的边角地带的刮平作业，一般不进行大切削深度的推土作业。因此，单连杆机构可以满足平地机推土铲作业的需要，图 4-30 所示为平地机上的单连杆推土工作装置。

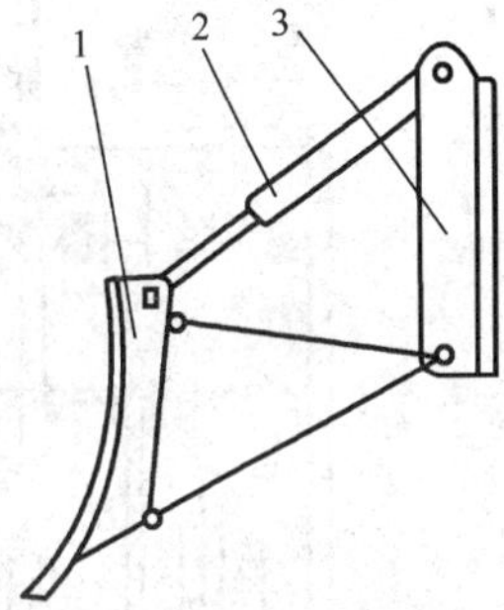

图 4-30 推土工作装置

1-推土铲刀；2-油缸；3-支架

第四节 平地机操纵与控制系统

平地机液压操纵系统要求操纵控制精度高，动作响应速度快。这与其他一些机械如挖掘机、装载机等有所不同。因此，对液压系统的主要要求是平稳的流速和较大的流量。平稳的流速有利于司机掌握扳动手柄的时间与执行元件的移动距离之间的稳定比例关系，使操纵有较好的可预测性，便于操作精度控制。大的流量可以提高元件的执行速度，使动作响应及时。此外，还须考虑能量损失要小，能实现复合动作。

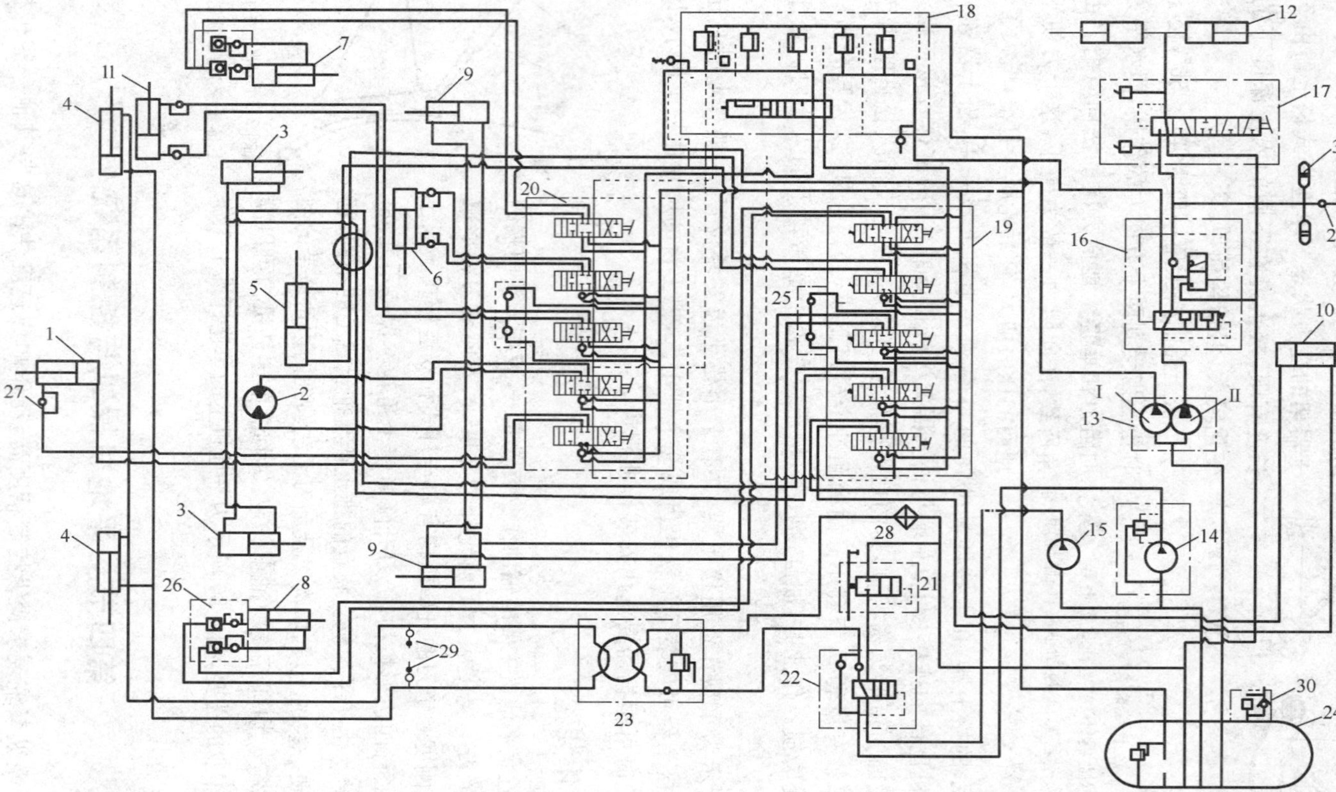

图4-31　PY180型平地机液压系统工作原理图

1-前推土板升降油缸；2-刮刀回转液压马达；3-铲土角变换油缸；4-前轮转向油缸；5-刮刀引出油缸；6-刮刀摆动油缸；7、8-左、右升降油缸；9-铰接转向油缸；10-后松土器升降油缸；11-前轮倾斜油缸；12-制动分泵；13-双联泵（I、II）；14-转向泵；15-紧急转向泵；16-限压阀；17-制动阀；18-油路转换阀总成；19-多路操纵阀（上）；20-多路操纵阀（下）；21-旁通指示阀；22-转向阀；23-液压转向器；24-压力油箱；25-补油阀；26-双向液压锁；27-单向节流阀28-冷却器；29-微型测量接头；30-进排气阀；31-蓄能器

平地机工作装置的液压操纵系统目前主要有以下几种类型：

(1)按泵的类型分为定量系统和变量系统；

(2)按泵的个数(指主要工作泵)分单泵和双泵系统，一般双泵用于双回路；

(3)按回路分为单回路和双回路；

(4)按工作装置液压系统与转向液压系统的关系分为独立式和混合式。

下面以 PY180 平地机为例，介绍平地机的液压控制系统，图 4-31 为液压系统工作原理图，其包括工作装置液压系统、转向液压系统和制动液压系统。

一、工作装置液压系统

工作装置液压系统(图 4-31)由高压双联齿轮泵 13、手动操纵阀组 19 和 20、单/双油路转换阀总成 18、补油阀 25、限压阀 16、双向液压锁 26、单向节流阀 27、蓄能器 31、进排气阀 30、压力油箱 24、左(右)刮刀升降油缸 8(7)、刮刀摆动油缸 6、刮刀引出油缸 5、铲土角变换油缸 3、前推土板升降油缸 1、后松土器升降油缸 10、刮刀回转液压电动机 2 等液压元件组成。

在工作装置液压系统中，双联泵的泵 II 可通过多路操纵阀组 20 给前推土板升降油缸 1、刮刀回转液压电动机 2、前轮倾斜油缸 11、刮刀摆动油缸 6 和刮刀右升降油缸 7 提供压力油。泵 I 可向制动单回路液压系统提供压力油，当两个蓄能器的油压达到 15MPa 时，限压阀 16 将自动中断制动系统的油路，同时接通连接多路操纵阀组 19 的油路，并可通过操纵阀组 19 分别向后松土器升降油缸 10、刮刀铲土角变换油缸 3、铰接转向油缸 9、刮刀引出油缸 5 和刮刀左升降油缸 8 提供压力油。

泵 I 和泵 II 分别向两个独立的工作装置液压回路供油，两液压回路的流量相同。当泵 I 和泵 II 两个液压回路的多路操纵阀组都处于“中位”位置时，两回路的油流将通过油路转换阀组 18 中与之对应的溢流阀，并经滤清器直接卸荷回封闭式的压力油箱 24。此时，多路操纵阀组 19 和 20 中的各工作装置换向阀的常通油口均通油箱，所以对应的工作装置液压油缸和液压电动机均处于液压闭锁状态。

PY180 型平地机工作装置的液压油缸和液压电动机均为双作用液压油缸和双作用液压电动机。当操纵其中一个或几个手动换向阀进入左位或右位时，压力油将进入相应的液压油缸工作腔，相关的工作装置即开始按预定要求动作；其他处于“中立”位置的换向阀全部油口被闭锁，与之相应的工作装置液压油缸或液压电动机仍处于液压闭锁状态。

任何一个工作液压油缸或液压电动机进入左位或右位工作状态时，在所对应的液压回路(泵 I 工作回路或泵 II 工作回路)中，因油路转换阀组 18 内分别设有流量控制阀，可使工作液压油缸或液压电动机的运动速度基本保持稳定，用以提高平地机工作装置运动的平稳性。

当系统超载时，双回路均可通过设在油路转换阀组 18 内的安全阀开启卸荷，保证系统安全(系统安全压力为 13MPa)。因刮刀回转液压电动机 2 和前推土板升降液压油缸 1 工作时所耗用的功率较其他工作油缸大，故在泵 II 液压回路中，单独增设了一个刮刀回转和前推土板升降油路的安全阀，其系统安全压力为 18MPa。

当油路转换阀 18 处于液压系统图示位置时，泵 I 和泵 II 所形成的双回路可分别独立工作，平地机的工作装置可通过操纵对应的手动换向阀，改变和调整其工作位置。

双回路液压系统可以同时工作，也可单独工作。调节刮刀升降位置时，则应采用双回路同时工作，这样可以保证左右刮刀升降油缸同步移动，提高工作效率。

为了提高工作装置的运动速度，可将油路转换阀 18 置于左位工作，此时，可将泵 I 和泵 II

双液压回路合为一个回路，也称合流回路。系统合流后，流量提高一倍，工作装置的运动速度也提高一倍，进一步缩短了平地机的辅助工作时间，有利于提高平地机的生产率。

在刮刀左右升降油缸上设有双向液压锁 26，可以防止牵引架后端悬挂重力和地面反作用垂直载荷冲击引起闭锁油缸产生位移。

为实现前推土板平稳下降和刮刀左右平稳摆动，在前推土板油缸 1 的下腔(有杆腔)和刮刀摆动油缸 6 的上下腔均设有单向节流阀，控制回油速度，确保推土机和刮刀双向运动无惯性冲击。

在前轮倾斜油缸 11 的两腔设有两个单向节流阀，可实现前轮平稳倾斜。为防止前轮倾斜失稳，在前轮倾斜换向操纵阀上还设有两个单向补油阀。当估计斜油缸供油不足时，可通过单向补油阀从压力油箱中补充供油，以防止气蚀造成前轮抖动，确保平地机行驶和转向的安全。

为满足左右铰接转向油缸 9 对铰接转向和前后机架定位的要求，在铰接转向换向操纵阀的回油道上设有补油阀 25，当系统供油不足时直接从压力油箱中补油，可实现平地机稳定铰接转向和可靠定位。

在平地机各种工作装置的并联液压回路中，由于刮刀左右升降油缸 8 和 7 的两端均装有液压锁 26，故刮刀升降油缸进油腔的液压油在油缸活塞到达极限位置时，不可能倒流回油箱。其他工作装置油缸和刮刀回转油电动机均未设置双向液压锁，为防止各工作装置液压油缸或液压电动机进油腔的液压油出现倒流现象，同时避免换向阀进入“中位”时发生油液倒流，故在后松土器、刮刀铲土角变换、铰接转向、刮刀引出、前推土板、刮刀摆动、前轮倾斜和刮刀回转诸回路中，封闭式换向操纵阀的进油口均设有单向阀。

PY180 型平地机的液压油箱 24 为封闭压力油箱。压力油箱上装有进排气阀 30，可控制油箱内的压力保持在 0.07MPa 的低压状态下工作，有助于工作装置油泵和转向油泵正常吸油。进排气阀还可根据压力油箱压力的变化适时进入空气，或排出多余气体。封闭式压力油箱可防止气蚀现象的产生，防止液压油污染，减少液压系统故障，延长液压元件使用寿命。

二、转向液压系统

PY180 型平地机的转向液压系统(图 4-31)由转向泵 14、紧急转向泵 15、转向阀 22、液压转向器 23、转向油缸 4、冷却器 28、旁通指示阀 21 和封闭式压力油箱 24 等主要元件组成。

平地机转向时，由转向泵 14 提供的压力油经流量控制阀和转向阀 22，以稳定的流量进入液压转向器 23，然后进入前桥左右转向油缸的反向工作腔，推动左右前轮的转向节臂，偏转车轮，实现左右转向。左右转节用横拉杆连接，形成前桥转向梯形，可近似满足转向时前轮纯滚动对左右偏转角的要求。

转向器安全阀(在液压转向器 23 内)，可保持转向液压系统的安全。当系统过载(系统油压超过 15MPa)时，安全阀即开启卸荷。

当转向油泵 14 出现故障无法提供压力油时，转向阀 22 则自动接通紧急转向泵 15，由紧急转向泵提供的压力油即可进入前轮转向系统，确保转向系统正常工作。紧急转向泵由变速箱输出轴驱动，只要平地机处于行驶状态，紧急转向泵即可正常运转。当转向泵或紧急转向泵发生故障时，旁通指示阀 21 接通，监控指示灯即显示信号，提醒驾驶操作人员。

三、自动调平装置

目前较为先进的平地机上均安装有自动调平装置，它是按照施工人员事先预设的斜度、坡度等基准，在作业中自动地调节刮刀的作业参数。采用自动调平装置，除了能大大减轻司机作业的疲劳外，还可以提高施工质量和经济效益。由于作业精度高，使作业循环次数减少，节省了作业时间,从而降低了机械使用费用。又由于路面的刮平精度或物料铺平的精度提高,因而物料的分布比较均匀,可以节省铺路材料,提高铺设质量。

自动调平系统有电子型和激光型两种,一般都由专门的生产厂家生产,只有一些较著名的工程机械制造公司(例如美国的卡特匹勒公司和日本的小松公司)由自己设计制造,专门为本公司的设备配套。

1.电子调平装置

目前国外各公司使用的电子调平装置在结构、原理上都大体相同,仅在一些具体的技术细节处理上有所不同。下面以美国的 Sundstrand-Sauer 公司生产的 ABS1000 自动调平系统为例来介绍系统的结构原理。

如图 4-32 所示,该自动调平系统由控制箱 1、横向斜度控制装置 3、纵向斜度控制装置 4、液压伺服装置 2 等四部分组成。

控制箱装在驾驶室内,接收并传出各种信号。控制箱的体积不大,上面装有各种功能的旋钮、仪表灯和指示灯。司机可以通过控制箱上的旋钮来设置刮平高度和刮平横向坡度。控制箱上的仪表可以连续地显示出实际作业中的刮平高度和斜度偏差。控制箱上还有开关及状态显示,可随时打开或关闭整个系统,轻易实现手工操作和自动操作的转换。

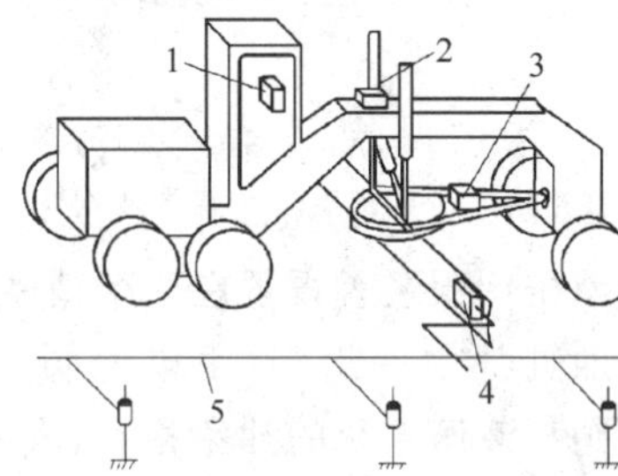

图 4-32 平地机自动调平装置

1-控制箱;2-液压伺服装置;3-横向斜度控制装置;4-纵向斜度控制装置;5-基准绳

横向斜度控制装置安装在牵引架上。它是由斜度传感器和反馈转换器等元件组成的回路控制系统。整个系统就像一个自动水平仪,连续不断地检测刮刀横向坡度,同时用一个单独的机械系统来补偿(校验)回转圈转角和纵向倾斜引起的横向误差。当司机在控制箱上设置了斜度值后,如果实际测得的刮刀横向斜度与设置的斜度不同,立即通过信号到液压伺服装置,控制升降油缸调节刮刀至合适的斜度。

纵向刮平控制装置安装在刮刀一端的背面,用于检测刮刀的一端在垂直方向上与刮平基准的偏差。其工作原理与横向斜度控制装置相似,它包括一个刮平传感器(即转式电位器,并配有专用的减振装置)、高度调节器以及基准绳或轮式随动装置等附件。

图 4-33 所示为轮式随动装置的刮平控制装置。方形连接套 1 装在刮刀一侧的背面,连接整个装置的方形杆可插入套内,然后被固定住。整个装置可以从刮刀的一端换到另一端,拆装方便。工作时,轮子在基准路面上被刮刀拖着滚动,轮子相对于刮刀上下跳动量直接传给刮平传感器上的摆杆,使之绕摆轴转动,转动角由传感器测得。转动角的大小反映了刮刀高度的变化。如果测得的高度与司机在控制箱上设置的高度存在偏差,通过信号可立即传到液压伺服装置,控制升降油缸调节刮刀高度至设置高度为止。轮式随动装置常用于以比较硬的地面(如沥青路面等)为基准时的作业。

当基准路面比较软时,多采用滑靴式随动装置,如图 4-34 所示。滑靴 5 由连杆 4 带动,连杆与刮刀背面的连接块铰接,可相对于刮刀作上下摆动,摆动量通过连杆上的支杆拨动摆杆 3 传给传感器 2。

当没有可参照的基准路面时,通常要在工作路面的一侧设置基准绳。基准绳的设置方式如图 4-35 所示。桩杆钉入土内,上面套着横杆,横杆可以在桩杆上下滑动以调节基准绳的高度，调好后用螺钉定位。传感器上的摆杆在弹簧拉力作用下抵在基准绳的下面，弹簧的拉力可以起到补偿绳子下垂的作用。随着摆杆绕传感器轴转动，将跳动量传递到传感器。

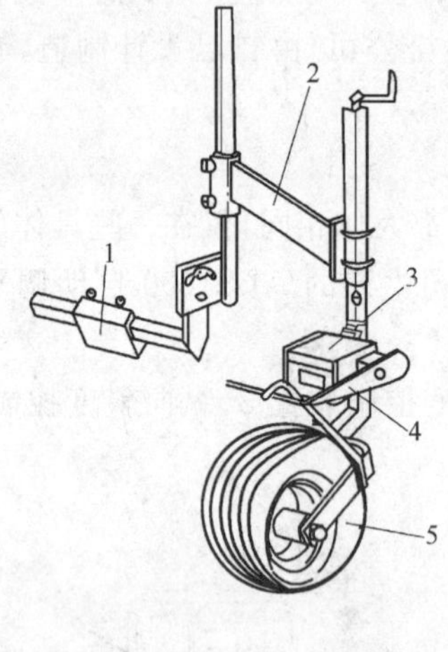

图 4-33　纵向刮平控制装置

1-连接套；2-连接架；3-传感器；4-摆杆；5-随动轮

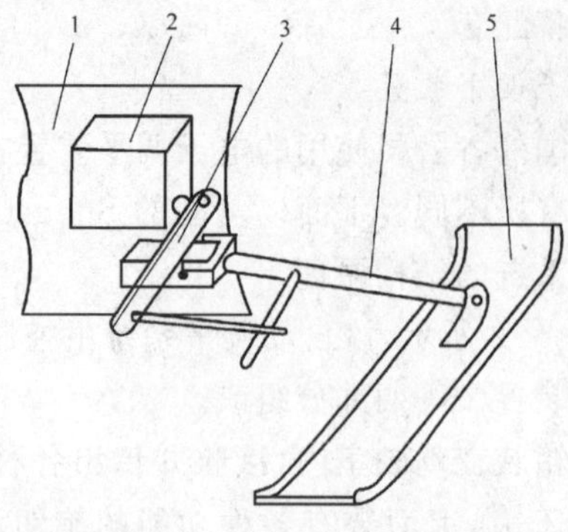

图 4-34　滑靴式随动控制装置

1-刮刀；2-传感器；3-摆杆；4-连杆；5-滑靴

液压伺服装置设置在一个箱体内，该箱体安装在主机架靠近摆架的地方(图 4-32)。每个升降油缸都由一组阀(由电磁阀和伺服阀所组成)控制。阀与液压系统的油路相通，直接接受控制信号，以控制两只油缸的升降。两只油缸中，一只跟踪控制纵刮平，控制刮刀设置基准一侧的升降；另一只跟踪横向斜度，控制刮刀另一侧的升降，以保证给定的斜度。基准可设置在刮刀的左侧，也可设置在右侧，两只升降油缸的控制转换可以在驾驶室内的控制箱上转动"基准转换旋钮"获得。若转换到"人工操纵"方式时，所有的阀均关闭，对人工操纵无任何影响。

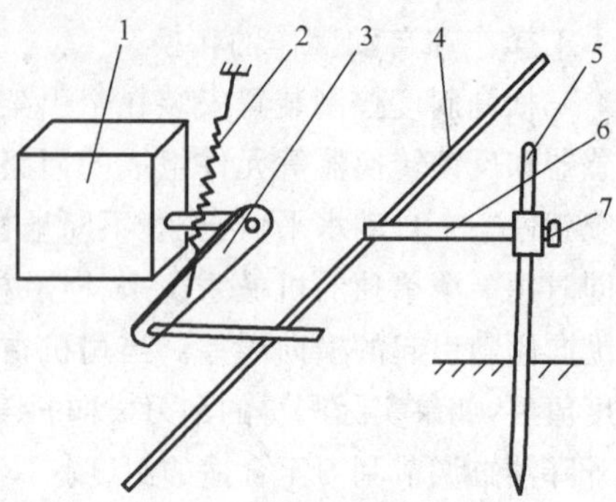

图 4-35　基准绳控制刮平

1-传感器；2-弹簧；3-摆杆；4-基准绳；5-桩杆；6-横杆；7-固定螺钉

2.激光调平装置

激光调平装置是利于激光发射机发出的激光光束作为调平基准，控制刮刀升降油缸自动地调节刮刀位置。激光发射机通常安装在一个支架上，一般为三角架。发射机在发出激光束的同时，以一定的速度旋转，形成一个激光基准面。随着范围扩大，激光束渐渐扩散，一般有效范围的半径为 100～200m。在平地机的牵引架上(一侧或两侧)装有支柱，支柱上安装激光接收机，用来检测激光基准面。接收机上装有传感器，能在各个方向检测激光平面。在驾驶室内有控制箱，司机可以预设刮刀位置。当刮刀实际位置与设置位置发生偏差时，电信号传给液压控制装置以自动矫正刮刀位置。

激光调平系统的特点是在一个大的范围内设置基准，在该范围内工作的平地机都可通过接收装置接收基准信号，进行刮平精度的调整。因此，它适用于进行航空机场、运动场、停车场、农田等大面积整地使用，也可用于道路平整施工。激光调平系统有两种：一种是显示加激光调平型，另一种是激光调平与电子调节结合型。下面分别介绍这两种系统。

(1)显示加激光调平型

典型的激光调平是美国 Spectra-Physics 公司的 Laser-Plane(激光调平)系统。该系统由激光发射机、激光接收机、控制箱、显示器和液压电磁伺服阀等组成。发射机每秒旋转 5 次,激光基准面可以倾斜 0%～9%的坡度,基准面斜度若向纵向和横向分解,可以作为纵向坡度和横向坡度基准的设定值。

显示系统是根据接收机的测量结果,不断地向司机显示刮刀实际位置与所需位置的偏差。司机观察显示器接显示的指示,操纵刮刀的升降。显示器可装两个,根据两个接收机的测量结果分别显示刮刀两端的高度,也可以只装一个显示器,显示刮刀一端的情况。

控制箱可以实现“人工控制”与“自动控制”的转换,且有暂停、设置刮刀高度等功能。在“自动控制”模式下,利用激光接收机的信号控制液压伺服阀,可以自动地将刮刀保持在某个平行于激光束平面的位置上。

(2)激光调平与电子调节结合型

它与电子调平系统的不同之处是纵向刮平以激光束为基准,而电子调平系统中纵向刮平是以基准绳或者符合要求的路面为基准。典型的是日本小松公司生产的平地机上采用的自动找平系统,如图 4-36 所示。刮刀纵向刮平采用激光调平方式控制,而斜度控制采用倾斜仪测量控制,这样激光接收机只需安装一个,装在纵向刮平控制一侧的牵引架上,以激光束为基准调节这一侧刮刀的高度。倾斜仪装在牵引架上,可以检测刮刀的横向斜度,按照设置的斜度要求控制另一则升降油缸。控制箱装在驾驶室内,刮刀高度和倾斜度均可在控制箱上设置,可以实现“自动控制”和“人工控制”的相互转换。此外还有一个优先设计,即当自动调节作业时,如果刮刀的负荷过大,则可用手动优先操纵各操纵杆。

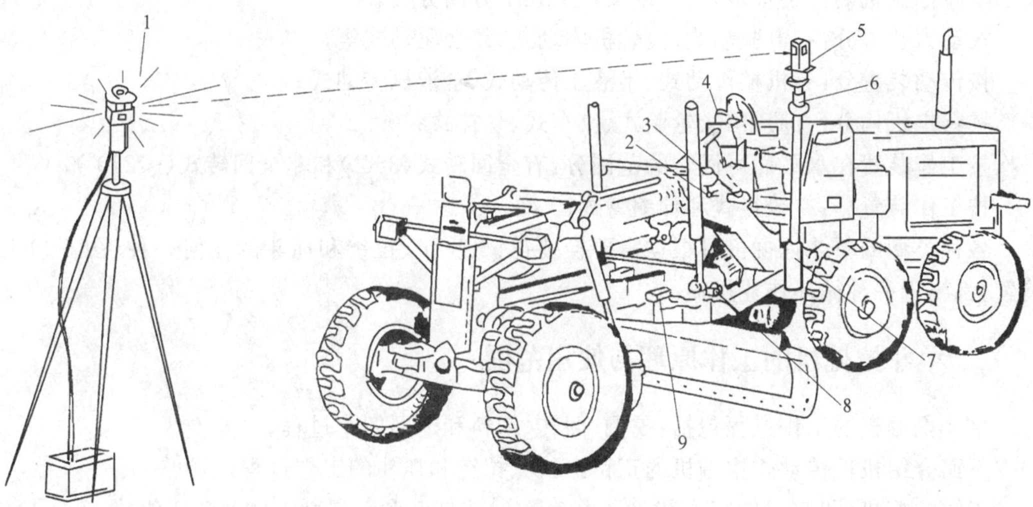

图 4-36 激光调平与电子调节结合型调平系统示意图

1-发射机;2-倾斜仪(SLOPE);3-液压箱;4-控制箱;5-接收机;6-2 号连接箱;7-1 号连接箱;8-倾斜仪(TILT);9-旋转传感器

倾斜仪(TILT)装在牵引架上,其功能与电子调平装置相同,用来检测刮刀横向倾斜度。倾斜仪(SLOPE)和旋转传感器用来补偿由于机体纵向倾斜和刮刀回转一定角度而造成的横向斜度测量误差。当刮刀的回转角为 0°时,则可不必使用这两个装置。

第五章 挖 掘 机

挖掘机是用来进行土方开挖的一种施工机械。挖掘机的作业过程是用铲斗的切削刃切土并把土装入斗内，装满土后提升铲斗并回转到卸土地点卸土，然后，再使转台回转，铲斗下降到挖掘面，进行下一次挖掘。挖掘机按作业特点分为周期性作业式和连续性作业式两种，前者为单斗挖掘机，后者为多斗挖掘机。由于在筑路工程中多采用单斗挖掘机，因此，本章着重介绍单斗挖掘机。

第一节 概 述

一、单斗挖掘机的功用及类型

单斗挖掘机在建筑、筑路、水利、电力、采矿、石油等工程以及天然气管道铺设和现代军事工程中，被广泛地使用。单斗挖掘机的主要用途：在筑路工程中用来开挖堑壕，在建筑工程中用来开挖基础，在水利工程中用来开挖沟渠、运河和疏浚河道，在采石场、露天采矿等工程中用于剥离和矿石的挖掘等。此外还可对碎石进行装载作业。更换工作装置后还可进行浇筑、起重、安装、打桩、夯土和拔桩等工作。

单斗挖掘机的种类很多，它可以按以下几个方面分类。

按动力装置分：有电驱动式、内燃机驱动式、复合驱动式等；

按传动装置分：有机械传动式、半液压传动式、全液压传动式；

按行走机构分：有履带式、轮胎式、汽车式、悬挂式；

按工作装置在水平面可回转的范围分：有全回转式(360°)和非全回转式(＜270°)；

按工作装置分：有铰接式和伸缩臂式。

各种类型的单斗挖掘机可根据需要换装正铲、反铲、拉铲和抓斗的任何一种(图 5-1)工作装置，都属于一种循环作业机械。

二、单斗挖掘机的工作原理与使用范围

单斗挖掘机的工作过程包括：挖掘、回转、卸料和返回四个过程。

下面介绍机械传动式挖掘机的正铲、反铲、拉铲和抓斗的工作过程。

正铲挖掘机(图 5-2)的工作装置是由动臂 2、斗杆 5 和斗口朝上的铲斗 1 组成。

正铲的工作过程是：

(1)挖掘过程：先将铲斗下放到工作面底部(I)，然后提升铲斗，同时使斗杆向前推压(有的小型挖掘机依靠动臂下降的重力来施压)，斗内装满土料(II→III)。

(2)回转过程：先将铲斗后退出工作面(VI)，然后回转，使动臂带着铲斗转到卸料处上空(V)。在此过程中可适当调整斗的伸出度和高度以适应卸料要求。

(3)卸料过程：打开斗底卸料(VI)。

(4)返回过程:回转挖掘机转台,使动臂带着空斗返回挖掘面,同时放下铲斗,斗底在惯性作用下自动关闭(VI→I)。

机械传动式正铲挖掘机适宜挖掘和装载停机面以上的I～IV级土壤和松散物料。

机械传动的反铲挖掘机(图5-3)的工作装置是由动臂5、斗口朝下的带杆铲斗2组成。动臂由前支架支持。

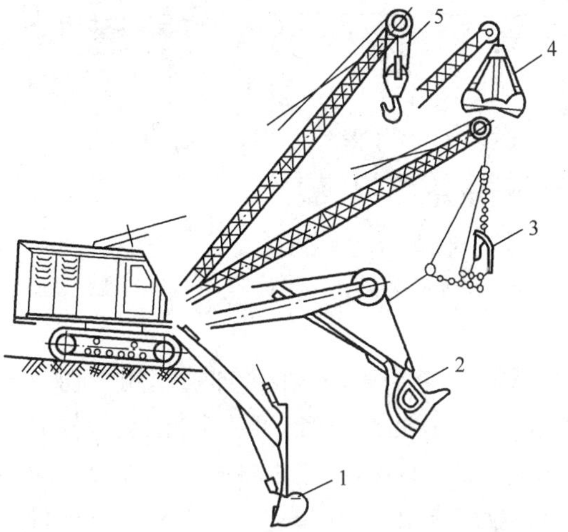

图5-1 单斗挖掘机工作装置类型

1-反铲;2-正铲;3-拉铲;4-抓斗;5-起重

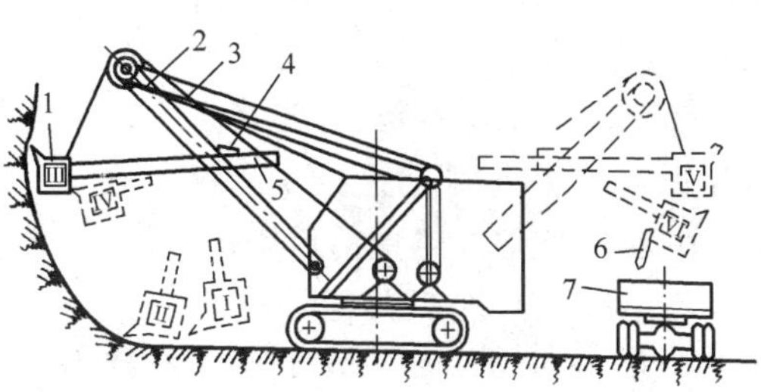

图5-2 正铲工作过程简图

1-铲斗;2-动臂;3-铲斗提升钢索;4-鞍形座;5-斗杆;6-斗底;7-运输车辆;I～VI-挖掘过程

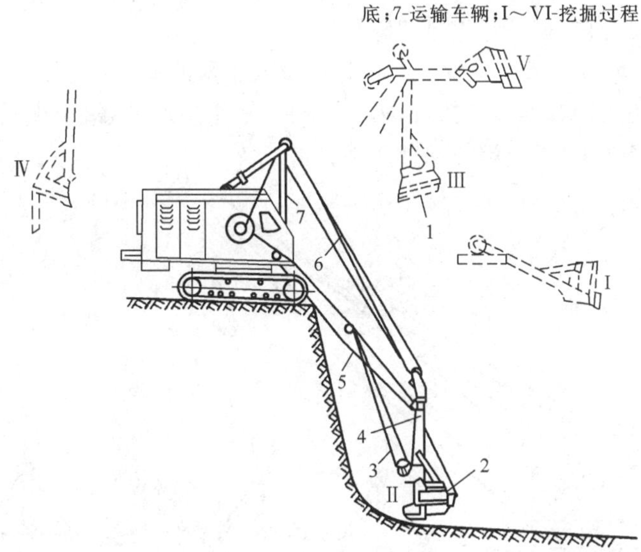

图5-3 反铲工作过程简图

1-斗底;2-铲斗;3-牵引钢索;4-斗杆;5-动臂;6-提升钢索;7-前支架;I～V-工作过程

反铲的工作过程是:先将铲斗向前伸出,让动臂带着铲斗落在工作面上(I);然后将铲斗向着挖掘机方向拉转,于是它就在动臂和铲斗等重力以及牵引索的拉力作用下,使斗内装满土(II);将斗保持(II)状态连同动臂一起提升到(III),再回转至卸料处进行卸料。反铲有斗底可打开式与不可打开式两种。前者可打开斗底准确地卸料于车辆上(VI),后者需将铲斗向前伸出,使斗口朝下卸料(V)。

反铲挖掘机适宜于停机面以下的挖掘，例如挖掘基坑及沟槽等。机械传动的反铲挖掘机过程由于只是依靠铲斗自身重力切土，所以只适宜于挖掘轻级和中级土壤。

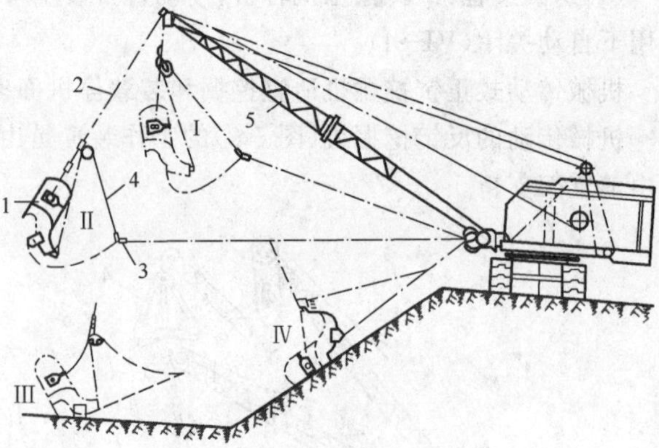

图 5-4 拉铲工作过程简图

1-铲斗；2-提升钢索；3-牵引钢索；4-卸料索；5-动臂；I～IV-工作过程

机械传动的拉铲挖掘机(图 5-4)的工作装置由格栅形动臂与带链索的悬挂铲斗 1 组成。铲斗的上部和前部是敞开的。

拉铲的工作过程是：首先将铲斗以提升钢索 2 提升到位置(I)，拉收和放松牵引索 3，使斗在空中前后摆动(视情况也可不摆动)，然后共同放松提升索和牵引索，铲斗就被抛掷在工作面上(II→III)。然后拉动牵引索，铲斗在自重作用下切入土中，使铲斗装满土壤(IV)(一般情况下当铲斗拉移 3～4 倍长的距离时，可装满)。然后提升铲斗，同时放松牵引索，使铲斗保持在斗底与水平面成 8°～12°仰角，不让土料撒出。在提升铲斗的同时将挖掘机回转到卸载处。卸料时制动提升索，放松牵引索，斗口就朝下卸料。再转回工作面进行下一次挖掘。

拉铲挖掘机适宜于停机面以下的挖掘，特别适宜于开挖河道等工程。拉铲由于靠铲斗自身重力切土，所以只适宜挖掘一般土料和砂砾。

抓斗挖掘机(图 5-5)的工作装置是一种带双瓣或多瓣的抓斗 1。抓斗用提升索 2 悬挂在动臂上。斗瓣的开闭由闭合索 3 来执行，为了不使斗在空中旋转，由一根定位索 5 来保证，定位索的一端固定在抓斗上，另一端与动臂连接。

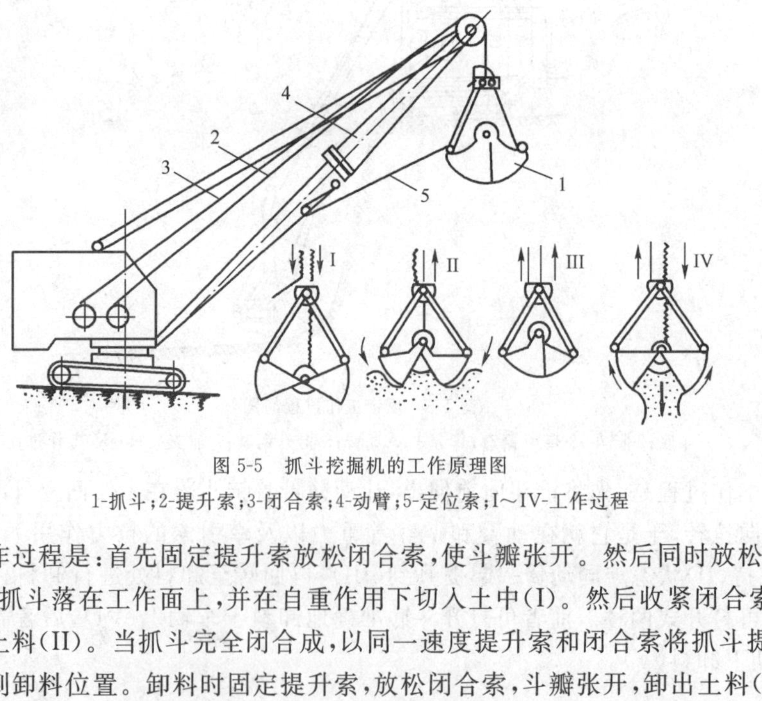

图 5-5 抓斗挖掘机的工作原理图

1-抓斗；2-提升索；3-闭合索；4-动臂；5-定位索；I～IV-工作过程

抓斗的工作过程是：首先固定提升索放松闭合索，使斗瓣张开。然后同时放松提升索和闭合索，让张开的抓斗落在工作面上，并在自重作用下切入土中(I)。然后收紧闭合索，抓斗在闭合过程中抓满土料(II)。当抓斗完全闭合成，以同一速度提升索和闭合索将抓斗提升(III)，同时使挖掘机转到卸料位置。卸料时固定提升索，放松闭合索，斗瓣张开，卸出土料(IV)。

抓斗挖掘机适宜停机面以上和以下的挖掘，卸料时无论是卸在车辆上或弃土堆上都很方便。由于抓斗是垂直上下运动，所以特别适合挖掘桥基桩孔、陡峭的深坑以及水下土方等作业。但抓斗的挖掘能力也受自重的限制，只能挖取一般土料、砂砾和松散料。

液压挖掘机一般只带正铲、反铲铲斗和起重工作装置，其工作循环和机械传动的挖掘机基本相同。由于其挖掘、提升和卸料等动作是靠油缸来实现的，因此其工作能力比同级机械传动的挖掘机要高。其正铲、反铲的作业范围如图 5-6 所示，两者对停机面上下的作业都能挖掘。

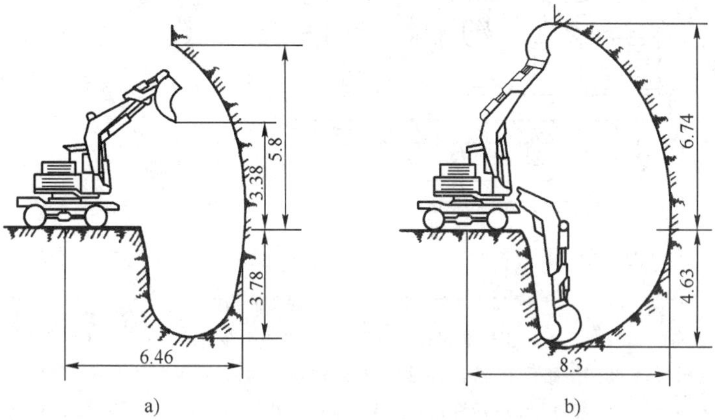

图 5-6 液压挖掘机的工作情况示意图(尺寸单位：m)

a)正铲；b)反铲

第二节 单斗挖掘机构造

一、总体构造

图 5-7 所示为反铲单斗挖掘机的总体构造图。

单斗挖掘机主要由下列各部分组成：

(1)发动机：整机的动力源，多采用柴油机；

(2)传动系统：把动力传给工作装置、回转装置和行走装置，有机械传动和液压传动；

(3)回转装置：使工作装置向左或右回转，以便进行挖掘和卸料；

(4)行走装置：支承全机质量并执行行驶任务，有履带式、轮胎式与汽车式等；

(5)操纵系统：操纵工作装置、回转装置和行走装置，有机械式、液压式、气压式及复合式等；

(6)机棚：盖住发动机、传动系统与操纵系统等，一部分作为驾驶室；

(7)底座(机架)：全机的骨架，除行走装置装在其下面外，其余组成部分都装在其上面。

液压挖掘机与机械式挖掘机不同之处在于动力传递和控制方式不同，液压挖掘机是采用液压传动装置来传递动力的，它由液压泵、液压电动机、液压油缸、控制阀以及各种液压管路等液压元件组成(图 5-8)。

柴油机驱动两个油泵 11、12，把压力油输送到两上分配阀中。操纵分配阀将压力油再送往有关液压执行元件，这样就可驱动相应的机构工作，以完成所需要的动作。

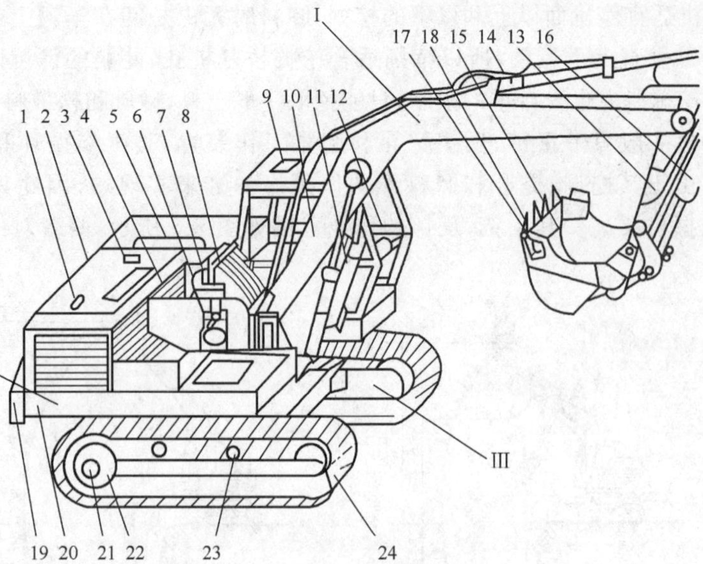

图 5-7 单斗液压挖掘机的总体构造

I-工作装置；II-上部转台；III-行走装置

1-柴油机；2-机棚；3-液压泵；4-液控多路阀；5-液压油油箱；6-回转减速器；7-液压电动机；8-回转接头；9-司机室；10-动臂；11-动臂油缸；12-操纵台；13-斗杆；14-斗杆油缸；15-铲斗；16-铲斗油缸；17-边齿；18-斗齿；19-平衡重；20-转台；21-走行减速器、液压电动机；22-支重轮；23-托链轮；24-履带板

二、回转装置

上部转台是液压挖掘机三大组成部分之一。在转台上除了有发动机、液压系统、司机室、平衡重、油箱等以外，还有一个很重要的部分——回转装置。以上这些部分在转台上的布置不尽相同，但都力求使转台上的传动机构尽量布置紧凑。图 5-9 为国产液压挖掘机转台布置的一种形式。

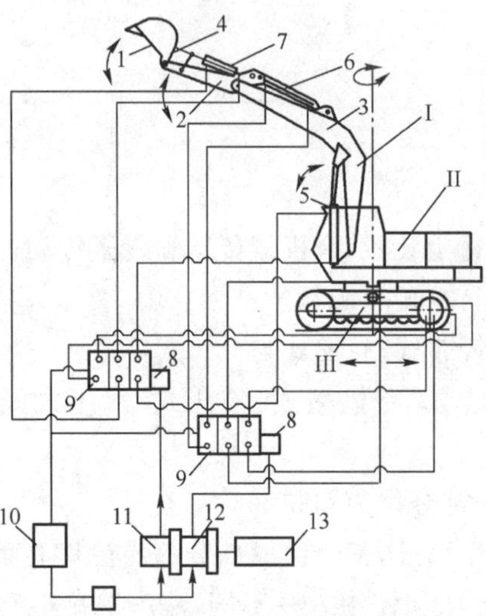

图 5-8 液压挖掘机传动示意图

I-挖掘装置；II-回转装置；III-行走装置

1-铲斗；2-斗杆；3-动臂；4-连杆；5、6、7-液压油缸；8-安全阀；9-分配阀；10-油箱；11、12-油泵；13-发动机

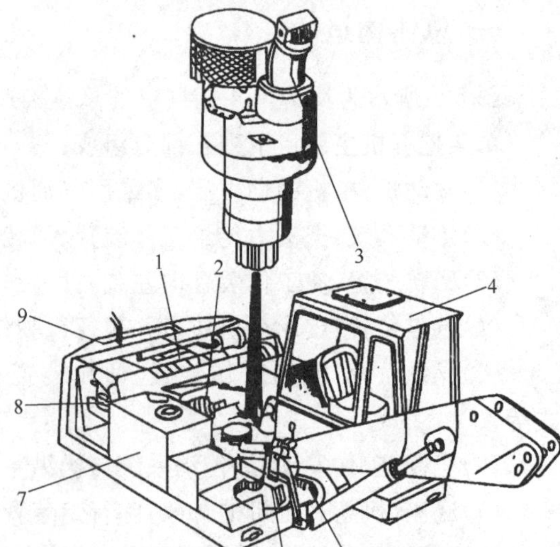

图 5-9 转台布置

1-发动机；2-换向阀；3-回转驱动液压电动机；4-司机室；5-回转大齿圈和回转支承；6-中央回转接头；7-油箱；8-液压泵；9-平衡重

液压挖掘机的回转装置必须能把转台支承在固定部分(下车)上。不能倾翻倒,并应使回转轻便灵活。为此,液压挖掘机都设置了回转支承装置(起支承作用)和回转传动装置(驱动转台回转),并统称为液压挖掘机的回转装置。

(一)回转支承的主要结构形式

1. 转柱式回转支承

摆动式液压电动机驱动的转柱式支承如图 5-10 所示。

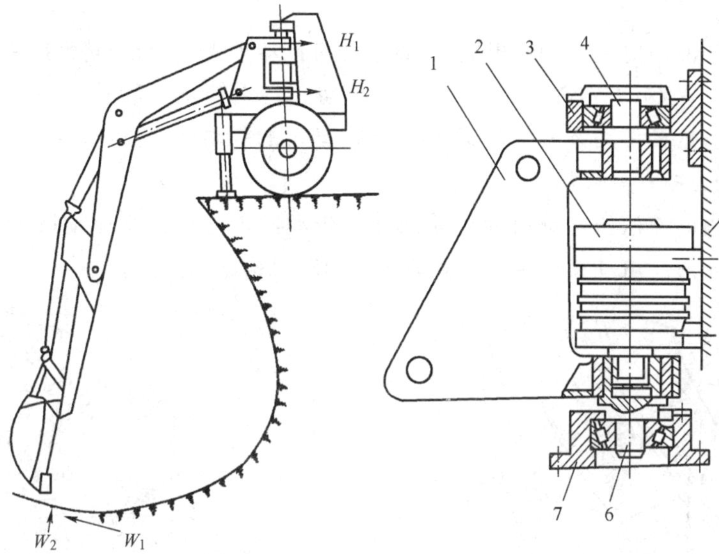

图 5-10　转柱式回转支承

1-回转体;2-摆动液压缸;3-上轴承座;4-上支承轴;5-机架;6-下支承轴;7-下轴承座

它由固定在回转体 1 上的上、下支承轴 4 和 6,上、下轴座 3 和 7 组成。轴承座用螺栓固定在机架 5 上。回转体与支承轴组成转柱,插入轴承座的轴承中。外壳固定在机架 5 上的摆动液压缸输出轴插入下支承轴 6 内,驱动回转体相对于机架转动。回转体常做成“匚”形,以避免与回转机构碰撞。工作装置铰接在回转体上,与回转体一起回转。

2. 滚动轴承式回转支承

滚动轴承式回转支承实际上就是一个大直径的滚动轴承。它与普通轴承的最大区别是它的转速很慢。挖掘机的回转速度在 5～11r/min 之间。此外,一般轴承滚道中心直径和高度比为 4～5,而回转支承则达 10～15。所以,这种轴承的刚度较差,工作中要靠支承连接结构来保证。

滚动轴承式回转支承的典型构造如图 5-11 所示。

内座圈或外座圈可加工成内齿圈或外齿圈。带齿圈的座圈为固定圈,用沿圆周分布的螺栓 4、5 固定在底座上。不带齿的座圈为回转圈,用螺栓与挖掘机转台连接。装配时可先把座圈 1、3 和滚动体 8 装好,形成一个完整的部件,然后再与挖掘机组装。为保证转动灵活,防止受热膨胀后产生卡死现象,回转支承应留有一定的轴向间隙。此间隙因加工误差和滚道与滚动体的磨损而变化。所以在两座圈之间设有调整垫片 2,装配和修理时可以调整间隙。隔离体 7 用来防止相邻滚动体 8 间的挤压,减少滚动体的磨损,并起导向作用。滚动体可以是滚珠或滚柱。

小齿轮与齿圈的啮合方式有内、外啮合两种。

(二)回转机构传动型式与结构特点

1. 半回转液压挖掘机的回转传动装置

小型液压挖掘机常采用液压缸驱动的传动机构。这种液压缸活塞杆的一部分加工成齿条,与回转轴上的齿轮相啮合,这样,活塞的往复运动就使回转轴回转。

2. 全回转挖掘机的回转传动装置

(1)直接传动方案

在低速大扭矩液压电动机的输出轴上,直接装有传动小齿轮,与回转齿圈相啮合。

国产 WY100、WY40、WLY25、WY60、W_4-6C 等型挖掘机的回转传动机械都属于这种低速直接驱动方案。这种传动方案结构简单,液压电动机的制动性能较好,但外形尺寸较大。

(2)间接传动方案

这种方案是由高速液压电动机经齿轮减速箱带动回转大齿圈来驱动回转机构。图 5-12 是斜轴式轴向柱塞液压电动机通过行星减速驱动回转机构的示意图。

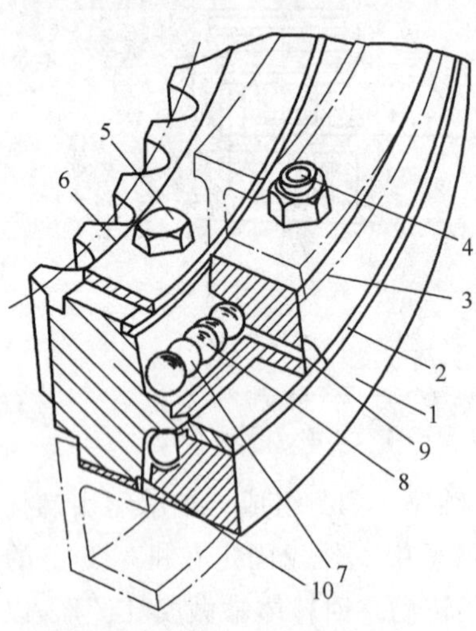

图 5-11 滚动轴承式支承

1-下座圈;2-调整垫片;3-上座圈;4、5-螺栓;6-内齿圈;7-隔离体;8-滚动体;9-油嘴;10-密封装置

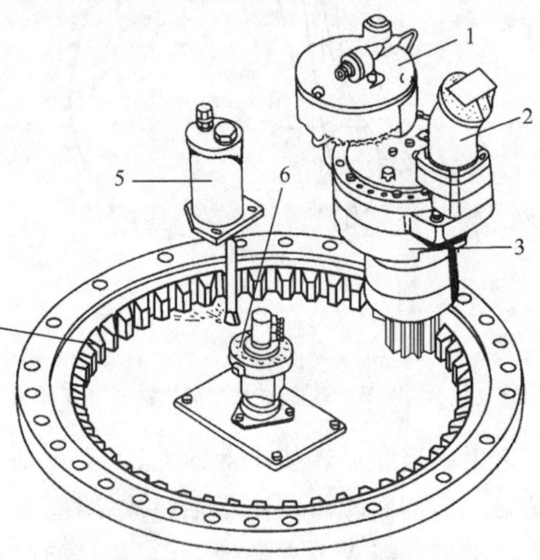

图 5-12 斜轴式高速液压电动机驱动的回转机构

1-制动器;2-液压电动机;3-行星减速器;4-回转大齿圈;5-润滑油环;6-中央回转接头

国产 WY50、WY60A、WY100B、WY160 等都采用这类高速驱动方案。这种方案结构紧凑,容易得到较大的传动比,且齿轮的受力情况也比较好。另外一个很大的优点是轴向柱塞式电动机与同类型泵的结构基本相同,许多零件可以通用,便于组织生产,从而降低了成本,但必须装设制动器,以便吸收较大的回转惯性力矩。

三、行走装置

行走装置是支承整机质量并完成行走任务的,一般有履带式和轮胎式两种。本节主要介绍全液压挖掘机行走装置的构造。

1. 履带式行走装置

液压挖掘机的履带式行走装置都采用液压传动。图 5-13 是目前国产挖掘机履带行走装置的一种。

行走架由底架、横梁和履带组成，如图 5-14 所示。行走的各种零部件都安装在行走架上。由液压泵出来的压力油经多路换向阀和中央回转接头进入行走液压电动机，电动机把压力能转变为输出扭矩后，通过减速箱传给驱动轮。当驱动轮转动后，与它相啮合的履带有移动的趋势。但是，由于履带和土壤间的附着力大于驱动轮、引导轮和支重轮等的滚动阻力，所以驱动轮沿着履带轨道滚动，从而驱动整台机器前进或后退。如果左右两边液压电动机供油方向相反，则挖掘机就地转弯。

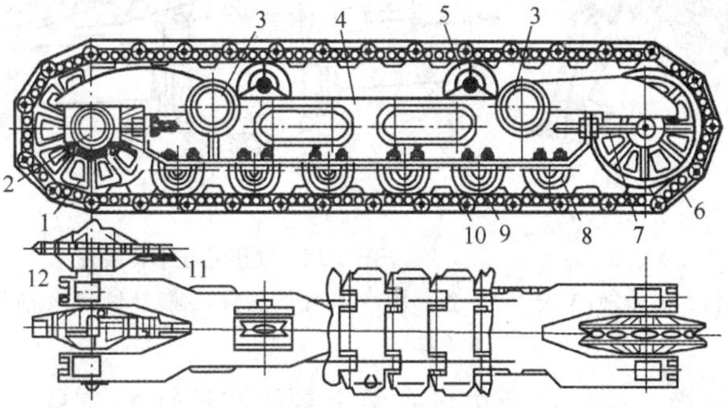

图 5-13 履带行走装置

1-驱动轮；2-驱动轮轴；3-下支承架轴；4-履带架；5-托链轮；6-引导轮；7-张紧螺杆；8-支重轮；9-履带；10-履带销；11-链条；12-链轮

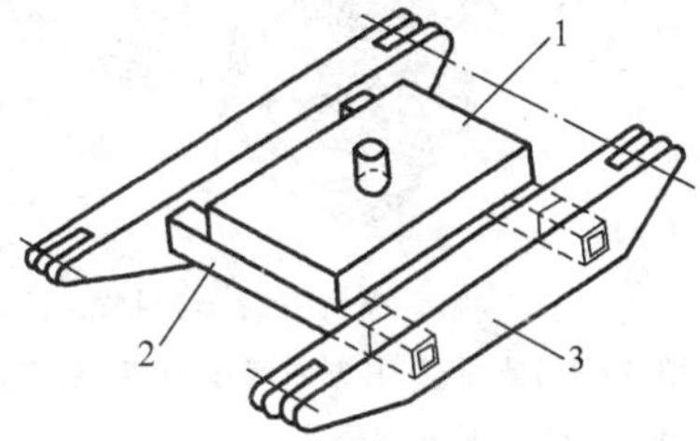

图 5-14 行走架示意图

1-底架；2-横梁；3-履带架

履带式单斗液压挖掘机的行走驱动，多数采用两个液压电动机各自传动一条履带。与回转机构传动相似，行走传动也可由高速小扭矩电动机或低速大扭矩电动机驱动。低速液压电动机驱动的行走机构如图5-15 所示。

两个液压电动机以相同方向旋转。履带直线行驶时，如只向一个液压电动机供油，并同时将另一个电动机制动，则挖掘机绕制动一边的履带转向；若使左、右两液压电动机以相反方向卷绕，挖掘机即可实现原地转向。

2. 液压驱动的轮胎式行走装置

液压驱动的轮胎式挖掘机的行走装置的结构如图 5-16 所示。行走电动机直接装在变速箱上(变速箱固定在底盘上)，动力经变速箱通过传动轴传给前后驱动桥，或再由轮边减速装置驱动轮胎。

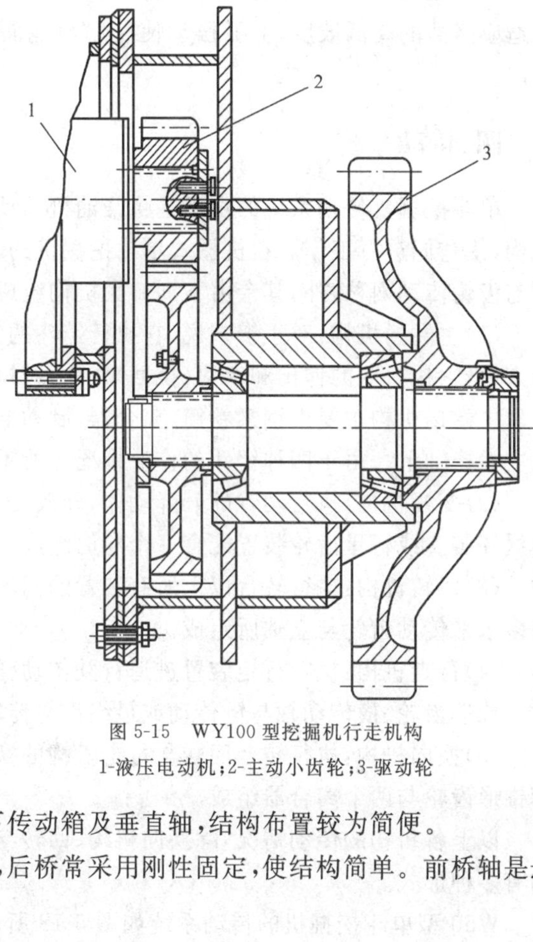

图 5-15 WY100 型挖掘机行走机构

1-液压电动机；2-主动小齿轮；3-驱动轮

采用高速液压电动机的传动方式使用可靠，传动系统比机械传动简单，省掉了上、下传动箱及垂直轴，结构布置较为简便。

轮胎式单斗液压挖掘机的行走速度不高，后桥常采用刚性固定，使结构简单。前桥轴是悬挂摆动的，如图 5-17 所示。

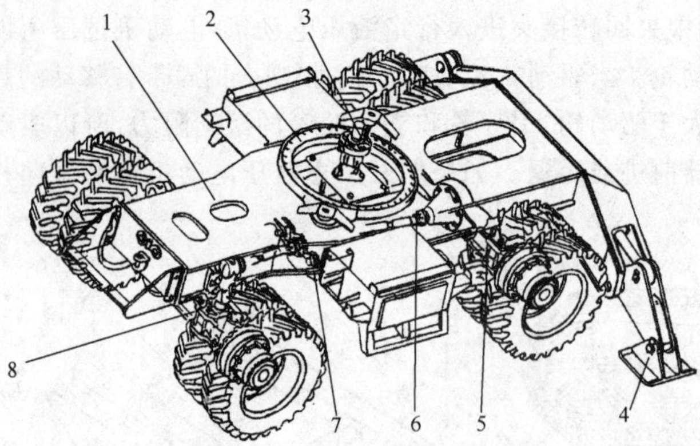

图 5-16　R922 型挖掘机行走装置

1-车架；2-回转支承；3-中央回转接头；4-支腿；5-后桥；6-传动轴；7-液压电动机及变速箱；8-前桥

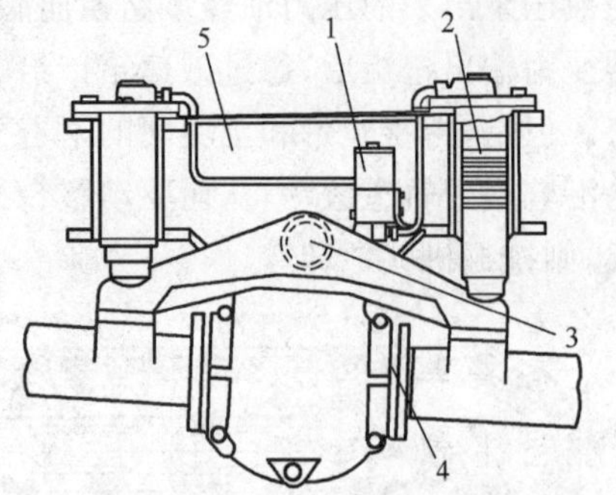

图 5-17　液压悬挂平衡装置

1-控制阀；2-悬挂液压缸；3-摆动铰销；4-前桥；5-车架

车架与前桥 4 通过中间的摆动铰销铰接。铰的两旁边设有两个悬挂液压缸 2，它的一端与车架 5 连接，活塞杆端与前桥 4 连接，控制阀 1 有两个位置。挖掘机工作时，控制阀 1 把两个液压缸的工作腔与油箱的联系切断，此时液压缸将前桥的平衡悬挂锁住，减少了摆动，提高了作业稳定性；行走时控制阀 1 左移，使两个悬挂液压缸的工作腔相通，并与油箱接通，前桥便能适应路面的高低坡度，上下摆动使轮胎与地面保持足够的附着力，使挖掘机有较高的越野性能。

四、传动系统

单斗挖掘机传动系统的功用是将柴油机的动力传递给工作装置、回转装置和行走装置等机构，使它们进行工作。在机械式单斗挖掘机的传动系统中，除了主离合器与减速器（有链传动与齿轮传动两种）外，其余由下列 5 大机构组成。

（1）主卷扬机构：对正铲来说，它执行铲斗的升降、斗杆的伸缩和斗底的开启等作用；对反铲来说，它执行斗的伸出和牵引（拉回）作业；对拉铲来说，它执行斗的升降与开闭作业。

主卷扬机构主要由钢索卷筒、离合器、制动器以及链传动装置等组成。它们大多数装在一根主卷扬轴上。由于四种铲斗的作业情况有所不同，所以其具体构造也各不相同。

（2）变幅机构：执行动臂的升降动作，即改变其伸缩（或称倾角）。它可由链传动装置或涡轮涡杆装置或行星齿轮装置配合一个卷筒组成。因此它所安装的轴与位置也各不相同。

（3）回转机构：执行转台以上所有装置的回转传动任务，以便进行挖掘和卸料。它大多由许多水平传动齿轮与立轴所组成。

（4）行走机构：执行行走装置进退行驶传动任务。除有与回转机构共同的齿轮系外，还有中央传动齿轮、横传动轴与链传动或最终齿轮传动等。

（5）换向机构：执行转台回转与行走机构的换向传动任务。主要由装在一根水平轴上的一套锥形齿轮与两个离合器组成。

以上各机构的传动情况，除换向机构、回转与行走机构基本相似外，主卷扬机构与变幅机构有多种形式。

W50 型单斗挖掘机的传动系统如图 5-18 所示。

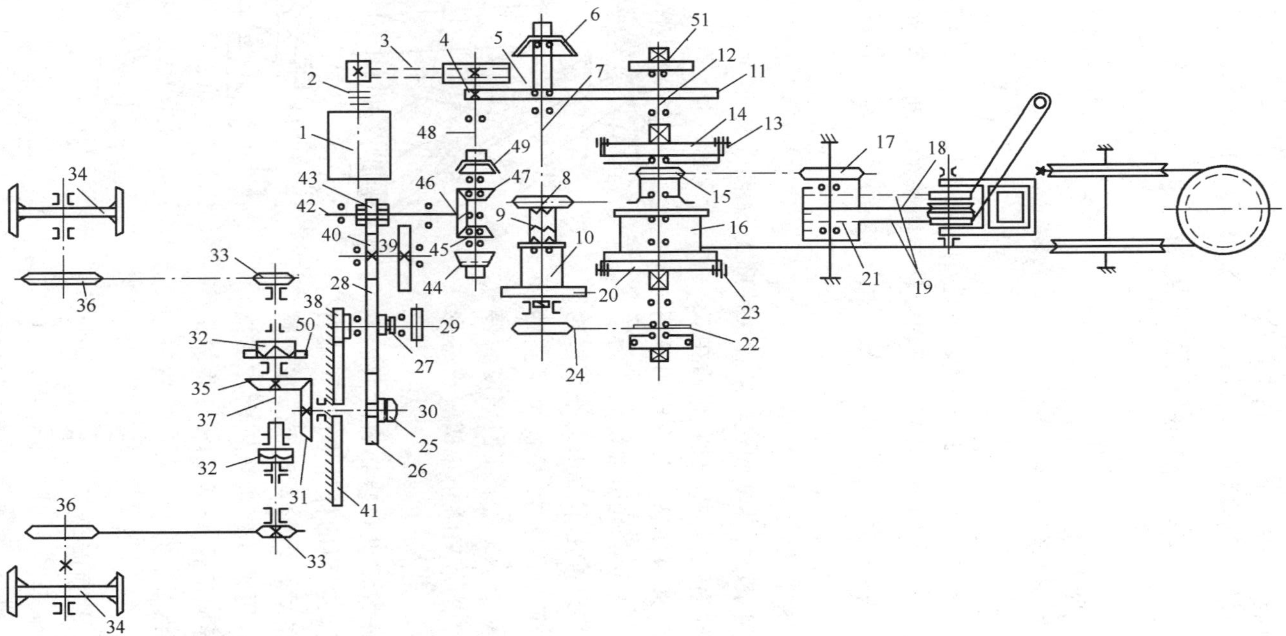

图 5-18　W50 型挖掘机的传动系统

1- 发动机；2- 主离合器；3- 链式减速器；4、5、11、26、28、39、40- 圆柱齿轮；6、44、49- 锥形离合器；7- 变幅卷筒轴；8、15、17- 推压机构传动链轮；9- 双面爪形离合器；10- 变幅卷筒；12- 主卷扬轴；13、23、24、50- 带式制动器；14、20- 主卷筒离合器；16- 右主卷筒；18- 回缩钢索；19- 推压钢索；21- 推压卷筒；22- 动臂下降限速器（也称超载离合器）；25、27、32- 爪形离合器；29- 回转立轴；30- 行走立轴；31、35- 行走锥形齿轮；33、36- 行走传动链轮；34- 驱动轮；37- 行走水平轴；38- 回转小齿轮；41- 回转小齿轮；42- 换向立轴；43- 变速齿轮；45、46、47- 换向锥形齿轮；48- 换向机构轴；51- 斗底开启卷筒

其换向机构、变幅机构与主卷扬机构分别装在三根水平横轴 48、7 与 12 上，依次称为第一、第二、第三轴。这三根轴由互相啮合的圆柱齿轮系 4、5 与 11 来传递动力。回转机构与行走机构由三根垂直轴 42、29 与 30 和水平齿轮系以及一个两挡变速器组成。此外，行走机构中还有水平传动轴 37 与链传动装置 33、36。由发动机 1 输出的动力，通过主离合器 2 与链传动 3 减速后，首先传给第一轴 48。然后再分成两条传动路线：一条是经由圆柱齿轮系传给变幅机构与主卷扬机构；另一条通过换向机构传给回转与行走机构。

第三节　单斗挖掘机工作装置

一、机械式单斗挖掘机工作装置

(一)正铲工作装置

机械式正铲工作装置由铲斗、斗杆、动臂、推压机构、滑轮钢索和斗底开闭机构等组成。正铲工作装置的结构形式主要有：单杆斗柄配双杆动臂和双杆斗柄配单杆动臂两种。前者多用于中、小型(斗容小于 $1m^3$)挖掘机上，后者可承受较大扭矩，多用于斗容 $1m^3$ 以上的挖掘机。

1. 单杆斗柄配双杆动臂的工作装置

国产 W50 型单斗挖掘机采用了单杆斗柄配双杆动臂这种形式，如图 5-19 所示。

斗柄 7 是箱形断面(或圆形断面)的焊接长柄，它插在双杆动臂间的鞍形座 8 内，工作时可来回伸缩。鞍形座用推压轴 18 装在动臂 13 上。因此斗柄还可绕推压轴转动。为了使斗柄进行缩动作，在尾端装有穿绕推压钢索用的平衡滑轮 9。斗柄前端装有用来固定铲斗回缩钢索 10 用的可调整的固定器。在斗柄前端装有横挡木 11，以免铲斗回缩时直接撞在动臂上。斗柄末端的支座 2 是用来防止斗柄脱出鞍形座的。

动臂是用来支承斗柄并保证挖掘机和装卸料时所需工作尺寸的。动臂 13 是由两根箱形断面的杆件组成，下端有支承耳块 14，用来把动臂支承在回转台的耳座上。在动臂的两叉脚之间装有推压卷筒 15，用来卷绕推压钢索和回缩钢索。动臂顶部装有提升索的导向滑轮 16 和动臂变幅轮滑轮组的动滑轮 17。在动臂中部的推压轴上装有一个鞍形座和三个导向滑轮。

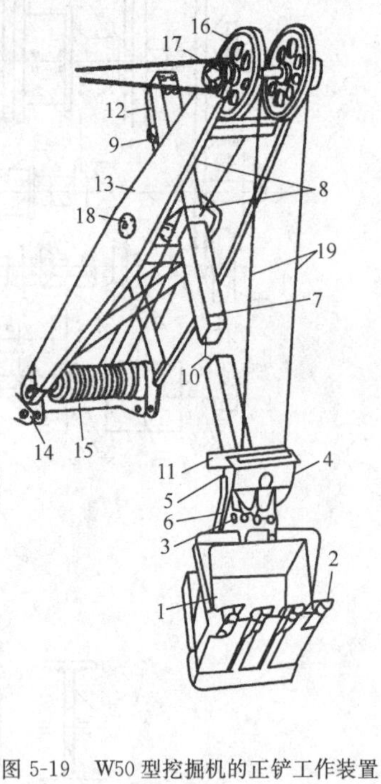

图 5-19　W50 型挖掘机的正铲工作装置
1-铲斗；2-斗齿；3、5-轴销；4-滑轮；6-撑杆；7-斗柄；8-鞍形座；9-平衡滑轮；10-回缩钢索；11-挡木；12-支座；13-动臂；14-耳块；15-推压卷筒；16-导向滑轮；17-动滑轮；18-推压轴；19-提升索

铲斗是近似正方体的钢斗。其顶面敞开，前壁装有耐磨合金钢(多用高锰钢)制成的可换斗齿 2，以减小挖掘阻力。斗的后壁上铰接着穿绕提升索的滑轮，铲斗与斗柄之间用螺栓和撑杆连接，撑杆可以固定在斗柄上不同的销孔内，用来调整斗齿的切削角。斗底铰接在斗后壁的下方，并用门闩插入斗前臂下方的门扣内来进行关闭。当拉动斗底开启索时，斗底打开卸料。斗底的关闭是利用惯性力自动关闭的。

推压机构(图 5-20)由链传动装置、推压卷筒和钢索等组成。

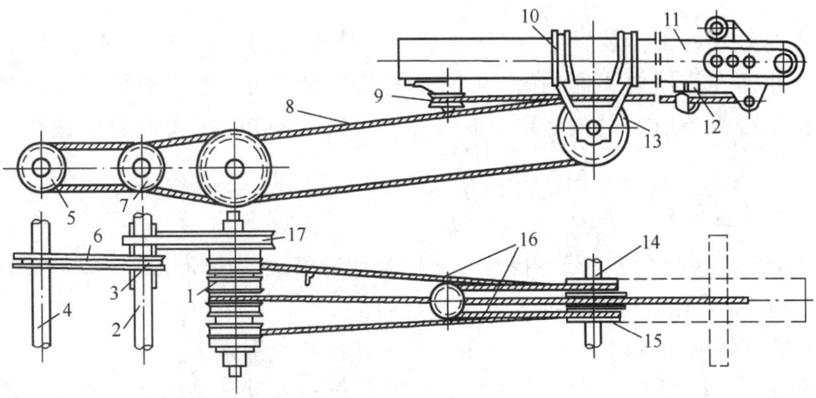

图 5-20 钢索式推压机构

1-推压卷筒;2-主卷筒;3-轮毂;4-逆转机构水平轴;5、7、17-链轮;6-链条;8-斗柄回缩钢索;9-平衡滑轮;10-鞍形座;11-斗柄;12-固定器;13-定滑轮;14-推压轴;15-导向滑轮;16-斗柄推压钢索

在推压卷筒 1 上绕着斗柄推压与回缩两根钢索。推压钢索 16 的穿绕是封闭式,它从卷筒出来,绕过鞍形座下的两个导向滑轮 15 与斗柄尾端的平衡滑轮 9 以后,仍回到卷筒上。

回缩钢索的绕向与推压钢索的转向相反,它从卷筒出来,经过鞍形座下面的一个导向滑轮 15 以后就固定在斗柄前端可调整的固定器上。

推压卷筒是通过一副或两副链传动使其作正反两个方向的旋转,以完成斗柄的推压和回缩动作,这两副链传动装置则分别装在主卷扬轴与变幅轴上,由两个离合器单独操纵,这种推压机因推压与回缩是单独进行的与铲斗的提升无关,所以称为独立式(或直接推压式)钢索推压机构。

2. 双杆斗柄配单杆动臂的工作装置

国产 W100 型单斗挖掘机上的正铲工作装置(图 5-21)即属这种形式。

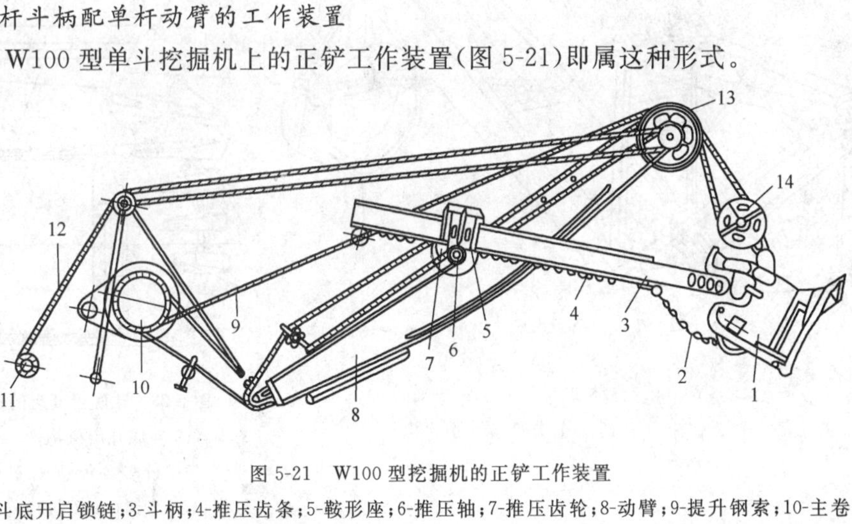

图 5-21 W100 型挖掘机的正铲工作装置

1-铲斗;2-斗底开启锁链;3-斗柄;4-推压齿条;5-鞍形座;6-推压轴;7-推压齿轮;8-动臂;9-提升钢索;10-主卷扬筒;11-变幅卷筒;12-变幅钢索;13-定滑轮;14-动滑轮

这种工作装置的铲斗基本上与前述 W50 型相似。动臂 8 为箱形断面,上、下两端都呈叉形,上叉内装提升钢索的定滑轮 13,下叉与回转平台上的耳座铰接。动臂中部装有推压轴 6,轴上有左、右两个鞍形座 5 和推压驱动小齿轮 7。斗柄 3 的左、右两杆插在鞍形座内,装在其

下面的可换齿条 4 与推压驱动小齿轮 7 相啮合。只要小齿轮正反方向旋转，就可使斗柄来回伸缩。

在上述两种形式的工作装置中，单杆斗柄配双杆动臂的工作装置，构造较复杂，质量较大。箱形断面斗柄在鞍座内不能偏转，斗柄承受扭矩能力小，为此必须加大斗柄尺寸。单杆动臂的结构比较简单、质量轻。双杆斗柄可承受较大扭矩，在大中型挖掘机上多采用这种形式。

(二)反铲工作装置

机械式反铲工作装置(图 5-22)由铲斗、斗柄与动臂组成。由于工作中动臂要同斗柄一起升降，所以必须有前支架及相应的钢索来支持它们。

前支架 4 的下端铰接在转台上，上端由可调节的拉杆或钢索来支持。

动臂有单杆与双杆两种。但其中心线必须是直线，这是由于它要经常作上、下快速运动。动臂中部装有牵引钢索的导向滑轮，顶部铰装着斗柄。斗柄的尾端装有动滑轮，由斗柄升降钢索吊着。这样斗柄连同动臂一起被悬挂在机前。

斗柄的下端装有铲斗。铲斗有固装式，也有铰装式，后者可以转动，在挖掘过程中可用牵引相对斗柄拉转 90°。这有利于垂直挖掘或作定形沟的挖掘，卸料也比较方便。

反铲斗有斗底可开启(图 5-23)与斗底不可开启(图 5-24)两种形式。反铲斗斗底的概念与正铲斗的不同，它是指敞开口的前侧，在斗柄处于垂直位置时，它正好处于斗的下方。

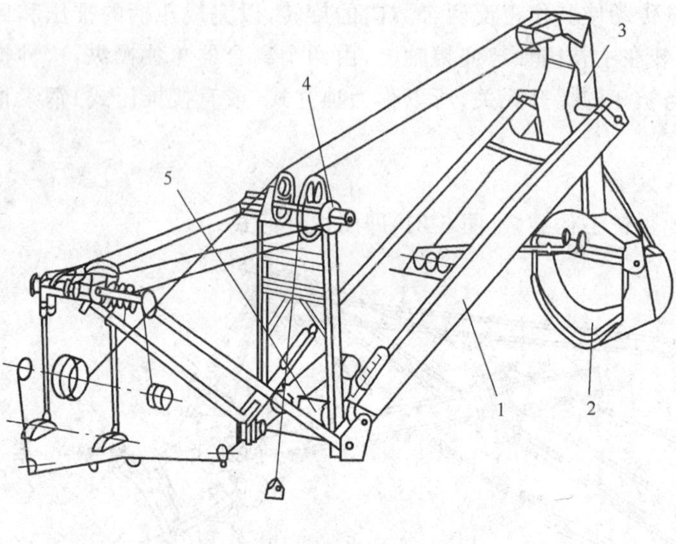

图 5-22　W60 型挖掘机的反铲工作装置

1-动臂；2-圆弧铲斗；3-斗柄；4-前支架；5-牵引机构

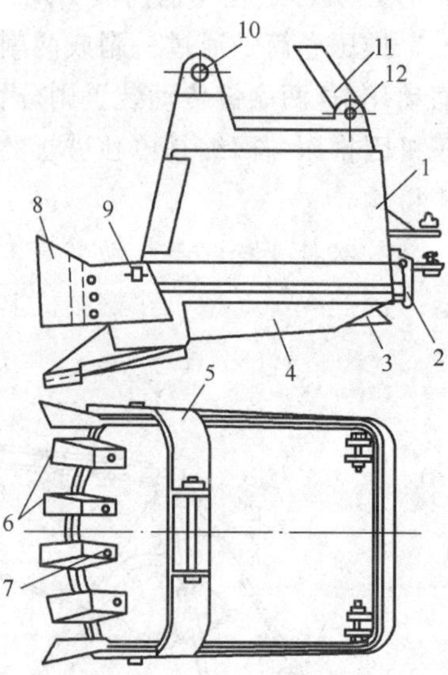

图 5-23　斗底可开启的反铲斗

1-斗体；2-斗底开启机构；3-安全突筋；4-斗底；5-拱板；6-斗齿；7-螺钉；8-侧齿；9-铰销；10、12-销孔；11-拉杆

斗底可开启的反铲斗卸料面积小(如车辆上卸料)。

斗底不可开启的反铲斗，卸料时必须斗柄带着铲斗一起翻转，使斗口朝下，因此卸料面积较大。此种斗的后部呈弧形以利卸料。

反铲斗的刃口多制成圆弧状，以减小挖掘阻力。

反铲工作装置斗柄尾端有升降索，斗柄与铲斗交接处还有牵上索，两索配合就可进行挖掘和卸料。这两条钢索都卷绕在主卷柄机构的左右两个卷筒上。

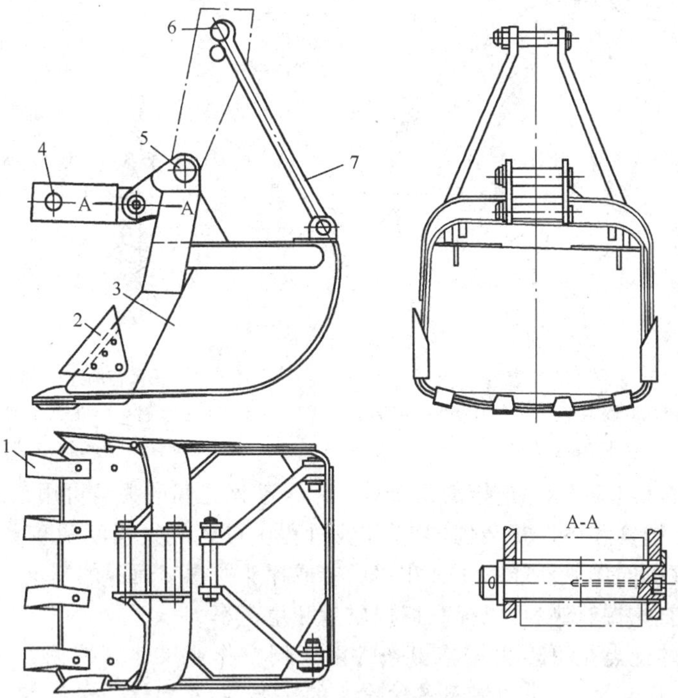

图 5-24　斗底不能开启的反铲斗

1-斗齿；2-侧齿；3-斗体；4、5、6-销孔；7-拉杆

二、液压式单斗挖掘机工作装置

(一)反铲工作装置

1.铰接式工作装置

铰接式工作装置是挖掘机最常用的结构形式。动臂、斗杆和铲斗等主要结构件彼此用铰链连接在一起(图 5-25)，在液压缸推力的作用下，各杆件围绕铰点摆动，完成挖掘、提升和卸土动作。

动臂是工作装置中的主要构件，斗杆的结构形式往往取决于它的结构形式。反铲动臂结构一般可分为整体式和组合式两大类。

(1)整体式动臂

整体式动臂有直动臂和弯动臂两种。

直动臂构造简单、质量轻、布置紧凑，主要用于悬挂式液压挖掘机。但直动臂不能得到较大的挖掘深度，不适用于通用挖掘机。

弯动臂是目前应用最广泛的结构形式。与同样长度的直动臂相比，它可以得到较大的挖掘深度，但降低了卸载高度，这正适合反铲作业的要求。

整体式动臂的优点是结构简单，刚度相同时结构质量比组合式动臂轻。但其缺点是替换工作装置少，通用性较差。整体式动臂一般用于长期作业条件相似的场合。

(2)组合式动臂

组合式动臂由辅助连杆(或液压缸)或螺栓连接而成，如图 5-26 所示。

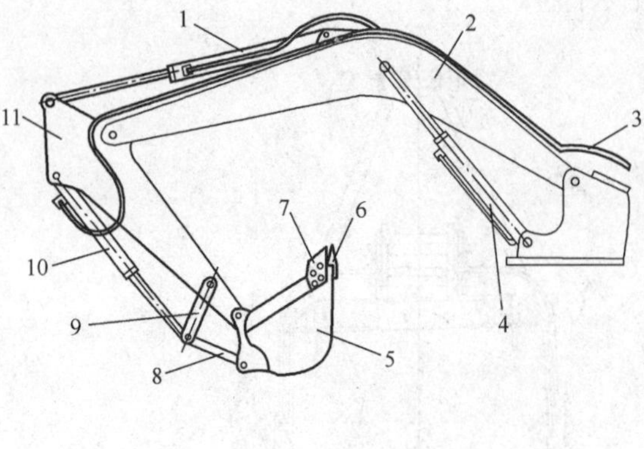

图 5-25　反铲工作装置

1-斗杆油缸；2-动臂；3-液压管路；4-动臂油缸；5-铲斗；6-斗齿；7-侧齿；8-连杆；9-摇杆；10-铲斗油缸；11-斗杆

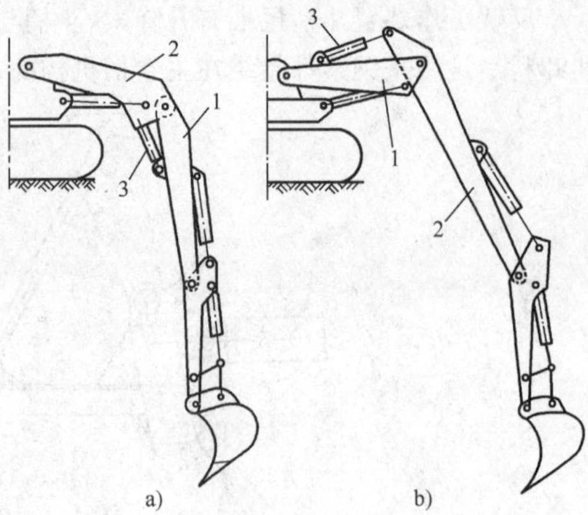

图 5-26　采用辅助连杆(或液压缸)的组合臂

a)连杆在动臂下前方；b)连杆在下动臂后上方

1-下动臂；2-上动臂；3-连杆(或液压缸)

采用辅助连接(或液压缸)连接的组合臂，上、下动臂之间的夹角可用辅助连杆或液压缸来调节，后者虽然使结构和操作复杂化，但在作业过程中可随时大幅度调整上、下动臂之间的夹角，从而提高挖掘机的作业性能。尤其在用反铲或抓斗挖掘窄而深的基坑时，这种结构容易得到较大距离的垂直挖掘轨迹，可以提高挖掘质量和生产率。

组合式动臂的优点是可以根据施工条件随意调整作业尺寸和挖掘力，而且调整时间短。此外，它的互换工作装置多，可以满足各种作业的需要，装车运输方便。它的缺点是制造成本较高，比整体式动臂重，一般用于中小型挖掘机上。

2.反铲斗

铲斗的形状和大小与作业对象有很大的关系。为满足各种上工况的需要，在同一台挖掘机上可配以多种结构形式的铲斗。图 5-27 为常用的反铲斗。斗齿结构目前普遍采用的是橡胶卡销式和螺栓连接式，如图 5-28 所示。

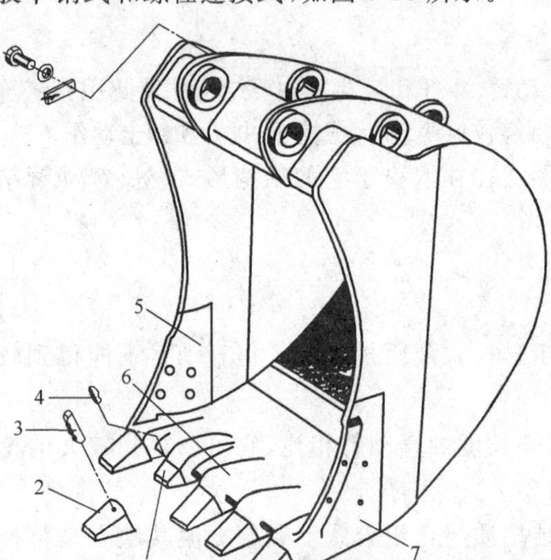

图 5-27　反铲斗

1-齿座；2-斗齿；3-橡胶卡销；4-卡销；5、6、7-斗口板

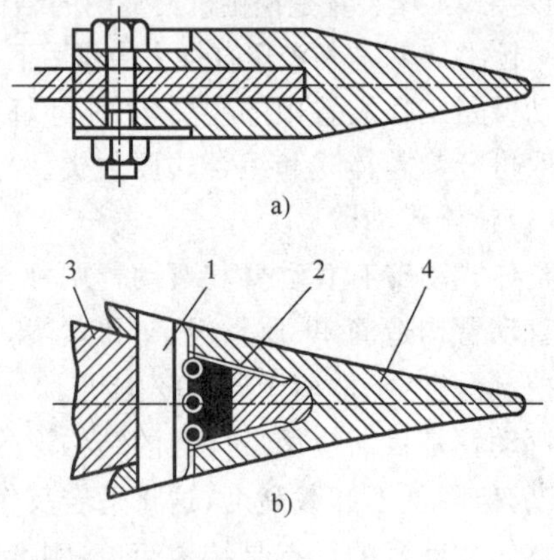

图 5-28　斗齿结构

a)螺栓连接方式；b)橡胶卡销连接方式

1-卡销；2-橡胶卡销；3-齿座；4-斗齿

(二)正铲工作装置

液压挖掘机的正铲工作装置(图 5-29)的铲斗构造与前述机械式挖掘机基本相似,只是斗底采用油缸来开启。

为了换装方便,也有正反铲通用的铲斗。斗杆都是铰装在动臂的顶端,由双作用的斗杆油缸执行其转动动作。斗杆油缸的一端铰接在动臂上,另一种则是铰接在斗杆的尾端(图5-29)。

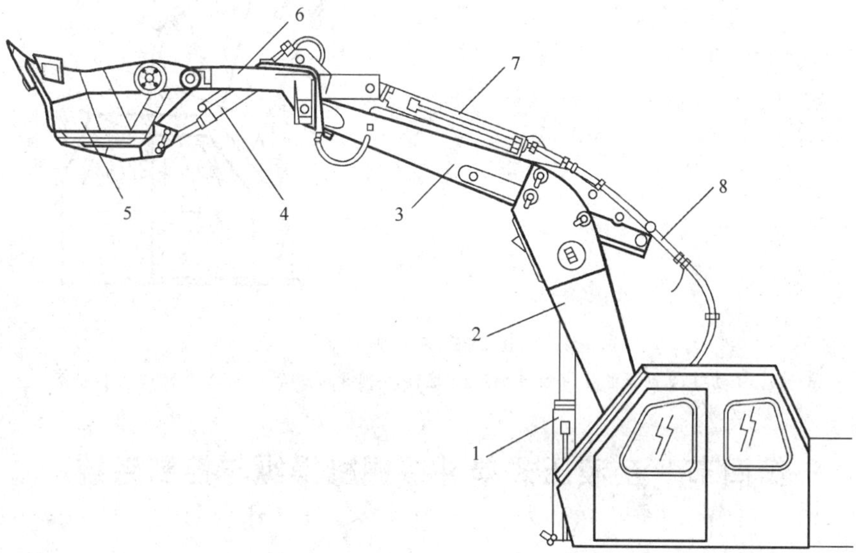

图 5-29　WY60 型液压挖掘机正铲工作装置

1-动臂油缸;2-动臂;3-加长臂;4-斗底开闭油缸;5-铲斗;6-斗杆;7-斗杆油缸;8-液压软管

动臂都是单杆式,顶端呈叉形,以便铰装斗杆。

动臂有单节的,也有双节的(图 5-26)。单节的有长短两种备品,可根据需要更换。双节的则由上下两节拼装而成,根据拼装点的不同则总长度也不同。

(三)抓斗工作装置

液压抓斗有两种形式:一种是梅花抓斗(图5-30),它是多瓣(四瓣或五瓣)的,每瓣由一只油缸来执行其开闭动作。其缸体端和活塞杆端分别铰装在上铰连和斗瓣背面的耳环上。各部油缸并联在一条总供油路上,所以各缸的动作是同步的,即斗瓣的开闭动作是协调一致的。另一种是双颚抓斗(图5-31),它是由一个双作用油缸来执行抓斗的开闭动作。

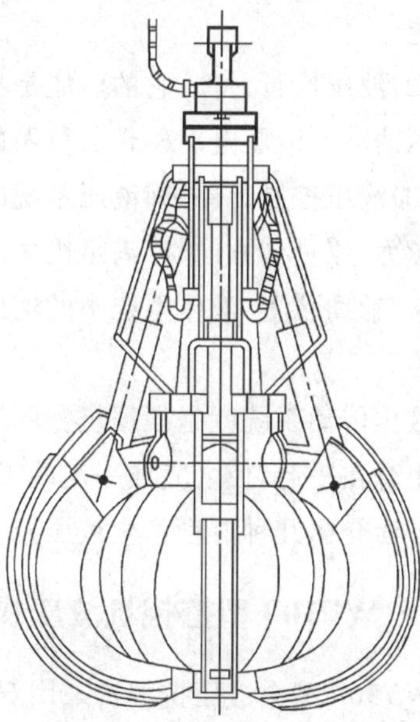

图 5-30　梅花抓斗

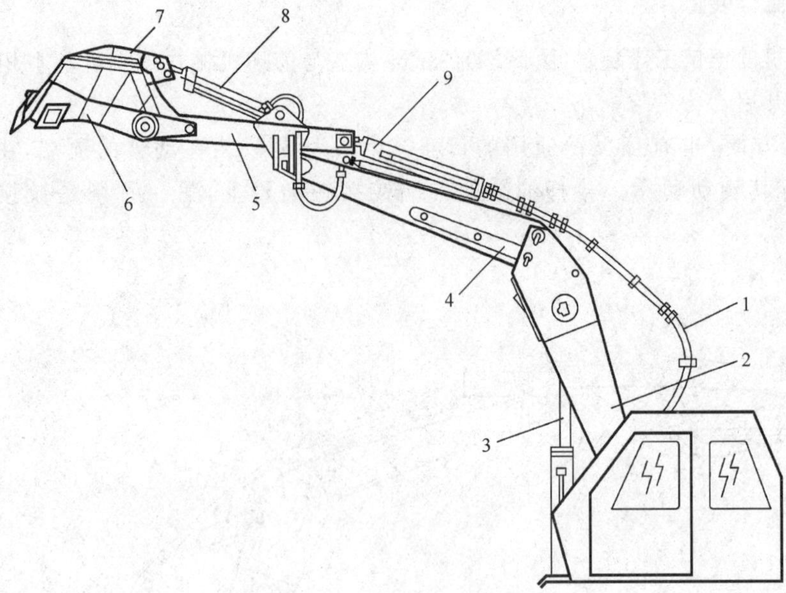

图 5-31 双颚抓斗

1-软管;2-动臂;3-动臂油缸;4-抓斗油缸;5-连杆;6-抓斗;7-可转接头;8-斗杆;9-斗杆油缸

第四节 全液压式单斗挖掘机操纵与控制系统

全液压挖掘机的多种动作都是由不同的液压元件所组成的液压系统来完成的。

一个能够完成能量传递的液压系统通常由以下四部分组成。

(1)液压动力元件(液压泵):它是液压系统的动力元件,其职能是将机械能转换为液体的压力能。

(2)液压执行元件:它的职能是将液体的压力能转换为机械能,执行元件包括液压电动机和液压油缸。液压电动机带负荷做旋转运动,液压油缸带负荷做往复运动。

(3)液压控制元件:即液压系统的控制调节装置,用以控制和调节液压系统中的各部分液体的压力、流量和方向,以满足机械的工作要求,完成一定的工作循环。

(4)辅助装置:液体系统中的辅助装置包括油箱、滤清器、油管、管接头、密封件、冷却器、蓄能器等。

液压传动系统就是根据机械的工作要求,合理地选择和设计上述各液压元件,并将它们合理地组合在一起,使之完成一定的工作循环和要求。

下面介绍几种典型的全液压挖掘机液压操纵系统。

一、WY100 型挖掘机液压操纵系统

WY100 型全液压挖掘机采用双泵双回路定量液压系统,其原理如图 5-32 所示。

从系统原理图可以看出,径向柱塞泵 18 从工作油箱 19 中吸油。由油泵出来的高压油分成两个回路,分别进入两组四路组合阀,形成两个独立的回路。

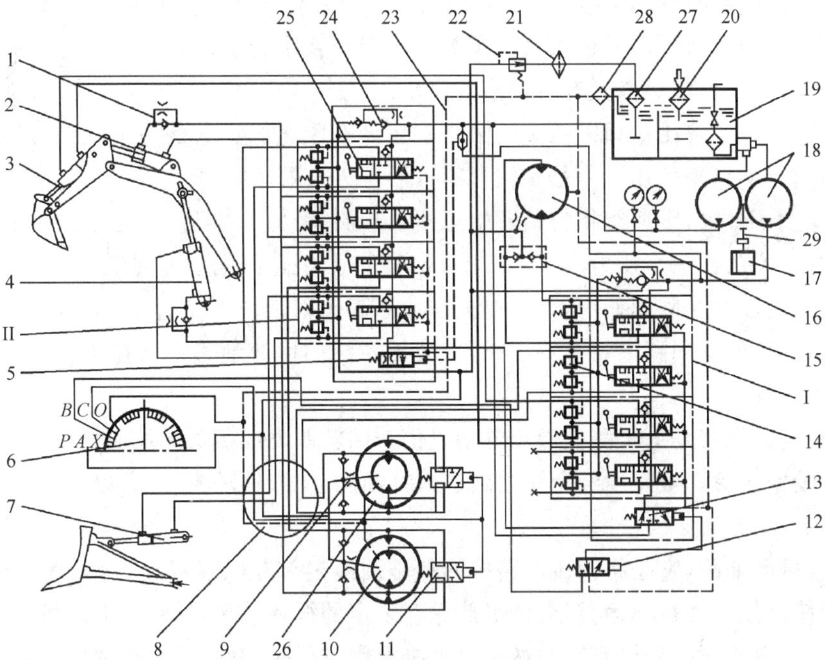

图 5-32　WY100 型液压挖掘机液压系统原理图

I-带合流阀组(后组阀)；II-带限速阀组(前组阀)

1-单向节流阀；2-斗杆油缸；3-铲斗油缸；4-动臂油缸；5-液控限速阀；6-工况选择阀 7-推土油缸；8-多路回路接头；9-节流阀；10-左行走电动机；11-双速阀；12-电磁阀；13-液控合流阀；14-限压阀；15-补油阀；16-回转电动机；17-柴油机；18-径向柱塞泵；19-油箱；20-加油滤清器；21-油冷却器；22-背压阀；23-梭形阀；24-进油阀；25-分配阀；26-右行走电动机；27-主回油滤清器；28-磁性滤清器；29-十字联轴节；*A*-限速；*B*-合流；*C*-行走；*P*-进油；*O*-回油

1. 第一路高压油流程

进入第一组四路组合阀的高压油，可以分别驱动回转电动机 16、铲斗油缸 3、辅助油缸及右行走电动机 26。由执行元件返回到四路组合阀的油进入合流阀 13，当四个动作全部不工作时通过零位串联的油道直接进入合流阀，该阀是一个液控的二位三通阀(由工况选择阀及与之串联在一个油路上的二位三通电磁阀联合控制)。通过操纵合流阀可以将第一分路的高压油并入第二分路的进油阀，进行合流，也可以直接通到第二分路的四路组合回油部分的限速阀 5，经过限速阀后通入背压阀 22、冷却器 21、滤清器 27，再回到油箱 19。

2. 第二路高压油流程

进入第二组四路组合阀的高压油，可以分别控制臂油缸 4、斗杆油缸 2、左行走电动机 10 及推土油缸 7、由执行元件返回到回路组合阀的油进入限速阀 5 中，当四个动作全部不工作时，则通过阀内的零位串联通道直接进入限速阀 5。由限速阀再进入背压阀 22、油冷却器 21、滤清器 27，最后到油箱 19。

3. WY100 型全液压挖掘机的液压系统特点

(1)挖掘机作业时，经常要求两个执行元件同时工作。例如，左右行走电动机同时工作，转台回转与斗杆提升同时动作，斗杆与铲斗缸同时挖掘，动臂提升与转台回转同时动作等。该机采用双回路系统完全满足了上述两个执行元件同时工作的要求。WY100 型全液压挖掘机还可通过操纵合流阀来实现双泵合流，以提高挖掘机在作业过程中的单动作的工作速度。

(2)不需要联合动作时,为减少必需的滤流发热,系统中设置了工况选择阀。选择阀出来的液控油经过二位三通电磁阀进入合流阀的液控口。要求合流时,只需踩下脚踏板即可。当合流阀在合流工况时,仪表盘上有灯光信号显示。

(3)WY100 型全液压挖掘机的液压回路中还设有限速阀。它是一个双信号液控节流阀,由两组多路阀进油口来的压力信号到梭形阀以后再进入限速阀的液控口。当两路进口压力均低于 1.2～1.5MPa 时,限速阀将自动开始对回油节流,增加回油阻力,起到自动限速作用。反之,当两个油路中的任一个压力高于 1.2～1.5MPa 时,限速阀则起不到限速作用。因此,限速阀只在挖掘机下坡时起限速作用,而对挖掘作业不起作用。

(4)液压系统的总回路上装有背压阀,使液压系统的回油油管中保持 1.2～1.5MPa 的压力,防止液压系统吸空。

(5)设有补油回路是为了防止液压电动机由于回转制动或机器下坡而造成行驶超速,和在回路中产生吸空现象。液压油经背压油路进入补油阀,向液电动机补油,以保证其工作可靠及有效制动。

(6)设有排灌油路,它是将背压油路中的低压油经过节流减压以后,通入液压电动机壳体内。这样即使液压电动机不运转,壳体仍能保存一定的循环油量,使液压电动机壳体经常得到冲洗。同时,还可防止在外界温度和液压电动机温度较低时,突然通入温度较高的工作油而引起配油轴及柱塞副等配合的局部不均匀热膨胀,导致液压电动机卡住或咬死而产生故障。

二、WY160A 型履带式挖掘机液压操纵系统

WY160A 型履带式全液压挖掘机采用双泵双回路全功率变量液压系统,系统额定工作压力为 28MPa,最大流量为 2×210L/min,其反铲液压系统原理如图 5-33 所示。

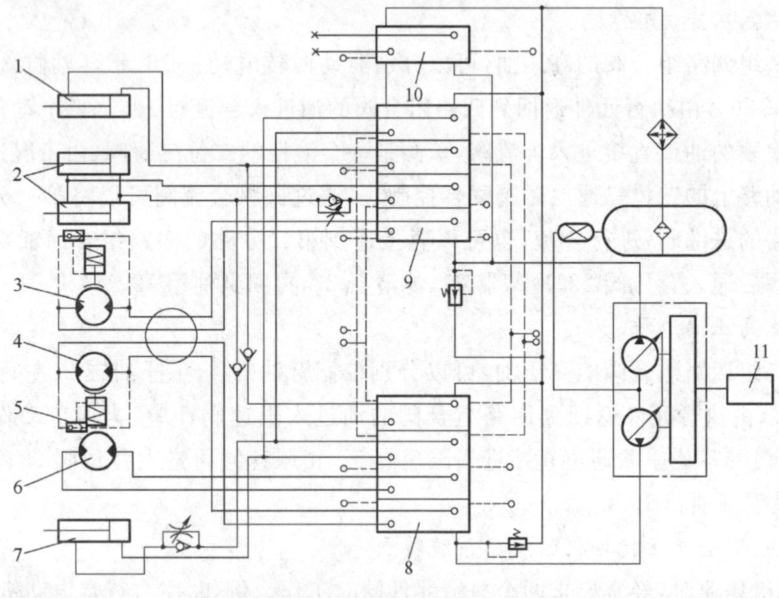

图 5-33 WY160A 挖掘机反铲液压系统原理图

1-铲斗油缸;2-动臂油缸;3、4-右、左行走电动机;5-梭阀;6-回转电动机;7-斗杆油缸;8、9-左、右主阀;10-单体阀;11-发动机

在该液压系统中,一个泵排出的压力油经左多路换向阀 8 可进入斗杆缸 7、回转电动机 6、

左行走电动机 4。上述三个动作停止时，泵排出的压力油通过合流阀可在阀外与另一泵排出的压力油合流，提高动臂提升和铲斗挖掘作业的速度。另一个泵排出的压力油可同时通过右多路换向阀 9 和单体阀 10，分别进入动臂油缸 2、铲斗油缸 1、右行走电动机 3 和开斗液压缸。在上述四个动作停止时，泵排出的压力油经过合流阀可在阀外对斗杆实现合流，以加快斗杆作业速度。

主油路上设有主安全阀、过载阀和补油阀，三个阀体均与多路换向阀体组合在一起。为防止动臂下降和反铲斗杆回转时的重下落现象，在动臂缸和反铲斗杆回路上，设有单向节流阀。在两组多路换向阀内，设有自动限速装置，以保证挖掘机在 40%的坡道上安全平稳地下坡。

油箱为密封式。在恒定的空气压力下，向系统内供油。油箱内设有磁性—纸质联合过滤器，整个系统的回油均经过此过滤器流回油箱。

WY160A 型挖掘机的液压系统采用先导式液压操纵，操纵系统最大工作压力为 3MPa，最大流量为 40L/min。主回路的两组多路换向阀即由此先导阀操纵液压控制机的各个动作。

三、日立 EX300 型单斗挖掘机电液控制系统

早期的液压挖掘机，多采用定量泵和大功率的柴油机，由液压阀控制。其后采用变量泵代替定量泵，柴油机的功率可有效地利用，且不会导致柴油机熄火。但由于变量液压泵的流量通常是利用泵斜盘倾角控制机构内的弹簧力与泵的排油压力相平衡来加以控制的。这种控制方式在负荷变动时斜盘响应快，却存在如下缺点而不能最大限度地利用发动机功率。

(1)由于是用数根弹簧特性的折线设计泵的控制特性(P—Q 特性)，会产生图 5-34 所示的近似误差。

(2)考虑到机械工作环境的大气压力、气温和温度以及燃料种类等会影响发动机输出功率，故在上述设计值上应预留约 10%的裕量。

为了避免上述缺点，提高液压挖掘机的作业性能，因此，目前先进的单斗全液压挖掘机多采用发动机和液压泵的电液控制系统。这种电液控制系统可以简化成如图 5-35 所示的系统。

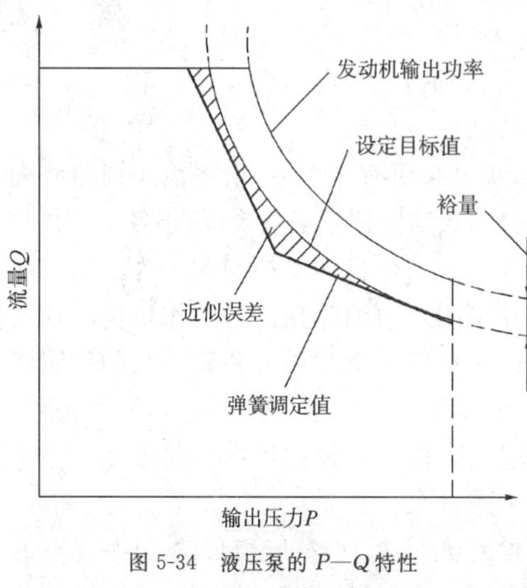

图 5-34　液压泵的 P—Q 特性

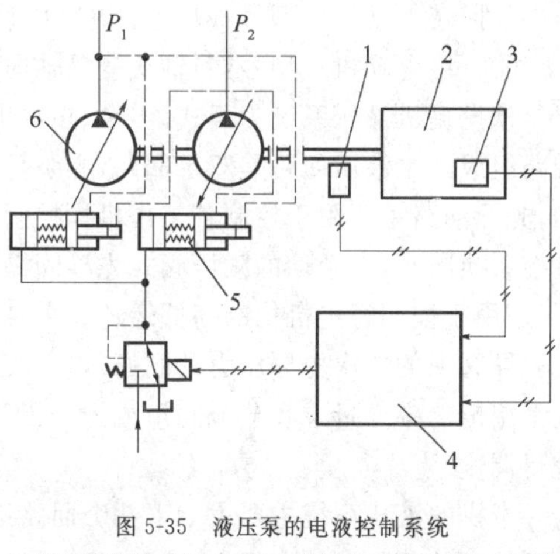

图 5-35　液压泵的电液控制系统

1-转速传感器；2-发动机；3-油门位置传感器；4-控制器；5-斜盘控制机构；6-泵

该系统由泵6及斜盘控制机构5、控制器4和传感器(发动机油门位置传感器3和转速传感器1)组成。液压泵采用双联变量泵,由柴油机驱动。斜盘控制机构受泵排油压力和来自电磁比例减压阀二次压力的作用以控制斜盘的倾角。控制器用8位微处理器组成,输入油门位置传感器和转速传感器的信号,经运算放大后驱动是电磁比例减压阀,该阀的驱动采用脉冲宽度调制式,进行电流反馈,并有电源电压变化和温度的补偿。当发动机转速与目标转速相一致时,该转速便控制了液压泵斜盘的倾角,即控制了发动机的负荷扭矩。目标转速是由发动机油门位置传感器发出的信号经计算求出的,即发动机性能曲线上的额定转速。如果发动机经常处于额定转速下工作,则最有效地提高了液压挖掘机的作业性。液压泵斜盘倾角由排油压力来控制。当轻负荷时,电磁化比例减压阀的二次压力上升,过载时则该阀的二次压力下降。由于使用了原有的斜盘控制方式,对负载压力的急剧变化,斜盘的响应快,可防止发动机转速的急剧变化。总之,将发动机的控制和泵的控制相结合,可将一步将单斗全液压挖掘机的几个作业动作实现复合控制,使挖掘机产生的动作准确地追随操作量,进而实现机械的自动化。

1. EX300型全液压单斗挖掘机工作原理

(1)动力系统

其工作原理是:来自发动机的机械能驱动两个主泵和一个先导泵,此时机械能转变为液压能。主泵的压力油通过各油管和各控制阀分别到达工作装置,压力油则驱动电动机及各油缸,液压能转变为机械能。整个机械的行走、回转、挖掘等一系列的动作均由液压油来实现的。

(2)液压系统

液压系统的主要元件如下。

①主泵　型号:HPB145DW300-2D型斜轴式恒功率变量泵

调节器:外部压力调节操作

最大排量:291L

②先导泵　型号:HY/ZFS定量齿轮泵

最大排量:33.6L

③回转电动机　型号:M2×210CAB型斜盘式定量轴向柱塞电动机

④行走电动机　型号:斜轴式变量轴向柱塞电动机

该挖掘机液压系统为开式、多泵、多缸串并联系统。泵组有3个泵,由主液压回路和先导油路组成。主液压回路是双泵回路,主泵是恒功率斜轴式轴向柱塞变量泵,用于各工作机构供油;先导油路主要用于控制各工作机构控制阀的动作。各工作机构的控制阀均为三位八通的液控制换向阀,由手动的减压阀式先导阀操作。先导泵的压力油除控制各工作机构的控制阀外,还用于控制行走机构的高低运转。主泵的排是由主油路的负载压力和先导泵的伺服压力及先导阀来的二次先导压力共同调节。这中回路结构简单,液压油的循环量大,散热条件好,且采用恒功率变量泵和节流阀组成的容积节流调速回路,能适应挖掘机在负荷多变的工况下进行调速。

本机的液压系统主要由如下几个回路组成:行走回路、回转回路、动臂回路、斗杆回路和铲斗回路。前后泵分别向行走、动臂回路和铲斗回路供油,斗杆回路由前泵单独供油,回转回路由后泵单独供油。

(3)电气系统

该全液压挖掘机的电气系统主要由下列几部分组成。

主电路:包括发动机启动、蓄电池充电和照明电路。主电路电压为24V,起始电力由两个串联的12V蓄电池提供。

控制电路:控制机器的运行情况。它由传感器、开关、控制器和执行机构组成。其中,操作微型计算机及其电路的电压为5V,由一台变压器将24V电降至5V。

监控电路:用于提供关于机械运行的信息。它由传感器、开关、控制器和监控器等组成。其电路电压为5V。

2. EX300型全液压挖掘机电液控制系统

EX300型全液压挖掘机电液控制系统如图5-36所示。

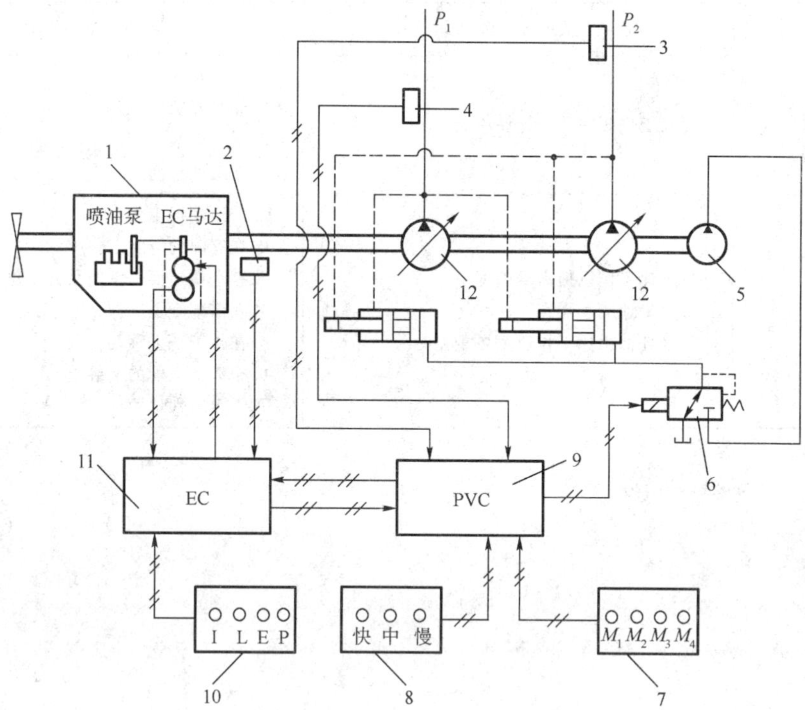

图5-36　EX300型挖掘机控制系统组成

1-发动机;2-发动机速度传感器;3-后泵负载压力传感器;4-前泵负载压力传感器;5-先导泵;6-电磁阀;7-作业方式选择开关;8-行走方式选择开关;9-泵阀控制器;10-动力方式选择开关;11-发动机控制器;12-泵

此系统由两个工作主泵及变量控制机构、一个先导泵、一个发动机控制器(简称EC)、一个泵和阀控制器(简称PVC)、一个发动机控制电动机(简称EC电动机)、一个动力方式选择开关、一个行走方式选择开关、一个作业方式选择开关和传感器(包括发动机速度传感器、发动机控制电动机传感器、前泵负载压力传感器和后泵负载压力传感器)组成。其中在发动机控制器和泵阀控制器内均装有CPU芯片。因此,EX300型全液压挖掘机使用了两台机载微处理器。这两个微型计算机的主要功用是控制挖掘机的运行。来自各种传感器和开关的电信号被送至控制器,经过逻辑程序处理后,把机器运行的控制信号发送出去用于控制各个电磁阀和发动机控制电动机等的动作,并实现两台微处理器的互联网控制。这种控制简称E-P控制,也称为模式选择系统,其实质是发动机和泵的同步控制系统。它通过发动机动力方式选择开关,工作装置的作业方式选择开关和挖掘机行走方式选择开关，控制发动机与泵的输出，以满足发动机对工作环境的需要。

E-P控制系统中的发动机的工作状态有四种。在每一种工作状态下，微机都能自动选择发动机的转速、泵的输出功率及泵的排量构成最佳组合，以满足挖掘机的各种工作的需要。表5-1为不同工作状态下该挖掘机的作业情况。

不同工作状态下EX300型全液压挖掘机的作业情况表 表5-1

工作状态	选择情形	作业情况
超功率状态	1.短时间内完成大量的工作 2.当大量物料等着卸载时	1.挖掘及卸载工作 2.挖掘并装载泥沙 3.大功率挖掘 4.高速回转
功率状态	一般工作	挖掘及装载泥沙
经济状态	提高工作效率及降低耗油比	1.挖掘及承载泥沙 2.修整农田 3.平整地面 4.在工地移动
轻状态	1.低速工作以提高准确度 2.大量地减小噪声 3.当耗油比比工作速度更重要时	1.普通挖掘工作 2.在有限的空间工作 3.有土质地面支承的吊升工作 4.在市郊晚上工作 5.在小工地上移动 6.搬动不坚硬的混凝土 7.走出脆性地面

第六章 静力式光面滚压路机

第一节 概 述

一、用途

静力光面滚压路机是依靠本身的质量对被压材料进行压实。它可以用来压实路基、路面、广场和其他各类工程的地基等。其工作过程沿工作面前进后退反复地滚动,使被压实材料达到足够的承载力和平整的表面。

二、分类

自行式光面滚压路机根据滚轮及轮轴数目分为二轮二轴式、三轮二轴式和三轮三轴式三种,如图 6-1 所示。目前国产压路机中,只有二轮二轴式和三轮二轴式这两种。

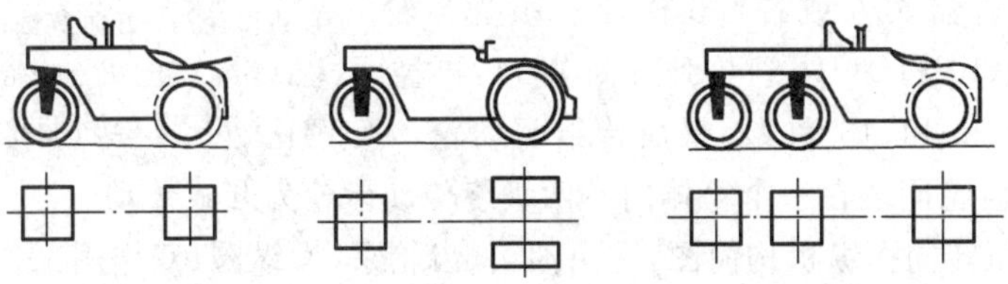

a) b) c)

图 6-1 压路机按滚轮数和轴数分类

a)二轮二轴式;b)三轮二轴式;c)三轮三轴式

根据整机质量静力光面滚压路机又可分为轻型、中型和重型三种。质量在 5～8t 的为轻型,多为二轮二轴式,适宜于压实路面、人行道、体育场等。质量在 8～10t 的为中型,有二轮二轴和三轮二轴式两种。前者大多数用于压实与压平各种路面,后者多用于压实路基、地基以及初压铺筑层。质量在 12～15t、18～21t 的为重型,有三轮二轴式和三轮三轴式两种。前者用于最终压实路基,后者用于最后压实与压平各类路面路基,尤其适合于压实与压平沥青混凝土路面。此外,还有质量在 3～5t 的二轮二轴式小型压路机,主要用于路面的养护、人行道的压实等。

上述的质量划分和适用范围,也只是就一般情况而言,并无严格的界限。

第二节 静力光面滚压路机总体构造

国产静力式光面滚压路机有 2Y6/8 与 2Y8/10 型的二轮二轴式压路机和 3Y10/12、3Y12/15A、3Y15/18 和 3Y18/21 型的三轮式压路机。

所有静力式压路机都是由发动机(国产的柴油机为主)、传动系统、操纵系统和行驶系统所组成。

静力式压路机在构造上应该具有在滚压时速度缓慢，在短途转移时能较快地行驶，在滚压终点时又能迅速掉头等特点，以免造成局部凹陷和使压实层产生波纹等。所以，在所有的静力式压路机的传动系统中，除有一定挡位的变速箱外，都具有换向机构等共同特征。

一、二轮二轴式压路机

2Y6/8 与 2Y8/10 型压路机属于同一系列产品，除吨位、驱动轮和前轮叉脚有区别外，其他构造完全相同。

压路机的发动机和传动系统都装在由钢板和型钢焊接成的罩壳(机架)内。罩壳的前端和后部分别支承在前后轮轴上。前轮为从动方向轮，露在机架外面；后轮为驱动轮，包在机架里面。在前、后轮的轮面上都装有刮泥板(每个轮上前、后各装一个)，用来刮除黏附在轮面上的土壤或结合料。在机架的上面装有操纵台。

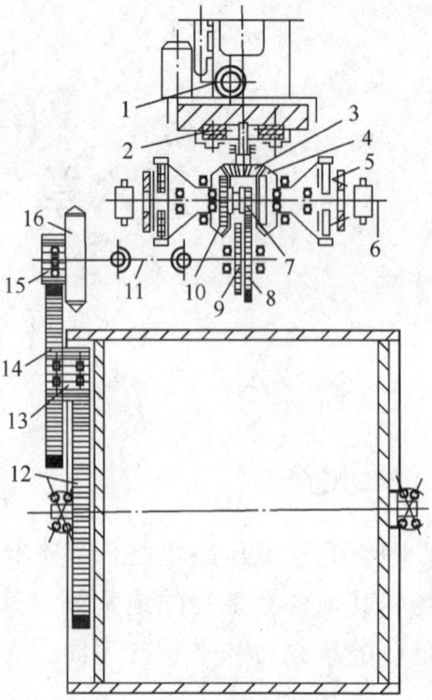

图 6-2　2Y8/10 型压路机传动系统图

1-柴油机；2-主离合器；3-锥形驱动齿轮；4-锥形从动齿轮；5-换向离合器；6-长横轴；7-I 挡主动齿轮；8-I 挡从动齿轮；9-II 挡从动齿轮；10-II 挡主动齿轮；11-万向节轴；12-第二级从动大齿轮；13-第二级主动小齿轮；14-第一级从动大齿轮；15-第一级主动小齿轮；16-制动鼓

图 6-2 所示为二轮二轴式压路机的传动系统图，它由主离合器、变速箱、换向机构和传动轴等组成(图 6-2)。从发动机 1 输出的动力经主离合器 2、螺旋锥齿轮副 3 和 4、换向离合器 5(左或右)，长横轴 6、变速齿轮 7 和 8(I 挡)或齿轮 10 和 9(II 挡)传到万向节 11，再经两级终传动齿轮 15 和 14、13 和 12，最后传给驱动轮。换向齿轮与变速箱齿轮同装在一个箱体内。两级终传动齿轮为开式传动。

图 6-3 为液压转向操纵机构简图，它由油箱、齿轮泵、操纵阀、双作用工作油缸及连接管道等组成。通过操纵阀使高压油进入油缸的前腔或后腔，推动油缸活塞运动，活塞杆的伸缩带动转向臂向某一方向摆动，使前轮转向。

二、三轮二轴式压路机

目前各种三轮二轴式压路机属同一系列产品，它们的构造除吨位不同外，其余结构基本相同。

三轮二轴式与二轮二轴式压路机在结构上的主要区别是：三轮二轴式压路机具有两个装在同一根后轴上的较窄而直径较大的后驱动轮，同时在传动系统中增加了一个带差速锁的差速器。差速器的作用是当压路机因两后轮的制造和装配误差所造成滚动半径的不同、路面的不平度和在弯道上行驶时起差速作用；差速锁是使两后驱动轮联锁(失去差速作用)，以便当一边驱动轮因地面打滑时，而另一边不打滑的驱动轮仍能使压路机行驶。

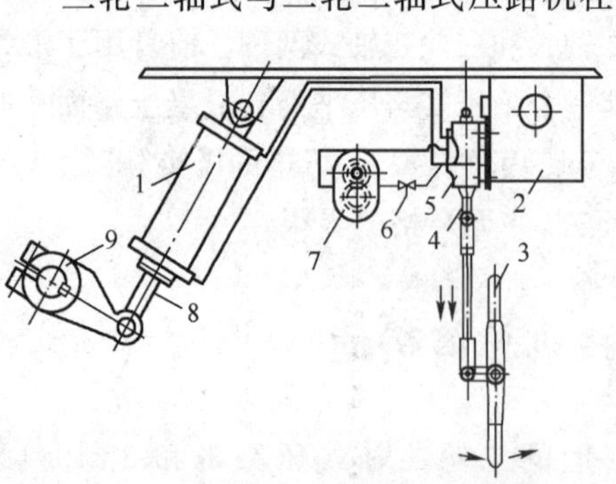

图 6-3　2Y8/10 型压路机液压转向操纵机构简图

1-工作油缸；2-油箱；3-转向手柄；4-控制阀柱塞；5-控制阀；6-阀门；7-齿轮泵；8-活塞杆；9-转向臂

三轮二轴式压路机的传动系统有两种布置形式：一种是换向机构在变速机构之后，洛阳建筑机械厂生产的 3Y12/15A 型压路机就是这种形式。换向离合器为干式，装在变速箱的外部。发动机 19 输出的动力经主离合1先传给变速箱，再经换向机构、差速器、终传动传给驱动轮，如图6-4所示。徐州工程机械制造厂生产的3Y12/15A、3Y15/18和3Y18/21也是这种形式，但换向器为一滑动齿轮机构，位于变速机构之后。另一种换向机构在变速箱的前部，它与变速机构装在同一个箱体内，换向离合器片是湿式的。上海产3Y12/15A型压路机(图6-5)就是这种形式。这种结构的优点是：零部件尺寸小、质量轻、结构紧凑、润滑冷却好、寿命长。但是，变速箱各轮轴因其正反转而受交变载荷，换向机构的调整维修较困难。

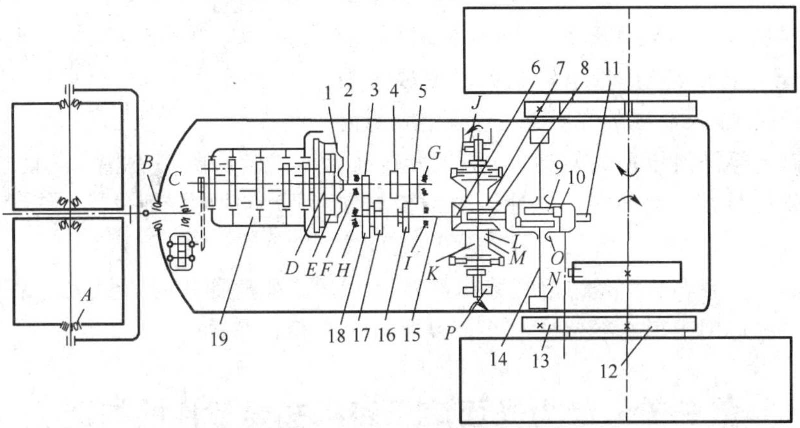

图6-4 洛阳产3Y12/15A型压路机传动系统简图

1-主离合器；2-变速箱第一轴；3、4、5-主动变速齿轮；6-主动锥齿轮；7-从动锥齿轮；8-驱动圆柱齿轮；9-差速齿轮；10、11-中央传动齿轮；12-最终传动从动齿轮；13-最终传动主动齿轮；14-左右半轴；15-变速箱第二轴；16、17、18-变速箱从动齿轮；19-发动机；A～P-轴承

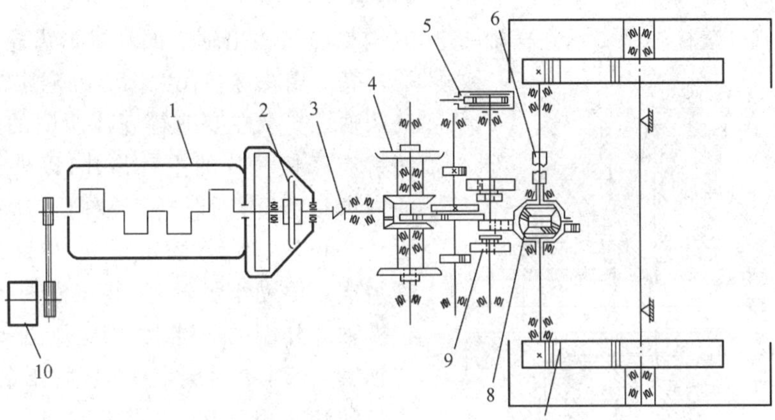

图6-5 上海产3Y12/15A型压路机传动系统简图

1-发动机；2-主离合器；3-挠性联轴节；4-换向离合器；5-盘式制动器；6-差速锁；7-最终传动；8-差速器；9-变速机构；10-齿轮油泵

三轮二轴式压路机操纵系统的布置形式及某些总成的结构也略有不同。洛阳建筑机械厂生产的3Y12/15A型压路机，其方向轮的操纵同二轮二轴式压路机。其制动器采用带式，布置在后驱动轮轴上；上海工程机械厂生产的3Y12/15A型压路机，其方向轮的操纵采用摆线转子泵液压操纵随动系统。其制动器采用盘式结构，布置在变速箱输出横轴的端部。盘式制动器虽然较带式制动器结构复杂，成本也较高，但它具有制动平稳，磨损均匀，无摩擦助势作用，热稳定性好，制动性能好，维修方便等优点，因此，它的应用愈来愈广泛。

摆线转子泵液压操纵随动系统(图 6-6)由转阀式转向加力器(液压转向加力器)、转向油缸、齿轮油泵和油箱等组成。该系统为内反馈系统,方向盘与方向轮之间无机械连接。当转动方向盘时,从油泵来的压力油进入转向器,并通过计量电动机再进入油缸的左或右腔,使车轮向左或右偏转。当压路机直线行驶时,从油泵来的压力油通过转向器直接回油箱。当发动机熄火或液压系统出现故障时,转动方向盘即可驱动转向器,计量电动机此时变成了油泵,于是压力油被输入油缸的左腔或右腔,完成所需转向。但这时不再是液压助力转向,而是人力转向,转动方向盘要较前者费力得多。该种转向系统与其他转向系统比较,具有以下特点:操纵轻便灵活(特别是重型车辆)、安装容易、布置方便、结构紧凑、尺寸小、保养简单、安全可靠。摆线转子泵液压操纵随动系统适用于车速不超过 40～50km/h 的中、低速车辆。

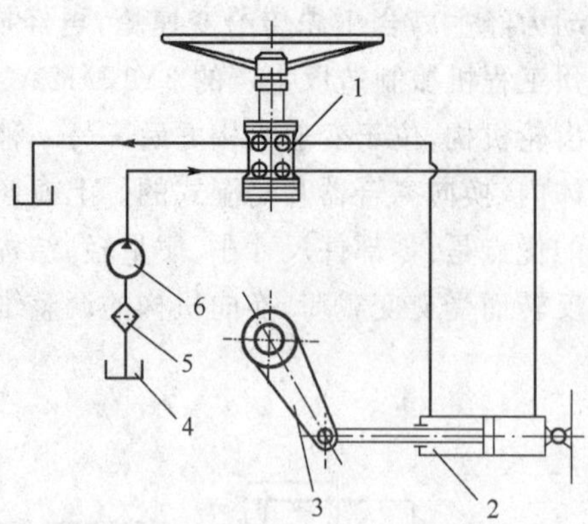

图 6-6 全液压转向系统

1-转向器;2-转向油缸;3-转向臂;4-油箱;5-滤油器;6-油泵

第三节 静力光面滚压路机主要部件的构造

一、换向机构

三轮二轴式压路机的换向机构由主动部分、从动部分和操纵机构等组成。洛阳产压路机的换向机构如图 6-7 所示。其主动部分由大锥形齿轮、离合器壳和主动齿片等组成。两个大锥形齿轮 1 通过滚柱轴承支承在横轴 3 上,它与变速箱输出轴上的小锥形齿轮常啮合。离合器外壳 7 用花键装在大锥形齿轮的轮毂上,并通过滚珠轴承支承在变速箱壳体两侧的端盖 5 上。两面铆有摩擦衬片的主动齿片,以外齿与离合器壳的内齿相啮合,同时还可轴向移动。从动部分由驱动小齿轮、轴套、固定压盘、中间压盘和后压盘等组成。驱动小齿轮 17 装在横轴 3 上,轴套 9 装在横轴 3 外端的花键上,固定压盘 15 以螺纹形式与轴套连接,中间压盘 14 与后压盘 13 以花键形式与轴套 9 相连接,也可沿轴向移动。操纵机构由压抓 10、可调节的压抓架 12 和分离轴承 11 等组成。

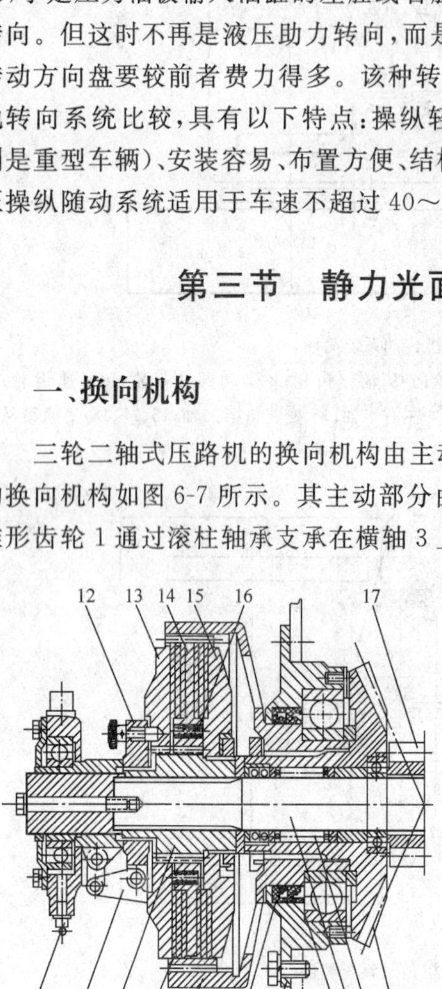

图 6-7 洛阳产三轮二轴式压路机换向机构

1-从动锥齿轮;2-滚柱轴承;3-横轴;4-滚珠轴承;5-端盖;6-油封;7-离合器外壳;8-离合器主动片;9-离合器轴套;10-压抓;11-离合器分离轴承;12-压抓架;13-活动后压盘;14-中间压盘;15-固定压盘;16-分离弹簧;17-圆柱小驱动齿轮

换向操纵机构的左、右两个分离轴承由同一个操纵杆来操纵。当操纵杆处于中立位置时,则左、右两离合器在分离弹簧 16 的作用下处于分离状态,此时主动件部分在横轴上空转。当操纵杆处于任一结合位置时(左或右),使一边离合器接合,而另一边离合器分离。接合的一边大锥齿轮则通过主、从动离合器片产生的摩擦力带动横轴连同小驱动轮一块向一个方向旋转，使动力输出。反之，横轴又以反方向旋转，将动力输出。

离合器摩擦片的间隙可通过转动压抓架的方法进行调整，压抓架向旋紧螺纹的方向转动，则间隙减小；反之，则间隙增大。调整时可将压抓架上的弹簧锁销自压盘孔拉出，即可转动压抓架，待调好后再将弹簧锁销插入调整后的销孔内。

上海产三轮二轴式压路机的换向机构与洛阳产的基本相似，其结构如图 6-8 所示。这种换向离合器的操纵是依靠轴端移动套 1 的轴向移动来实现的。当一端移动套向内移结合时，另一端则向外移而分离。向内移动的一端，其斜槽压着双臂杠杆 2 的外端，使之转动，而双臂杠杆的另一端就使离合器压紧而接合。另一端移动套向外移动后，其离合器借三根分离弹簧 5 的弹力而分离。反之亦然。

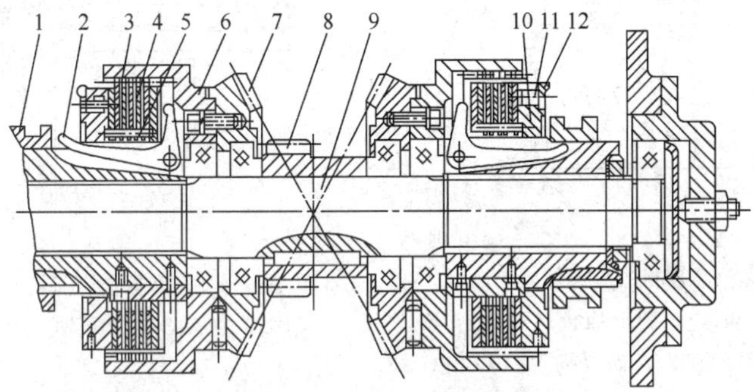

图 6-8　上海产三轮二轴式压路机的换向机构

1-移动套；2-双臂杠杆；3-主动摩擦片；4-从动摩擦片；5-分离弹簧；6-离合器外壳；7-锥形齿轮；8-中间小齿轮；9-横轴；10-可调整的外压盘；11-定位销；12-定位销楔块

这种换向离合器的间隙是靠转动外压盘 10 来调整的。调整时可将定位销楔块 12 拉出并转动 90°，使之卡放在外压盘的外端面上，然后转动压盘，待调好后再将定位销插入相应的销孔中。外压盘转动一个孔位时，其轴向的调节量为 0.055mm。

二、方向轮与悬挂

二轮二轴式和三轮二轴式压路机方向轮的构造基本相同。方向轮依靠“Π”形架和转向主轴与机架相连接。洛阳产的这两种机型压路机的方向轮与悬挂完全相同。上海和徐州产的三轮二轴式压路机的悬挂为框架式结构。

洛阳产压路机的方向轮与悬挂如图 6-9 所示。它由滚轮、轮轴、轴承、“Π”形架和转向主轴等组成。方向轮由轮圈 5 和钢板轮辐 4 焊接而成。因为滚轮较宽，为了便于转向，减小转向阻力，一般都把方向轮分成两个完全相同的滚轮，分别用轴承 2 支承在方向轮轴 1 上。为了润滑轴承，在轮轴外装有储油管 6，以便加注黄油，此黄油一年加注一次。轮内可灌砂或水，以调节压路机质量。

前轮轴的两端被固定在“Π”形架的叉脚上，“Π”形架的中间用横销 10 与立轴 12 相铰接，当方向轮在遇到道路不平时，以维持机身的水平度，从而保证压路机的横向稳定性。

立轴轴承座 15 焊接在机架 9 的端部，立轴靠上、下两个锥形滚柱轴承 11 和 14 支承在轴承座 15 内，它的上端固装着转向臂 13。压路机转向时，转向臂被转向工作油缸的活塞杆推动并转动立轴和“Π”形架，使方向轮按照转向的需要，向左（或右）转动一定的角度。

上海产三轮二轴式压路机的方向轮如图 6-10 所示。它与洛阳产的压路机的方向轮基本相同，所不同的是“Π”形架的叉脚不是直接固定在轮轴上，而是铰接在另一框架的前后边的中部，框架的左、右两侧固装在轮轴上。

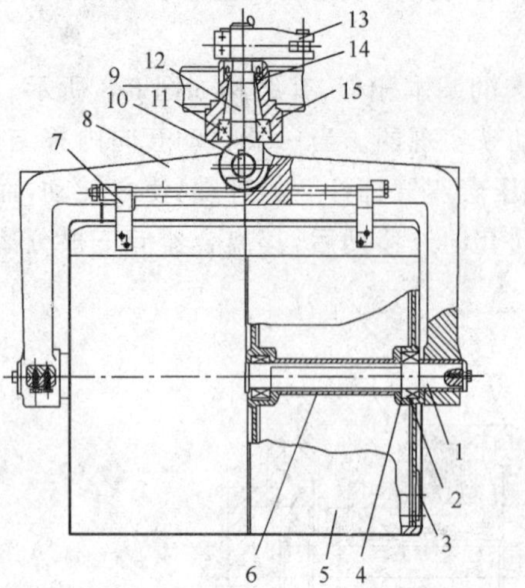

图 6-9　洛阳产压路机的方向轮

1-方向轮轴；2-锥形滚柱轴承；3-圆形挡板；4-轮辐；5-轮圈；6-储油管；7-刮泥板；8-“Π”形架；9-机架；10-横销；11、14-轴承；12-转向立轴；13-转向臂；15-转向立轴轴承座

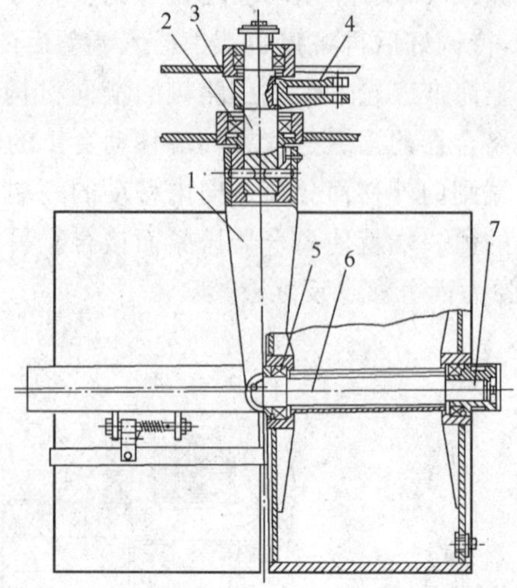

图 6-10　上海和徐州产三轮二轴式压路机的方向轮

1-叉脚；2-轴承；3-转向立轴；4-转向臂；5-轴承；6-轮轴；7-轴座

这种结构可使“Π”形架的铰接点下移。它与前一种悬挂形式相比，虽然结构要复杂一些，但前轮悬挂的操纵稳定性较好。例如：当滚轮在运行过程中，其一侧遇到同样高度的隆起物时，可使滚轮中心的移动量 x 减小(图 6-11)，当 $\alpha=\alpha'$时，$x>x'$。

三、驱动轮

二轮二轴式压路机的驱动轮如图 6-12 所示。它由轮圈、轮辐、齿轮、座圈和撑管等组成。其结构形式及尺寸与方向轮基本相同，所不同的仅在于它是一个整体，并装有最终传动装置的从动大齿轮。

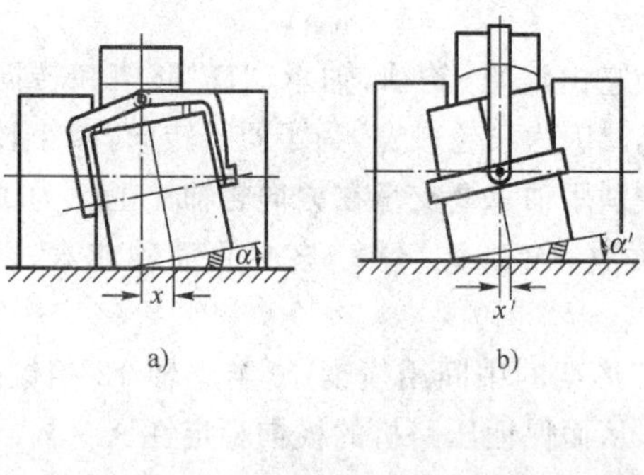

图 6-11　方向轮的两种悬挂形式

a)铰点在滚轮上方；b)铰点在轮轴中线附近

α、α'-凸起障碍物高度；x、x'-前轮侧移距离

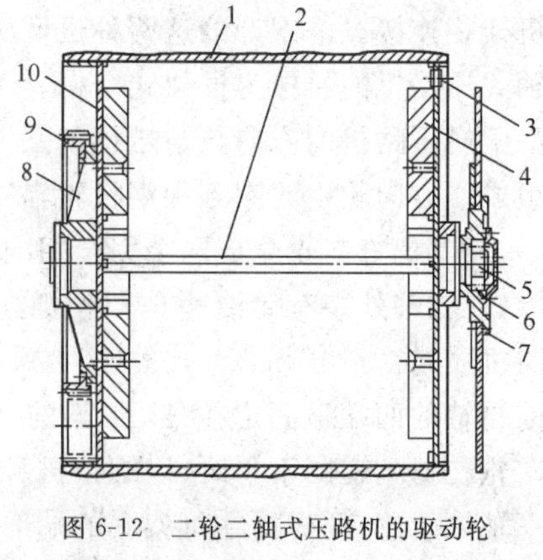

图 6-12　二轮二轴式压路机的驱动轮

1-轮圈；2-撑管；3-水塞；4-配重铁；5-轴颈；6-调心滚珠轴承；7-轴承座；8-座圈；9-最终传动大齿轮；10-轮辐

从动大齿轮 9 用螺钉固定在左端轮辐的座圈 8 上。为了增加驱动轮的刚度，在左、右轮辐之间焊有撑管 2。轮辐外侧装有轴颈 5，以便通过轴承 6 与轴承座 7 将机架支承在滚轮上。对于 2Y8/10 型二轮二轴式压路机在驱动轮左、右轮辐的内侧还各铆有配重铁 4(2Y6/8 型的没有)，以增加其质量。

三轮二轴式压路机的驱动轮如图 6-13 所示，它由轮圈、轮辐、轮毂及齿轮等组成。轮圈 7 和内外轮辐 1、5 由钢板焊成，后轮轴的两端支承在两个驱动轮的轮毂 2 上。在轮毂的内端装着从动大齿圈 4，为了便于吊运，在轮圈内还焊有三个吊环 6。轮内可以装沙子，用来调节压路机的质量。在轮辐上有两个装沙孔，用盖板封着。

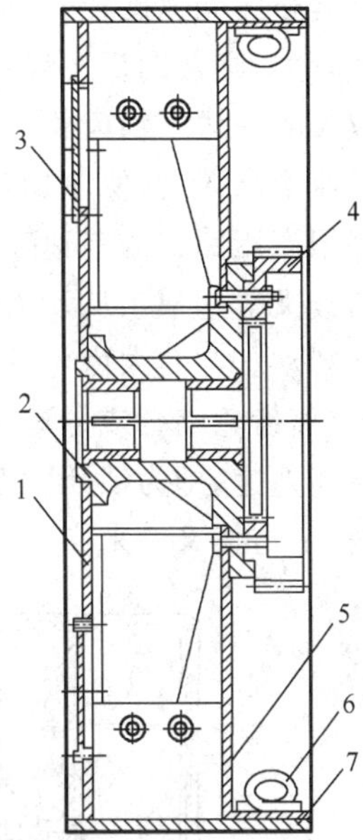

图 6-13 三轮二轴式压路机的驱动轮

1-轮辐；2-轮毂；3-盖板；4-大齿圈；5-轮辐；6-吊环；7-轮圈

四、差速器及差速锁

在三轮二轴式压路机的传动系统中，都装有差速器及差速锁，以便压路机在遇到路面不平和转弯时，可使后轮以不同速度转动，同时当压路机遇到一个驱动轮打滑时，又可使差速器闭锁，使压路机驶出打滑段。

国产三轮二轴式压路机采用的差速器有两种形式：锥形行星齿轮式和圆柱行星齿轮式。上海和徐州产三轮二轴式压路机的差速器属于前一种形式；洛阳产三轮二轴式压路机的差速器属于后一种形式。

圆柱齿轮式差速器的工作原理如图 6-14 所示。在差速器壳体内装着第一副和第二副行星齿轮各 4 个。第一副行星齿轮 3 与右半轴齿轮 4 相啮合，第二副行星齿轮 7 与左半轴齿轮 6 相啮合，行星齿轮 3 与 7 又在中部互相啮合。其结构如图 6-15 所示。

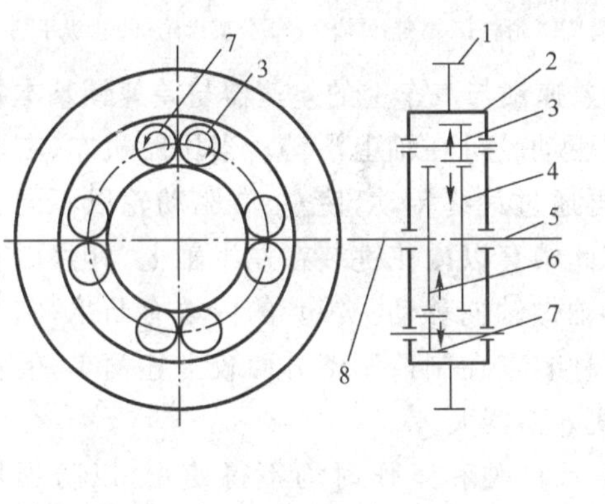

图 6-14 圆柱行星齿轮式差速器工作原理图

1-中央传动从动大齿轮；2-差速器壳体；3-第一副行星齿轮；4-右半轴齿轮；5-右半轴；6-左半轴齿轮；7-第二副行星齿轮；8-左半轴

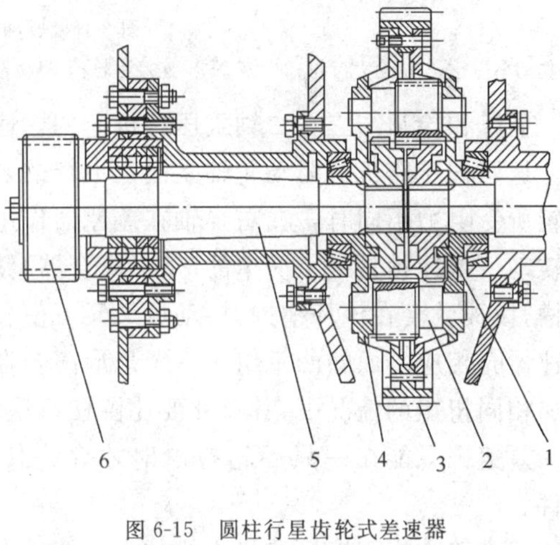

图 6-15 圆柱行星齿轮式差速器

1-差速齿轮；2-行星齿轮；3-中央传动大齿轮；4-差速器壳体；5-左半轴；6-小齿轮

图 6-14 中，当压路机直线行驶时，左、右驱动轮阻力相同，两副行星齿轮都只随差速器壳体 2 公转，而无自转，同时两副行星轮又分别带动左、右半轴齿轮 6、4 和左、右半轴 8、5，使其

与差速器壳体同速旋转。当压路机左、右驱动轮阻力不同时，如在弯道上行驶时，内边驱动轮受阻力较大，则两副行星齿轮既随壳体公转，又绕其轴自转，但它们的自转方向相反。于是受阻力较大的一边半轴齿轮（右转弯时为右半轴齿轮 4）转速减小，相反，受阻力较小的左半轴齿轮 6 转速增高，从而使左、右两驱动轮产生差速。

洛阳产压路机的差速锁如图 6-16 所示，它由分离齿轮、轴套、滑键以及相应的操纵手柄、滑杆与拨叉等组成。从动大齿轮 2 的内齿与固装在轮轴上的连接齿轮 4 常啮合，使轮轴与后轮一起转动。与右大齿轮内齿相啮合的分离齿轮 10，可在轴套 9 上沿导向滑键 8 做转向移动，使分离齿轮啮合或分离。啮合时使空套在后轴上的右驱动轮与左驱动轮一起转动，此时差速器不能差速，即为锁死状态；分离时，则允许左、右驱动轮差速。分离齿轮的操纵是通过手柄 11、滑杆 7 与拨叉 6 来实现的。

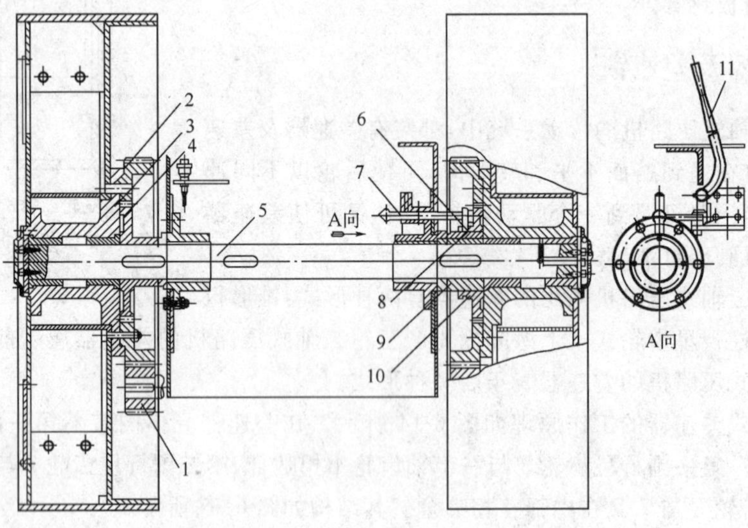

图 6-16　驱动轮及差速锁装置

1-主动小齿轮；2-从动大齿轮；3-后轮毂；4-连接齿轮；5-驱动轮轴；6-拨叉；7-滑杆；8-滑键；9-轴套；10-分离齿轮；11-操纵手柄

上海和徐州产三轮二轴式压路机上的差速器与差速锁与汽车上的差速器与差速锁基本相同。这两种压路机的驱动轮轴是固定不转的，左、右驱动轮可在轴上滑转。当压路机左、右驱动轮所受阻力不同时，左、右半轴在差速器作用下，再通过最终传动，使左、右驱动轮以不同速度转动。差速锁是一个简单的（爪形离合器）锁套。此锁套以内花键装在左半轴上，其外面有环槽，拨叉就套在该环槽内，拨动拨叉又可使它沿半轴做轴向移动。锁套的内端有凸爪，它与差速器壳相应端面的凸爪组成一个爪形离合器。这种装置在制造调整方面较上述简单，但在传递相同扭矩的情况下，其尺寸要比圆柱行星齿轮式差速器大。

差速锁只能在一只后轮打滑时才允许使用，正常行驶和工作时均不得使用，以防损坏机件。

国产静力光面滚压路机主要技术性能见表 6-1。

表 6-1

国产静力光面滚压路机主要技术性能表

形式			2Y6/8	2Y8/10	3Y10/12A	3Y12/15A	3Y6/8	3Y8/10	3Y10/12	3Y15/18	3Y18/21
			二轮二轴	二轮二轴	三轮二轴	三轮二轴	三轮二轴	三轮二轴	三轮二轴	三轮二轴	三轮二轴
总质量(t)	未加载		6	8	10	12	6	8	10	15	18
	加载		8	10	12	15	8	10	12	18	21
单位线压力(N/cm)	方向轮	未加载	188	254	260	330	220	290	240	370	390
		加载	245	384	322	415	290	360	320	440	440
	驱动轮	未加载	284	378	632	825	360	480	700	935	1 030
		加载	378	472	745	960	480	600	800	1 120	1 150
方向轮尺寸(直径×宽)(mm×mm)			1 020×1 270	1 020×1 270	1 020×1 270	1 100×1 320	1 000×1 100	1 000×1 100	1 060×1 250	1 150×1 320	1 250×1 320
驱动轮尺寸(直径×宽)(mm×mm)			1 320×1 270	1 320×1 270	1 500×530	1 600×500	1 400×500	1 600×500	1 600×500	1 650×550	1 800×600
转弯半径(外侧)(mm)			6 200	6 200	7 300	6 500	4 430	4 430	5 500	6 350	6 500
轴距(mm)			3 100	3 100	3 330	3 000	2 390	2 360	2 800	3 000	3 000
离地间隙(mm)			285	285	315	320	240	240	320	345	420
爬坡能力(%)			1/7	1/7	1/7	1/5	1/7	1/7	1/5	1/5	1/5
最大横向倾斜度(°)			11	22	15	20				21	15
运行速度(km/h)	I挡		2	2	1.6	2	1.89	1.89	1.7	2.1	2.3
	II挡		4	4	3.2	3.8	1.51	3.51	3.0	4	4.4
	III挡				5.4	6.9	7.4	7.4	6.8	7.4	7.9
	IV挡						14.3	14.3			
发动机	型号		2135	2135	2135	4135K-2	2135K-1	2135K-1	4135C-1	4135AK-2	4135AK-2
	功率(kW)		40	40	40	59	40	40	80	73.5	73.5
	转速(r/min)		1 500	1 500	1 500	1 500	1 500	1 500	1 500	1 500	1 500
外形尺寸(mm)	长		4 400	4 400	4 920	4 910	4 013	4 013	4 735	4 930	5 150
	宽		1 560	1 560	2 155	2 120	1 894	1 894	2 125	2 220	2 320
	高(不带篷)		2 440	2 115	2 115		2 090	2 090	2 650		

第七章　轮胎压路机

第一节　概　　述

一、用途与分类

轮胎式压路机是利用充气轮胎的特性来对被施压材料进行压实的机械。它除有垂直压实力外，还有水平压实力，这些水平压实力，不但作用于沿行驶的方向，而且也作用于沿机械的横向。由于压实力能沿各个方向移动材料粒子，所以可得到最大的密实度。这些力的作用加上橡胶轮胎所产生的一种“揉压作用”，结果就产生了极好的压实效果。如果用钢轮压路机压实沥青混合料，钢轮的接触在沥青混合料的大颗粒之间就形成了“过桥”现象，这种“过桥”留下的空隙，就会产生不均匀的压实。相反，由于轮胎的柔性，不是将沥青混合料推在它的前面，而是给混合料覆盖上最初的接触点，给材料以很大的垂直力，这样就会避免钢轮压路机经常产生的裂缝现象，另外，轮胎压路机在对两侧边做最后压实时，能使整个铺层表面均匀一致，而对路缘石的擦边碰撞破坏比钢轮压路机要小得多。轮胎压路机还具有可增减配重、改变轮胎充气压力的特点，这样更有益于对各种材料的压实。

由以上叙述可知，轮胎压路机不仅可以广泛用于压实各类建筑基础、路面和路基，而且更有益于沥青混凝土路面的压实。

轮胎式压路机分为拖式和自行式两种。

拖式又分为单轴式和双轴式两种：单轴式轮胎压路机的所有轮胎都装在一根轴上。其优点是外形尺寸小，机动灵活，可用于狭窄工作面的压实工作；双轴式的所有轮胎分别在前后两根轴上，多用于大面积工作面的作业，重型和超重型多采用这种形式。因为拖式轮胎压路机现在应用较少，所以本部分不再叙述。

自行式轮胎压路机按影响材料压实性和使用质量的主要特征分类如下。

1.按轮胎的负载情况分

可分为多个轮胎整体受载、单个轮胎独立受载和复合受载三种。在多个轮胎整体受载的情况下，如图 7-1a)所示，压路机在不同连接构件的帮助下，将其重力 G 分配给每个轮胎。当压路机在不平路面上运行时，轮胎的负载将重新分配，其中某个轮胎可能会出现超载现象。在单个轮胎独立受载的情况下，如图 7-1b) 中轮胎 6 和 9，压路机的每个轮胎是独立负载。在重复受载的情况下，一部分轮胎独立受载，另一部分轮胎整体受载。

2.按轮胎在轴上安装的方式分

可分为各轮胎单轴安装、通轴安装和复合式安装三种。在单轴安装中，如图 7-1b)中的 I—I 轴线所示的各轮胎，每个轮胎具有不与其他轮胎轴有连接的独立轴；在通轴安装中，如 7-1b)中的 II—II 轴线的轮胎 7 和 8，几个轮胎是安装在同一根轴上。复合式安装包括单轴独立安装和通轴安装。

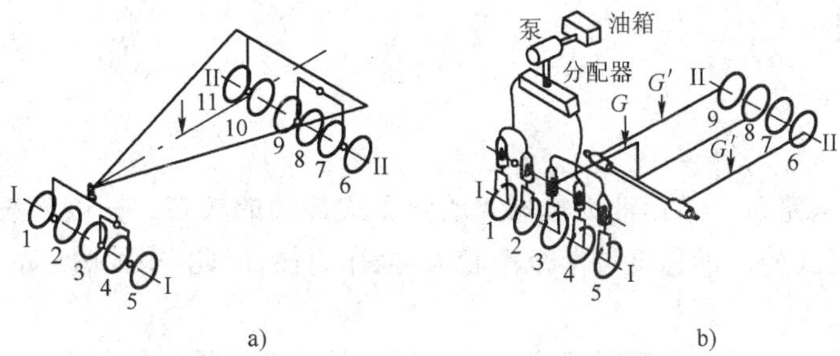

图 7-1 轮胎压路机轮胎受载示意图

a)多个轮胎整体受载;b)轮胎复合受载

I—I-压路机前轴;II—II-压路机后轴;1～11-轮胎

3.按平衡系统形式分

可分为杠杆(机械)式、液压式、气压式和复合式等几种。

液压式和气压式平衡系统可以保证压路机在坡道上工作时,使其机身和驾驶室保持水平位置。图 7-1a)所示为具有机械平衡系统压路机的行走部分,图 7-1b)I—I 轴线为具有液压平衡系统的结构形式。

4.按轮胎在轴上的布置分

可以分为轮胎交错布置[图 7-2a)]、行列布置[图 7-2b)]和复合布置[图 7-2c)]。在现代压路机中,最广泛采用的是轮胎交错布置的方案。

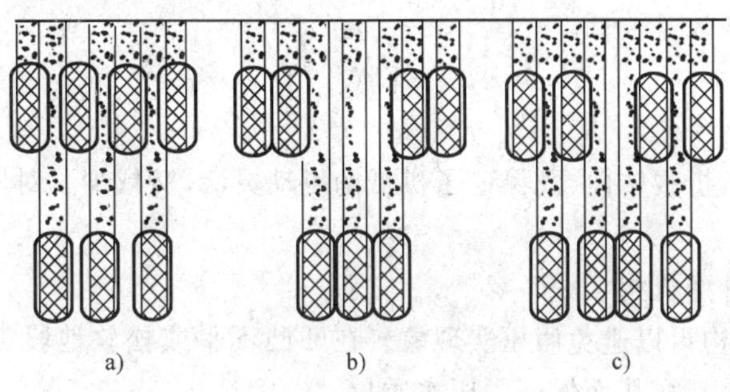

图 7-2 轮胎压路机轮胎布置简图

a)交错布置;b)行列布置;c)复合布置

5.按转向方式分

可以分为偏转车轮转向、转向轮轴转向和铰接转向三种。

偏转车轮和转向轮轴转向,会引起前、后轮不同的转弯半径,其值相差很大,可使前、后轮的重叠宽度减小到零,会导致压路机沿碾压带宽度压实的不均匀性。要提高这种转向形式的压实质量,就必须大大地增加重叠宽度,其结果又会导致减小压实带的宽度和降低压路机的生产率。

前后轮偏转车轮转向、前后转向轮轮轴转向和铰接转向是较先进的结构,在一定条件下,可以获得等半径的转向。这样,当压路机在弯道上工作时,就可保证前后轮具有必要的重叠宽度。但对铰接车架,由于轴距减小,压路机的稳定性较差。

自行式轮胎压路机还可以按动力装置形式、传动方式、操纵系统以及其他特征进行分类。

二、发展动向

1. 采用先进技术

(1)传动系统

对于大型轮胎压路机。采用液力机械式或液压式传动的较多。一般来说,液力机械式传动效率较高,静液压式传动的速度调节范围较大,操作简便,因此,多种用途的轮胎压路机采用静液压式传动较好。

轮胎压路机的终传动,大多数是通过差速器引出的驱动轴再经链传动带动驱动轮,因链传动动载大、噪声大、易磨损,需要经常调整。所以,目前采用齿轮传动的结构逐渐增多。在差速器上一般都设有自动锁紧装置。

(2)悬挂系统

为了使每个轮胎的负荷均匀,并且在不平整的地面上碾压时能保持机架的水平和负荷的均匀性,轮胎上一般都设有悬挂系统。悬挂有三点支承式的液压悬挂、机械悬挂和气压悬挂三种。一般采用液压悬挂的较多。液压悬挂式其前部轮胎悬挂在互相连通的油缸上,每个轮胎均可独立上下移动,后轮分为几个轮组,可分别绕铰点摆动。气压悬挂虽较理想,但技术复杂、造价高,因此使用较少。

(3)调压装置

采用轮胎气压集中调压装置,可以得到较好的碾压力效果,可以提高压路机的通过性能,扩大应用范围,但一般需要 2 台或 2 台以上的空气压缩机。由于充填效率低,从低压到高压需要时间较长,因此经济效益较低。

2. 采用先进结构

(1)铰接式转向

采用铰接式机架,折腰转向,既保证了机械的机动灵活,又减少了对压实层的横向剪力,提高了压实质量。

(2)前后轮垂直升降机构

采用这种升降机构可以避免假压实现象。在凹凸不平或松软地段工作时,可以使轮胎负荷在压实时始终保持一致,从而保证了压实质量。

(3)格栅式转向机构

这种机构允许各个方向轮在转向时有不同的转向角度,从而避免了机械转向时,因为方向轮的滑移而影响滚压路面的质量。

(4)宽幅轮胎

一般轮胎的断面高、宽度之比为 1.0～0.95,而宽幅轮胎则为 0.65 左右。宽幅轮胎的优点是重叠度(指前后轮胎面宽度的重叠度)较大。接地压力分布均匀,使压实表面不会产生裂纹现象;碾压深度大,能够有效地对路边进行压实等。缺点是造价较高。

另外还出现了一些组合式压路机和专门用于沥青混凝土层压实的轮胎压路机等。

第二节 轮胎压路机总体构造

轮胎式压路机实际上是一种多轮胎的特种车辆。它由发动机、传动系、操纵系和行走部分等组成。现主要以国产 YL9/16 和 XP3000 型轮胎压路机为例来介绍轮胎压路机总体构造,另外简要介绍英格索兰 PT125 型轮胎压路机的特点。

国产 YL9/16 和 XP3000 型轮胎压路机如图 7-3 所示。该两种类型压路机基本属于多个轮胎整体受载式。轮胎采用交错布置的方案，前、后车轮分别并列成一排，前、后轮迹相互叉开，由后轮压实前轮的漏压部分。YL9/16 压路机的前面装有 4 个方向轮（从动轮），后面装有 5 个驱动轮，XP3000 型压路机的前面装有 5 个方向轮，后面装有 6 个驱动轮。轮胎是由耐热、耐油橡胶制成的无花纹的光面轮胎（也有胎面为细花纹的），保证了被压实路面的平整度。

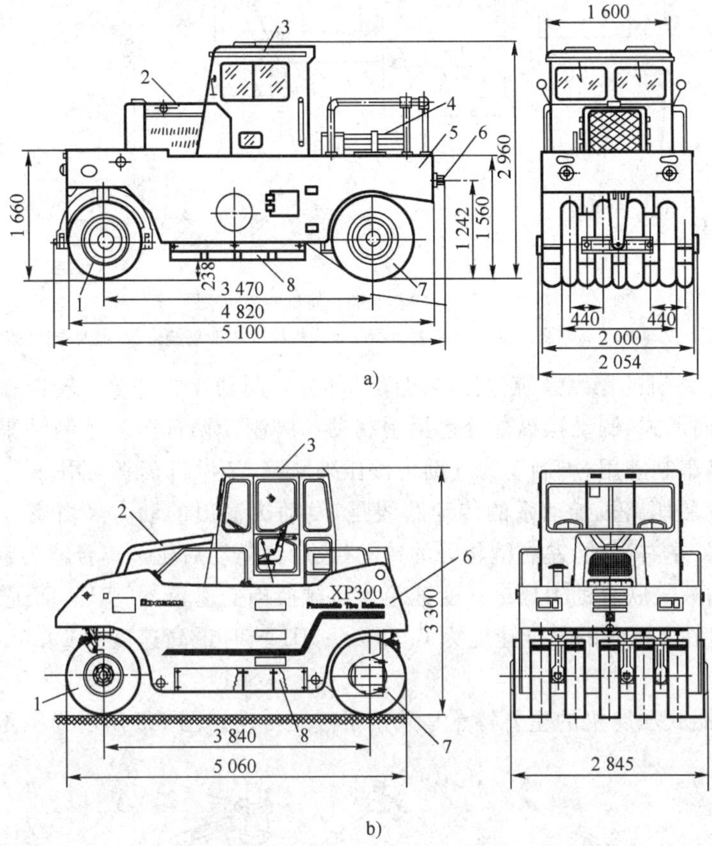

图 7-3　轮胎压路机构造简图（尺寸单位：mm）

a）YL9/16 型轮胎压路机；b）XP3000 型轮胎压路机

1-方向轮；2-发动机；3-驾驶室；4-钢丝簧橡胶水管；5-拖挂装置；6-机架；7-驱动轮；8-配重铁

YL9/16 型轮胎压路机传动系（图 7-4）的组成与前述静力式光面滚压路机相似。发动机 4 输出的动力经由离合器 5、变速箱 6、换向机构 8、差速器 10、左右半轴、左右链轮 12 和 9 等的传动，最后传给驱动后轮。

变速箱为带直接挡的三轴式四挡变速箱，其操纵采用手动换挡式，其构造除了没有倒挡齿轮外，基本上同于汽车变速箱。压路机在 I 挡时的最低速度为 3.1km/h，IV 挡时最高速度为 23.55km/h。因此，压路机既能保证滚压时的慢速要求，又能满足压路机转移时的高速行驶，这也是轮胎压路机的一大优点。

差速器与差速锁同上海 3Y12/15A 型压路机（图 6-5）。终传动为链传动，既可保证平均传动比，又可实现较远距离传动。但因其运动的不均匀性，其动载荷、噪声以及由冲击导致链和链轮齿间的磨损都较大。

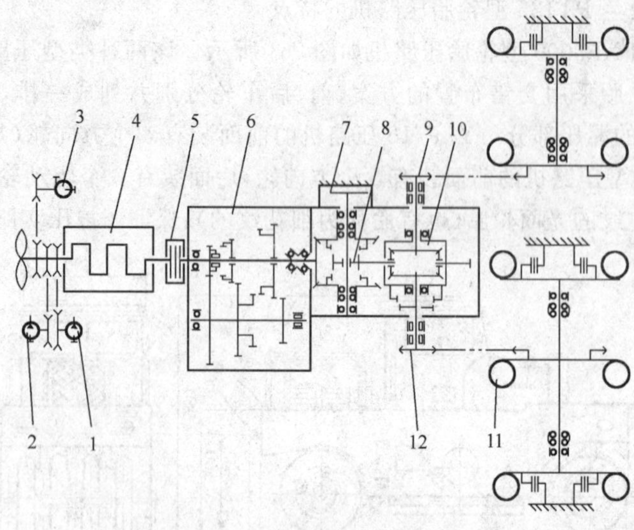

图 7-4　YL9/16 型轮胎压路机的传动系图

1-气泵；2-油泵；3-水泵；4-发动机；5-离合器；6-变速箱；7-制动器；8-换向机构；9-右驱动链轮；10-差速器；11-轮胎；12-左驱动链轮

YL9/16 型压路机的操纵系统包括转向操纵部分和制动操纵部分。转向操纵部分采用摆线转子泵液压转向形式，制动操纵部分包括手制动和脚制动两部分。手制动采用双端带式制动器，供压路机停车制动用；脚制动为气助力油压外涨蹄式，供行车制动用。

XP3000 型轮胎压路机传动系的传动路线是，发动机输出的动力经由离合器、变速箱、万向传动轴、差速器、左右半轴、左右链轮等的传动，最后到驱动后轮。离合器为经常结合摩擦片干式离合器，采用液气联合助力操纵。变速箱为机械换挡变速箱，可实现，前进三个挡位，后退一个挡位，压路机在 I 挡时的最低速度为 6.5km/h，III 挡时最高速度为 19.0km/h，倒退挡速度为 5.0km/h。

PT125 型轮胎式压路机的主要特点是采用了液压传动。图 7-5 所示为压路机的液压系统

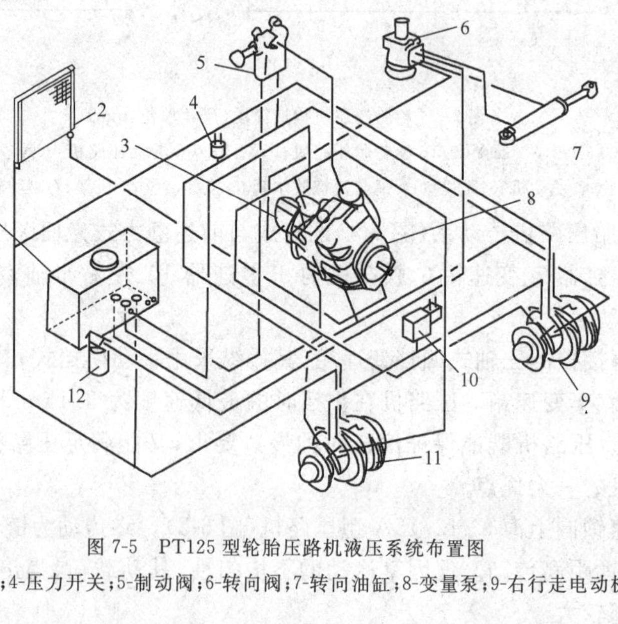

图 7-5　PT125 型轮胎压路机液压系统布置图

1-油箱；2-冷却器；3-转向泵；4-压力开关；5-制动阀；6-转向阀；7-转向油缸；8-变量泵；9-右行走电动机；10-两速阀；11-左行走电动机；12-滤清器

布置图。发动机带动双向变量泵。变量泵驱动两个液压电动机，形成了一个闭式液压回路。驾驶员通过操纵手柄改变双向变量泵斜盘倾角，以实现压路机无级变速和前进倒退行驶。

第三节　YL9/16 型轮胎压路机主要部件的构造

一、换向机构

YL9/16 型轮胎压路机的换向机构(图 7-6)为齿轮换向机构。

小主动锥齿轮 1 装在变速箱输出轴的后端，与横轴 5 上的两个大从动锥齿轮 2 常啮合。当小主动锥齿轮 1 旋转时，则两个大从动锥齿轮 2 可在横轴 5 上自由相互反向旋转。在横轴的中央通过花键装着一个可用拨叉拨移的圆柱齿轮 3，圆柱齿轮向左或向右移动时，可分别与从动锥齿轮 2 小端面的内齿相啮合。当圆柱齿轮被拨到与左或右锥齿轮内齿啮合位置时，就可使动力正向或反向传递，从而实现换向。该换向机构体积小、结构紧凑，但换向冲击较大。

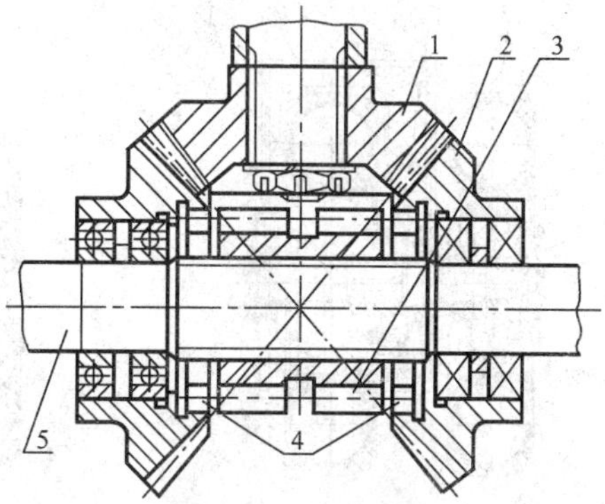

图 7-6　换向机构

1-主动锥齿轮；2-从动锥齿轮；3-换向齿轮；4-换向啮合内齿；5-横轴

二、前轮

YL9/16 型轮胎压路机的四个方向轮(图 7-7)都是从动轮，它们分成可以上下摇摆的两组，通过摆动轴 8 铰装在前后框架 9 上，再通过立轴 4、叉脚 5、轴承 3 和立轴壳 2 与机架连接。在立轴 4 的上端固装着转向臂 1，转向臂的另一端与转向油缸的活塞杆端相铰接。

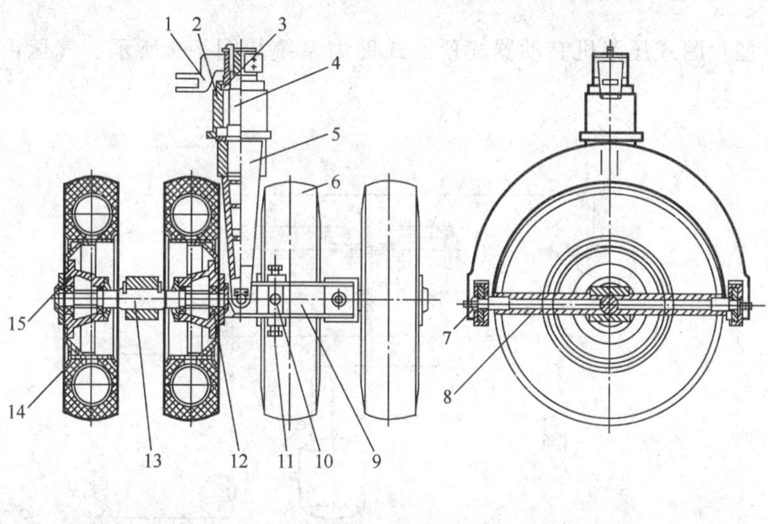

图 7-7　YL9/16 型轮胎压路机的方向轮

1-转向臂；2-转向立轴壳；3、12-轴承；4-转向立轴；5-叉脚；6-轮胎；7-固定螺母；8-摆动轴；9-框架；10-销子；11-螺栓；13-轮轴；14-轮辋；15-轮毂

两组轮胎可绕各自的摆动轴 8 上下摆动，其摆动量可由螺栓 11 来调整。当不需要摆动时，可用销子 10 将其销死。

三、后轮

YL9/16 型轮胎压路机后轮（图 7-8）由两部分组成。左边一组由 3 个车轮组成，右边一组由 2 个车轮组成。

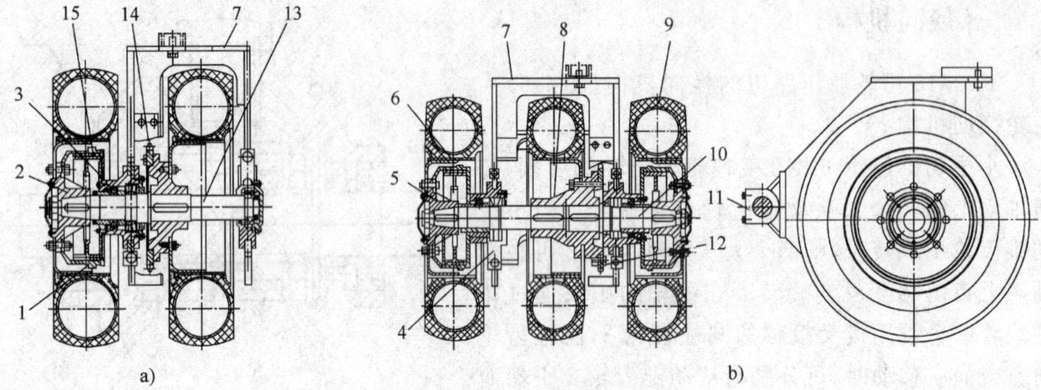

图 7-8　YL9/16 型轮胎压路机的驱动轮

a）右驱动轮；b）左驱动轮

1-制动鼓；2-轮毂；3-轴承；4-挡板；5-左后轮的左半轴；6-轴辋；7-“门”形轮架；8-联轴器；9-轮胎；10-左后轮的右半轴；11-轴承盖；12-链轮；13-右后轮轴；14-链轮；15-制动器

每个后轮都用平键装在轮轴上。左边三个车轮的轮轴是由两根短轴组成，其间是靠联轴器 8 连接在一起。右边两个车轮共用一根短轴。左、右轮轴分别通过滚珠轴承装在各自的“门”形轮架 7 上，此轮架又通过轴承和螺钉安装在机架的后下部。

四、制动器气顶油式助力系统

YL9/16 型轮胎式压路机制动器气顶油式助力系统如图 7-9 所示。气压由空气压缩机 6

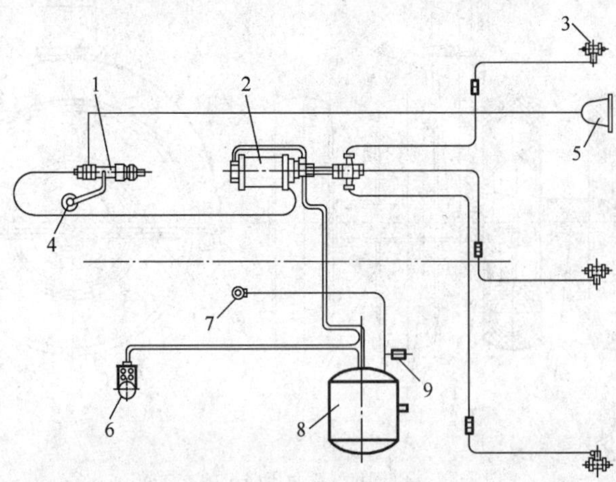

图 7-9　YL9/16 型轮胎压路机制动器气顶油式助力系统示意图

1-总泵；2-增压器；3-分泵；4-油箱；5-制动灯；6-空气压缩机；7-压力表；8-储气筒；9-安全阀

进入主储气筒 8，经管道与增压气阀相通。当踏下制动器踏板制动时，总泵 1 的液力油压被压入增压器 2 前缸后面活塞而推动气阀活塞，再打开气阀活门，于是高压气进入增压器内，使增压器内的活塞杆推动前缸，前缸油液被压入分泵 3 并胀开制动蹄进行制动。

五、洒水装置

YL9/16 型轮胎压路机洒水装置如图 7-10 所示，它由汽油发动机 1 带动水泵 2，通过出水三通旋塞进行抽水和洒水。

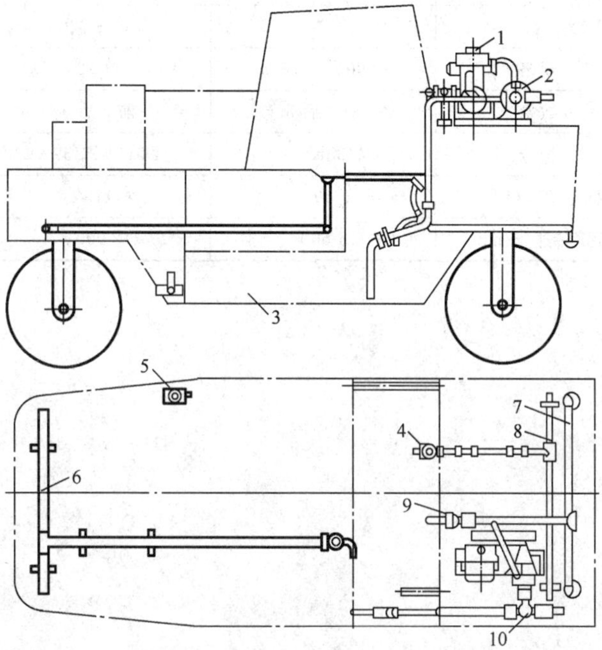

图 7-10　YL9/16 型轮胎压路机洒水装置

1-汽油发动机；2-水泵；3-机身水箱；4-洒水阀门；5-放水阀门；6-洒水管；7-喷水管；8-洒水管；9-出水三通；10-进水三通

两个三通旋塞 9、10 各有刻线指示接通方向。抽水时先将进口指向抽入水泵的方向(其中进水有两个指向：一为由水源抽入水泵；一为由机身水箱抽入水泵)，再将出水三通旋塞 9 指向接通机身洒水箱 3 或喷水管 7，并发动汽油机带动水泵进行增减配重或喷水。若打开洒水阀门 4，前后轮端洒水管 6 及 8 就可进行洒水作业。

国产自行式轮胎压路机主要技术性能参数见表 7-1。

国产轮胎压路机技术参数　　表 7-1

指标 \ 数量 \ 型号		YL9/16	XP2600	XP3000
最小工作质量(t)		9	14.5	17
最大工作质量(t)		19	26	30
行驶速度(km/h)	Ⅰ挡	前后 3	前 6.5	前 6.5
	Ⅱ挡	前后 6	前 11.0	前 11.0
	Ⅲ挡	前后 12	前 19.0	前 19.0
	Ⅳ挡	前后 24	后 5.0	后 5.0

续上表

指标 \ 数量 \ 型号		YL9/16	XP2600	XP3000
爬坡能力(%)		20	20	20
最小离地间隙(mm)		≥250	290	290
最小转弯半径(mm)		≤7 500	9 000	9 000
碾压宽度(mm)		2 000	2 750	2 750
重叠量(mm)		40	45	50
接地比压(kPa)			160～340	260～480
轮胎	规格	900-20-12	11-20	11.00-20
	数量	前4后5	前5后6	前5后6
柴油机	型号	4135K—2	D6114 ZG39A	D6114 ZG39Aa
	标定功率(kW)	59	115	132
	标定转速(r/min)	1 500	2 000	2 000

第八章 振动压路机

第一节 概 述

一、用途及分类

1.用途

振动压路机主要用在公路、铁路、机场、港口、建筑等工程中，用来压实各种土壤、碎石料、各种沥青混凝土等，是工程施工的重要设备之一。在公路施工中，多用在路基、路面的压实，是筑路施工中不可缺少的压实设备。振动压路机是依靠机械自身质量及其激振装置产生的激振力共同作用，用以降低被压材料颗粒间的内摩擦力，将材料颗粒楔紧，达到压实土壤的目的。振动压实具有静载和动载组合压实的特点，不仅压实能力强，压实效果好，生产效率高，而且相对于静力压路机节省能源，减少金属消耗。由于振动压路机更新了压实技术，改进了压实工艺，降低了压实成本，提高了压实质量，因而，近三十年来振动压路机在品种、质量和数量上都得到了很大的发展。据统计，在美国、日本和欧洲的压路机市场上，振动压路机的销售量和保有量都占绝对的优势。在我国，振动压路机的生产也在逐年增长，主要生产厂家已先后引进国外先进技术，产品质量不断提高，部分产品已销往国外。

振动压路机已有半个世纪的发展历史，近十几年发展更为迅速，特别是大型振动压路机得到了较好的发展。18t 级振动压路机可对岩石、碎石等基础填方工程进行有效压实。液压调频调幅技术的应用，有效地扩大了振动压路机的压实范围。实践证明：振动压实不仅适用于路基和路面的压实作业，而且适合对沥青混凝土路面、干硬性混凝土路面的压实。

2.分类

振动压路机可以按照结构质量、行驶方式、振动轮数量、驱动轮数量、传动系传动方式、振动轮外部结构、振动轮内部结构、振动激励方式等进行分类。其具体分类如下：

(1)按结构质量可分为：轻型、小型、中型、重型和超重型。

(2)按行驶方式可分为：自行式、拖式和手扶式。

(3)按振动轮数量可分为：单轮振动、双轮振动和多轮振动。

(4)按驱动轮数量可分为：单轮驱动、双轮驱动和全轮振动。

(5)按传动系传动方式可分为：机械传动、液力机械传动、液压机械传动和全液压传动。

(6)按振动轮外部结构可分为：光轮、凸块(羊脚碾)和橡胶滚轮。

(7)按振动轮内部结构可分为：振动、振荡和垂直振动。其中振动又可分为：单频单幅、单频双幅、单频多幅、多频多幅和无级调频调幅。

(8)按振动激励方式可分为：垂直振动激励、水平振动激励和复合激励。垂直振动激励又可分为定向激励和非定向激励。

此外，按振动压路机其他主要结构特点，还有一些分类方法。一般来讲，振动压路机主要按其结构形式和结构质量来分类。

二、现代振动压路机的特点

国内外振动压路机的技术现状，主要有如下特点。

1. 液压(液力)化

早在 20 世纪 60 年代初，国际上先进的振动压实机械已采用了液压液力技术，主要是在行走系统和振动动力源上采用了液压电动机，且可通过系统流量的控制实现行走速度和振频的无级调整，而静液压技术用于压路机的转向系统。在 20 世纪 70 年代国外推出了全液压振动压路机。液压液力技术的实施使压路机的作业更为可靠，结构更为紧凑，操纵也更为灵活和省力，且在制作工艺上更为简便。同时，液压液力技术的运用为振动压路机自动检测和控制提供了条件。

2. 系列化

为满足不同施工工况的要求，国内外振动压路机产品系列不断扩大和完善，从自重仅为 300kg 的手扶振动压路机到自重为 18t 的大型振动压路机，都形成了自己不同的产品系列。根据用户的使用要求，一种产品又可以派生出多种变型产品。如瑞典 Dynapac 公司的 CA25S 振动压路机派生出用于黏土压实的 CA25P、双轮驱动的 CA25D 和压实面层的 CA25R 等型号；德国 Vibromax 公司在其 1.5t 重的小型振动压路机 W152 的基础上派生出 W152K 型压路机；德国 Bomag 公司在 BW90S 手扶振动压路机基础上派生出带有转向和司机座椅的 BW90SL 型振动压路机等。

3. 多振幅

振动压路机最初的振动机构只是单振幅，与静碾压压路机比较，其压实效果有明显提高。但在实际作业中，根据压实厚度、含水量及压实对象的不同，要求压实机械有不同的振动强度，而振动强度的大小与振幅的大小密切相关。如小振幅压实厚基础时效率低，反之用大振幅压实沥青路面面层则难以得到高的平整度。为适应工程施工压实作业的多工况要求，先进的振动压路机开发了双振幅、三振幅等多振幅振动机构。振幅的调节主要通过改变振动机构的固定偏心块与活动偏心块间的夹角，调节方式有液压驱动、电磁吸引等方式。具有振幅调节的变振幅振动压路机目前主要由先进的工业国家生产，其典型产品是 Caterpillar 公司的 CP-434 (64t)串联式振动压路机，它装有三振幅振动机构，前后轮可分别振动，也可同时振动。美国 Dresser 公司的 VOS2—66B 型压路机具有五挡振幅(0.69～2.16mm)可调，这种机型已成功运用于我国机场及高速公路修建工程。

4. 机电一体化

计算机技术、微电子技术、传感技术、测试技术的迅速发展，推动了振动压路机机电一体化的进程。如在碾压次数显示装置中采用电子管理装置自动计数，配合微电脑与前进、后退操纵手柄联为一体，即可自动计算碾压遍数，实现工程管理的自动化。另外，也可采用电子仪器进行压实状况管理，其方法是在压实滚轮上安装加速度传感器，用计算机对检测到的波形进行处理，并在驾驶室内由显示屏显示，以便操作者合理地进行施工作业。最近，日本酒井株式会社开发的 RE－COM 型行走管理系统可以计算碾压遍数，而且可以进行行走速度的设定，自动控制机械的前后行走，实现了压实作业的综合自动管理。这些技术在振动压路机上的应用可以提高机器性能和生产能力，保证压实质量。可实现对振动压路机状态和参数的检测、处理和显示以及压实密实度自动检测；测试振动压路机可以在工程施工过程中对压实质量进行监控;智能压路机可以自动调节自身状态,使之与周围环境及压实材料相适应,优化压实过程等。

5. 结构模块化

国外一些压路机生产厂家开始生产有不同功能的模块结构和标准附件,通过更换模块和标准附件来改变压实性能和用途及压路机型别。例如,英国柯斯特尔(Coasta)公司设计生产有平足型、凸块型、Z型等多种轮面结构的套筒式滚轮或组合模块;瑞典戴纳帕克(Dyna－Pac)公司正在改进CA15、CA25、CA30、CA51机型的设计,使压路机的一些零部件(如分动箱、变速箱、减速器、驱动桥等)尽可能通用,便于组织大批量生产。

6. 一机多用化

为扩大同一振动压路机的使用范围,可改进振动机构的操作控制,使压路机具有垂直振动、振荡和静碾压功能,而且可以根据需要进行变换。也有在压路机上增设附属装置,如推铲、路面刮平修整装置等,增加压路机的多用途功能。

7. 舒适、方便、安全化

现代振动压路机在减振降噪方面进行了大量的研究工作,可以使驾驶员连续工作不疲劳,从而提高了振动压路机的生产能力和使用寿命。

采用双方向盘、可移动方向盘、旋转座椅并且将操纵手柄设计在座椅扶手上,减少操纵失误和减轻司机的劳动强度,满足操纵方便性。

安装防倾翻驾驶室和防落物驾驶室,以保障施工时机器和驾驶人员的安全。

三、发展趋势

1. 新的理论突破

现代压实技术与振动压实机械的发展愈来愈多地依靠压实理论的新突破,成为创造全新压实过程的理论支柱。压实理论研究更加显示出综合性的特点,即从工作介质的材料特性、力学基础、施工方法及机械结构、运动学与动力学的综合角度来研究压实作业过程。压实技术的发展更加带有多种施力方法综合作用的特点,即通过静压、揉搓、振动、捣实、冲击等多种方法的联合作用来强化压实过程。

现已进入实用阶段的新的压实技术与压实机械,例如振荡压路机和冲击压路机将进一步定位自己的领域,而在某一领域内成为主要的压实设备。宝马公司利用两振动轴偏心距的相位差调节而实现了压路机在水平或垂直振动两个极限或在其间的任何状态下作用,从而实现了压路机振幅的最佳选择和自动调节。

2. 新的研究手段

在理论和技术的研究中,试验研究与计算机仿真技术的结合将成为更加重要的研究手段。计算机的应用将使压路机械的研究从构思、设计、制造、试验、使用、维修到管理成为高度自动化和现代化的工作过程。

近10年来压实过程的计算机仿真软件、压实机械专用CAD软件、压实过程的计算机辅助管理软件等已经有了很大的发展。国外大型压实机械制造公司各自都在设计软件包,有的已经商品化。瑞典Geodynamik技术咨询公司开发的振动压实过程计算机仿真软件的特点是建立了土壤非线形动力学模型。该仿真模型允许以土壤最基本的物理特性作为计算机的输入参数,在不同的土壤条件和不同的机械参数下模拟滚轮与土壤相互作用的动力学特性,可以用于对先有压路机的压实性能进行评价和对新设计的机型进行性能预测。模型的另一功能是根据给定的土壤条件对压实作业选用不同的机型和不同的施工工艺,并对方案进行优化和比较。

3. 新技术开发与应用

新技术革命和现代高科技将继续推动压实机械向自动化、智能化、无人化和机器人化的方向发展。

(1)智能化控制技术

在压实过程和机器工作状态实施监测的基础上,压实机械将从局部自动化过渡到全面自动化。由于对压实过程的研究和认识较深入,所以智能压路机有可能成为工程机械智能化进程中最早推出的机种。在压实机械智能化方面一个可以预测的目标是,将自适应和自学习技术引进压实控制中,并在此基础上实现压实作业的最优控制。机器可以按照土质的变化情况不断调整自身各项工作参数(振动频率、振幅、碾压速度和遍数)的组合,自动适应外部或内部工作状态的变化,使压实作业始终在最优条件下进行。智能化发展的另一个重要趋势是将电脑普遍应用在压实机械上,用来进行工作过程的监测、机器技术状态的诊断、报警及故障分析。人工智能的介入加速了压实机械的现代化进程,使其逐步逼近完全智能化的作业机器人目标。

(2)碾压作业连续控制技术

Geodynamik 公司的压实设备控制与检测系统经过改装可以用于任何一家的压路机产品上,其中包括用于振动压路机和振荡压路机的示波器,用于连续压实控制的文件系统以及处理 CCC 数据用的 PC 软件程序。这些程序还包括中央数据服务软件窗口,用来分析某一项目的 CCC 在案信息,并将其显示在屏幕上以供观察。文件系统数据可通过一些有关处理,制成各种图表和以特定的表格呈现出来。

(3)自动滑转控制系统

自动滑转控制系统 ASC(Auto Slip Control)是为满足建筑大坝和大型填方工程而设计开发的,其爬坡能力超过 50%。该系统主要是监测振动轮和胶轮之间的滑转,借助于调整液压驱动系统的液流量提供最佳牵引条件,避免机器停顿或下陷。安装有自动滑转控制系统的压路机仅在振动轮和驱动轮胎都面临快速滑转时或液压系统超载时才停止作业。宝马公司称其备有此装置的 BW213、BW225 高爬坡性能机型可在 68%的坡道上安全行驶。

(4)工业设计技术的应用

宝马的第三代压实机械采用了工业设计,用圆弧形的现代驾驶室和大斜坡的发动机罩作外观造型。新驾驶室的活动空间增加了 30%,方向盘的高度与倾角可调,选用舒适的高靠背座椅给驾驶员带来了良好的操作环境。圆弧形挡风玻璃和驾驶室有 4 个外支承可隔离噪声与振动,室内噪声低于 70dB。液压转向器也移到驾驶室外以减少发热和噪声。仪器仪表设计更合理,易于观察,发动机罩倾斜,给驾驶员提供了良好的视野。

(5)压实工程辅助管理

宝马公司向用户推出了一种名为 CARE(Computer Aided Roller Selectionin Earthworks)的土方压实机械辅助使用软件,作为使用压实设备的辅助工具。它可以帮助用户根据工程的工作量、现场条件、材料特性、葡氏压实曲线以及所要求的压实度来选择该公司的 3 种压实机械配置方案。对每一方案均可提供对各使用参数的选用建议,包括压轮类型(光轮、凸块或光轮与凸块组合)、振弧和频率、最小与最大铺层厚度和铺层数、每层压实带的安排、碾压速度和遍数以及压实生产率和压实时间的确定。

4. 现代振动压路机的结构特点

(1)现代压路机的行走、振动、转向和制动均为液压传动。液压传动过程平稳,操纵灵活省力,并且为自动控制创造了条件。特别是压路机的行走静液压驱动,可以大大提高压路机的压实效果。

(2)全轮驱动压路机的滚轮既是行走装置又是作业装置。全轮驱动可以克服拥土、弓坡与裂纹的缺点,而且还提高了压路机的驱动能力,但这种全轮驱动只有通过液压传动才可能实现。

(3)压路机采用铰接转向,其机动性能好。在压实弯道时不会出现漏压和过压现象。

(4)自锁式差速器既能保证压路机在一个轮悬空时的通过通力,又省去了使用差速锁带来的操作麻烦。但与通常所用的牙嵌式自由轮差速器相比,越野能力较差。

(5)在压实沥青混合料的压路机上安装喷雾洒水系统,水成雾状均匀地洒在轮面上,能防止材料黏结在压轮上,比起用重力洒水来也节约了用水量。

(6)在全液压传动压路机上,设有行车制动。应急制动和停车制动三套制动机构,能够确保压路机处在各种动、静状态的有效制动。

(7)在振动压路机上除了振动轮与框架之间装有橡胶减振器而外,还在操作平台与车架之间装有二级减振器,加上自动调节的减振座椅,大大地改善了司机的工作条件。

(8)一般在10t以上的压路机上都设有翻车保护的驾驶室,且可根据用户要求安装空调,改善了操作人员的工作环境。

第二节　振动压路机总体构造

一、主要参数

振动压路机主要参数包括振动频率和振幅、静重和静线压力、振动轮个数、压路机速度、振动轮直径与宽度、振动轮与机架的重量比、激振力与振动轮的重量比等。

1. 频率和振幅

振动压路机机架借助于橡胶元件使其与振动轮隔振,振动发生于旋转的偏心块,旋转速度决定振动频率。用偏心块的质量和偏心尺寸可以算出偏心力矩。偏心力矩直接决定振动轮的名义振幅。当振动轮放在中等柔软的弹性垫层例如橡胶上振动时,所得振幅为名义振幅。工作中振动轮振幅会受到土壤性质的影响。在振动器—土壤共振时,实际振幅要比名义振幅更大。振动轮在很硬的地面上发生“蹦跳”时,振幅值将会更高。振幅的正确定义应该是,振幅等于振动轮上下运动时,振动波波峰至波谷最低点垂直距离的一半。

振动频率和振幅对压实效果有很大的影响,通常振动频率在25～50Hz(1 500～3 000次/min)之间时,压实效果最好。振动压路机用于大体积土壤和岩石填方的厚铺层时,振幅必须在1.5～2mm范围内,相应的频率为25～30Hz。采用大振幅的高频率联合作用,会引起振动轴承过高的应力和出现设计上的其他困难。对于沥青混合料的压实,最佳振幅为0.4～0.8mm,而适宜的频率在33～50Hz(2 000～3 000次/min)范围之间。压路机采用这些参数去压实粒状料和结合料的稳定基层也能取得良好的效果。

振动频率和振幅应视作业对象的不同而异,一般而言,压实表面时采用高频振动和小振幅,而在压实基层时采用低频振动和大振幅。

压实状态下的土壤，成为密实而具有弹性的物体。因为土壤的作用像一根弹簧，振动器—土壤系统有一个共振频率，通常在 13～27Hz(800～1 600 次/min)之间，其值取决于土壤和压路机的特性。在共振频率附近，振动轮的振幅将被扩大。

2. 静重和静线压力

振动压路机静重增加，而其他参数(频率、振幅等)不变，施加于土壤中的静态和动态压力，差不多与静重成比例地增加。压实试验已经证明，振动压路机的影响深度大致与振动轮质量成正比。所以静线压力对振动压路机来说也是很重要的参数。

3. 振动轮个数

采用两个轮子全振动的振动压路机，碾压遍数能够减少，因而生产率可以提高。两个轮子全振动的两轮振动压路机与一个轮子振动另一个轮子不振动的两轮振动压路机在生产率方面比较，碾压土壤时，只有一个轮子振动的平均约等于两个轮子全振动的 80%。碾压沥青混合料时，约等于 50%。但是根据受压材料的类型的不同有较大的差异。

4. 压路机速度

压路机速度对于土壤压实效果有显著的影响。

压路机有一个最佳的碾压速度。在碾压土壤和岩石填方时，振动压路机最佳碾压速度一般是在 3～6km/h 之间，在此速度下的生产率最佳。在大型工程中，最佳碾压速度应通过压实试验来确定。需要高密实度时、碾压难于压实的土壤时、碾压厚铺层时最佳碾压速度建议采用 3～4km/h。

5. 振动轮直径与宽度

振动压路机振动轮直径与静单位线压力有关，线压力高，则振动轮的直径也必须大。现有结构振动压路机的滚轮宽度 B 一般大于滚轮直径 D 的 1.1～1.8 倍，即 $B \geqslant (1.1 \sim 1.8)D$。为了保证振动压路机在坡道上的近路边工作的稳定性，滚轮的宽度应不小于(2.4～2.8)R(滚轮半径)。

6. 振动轮与机架的质量比

振动轮与机架的质量比对压实效果有一定影响。机架重一些是有利的，振动轮可以借助于机架的质量压向土壤，从而可以取得更有规律的振动。但是，机架的质量有一个上限，超过这个限度，机架的质量就如同一个阻尼器，对振动发生很大的阻尼作用，结果会增强自身振动，而使振动轮振动减弱。

7. 激振力与振动轮的质量比

激振力与振动轮的质量比对振动压路机的工作方式有比较大的影响，振动压路机通常是在冲击工艺工况下工作。试验表明，当激振力 P 大于振动轮的分配重力 G 两倍，即 $P \geqslant 2G$ 时，振动轮的振动可转到冲击工况。在压实非黏土时，在振动频率为 25～100Hz 情况下，应按 $P \approx G$ 进行选取；当压实黏性土壤时，振动压路机应能具有冲击振动，此时相对激振力可按不等式 $P \geqslant (3.5 \sim 4)G$ 进行选取。

二、YZ18C 型振动压路机的总体构造

振动压路机随机型的不同，其总体结构也有一些差异。自行式振动压路机总体构造一般由发动机、传动系统、操纵系统、行走装置(振动轮和驱动轮)以及车架(整体式和铰接式)等总成组成。YZ18C 型振动压路机的总体构造如图 8-1 所示。其主要技术参数如表 8-1 所示。

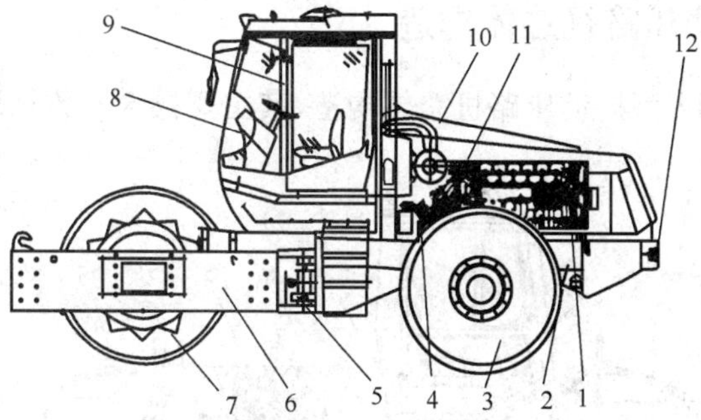

图 8-1　YZ18C 型振动压路机

1-动力系统;2-后车架总成;3-后桥总成;4-液压系统;5-中心铰接架;6-前车架总成;7-振动轮总成;8-操作系统总成;9-驾驶室总成;10-覆盖件总成;11-空调系统;12-电气系统

YZ18C 型振动压路机主要技术参数　　表 8-1

参　　数	值	参　　数	值
工作质量	18 800kg	摆动角度	±15°
前轮分配质量	12 500kg	理论爬坡能力	48%
后轮分配质量	6 300kg	发动机	DEUTZBF6M1013C 涡轮增压水冷发动机
静线压力	576N/cm	额定功率	133kW
振幅	0.9/0.95mm	额定转速	2 300r/min
振动频率	29/35Hz	燃油箱容积	300L
激振力	380/260kN	电器系统	24V 直流,负极接地 (2)800CCA 自动电预热
工作速度 I,II	06.5/08.6km/h	驱动液压系统	变量柱塞泵＋双变量柱塞发动机
行驶速度 III,IV	010.2/012.5km/h	振动液压系统	变量柱塞泵＋定量柱塞发动机
外侧转弯直径	12 600mm	转向液压系统	定量齿轮泵＋全液压转向器
转向角度	±35°		

YZ18C 型振动压路机属于我国振动压路机标准型中的超重型压路机,适用于高等级公路及铁路路基、机场、大坝、码头等高标准工程的压实工作。本机包括振动轮部分和驱动车部分,它们之间通过中心铰接架铰接在一起,采用铰接转向方式,以提高其通过性能和机动性。

振动轮部分包括振动轮总成、前车架总成等部件。振动轮内的偏心轴通过弹性联轴器与振动发动机轴相连,由液压泵组中的振动泵供应高压油,由振动发动机带动偏心轴旋转而产生强大的激振力。振动频率和振幅可通过液压系统的控制来进行调整,以满足不同工况的要求。此外,振动轮还具有行走的功能,由液压泵组中的行使泵输出的高压油驱动振动轮左边的液压发动机旋转,从而驱动振动轮行使。为减轻乃至消除振动对驱动车部分和驾驶员的不利影响,在前车架与振动轮之间以及驾驶室与后车架之间都装有减振缓冲作用的减振块。车架是压路机的主骨架,其上装有发动机、行使和振动及转向系统、操作装置、驾驶室、电器系统、安全保护装置等。

双频双幅适用性广,由于实现了双频率、双振幅,可通过调节频率及振幅,对不同性质、不同厚度的铺层达到最佳的压实效果。

三、YZC12 型振动压路机总体构造

图 8-2 所示为 YZC12 型振动压路机总体构造，其主要技术参数见表 8-2。

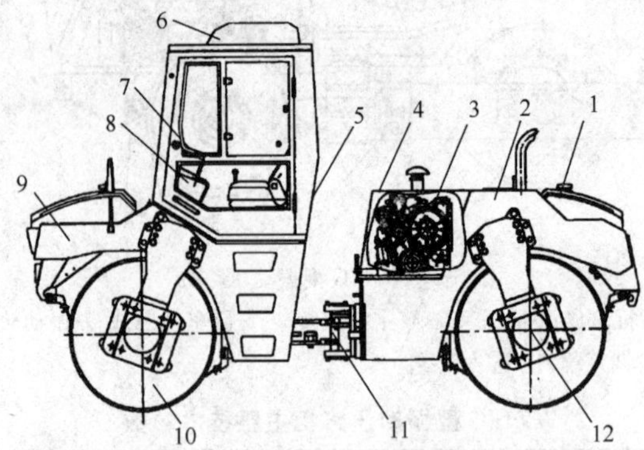

图 8-2 YZC12 型振动压路机

1-洒水系统；2-后车架总成；3-动力系统总成；4-发动机机罩；5-驾驶室总成；6-空调系统；7-操作系统总成；8-电气系统；9-前车架总成；10-振动轮总成；11-中心铰接架；12-液压系统

YZC12 型振动压路机主要技术参数 表 8-2

参　数	值	参　数	值
工作质量	12 000kg	激振力	80/140kN
静线压力	276N/cm	发动机额定功率	80kW
工作速度	0～10km/h	总长	5 330mm
理论爬坡能力	30%	总宽	2 300mm
最小转弯半径(内/外)	3 870/6 000mm	总高	3 040mm
压实宽度	2 130mm	柴油箱	400L
名义振幅	0.4/0.8mm	水箱	2×600L
振动频率	43/45Hz		

该机型前后轮双驱动保证了高效的牵引性能和良好的爬坡能力。前后轮振动(也可以前轮单独振动)提高了压实工作效率和压实质量。实践证明，双轮振动与单轮振动相比，可以获得较高的压实度，并且在碾压温度较低的压实材料时，也能获得满意的压实效果；双频率、双振幅可以适应路面的不同层次和不同材料的振动压实要求；双方向盘操纵、独特的蟹行机构可以保证本机具有良好的压边性能和弯道压实性能。为了确保整机质量的可靠性，关键元件的选型非常重要。行走泵、振动泵选用美国 Sund－strand 公司的变量泵，行走发动机选用法国 Poclain 公司的低速大扭矩发动机，振动电动机选用国内获德国 Hydromatic 公司许可证生产的斜轴发动机。以上液压件国内又多有许可证引进生产，便于以后国产化。

行走系统是由一泵双发动机并联组成的闭式回路低速传动方案，既具有良好的驱动能力，又方便安装和维修。行走泵装有中位起动开关，以避免带负荷起动。当行走操纵杆放在中位(零位)时，发动机才能起动点火，否则，就无法起动；低速大扭矩发动机有两个排量，可以实现电磁控制两挡无级变速。I 挡速度为 0～6.9km/h，旋动仪表盘上的电磁调速旋钮，即为 II 挡速度0～13.8km/h；整机的制动采用断油制动，制动的控制采用一个二位三通阀，固定安装在驾驶台上，操作轻松方便。正常的行走制动靠液压自锁——利用行走操纵杆即可实现。如果

需要坡道停车或者行驶过程遇有紧急情况，便可向下搬动阀柄实施制动。如遇发动机熄火或者是液压系统出现故障，制动便可自动实施；制动器安装在行走发动机的端部——整机侧架的外侧，如因发动机熄火或是行走系统出现故障需要拖车，只需用一个 M16×40 的双头螺柱带上螺母、垫圈，即可把制动盘拉开松掉刹车。

振动系统采用一泵双电动机串联组成的闭式系统。在系统中安装有一个二位二通阀，搬动阀柄，就可以实现前轮的单独振动。振动泵自身带有一对调频电磁阀，使用可靠性高。仪表盘上装有两个调频电磁旋钮，能够方便地实现变频变幅。如遇特殊的压实材料，可以在振动泵上重新调定一个合适的振动频率值，以满足作业要求。频率出厂调定值为：低频 40Hz、高频 50Hz，最高调定值可达 53Hz。该机型线压力适宜，作业效率高。振动轮独特的设计，消除了碾压表层的压痕，提高了碾压路面整体的平整度。

蟹行机构的作用机理是：能使前轮相对于后轮向左边横向错位 170mm。该机构对驾驶员来说碾压路边非常方便。双座椅双方向盘操纵，如需碾压通过性差的路边（如带路沿的路边）或者是弯道压实时，即可实施蟹行，驾驶员无需站立，只需观察前轮不碰路沿，后轮就肯定不会碰上路沿。蟹行机构的控制靠一个蟹行阀来实现。阀体安装在驾驶台上，操纵非常灵活。实施蟹行的方法很简单：先把蟹行阀柄向下搬，再逆时针旋转方向盘，最后把阀柄恢复原位锁定即可。如要解除蟹行时，同样先把阀柄向下搬，再顺时针旋转方向盘，最后把阀柄恢复原位锁定即可。

洒水系统采用双水泵单独给前后轮供水喷洒，喷洒冲击力强，喷洒扇形分布，效果好。喷洒的控制采用一个两挡电控开关，I 挡为连续喷洒，II 挡为间隔 20s 断续喷洒。发动机选型为 F6L912G56 型风冷柴油机，该发动机噪声低、排烟度低、适应性强，环境温度最低－30℃、最高 45℃以上都可以正常工作。该发动机带有预热起动装置，具有良好的低温起动能力。其使用方法为：顺时针旋转起动钥匙至 I 挡，停留 1～2min 预热，再继续顺时针旋转至 II 挡，发动机立刻就会起动起来。选用该发动机，提高了主机受地区差异的适应能力，无需加水放水，降低了维护人员的劳动强度。

第三节　振动压路机主要部件构造

一、动力装置

动力装置为振动压路机各个部分提供动力，一般采用柴油发动机。

1. YZ18C 型振动压路机动力装置

YZ18C 型振动压路机采用德国道依茨公司 BF6M1013 涡轮增压型水冷柴油机，具有很高的工作可靠性和燃油经济性，低噪声，低排放。

生产商：德国道依茨公司

型号：BF6M1013

额定功率：133kW　2 300r/min

型式：六缸水冷式

2. YZC12 型双钢轮振动压路机动力装置

YZC12 型双钢轮振动压路机与 YZ18C 型振动压路机一样采用德国道依茨公司 BF6M1013 涡轮增压型水冷柴油发动机，同样具有很高的工作可靠性和燃油经济性，低噪声，低排放。

生产商:德国道依茨公司

型号:BF6M1013

额定功率:88kW　2 300r/min

型式:四缸水冷式

二、传动系统

振动压路机的传动系统可分为机械传动和液压传动两大类。

1. 机械传动式

采用机械式传动的振动压路机,发动机通过离合器、变速器、差速器、轮边减速器,最后到达驱动轮,转向和振动轮的动力则是通过分动箱引出。图 8-3 为 YZ10B 型振动压路机的传动系统原理图。

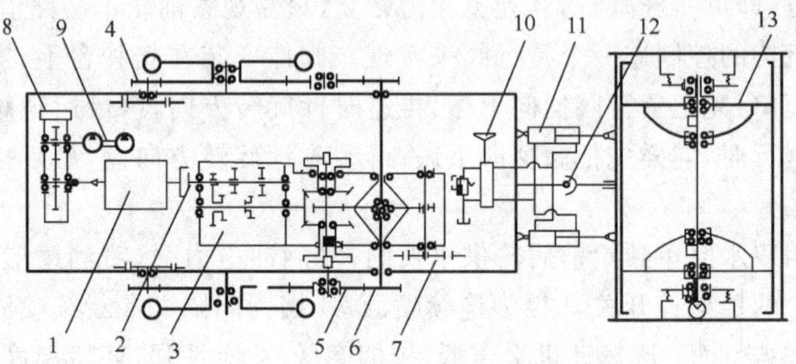

图 8-3　YZ10B 型振动压路机的传动系统原理图

1-发动机;2-主离合器;3-变速器;4-脚制动;5-侧传动齿轮;6-末级减速主动小齿轮;7-手制动;8-副齿轮箱;9-双联油泵;10-方向器和转向阀;11-转向油缸;12-铰接转向节;13-振动轮

动力从发动机 1 的两端输出,发动机 1 的后端输出驱动行走系统,而前端输出驱动振动系统和转向系统。发动机后端输出的动力经主离合器 2、变速箱 3,从末级减速主动小齿轮 6 输出,再经侧传动的齿轮系统 5 驱动压路机行走。发动机前端的副齿轮箱 8 上安装双联齿轮泵 9,分别驱动振动轮上液压发动机和转向油缸 11。

2. 液压传动式

液压传动易于实现无级调速和调频,传动冲击小和闭锁制动功率损失小,易于功率分流,方便整机布置,操纵控制方便,易于实现自动化。液压传动在振动压路机上的应用不仅可以提高生产率和优化压实质量,而且为自动化控制和机器人化创造了条件。

目前我国的 YZ18 型、YZC16 型、YZ25GD 型等振动压路机均采用全轮驱动、铰接转向机构。全轮驱动在减少堆料现象的同时极大地提高了压实效果,振动轮作驱动轮可减少压实路面产生裂缝的可能性,而且振动轮静线压力得到充分发挥,密实度高,压实遍数少,提高了在松软土壤和坡道上的通过能力,并提高压实层表面平整度,压实生产率高,有效压实沥青混凝土路面。铰接车架结构紧凑、视野开阔、整机造型美观。YZ20H、YZ16H、YZ25GD、YZC10、YZC16、YCC12 和 YS8 等型号振动压路机均采用全液压传动,而且大多为闭式全液压系统,流量损失少、效率高。主要液压元件如泵、发动机和阀等采用国际化配套,具有传动效率高、安全可靠、使用寿命长、故障少、易维修、通过和爬坡能力较高等特点;行走静液压传动无级调速,可提高压实效果;振动液压系统可调频调幅以适应不同工况要求;转向液压系统使主机操作简便省力、灵活，提高了作业舒适性；液压传动冲击小，整机布置紧凑方便，可以方便地操作控制方便，不仅提高生产率和路面压实质量，而且易于实现自动化控制和智能化控制。

三、振动轮总成

1. YZ18C 型压路机振动轮总成

YZ18C 型压路机振动轮总成结构见图 8-4。

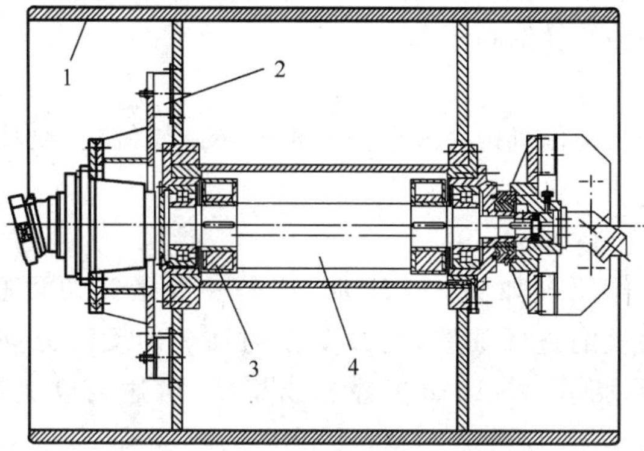

图 8-4 YZ18C 型振动压路机振动轮总成

1-滚筒；2-减振块；3-偏心块；4-偏心轴

振动轮总成由振动轮体、轴承支座、偏心轴、调幅装置、减振块、振动轮驱动发动机、振动轴承、振动发动机、十字轴承、轴承座、梅花板、左右连接支架等组成。

(1)振动轮体

振动轮体外径 1.6m，宽度 2.17m，采用钢板卷制对接而成。其外圆光滑平整、壁厚均匀，可以保证振动压实效果均匀一致，压实路面效果尤佳，并可用作静碾压实。振动轮体内腔装有轴承座、偏心轴、调幅装置。

(2)偏心轴

偏心轴是振动发生器，机器的振动是通过振动发动机带动偏心轴高速旋转而产生的。偏心轴一端和振动发动机相连，改变振动发动机的旋转方向就可以改变振幅。

(3)调幅装置

调幅装置系调整振动轮振幅大小的装置，根据结构特点的不同，调幅机构一般可归纳为正反转调幅机构、双轴调幅机构、套轴调幅机构三种形式。

2. 振动压路机常见的调幅机构

(1)基本原理

振动压路机的名义振幅 A_0 是指将压路机的机身支起，让振动轮悬空所测得的振动轮的振幅；工作振幅 A 是指工作时振动轮的实际振幅。A_0 是一个理论值，对一特定的振动压路机，A_0 为一定值；A 则是一个随机变量，随不同的工况（主要表现为土壤的刚度）而变化，通常两者之间存在一定的关系。即

$$A=K\times A_0$$

式中：K——土壤刚度影响系数。

对于一定的“振动压路机—土壤”振动系统，其 K 值一般不受压路机性能参数的影响。因此，要改变振动压路机的工作振幅 A，只有靠改变其名义振幅 A_0 来实现。

名义振幅 A_0 可由下式计算：

$$A_0=\frac{M_e}{W_d}$$

式中：M_e——振动轴的静偏心矩；

W_d——下车质量引起的载荷。

从上式中可以看出，对某一振动压路机（即 W_d 确定），要改变工作振幅 A，即名义振幅 A_0 的唯一方法，是改变振动轴的静偏心矩 M_e。

(2)调幅机构分析

根据结构特点的不同，调幅机构一般可分为正反转调幅机构、双轴调幅机构、套轴调幅机构三种形式。

①正反转调幅机构

正反转调幅机构工作原理如图 8-4 所示，这是一种最简便可行、广泛应用的调幅方法。通过变换振动电动机的进回油腔，而改变振动轴 2 的旋转方向，由于挡销 3 的作用，可使固定偏心块 4 与活动偏心块 1，而相叠加或相抵消，达到改变振动轴的合偏心矩，从而实现调节振幅的目的。

②双轴调幅机构

双轴调幅机构如图 8-5 所示，振动电动机通过花键套 9 带动传动轴 10 旋转，再通过齿形皮带 13，带动皮带轮 12 和振动轴 II11 旋转；同时带动皮带轮 4（带内花键）和花键套 3（带内外花键），继而带动振动轴Ⅰ6（带外花键）旋转。振动轴 I6 和振动轴 II11 之上焊接有偏心块，而且旋转方向相同。

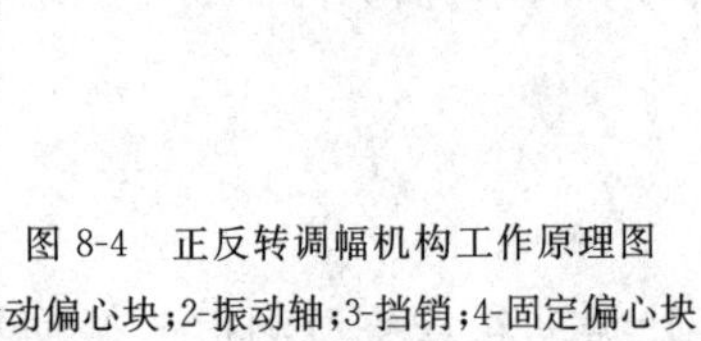

图 8-4 正反转调幅机构工作原理图

1-活动偏心块；2-振动轴；3-挡销；4-固定偏心块

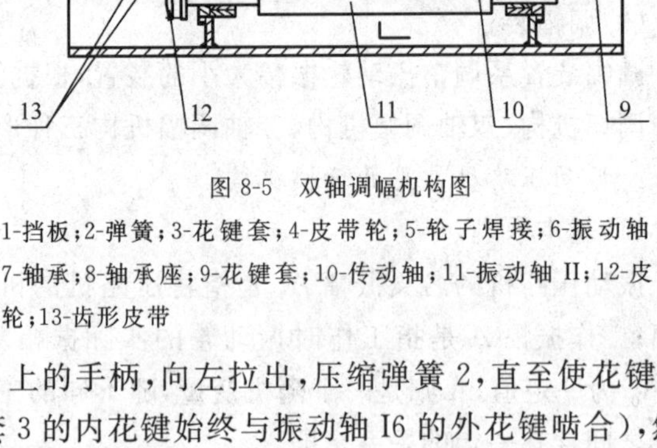

图 8-5 双轴调幅机构图

1-挡板；2-弹簧；3-花键套；4-皮带轮；5-轮子焊接；6-振动轴 I；7-轴承；8-轴承座；9-花键套；10-传动轴；11-振动轴 II；12-皮带轮；13-齿形皮带

当需要调节工作振幅时，握住花键套 3 上的手柄，向左拉出，压缩弹簧 2，直至使花键套 3 的外花键与皮带轮 4 的内花键脱开（花键套 3 的内花键始终与振动轴 I6 的外花键啮合），然后带动振动轴 I6 旋转若干个花键齿，再将花键套 3 的外花键与皮带轮 4 的内花键恢复啮合状态即完成了调幅工作。调幅的挡次取决于花键套 3 的外花键齿数，一般为齿数 Z 的一半，齿数 Z 为奇数时为 $(Z+1)/2$。

③套轴调幅机构

套轴调幅机构工作原理如图 8-6 所示。振动电动机通过花键套 10 带动外振动轴 6(两端带内花键)旋转,再通过花键套 11(带内外花键)带动内振动轴 7(带外花键)旋转。外振动轴 6 上焊接有偏心块,内振动轴 7 为偏心轴。两轴旋转方向相同。

当需要调节工作振幅时,握住花键套 11 上的手柄,向左拉出,压缩弹簧 12,直至花键套 11 的外花键与外振动轴 6 的内花键脱开(花键套 11 的内花键始终与内振动轴 7 的外花键啮合),然后带动内振动轴 7 旋转若干个花键齿,再使花键套 11 的外花键与外振动轴 6 的内花键恢复啮合状态,即完成了调幅工作。调幅的挡次取决于花键套 11 的外花键齿数,一般为齿数 Z 的一半,齿数 Z 为奇数时为 $(Z+1)/2$。

(3)振动轴结构分析

①单振幅振动轴

图 8-7 所示为单振幅振动轴结构示意图。

这是一种最简单的结构,具有容易制造、可靠性好等特点;但只能实现一种振幅,在一定程度上限制了压路机的使用范围。

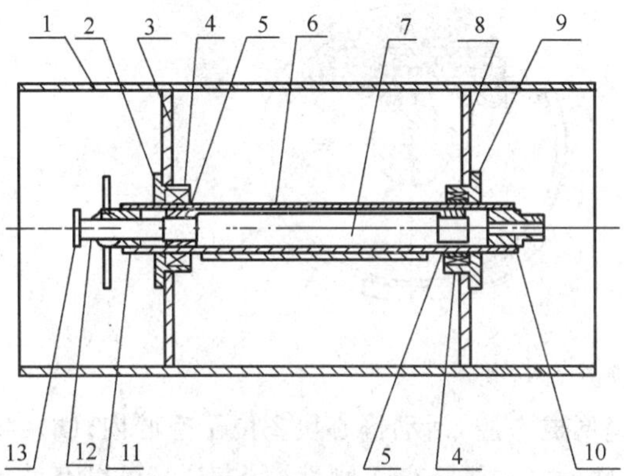

图 8-6 套轴调幅机构工作原理图

1-轮圈;2-左轴承座;3-左辐板;4-振动轴承;5-铜套;6-外振动轴;7-内振动轴;8-右辐板;9-右轴承座;10-花键套;11-花键套;12-弹簧;13-挡板

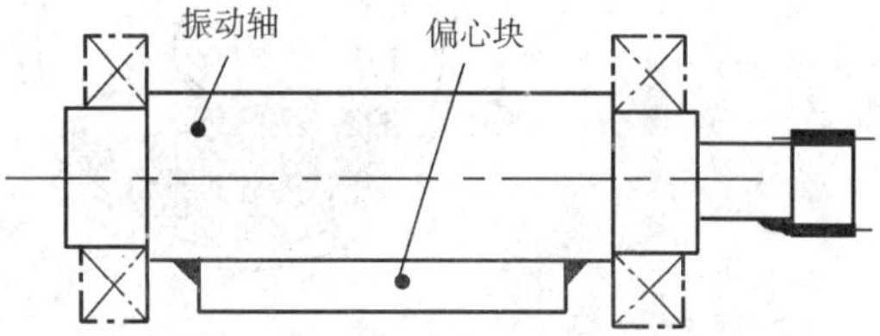

图 8-7 单振幅振动轴结构示意图

②双振幅振动轴

图 8-8、图 8-9、图 8-10 为双振幅振动轴结构示意图。

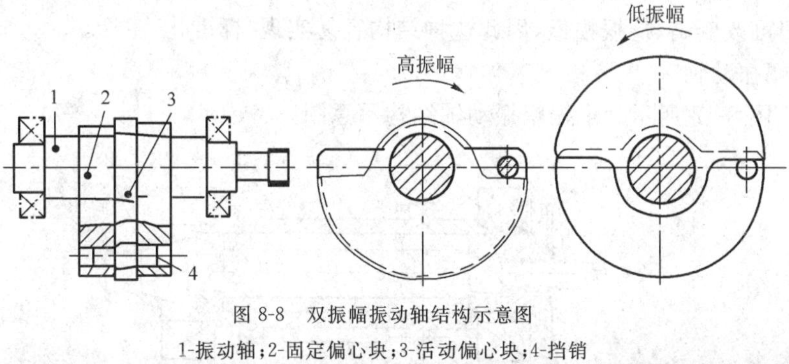

图 8-8 双振幅振动轴结构示意图

1-振动轴;2-固定偏心块;3-活动偏心块;4-挡销

图 8-8 这种结构广泛应用于各种吨位级别的振动压路机上,具有容易制造、可靠性好等特点。这种结构利用振动轴的正反转实现两种不同的振幅,一般能够满足绝大部分工况的施工要求;但起振及停振时活动偏心块与挡销会产生刚性撞击声(有的用户误认为振动轮内发生了

故障)，且频繁撞击容易产生铁屑，污染润滑油，从而影响骨架油封的密封性能和振动轴承的使用寿命。改变固定偏心块或(及)活动偏心块的厚度或(及)轮廓半径可以改变高、低振幅值。

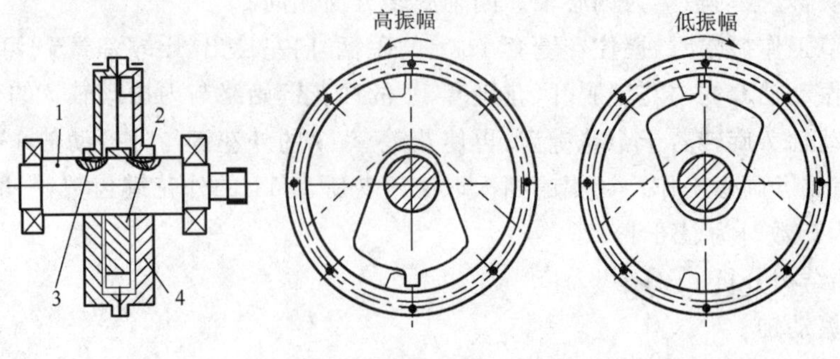

图 8-9 双振幅振动轴结构示意图

1-振动轴；2-活动偏心块；3、4-固定偏心夹

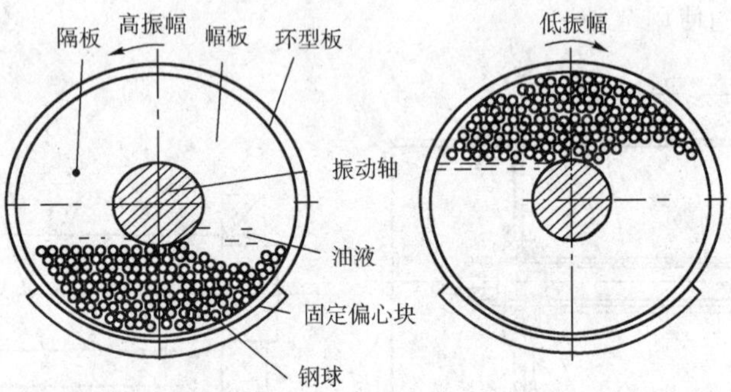

图 8-10 双振幅振动轴结构示意图

图 8-9 是图 8-8 结构的优化，两个固定偏心壳形成空腔，活动偏心块 2 位于空腔内；固定偏心壳 3、4 采用精密铸造，凸台结构代替了挡销。这种结构既降低了刚性撞击声，又可以有效地防止撞击产生的铁屑进入油室污染润滑油。如果采用相应的密封结构，空腔内可加注润滑油以进一步缓冲撞击，甚至可对保护振动电动机起到一定作用。

图 8-10 是图 8-9 结构的进一步优化，环型板和两块幅板焊接形成空腔，大量钢球代替了活动偏心块，焊接固定的一块或两块挡板结构代替了挡销。当转换振幅时，钢球的流动本身就具有低噪声和冲击小的特点，再加上润滑油的缓冲作用，转换振幅"静悄悄"并不困难。改变钢球的数量，即可改变高、低振幅值，因此这种结构容易实现"标准化"生产。

③多振幅振动轴

图 8-11、图 8-12 所示为多振幅振动轴结构示意图。

图 8-11 多振幅振动轴结构示意图

1-螺栓；2-挡板；3-弹簧；4-调幅板；5-调幅花键套；6-轴头；7-外振动轴；8-内振动轴；9-振动轴承；10-驱动轴头

图 8-11 的结构可以形象地称之为"拔套式"多振幅振动轴机构。这种结构的特点在于外振动轴

跨度较大(通轴式),且只能是两处支撑,因此对大振动轴承要求较高(小振动轴承不高速旋转,要求较低)。该结构振幅数量取决于调幅花键套的外花键齿数,一般设计 5～10 种振幅。

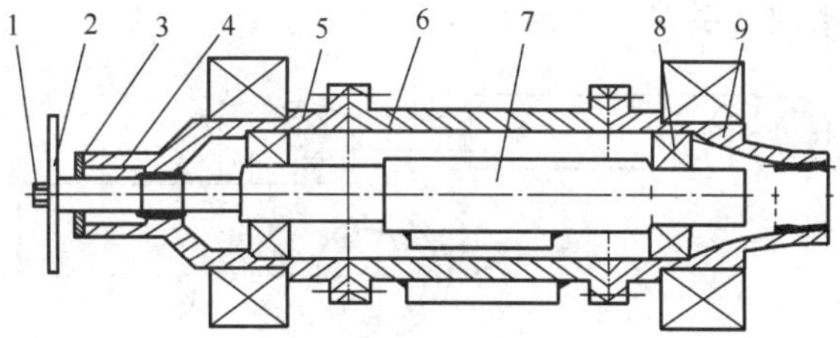

图 8-12　多振幅振动轴结构示意图

1-螺栓;2-调幅板;3-挡板;4-弹簧;5-轴头;6-外振动轴;7-内振动轴;8-振动轴承;9-驱动轴头

图 8-12 可以形象地称之为“拔轴式”多振幅振动轴机构。该结构除具有图示的特点外,内振动轴与小振动轴承之间的配合必须是较大的间隙配合,而小振动轴承使用大规格的关节轴承即可。

(4)减振块

振动压路机存在着振动与减振的矛盾,一方面要利用振动轮中偏心质量的旋转产生周期性振动,作用于被振实土壤;另一方面要降低振动轮产生的振动向机架及其他车辆系统上传递,以改善车辆的操纵性能和舒适性能。振动轮与前机架之间的多个橡胶减振器所构成的减振支承系统是振动压路机最重要的减振环节,它既影响振动轮的工作状态,又影响振动轮振动激励以及路面不平度激励向车辆系统的传递。

振动压路机的振动轮根据是否传递驱动力矩又有驱动型和从动型之分,从而使振动轮与前机架之间的橡胶减振器具有不同的布置形式,如图 8-13 所示。

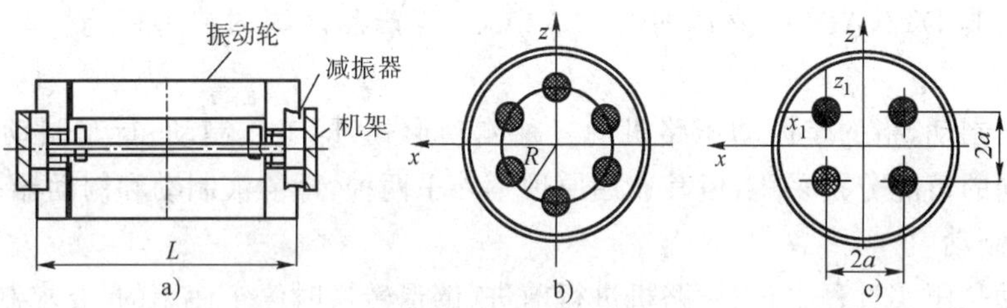

图 8-13　减振块

a)减振器布置;b)辐射型;c)平置型

辐射型布置的单个橡胶减振器除承受振动轮振动外,还要传递驱动力矩至振动轮,使振动轮处于驱动行驶状态,减振支承系统组成一个庞大的弹性联轴节,故只能采用圆截面的橡胶减振器。

平置型布置的橡胶减振器不传递振动轮行驶驱动力矩,橡胶减振器可采用圆截面或矩形截面形式。

四、转向与制动系统

1. YZ18C 型压路机转向系统

YZ18C 型压路机采用液压转向系统,主要由转向齿轮泵、全液压转向器、转向油缸和压力油管等组成。液压转向系统安装在后车架上,通过转向油缸的伸缩控制整车的转向。

转向机构采用铰接转向。中心铰接架结构图如图 8-14 所示。中心铰接架由铰接架、轴端挡板、球形轴承等组成。通过它将前后车架铰接成一个整体,可以实现转向、前车架左右摆动。

通过控制转向油缸的伸出长度来控制转向角。机器前后车架之间允许横向相对摆动，摆动角不大于±15°，这样压路机可以在不平整的路面上稳定行驶并确保压实。为了便于保养，球形轴承采用进口的自润滑向心关节球轴承。

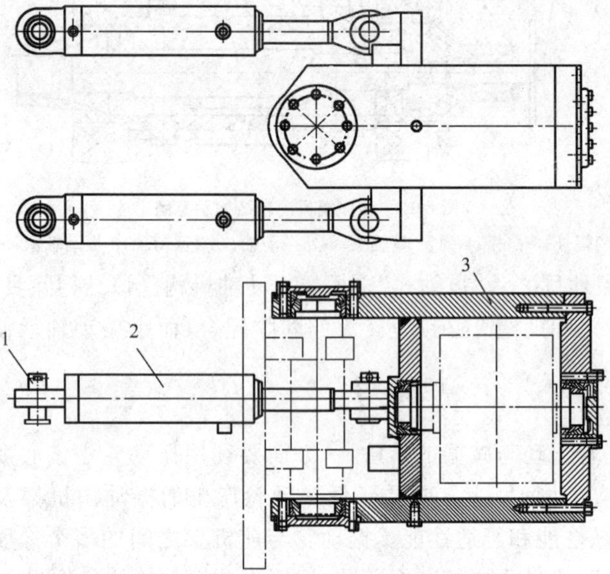

图 8-14 YZ18C 型压路机转向铰接机构

1-销轴；2-转向油缸；3-中心铰接架

2. 制动系统

液压三级制动系统作为一项成熟的技术，在振动压路机上得到了广泛的应用。国外最典型的机型有瑞典 DYNAPAC 公司的 CC21、CC42 等产品。国内典型的有三一的 YZ18C 和 YZC12 等产品。

所谓三级制动，指的是振动压路机的三种制动形式，即工作制动、行车制动和紧急制动。三者根据不同的情况分别采用，但其作用原理不外乎两种，即静液制动和制动器制动。

(1)工作制动

工作制动是压实过程中，在压路机进行前进、倒退转换时停车使用的，要求制动过程平稳，以避免对地面产生破坏。操作过程是将倒顺手柄回中位即行走泵斜盘回零位即可，依据的是闭式液压系统自身的闭锁功能，即静液制动。

(2)行车制动

行车制动则是压路机在较高速度行驶时快速停车使用，要求制动时间和制动距离短，操作过程是先将倒顺手柄回中位，随即按下制动按钮，即静液制动和制动器制动同时作用，制动按钮控制的只是制动电磁阀。

(3)紧急制动

紧急制动是指在非常紧急的情况下，来不及将倒顺手柄回中位，直接按下紧急制动按钮，使压路机在行走过程中强行制动，直至液压行走系统溢流而失去驱动能力并逐渐停车，这一过程完全靠制动器作用。不同的是，紧急制动按钮控制的是整车电路，制动器不仅要克服压路机的运动惯性，而且要克服行走系统的驱动力，这是制动器最恶劣的工况。

三级制动一级比一级制动安全系数高，但对机器的损坏一级比一级严重。这样就要求尽量不要使用紧急制动，少使用行车制动。

五、车架

1. YZ18C 型压路机车架

YZ18C 型压路机车架包括前车架、后车架、中心铰接架三大部分。它们连接成一个铰接整体支撑机器的上部。

(1)前车架

Y218C 型压路机前车架结构图见图 8-15。

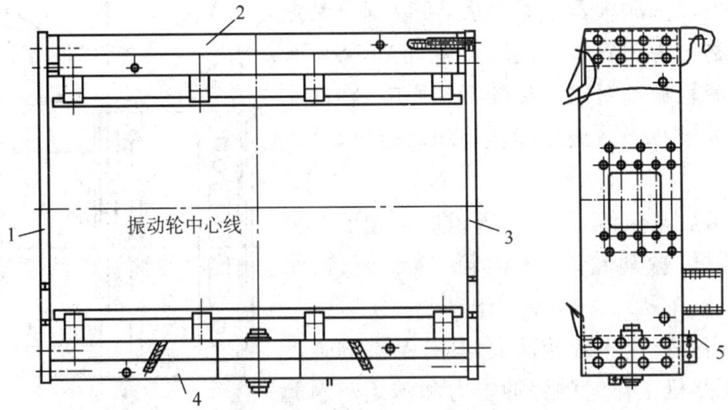

图 8-15　YZ18C 型压路机前车架结构图

1-前框板;2、4-侧框板;3-后框板;5-刮泥板总成

前车架由刮泥板总成、前框板、后框板、两块侧框板等组成。它的主要功能是支撑振动轮总成。前车架为典型的方框结构,采用高强度钢板组合而成,具有足够的强度和刚度抵抗压路机工作时的强冲击力和转矩。刮泥板用于刮下粘在振动轮上的泥土,其前端与振动轮外圆表面的间隙可以调节。

(2)后车架

如图 8-16 所示,后车架由燃油箱、倾翻保护架、液压油箱、液压油箱支架、覆盖件、框架等组成。它的主要功用是支撑发动机和驾驶室,固定后桥。

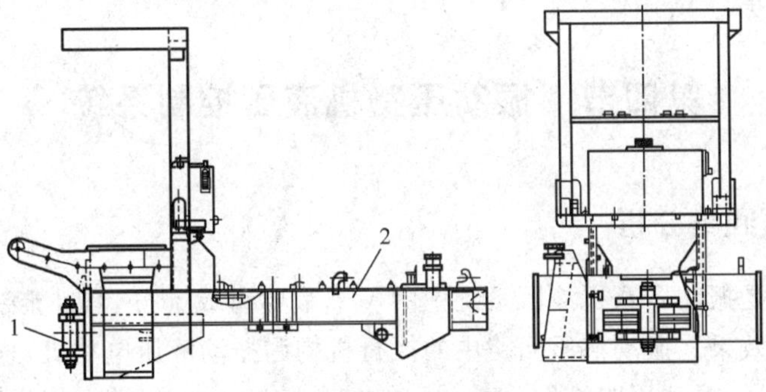

图 8-16　YZ18C 型振动压路机后车架

1-销轴;2-后车架

后车架为一长方框结构,前面是和中心铰接架相连的立轴和前板,后面是燃油箱总成,中间是槽钢架。为了保证强度,薄弱部位采用加强肋加强,且槽钢用封板封成箱形梁结构。底部后桥支板用螺栓和后桥总成刚性连接。为了减小振动产生的影响,发动机和后车架之间设有弹性减振块,同时又可方便地将发动机调整到水平位置。

2. YZC12 型压路机车架

车架包括前车架、后车架、中心铰接架三大部分。它们连接成一个铰接整体支撑机器的上部。

(1)前车架

YZC12 型压路机前车架结构图见图 8-17。前车架总成由前车架体、刮泥板等组成。它的主要作用是支承振动轮、驾驶室、前水箱等。前车架采用高强度钢板焊接而成，具有足够的强度和刚度，以抵抗压路机工作时的强冲击力和转矩。刮泥板调整好之后，可以刮下粘贴在振动轮上的杂物。为了安装和运输方便，前车架设有两个吊耳。为了减轻振动对驾驶员的不利影响，在前车架与驾驶室连接处设有起减振缓冲作用的减振块。

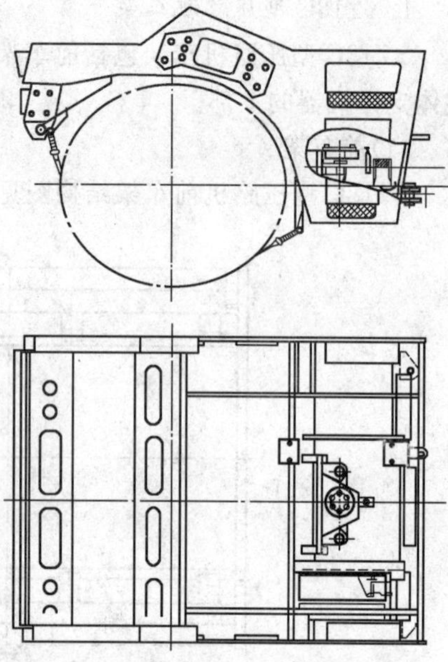

图 8-17　YZC12 型压路机前车架

(2)后车架

后车架总成由后车架体、刮泥板等组成。它的主要功用是支撑发动机、振动轮、液压油箱、燃油箱、后水箱等。

后车架采用高强度钢板焊接而成，具有足够的强度和刚度，以抵抗压路机工作时的强冲击力和转矩。水箱是由模具成型的玻璃钢制品，通过专门的造型设计，外型美观大方。前后水箱的容积共为 2×430L。为了减轻振动产生的危害，水箱与车架连接处还设有减振垫，发动机和后车架之间设有弹性减振块，可方便地将发动机调整到水平位置。

(3)中心铰接架

中心铰接架由双铰接架、轴端挡板、球形轴承等组成。通过它将前后车架铰接成一个整体，可以实现转向、前车架左右摆动的功能。通过控制转向油缸的伸出长度来控制转向角。在最大转向角时，前后车架和中心铰接架不发生干涉。转向机构限位由前铰接限位挡铁实现，蟹行机构限位由后铰接架限位挡铁实现。本机允许前后车架之间有一定的横向相对摆动，摆动角不大于±8°，这样压路机可以在崎岖的路面上行驶。为了保养方便，球形轴承采用进口的自润滑向心关节球轴承。

第四节　振动压路机液压控制系统

一、振动液压回路分析

振动液压回路是振动压路机液压系统中的一个重要组成部分，其性能决定了振动压路机的使用范围和压实效果。振动液压回路中的执行机构为振动液压电动机，直接驱动振动轴(也是振动轮的中心轴)。振动压路机作业时，振动轴带动其上的一组偏心块高速旋转以产生离心力，强迫振动轮对地面产生很大的激振冲击力，形成冲击压力波，向地表内层传播，引起被压层颗粒振动或产生共振，最终达到预期的压实目的。对于不同的压实材料和铺筑层厚度，应该采用不同的振动频率和振幅，从而产生适当的激振力以及压实能量，以达到最佳的压实效果。研究表明，对于路基的压实，频率选用范围为 25～30Hz，振幅范围为1.4～2.0mm。对于粒料及稳定土基层和底基层，频率范围为 25～40Hz，振幅范围为0.8～2.0mm。而对于沥青面层的压实，两者范围分别为 30～55Hz 和 0.4～0.8mm。根据压路机振动系统的调幅调频性能，本文将常用振动压路机的振动液压回路分为四种：单幅单频、双幅单频、双幅双频和双幅多频（无级调频）。以下对这几种常用的振动式压路机的振动液压回路进行分析。

1.单幅单频

（1）YZ14 型振动压路机及其改进型的振动回路分析

YZ14 型振动压路机是国内某建筑机械厂生产的铰接式振动压路机，其振频为 30Hz、振幅为1.74mm，为低频高幅振动压路机，适用于基层压实作业。该机型振动液压回路如图 8-18 所示。振动液压泵为齿轮泵，振动液压电动机为齿轮电动机。二位二通电磁阀 5 动作时，启动振动液压电动机 2，开始振动。由于偏心块为固定不可调式，压路机只能单幅振动。振动轮停振时，液压油经溢流阀 3、电磁阀 5 卸荷，压力损失较大。为了扩大 YZ14 的适用范围，该厂又对原机型的振动液压回路进行改进。它在原来的振动液压回路中增加了辅助振动液压泵 2 和电磁阀 3。电磁阀 3 得电时，泵 1 与泵 2 合流，增大了振动电动机 4 的流量，从而将振动频率提高到 40Hz。振幅则通过在原偏心块的反偏心方向上用螺栓连接一定质量的钢块，以减小原偏心块的偏心力矩，将振幅由 1.74mm 降至 0.5mm。改进后的机型变成双幅双频，不仅可以压实基层，还可以压实路面。

（2）SP-60D 型振动压路机振动回路分析

SP-60D 型铰接式振动压路机是美国英格索公司生产的一种大型全液压振动压路机，主要用于矿山、堤坝和高速公路等大型路基工程的压实作业。其振幅为 3mm，振频为 25Hz。振动偏心块为固定不可调，因此也只有单一振幅。如图 8-19 所示，其振动回路为双向变量液压泵与双向定量液压电动机组成的闭式回路。振动时，可根据行车方向，通过电磁换向阀 6 改变泵 1 的流量方向，从而改变偏心块的转向，使其与行车方向一致以获得最佳压实效果。

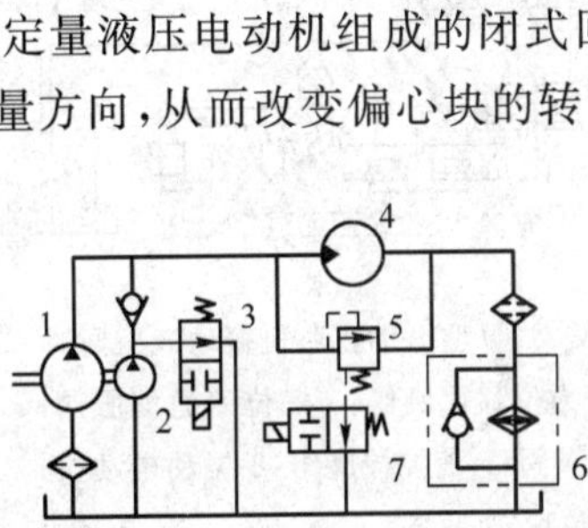

图 8-18　YZ14 型振动压路机振动液压回路

1-振动液压泵；2-辅助振动液压泵；3、7-电磁阀；4-振动液压电动机；5-溢流阀；6-散热器

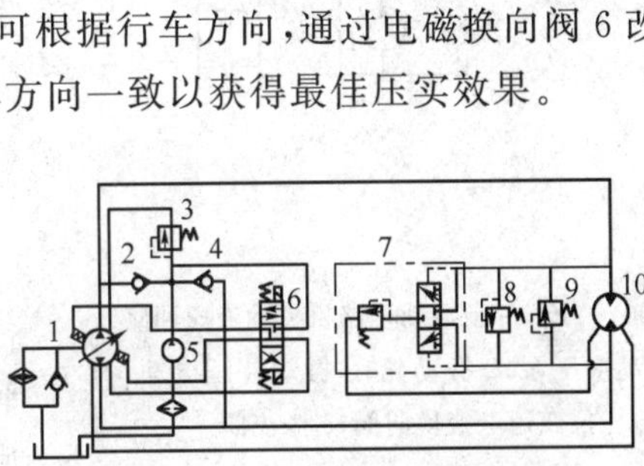

图 8-19　SP-60D 型振动压路机振动回路

1-振动液压泵；2、4-补油泵；3-溢流阀；5-辅助泵；6-三位四通电磁阀；7-液控梭阀组；8、9-过载阀；10-振动液压电动机

2.双幅单频

YZ10G 型振动压路机高振幅为 1.67mm，低振幅为 0.78mm，能满足土方工程中非黏性和半黏性土壤的压实要求。这种振动压路机采用质量调节式偏心块调幅机构，通过改变振动轴即振动液压电动机的旋转方向来改变偏心块的偏心质量和偏心矩，从而获得两种不同的振幅。其振动液压回路较简单，为单向定量液压泵和双向定量液压电动机构成的开式回路，如图 8-20所示。电液换向阀 4 为振动系统的起振阀，控制振动液压电动机 3 的转向，从而获得两种不同的振幅。由于该回路的振动液压泵 1 为定量泵，因此只有单一的振动频率。另外，停止振动时，H 型电液换向阀 4 回中位，由于振动液压电动机 3 进、回油路相通，惯性作用使振动电动机不能立即停下，因此振动轮会有余振，在被压实材料表面上产生压痕。所以，该类振动压路机一般用于基层压实作业。

3. 双幅双频

振动压路机中很多型号采用双幅双频的振动系统。该种振动压路机的振动液压回路常为双向柱塞变量泵与双向定量电动机组成的闭式回路。其变幅装置同 SP—60D 型一样,也为质量调节式偏心块调幅机构。通过改变振动液压泵的进、出油方向来改变振动液压电动机的转向,从而获得两种不同的振幅。变量泵在改变进、出油方向时,对应不同的排量。因此振幅改变时,振动电动机转速也不同,振动系统获得不同的振频。高振幅时,电动机为较低转速(低振频);低振幅时,电动机为较高转速(高振频)。

(1)BW217D 型振动压路机振动回路分析

BW217D 型全液压振动压路机是国内某建筑机械厂引进德国 BOMAG 公司的技术生产的一种单钢轮、全轮驱动的全液压振动压路机。该机型压实能力强,具有双幅双频,其低振频为 29Hz,高振频为 35Hz;高振幅为 1.66mm,低振幅为 0.91mm,其振动液压回路如图 8-21 所示。在该回路中,来自辅助泵 11 和来自转向油泵的液压油(转向装置不工作时)在 A 点合流,经过一个精滤油器后又在 B 点分为两路,一路至行走轮制动装置以及行走液压发动机变量装

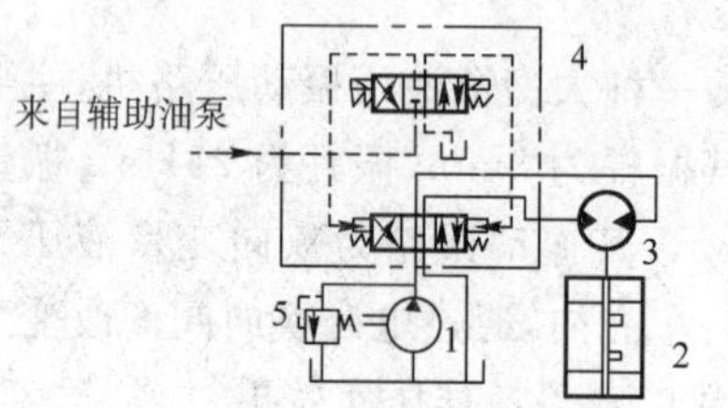

图 8-20 YZ10G 型振动压路机振动液压回路

1-振动液压泵;2-振动轮;3-振动液压电动机;4-三位四通电液换向阀;5-溢流阀

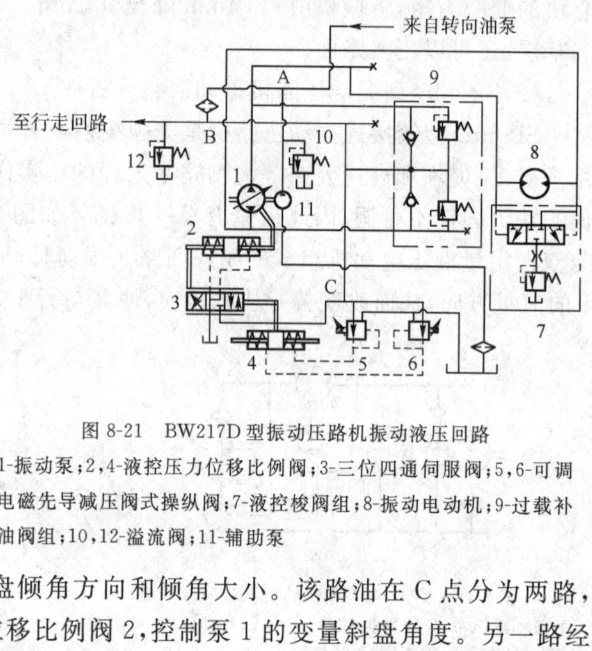

图 8-21 BW217D 型振动压路机振动液压回路

1-振动泵;2,4-液控压力位移比例阀;3-三位四通伺服阀;5,6-可调电磁先导减压阀式操纵阀;7-液控梭阀组;8-振动电动机;9-过载补油阀组;10,12-溢流阀;11-辅助泵

置;另一路则控制振动液压泵 1 的变量斜盘倾角方向和倾角大小。该路油在 C 点分为两路,一路通过三位四通伺服阀 3,至液控压力位移比例阀 2,控制泵 1 的变量斜盘角度。另一路经过可调电磁先导减压阀式操纵阀 5 或 6 减压后,至液控压力位移比例阀 4,控制伺服阀 3 的工作位。操纵阀 5 的电磁线圈通电时,阀 3 工作在右位,泵 1 的变量斜盘倾角为正;操纵阀 6 的电磁线圈通电时,阀 3 工作在左位,泵 1 的变量斜盘倾角变为负;两者都不通电时,阀 3 工作在中位,泵 1 的变量斜盘倾角为零。这样,通过控制操纵阀 5、6 的电磁线圈通电来改变振动泵的流量方向,从而改变液压电动机 8 的转向,获得不同的振幅。同时,当液控压力位移比例阀 2 最终达到平衡后,变量斜盘倾角为正或负时,大小不同,从而变量泵对应不同排量,即振动装置在不同的振幅下对应不同的振动频率。回路中,与振动液压电动机并联的液控梭阀组 7 除保证有足够背压值满足振动液压电动机(内曲线径向柱塞式油电动机)结构要求外,当回油背压超过阀组中溢流阀额定值 1MPa 时,振动液压电动机回油道将通过阀组中的溢流阀节流卸荷,以稳定电动机的转速,防止惯性冲击,提高压实质量。此外,该阀组还能使振动泵和振动电动机组成的闭式回路进行热冷液压油交换,起到降低油温的作用。

(2)YZC12 型振动压路机振动回路分析

YZC12 型是国内一家重工企业生产的全液压、全轮驱动、双钢轮串联式振动压路机，前、后轮均为振动轮。其振动系统为双振幅双振频，其高振幅为 0.75mm，低振幅为 0.37mm；高频率为 50Hz，低频率为 40Hz。振动液压回路如图 8-22 所示。双向定量柱塞液压电动机 7 驱动前钢轮振动偏心块，双向定量柱塞液压电动机 9 驱动后钢轮振动偏心块。前、后轮振动电动机串联连接，通过三位四通电磁换向阀 10 实现前轮单振、后轮单振或前后轮同时振动。当电磁线圈 a 通电时，阀 10 工作在上位，前轮振动电动机 7 被短路，只有后轮振动电动机 9 工作，因此后钢轮单振；电磁线圈 b 通电时，阀 10 工作在下位，后轮振动电动机 9 被短路，只有前轮振动电动机工作，因此前钢轮单振；a、b 都不通电时，阀 10 工作在中位，前、后钢轮振动电动机串接，前、后钢轮同时振动。振动电动机旋转方向由振动泵变量斜盘方向控制阀组 3 中的两个电磁线圈控制，以获得两个不同的振幅。其变频原理同 BW217D 型一样。辅助液压泵 6 一方面为振动泵和振动电动机组成的闭式回路补油，另一方面给振动泵变量机构提供控制油。液控梭阀组 11 的作用是对闭式回路中的液压油进行热冷交换，降低油温。

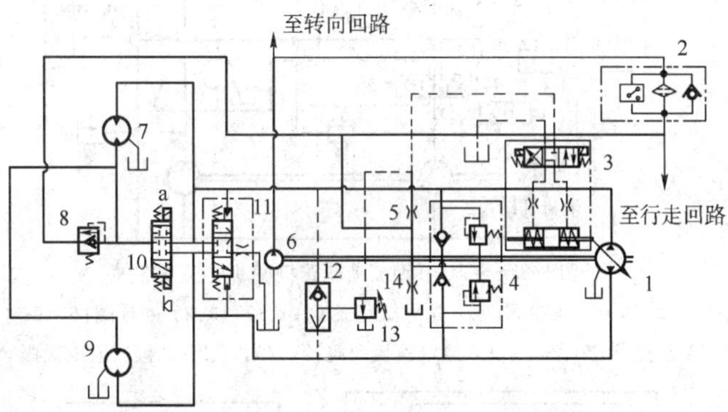

图 8-22　YZC12 型振动压路机振动液压回路

1-振动泵；2-精滤油器；3-振动泵变量斜盘方向控制阀组；4-过载补油阀组；5、14-节流阀；6-辅助泵；7、9-前、后钢轮振动电动机；8-安全阀；10-三位四通电磁阀；11-液控梭阀组；12-梭阀；13-溢流阀

4. **双幅多频(无级调频)**

(1)YZC10 型振动压路机振动回路分析

YZC10 型振动压路机为双钢轮串联式。其前后钢轮均为振动轮。振动液压回路如图 8-23所示。前轮振动泵 1 与后轮振动泵 5 为双联泵。前、后轮的振动回路相互独立，且结构对称。因此，可以根据工况的需要选择前、后振动轮同时振动或单独振动。由于两个回路完全对称，只需分析一个即可(以前轮为例)。该压路机的双振幅与前面几种回路一样，通过改变电动机旋转方向来获得。二位二通电磁阀 24、25 的电磁线圈通过电气互锁来控制三位六通电液换向阀 26 的工作位，从而控制前轮振动电动机 6 的启动及旋转方向。因为换向阀 26 的中位为 O 型，当振动电动机制动时，振动电动机会立即停转，振动轮不会有余振，从而压实材料表面不会产生压痕。因此，该类振动压路机可用于表面压实。双向振动电动机 6 两油口上分别并联了节流阀 8、10 通油箱。因此，不管振动电动机旋转方向如何，振动电动机进油路都有部分油通过旁路从节流阀回油箱。调节节流阀，可以改变振动电动机进油流量，实现无级调频。采用这种方式，能实现无级调频，但同时会造成节流损失。

(2)YZ18C 型振动压路机振动回路分析

YZ18C 型压路机是由国内某重工企业生产的一种串联式振动压路机。其振动回路如图

8-24 所示。前、后振动轮的振动液压回路同上面的 YZC10 型压路机的振动回路一样，也为两个独立的液压系统。因此，同样可以根据工况的需要选择前、后振动轮同时振动或单独振动。前、后轮振动液压泵 1、3 排量为电液比例控制，控制压力油由辅助液压泵 2 供给。振动泵排量控制阀组 5、10 的电磁铁线圈的输入电信号发生变化，振动泵排量控制阀组中的三位四通伺服阀两端的压力跟着发生改变，使伺服阀芯产生位移，从而改变振动液压泵 1、3 的变量斜盘倾角。振动泵排量的改变，导致振动电动机转速改变，由此获得不同的振动频率。当振动泵变量斜盘倾角方向改变时，振动电动机转动方向改变，得到两个不同的振幅。采用电液比例控制获得无级调频，比节流控制要精确，而且节能。

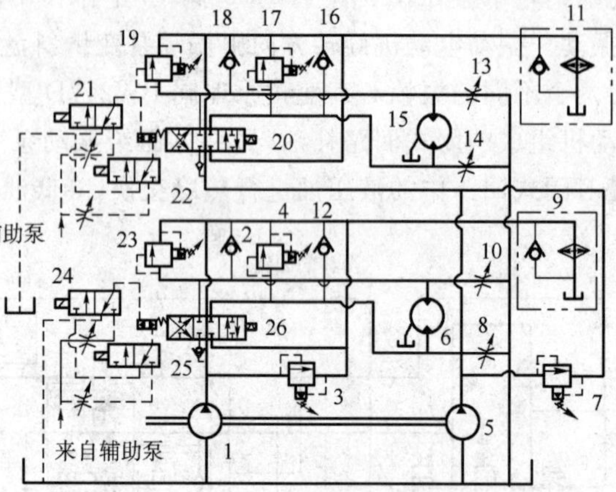

图 8-23　YZC10 型振动压路机振动液压回路

1、5-前、后钢轮振动泵；2、12、16、18-补油阀；3、7-先导式溢流阀；4、17、19、23-过载阀；6、15-前、后钢轮振动电动机；8、10、13、14-节流阀；9、11-散热器；20、26-三位六通电液换向阀；21、22、24、25-二位三通电磁阀

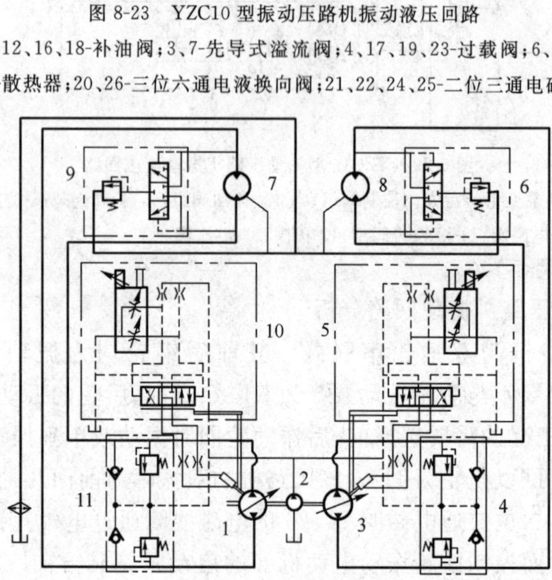

图 8-24　YZ18C 型振动压路机振动液压回路

1、3-前、后钢轮振动泵；2-辅助泵；4、11-过载补油阀组；5、10-振动泵排量控制阀组；6、9-液控背压阀组；7、8-前、后钢轮振动电动机

二、行走液压系统分析

振动压路机是目前国内外工程施工中应用最为广泛的压实机械，具有系统结构简单可靠、振动激振力大、适应范围广、驱动性能好、生产率高等优点。目前振动压路机广泛采用液压驱

动，这不仅大大减轻了操作人员的工作强度，而且使压路机的整机性能有了很大程度的提高，如可以使液压驱动系统实现无级变速，同时使换向更加轻便柔和。其液压系统一般分为液压驱动行走回路、液压驱动振动回路和液压转向回路，其中主要是前两个回路，而且行走回路和振动回路有许多相同之处，搞清了行走液压系统也就搞清了振动液压回路，但许多资料对现代压路机的振动回路进行了分析和总结，而很少有资料对压路机的行走液压系统回路进行分析和总结，因此下面将对当前几种典型的振动压路机的液压驱动行走回路进行分析和总结。

1. 变量泵辅助泵—双定量电动机并联行走液压系统

以美国英格索兰公司生产的 SP-60D/D 振动压路机行走液压系统为代表进行分析。

SP-60D/D 型铰接式振动压路机是美国英格索兰公司生产的一种大型全液压振动压路机，其主要用于矿山、堤坝、机场和高速公路等大型路基工程的压实作业。该机为静液压驱动，液压系统由液压行走回路、液压振动回路和液压转向回路三大部分组成。图 8-25 所示为 SP-60D/D 振动压路机行走液压系统原理图。

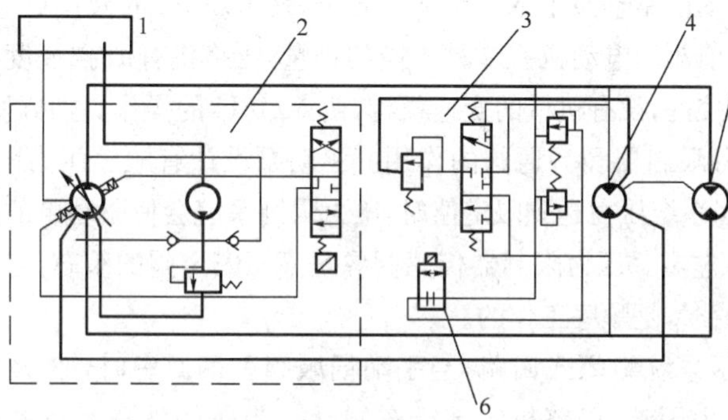

图 8-25　SP-60D/D 振动压路机行走液压系统原理图

1-油箱；2-行走泵总成；3-控制阀组；4-前桥驱动电动机；5-碾滚驱动电动机；6-制动阀

液压行走回路是由一个变量轴向柱塞泵 1 带一个辅助泵和两个并联的定向轴向柱塞电动机 11、12 组成的闭式容积调速回路。该回路可以实现前进、后退、停车及作业速度的无级调速。驱动泵为美国森特公司 24 系列变量泵，排量为 118.6cm^3/r，转速为 2 370r/min，最高工作压力为 35MPa。前桥驱动电动机 4 为美国森特公司 23 系列定量电动机，排量为 89.1cm^3/r，调整压力为 35.1MPa。碾磙驱动电动机 5 为美国森特公司 23 系列定量电动机，安全阀调速压力为35.1MPa。驱动泵安装在分动箱左侧，由发动机经分动箱带动。碾磙驱动电动机 5 和前桥驱动电动机 4 是并联的，故两个电动机同时由一个控制阀组控制。变量泵调节装置由辅助泵通过三位四通电磁阀供油。辅助泵同时也可向主泵油路供油。前桥驱动电动机经二级变速箱、差速机构和轮边减速器而驱动前轮胎。碾磙驱动电动机经行星减速器驱动碾磙。在前桥电动机 12 上装有过载溢流阀，以实现安全保护和液压缓冲制动。二位二通电磁阀实现驱动轮的制动，换向阀组实现工作压力可调。

2. 变量泵辅助泵—变量和定量电动机并联行走液压系统

以 YZ16H 振动压路机液压驱动行走系统(图 8-26)为代表进行分析。

该压路机是全液压双驱动双振幅双频率振动压路机，主要由驱动泵 7 后驱动电动机和前驱动电动机等组成的闭式回路，前驱动电动机为电控双排量变量柱塞电动机，后驱动电动机为定量柱塞电动机；驱动形式采用高速方案，即由前驱动电动机和行星减速器组成的车轮电动机直接驱动振动轮行走；2 台由后驱动电动机和行星减速器组成的车轮电动机分别直接驱动 2 个轮胎行走；没有分动箱、变速箱和后桥等机械传动部件，结构更紧凑，维修空间更大；3 台行星减速器均带有多片式制

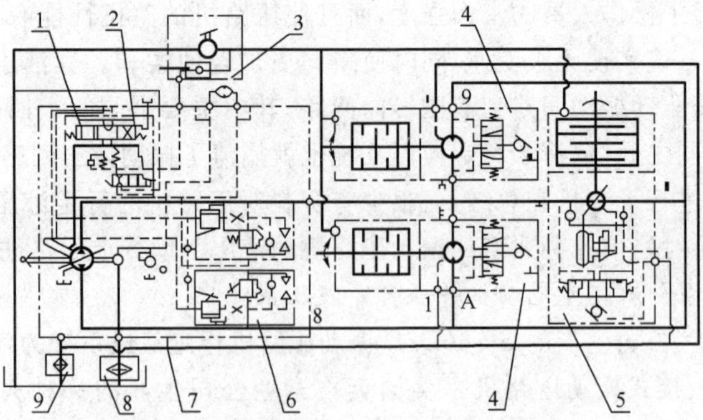

图 8-26　YZ16H 振动压路机液压驱动行走系统

1-手动伺服阀；2-制动阀；3-手动泵；4-后驱动电动机；5-前驱动电动机；6-多功能阀；7-驱动泵；8-过滤器；9-散热器

动器，制动器的松开或制动由驱动泵上的制动阀 2 控制，使 YZ16H 的操作更加安全。通过前驱动电动机上调速阀的作用，前驱动电动机有 2 种不同的排量，压路机有 II 挡速度，适应不同路况的行驶需要；由于调速阀是电控的，没有机械的变速机构，使 YZ16H 的操作更加方便。多功能阀 6 是组合阀，分别起安全阀、压力限制器和旁通阀的作用。驱动泵设计有顺序压力限制系统和高压安全阀，为了限制系统压力，当系统压力达到限定值时，压力限制系统会使驱动泵的柱塞冲程迅速减小，一般的响应时间在 90ms 左右。压力限制器传感阀像是高压安全阀的阀芯，起先导控制作用，因此高压安全阀在压力限定值时，是顺序工作的。

YZ16H 的驱动液压系统为闭式回路，当手动伺服阀手柄回中时，驱动泵斜盘回中，驱动液压系统的高低压油腔产生困油，压路机实现行车制动。当驱动液压系统的压力管路或其他元件损坏造成行车制动失灵并出现紧急情况时，可以采取紧急制动措施，即按下紧急制动开关，制动阀线圈断电，制动器油腔卸荷，起制动作用，压路机实现紧急制动；此时手动伺服阀的供油也被切断，驱动泵斜盘回中，其排量为 0，有效地保护了人机的安全。

YZ16H 可以实现三级制动功能即行车制动、停车制动和紧急制动，能够确保压路机在各种动、静态的有效制动。

3. 变量泵辅助泵—双变量电动机并联行走液压系统

以 YZ18GD 振动压路机液压驱动行走闭式系统(图 8-27)为代表进行分析。

行走泵采用一种高增益的流量控制装置，利用控制手柄输入的机械信号，输出的排量可精确地反复调定。无液压输入信号(如连杆失效、无补油压力)时，控制系统用液压油把伺服柱塞缸端部互相连接起来，自动回中。作为双驱动压路机，两个行走电动机并联分置，要做到两个变量电动机的排量同步地连续变化是很困难的。而它采用双速调节，即相当于装有排量分别为 V_{max} 和 V_{min} 的定量电动机和相同的变量泵的两台装置输出特性的叠加。以满足压实作业时的低速大牵引力和转移工地时的高速小牵引力，两种不同工况的需求。前轮的低速大扭矩电动机可以选用带有液压油槽多盘式制动器，内装低压操纵选择器对电动机作双排量与单排量选择，本身具有很高的静液压制动扭矩。作为工程机械要求电动机上的系统高压溢流阀，开启时间高于工作时间 5% 会导致系统过热。考虑到全液压压路机压实作业时的恶劣工况，我们在液压行走闭式系统上，配置了一个先进的保护装置——多功能阀。它由压力限制器传感阀和高压安全阀组成，两者按顺序工作，安全阀用来限制压力峰值，压力限制器传感阀用来限制系统压力。当压力达限制值时，压力限制器传感阀输出压力油，删除输入排量控制阀的指令，改变柱塞行程减小泵排量，从而弱化系统溢流趋势。而安全阀仅在压力峰值瞬间开启，开启时间短（仅为工作时间 2%），避免了由高压安全阀引起的系统油温过高。

压路机液压行走闭式系统上还设置了坡度开关。作为传统的无级变速装置，主调节元件是泵，电动机排量仅作为辅助调节参量，选用一定量—有级变量电动机，以瞬态特性观察，电动机排量不是随负荷变化的，负荷变化主要反应是系统压力波动，在这种压力耦合系统中，压力仅反映负荷最小电动机需要而增加其转速，负荷较高电动机无法输出足够转矩而转速下降，前后轮速差拉大造成不必要的功率损耗。压路机前进上坡时，后轮负荷变大，为避免前后轮速差加大，利用设置的选择开关，后轮电动机选择大排量，前轮电动机选择小排量，从而减少爬坡时不必要的功率损耗。

4. 单变量泵—双定量电动机并联行走液压系统

以德国 BOMAG 公司生产的 BW141AD 振动压路机的行走液压系统（图 8-28）为例进行分析。

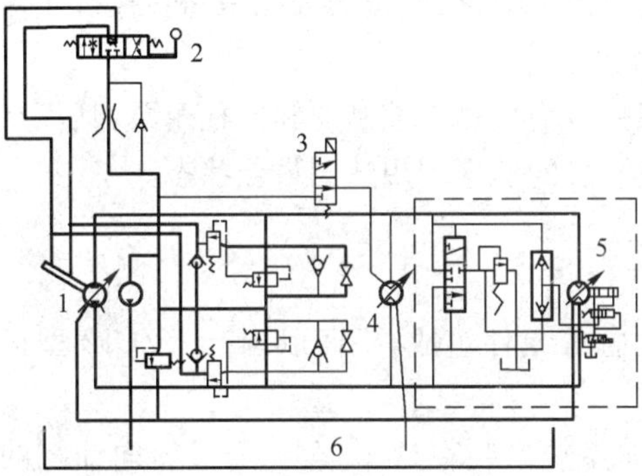

图 8-27　YZ18GD 振动压路机液压驱动行走系统

1-行走泵总成；2-变量控制阀；3-调速器；4-行走电动机；5-行走电动机；6-油箱

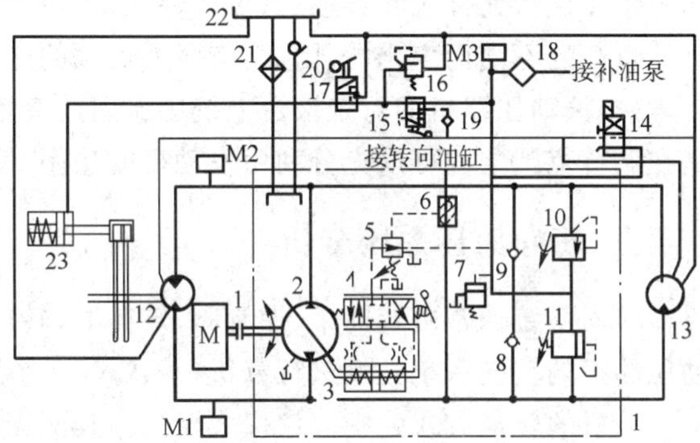

图 8-28　BW141AD 振动压路机的行走液压系统

1-柴油机；2-变量泵；3-伺服缸；4-伺服阀；5-顺序阀；6-梭形阀；7-溢流阀；8、9-补油单向阀；10、11-高压安全阀；12-后轮变量电动机；13-前轮变量电动机；14-速度选择阀；15-拖车阀；16-安全阀；17-紧急制动阀；18-滤油器；19-单向阀；20-保压阀；21-冷却器；22-油箱；23-停车制动器；M1、M2、M3-压力测试点

德国 BOMAG 公司生产的 BW141AD 振动压路机为 6t 铰接式串联振动压路机，该机具有双轮驱动、双轮振动、双方向盘控制转向、无级变速、双振幅、蟹行操作等特点。其行走液压系统是由一个变量泵和两个定量电动机组成的一个闭式液压回路，具有无级变速、恒功率控制和自锁制动等特点。变量泵 2 为斜盘式轴向柱塞泵，变量电动机为多作用内曲线径向柱塞式两极变量电动机，它通过电磁阀的控制可以得到两个排量。在内曲线电动机的配流轴上，设有液控变速换向阀来控制电动机的排量。变速阀的控制油由补油泵供给，通过二位四通电磁换向阀即速度选择阀 14，可选择压路机的 II 挡速度。

在该系统中，当变量泵 2 的操纵杆处于中位时，由补油泵来的控制油被伺服阀 4 截流，伺服缸在中位，斜盘倾斜角为零，此时，压路机处于停车状态；当推拉操纵杆，使伺服阀 4 动作，控制油进入伺服缸 3，使伺服缸的活塞移动，由于活塞杆又与斜盘相连，带动斜盘倾角变化，从而使排量发生变化，实现无级变速。

当由于某种原因，而使变量泵 2 的输出压力升高，闭式油路中高压腔压力增大，这时高压油通过梭形阀 6 作用于顺序阀 5。当作用力大于顺序阀 5 的调制压力时，顺序阀 5 动作使通向伺服阀 4 的控制油路切断，故伺服缸 3 在弹簧作用下动作，使变量泵 2 的斜盘倾角变小，即排量减小，从而实现恒功率控制。

当闭式油路由于泄漏而使油液不足时，通过补油单向阀 8 或 9 向低压管路进行补油，并降低管路中的油温。高压安全阀 10 或 11 是防止系统双向回路中的压力峰值超过所调定的压力而设置的。制动功能由闭式制动器 23 和紧急制动阀 17 来完成。当需要牵引压路机时，通过拖车阀 15 动作，使制动油缸通向转向系统，当方向盘转动时，向制动油缸内提供压力油，使制动解除。另外在制动油路内设有安全阀 16 防止制动油压过高而损坏元件。

5. 结论

通过对以上四种振动压路机的行走液压系统的分析，可以得出如下结论。

(1)振动压路机的行走液压系统大致都是由变量泵、电动机和控制阀组组成的闭式容积调速回路。其优点是系统结构紧凑，泵的自吸性好，系统与空气接触的机会较少，空气不易进入系统，故传动的平稳性好。

(2)振动压路机的行走液压系统一般采用双电动机并联系统，其特点是变量泵的流量是按同时动作执行元件之和选取的，可以保证每一执行元件的进油量；流量的分配是随各执行元件上外负载的不同而变化的，因此，克服外负载的能力加大。

(3)振动压路机的行走液压系统中所用的变量泵一般为恒功率控制的轴向柱塞泵，其优点是在调节范围之内可以充分利用发动机的功率，使发动机的功率利用达到最佳状态。

三、转向液压系统分析

转向系统通常由转向泵、控制阀、转向器、转向油缸等元件组成，下面以国产 YZC12 型振动压路机的转向系统为例进行分析。

该机的转向方式为中心铰接式转向。其液压转向系统安装在后车架上，通过转向油缸的伸缩使得前、后车架绕中心铰接架发生相对转动，从而实现整车的转向。最大转向角度为 ±35°。该机还在铰接转向机构处增加了一对侧向油缸(蟹行机构)。贴边压实作业时，如果操纵蟹行机构，前、后轮纵向中心线最大偏差可达 170mm。

图 8-29 为该机液压转向系统原理图。动力源为图中的齿轮泵 7，排量为 19ml/r。该泵通过齿轮箱 4 与柴油机相连接。泵 7 除了将柴油机动力传递给转向油缸 17、18 外，还可与辅助泵合流，为振动、行走回路提供控制油以及补油，同时该泵也是转向系统附属机构—蟹行机构液压回路(图中未画出)的压力源。液压转向系统除动力源外，还有优先阀 1、全液压转向器 2 和转向液压油缸组 3 三大部分。

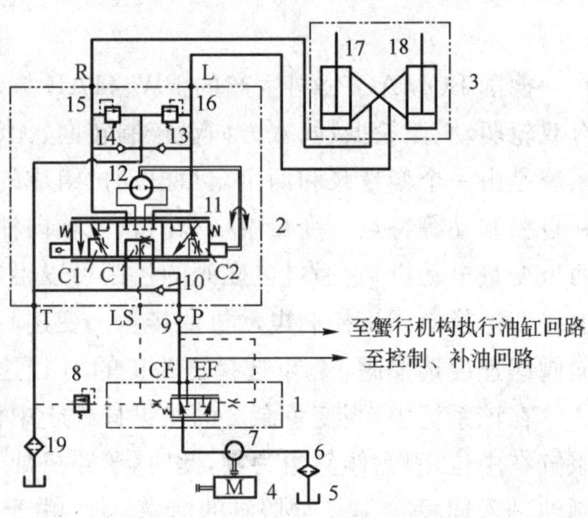

图 8-29 YZC12 型振动压路机液压转向系统原理图

1-优先阀；2-全液压转向器；3-转向液压油缸组；4-变速箱；5-油箱；6-粗滤油器；7-转向液压泵；8-溢流阀；9、10-单向阀；11-随动转阀；12-计量电动机；13、14-补油阀；15、16-双向缓冲阀；17、18-转向液压缸；19-精滤油器

优先阀 1 为液控二位三通阀，阀芯两端通过节流口分别与 CF 阀口和全液压转向器 2 的 LS 口相通。阀芯的平衡位置由它一端的可调式弹簧的调定力和阀芯两端液控油压力差来决定。全液压转向器 2 属中位开心无反应型，包括随动转阀 11、计量电动机 12、单向阀 10、补油阀 13、14 和缓冲阀 15、16 等部件。阀芯、阀套和阀体构成随动转阀 11，控制液压油的流动方向。方向盘通过结合块与阀芯连

接。内啮合式摆线齿轮啮合副构成计量电动机 12,其中外齿轮为转子,通过联动轴、弹簧片组与阀芯、方向盘联动;内齿轮为定子,用螺纹固定在阀体的下端面。当转向油缸受到瞬时冲击力时,缓冲阀 15 或 16 打开,使高压腔卸油,并通过补油阀 13 或 14 向油缸的真空腔补油。

液压转向系统工作原理如下:压路机动力源——柴油机启动,如果此时全液压转向器处于中位(即方向盘不转,弹簧片弹力使阀芯和阀套对中,随动阀处于中位),压力油通过随动阀中位 C 节流口流回油箱,此时优先阀两端液控油压差高于弹簧调定力,其 EF 阀口开大,CF 阀口关小。此时,泵 7 压力油绝大部分与辅助泵合流,为其他回路提供控制油、补油。动力转向,方向盘向左或向右转动时,全液压转向器的阀芯和阀套之间产生相对位移,压力油从 P 口进入转向器,通过变节流口 C1 或 C2,进入计量电动机。此时,压力油推动计量电动机的转子随方向盘转动,将定量的液压油从 L 或 R 口压入左转向缸 18 下腔和右转向缸上腔,或左转向缸 18 上腔和右转向缸下腔,回油流回油箱。这样,左转向缸活塞杆伸出、右转向缸活塞杆收缩,或者左转向缸活塞杆收缩、右转向缸活塞杆伸出,从而实现左右转向。阀芯和阀套间转动角度越大,变节流口 C1 或 C2 开度就越大,优先阀两端控制油压差因此减少,使得优先阀的 CF 口开大,增大了进入转向器的油流量。当转向液压缸到达行程终点时,如果继续转动方向盘,负载压力迅速上升,溢流阀 8 开启。优先阀两端液控油压力差变大,其 EF 阀口开大,进入转向器流量减少。人力转向(柴油机熄火)时,靠人力操纵方向盘,进行转向。这时,计量电动机 12 起手动泵作用,与两油缸形成闭式回路,实现人力转向。液压缸进、排油腔容积差通过单向阀 10 从油箱补充,多余的液压油则排回油箱。

第九章 稳定土拌和机

第一节 概 述

一、功用

稳定土拌和机是一种旋转式加工稳定土材料的拌和设备。它是将土粉碎并与稳定剂(如石灰、水泥、沥青、乳化沥青或其他化学剂等)均匀的拌和,用以修筑道路、机场、城市建筑等设施的基础层拌和施工,亦可用于土的拌和及旧路面翻新的破碎作业,以上这种施工的工艺方法叫做路拌法。

路拌法的施工由于就地取材,施工简便,成本低廉,有厂拌法不可取代的优点。现场施工经验表明,对灰土、灰砂小颗粒等稳定材料,经过性能良好的拌和机1～2次的拌和作业,一般都可以达到质量要求。但目前国内一些粉料撒布机的性能均不够理想,所以靠人工作业的方式完成粉料即干稳定剂的撒布,其均匀性很难达到要求,这就影响了拌和机的使用效果。由于配合机械的缺陷,影响了该设备在路面上的使用。相信在不久的将来,配套机械一定会得到解决,路拌法将会得到更广泛的应用。

二、工作原理及分类

稳定土拌和机由基础车辆和拌和装置组成。拌和装置是一个垂直于基础车辆行驶方向水平横置的转子搅拌器,通称拌和转子。拌和转子用罩壳封遮其上部和左右侧面,形成工作室,如图9-1所示。车辆行驶过程中,操纵拌和转子旋转和下降,转子上的切削刀具就将地面的物料削切并在壳内抛掷,于是稳定剂与基体材料掺拌混合。

稳定土拌和机的主要功能是对土进行破碎,并使土与稳定剂均匀拌和,这一过程是在由转子罩壳构成的工作室里,通过转子的高速旋转来完成的。根据作业对象的不同,选用的转子旋转方向也不同(即正转或反转):当在较松软的土层上进行拌和作业时,一般采用正转方式,即旋转的刀具从土层表面开始自上而下进行切削、破碎与拌和;当在坚硬的土层上进行拌和作业或铣削旧沥青混凝土路面时,多采用反转方式,即旋转刀具从土层的底部自下而上进行切削、破碎与拌和。下面分析将稳定剂(石灰或水泥)已铺撒在土层上时稳定土拌和机的作业过程。

从图9-2可以看出,正转时高速旋转的刀具从土层上切下一块很薄的月牙形土屑,并把它抛向罩壳,这就是切削破碎过程;抛出的土以一定的力量碰撞罩壳壁,随后向四下飞散开,其中一部分土颗粒被粉碎;也有部分土颗粒再次与刀具相碰,或互相碰撞,这一过程被称为二次破碎;也有部分与罩壳碰撞后飞散开的土颗粒和沉落下来的土颗粒被刀具带起并抛向转子上部的罩壳壁B区内,其中有部分土颗粒逐渐向前,置于A区并形成前长条土堆;位于A区的土将再次受到转子刀具的冲击、切削。以上的过程反复进行多次,土颗粒被破碎得很细,并与稳定剂均匀拌和,最后大部分土颗粒因失去速度而沉落在地面上,此时土因疏松而体积增大,并在罩壳后壁下面C区形成圆形土堆，经罩壳拖板下缘刮平、整形，形成一条具有一定厚度、且表面平坦的稳定土带层。

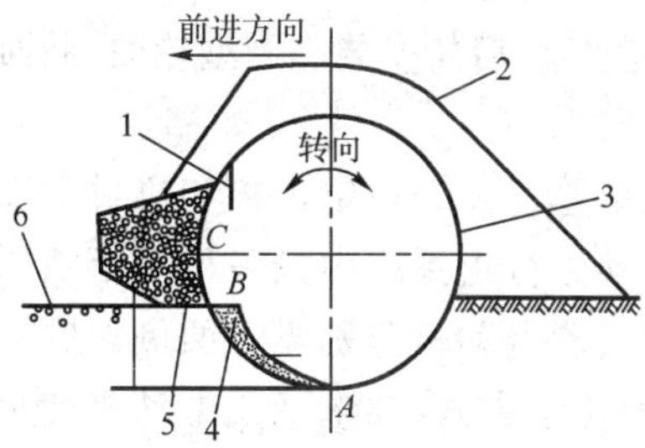

图 9-1 拌和转子工作原理图

1-刀具；2-罩壳；3-转子；4-切屑；5-堆集物料；6-地面

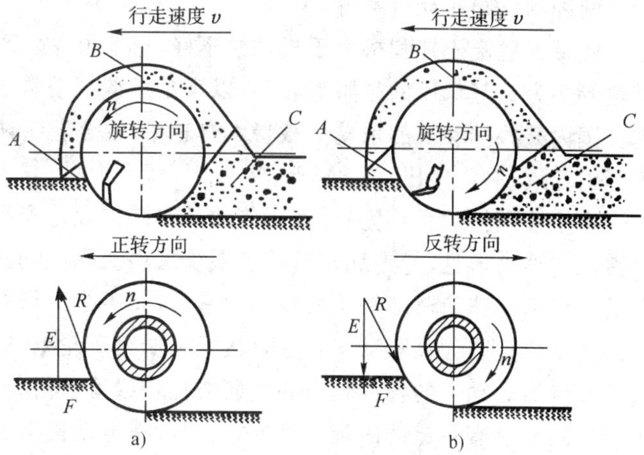

图 9-2 工作转子旋转方向及受力分析示意图

a)正转受力状况；b)反转受力状况

在反转状态，转子刀具从沟底向上切削土，并将切下来的土沿机械前进方向向前抛，在转子前面形成前长条形土堆；在同一作业状态下，长条土堆的尺寸将基本保持不变，并沿土处理路段连续延伸；被切下来的土有相当大的一部分被抛入C区，一部分被向上抛并撞击前壁，和罩壳相碰的土颗粒将向下飞散，而且和刀具相碰的土颗粒将沿转子旋转方向被向罩壳的后壁抛去。可以看出，被处理的土基本上都被拌刀从转子上方抛到C区，经罩壳拖板下缘的刮平、整形，形成稳定土层带。从上述的工作原理分析可知，整个拌和过程是切削和拌和两个阶段，但这两个阶段不是绝对分开的，而是互相交织在一起，并往往是同时发生的。

现代的稳定土拌和机几乎都是单转子工作装置，一般在同一作业带上要拌和两遍，有的甚至要拌和三遍、四遍，这要由机械的性能和工程的性质决定。

根据结构和工作特点，稳定土拌和机可以按以下几个方面进行分类。

按行走部分的形式：分为履带式、轮胎式和复合式(履带与轮胎结合)，如图 9-3a)、b)、c)所示。按转子和行走机构的驱动方式：分为液压驱动式、机械驱动式和混合驱动式(机械、液压结合)。按拌和装置在车辆上安装的位置：分为转子前置式、转子中置式[如图 9-3g)]和转子后置式[如图 9-3h)]。按拌和转子旋转方向：可分为正转转子和反转转子两种。按移动方式：分为自行式、半拖式和悬挂式，如图 9-3d)、e)、f)所示。

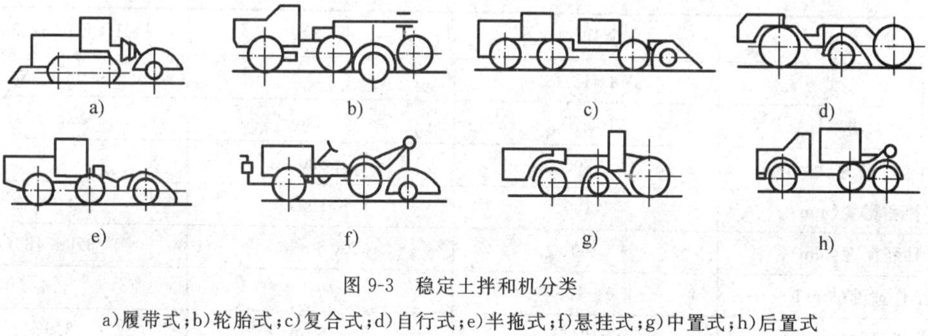

图 9-3 稳定土拌和机分类

a)履带式；b)轮胎式；c)复合式；d)自行式；e)半拖式；f)悬挂式；g)中置式；h)后置式

稳定土拌和机除了具有拌和功能外，国外生产的功能较为齐全的稳定土拌和机还具有撒布计量系统。有的设置液体结合料洒布计量系统，也有的设置粉状材料撒布计量系统，还有兼设这两种洒(撒)布计量系统。

履带式稳定土拌和机由于机动性不好，目前很少生产。现代稳定土拌和机以轮胎式为主，其轮胎多为宽基低压的越野型轮胎，以满足机械在松软土上行驶作业时对附着牵引性能的要求。国内某些拌和机的前轮为载货汽车轮胎，混合花纹，降压使用；后轮安装越野型轮胎，胎面为牵引花纹，胎内气压 0.28MPa。

由于液压技术日趋完善，液压传动具有结构设计布置简单等优点。稳定土拌和机目前以全液压传动为多见，行走和转子拌和系统采用液压电动机驱动。行走系统中只采用一个液压电动机作为变速箱驱动桥总成的动力输入，而不是采用两个液压电动机分别驱动两侧的驱动轮。这主要是因为在驱动车轮上直接安装低速车轮电动机的传动方式，要求液压电动机能承受地面传给驱动轮的各种轴向和径向的复杂载荷且用电动机本身有限数量的排量规格匹配主机扭矩的要求有一定的困难。另外，由于低速电动机出现得比高速电动机晚得多，相对而言没有前者那么成熟，它的效率低于高速电动机，而价格却比较昂贵。基于这些原因，全液压稳定土拌和机目前都采用这种传动布置格局。

前置转子式稳定土拌和机拌和过的作业面残留有轮迹，仅见于早期生产的稳定土拌和机。中置转子式稳定土拌和机没有上述缺陷，且整机结构比较紧凑，但保养维护转子和更换搅拌刀具时不够方便。后置转子式稳定土拌和机的转子保养维护和搅拌刀具的更换较为方便，也不会在拌和过的表面留有作业轮迹，但是这种布置形式需要在拌和机的前方增设配重，因而增加了整机长度和行驶转弯半径。目前常见的转子布置形式后两种都有，其中后置转子式拌和机保有量较大。

稳定土拌和机作业时，拌和转子旋转方向与车轮轮胎前进时的转向相同者称为转子正转；反之称为转子反转。转子正转时，拌和转子从上向下削切土。从转子受力情况看，正转转子切削反力的水平分力与拌和机前进方向一致，减少了行进阻力，有助于拌和机的行走。但是，当遇到地下有较大的拌和障碍物时，切削阻力增加很快，会对转子形成冲击载荷。反转方式的拌和转子由下向上翻起土进行切削，其切削阻力比正转方式小。在破坏旧的沥青混凝土路面或翻修硬的基层作业中，切削阻力很大，这时采用反转方式为合理。由下向上翻时，切层由薄变厚，阻力平稳增加，这样可以减少冲击载荷，使得工作比正转转子平稳些。从反转转子受力分析中可以看出，转子切削阻力的水平分力与拌和机行进方向相反，因而整机消耗功率较大。几种稳定土拌和机性能比较见表 9-1 所示。

稳定土拌和机性能表 表 9-1

项　目		WBL21	WB210	HPH100GS30b
发动机	型号	WD615.6B		GWC$_8$V-71
	功率(kW)	165.44	117.65	223.53
	转速(r/min)	2 200	1 800	210
拌和宽度(mm)		2 100	2 100	2 005
拌和深度(mm)		400	100～300	370～485
工作速度(km/h)		0～1.5	0～1	1.4
行走速度(km/h)		0～24.5	0～5.5	3.93

续上表

项　目	WBL21	WB210	HPH100GS30b
质量(kg)	13 000	15 500	13 850
外形尺寸(L・B・H)(mm)	8 020×3 185×3 350	6 633×2 830×2 332	8 535×3 050×2 565
转鼓直径(mm)	1 250	1 000	1 220
刀排数×每排刀数	12×6	12×4	12×6
转鼓转速(r/min)	0～139	137～164	150～280
拌和转子数(个)	1	1	1

三、特点及其发展

1.特点

稳定土拌和设备分为路拌和厂拌两种形式。路拌设备也称稳定土拌和机,它是指在专用机械底盘上加装拌和装置来进行稳定土拌和作业的专业机械,具有机动性强、节约运输成本、较犁耙联合作业生产率高及拌和均匀度较高等优点,但与高等级公路的施工规范技术条件要求相比,稳定土拌和机械还存在不足之处。

2.发展方向

(1)继续研究、开发新的机型,如370kW以上的、可以进行全断面拌和作业的稳定土拌和机;工作装置采用中间悬挂的稳定土拌和机等。

(2)加强拌和刀具的几何形状及耐磨材料研究,以适应拌和各种稳定土材料并延长刀具的使用寿命。

(3)提高加工制造、装配、外观等的质量,确保机械的可靠性,增强产品的竞争能力。

(4)加强人机工程学的研究,降低机械噪声,改善驾驶员及其周围的工作环境。

(5)加强国内工程机械基础部件及传动系统的开发,为研究新机种、新机型打好基础。

(6)加强稳定土拌和机配套机械设备(如粉料撒布机)开发、研究,提高稳定土基层的施工质量。

(7)广泛采用先进的自动控制技术。例如,功率自动平衡装置、稳定剂自动喷洒比例系统以及深度自动检测装置等都将得到广泛应用,使稳定土拌和机的性能完善、操作方便。

(8)如逐渐向多功能方向发展。同一台稳定土拌和机,既可进行一般的灰土拌和,又能进行铣刨、破碎及旧路再生等作业;装备有液体喷洒装置,可从输料车上将水、乳化沥青、石灰浆等添加材料精确地喷洒到转子罩壳内,与拌和材料均匀混合,特别适合于旧路再生作业。随着工业发达国家公路干线或高速公路的完成,旧路面翻新量日趋增多,因此要求稳定土拌和机不仅能完成稳定土拌和作业,还应具备类似沥青路面的铣刨、再生以及挖沟等功能,实现一机多用,提高稳定土拌和机的设备利用率。

(9)进一步完善稳定土拌和机的功能。在大功率的稳定土拌和机上采用转子侧移装置,便于路缘、弯道、路肩等的拌和、铣刨作业。在转子罩壳上安装振动尾板,使拌和后的材料得到预压,并可减少水分的挥发,便于下一步压实作业。

(10)稳定土拌和机的安全性。主要指提高驾驶室的抗倾翻性能等。

第二节　稳定土拌和机总体构造

一、总体构造和主机架

稳定土拌和机的部件结构与作业装置的构造和安装部位可以有不同的型式，但稳定土拌和机均由主机和作业装置两个基本部分组成。有些稳定土拌和机还设置了稳定剂洒布计量系统。图 9-4 示出了现代筑路机械工程中广泛使用的稳定土拌和机。

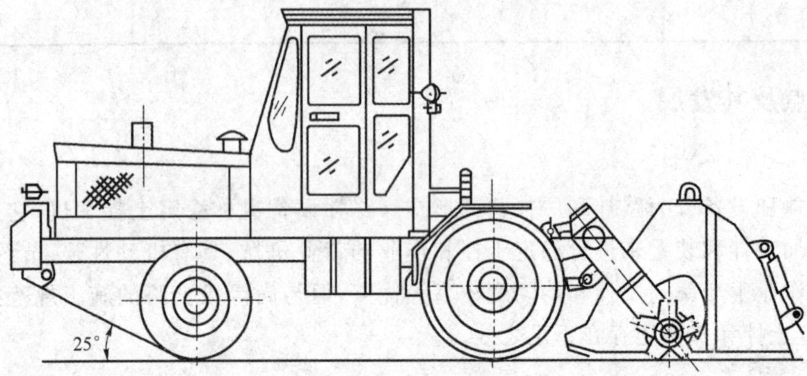

图 9-4　稳定土拌和机

主机是稳定土拌和机的基础车辆，其组成部分包括发动机和底盘。底盘作为拌和作业装置的安装基础，它由传动系统、行走驱动桥、转向桥、操纵机构、电气、液压系统、驾驶室、翻滚保护架以及主机架等部分构成。各个部分均安装于主机架上。

主机架要求有较强的整体性、较大的刚度和抗扭强度。图 9-5 所示的主机架为整体框架结构，由大梁及横梁焊接而成。大梁是由 25 号槽钢加焊封板而成的箱体结构。主机架前端可以加焊或安装长方形配重箱，配重箱又可作为保险横梁。尾部支座通过转轴与工作装置相连。由于拌和机行驶速度不高，所以采用刚性悬挂。主机架与后桥刚性连接；前桥作为转向桥与机架的连接方式采用摆动桥铰接式连接，使前桥可以相对车架上下摆动，以适应在地面不平条件下行驶。

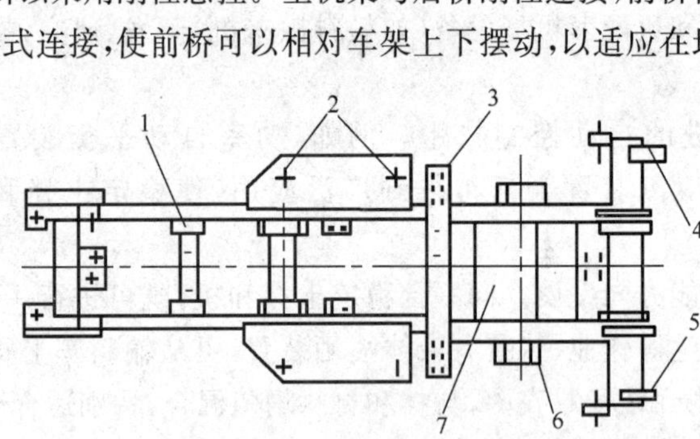

图 9-5　主机架结构

1-前桥支架；2-驾驶室安装座孔；3-滚翻保护架安装座；4-拌和装置安装架；5-铰接支座；6-储气筒安装座；7-后桥支架

二、动力传动系统

现代稳定土拌和机传动形式有两种：一种是行走系统和转子系统均为液压传动，称全液压式；另一种是行走系统为液压传动，转子系统为机械传动，称液压—机械式。目前较为普遍地采用全液压式。

全液压式稳定土拌和机的传动原理如图 9-6 所示，其行走路线为：发动机→万向节传动轴→分动箱→行走变量泵→行走定量电动机→两速式变速箱→驱动桥。转子传动路线为：发动机→万向传动轴→分动箱→转子变量泵→转子定量电动机→转子。

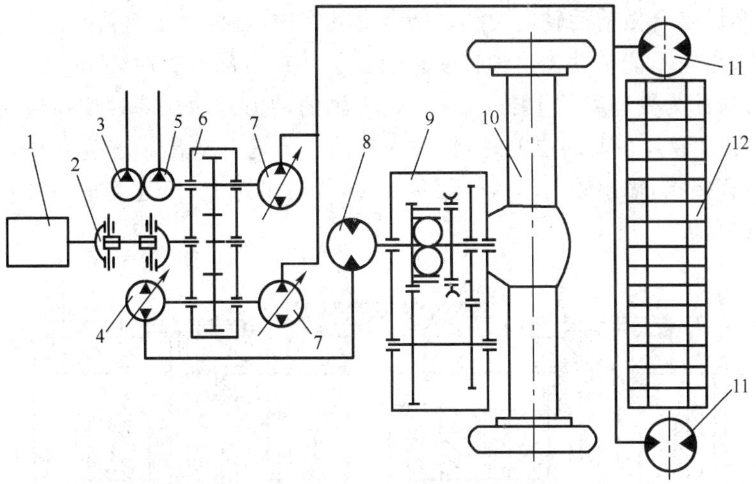

图 9-6　全液压式稳定土拌和机传动原理图

1-发动机；2-万向节传动轴；3-转向油泵；4-行走变量泵；5-操纵系统油泵；6-分动箱；7-转子变量泵；8-行走定量电动机；9-变速箱；10-驱动桥；11-转子定量电动机；12-转子

液压—机械式传动系统如图 9-7 所示。美国 REXNORD 公司生产的 SPDM-E 稳定土拌和机采用这种动力传动方式。其行走传动系统与上述全液压式的行走传动系统类似，为液压式；而转子传动系统为机械式，其传动路线为：发动机→离合器→变速箱→两级万向节→换向差速器→传动链→转子。通过操纵变速箱，转子可以获得两级转速：180 转/min 和 290 转/min，低速用于一般拌和作业，高速用于轻负荷作业和清除转子上的沥青及其他杂物。为了防止拌和作业时遇到大石块和其他硬质材料所产生的太大的负荷对传动系的破坏，在两万向节之间法兰盘上设有安全剪断销。

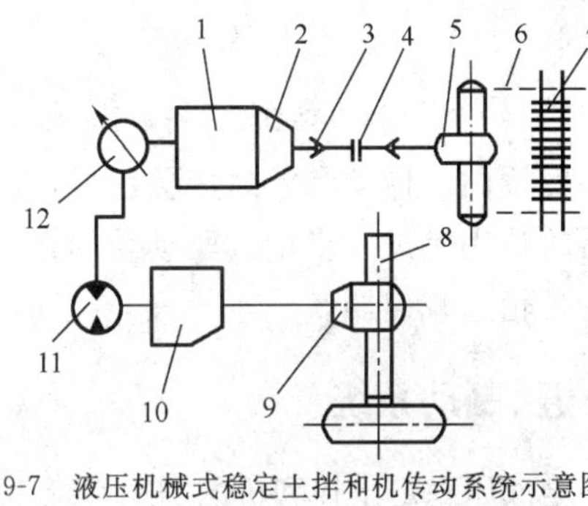

图 9-7　液压机械式稳定土拌和机传动系统示意图

1-发动机；2-二挡变速箱；3-万向节；4-保险箱；5-换向差速器；6-链传动；7-转子；8-驱动桥；9-差速箱；10-二挡变速成箱；11-行走定量电动机；12-行走变量泵

三、分动箱

全液压稳定土拌和机的分动箱将发动机的功率分流，分别传递给转子泵、行走泵和操纵系统油泵。图 9-8 所示的分动箱，为三轴平行式结构。发动机的动力通过万向边轴器输入分动箱，经左、右两个从动齿轮把动力输出。转子泵、行走泵分别通过花键与分动箱连接；双联齿轮泵通过平键与分动箱连接。

四、变速箱—后桥总成

稳定土拌和机变速箱—后桥总成结构原理如图9-9所示。变速箱与后桥装成一体，变速箱输出轴圆锥齿轮即为后轮主传动器的主动齿轮。国内外的拌和机变速箱一般都设计成这种定轴式的两挡结构，采用啮合套换挡。变速箱内的输入轴、中间轴和输出轴，呈平面布置，其中输入轴与输出轴同心。输入轴前端与柱塞式液压电动机连接;输出轴的后端为一小圆柱齿轮(有的为整体式宝塔形齿轮):前部的大圆柱齿轮与输入轴上的圆柱小齿轮常啮合;后部安装的小齿轮与空套在输出轴上的大齿轮常啮合。输出轴上安装着换挡啮合套。啮合套用气动操纵。气缸的活塞杆操纵啮合做前后轴向位移。啮合套处在中位时,为变速箱的空挡,此时输出轴上的大齿轮上的大齿轮不能带动输出轴转动。啮合套处在后部位置时,将输出轴上的大齿轮与输出轴固为一体,此为变速箱的I挡(低速),输入轴的动力经两次降速增扭传到输出轴,其传动比为7.23。啮合套处在前部位置时,将输入轴的小齿轮与输出轴连为一体,为变速箱的II挡(高速),此为直接挡,输出轴与输入轴同步旋转,传动比为1。变速箱的高速挡用于行驶,低速挡用于作业或爬坡。

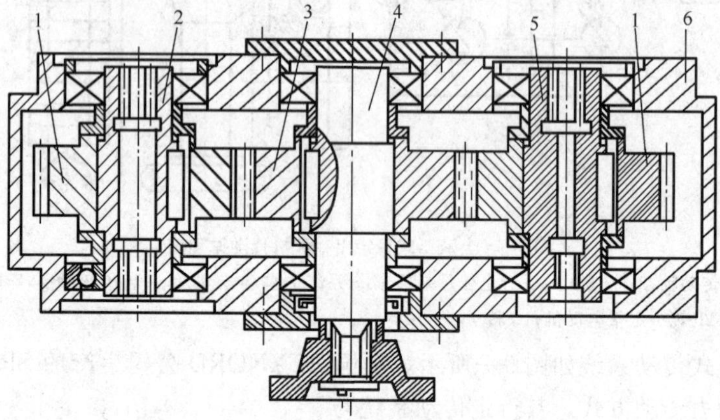

图9-8　分动箱

1-从动齿轮;2-行走泵输出轴;3-主动齿轮;4-输入轴;5-双联泵输出轴;6-箱体

后桥由主传动和差速成器组成,其功用、结构原理与普通轮式车辆的驱动桥无异。轮边减速器的功用是进一步增大驱动轮的扭矩。考虑到结构的紧凑性,稳定土拌和机通常采用行星齿轮式轮边减速器。

五、制动系统

全液压稳定土拌和机的制动系统多采用气压式制动传动装置。WBY210型拌和机气动制动系统的工作原理如图9-10所示。

该制动系统包括行车制动和驻车制动,采用凸轮张开蹄式制动器。制动鼓装在前、后车轮上。凸轮转动一个角度迫使制动蹄张开,压紧制动鼓的内壁,产生制动效果。行车制动用脚操纵,驻车制动为手操纵。行车制动时,前后四个车轮制动器都产生制动作用;驻车制动时,只有两个后车轮制动作用。

制动系统的组成部件有:空气压缩机、油水分离器、压力控制阀、手制动阀、脚制动阀。图中的三位四通阀用来操纵变速箱换挡,虽在气动系统,但不属制动系统。

空气压缩机由柴油机驱动。压缩空气经油水分离器、压力控制阀进入储气筒。压力控制阀使储气筒中空气压力保持在0.68～0.7MPa。油水分离器可把水分和润滑油从压缩空气中分离出来,以免腐蚀气筒及管路中不耐油的橡胶件。

脚制动阀用于接通气路实现制动,当踩下制动踏板一定距离,前后制动气室与储气筒接通,压缩空气进入制动气室;当放开制动踏板后,回位弹簧和橡胶膜片恢复原状,制动气室与大气相通,气室里的压缩空气进入大气,制动解除。制动气室把压缩空气的能量变成为机械元件的直线移动，从而推动制动器的凸轮轴转动，使制动蹄张开，实现制动。脚制动阀是一个随动阀，随着驾驶员踏下制动踏板力量的大小变化，可以改变进入制动气室压缩空气的数量和压力，从而改变制动效果或制动距离。

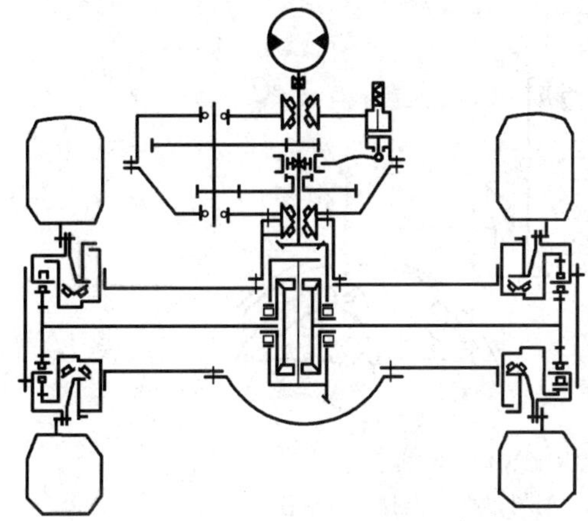

图 9-9　变速箱后桥结构原理图

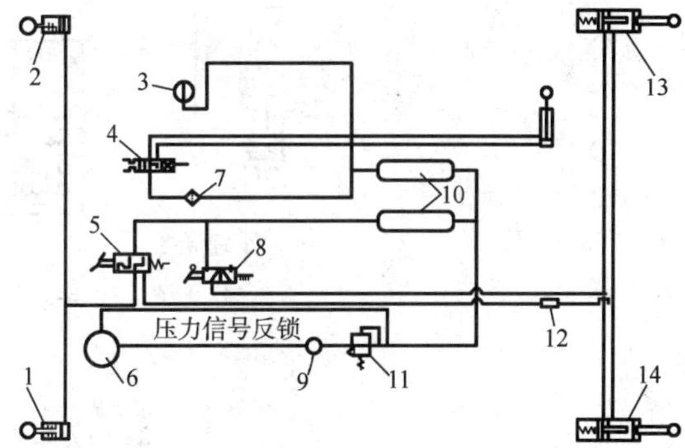

图 9-10　WBY210 型稳定土拌和机制动系统原理图

1-前左制动室；2-前右制动室；3-压力表；4-三位四通转阀；5-制动阀；6-空气压缩机；7、9-油水分离器；8-手制动阀；10-储气筒；11-压力控制器；12-制动灯开关；13-后右双气室制动室外；14-后左双气室制动室

WBY210 型拌和机的制动气室分为两种类型：两个前制动气室，只在脚制动时起作用，其结构和使用要求与载货汽车上的普通制动气室相同；两个后制动气室在脚制动（行车制行动）和手制动（驻车制动）时都起作用，结构和工作情形如图 9-11 和图 9-12 所示。

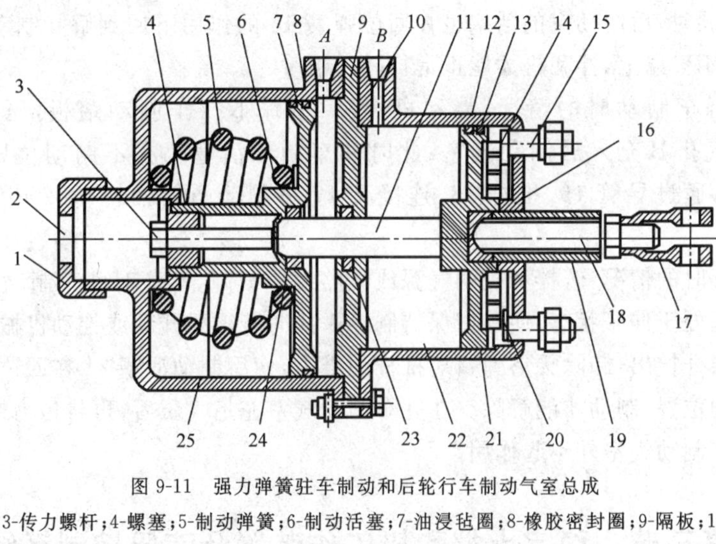

图 9-11　强力弹簧驻车制动和后轮行车制动气室总成

1-防法盖；2-滤网；3-传力螺杆；4-螺塞；5-制动弹簧；6-制动活塞；7-油浸毡圈；8-橡胶密封圈；9-隔板；10 密封圈；11-推杆；12-橡胶密封圈；13-毡圈；14-后制动回位弹簧；15-安装螺栓；16-导管油封；17-连接叉；18-推杆；19-导管；20-推杆座；21-后制动活塞；22-后制动气室；23-密封圈；24-内外密封圈总成；25-驻车制动气室

如图 9-11 所示，这种制动器的制动气室是一个双重作用的综合体。后制动气室 22 和驻车制动气室 25 借隔板 9 隔开。推杆 18 外端通过连接叉 17 与制动器的制动臂相连，其球面端则支靠在和后制动室活塞边为一体的推杆座 20 中。预先压缩的腰鼓形强力弹簧 5 力图使驻车制动活塞 6 保持在驻车制动气室的右部，因而通过推杆将后制动气室活塞回位弹簧 14 压

缩，使制动器产生制动作用。螺塞 4 和活塞 6 的导管用螺纹连接在一起，拧出传力螺杆 3 后可使推杆 11、18 回到左端位置而放松制动。空气经滤网 2 与活塞 6 的左腔相通，以保证在毡圈 7 和密封圈 8 下正常工作。

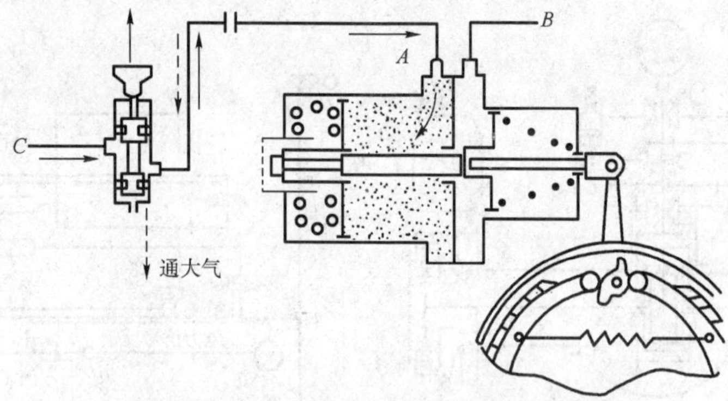

图 9-12 强力弹簧驻车制动器工作原理图

A-与驻车操纵阀相通；B-与行车制动控制阀相通；C-与储气筒相通

后制动气室 22 由行车制动控制阀控制；驻车制动气室 25 侧由驻车制动操纵阀控制。

单独进行驻车制动时的情况：拌和机停驶后将驻车制动操纵阀拉出，驻车制动气室外的压缩空气便被放出，这时 A 孔及 B 孔与大气相通。腰鼓形强力弹簧便伸张，其作用依次经活塞 6、螺塞 4、传力螺杆 3 和推杆 11 将后制动活塞 21 推动位置，并完全压缩后制动活塞的锥形回位弹簧 14。

正常行驶不制动时的情况：拌和机起步之前，应将驻车制动操纵阀推回到不制动位置，使压缩空气自储气筒经通气口 A 充入驻车制动室，压缩腰鼓形制动弹簧，将驻车制动活塞 6 推到不制动位置，同时，后制动室的活塞也在回位弹簧 14 的作用下回到解除制动位置。储气筒的气压达 0.45MPa 以上，拌和机才能正常行驶。

单独进行行车制动时的情况：拌和机行驶中，踩下行车制动踏板，压缩空气便经行车制动阀从通气孔 B 充入后制动气室，此时驻车制动活塞仍在不制动位置；后制动活塞 21 被压向右方，通过导管 19、推杆 18、连接叉 17 将制动凸轮轴转动一定角度，使制动蹄张开。

无压缩空气时的情况：若拌和机的气源或气路发生故障，不能对驻车制动气室充气，则腰鼓形弹簧将永远处于伸张状态，使机械保持制动。此时若需要开动或拖动机械，必须将驻车制动室中的传力螺杆拧出，卸除腰形弹簧对推杆的推力，使后制动活塞 21 在回位弹簧 14 的作用下退回到不制动位置，制动才能解除。在驻车制动气室充足气压后，再将传力螺杆拧入到工作位置，否则，驻车制动气室外不起作用。

第三节 稳定土拌和机工作装置及液压控制系统

一、转子工作装置

稳定土拌和机的主要工作装置是转子装置。它由转子、转子架、罩壳、转子升降油缸、罩壳后尾门启闭油缸等组成，如图 9-13 所示。

全液压稳定土拌和机的转子放置动力来自液压电动机，有两种传动布置形式：一种形式是低速大扭矩液压电动机直接驱动转子。这种传动形式的转子轴端结构如图 9-14 所示。另一种传动形式是液压电动机经过行星齿轮减速器和传动链，降速增扭后将动力传给转子轴，如图 9-15 所示，该示意图中省略了行星齿轮减速机构。

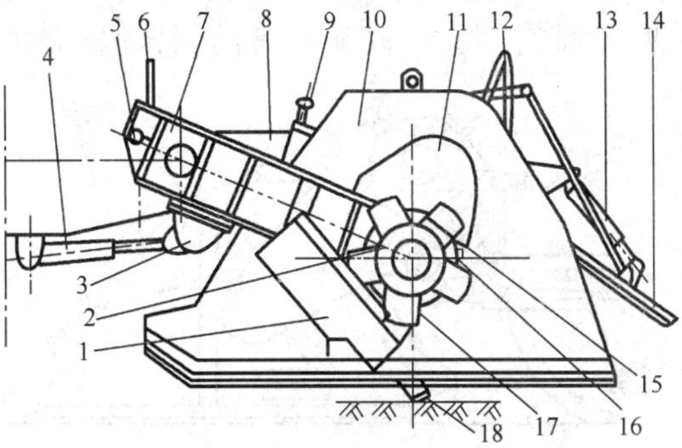

图 9-13　WBY210 型稳定土拌和机工作装置

1-分土器；2-液压电动机；3-举升轴；4-举升油缸；5-保险销；6-深度指示器；7-举升升臂；8-牵引杆；9-调整螺栓；10-罩壳；11-护板；12-尾门开度指示器；13-尾门油缸；14-尾门；15-加油口；16-油面口；17-放油口；18-转子拌刀

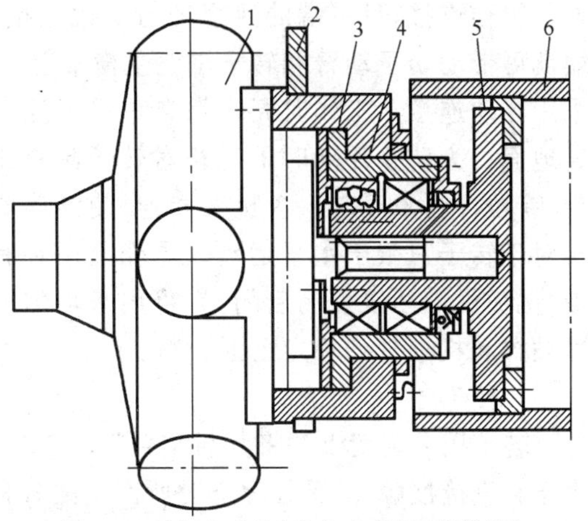

图 9-14　液压电动机直接传动式转子轴端结构

1-电动机；2-转子支架；3-轴承座；4-轴承；5-轴端；6-转子轴

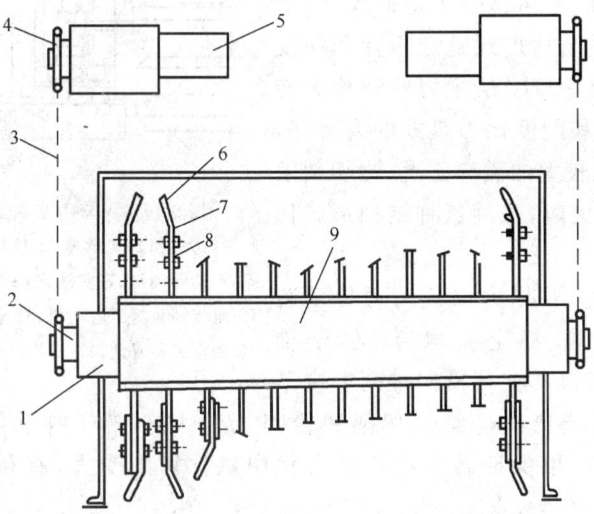

图 9-15　转子轴链传动示意图

1-调心滚子轴承；2-轴颈；3-链条；4-链轮；5-液压电动机；6-弯头刀片；7-刀盘；8-压板；9-转子轴

图 9-16 为 WB240 型稳定土拌和机工作装置。其转子动力传递路线为：液压电动机→行星减速器→链传动→转子。工作装置由转子、转子动臂、转子罩壳等机构组成。转子是一个强度、刚度较大的空心钢管轴，在轴上装有 12 个刀盘，刀盘刚性地固接在轴上，每个刀盘都装有 6 把可更换刀片。转子两端通过转子轴头支承在转子动臂上。转子动臂两端分别安装两个滚动轴承来支承转子。转子动臂由厚钢板焊接而成，并通过两根水平管梁将

左、右转子动臂连为一体，成为转子架。主横梁可以相对支承座转动。转子动臂前上端内侧安装有两个低速大扭矩液压电动机，液压电动机从两侧驱动行星减速器经过链传动带动安装在转子轴上的链轮，从而驱动转子旋转。链传动封闭在转子动臂里，打开动臂的侧板就可以进行维修。转子动臂由一对往复作用式液压缸进行升降，液压缸的一端同主机底盘上的销轴连接，另一端的活塞杆与支架连接；支架刚性地固定在水平横梁上。液压缸的伸缩就可带动转子动臂和转子围绕主横梁上下升降。转子罩壳由钢板焊接而成，与转子之间采用浮动连接。工作时壳体靠自重浮于地面构成一封闭工作室，转子提升时，带动罩壳脱离地面。为防止浮动时罩壳相对转子倾斜或翻转，有拉杆将罩壳与底盘机架相连，使浮动罩壳相对于转子只限于水平运动。罩壳上还装有尾板，尾板由液压缸控制启闭，它可用来均匀地刮平被拌和机处理的稳定土混合料。

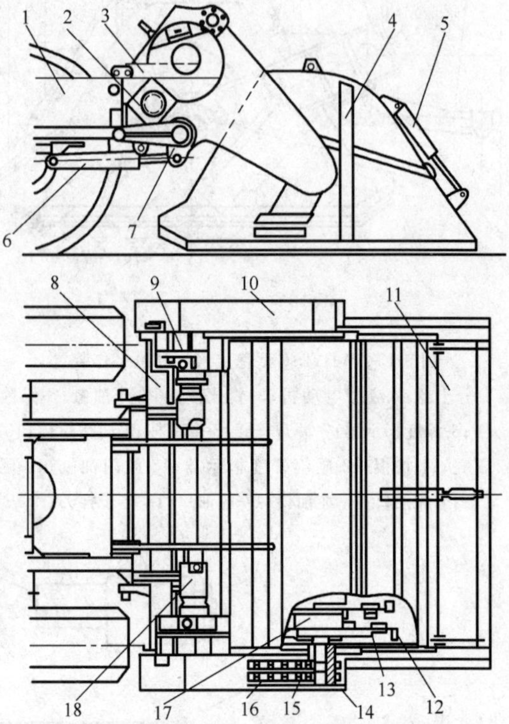

图 9-16　WB240 型稳定土拌和机工作装置

1-主机大梁；2-支承座；3-位杆；4-转子罩壳；5-尾板油抿；6-动臂油缸；7-主横梁；8-行星减速器；9-转子动臂；10-尾板；11-液压电动机；12-转子轴；13-链条；14-链轮；15-轴承；16-刀盘；17-刀片；18-油缸活塞杆支臂

1.转子

转子用来削切土并将其与结合料均匀拌和。由于它直接接触，承受处理土时所产生的各种载荷，因此要求转子轴具有足够的强度和刚度。

转子有两种主要结构形式：刀盘结构式转子和刀臂结构式转子，如图 9-17 所示。在图9-17a)中，转子轴上焊接着若干个刀盘，转子轴采用大口径薄壁空心钢管，在相同质量的前提下，可以提高整体强度和刚度；还可减少刀盘的尺寸，增加刀盘的强度。这种结构形式适合于拌和深度较浅的工作条件。图 9-17b)所示刀臂结构式转子，这种转子的强度和刚度比刀盘式的要差些，不适合于切削阻力比较大的破碎工况；当切削阻力较小，拌和深度较大时，采用这种结构形式比较合理。

转子在处理土时，要尽力保证动力传动装置所承受的载荷平顺、稳定和均匀。转子轴的刀盘或刀臂的拌和刀具在其横向排列上应呈螺旋线形式，使刀具能依次连续地切削和粉碎土。目前，转子拌和刀具大多采用左、右对称呈螺旋等角布置，以保证转子在拌和过程中对称切削受力，有利于减小转子的动载冲击。

2.刀具

拌和机转子上使用的刀具有四种结构形式，如图 9-18 所示。图 9-18a)、b)为铲形刀具，刀头的切削刃处镶有耐磨硬质合金材料，以增强刀头的强度和耐磨性并延长其工作寿命。图 9-18c)、d)分别是直形和弯角形刀片，这种刀片安装在转子轴上时，相邻刀片之间可以有一定重叠或正好搭接，这样其拌和均匀性和效果将会很好。图 9-18e)为子弹形铣削刀，这种刀头在刀尖上镶嵌有硬质合金，能承受住极大的摩擦力，其强度和耐磨性均很好，适用于破碎旧的沥青路面以及拌和加石料的稳定土。

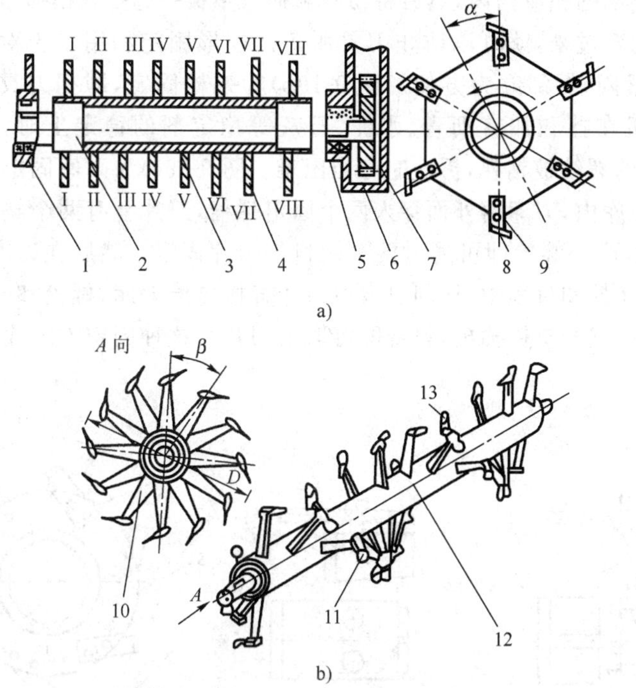

图 9-17　转子结构形式

a)刀盘结构式转子;b)刀臂结构式转子

1-转子动臂;2-转子轴头;3、12-转子轴;4-刀盘;5-轴承;6-链轮;7-动臂侧板;8、13-刀片;9-固定螺栓;10-刀臂;11-刀头

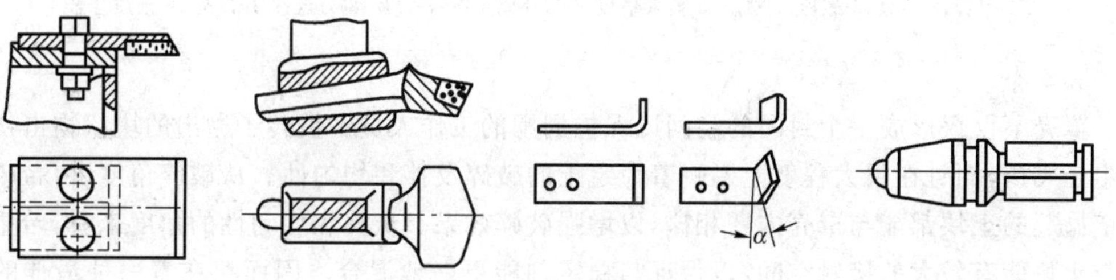

图 9-18　转子刀具结构形式

a)、b)铲形刀具;c)直形刀具;d)弯角形刀具;e)弹形刀具

目前国产刀具材料有四种类型:

A 型——铬钼合金钢刀体加焊硬质合金刀片;

B 型——耐磨高合金钢精铸后热处理;

C 型——合金钢刀体刃部熔铸耐磨合金材料;

D 型——高碳合金钢精铸后热处理。

根据国内拌和机的使用实践经验,用高锰钢材料加工这种刀具并进行适当热处理,不仅增强了刀具的耐磨性,而且具有一定的冲击韧性,使用寿命较长。刀具是最易损坏的构件,在某些工况下,刀具寿命甚至只有十几小时。实际应用中刀具是需要经常更换的,因而刀具安装的难易程度对机械的使用效率影响很大。图 9-19 示出了刀具安装固定的几种形式。图 9-19a)为楔形固定,即借助插入垫板,利用楔形结构将刀具固定在刀臂上。安装时先将插入垫板的突

出部位嵌入刀具尾部的相应槽内，然后将刀具和插入垫板一起打入楔形槽内，再把伸出刀柄外插入垫板部分横向弯过来，就可以防止刀具脱落。楔形固定利用了土对刀把上的楔面产生的离心力使刀具紧固，拆卸颇为方便。图 9-19b)为螺栓固定，即把刀具直接通过螺栓固定在刀臂上。拌和机在拌和加有沥青、水泥、石灰等稳定剂的稳定土时，用螺栓直接固定刀具，往往会使螺栓的螺纹被粘死，拆换时相当困难。图 9-19c)为刀库固定，即将刀片直接斜插入焊在刀盘上的刀库内，刀库由外面穿入两个固定螺栓，刀片上有两个缺口，当刀片插入刀库后，转动一个角度，两个螺栓即可通过两个缺口把刀片固定。然后在刀库外面穿入一个开口销，把刀片挡住。在拌和过程中，切削阻力由刀片直接传给刀库，螺栓和开口销均不是主要受力件。换装时，只需把开口销抽出，斜着即可取出刀片。这种固定方式改善了工作条件，节省了拆换时间。

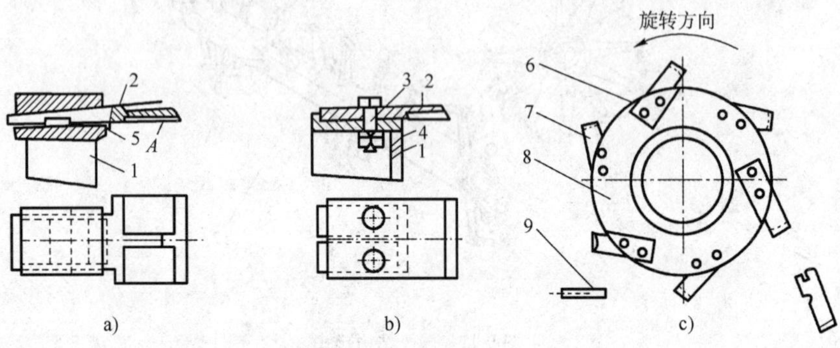

图 9-19　刀具安装固定示意图

a)楔形固定；b)螺栓固定；c)刀库固定

1-刀臂；2-刀具；3-螺栓；4-螺母；5-插入垫板；6-刀片固定库；7-刀片；8-刀盘；9-开口销；A-硬质合金

3. 罩壳

罩壳不仅仅形成一个封闭的空间以保护周围的工作人员不被转子抛出的块状物击伤和防止尘土飞扬，而且在很大程度上影响着稳定土的破碎及拌和均匀性。从破碎角度讲，希望转子拌铲抛起的土块都能与罩壳内壁相碰，以增强破碎效果。从拌和均匀性的角度来看，希望稳定剂与土块能有较大的接触空间，以保证与稳定剂能更好地混合。因而存在着一种最佳的罩壳几何形状和尺寸，使稳定土的破碎与拌和达到最佳效果。

稳定土拌和机的罩壳一般用薄钢板和型钢焊制而成，主要由沿着转子整个圆周将转子遮盖起来的横向半圆筒、两个侧壁、后部的尾板和两块履板(分土板)组成。履板(分土板)用螺栓固定在每一侧壁的下面。为了提高半圆筒的刚度，在半圆筒上焊有两排槽钢。同样，在侧壁上也有两道槽钢，而且侧壁是用比横向圆筒更厚的钢板制成的，以确保其强度。后部的尾板是铰接在罩壳上的，它的开启和关闭由尾板液压缸控制。尾板的主要作用是刮平拌好的铺层，并根据不同工况调整平整厚度。

罩壳相对于转子轮的关系有两种类型：浮动式和固定式。浮动式罩壳无论转子处于何种拌和位置，罩壳都自由地放置在地面上，能可靠地封闭工作室。前面述及的 WB240 型拌和机的转子罩壳则即属于这种类型。固定式罩壳是刚性固定在转子轴壳上的，随转子一同升降，在工作状态，转子通过升降液压缸放下来，罩壳便支撑在地面上，此时转子轮颈则借助于罩壳两侧长方形孔内的深度调节垫块支撑在罩壳上。因此在自身质量和转子质量的共同作用下罩壳紧紧地压在地面上形成较为封闭的工作室。

二、计量洒布系统

计量洒布系统的功用是计量喷洒液体稳定结合料或水，使拌和机拌和过的稳定层具有施工设计要求的结合料含量或者使拌和过的稳定层达到压路机压实所期望的最佳含水量。国外一些拌和机上装备着这样的计量洒布系统。图 9-20 所示为 HDS 型稳定土拌和机稳定剂洒布系统和 V・P・I 控制系统图。

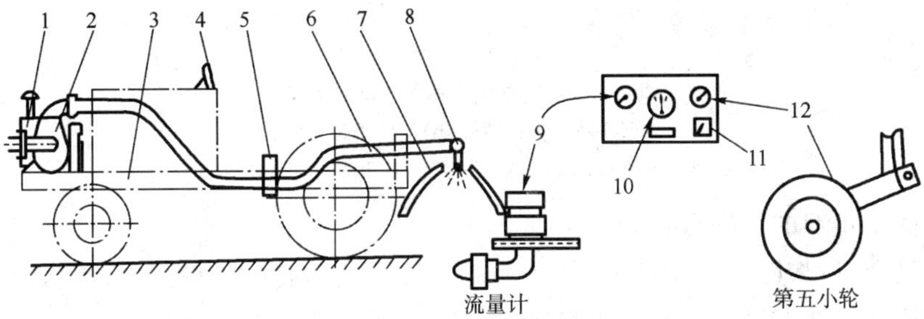

图 9-20　HDS 型拌和机稳定剂洒布系统和 V・P・I 控制系统

1-汽油机；2-离心喷洒泵；3-主机；4-V・P・I 控制仪表盘；5-流量计；6-橡胶管；7-罩壳；8-洒布横梁和喷嘴；9-稳定剂流量控制表；10-直观平衡指示表；11-使用流量计选择表；12-机械工作速度

为驱动离心喷洒泵，拌和机的前部安装一台 2.21kW 的汽油机。离心喷洒泵从跟随在拌和机旁的运输罐车内将稳定剂吸入并压送到后部罩壳上方的一个洒布横梁里。这个横梁上有一排喷嘴，稳定剂便均匀地从这里喷出。喷嘴除有统一控制开关外，还单独有各自的控制开关，用于调节不同洒布宽度的要求。喷嘴与沥青洒布车上的喷嘴结构完全一样，开口为扁长形，并能单独拆下来清洗。这套洒布装置在不用时可以升起，使喷嘴离开罩壳，同时关闭罩壳上方的各个小孔盖，以便进行不添加稳定剂的拌和作业。

由于稳定土所需要的稳定剂数量配比比较严格，而拌和机自身的运行速度又不能保持恒定，所以拌和机上的洒布计量装置必须与行驶速度联系起来。在 HDS 拌和机洒布装有V・P・I电器控制装置。该装置由流量计、五轮仪和仪表盘组成。安装在稳定剂管路中的流量计，能测出将要喷洒的稳定剂的流量大小，并以电信号反映到仪表盘里。通过放在地面上的五轮仪测出行驶速度，该速度信号同样通过导线传递到速度记录表里（不需测量速度时，可将五轮仪提起来）。速度信号和流量信号还同时输入直观平衡指示表里，根据平衡原理来比较喷洒量与速度的关系：平衡指示表的指针正好在“0”位时，说明工作速度与稳定剂流量相匹配；表盘指针向左或向右偏离“0”位，都表明不相适应，应予调整。调整时，一般不改变行驶速度，而是调节离心泵计量阀的开度，用改变稳定剂流量的方法，使直观平衡指示表中的指针处于“0”位。

为了使喷入的稳定剂能够理想地与土混合，拌和机作业时的转子的旋向不同，稳定剂从罩壳的喷入部位也应有所差别的，如图 9-21 所示。

当转子正转时，如图 9-21a）所示，在转子罩壳下面的工作室内会形成几个特定的区域。高速旋转的拌和刀具在 A 区内从土体上切下很薄的新月形土屑，并把它们抛向转子罩壳，在这个区域主要是进行土的粉碎作业。被抛出的土以一定的速度碰撞罩壳内壁，然后向四下散开，在罩壳后壁下面的 B 区内形成一个由已粉碎的土组成的土堆。罩壳的下沿是一个整形部件用以维持处理层的厚度和表面平整性。与转子罩壳碰撞后飞散开的土颗粒和沉落下来的土颗粒，有些被拌和刀具带起并抛向转子上部的罩壳壁 C 区内。其中一部分土颗粒逐渐地向前移到 D 区，并形成长圆形土堆。通常把稳定剂洒布在转子前的 D 区内，便于转子拌和刀具能铲

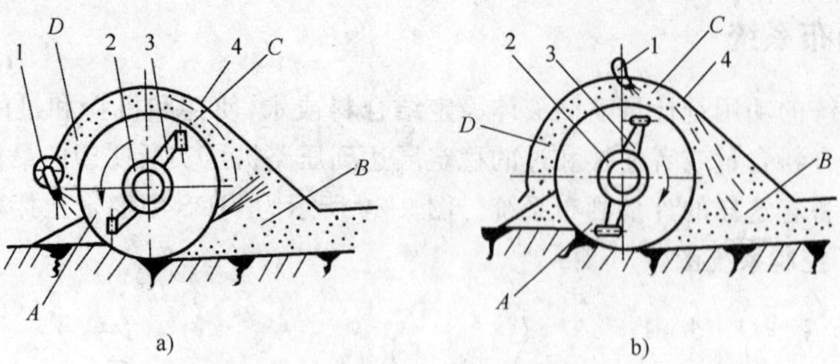

图 9-21　稳定剂的合理喷入位置示意图

a)正转转子工作情况；b)反转子工作情况

1-稳定剂喷嘴；2-转子轴；3-刀臂；4-罩壳；$A \sim D$-工作区

起加进的这些稳定剂的土进行拌和。

当转子反转时，如图 9-21b)所示，转子的拌和刀具从沟底向上切削土，并将所切下来的土沿拌和机运行方向向前抛去。与罩壳相碰的土颗粒将向四下飞散，而与转子拌刀相碰的土颗粒将沿转子旋转方向向后抛去。结果，在转子上方罩壳壁下的 C 区里，悬浮于空中的土颗粒杂乱地向后壁移动。最后处理的土基本都被拌和刀具从转子上方抛到 B 区。鉴于罩壳下土移动的特点，把液体稳定剂加入到转子工作室里去的最适宜的区域是 C 区。因为在 C 区，处于悬浮状态的土颗粒最易受到稳定剂的处理，有助于每个颗粒都被稳定剂覆盖。

三、液压控制系统

全液压稳定土拌和机的操纵与控制系统包括液压传动系统、气动系统、电气控制系统和驾驶操作系统。其中气动系统在本章第二节中已经述及，现阐述其他系统。由于目前普遍使用的国产稳定土拌和机和部分国外生产的稳定土拌和机的这些系统，结构和工作原理并无较大的差异，现以 WBY210 型拌和机、WB230 型稳定土拌和机、MPH100 型拌和机作为典型进行阐述。

1. WBY210 型拌和机

WBY210 型稳定土拌和机的液压系统(图 9-22)由行走系统、转子驱动系统、转向系统和辅助系统四部分组成。为了更有效地利用发动机的功率和改善整机的工作性能，该机采用了多泵系统。一台行走系为柱塞变量泵，装在分动箱的前左侧；两台转子驱动泵也为柱塞变量泵，装在分动箱的后两侧。操纵系统和辅助系统的双联齿轮泵装在分动箱的前侧。

行走系统和转子驱动系统都采用“变量泵—定量电动机”这种容积调整方式，从而使系统有较高的传动效率。

(1)行走系统

行走系统液压泵和液压电动机的主要参数为：变量柱塞泵型号 SPV23，排量为 0～88.9ml/r；定量柱塞电动机型号 SMF23，排量为 88.9ml/r。行走泵 30 为双向变量泵，它与行走电动机 29 组成闭式回路，由操纵系统改变柱塞变量泵的斜盘从而改变泵的油液输出流量和方向。行走电动机 29 安装在变速箱驱动桥总成的前端。变量泵斜盘角度和倾斜方向的改变，相应地改变了行走电动机的转速和旋向，实现了机械的无级变速和前进、倒退。斜盘的中位状态又可实现行走系统的制动。

行走泵 30 还集成有补油泵、操纵伺服阀、压力限制阀、梭阀和补油溢流阀以及外接补油滤清器 34。补油泵的压力是泵生产厂家调定的，约为 1.4MPa。压力控制阀的控制压力来自转子系统，借用因作业阻力的变化而引起转子液压回路的高压腔压力的变化直接通过油管与行走泵的伺服机构相通，以控制其排量，实现功率自调，起过载切断动力的保护作用，一般受控压力 16～21MPa。补油泵供出的油液的过滤精度为 10μm。

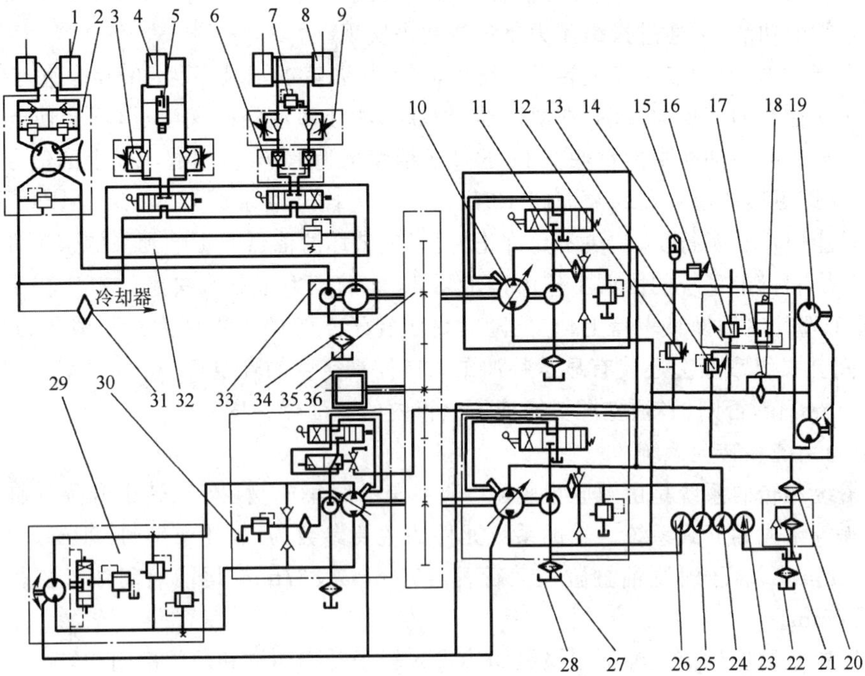

图 9-22　WBY210 拌和机液压系统原理图

1-转向油缸；2-转向器；3-单向节流阀；4-尾门油缸；5-电磁浮动阀；6-液压锁；7-溢流阀；8-举升油缸；9-单向节流阀；10-转子泵；11-滤油器；12-溢流阀；13-溢流阀；14-蓄能器；15-继电器；16-溢流阀；17-单向阀；18-滤油器；19-转子电动机；20-冷却器；21-回油滤油器；22-空气滤清器；23-液位温度计；24-压力表；25-压力表；26-真空表；27-进油滤油器；28-油箱；29-行走电动机；30-行走泵；31-滤油器；32-手操作阀块；33-双联齿轮泵；34-滤油器；35-分动箱；36-发动机

行走电动机 29 上集成有两个高压溢流阀，分别控制行走电动机正、反转时油路上的高压。高压溢流阀由电动机生产厂家调定为 35MPa。行走泵的梭阀和低压回油压力阀分别控制着向行走主泵的补油和补油泵的溢流回油。电动机生产厂家把回油溢流阀的压力调定为 1.0～1.1MPa。

(2)转子系统

转子系统的动力元件和执行元件的主要参数：液压泵为 2 台变量柱塞转子泵，型号 Sauer SPV24，排量为 118.9ml/r；液压电动机 2 台，型号 Staff，最大工作压力为 25MPa，排量为1.608l/r。

转子系统由两台转子泵 10 并联，将油液供给两台并联的转子电动机 19，组成闭式变量泵—定量电动机液压回路。其基本组成为：柱塞变量泵 10、外接精滤器 11、继电器 15、电磁溢流阀 16、蓄能器 14、溢流阀 12、低压溢流阀 13、单向阀 17、回油滤清器 18、柱塞式电动机 19。

两台转子泵 10 的性能和行走泵 30 的性能基本相似，只是未装有集成压力限制阀。该两台转子泵安装在分动箱的后两侧，由一根操纵轴同时操纵。两台电动机 19 为低速大扭矩电动机，它们直接安装在转子轴两端。电动机轴的转向和前进行驶时车轮转向相反(反转式转子)。其余各阀集成在一阀块上，便于调节和维护。

溢流阀16为主油路压力限制阀，其调定压力为20～22MPa。蓄能器14、溢流阀12可起吸收冲击作用，溢流阀12调定压力为10MPa，压力继电器15调定压力为23～24MPa，略高于阀16的调定压力。当系统过载，若阀16不能正常工作时，压力继电器产生信号，使阀16的先导阀工作，从而使主阀泄荷；如阀16能正常工作，则压力继电器不起作用。也可以人为地操纵泄荷按钮，使电磁溢流阀泄荷，这时可使转子自由转动，以便于更换拌和刀具或修理转子。恢复电磁溢流阀的功能，可通过操纵压力复位按钮来实现。

回油滤清器18的功能是完成转子系统回油的过滤，其滤清精度为10μm。它与单向阀17在油路中并联控制油液反向流动，在滤清器堵塞时，能让回油经此阀流过，不会使电动机背压过高。转子泵的补油油路中的精滤器11的过滤精度也为10μm。当滤清器上的信号器产生信号时，则须立即更换该滤油器。溢流阀13的调定压力比补油泵低0.3～0.4MPa。两台转子泵的操纵只能使转子实行反转，决不允许正转，以免破坏滤油器而影响到泵的整个性能。

转子系统和行走系统的协调工作由行走泵30上的压力限制阀决定的。从转子系统的压力表24装于驾驶室的操纵表盘上，它能随时显示转子系统的工作压力。一般压力应在16～21MPa之间。操纵表盘上还装有显示补油泵入口处真空度的真空表26，该真空表的显示值不应大于250mmHg，否则，必须立即更换液压油箱内的滤油器。

(3)辅助系统和转向系统

辅助系统和转向系统是由双联齿轮泵33、手操纵阀集成阀块32、转子升降油缸8和尾门启闭油缸4等组成的开式系统。辅助系统元件的主要参数为：齿轮泵型号CBE10/18，排量为10ml/r和18ml/r；转子升降油缸缸径×行程＝90mm×367mm；尾门启闭油缸缸径×行程＝50mm×167mm。

双联齿轮泵输出的液压油经手操纵阀块进入转子升降油缸和尾门启闭油缸。手操纵阀块由二联操纵阀和溢流阀组成。溢流阀的调定压力为1.6～1.8MPa。二联操纵阀分别控制转子升降油缸8和尾门启闭油缸4，操纵阀中位时泄荷，向上提则转子油缸上举或尾门开启增大，向下则转子落下或尾门闭合。转子升降油缸系统的集成阀块由液压锁6、单向节流阀9和溢流阀7组成。液压锁6能够保证转子升降油缸在任何位置都被锁住，从而控制拌和深度不使自动改变；单向节流阀9则是为了调节该油缸的上升和下降速度，使转子升降操纵平稳。转子从最低位置举升到最高位置最快时间为10s，从最高位置下降到地面则为30s。由此看来，其上升速度较快，因此，在操纵转子提升时，拉动操纵阀手柄时不要太猛。

尾门启闭油缸的液压回路中，在进入大腔和进入小腔的管路中都串入单向节流阀3，同时还并联有电磁阀5。节流阀3的作用是调整尾门的启闭速度。电磁阀5的作用是：尾门在适当开度下，操作者通过浮动常开和常闭按钮来控制电磁阀3的通断，当其接通时使尾门油缸产生微浮动；如需刮平所拌的稳定土层，则可操纵浮动常闭按钮，使电磁阀关闭，这样尾门就在某一开度位置保持固定。

辅助系统中转子升降油缸和尾门启闭油缸组成的是一个串并联回路。在这种回路中，任何时候只能有一个油缸在动作，不能进行复合动作。前一换向阀动作就切断了后面换向阀的进油。采用这种系统回路，可防止误操作后产生不必要的复合动作，因而保证了操作安全。

转向系统为全液压转向装置，由液压转向器、转向液压缸、双向缓冲补油阀等组成。

2.宝马MPH100型拌和机

德国宝马(BOMAG)公司生产的MPH100型稳定土拌和机采用全液压驱动，其液压系统包括转子系统、行走系统和辅助系统。它们各有独立的液压泵，通过一个公用油箱和一个液压油冷却器相互关联。其中转子驱动系统和行走系统均为变量泵—定量电动机构成的闭式系统，并且，行走系统液压泵的排量受转子驱动系统压力控制，构成总功率控制系统。辅助系统为开式系统，用来控制稳定土拌和机的转向、转子提升、后斗门开启和紧急制动等。

(1)行走系统

MPH100 型稳定土拌和机的行走系统的组成及基本工作原理如图 9-23 所示。

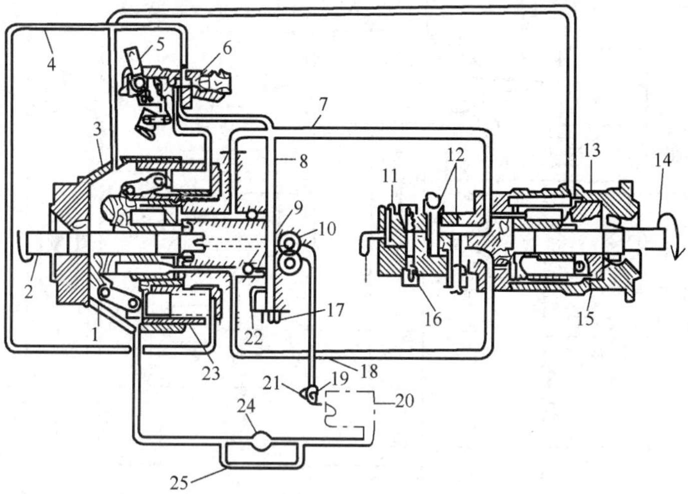

图 9-23　MPH100 型稳定土拌和机行走系统

1-泵斜盘；2-输入轴；3-双向变量泵；4-伺服油路；5-控制手柄；6-手动伺服阀；7-高压油路；8、18 低压油路；9-补油单向阀；10-补油泵；11、17-补油溢流阀；12-高压溢流阀；13-定量电动机；14-输出轴；15-电动机斜盘；16-梭阀；19-真空表；20-液压油箱；21-滤油器；22-至泵壳体；23-伺服控缸；24-热交换器；25-热交换器旁通油路

发动机旋转时，通过输入轴同时驱动双向变量泵和补油泵(两者为一体)。双向变量泵将油液供给安装在后桥上的定量液压电动机。操纵位于控制盘右侧的牵引杆，可改变双向变量泵的斜盘角度，进而改变稳定土拌和机的行驶方向和速度。补油泵由油箱吸油，并经过 10μm 滤油器，其压力由补油溢流阀控制。补油泵的出口油液分为三路，一路通过两个补油单向阀与泵的高低压油腔相通，以便在机械前进和后退时均能向低压油路补油。另两路则分别进入泵体和泵的变量机构。其中进入泵体的油液经控制手柄的操纵，可进入液压泵内的伺服控制缸，通过伺服活塞驱动斜盘实现变量。

该液压系统的工作压力由位于定量电动机上的两个高压溢流阀调定。为防止制动过程中液压电动机内部产生气穴，由补油泵提供的压力油通过梭阀向其内部补油。

(2)转子驱动系统

MPH100 型稳定土拌和机转子驱动系统如图 9-24 所示。

该系统主要由转子液压泵、交叉溢流阀及两个低速大扭矩的转子电动机组成闭式回路。手操作的串、并联式阀(图中未示出)位于转子液压泵和转子电动机之间，使液压电动机在串、并联任一方式下工作。串联时转子工作速度为并联时的二倍，但扭矩仅为并联时的一半。从机械系列号 85534 开始，此串并联阀不再使用，两液压电动机只用并联一种方式工作。交叉溢流阀块的两溢流阀分别控制转子电动机的进、回油压力(正常值应为 31MPa 和 1.7MPa)。

为防止转子电动机过热，其部分回油通过节流孔进入电动机壳体，并与来自转子液压泵、行走液压泵、辅助液压泵壳体的油液一起经散热器流回油箱。

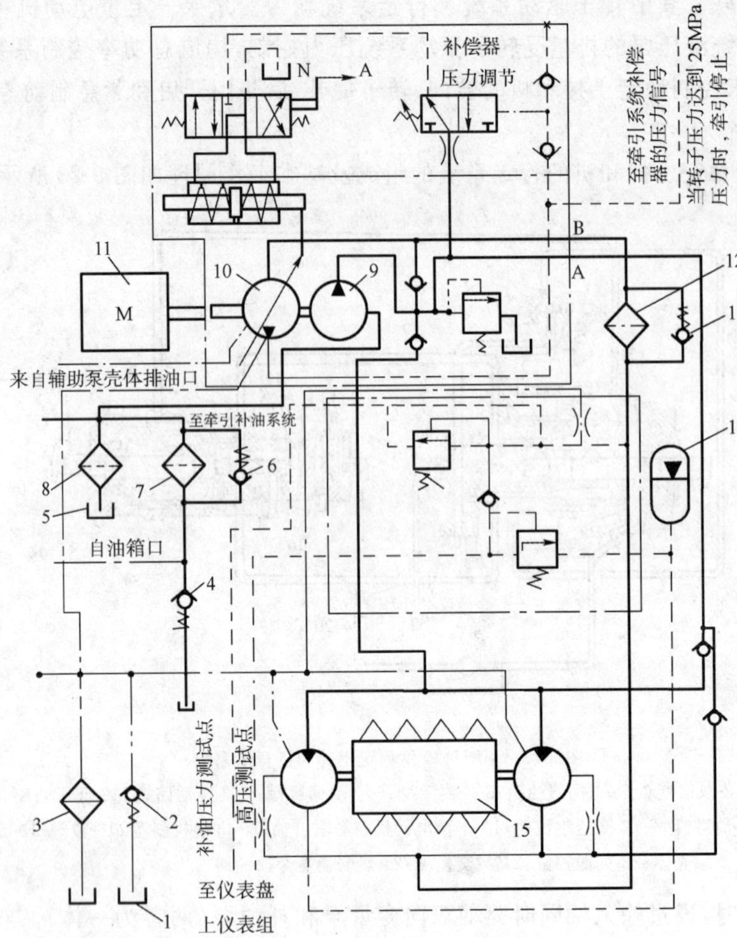

图 9-24　MPH100 型稳定土拌和机转子驱动系统

1-液压油箱；2、4、6、13-单向阀；3-冷却器；5、7-精滤器；8、12-回油滤清器；9-补油泵；10-转子液压泵；11-发动机；14-蓄能器；15-转子电动机

为及时清除该系统的污染物，提高其工作可靠性，该油路中设有带旁通阀的回油滤清器。

该系统中的蓄能器的作用是，防止因转子负载的突然变化而引起系统的压力冲击和噪声。因蓄能器内储存有较高压力的油液，因此停机后无论是拆装压力表，还是在液压管路上打开任何接头，都必须在 30s 后方可进行。

(3)辅助系统

MPH100 型稳定土拌和机的辅助系统如图 9-25 所示，包括转向系统、转子提升系统、罩壳后斗门开启系统和紧急制动系统等。各系统公用一个液压泵(称为辅助泵)，泵内带有溢流阀，用于控制系统的最高工作压力。辅助系统有两个流量优先分配阀(一个在辅助泵内，另一个独立安装在系统内)，以保证辅助泵输出油液首先供给转向系统，其次供给紧急制动系统，最后供给其他系统。为了保证油液的清洁，在辅助泵和流量优先分配阀上装有管路滤油器。

该系统中的三联阀向转子提升及后斗门开启系统供给油液。三联阀各组执行元件的油路并联，可同时工作，每一组元件的进油路上设有单向阀，用以消除液压冲击对整个系统的不良影响。

罩壳后斗门启闭及其开度控制，是由安装在罩壳后面的双作用液压缸、通过三联阀中间的滑阀来操作的。即该阀杆向后拉动，后斗门则关闭；向前推则开启；滑阀处于中位时，靠滑阀中位的“0”机能使液压缸锁止，后斗门固定在某一位置上。

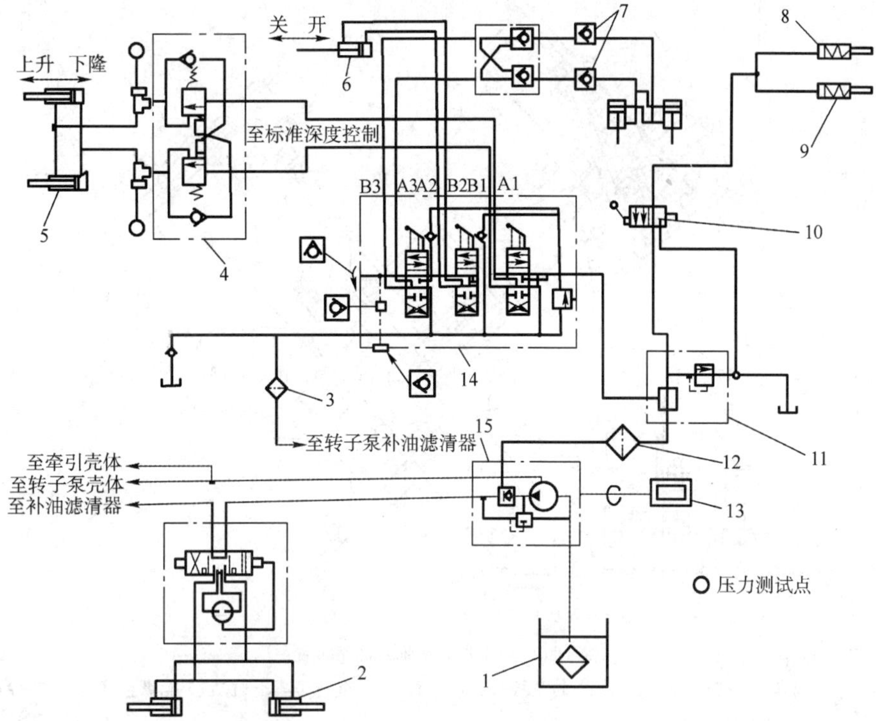

图 9-25 MPH100 型稳定土拌和机辅助系统

1-主汲油器；2-转向液压缸；3、12-滤油器；4-补偿阀；5-转子升降液压缸；6-罩壳后斗门开启液压缸；7-单向阀；8-右制动缸；9-左制动缸；10-制动阀；11-优先流量分配阀；13-发动机；14-三联泵；15-辅助泵

转向系统由转向控制阀，转向液压缸等组成。转向控制阀包括滑阀和计量电动机两部分。转动方向盘时计量电动机的控制管路中形成的压力差作用在滑阀端面上，迫使滑阀移动、阀口开启，辅助泵的油液经滑阀进入并联液压缸的一腔。液压缸另一腔的油液经计量电动机、滑阀及滤油器流回油箱，从而实现转向。方向盘停止转动后上述压力差消失，滑阀两端的压力平衡，其阀芯在定位弹簧作用下复位，转向液压缸停止运动，转向结束。在转向过程中，计量电动机控制进入转向液压缸的流量，从而保证了方向盘转角与转向轮摆角之间的比例关系。

紧急制动系统通过制动阀将压力油供给左右两制动液压缸，进而驱动壳式制动器，实现后轮紧急制动。目前，我国进口的 MPH100 型稳定土拌和机，在制动液压缸和制动阀及三联阀之间设一梭阀组，可以用三联阀的一个滑阀分别对左右制动液压缸供油，对左右车轮单独制动，以便在辅助泵出现故障时仍能进行紧急制动。也可用脚踏板操纵制动阀对两后轮同时制动。

转子提升系统的功用是，将转子插入土中，并达到所要求的拌和深度，或将转子提升到高出地面的一定位置，以便机械转场或运输。转子提升系统及油路布置如图 9-26 所示，主要由两个并联的转子提升液压缸、溢流阀和平衡阀组成。溢流阀用来控制转子受到向上的冲击载荷时液压缸有杆腔的压力峰值。平衡阀及三联阀中控制转子提升的滑阀的中位机能，共同保证了滑阀手柄位于中位时，将转子锁止在某一固定位置上，从而实现预定的拌和深度不变。平衡阀还可以使转子以最大的流量快速提升，以较慢的速度下放、切入土中，以防在最初拌和时造成的转子超载。

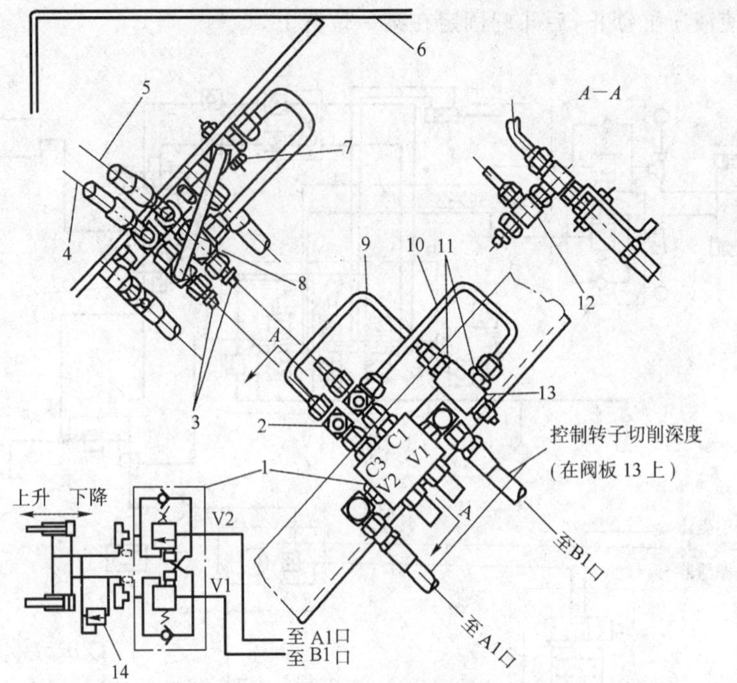

图 9-26 转子提升系统及油路布置

1-平衡阀;2、8、12-回转 T 形管;3-测试口;4-至转子提升液压缸杆端;5-至转子提升缸罩;6-操纵板底面;7-螺栓;9、10-管子;11-螺母;13、14-安全阀

四、工作装置及液压控制系统新技术

1. 稳定土新型拌和机拌深控制系统

拌深控制系统主要由两部分组成。第一部分为可独立附加于拌和机上的拌深控制装置,第二部分为转子升降液压系统,这一系统可以借用机器原有的转子升降液压系统,如图 9-27 所示的电磁换向阀液压系统,其液压部分不需要作任何改变。

拌深控制装置的机械及电气系统工作原理如图 9-28 所示。电器部分主要由转子上升开关、上升指示灯,转子下降开关、下降指示灯,手动自动转换开关等组成。从图中可以看出,当转换开关置于手动位置时,转子升降只能由上升或下降开关来控制;转换开关置于自动位置时,转子的升降由限位开关的状态来决定,而限位开关的状态取决于该开关滚轮在拌深控制装置扇形限位板弧面的位置。

拌深控制装置的机械部分主要由扇形限位板、L 形摇臂、拌深调整螺杆、直拉杆及销轴等组成。销轴固定在与车架刚性连接的安装板上,其位置处于转子举升臂轴的上方。扇形限位板和 L 形摇臂均铰接在销轴上,转动拌深调整螺杆可以改变 L 形摇臂与扇形限位板的相对位置。直拉杆一端与 L 形摇臂铰接,另一端铰接在转子举升臂上。两限位开关对称装在销轴固定板上,它们之间水平距离可以调整。在设定的拌和深度,两个限位开关的滚轮正好同时处于扇形限位板弧面凹下部分。当拌深在某一方向超差时,相应限位开关滚轮从扇形板凹面部分移到凸面部分,其状态发生变化。并通过电磁阀使液压回路调整举升臂校正误差,直到限位开关回到凹面为止。装有拌和深度自动控制系统的机器,在使用前应先设定拌和深度。拌和深度设定值根据施工要求而定。具体方法如下:把拌和机定置在平坦的地面上,用手动控制方式让转子切入土中，并使转子的切土深度与要求值相同，转动拌深调整螺杆使两个限位开关的滚轮同时处于扇形限位板凹面，则拌和深度设定结束，机器可以投入正常的拌和作业。

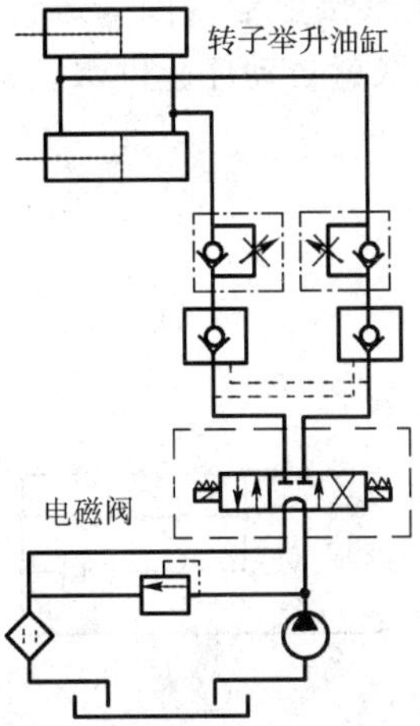

图 9-27 转子举升液压系统原理图

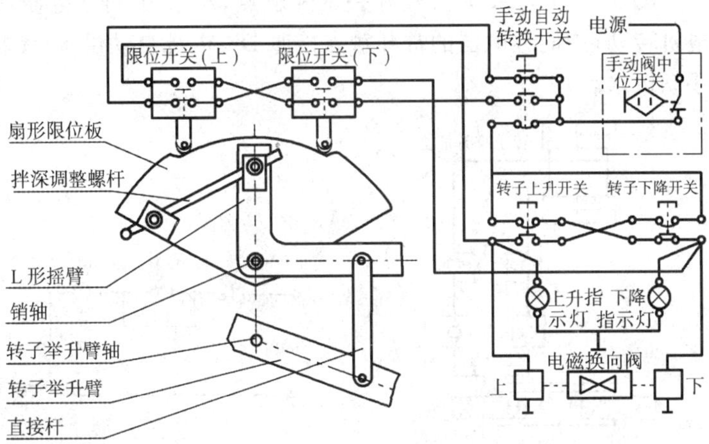

图 9-28 拌和深度控制装置机械及电路原理图

为了提高拌深控制系统的精度，在机器使用过程中应及时修正设定的拌和深度，以弥补由于刀具磨损带来的误差。也可通过增大两个限位开关之间的距离来提高系统的控制精度，但当两开关间距离太大时，系统不稳定。

这里所提出的拌和深度控制系统没有任何易损精密元件，结构简单、价格低廉、安装非常方便，因而可用于任何形式的拌和机。

如果原拌和机的转子升降系统为手动液压换向阀，而加装该拌深控制系统时不打算将手动阀换为电磁阀，只要按图 9-29 所示在液压回路增加电磁阀，并取消图 9-28 中的转子升降开关和下降开关。将手动自动换向开关与手动液压阀操纵手柄联动，使操纵手动阀时自动切断控制电路即可。

2. 连续式稳定土拌和机供水系统的改进

现有的稳定土拌和机均采用水泵供水，用回水阀来控制加水量。比较先进的系统也仅仅是在供水回路上加装一只水表用来显示供水量，但难以控制成品料的含水量。施工时，若操作人员忘了开水泵电机，会导致一部分成品料含水量不足；或因集料含水量变化，而操作手未能及时知道成品料的湿度变化，将导致成品料的含水量时高时低。上述失误的后果都将影响摊铺、碾压质量。下面介绍对连续式稳定土拌和机供水系统的一种改进方案，即将一行程开关安置在倾斜输送带的下方，当输送带上有集料时，输送带因受压下垂，使行程开关动作，立即接通水泵电机回路并开始供水，以此实现有料时可以自动供水；将原水泵电机改为调速电机，通过调速器手动控制调速电机的转速实现控制供水量；在控制室内安装一自制湿度显示仪，并在成品料仓内装一湿度感器，以此对成品料的湿度进行测量、显示，并根据湿度的变化来控制电机的转速，从而达到调节成品料含水量的目的。具体改进要求如下。

(1)自动供水

首先选择行程开关。因行程开关的动作部分与集料输送带接触，故应选用带滚轮的。又因双滚轮行程开关不能自动复位，因此应选单轮的，并且滚轮应装在传动杆的内侧。我们选用了 LX19A-11 型行程开关；开关的安装位置应在有料与无料输送带之间的 L 下空间较大的地方，即在离拌和锅较近的横撑上固定行程开关，使开关只有在皮带输送集料时才能动作；对控制线路也进行了改进。原水泵控制电路如图 9-30 所示，改进后的水泵控制电路见图 9-31。

图 9-31 中，LX 为行程开关常开触点，ZJ 为中间继电器，C 为水泵接触器线圈。送料时，电机转动，中间继电器的常开触点接通 DK 电源自动供水；无料时水泵就自动停止供水。也可手动供水。

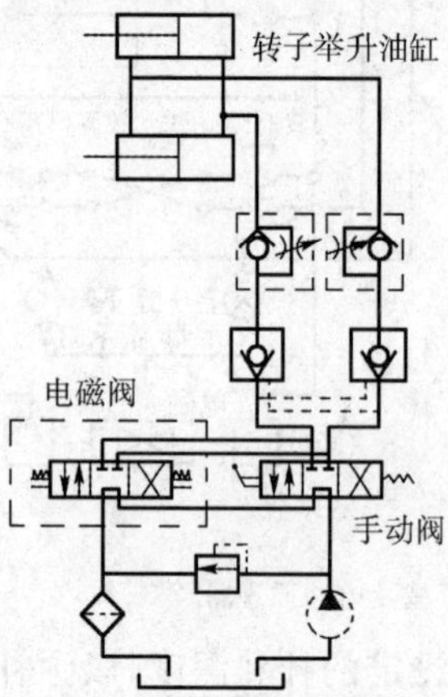

图 9-29 装有手动阀转子举升液压系统原理图

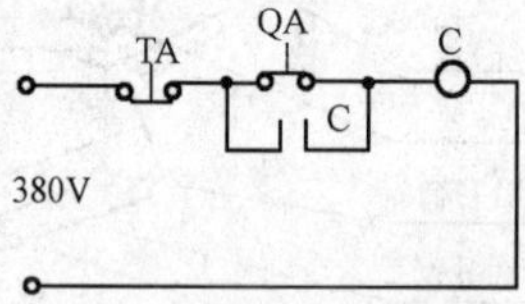

图 9-30 水泵控制电路

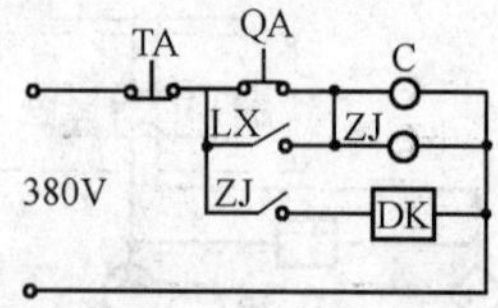

图 9-31 改进后的水泵控制电路

(2)湿度检测

湿度检测电路如图 9-32 所示。测湿元件选择硅湿敏元件，它在 25℃时的响应时间小于 5s，成品料含水量的检测范围为 0～100%。该电路由 3 部分组成：湿度检测电路、湿度放大电路及高精度稳压电源电路。成品料湿度检测电路由湿敏元件 HPR、V 及 R_1、R_2 等组成；湿度信号放大电路由 ICLM358、W_1、W_2、R_3、R_4、R_5、R_8、V_{D3} 等组成；稳压电源电路湿度检测电路提供 25V 的稳压电源。由 R_9 和 R_{10} 分压输出 V_0，V_0 为 IC 提供 6V 高精度稳压电源，12V 电源则是由自制的变压器降压、二极管整流稳压后提供的。

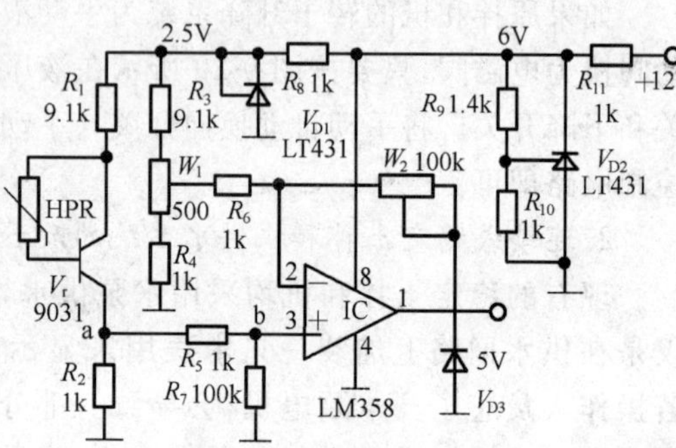

图 9-32 湿度检测电路

当湿度传感器埋入成品料中，由于成品料的含水量是不同的，故湿度传感器的阻值也随之变化。此电阻(即 Vr 晶体管的基极偏流电阻)不同，其基极电流也就不同，从而 Vr 的集电极电流和发射极电流也发生变化。凡将射极电流转换成电压，并将该电压送到 IC 的正端，经 IC 放大后由其上的 1 脚输出，并由 V_{D3} 将输出电压控制在 5V 之内。

制作时，将电路中的所有元件均安装在 18mm×90mm 的印制板上，在外壳上套上不锈钢管，引线由插头引出；用石膏将湿度传感器固定在不锈钢管的前端，以便于埋入成品料中能与成品料有良好接触；电路中的电阻均选用金属膜电阻，W_1 和 W_2 均为可变电位器，选用 0～5V 电压计作湿度显示计。

(3)湿度校准

将测湿元件 HPR 插入水中，调节 W_2 使 LM358 上的 1 脚输出电压为 5V，然后将测湿元件 HPR 从水中取出并擦干；调节 W_1 使 LM358 的 1 脚输出电压为 0。按上述步骤反复调节几次即可达到测量准确的要求。

(4)用调节电机转差率的方法调节供水量

供水水泵一般直接由一异步电机带动，故无法调节供水量。我们对三相感应电机的机械特性进行了如下分析。三相感应电机的机械特性方程式为：

$$T=\frac{2T_{\max}}{\frac{S_m}{S}+\frac{S}{S_m}}=\frac{2T_{\max}\cdot S\cdot S_m}{S_m^2+S^2}$$

式中：S——转差率；

S_m——临界转差率；

T——电机转矩；

$T_{\max}$——电机最大转矩。

由上式可知：当 S 越接近 S_m 时，T 越大；当 S 偏离 S_m 时，T 越小。又因水泵供水量大小与电机转矩 T 有关，T 越大供水量越大，反之亦然。因此，可选用调整转差率的办法调节水泵供水量，即选用由 DK(或 JK)控制器控制的转差离合交流调速电机代替以前的异步电机，电机与水泵的连接仍用联轴器。通过对 DK(或 JK)控制器内的可控硅触发导通角的改变对电机进行调速，这样就可连续地调节供水量，即根据湿度仪的显示值来调节供水量。另外，为便于控制水量，在供水端增加一水表，操作人员还可测出每小时供水量与各种转速的数值关系，为生产过程中需要的供水量积累资料。

改进完成后应开机调试，并且对其运转情况进行短时间的监视，并做好记录。同时，不断地取样烘干、计算，再与现场显示作对比，然后加以调整直至运转正常。

经上述改进后，成品料的湿度显示较直观，供水量控制方法简单，一改以往操作人员对出料的情况一无所知、水量控制没有依据和不易控制的状况，将使稳定土拌和设备的供水系统进入一个新的阶段，而且这种改进也可推广用于其他的相关设备上。

3. 中置式稳定土拌和机新型全轮转向系统

以 WB450 型稳定土拌和机为例，介绍中置式稳定土拌和机新型全轮转向系统。中置式稳定土拌和机工作装置布置在前后轮之间，因而机身较长，转向不灵活。由于现场作业要求拌和机转向频繁，转向半径又很小，因而只能采用前后轮同时偏转的方式，才能满足作业需要。图9-33是 WB450 型稳定土拌和机转向系统原理简图。

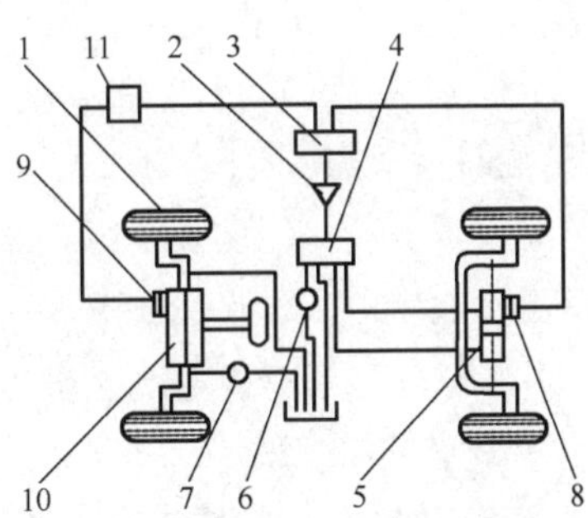

图 9-33　中置式稳定土拌和机新型转向系统
1-车轮；2-放大器；3-比较器；4-电液伺服阀；5-后轮转向缸；6-后轮转向液压泵；7-前轮转向液压泵面；8-后轮转向位移传感器；9-前轮位移传感器；10-负荷感应式全液压转向器；11-状态转换开关

由图 9-33 可见，此系统实际上由前轮转向系统和后轮转向系统两部分组成。前轮转向采用负荷感应式全液压机液伺服转向器。这是一个技术成熟且可靠的转向器。后轮转向采用电液位置伺服转向系统，输入信号来自前轮转向缸活塞杆上安装的位移传感器，后轮转向液压缸的位移量通过位移传感器将反馈信号送至比较器，从而对后轮偏转角进行精确定位控制。通过状态转换开关，可以实现三种典型工况的转向。即$K=-1$，小半径转向工况；$K=0$，运输工况；$K=1$，蟹行转向工况。这样，我们就可以将一个复杂的全轮液压转向系统转化成对后轮的电液位置伺服转向系统。经后轮电液伺服转向系统稳定性分析，可以判定该电液转向系统是稳定的，转向系统设计可行。通过模拟试验也表明该转向系统是稳定的。除1.5Hz为该系统的共振区外，其响应频率可达8Hz，完全能满足全轮液压转向系统的要求。

这种新型转向系统构思新颖、工作可靠、经济可合理，能满足一般中置式拌和机及其他装备整体式车架的工程机械全轮转向系统的要求。

第十章　稳定土厂拌设备

第一节　概　　述

在我国的公路建设中，为了满足交通量和车辆负载日益增长的需要，对道路的整体强度、水稳性以及平整度等质量要求越来越高。经过多年的研究和施工实践，证明采用稳定土补强道路的基层和底基层，对提高道路的整体强度、水稳性以及延长道路的使用寿命等性能是一种非常有效的措施。因此，在我国的高等级公路建设中，规定了必须采用稳定土混合料补强道路的基层和底基层，同时还规定了高等级公路基层的稳定土混合料必须使用厂拌设备拌制。目前所使用的稳定土有以下几种类型：水泥稳定土、石灰稳定土、石灰工业废渣稳定土和水泥石灰综合稳定土等。在修建高等级公路时，根据不同地区的不同气候、地质、料源和具体要求，可以选用不同类型的稳定土。

一、基本要求

公路工程对稳定土厂拌设备有以下几个方面的基本要求：

(1)应能适应稳定土的多种原材料特点，稳定土用原材料为2～6种，不同的工程有不同的组合。适应原材料的不规范性，如材料粒径异常、土含水率偏高等；

(2)动态连续计量应准确可靠、配比调整设定方便，计量系统要有较宽的计量范围；

(3)搅拌主机的拌和性能要好、拌和均匀度高。成品料的色泽应均匀，无灰团、离析、拌和不足或过度等现象；

(4)控制系统以实用为主，人机关系友好，并可对生产过程进行自动控制和运行状态的实时监测；

(5)设备的养护、维修应方便，平均无故障时间等可靠性指标应高；

(6)场地适应能力强，公路工程拌和场地在形状和平整方面不规则，要求稳定土厂拌设备的应能进行多种平面布置和高差的调整能力。

(7)整套稳定土厂拌设备的拆、装、吊、运等性能应符合公路工程工期紧张，转场频繁的特点。

二、用途和工作原理

稳定土厂拌设备是路面机械的主要机种之一，是专门用于拌制各种以水、硬性材料为结合剂的稳定混合料的搅拌机组。由于混合料的拌制是在固定场地集中进行的，使厂拌设备能够方便地具有材料级配准确、拌和均匀、节省材料、便于计算机自动控制统计打印各种数据等优点，因而广泛用于公路和城市道路的基层、底基层施工。稳定土厂拌设备也适用于其他货场、停车场、航空机场等工程建设中所需的稳定材料的拌制任务。

用厂拌设备获得稳定混合料的施工工艺，习惯上称为厂拌法，稳定土厂拌设备，一般采用连续作业式叶桨拌和器进行混合料的强制搅拌。其基本工作原理为：将各种选定的物料(如石灰、砂石、土、粉煤灰等)利用装载机分别装入配料斗，经带式给料机计量后送至带式集料机；同时，卧式存仓中的稳定剂(石灰、水泥等)粉料由螺旋输送机输入计量料斗，经粉料给料机计量后送至带式集料机；上述材料由集料机送至搅拌机拌和。在搅拌机物料口处的上方设有液体喷头，根据各种物料的含水量情况，由供水系统喷洒适量的水，使之达到道路施工所需的要求。在必要的情况下，可采用相应的供给系统喷洒所需的稳定剂。搅拌后的成品料——稳定土，经带式上料机送至混合料存仓暂时储存。存仓底部的液压控制的斗门开启时，混合料卸入自卸车，运往施工现场。

三、类型及适用条件

稳定土厂拌设备可以根据主要结构、工艺性能、生产率、机动性及拌和方式等进行分类。

(1)根据生产率大小，稳定土厂拌设备可分为小型(生产率小于 200t/h)、中型(生产率 200～400t/h)、大型(生产率大于 400～600t/h)和特大型(生产率大于 600t/h)4 种。

(2)根据设备拌和工艺可分为非强制跌落式、强制间歇式、强制连续式等 3 种。在强制连续式中又可分为单卧轴强制搅拌式和双卧轴强制搅拌式。在诸多的形式中，双卧轴强制连续式是最常用的搅拌形式。

(3)根据设备的布局及机动性，稳定土拌和设备可分为移动式、分总成(模块)移动式、部分移动式、可搬式、固定式等结构形式。

移动式厂拌设备是将全部装置安装在一个专用的拖式底盘上，形成一个较大型的半挂车，可以及时地转移施工地点。设备从运输状态转到工作状态不需要吊装机具，仅依靠自身液压机构就可实现部件的折叠和就位。这种厂拌设备一般是中小型生产能力的设备，多用于工程分散、频繁移动的公路施工工程。

分总成(模块)移动式厂拌设备是将各主要总成分别安装在几个专用底盘上，形成两个或多个半挂车或全挂车形式。各挂车分别被拖到施工场地，依靠吊装机具使设备组合安装成工作状态，并可根据实际施工场地的具体条件合理布置各总成。这种形式多在大中生产率设备中采用，适用于工程量较大的公路施工工程。

部分移动式厂拌设备。在转移工地时将主要的部件安装在一个或几个特制的底盘上，形成一组或几组半挂车或全挂车形式，依靠拖动来转移工地，而将小的部件采用可拆搬移的方式，依靠汽车运输完成工地转移。这种形式在中大生产率设备中采用，适用于城市道路和公路工程施工。

可搬式厂拌设备是将各主要总成分别安装在两个或多个底架上，各自装车运输实现工地转移，再依靠吊装机具将几个总成安装组合成工作状态。这种形式在大、中、小的生产率设备中采用，具有造价较低、维护保养方便等优点，适用于各种工程量的城市道路和公路施工工程。

固定式厂拌设备固定安装在预先选好的场地上，一般不需要搬迁，形成一个稳定材料生产工厂。因此，生产规模一般较大，具有大、特大生产能力，适用于城市道路施工或工程量大且集中的施工工程。

四、发展概况

1. 国内水平及发展趋势

20 世纪 90 年代之前，我国的公路基层材料主要采用路面现场拌和(路拌)的施工工艺。我国 80 年代开始研制稳定土厂拌设备，生产率多在 50～300t/h，自 90 年代初开始，随着我国公路建设的兴起和公路施工技术的发展，带动了我国稳定土厂拌设备的发展。生产制造厂已从开始的一两家增加为多家，产品的结构形式多为固定式，规格以 300t/h 居多，1998 年已有 500t/h 的厂拌设备推向市场。我国生产制造的稳定土厂拌设备，在基本技术性能方面一般都能达到施工技术规范所规定的要求，价格远低于国外同类规格的设备。因此，在路面机械市场上和已投入使用的稳定土厂拌设备中，大多数是国产产品，进口产品较少。同其他路面机械产品相比，我国的稳定土厂拌设备生产能力是较强的。有关媒体显示，我国有不少的厂家生产稳定土厂拌设备。但从整体上看，大多数生产厂的产品技术档次低、规格系列少、制造规模不足。一些企业通过测绘途径获取产品图样，尚未把握产品的核心技术。还有一些产品是在作坊式的生产条件下仿制而成的。产品创新力度不足，产品技术进步不快，产品雷同现象严重。国产设备在技术性能、外观质量、耐用性、制造精度等方面和国际先进设备相比还存在一定差距。因此，提高我国产品技术性能及质量、发展新品种、多规格的系列产品及大型化，是我国开发研制稳定土厂拌设备的主要方向。随着我国公路建设事业的高速发展，对稳定土厂拌设备的需求也在增长，市场前景看好。一些筑路机械生产企业积极引进、消化国外同类产品的先进技术，填补国内现有稳定土厂拌设备相关应用技术的空缺，完善其功能，有些已经在整体技术上达到国外同类机型现有技术水平。我国稳定土厂拌设备应在现有的基础上上系列，填平补齐产品的空档；上质量，完善提高产品的综合性能；上档次，适应高等级公路建设的需求。在作业性能、人机关系、环境保护、能源利用等方面要进行技术创新。产品的开发要立足于先进性、经济性、实用性和可靠性。

2. 国外水平及发展趋势

稳定土厂拌设备在国外发展较早。有关资料表明：在20世纪80年代初，前苏联科列明楚克筑路机械厂已生产有生产率为240t/h，主机为连续作用的双轴叶片式的稳定土厂拌设备；日本新泻铁工所生产有NM系列生产率为40～300t/h和NDM系列生产率120～600t/h两大系列稳定土厂拌设备，主机分别为双轴叶片连续式和鼓筒式。目前法国SAE公司、意大利MARINI公司等厂商生产的稳定土厂拌设备，在国际市场上有较高的知名度，其产品技术方面具有一定的代表性。国外产品均各具特色，不同厂家有不同的风格。国际上发达国家生产的稳定土厂拌设备已形成系列产品。生产率一般为200～1 200t/h。集料计量大多采用自动控制的连续称量技术，级配准确且精度高。搅拌器随厂家不同，在结构上各有特点，但都具有传动合理、适应性强、拌和效率高、使用寿命长和易于保养等优点；同时，重视采用计量、防污染、防离析等方面的新技术，并在不断改进和发展，总趋势可归纳如下。

(1)颗粒含水率快速、连续检测技术

水量的多少对水硬性结合料的力学性能和施工性能有着重要的影响，目前各厂家生产的厂拌设备，几乎都采用连续强制搅拌方式，这就要求厂拌设备的供料系统不仅具有快速检查原材料含水率的能力，而且必须是连续的检测。这方面技术已取得很大进展，电容式、中子式、红外线等粒料含水率快速连续检测仪即将推向市场。

(2)既能连续又能间歇强制拌和的多用途厂拌设备

为了扩大厂拌设备的使用范围，使厂拌设备不仅能拌制稳定材料，也能拌制各种水泥混凝土混合料，国外一些厂家正在研究多用途的厂拌设备。这种厂拌设备具有连续搅拌作业和间歇搅拌作业两种功能。通过在控制室操作键盘可方便地转换物料计量程序，实现物料的连续计量与输送或分批计量与输送。在连续计量时，搅拌器中的搅拌桨叶安装角度一致，构成常用的双卧轴强制连续搅拌器，可满足连续生产稳定土材料的需要。在间歇计量时，搅拌器中的几个桨叶通过改变安装角度，能使物料在搅拌器中循环运动，因而变成双卧轴强制间歇式搅拌器，其搅拌时间可随意设定，这种分批计量的搅拌方式，能满足拌制水泥混凝土或其他需要长时间搅拌特殊材料的需要。该设备的关键技术在于物料的计量控制技术及特殊搅拌器的多功能特性。目前该种设备还处在研究阶段，预计不久可推向市场。

(3)主要组成部件的多种搭配

多数厂家生产的稳定土厂拌设备,都由多个总成相互组配而成。因此,在保证设备基本性能的前提下,其部件可以根据用户实际需要进行不同的组合,其总体布局也可根据施工场地的要求而变化。例如,在生产率为300t/h条件下,根据用户需要,生产厂可提供由2～4个配料斗为一组的配料装置,粉料仓可提供立式料仓或卧式料仓,总体布局可布置成"一"字形或"J"字形等多种形式。因此,研究和开发结构形式多样、布局更为灵活的厂拌设备,也是各生产厂家普遍重视的课题之一。

(4)无衬板搅拌机

近年来,国外一些生产厂家针对稳定土的特性和连续搅拌的作业特点,研制成无衬板搅拌机。有无衬板,搅拌机的工作原理基本一样,但两者的抗磨机理截然不同。无衬板搅拌机最大限度地加大了叶桨与机体之间的间隙。搅拌机工作时,在机体和叶桨之间的间隙中形成一层几乎不移动的混合料层,起到衬板的作用,保护机体不受磨损。这种无衬板搅拌机,机体一般设计成平底斗形,具有结构简单、制造容易、质量轻、造价低、生产率高、物料不产生阻塞和挤碎现象、搅拌均匀等优点。

(5)建立用户联络控制中心

国外的稳定土厂拌设备生产厂家设立控制中心,与用户厂拌设备的控制计算机通过国际通信网络联网,及时准确地掌握厂拌设备的运转情况、调节和改变设备的工作状态、解决设备出现的问题以及培训指导设备的使用技术。

(6)设备大型化

机械化施工设备的配套性要求,促使稳定土厂拌设备的向大型化方向发展。近年市场对稳定土厂拌设备生产率的需求已从前几年的100t/h,上升为300～400t/h。目前还有进一步发展为600～800t/h的趋势。

(7)结构模块化

可解决大型化所带来装、拆、吊、运等不利因素,既有利于制造厂生产和产品系列化,又符合公路工程施工的特点。结构模块化是固定式稳定土厂拌设备的必由之路。

(8)扩展拌和范围

使稳定土厂拌设备不仅只能拌制稳定土材料,还能拌制各种属于冷拌范围的路面材料。如碾压混凝土,乳化沥青混凝土等。

(9)动态含水率控制

影响稳定土含水率的主要因素是小粒径集料含水量的不均匀。对小粒径集料的含水率和稳定土成品料的含水率进行有效的监控,可进一步提高稳定土的质量。目前的问题是连续动态检测取样装置的精度、寿命和由此而带来产品成本的增加。

第二节　稳定土厂拌设备构造

一、总体构成和生产工艺流程

稳定土厂拌设备的总体构成及布置如图10-1所示。

稳定土厂拌设备拌制水泥稳定土、石灰稳定土、石炭工业废渣稳定土。这里的水泥稳定土和石灰稳定土都是一个广义的名称,它既包括各种稳定细粒土(如塑性指数不同的各种黏性土、砂和石屑等),也包括各种稳定中粒土和粗粒土(如砂砾土、碎石上、级配砂砾、级配碎石等)。厂拌设备拌制各类稳定土时的工艺流程基本相同。以水泥稳定碎石底基层为例,其生产工艺流程如图10-2所示。

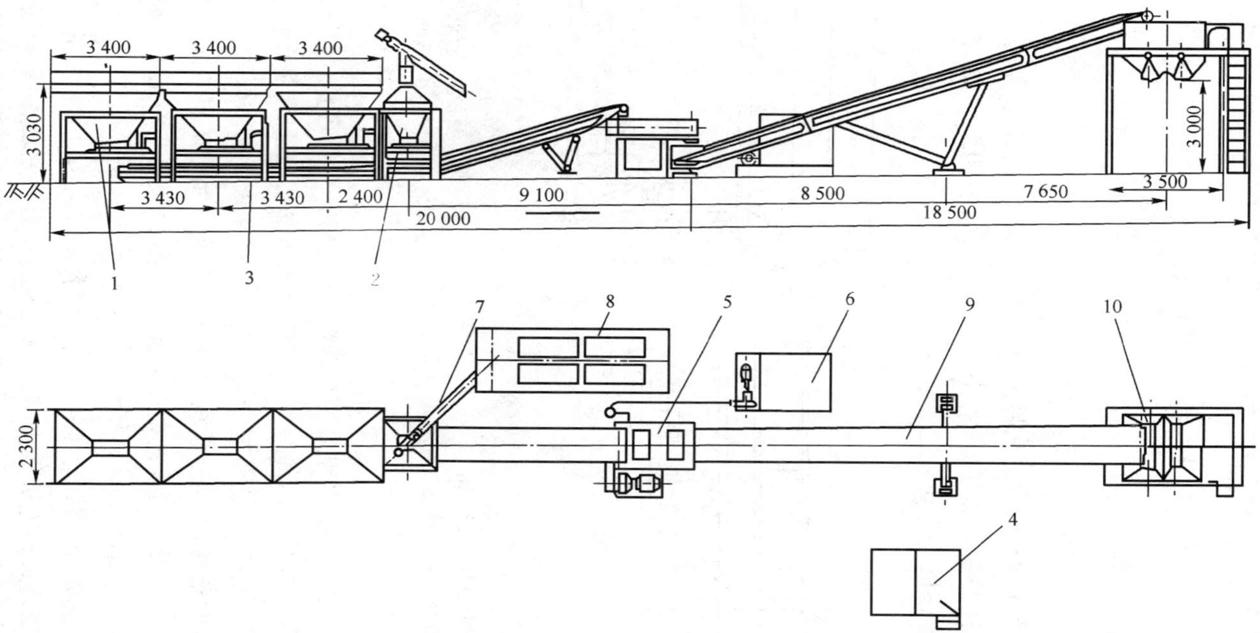

图10-1 稳定土厂拌设备简图

1-配料机;2-粉料配料机;3-集料机;4-电器控制矩;5-搅拌机;6-供水系统;7-螺旋输送机;8-卧式粉料机;9-成品料皮带机;10-成品料储仓

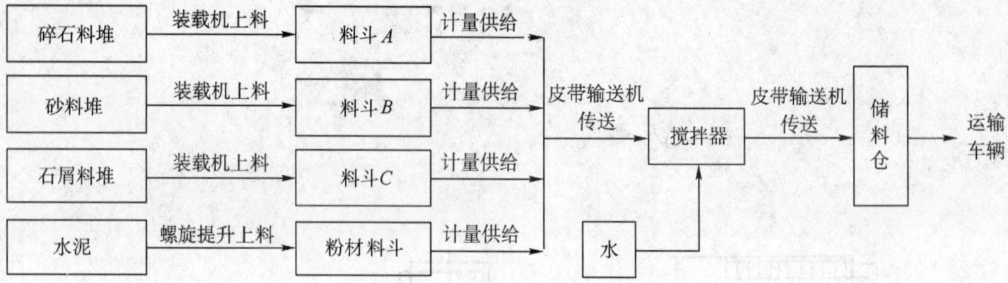

图 10-2　水泥稳定土拌制工艺流程图

二、主要结构及工作原理

1. 配料机组

配料机组一般由几个料斗和相对应的配料机、水平集料皮带输送机、机架等组成(图 10-3)。

每个配料机都是一个完整独立的部分，可根据用户需要进行组配。如图 10-4 所示，配料机由料斗、料门配料皮带输送机及驱动装置等组成。

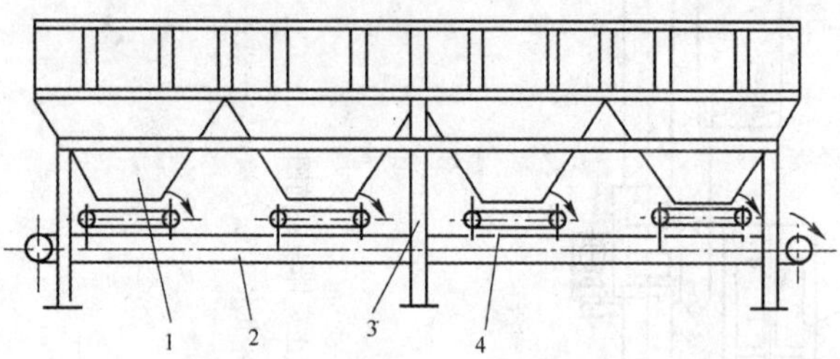

图 10-3　配料机组结构示意图

1-料斗；2-水平集料皮带输送机；3-机架；4-配料机

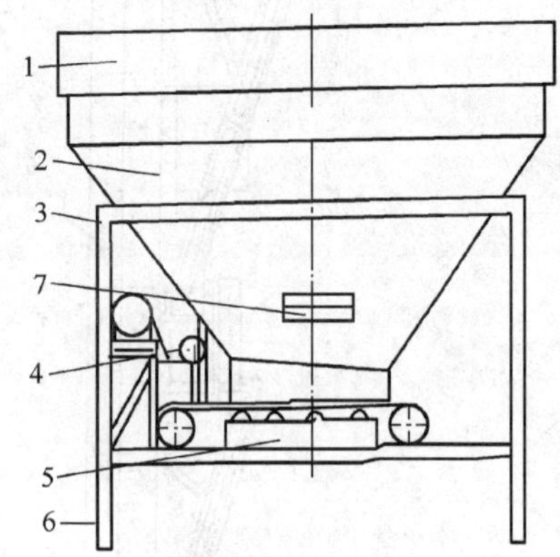

图 10-4　稳定土厂拌设备配料机

1-加高航板；2-料斗；3-斗架；4-斗门调节器；5-集料皮带机；6-加高支腿；7-振荡器

料斗由钢板焊接而成，通常在上口周边装有挡板，以增加料斗的容量；斗壁上装有仓壁振动器，以消除物料结拱现象。根据物料的种类和下料的实际情况，通过调整振动电机的偏心块来调整其振动力的大小。在配料过程中，根据实际情况对料斗进行间歇振动。

料斗上口还装有倾斜的栅网，以防装载机上料时将粒径过大的矿料装入料斗而影响供料性能。装黏性材料用的料斗内部必须装置有强制破拱器，破拱型料斗一定要装栅网，才能保证安全生产。

出料闸门安装在料斗下方，调节开启度可以改变配料皮带输送机的供料量。配料皮带输送机用调速电机或液压电动机通过减速机驱动，皮带输送机后部有张紧装置，用于调节皮带输送机正常张紧度和修正皮带跑偏量。配料机的作用是将物料从料斗中带出并对材料计量。改变斗门开度和改变配料皮带输送机的速度均能改变单位时间内的供料量。根据设备的实际生产情况，在确定了配料斗的生产率后，计算调整电机的转速时，配料斗斗门开启高度既要大于物料直径保证顺畅出料，同时又要尽可能保证调整电机的转速避开低速区，使其在中高速区(500～1 000r/min)

运行，以延长其使用寿命，保证配料精度。

机架为型钢焊成的框架结构，起支承作用。在移动式的配料机组中机架还应有轮系、制动装置、拖挂装置、灯光系统等，必须具备行走功能并保证行驶的安全性。

2. 集料皮带输送机和成品料皮带输送机

图 10-5 和图 10-6 所示为国产 WCB300 型稳定土厂拌设备的集料皮带输送机和国产 WDB300 型稳定土厂拌设备的成品料皮带输送机简图。

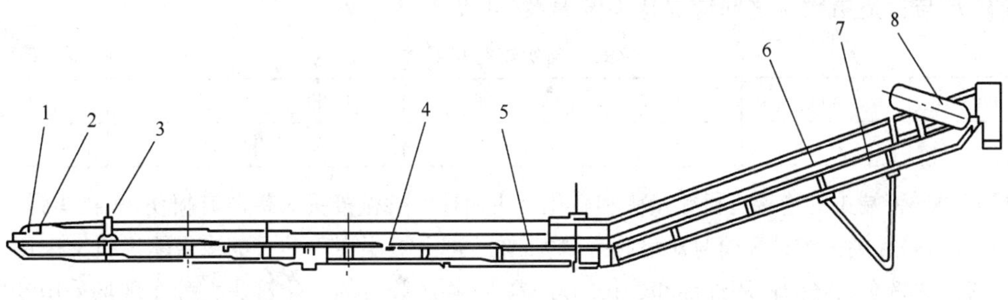

图 10-5 WCB300 型稳定土厂拌设备的集料皮带输送机简图

1-自清洗改向滚筒；2-张紧总成；3-上托辊；4-下托辊；5-机架；6-支撑；7-罩；8-驱动总成

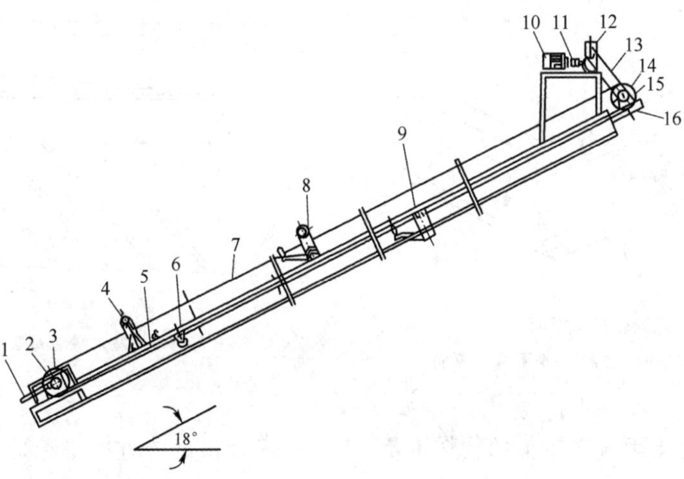

图 10-6 WDB300 型稳定土厂拌设备成品料皮带输送机简图

1-拉紧螺杆；2-从动滚筒轴承座；3-从动滚筒；4-槽型托辊；5-空段清扫器；6-下平托辊；7-输送带；8-槽型调心托辊；9-调心下平托辊；10-电机；11-联轴器；12-减速机；13-链条；14-主动滚筒；15-主动滚筒轴承座；16-弹簧清扫器

集料皮带输送机用于将配给机组供给的集料送到搅拌器中；成品料皮带输送机用于将搅拌器拌制好的成品料连续送到储料仓。稳定土厂拌设备的皮带输送机与通用皮带输送机的工作原理和结构形式相同，简述如下。

(1)输送带

皮带输送机是能够水平或倾斜方向输送物料的连续式运输机械，具有很高的生产率。皮带输送机的输送皮带既是承开构件又是牵引构件，依靠皮带与滚筒之间的摩擦力平稳地进行驱动。输送带是皮带输送机中最重要也是最昂贵的部件。

输送带是一条无端的具有相当宽度的条带，有织物芯胶带和钢绳芯胶带两种形式。稳定土厂拌设备由于运距和运量不是很大，通常采用织物芯胶带。织物芯胶带由棉线织成里，经线与纬线相互交织，其构造如图 10-7 所示，张力由经线承受。数层织物相互间用橡胶粘合在一起，就形成织物芯衬垫，然后在衬垫的上下及二侧覆面胶层一般较薄，其厚度通常为 1.5～2mm 之间。侧边橡胶覆面的作用是：当输送带跑偏，侧面与机架接触时，保护其织物芯不受机械损伤。输送带的覆面通常采用高耐磨性橡胶。

输送带的张力由衬垫层承受，带的强度取决于带的宽度和衬垫层数。同时，为使输送带有足够的横向刚度，使之在两支承托辊之间保持槽形，不至过分变平而引起撒料和增加运动阻力，带宽 B 与衬垫层数 n 之间应保持一定关系(见表 10-1)。

带宽 B 与织物衬垫层数 i 表 10-1

B(mm)	500	650	800	1 000	1 200	1 400
i	3～4	4～5	4～6	5～8	5～10	6～12

橡胶输送带端头的连接有机械接头和硫化接头两种。机械接头对带芯有损伤，故接头强度低，使用寿命短，并且接头经过滚筒时对滚筒有损害，在一部分短距离移动式的皮带输送机上采用。硫化接头的输送带有较好的使用性能和较长的寿命。织物芯胶带的硫化接头大都在现场采用专用设备连接。在硫化之前，将端按衬垫层数切成阶梯状，如图 10-8 所示。然后将两个端头互相很好地贴合，用压板定位位后加热进行硫化连接。硫化接头能承受较大的拉力。

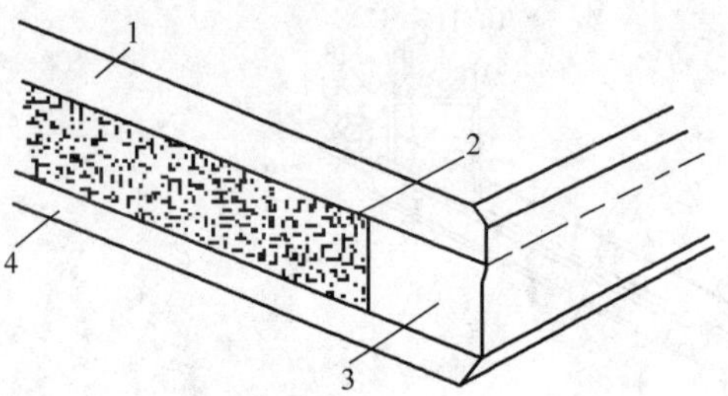

图 10-7 橡胶输送带断面结构

1-上橡胶覆面；2-织物芯；3-侧边橡胶；4-下橡胶覆面

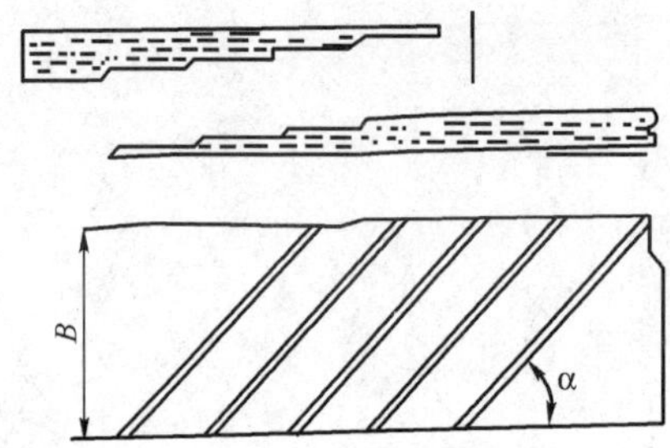

图 10-8 织物芯胶带端头硫化连接

(2)支承托辊

托辊的作用是支承输送带上的物料重量，使输送带沿预定的方向平稳地运行。常用的托辊如图 10-9 所示。

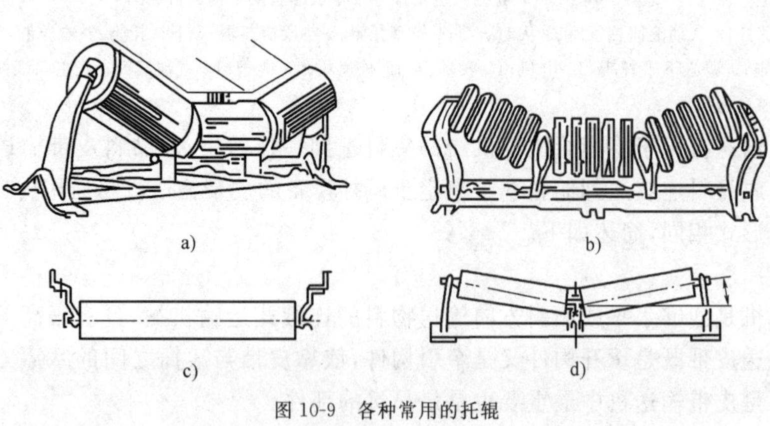

图 10-9 各种常用的托辊

a)槽形托辊组；b)平形托辊；c)缓冲托辊；d)斜置托辊

托辊一般做成定轴式的。托辊的密封形式很多，但是根据国内外大量实践说明，迷宫式密封的防尘效果最好，阻力也小，而且一般采用轴向迷宫式，因为密封可以沿轴向套上去，故拆装十分方便。托辊的转动阻力不仅与速度有关，而且与轴承及其密封有很大关系，轴承的润滑采用锂基脂最好，因为这种润滑脂的阻力最小。

输送带运行时，造成皮带跑偏可能的因素有：张紧力沿带分布不均；物料偏心堆积；机架变形，托辊轴承损坏。实践中常采用各种不同形式的调心托辊，在有载分支每隔 10 组槽型向前倾一定角度(3°～5°)。由于输送带和偏斜托辊之间产生一相对的滑动速度，托滚与皮带之间于是产生轴向的摩擦力。当皮带跑偏时，一侧的摩擦力大于另一侧的摩擦力，促使皮带回复到其原来的位置。这种调心托辊简单可靠，但托辊偏置角度不宜太大，否则，将由于皮带运行时附加滑动摩擦力过大，严重增加皮带表面的磨损。

(3)张紧装置和清扫装置

张紧装置的作用有：

①保证皮带在驱动滚筒的绕出端有足够的张力，使所需的牵引力得以传递，防止皮带打滑；

②保证输送机各点的皮带张力不低于一定值，以防皮带在托辊之间过分松弛而引起撒料和增加运动阻力；

③补偿皮带的塑性伸长和过渡工况下弹性伸长的变化；

④为输送机皮带重新接头提供必要的行程。

稳定土厂拌设备的皮带输送距离较短，成品料皮带输送机又有相当的坡度，其张紧装置一般布置在输送机尾部，并以尾部滚筒作为张紧滚筒。一般采用固定式张紧装置。它的优点是结构简单紧凑，对污染不敏感，工作可靠。缺点是输送机运转过程中由于皮带的弹性变形和塑性伸长引起张力降低，必须及时进行人工调整，否则，可能导致皮带在驱动滚筒上打滑。张紧装置还有消除皮带跑偏的功能：每一台皮带机都有一对左、右对称的张紧螺杆，当发现皮带跑偏时，应及时调整，调整的方法是：皮带往哪边跑就缓慢地旋紧哪边的张紧螺杆，或缓慢地放松另一边的张紧螺杆。

皮带输送机中常用的清扫装置是清扫刮板，它通常装在头部滚筒的下方，使皮带进入无载分支前，将黏附的物料清除掉，使之落入搅拌器或储料仓。

3. 结合料配给系统

结合料配给系统包括粉料储仓、螺旋输送机和粉料给料计量装置。

粉料储仓按结构形式分为立式储仓和卧室储仓。立式储仓具有占地面积小、容量大、出料顺畅等优点，这种储仓更适合于固定式厂拌设备使用。卧式储仓同立式储仓相比，仓底必须增设一个水平螺旋输送装置，才能保证出料顺畅。但卧式储仓具有安装和转移方便，上料容易等优点，广泛用于移动式、可搬式等厂拌设备。

(1)立式储仓给料系统

立式储仓给料系统如图 10-10 所示，主要由仓体、螺旋输送器、粉料计量装置等组成。储仓用支腿安装在预先准备好的混凝土基础上，并用地脚螺栓固定。

立式储仓进料方式一般是用散装罐车将水泥、石灰等结合料运到稳定土拌和厂，依靠气力将粉料送入粉料输入管并送进储仓。工作时粉粒由计量装置给出，依靠螺旋输送器直接送到搅拌器中。或者计量装置给出的粉料送往集料皮带机，由皮带机将结合料连同集料一起送往搅拌器。

螺旋输送机主要由螺旋体(心轴和螺旋叶片)、壳体、联轮器、驱动装置等组成。与皮带输送机相比较,螺旋输送机是一种无挠性牵引构件的连续输送设备。它有水平螺旋输送机和垂直螺旋输送机两种类型。水平螺旋输送机只能在同一高度输送物料;垂直螺旋输送机可垂直或沿倾斜方向将物料送往所需的高度。这两种螺旋输送机虽然在中心部位都有螺旋体(心轴和螺旋叶片),但它们的壳体有所不同:水平螺旋输送机的壳体为半圆形的开口朝上的料槽;而垂直螺旋输送机的壳体则是一个圆柱形管子。在水平螺旋输送机中,物料由于自重而紧贴料槽(壳体的内腔),当螺旋轴旋转时,物料与料槽之间的摩擦力阻止物料跟着旋转,因而物料得以前进。在垂直螺旋输送机中,物料由于重力所产生的侧压力和离心力的作用而与管壁贴紧,当螺旋轴旋转时,管壁与物料之间的摩擦力阻止物料与螺旋轴同步旋转,从而实现物料上升移动。

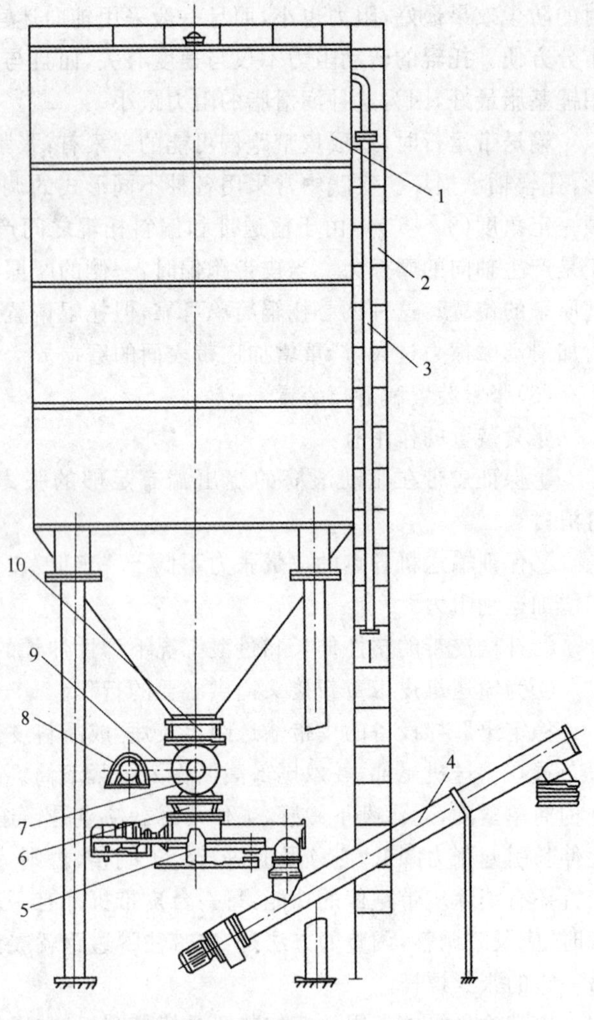

图 10-10　立式储仓供料系统

1-料仓;2-爬梯;3-粉料输入管;4-螺旋送料机;5-螺旋电子杆;6-连接管;7-叶轮给料机;8-减速机;9-V 型皮带;10-闸门

粉料计量装置可分为容积式计量和称重式计量两种方式。容积式计量大都采用叶轮给料器,它主要由叶轮、壳体、接料口、出料口、动力驱动装置等组成。可用改变叶轮转速的方法来调节粉料的输出量。此种计量方式是国内外设备中普遍采用的形式,其结构简单,计量可靠。称重计量一般采用螺旋秤、减量秤等方式,连续动态称量并反馈控制给料器的转速以调节粉料输出量。

(2)卧式储仓给料系统

图 10-11 所示为 WCB200 型稳定土厂拌设备的卧式储仓,卧式料仓给料系统与立式系统的工作过程和计量方式基本相同,由散装水泥运输车运来的生石灰粉或水泥被泵入卧式储仓内,也可由储仓顶部的进料口用皮带机、装载机或人工装入。储仓生石灰粉(水泥)在仓内靠自重下降,经存仓底部的螺旋机构,进入螺旋输送机,再进入粉料给料机上方的小斗内,然后由粉料给料机按调定的比例计量给出。

图 10-12 为 WCB200 型稳定土厂拌设备的粉料配料机。配料机上方小料斗的壁上,安装了两个料位器,一料位器控制上限,另一料位器控制下限,其输出信号用于螺旋输送器的起、停控制,其目的是保持粉料配料斗内始终有一定的料量,防止料量的变化,影响

配料精度。

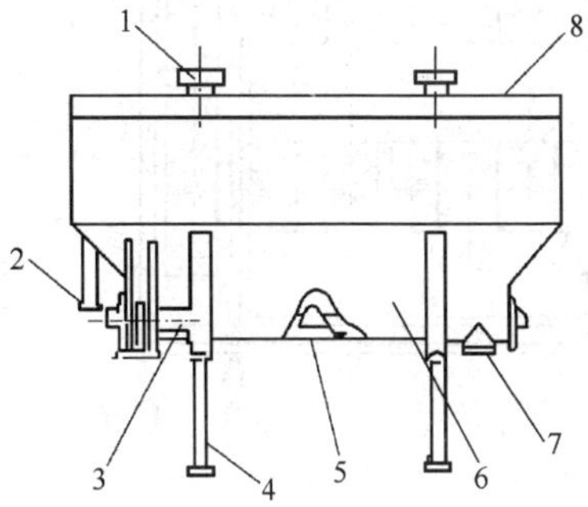

图 10-11 卧式储仓

1-粉料斗架；2-斗体；3-叶轮给料机；4-振动器；5-螺旋轴；6-仓体；7-出料口；8-活动上盖

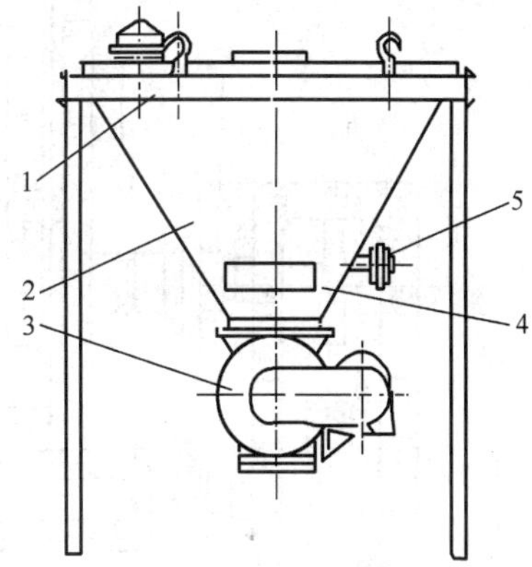

图 10-12 粉料配料机

1-粉料斗架；2-斗体；3-叶轮给料机；4-振动器；5-旋塞式料位给料器

粉料配料机中的叶轮给料机是配料机构的重要组成部分，叶轮给料机的结构原理如图10-13所示。它作为一种供料器，具有一定程度的气密性，因而适于输送有一定流动性的粉状、小块状物料的气力压送。因其叶片磨损较大、轴上扭矩及能耗也大，因此，常用于沿水平或小于20°倾斜方向及运送距离较小情况下的粉状或细粒状物料。叶轮机主要由圆柱形的壳体及壳体内的叶轮组成，壳体两端用端盖密封，壳体上部与加料斗相连，下部与输料管相通。当叶轮由电动机和减速传动机构带动在壳体内旋转时，物料从加料斗进入旋转叶轮的格腔中，然后从下部流进输料管。

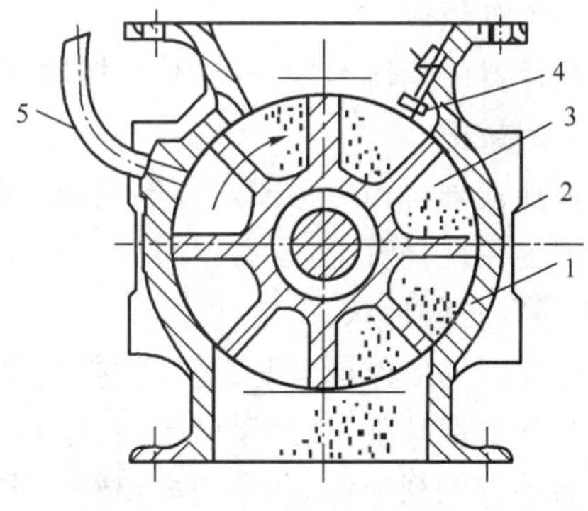

图 10-13 叶轮给料机的结构原理图

1-壳体；2-叶轮；3-叶轮格腔；4-防卡挡板；5-均压管

为了提高叶轮格腔中物料的装满程度，应装有均压管，使叶轮格腔在转到装料口之前，就将格腔中的高压气体从均压管中引出。叶轮机的漏气量为叶轮转动时格腔容积引起的漏气量与叶轮和壳体间隙的漏气量之和。为了减少漏气量，叶轮工作时从入口到出口一侧应经常保持有两片以上的叶片与壳体内腔接触，以形成一个迷宫式密封腔。同时，叶轮与壳体之间的间隙要尽量小，一般为0.2～0.5mm。若间隙太小，则安装困难。为了防止叶片与壳体之间被异物卡死，可在进料口处装设有弹性的防卡挡板。

叶轮给料机两叶片间的体积是恒定的，因此，调整叶轮驱动电机的转速，就可改叶轮给料机的生产率，使之适应不同配比情况下对结合料（石灰或水泥）的需要量。

4. 搅拌器

搅拌器是稳定土厂拌设备的关键部件。它的结构形式有多种，其中双卧轴强制连续式搅拌器具有适应性强、体积小、效率高、生产能力大等特点，是常用的结构形式。图10-14示出了WDB300型稳定土厂拌设备的双轴卧式搅拌器。

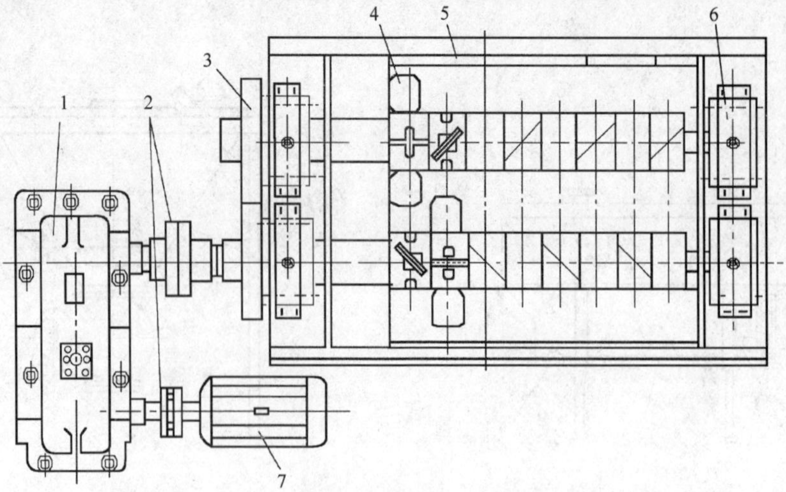

图 10-14　搅拌器结构示意图

1-减速器；2-联轴器；3-齿轮；4-桨片总成；5-衬板；6-油杆；7-驱动电机

搅拌器主要由两根平行的搅拌轴、搅拌臂、搅拌桨叶、壳体、衬板、进料口、出料口以及动力驱动装置等组成。

搅拌器的壳体通常作成 W 型拌槽，由钢板焊制而成。为保证壳体不受磨损，在壳体内侧装有耐磨衬板。

搅拌器轴可用方形或六方形钢管等制成。搅拌臂用螺栓连接或焊接在搅拌轴上。桨叶用螺栓固定在搅拌臂上，也有在桨叶和搅拌臂之间加装叶座的结构形式。搅拌桨叶有方形带圆角、矩形等各种形状。

搅拌器的工作原理是：进入搅拌机内的集料、粉料和水，在互相反转的两根搅拌轴上双道螺旋桨叶的搅拌下，受到桨叶周向、径向、轴向力的作用，使物料一边产生挤压、摩擦、剪切、对流从而进行剧烈地拌和，一边向出料口推移。当物料移到出料口时，已得到均匀地拌和并具有压实所需的含水量。

有些稳定土厂拌设备搅拌器的桨叶在搅拌轴的安装倾角可作调整，以适应不同种类物料和不同方式的拌和。桨叶一般用耐磨铸铁制成，磨损后能方便地更换。

搅拌器驱动系统的结构形式多样，大体可归纳为如下几种：

电动机—减速器—链轮—搅拌轴；

电动机—液压泵—液压电动机—齿轮减速器—搅拌轴；

电动机—蜗轮蜗杆减速机—搅拌轴；

电动机—液压泵—液压电动机—皮带传动—锥齿轮传动—搅拌轴；

发动机—分动箱—液压泵—液压电动机—齿轮减速机—搅拌轴。

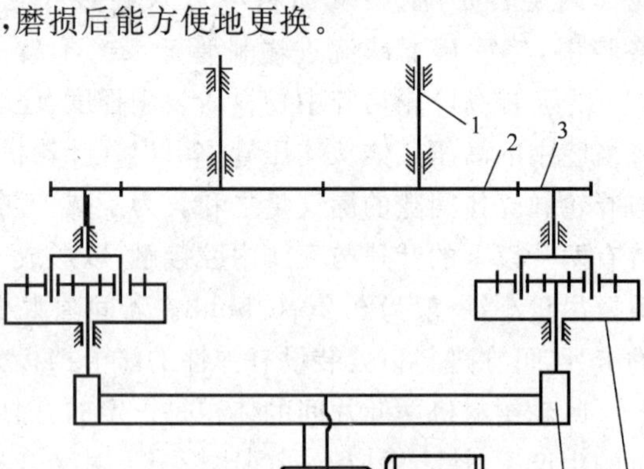

图 10-15　液压传动搅拌器传动系统示意图

1-搅拌轴；2-大齿轮；3-小齿轮；4-行星减速器；5-液压电动机；6-电机；7-液压泵

双轴搅拌器必须保证两根轴同步旋转。在大型或特大型设备中，搅拌器的驱动采用双电动机经蜗轮蜗杆减速后驱动驱动搅拌器轴的传动方式。而链传动是常用的较可靠的传动方式，在稳定土厂拌设备中广为采用。随着液压技术的发展，液压传动技术在稳定土厂拌设备搅拌器传动系统中的应用逐渐增多。图 10-15 为搅拌器液压传动系统示意图。

搅拌器在工作时由于材料的摩擦作用，其桨叶片和衬板必然产生磨损，磨损的程度将随着搅拌速度的增加而增加。因此，提高搅拌器的性能及耐磨性是各生产厂家努力追求的目标之一。国外一些公司针对稳定材料的特性和连续搅拌的特点，并结合多年的使用经验，对强制连续式搅拌器进行了大胆改进，取消了衬板，研制成新型无衬板搅拌器，其结构如图 10-16 所示。

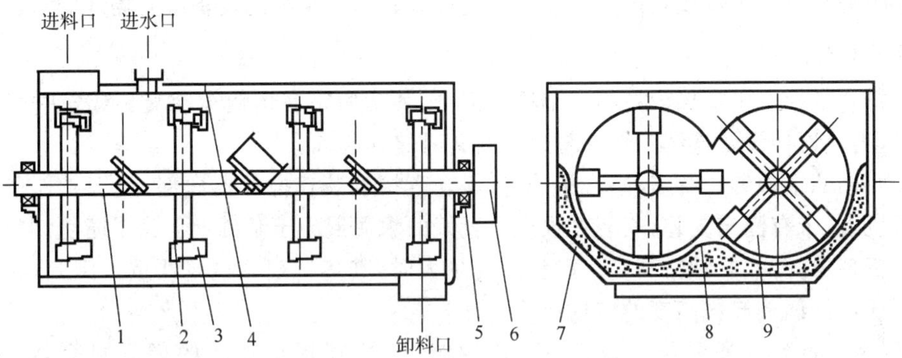

图 10-16　无衬板搅拌器结构示意图

1-搅拌轴；2-搅拌臂；3-搅拌桨叶；4-盖板；5-轴承；6-驱动系统；7-壳体；8-保护层；9-有效搅拌区

无衬板搅拌器的工作原理与有衬板搅拌器基本相同。但是，两者的抗磨原理却截然不同。无衬板搅拌器最大限度地加大了搅拌桨叶和壳体之间的间隙，搅拌器工作时，在间隙中通常会形成一层不移动的混合料层，此混合料层停留在壳体上起到了衬板的作用，保护着壳体不受磨损，同时也减轻了桨叶的磨损。这种无衬板搅拌器，其壳体一般设计成平底斗型，具有结构简单、加工制造容易等特点。在相同体积的情况下，比有衬板搅拌器的质量轻、造价低，并且搅拌速度可提高近 1 倍，因而提高了生产率；混合料拌和效果好，不产生楔住、挤碎等现象。无衬板搅拌器通过试验和使用，已达到了实用阶段，现正被应用于稳定土厂拌设备中。

5. 供水系统

供水装置是稳定土厂拌设备的必要组成部分。WCB200 型厂拌设备的供水系统由水泵(带电动机)、水箱、三通、供水阀、回水阀、流量计、管路等组成(图 10-17)。

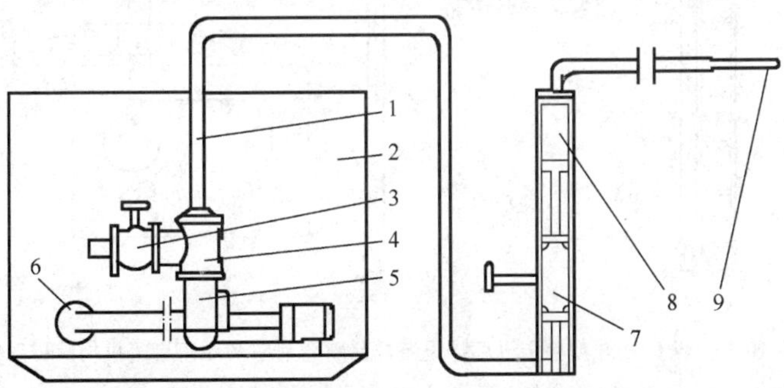

图 10-17　WCB200 型稳定土厂拌设备的供水系统

1-出水管；2-水箱；3-回水阀；4-三通；5-水泵；6-旋塞阀；7-供水阀；8-流量计；9-喷水管

水箱由钢板焊接而成。泵与电动机装在同一机座上。三通一端与水泵出口相连，其余两端分别连接到供水阀和回水阀。供水阀用于切断或接通向搅拌器给的水。供水阀的后方串联有 LZB-80 型玻璃转子流量计，该流量计为直接读数型，能显示供水量的瞬时值。供水量的大小应能保证拌制的稳定土达到出厂设计含水量。考虑到碾压之前的运输和摊铺工序中水分的蒸发散失，通常的施工工艺设计中稳定土出厂含水量应稍大于该种材料碾压时的最佳含水量。由于水泵的转速、吸程及扬程的近似不变，水泵供水为定值，所以当供水阀打开时，调节回水阀的开度和回水量就可以调节向搅拌器的供水量。

回水阀的出口还可以接胶皮管，手动关闭供水阀后，用水清洗设备或向场地洒水。

6. 成品料仓

成品料仓是稳定土厂拌设备的一个独立部分，其功用是在运输车辆交替或短时间内无运输车辆时，为使厂拌设备连续工作而将成品料暂时储存起来。

成品料仓的结构形式有多种，常见的有：料仓直接安装在搅拌器底部；直接悬挂在成品料皮带输送机上；带有固定支腿，安装在预先设置好的水泥混凝土基础上。为了防止卸料时混合料产生离析现象，需控制卸料高度。卸料高度越大时，其离析现象也越严重。因此，有些设备的料仓设计成能调节卸料高度的结构形式。

成品料仓的容积通常设计成 5～8m^3 的储量，特别是悬挂式的成品料仓，其容量不能过大。使用小容量成品料仓的厂拌设备时，运输车辆的调度等生产组织管理必须要精确安排，否则会发生停机候车现象。稳定土厂拌设备在一个台班工作时间内有多次停机、启动时，不但耽误工时造成生产率不能充分发挥，也会使稳定土的拌制质量受到影响。

固定安装式成品料仓由立柱、料斗及放料斗门启闭机构等组成。放料斗门通常采用双扇摆动形式，斗门的启闭动作可用电动、气动或液压控制。图 10-18 为 WCB 型稳定土厂拌设备的成品料仓简图和斗门启闭机构液压控制系统原理图。不论气动还是液压控制斗门的启闭，通常都采用电磁阀操纵。

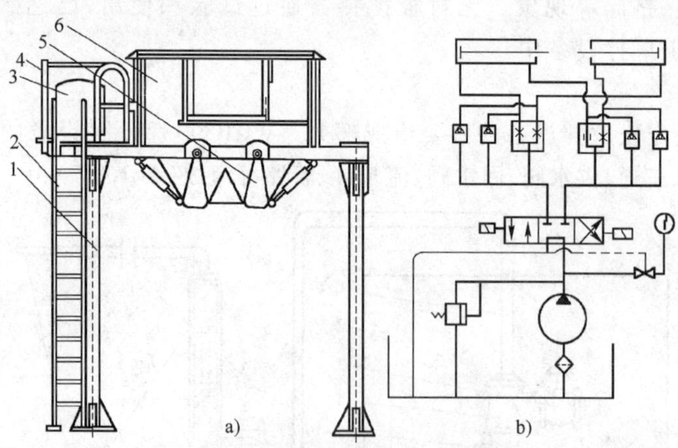

图 10-18　WCB200 型稳定土厂拌设备成品料仓简图和斗门启闭机构液压系统

a)成品料仓简图；b)斗门启闭机构液压系统

1-立柱；2-爬梯；3-液压装置；4-栏杆；5-斗门；6-仓体

第三节　稳定土厂拌设备控制系统

一、电气系统

电气系统包括电源、各执行元件、电气运行显示系统、电气操纵控制系统。不同形式的电气控制系统有不同的结构组成。

稳定土厂拌设备的控制系统形式主要有计算机集中控制和常现电器元件控制两种。在控制系统的电路中都设有过载和短路保护装置及工作机构的工作状态指示灯，用来保护电路和直接显示设备的运转情况。凡自动控制型厂拌设备的控制系统，一般都装置有自动控制和手动控制两套控制装置，操作时可自由切换。任何形式的控制系统都必须遵守工艺路线中各设备启动和停机程序。启动时应先开搅拌器电机，当搅拌器电机完成 $Y—\Delta$ 转换，进入全速运转后，才能启动其他电机；停止工作时，则应最后关停搅拌器电机。这主要是为了保证搅拌器拌筒内无积料，防止该电机带载启动。为了确保操作安全，有些厂拌设备在搅拌器盖板上装有位置开关，盖板打开时，整个设备不能启动工作，以保安全生产。

对于卧式储仓的结合料供给系统，有倾斜螺旋输送器驱动电机 M1 和水平螺旋器驱动电机 M2。M1 和 M2 两台电机在线路控制上有连锁功能，即启动 M2 时，M1 同时启动，但 M1 亦可单独启动、停止。在工作过程中，高、低料位器能自动控制这两个电机的启动和停止。当低料位器测出无料时，低料位指示灯亮，此时，两螺旋输送器启动加料；当高料位器检测出料已足够时，高位指示灯亮，此时两螺旋输送器停止加料。

稳定土厂拌设备的工作，通常至少需要 2 名熟练的操纵人员，一人在控制室负责整台设备的启动(停止)，并在发生意外情况时及时断电停机；一人在设备工作中巡视各机构的工作情况，若发现给料机不给料、皮带跑偏、搅拌器桨叶脱落等情况时，及时排除或通知控制台停机检修。给料机的料斗上装有仓壁振动器，若发现某个给料机由于斗内物料结拱产生供料不畅或中断时，可用操纵台上的按钮手动控制相应料斗的振动器产生振动，消除料斗的结拱现象。

电气控制系统多采用 380V、50Hz 电源，自动空气开关作为过载和短路保护，电压表。电流表及指示灯显示设备的运转情况。各电动机均用熔断器与热继电器作短路和过载保护。电源控制、电压控制等均集中在控制台上操作。电气控制系统可由时间继电器控制顺序启动或停车，也可用按钮单台启动、停止各电动机的运转。

二、物料计量控制技术

随着我国公路建设事业的飞速发展，公路施工尤其是高速公路施工对稳定土厂拌设备的计量精度和生产效率要求越来越高，国内外稳定土厂拌设备多种多样，其主要差异在于计量系统。按计量系统的不同可将计量分为两种类型：一种采用体积式计量，另一种采用质量式计量。由于其计量系统的不同，导致了设备的整体性能的差异。称重式计量方式是在容积计量的基础上，用电子传感器测出物料单位时间内通过的质量信号，并根据质量信号调节皮带输送机转速。这种方式用质量作为计量和显示单位，因此，计量精度高于容积式。

1. 集料计量系统

(1)体积式计量

体积式计量系统主要包括储料斗、调速皮带输送机和集料皮带机。储料斗中设有破拱或破碎装置，使集料连续不断地供给调速皮带输送机，经过开启高度可调的料门后送到集料皮带输送机上，由集料皮带输送机送到搅拌机中。其输送量按下式计算：

$$Q = rBHv$$

式中：Q——单位时间集料输送量，t/h；

r——集料比重，t/m^3；

B——出料门宽度，m；

H——料门开启高度，m；

v——皮带机速度，m/h。

由上式可以看出，集料的计量是由料门的开启高度和调速皮带机的速度来确定的，是一种体积计量方式。假定集料的比重、出料口的面积是常数，调节给料皮带机的速度就可达到调节物料流量的目的。但由于物料匀质性、储料仓压及环境因素影响引起的比重改变以及供料不均、皮带打滑都易引起物料输送量的改变，偶然超差较大，严重影响配料精度，配料精度可达3%～4%。这种计量系统结构简单、操作方便、但不能直观显示瞬时流量和累计质量，出现误差不易被发现。由于其制造成本低，价格便宜，目前被应用于低等级的路面施工中，基本能够满足施工要求。

(2)“容积计量＋总重称量”计量

各种规格的集料通过调节配料仓门的开启高度和调速皮带机速度的方法来控制各种物料的配比，即进行容积计量，各集料的料流经集料皮带汇集后再送至皮带秤进行总重称量，然后送入搅拌机进行搅拌。该系统是在容积计量的基础上增加总重称量，可监视物料流量的变化，保证物料总量与粉料、水的相对稳定，配料精度比容积计量有提高了一步，可减少水泥的浪费，计量精度可达2%～3%。在实际生产中，可能出现一种物料的变化引起物料级配的变化，或者两种物料同时发生变化，且两种变化绝对值相等，导致总量不变而实际级配发生变化的现象。由于该系统制造成本较低，结构简单，被应用于低等级路面施工和体积式计量稳定土设备的技术改造中。

(3)质量称量计量

集料配给系统中的每个配料斗的料口下方均装有一台由微机控制的调速定量皮带秤，当集料通过计量皮带秤的有效计量段时，其质量通过称重框架加到传感器上，由称重传感器将其转换为电信号，同时安装在皮带秤上的速度传感器将检测到的皮带速度转换为电信号，二者被送入微机，经计算处理后显示集料的瞬时流量值和累计质量值，并送出瞬时流量值的模拟信号。该信号与微机的设定值相比较，并输出信号送到控制器以控制调速电机，修正物料给料量，使之与设定值相等。由于该动态计量过程具有封闭的反馈、比较、运算环节，其计量精度可达1%～2%。该系统计量精度高，操作方便，但制造成本较高，可应用于高等级路面的稳定土厂拌设备和连续式混凝土搅拌设备中。

称量式计量器形式很多，有电子皮带秤、核子秤、减量秤、冲量秤等等。电子皮带秤系在皮带输送机的适当部位装一组或多组计量托辊，用以计量物料的瞬间和累计质量。该称量装置由两部分构成：一部分为机械部分(秤架和托辊)；另一部分为荷重传感器、速度传感器和二次仪表。机械部分的作用是承载和输送物料；传感器的作用是把质量信号转换成电信号；二次仪表的作用是把传感器的电信号进行处理、放大和显示我国研制并投入使用的GGP-50型电子皮带秤的工作原理方框图，如图10-19所示。称重框架1采用十字簧片支承，且为对称支承结构形式，因而受胶带摩擦力和张力对计量的影响较小，同时由于称量段长度较大，胶带上的不均匀性和大颗粒物料对计量的影响减至最小，故有较高的计量精度和稳定性，能适用于大颗粒物料和高速皮带输送机计量。

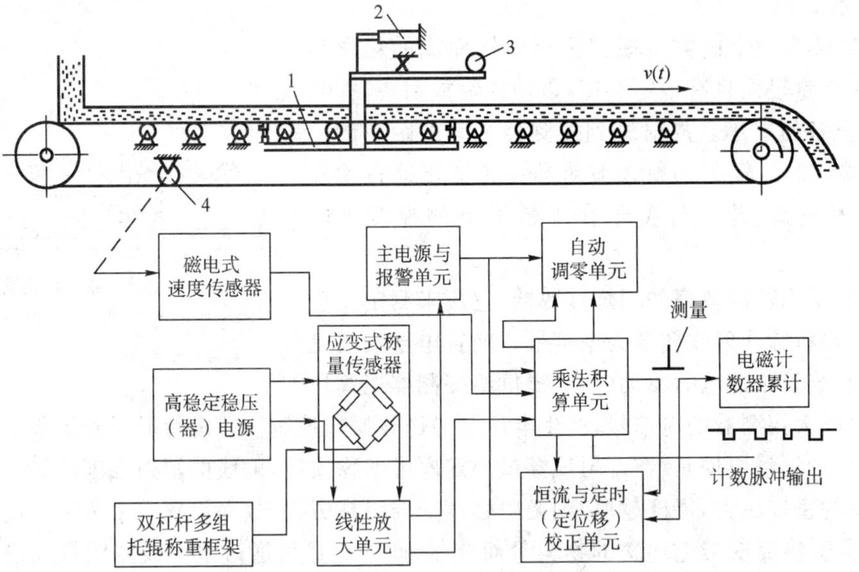

图 10-19　温表 GCP-50 型电子皮带秤工作原理

1-称重框架；2-传感器；3-平衡重锤；4-速度传感器

称重传感器通过称重框架感受物料质量，使传感器的弹性体发生变形，粘贴在弹性体上并组成等臂电桥的电阻应变片，发生阻值变化，在恒电压供桥的情况下，电桥输出正比于物料质量的毫伏级（10～20mV）的电信号，经线性放大单元放大后，同速度信号一起送到乘法积算单元进行乘法处理，积算成脉冲信号，推动计算器予以累计。速度信号经放大、整形、微分触发单稳态触发器产生宽度恒定的电脉冲，由它接通和关闭逻辑开关电路，控制模拟质量信号的输入量，实现频率量同模拟量的乘法运算。相乘后的信号由积分器线性地转换成频率信号，推动电磁计数器累计，计数器的读数则代表了 0～t 时间内输送机输送物料的总量。

电子皮带秤对砂、碎石、矿石、煤炭等散粒物料精确计量，其动态精度为 0.5%。电子皮带秤在投入使用后必须定期进行校验，以确保使用精度。

由于影响电子皮带秤计量精度的因素较多，如皮带的刚度和张力，皮带的磨擦力，秤框上和拉簧、十字簧片支承上的污物的黏结等都会引起计量误差，即使是好的负荷传感器，长期测量误差也有±2%。近年来出现的核子输送机秤，由于它是非接触测量，其测量精度不受皮带张力变化和刚度大小的影响，测量精度长期稳定，且无磨损，使用寿命长，安装维护方便，不需要特殊的输送段，它具有先进的显示技术，也可和任选的计算机兼容，是一种适应性强、较有发展前途的计量装置。

核子输送机秤的基本原理是：利用 γ 射线的传播范围来测量输送机单位长度上的物料量，而速度则用来测定输送速度，这两种电信号经电子设备处理就可得到输送机的生产率。

输送机秤包括三大部分：测量装置、速度计和操作装置。测量装置和速度计均装设在皮带输送机上，而操作装置可装设在测量装置附近，但大多数设在控制室内，以和操作维护。

测量装置结构如图 10-20 所示，它包括一个与输送机机架相接的 C 型框架 3，其中装有位于皮带上方的放射源2，位于皮带下方的放射探测器1，放射源的启闭控制开关4。在C型框架垂直臂上还装设有前置电子设备5。

C型框架为一个由数节短型钢板焊接而成的箱形结构，它必须质量轻而且有一定刚度，以便作为放射源、探测器和电子设备的支承。放射源到探测器之间的距离约比输送皮带宽20%，辐射的射线应对准并稍宽于通过输送机上的最大负荷，并正好宽于在皮带机上的探测器的宽度。

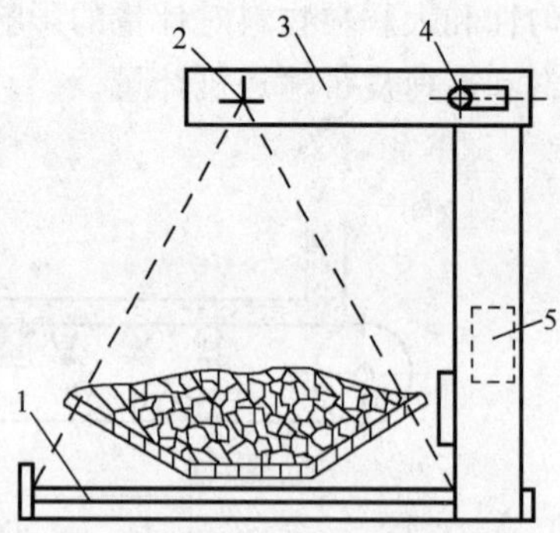

图10-20 核子输送秤测量装置

1-C型框架；2-放射源；3-放射探测器；4-开关；5-前置电子设备

探测器采用较高效率的闪烁计数器，它用来测定γ射线的强度，并将脉冲射线转变为电信号。前置电子设备是由操作控制装置来的电力驱动的，它提供给探测器以高压电，接受并放大探测器的电信号，产生电压脉冲送往操作控制装置进行显示和记录。

核子秤的测量原理是：在γ射线穿过一定厚度的物质后，射线的辐射强度就按一定的规律减弱，物质的密度越大，厚度越厚，则幅射强度减弱得越厉害，故而设置在皮带下方的探测器处γ射线的强度将随皮带上输送的物料量而变化，此变化量可通过电子线路用仪表进行显示和记录，从而达到连续计量的目的。

2.水泥计量系统

(1)容积计量法

采用螺旋输送机或叶轮给料机对水泥进行计量和输送，通过改变驱动电机的转速来调整水泥的输送量。由于缺少直观显示，水泥输送量的设定和调整非常麻烦，只能依靠经验和现场称量进行校定。水泥受环境因素的影响，其密度和流量经常发生变化，造成水泥偶然超差较大，且不易发现，计量精度不稳定，水泥浪费严重，但制造成本低，价格便宜。

(2)质量称量法

采用螺旋电子秤对水泥进行计量和输送。在螺旋输送机的计量段下面装有称重传感器，当水泥流经计量段时，传感器将质量转化为电信号输送给控制微机，微机内部进行合成运算并与设定值进行比较，并发出电信号调整电机转速以调整水泥输送量，使之与设定值相符，其计量精度可达1%。由于仓压、环境等因素容易造成水泥堵塞或瞬间流量的增大，易引起水泥的偶然超差，影响水泥的计量精度。有的厂家在水泥仓和螺旋电子秤之间增加了叶轮给料机，较好地控制了水泥流量的稳定。螺旋电子秤将检测到质量信号输送到微机，经微机处理并与设定值进行比较后，发出电信号改变叶轮给料机驱动电机的转速，调整水泥的输送量，达到控制计量精度的目的。

(3)减量称重法

在水泥仓出口处装有给料蝶阀，下面与水泥计量斗相连，水泥计量斗由3～4个传感器挂在水泥仓上，它的下面装有可调速的螺旋输送机。当微机发出给料指令，蝶阀打开，向水泥称量斗里加水泥，同时微机进行称重采样。当称量斗中的水泥达到上料位时，微机发出指令，关闭蝶阀。微机读出料斗和物料的总重，并启动螺旋输送机配料。随着水泥的流出，称重传感器的检测值不断变小，单位时间内的变化值就是水泥的流量。当水泥到了下料位时，蝶阀打开，立即开始加料。在加料的过程中，螺旋机以加料前一刻的速度继续供料，直到水泥到达上料位。在水泥输送过程中，微机将检测值与设定值进行比较，调节螺旋输送机的转速来控制水泥的计量精度，其计量精度高，且不受环境干扰。为了减少水泥加料对计量精度的影响，可在水泥仓和计量斗之间增加水泥储料斗，当水泥计量斗中的水泥达到最少量时，将储料斗中的水泥瞬间加入，大大地缩短了加料时间，提高了计量精度。

3.水计量系统

(1)体积计量法

在水计量系统中，采用“水泵＋可调流量阀”，通过调节流量阀来改变水的流量。由于没有显示仪表，设定和调节比较麻烦，只能根据经验和实践来确定水的流量。受到水泵转速、水压的影响，计量精度不稳定，计量误差较大，但其结构简单，制造成本低，在某些场合仍在使用。另一种方法是采用“水泵＋智能涡轮流量计”，通过调节水泵转速来改变水的流量。在流量计上装有显示仪表，能够显示水的流量。虽然克服了设定和调节的麻烦，但其计量精度仍然受到水质、水压等因素的影响，计量精度较低，精度可达到1%～2.5%。因其结构简单，使用方便，基本能满足稳定土厂拌设备的要求，为大多数用户所接受。

(2)减量称重法

该系统计量原理与粉料减量称重法相同，主要包括储水箱、称重水箱、变频水泵、减量控制仪。储水箱平时装满水，由上、下液位器控制给水装置加水。当计量开始后，称重水箱上的传感器将质量信号不断的输入减量控制仪，经控制仪处理并与设定值进行比较后，控制水泵转速，从而控制水的计量精度。当称重箱中的水到达下限时，控制仪发出给水指令，将储水箱中的水迅速放入称重箱中。在加水过程中，无法进行减量称重，此时水泵转速采用加水前一刻的水泵转速乘以一个系数，此系数为加水对出水量的影响系数，可由实验获得。由于加水时间很短，由此引起的误差很小。该系统计量精度高，标定方便，但结构复杂，制造成本高，计量误差可控制在±0.5%以内，在连续式混凝土和稳定土两用搅拌设备中得到应用。

稳定土厂拌设备的计量方式可谓多种多样，设备的技术先进性和使用经济性存在较大差异。通过技术性分析，合理选择计量方式，有助于我们设计和选择既满足施工要求又经济实惠的稳定土厂拌设备。

三、稳定土厂拌设备生产混合料的质量控制

1.选择拌和场地

根据工程规模等情况适当选择好安放拌和设备的场地。主要从以下几个方面考虑：

(1)考虑地型地貌。要利用有利地形，选择地势较高处，要在场地四周挖好排水沟，保证雨天场内不积水，天晴后随时可以开机生产。

(2)要征用足够大的拌和场地，依施工季节和进度安排等情况考虑征用土地面积大小。其中应考虑原材料有适当的储存场地，以利雨后能有材料施工；还要考虑运输车辆和装卸机械进出所占场地以及厂拌设备安装所占用的土地。

(3)考虑水源、电力及运距等情况。

最后，由工程规模和地理位置、砂土及混合料运距、水源、电力等清况综合选择拌和厂位置。

2.熟练掌握厂拌设备的性能

稳定土厂拌设备有供料系统(包括各种料斗)、拌和系统、控制系统(包括各种计量器和操作系统)、输送系统和成品储存系统。目前国产设备有拼装固定型和移动式(拖运行走型)等种类，厂拌设备安装前应对操作人员进行上述五大系统的培训，使之掌握厂拌设备各个系统的性能，把握住厂拌设备运转的每一道环节，有效地控制好生产的混合料的质量。培训时关键要掌

握配料机组的性能。配料机一般由料斗、料门、配料皮带输送机及驱动装置等组成。出料闸门安装在料斗下方,调节开启高度可改变配料皮带输送机的供料量。配料皮带输送机用调速电机或液压电动机通过减速驱动,皮带输送机后部有张紧装置,用于调节皮带输送机正常张紧度和修正皮带跑偏量。配给机的作用是将物料从料斗中带出并对材料计量,其计量方式有容重式和称重式两种。容重式计量方式是调节料斗闸门的开启高度和调节皮带机转速度的方法改变配料的容积量。称重式计量方式是在容积计量的基础上,用电子传感器测出物料单位时间内通过的质量信号,并根据质量信号调节皮带输送机转速。这种方式用质量作为计量和显示单位,因此计量精度高于容积式。而目前市场上用的大多是以容积式计量,这里主要叙述容积式计量厂拌设备的质量控制。

3.调试设备准确控制混合料级配

(1)调试前准备

正式投入生产使用前,应进行级配调试,目的是为了得到准确的、符合工地施工要求的配合比。一般情况下,砂、土、粉煤灰等比重较小的集料所在仓开门高度为15~25cm之间较为合适。开门高度确定后,不要再轻易变动,否则或使级配发生变化。

(2)调试参数 R 值

以上工作完成后,要在控制柜上对各分控表中的内存参数 R 值进行粗调。所谓 R 值实际上是一个转换参数。依据体积计量原理,可假定各料仓的流量 Q 与电机转速之间在一定调速范围内存在固定的线性函数关系,假设转换系数为 R,则有 $N=R\times Q$ 或 $R=N/Q(Q=t/h)$。各分控表内的单片机按以上关系式将值相乘来控制各料仓的电磁调速电机的转速,从而实现了高精度的自动配料控制。各分控表内置的转换系擞 J 值必须依各料仓机械设计、物料比重等不同而现场设置以保障转换精度,因此,采用电控操作柜内设置的编程器来修正 R 值,具体操作步骤如下:

首先粗选 R 值,将此值输入到各分控制台中,为此将各分表拆开,输入 R 值,完成后把表装好,至此完成第一步调试。

级配调试要得到准确的配合比,要按照工地所提供的配料比,换算成百分比后输入到各仓调速表中。输入方法为:按下供料停止按钮,打开总控表开关,按产量增减开关,达到要求的产量。按下各仓启动按钮,将各仓调速表开关打开,将表上显示的各仓配合比调到要求的数字,向各仓中供料,完成后开始进行各仓单独计量。举1号仓为例,步骤如下:开动搅拌机和成料输送皮带,开启1号仓电机,松开供料停止按钮,开始进料搅拌。将计时一分钟的料过磅,检查并计量是否达到此配合比时质量要求,如有误差,按下式进行计算:

过磅质量 Q_1/现在转速 N_1=理论要求质量 Q_2/修正后转速 N_2

即:

$$N_2=N_1\times Q_2\div Q_1$$

再将计算所得从代入关系式 $R_2=N_2+Q_2$ 中,注意此时 Q_2 单位要换算成 t/h,算出要修正的 R_2 值,依照前法将 R_2 值输入到分表中,将原 R 值除去,然后再开机放料一分钟过磅,检查此时流量与理论要求是否相符,不符时再按上述方法调整一次,一般二至三次即可达到准确流量。2号仓和3号仓调试方法同1号仓,此时要注意将前面仓号的调速比置于0位置,启动按钮处于开启位置。集料调好后调4号仓,用一袋子套在水泥出料口处,放料10s或20s,称出水泥流量,再按上述比例关系式调整 R 值,直到达到要求。各料仓调好后,将调速表上配比调回到要求位置。

(3)控制成品混合料质量

正确掌握控制柜内仪表和辅以人工双向控制原材料剂量。在施工中,原材料受天气气候影响,其含水率变化较大,造成生产出的成品料级配不准确。因此,要根据料场原材料情况每天进行5～6次含水率检测,依此调整加水器计量。水泥是活性结合料,准确计量至关重要。水泥受外部影响条件较多,例如在有效存储期内受潮湿气候或干燥气候以及码堆存放挤压等的影响。而此厂拌设备又不是称重法计量,控制柜内程序参数受各材料等外部条件影响而经常易变,难以制作供较长时间使用的仪表内部准确统一的电脑程序。因此,可采取定时定量用EDTA滴定法检测成品料的水泥剂量和人工过磅。将水泥包与设备的仪表控制读数对照,来保证水泥剂量的准确性。经过开始几天的摸索进行设备调试,找出各料斗的仪表控制读数与现场检测数值相比较,进行反复调试确保设计配比的实现。

(4)关注天气重视拌和场环境

雨水较多的地区,必须要储备砂和土,以防下雨时无法从河内取砂和地内取土。而且还要关注天气情况,每天均要听天气预报,如果要下雨就要用塑料布盖好砂子和石灰土,以防雨后砂和土含水量过大,无法生产混合料而影响工程进展乃至细集料过湿不能顺利地从喂料斗中流出直接影响配料的准确性而影响混合料的质量。

道路施工受大自然影响很大,而生产出的混合料要求材料级配准确和含水量最佳。材料级配和含水量与大自然密切相关,砂子和土的天然含水量随天气变化而变化。因此在材料装进拌和机料斗前,要进行各种材料天然含水量测定,进行加权平均计算得出混合料天然含水量,以便控制加水器加水剂量。生产出的混合料含水量,还要考虑受运至铺筑现场的运距、天气、温度的影响而适当大于设计最佳含水量。要经常保持厂拌设备的整洁完好和拌和场地材料堆放整齐,每次拌和结束后或下班前要派专人清理出料口,除去残留混合料,以免影响下次生产。下班前机械设备操作人员要严格检查设备各个系统部位,坚持经常维修保养,保证设备正常运转。

(5)控制好生产混合料时间

生产混合料时间和运到施工现场的时间直接关系到水泥稳定混合料的延迟时间而影响混合料的强度。交通部《公路路面基层施工技术规范》(JTJ 034—2000)规定从拌和到碾压之间路拌法施工延迟时间为3～4h,如果按厂拌法施工则要求延迟时间更短。因此,关键是保证均衡供料,合理调度和合理安排运输混合料的车辆,做到随拌随运,拌和场内不阻车和足够的车辆运出混合料。控制好拌和及出料时间,以免影响摊铺碾压而超出规定的延迟时间。

四、稳定土厂拌设备拌制乳化沥青混合料

在国外道路工程施工中,常常会遇到由于设计道路结构的变更而需要添置新的施工设备的情况。如果能因地制宜,对原有设备稍加改造,实现一机多用,无疑对提高设备利用率、降低工程成本起到很好的作用。成都市市政工程公司1990年在尼泊尔承建的塌比西—马来库道路改建工程,其基层为湿拌碎石基层。为此该公司在新加坡购置了一套产量150t/h的稳定土厂拌设备。该项目完工后,紧接着承建的后续工程孟林—马相迪道路改建工程,其基层结构却变更为乳化沥青稳定层,如果再新购一台乳化沥青混合料拌和设备,花钱不少,且耽误时间,该公司决定改造原有的稳定土厂拌设备来拌制乳化沥青混合料。改造后的设备在不到3个月的时间中,共拌制乳化沥青混合料22 190m^3,铺筑ESB基层18km,满足了施工进度需要,而且混

合料质量符合规范要求，受到业主和监理工程师的好评。

乳化沥青混合料拌和的工艺流程与其他稳定料拌和基本相同，如图 10-21 所示。

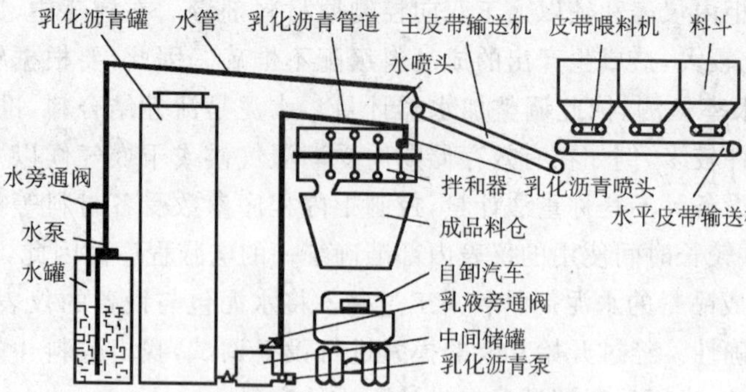

图 10-21 乳化沥青混合料拌和工艺流程

不同规格的集料分别储存在 3 个料斗中，通过控制皮带给料机的速度及料斗门的开启大小，按试验室给定的配比供料。集料经水平皮带运输机、主皮带运输机进入搅拌缸，在搅拌缸进料溜槽上方加水喷淋。拌和室前端设有乳化沥青喷管，集料与乳化沥青在搅拌桨叶的作用下，从拌缸进料端运动到出料端被均匀混合，最后从出料端进入成品料仓。用稳定土厂拌设备拌制乳化沥青混合料，关键是解决沥青乳液流量控制、拌和时间控制以及每班生产结束后的设备清洗问题。

1. 沥青乳液流量的控制

乳化沥青混合料对沥青含量的要求较严格，本项目规范要求误差不大于±0.30%。稳定土厂拌设备原有的供水装置，可以改为供沥青乳液装置，管道及喷孔位置均不变，立式储水罐用来储放沥青乳液。沥青乳液流量的大小由旁通阀控制，改变旁通阀的开启程度，可以调节沥青乳液流量。原计量水的仪表不能代用，要用专门的沥青流量计。在工地现场无法购到沥青流量计的情况下，我们在乳液进入拌缸处设一支管，定期检测乳液流量的值，以使油石比符合试验室的规定。

原水泵直接接在立式储罐出口端，由于罐内液面高低的变化将造成沥青泵进口处压力变化，从而引起乳液流量波动，所以，在立式储罐与沥青泵之间要加一级中间储罐，容积 $0.5\sim1m^3$ 左右，随时保持中间储罐乳液液面高度一致，以保证泵送乳液的稳定。气温对沥青乳液的流量有影响，一般清晨气温较低，输送管道也凉，乳液温度低，黏滞度增大，流量减小；反之，下午温度高时，乳液流量增大。乳化沥青泵一般采用离心泵，随着叶轮的磨损，泵送流量将逐渐变小，到旁通阀全关闭、乳液流量值仍低于规定用量时，就应更换新泵了。沥青乳液在输送、转运中多次高处溅落，与空气接触形成很厚的"泡沫"，"泡沫"稳定后就成为膏状的沥青漂浮体。膏状沥青易堵塞管道和喷孔，所以，应尽量减少转运的次数。乳液泵入立式储罐，要用一长输送管伸至立式储罐下部，避免沥青乳液从高处溅落形成"泡沫"。

2. 拌和时间的控制

对乳化沥青混合料来说，拌和过度及拌和不足都不好。拌和时间过长会使沥青与集料产生脱离，或者乳液过早破乳，影响下一道铺筑工序的进行；若拌和时间过短，乳液与集料裹覆不均匀。

稳定料拌和设备采用的是双轴强制式连续拌和器，拌和器轴转速为 50r/min，拌和行程约 1.2m，物料在拌和器内停留的时间不到 10s，拌和时间过短，因而乳液不能均匀地分散于集料之中。要提高拌和轴的转速和增大拌和行程，困难较大。我们采用了两项简便的方法，一是在拌和器卸料端加挡板，二是将拌和器出料端倒数第二和第三排桨叶反向安装，其目的是阻滞物料的排出，延长混合料在拌和器内的停留时间。实践证明，这个办法简便易行，对改善拌和状况很有效。集料和乳液混合前，需喷水润湿。必要的水分不仅改善乳化沥青混和料的和易性，延缓破乳时间，还有助于混合料拌和均匀。水喷头位于拌和器进料溜槽处，分散的水滴对准主皮带运输机卸料滚筒下来的料帘，使集料在与乳液混和前，先与水有一段拌和过程。

3.设备的清洗

每天拌制乳化沥青混合料的工作结束后，要及时清洗残留在离心泵管道内壁、喷头、拌和器内的沥青乳液，否则，乳液破乳后，残留沥青将黏滞离心泵和拌和器，难以启动。特别是管道和喷头被沥青堵塞后，很难清理。

沥青乳液在破乳前是很容易用水冲洗干净的。在乳化沥青泵进口设一支管，与水罐相接，工作时将阀门关闭，沥青泵泵送乳液；工作结束后，关闭乳液阀门，开启水阀，则沥青泵将水泵到各个通路，起到清洗的作用。

第十一章　沥青加热及喷洒设备

第一节　沥青加热设备

一、概述

沥青加热设备是沥青库或沥青储存装置的重要组成部分。各种型式的沥青库以及沥青储存装置都有沥青加热设备，用于沥青的装入、运出和沥青的加工生产。沥青加热设备主要由热源、热能输送、加热管路及控制系统等部分组成。大中型固定式的沥青库大多采用蒸汽、中压水或导热油等介质进行加热。而小型的沥青库多采用火力、电力、太阳能加热或导热的介质进行加热。其中电力和太阳能多用于辅助性加热。

蒸汽、中压水和导热油等加热热源通常为蒸汽锅炉和导热油加热炉，所用燃料为煤炭、燃油和燃气三种，而煤炭为常用燃料。热能输送部分主要有输送载热介质的管道、阀门、泵、保温装置等，要求热能的输送要畅通，并尽量防止热能的损失。用以加热沥青的加热管路是进行热交换、热传递的装置，要求升温快，加热均匀。以下是几种常用沥青加热方式及其加热设备的特点。

1.明火加热

这是最简单和最普遍的沥青加热方法。明火直接加热沥青有从外部和从内部加热两种方式。

明火外部加热就是在炉灶上安放一沥青锅，燃料在炉灶内燃烧加热锅内的沥青，进行间断加热。明火内部加热就是在燃烧室内产生的高温火焰或烟气进入浸在装有被加热沥青容器中的火管内，通过火管加热沥青。

用明火加热沥青，加热设备简单，操作容易，耗能多，热效率低，同时难以保证沥青质量，严重污染环境，生产不安全，属淘汰的加热方法。明火内部加热较外部加热要好，尤其是经不断改进后，提高了热效率、加热速度及产量，沥青的质量和生产安全性也得到提高，这种加热方法目前应用比较普遍。

2.太阳能加热

太阳能加热就是通过某种装置将太阳能辐射转化为热能，用以加热沥青的方法。按照太阳能转换装置结构和性能特点，太阳能加热沥青有温室型和聚光型、被动式和跟踪式。被动式温室型应用的较为普遍，因为受天气变化和季节变换的影响较大。太阳能加热沥青多用于预热，与其他加热方法相结合使用，以达到节省能源的目的。被动式太阳能加热装置多半同时也是小型的沥青储存装置。

3.红外辐射加热

红外辐射加热是根据沥青物质吸收光辐射的物理特性进行加热的方法。当热能通过某些物质后产生红外辐射，用这种热辐射去激化沥青的分子，使沥青分子运动加剧而达到加热的目的。这种加热方式加热速度快、质量好，通常使用电源，一般与明火预热或太阳能配套使用。

4. 导热油加热

导热油加热沥青是采用导热油作为载热体的加热方法，是有机载热体加热的一种形式，近年在我国得到普遍推广应用。导热油是一种导热性能良好的化学物质，在一种专用加热炉内加热导热油，然后用油泵将热导热油输送到待加热沥青罐内，通过热传导进行热交换加热沥青。经过热交换后的导热油再输送回到加热炉内加热再输出去，成为一个封闭的加热、放热循环系统。

导热油加热沥青的方法与其他加热沥青的方法相比，全系统在常压下工作，设备不受压，运行安全可靠，工艺流程简单方便，生产效率高，加热成本低，劳动强度低，环境污染小。导热油加热是一项先进的加热技术，得到了广泛的应用。

5. 水加热

水加热沥青就是用水作为热载体对沥青进行加热的方法，有用中压水和水蒸气两种加热方式。这种方法是用锅炉将水加热到一定的温度和压力的中压水、水蒸气，通过管道系统从加热容器内沥青中通过而进行加热。用水做热载体加热沥青的最大优点是能保证沥青的质量和充分利用设备，投资少，成本低，生产安全，与其他沥青加热方法相比设备要庞大一些，目前仍然是一种比较普遍使用的沥青加热方法。

6. 重燃油加热

随着我国石油工业的发展和燃烧技术的进步，采用重燃油加热的方法逐渐增多。所谓的重燃油就是采用原油、重油、柴油、渣油、沥青及煤焦油等做为加热的燃料，将重燃油燃烧产生的热量，通过火管加热沥青。重燃油加热的设备比较简单，加热速度快，热效率高，但要采取措施防止沥青在加热过程中老化和注意生产安全。

二、明火直接加热沥青设备

明火直接加热沥青设备随着加热技术的进步而不断改进，最初的加热设备只是在普通煤火炉灶上部架设一口薄板制成的矩形平底容器。以后经过不断改进，目前使用较多的加热设备如图 11-1 所示。

鼓风机 10 是为了使燃料燃烧更为充分；炉排 11 与水平面成 10°～15°的角度倾斜安装，当不使用鼓风装置时，便于充分利用自然风；搅拌装置 4 使锅内沥青在运动中受热，使加热过程趋于均匀，有利于消除加热死角并使水分尽快蒸发以消除或部分消除溢流现象。距离炉灶口近受热量较大的锅为加热升温锅；另一个为预热脱水锅，使沥青加热升温前预先经过预热脱水阶段，这样可使热效率提高，并利用低温脱水和高温加热特性，使加热工艺得到改进；加热升温锅和预热脱水锅的底部为圆形，上部为矩形的锅形，这样部分消除了加热死角，也使受热面积增大，提高了热效率。在加热室后部设置加热火管 1，这种火管实际上也是烟道的一部分，它可以浸入沥青之中完成沥青的预热，充分利用热能，提高热效率。在加热容器下部设出油口，使加热成品沥青可利用自流或泵送方式输往使用场地。

三、太阳能沥青加热装置

以太阳能为热源的沥青加热装置，其采光原理以及结构设计有许多种，但当前应用最普遍、技术也较为成熟的仍是温室效应式的沥青加热装置。这种加热装置的基本结构是在地平面上砌出四壁（亦作为保温层），中部设沥青池，上部设带有金属框架的玻璃集热窗。为了获得较多的辐射能量，集热窗为正南向布置，并与地平面形成一定的倾角。

由我国自行设计的 TLW-15 型太阳能温室是这种加热装置的典型设计之一，其结构如图

11-2 所示。

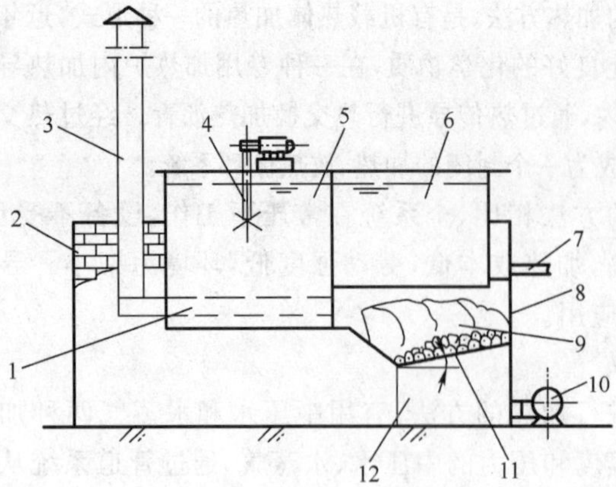

图 11-1 明火加热设备基本结构

1-火管;2-砌台;3-烟囱;4-搅拌装置;5-预热脱水锅;6-加热锅;7-出油口;8-炉门;9-炉膛;10-鼓风机;11-炉排;12-炉池

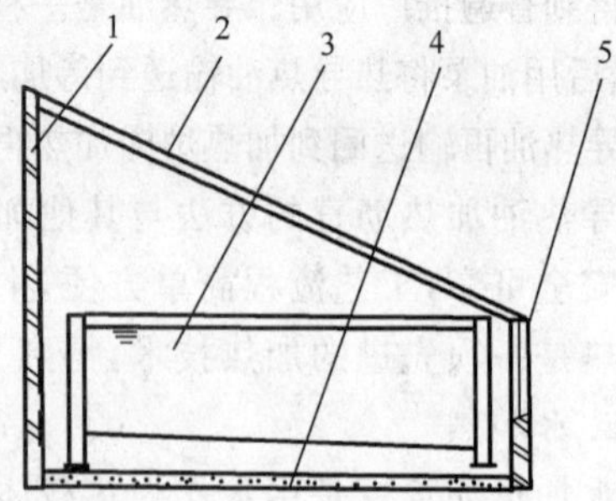

图 11-2 TLW-15 型太阳能温室简图

1-四壁保温层;2-主集热器;3-沥青槽;4-底部保温层;5-南竖向集热窗

图所示温室外形与一般同类结构相似,座北向南,四壁为夹层,用保温材料填充保温,其基本参数的选取和理论计算也与一般太阳能加热装置相同。但在基本结构上有如下特点:

1.分离式沥青池地面结构

分离式沥青池地面结构是将钢板焊接而成的沥青槽放置于温室地面上。因沥青对太阳辐射有良好的吸收作用,但其热传导性较差,表面吸收的热能无法迅速传给纵深和太阳阴影部分,因此加热面及纵深部位常会出现悬殊的温差。要解决这个问题,就必须加大温室的太阳照射面积,同时提高太阳能利用的热效率。

目前普遍采用的一体式沥青池,因其南墙为沥青池的一个侧壁,需承受沥青压力而无法开设透光窗,结果会形成较大的阴影区,而且有些一体式沥青池的沥青出口也设在南墙一侧,容易使沥青排出受阻,为使沥青顺利排出,常在沥青出口处设电加热装置。分离式沥青池的沥青槽置于温室四壁之中,温室南墙不再承受沥青压力,可以开大透光集热窗,增加采光区域,消除或部分消除南面阴影区域;同时,由于沥青槽四壁处在温室热空气的包围中,改善了热交换条件,有利于沥青对温室热能的吸收和传导,从而提高太阳能的利用效率。

由于分离式沥青池温室的加热效率较高,沥青池排出沥青比较顺利,因此无需附加电加热装置;同时,可在沥青槽的底部装设排水阀门,便于定期排除水和杂物,亦避免了一体式结构常有的积水渗漏导致基础下沉的危险。

2.采用浮子分离器实现沥青分层排放

如前所述,由于沥青自身的物理化学性质,在加热器中表层沥青温度较高,通常为 70～80℃左右(在日照充分的季节有时可达 90℃以上);而在阴影区和沥青池底部的沥青温度明显较低,通常仅有 40～50℃。只有排出上部的高温沥青,才能使底部沥青升至表层开始升温,获得较高温度后再供排放。如此周而复始地排放才能提高温室的热效率,获得较高的经济效益。但是仅依靠沥青自然流出的方法是很难实现这一设想的。首先,沥青槽的面积较大,而每次排放沥青的数量有限,因此远离排放口的表层沥青很难涉及;另外,由于沥青受内部分子间的引力和排放沥青时排放口附近流速差产生的负压作用,致使底层的低温沥青混在热沥青中排出来,使得应该排放的部分高温沥青仍留在池中,而不该放出的部分低温沥青却已排出,以致降低了排放沥青的温度,常会造成排放不畅,也降低了热效率。

为实现逐层排放沥青，TLW-15 型分离式沥青池在沥青槽中设置了能随沥青液面自动升降的浮子分层器，其结构如图 11-3 所示。

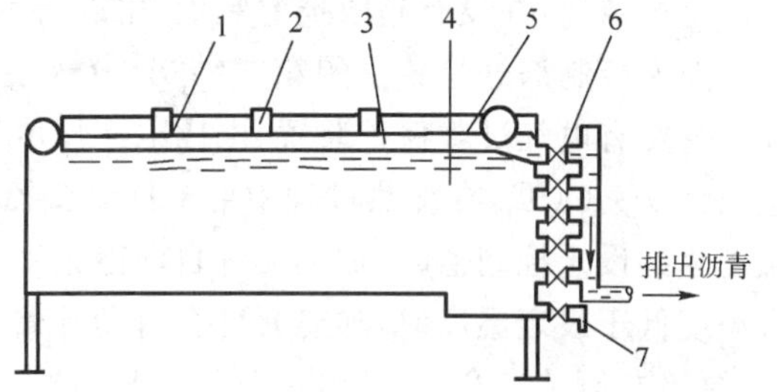

图 11-3　浮子分离器结构示意图

1-浮筒；2-连接环；3-分层板；4-低温沥青；5-高温沥青；6-放油阀；7-放水阀

分层器的工作原理是利用多个相互连接在一起的浮筒的浮力，支撑一个面积略小于沥青槽平面的分层板，通过调整浮力，可使分层板沉入液面下一定深度(深度大小由每次排放的沥青量来确定)，分层板与沥青排放口相对的一侧，设有斗形嘴与沥青槽侧紧贴，把分层板上下两部分温度不同的沥青分隔开来。排放沥青时，只要开启与热沥青连通的排放阀，分层板以上的高温沥青就会先行排出；同时由于液面的下降，分层器开始下沉，受压的下层沥青就会从另一端溢上分层器，以填补热沥青排出留下的空间。如此循环，可达到分层排放沥青的目的。

四、红外沥青加热装置

红外沥青加热装置的结构多种多样，其设计原则必须保证它有较高的加热效率及良好的保温效果，同时应满足在各种使用场合下使用方便性的要求。以下主要介绍 HLR500 型沥青加热器的结构特点和使用效果。

HLR500 型加热器是一种典型的电—红外辐射型沥青加热装置，以完成沥青养护工程的沥青加热为设计目标，且以 TLW-15 型太阳能沥青加热装置为配套对象。在通常情况下，太阳能装置将常温沥青加热至 70～90℃，然后以自流方式(可用人工阀门控制其流速和流量)进入加热器继续加热至工作温度。

HLR500 型加热器主要由加热和操纵两个部分组成，其基本结构如图 11-4 所示。

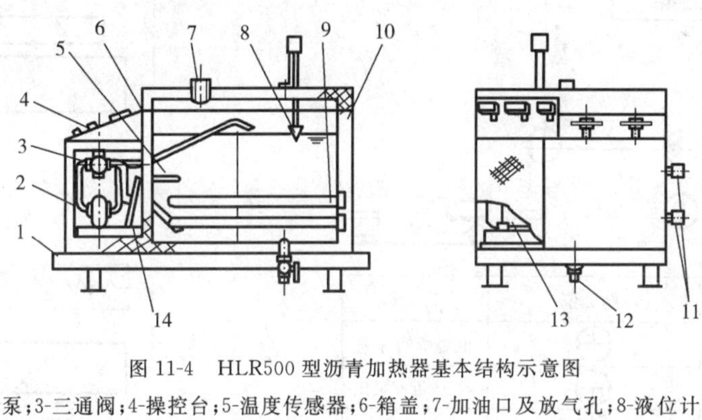

图 11-4　HLR500 型沥青加热器基本结构示意图

1-机架；2-沥青泵；3-三通阀；4-操控台；5-温度传感器；6-箱盖；7-加油口及放气孔；8-液位计；9-管式红外元件；10-箱体；11-进出泵送接头；12-放油放水阀；13-油泵电机；14-板式红外元件

加热部分为箱形结构，主要由箱体、箱盖、浮子和底架等构成。箱体是加热沥青的容器，下部是半圆形，上部是方形，总容量为 630L；为了提高热效率，外部用厚 60mm 的 LYD 型岩棉保温带保温。12 支红外辐射元件(搪瓷管式红外元件)从端面侧置插入，并以螺栓固定在箱体端面上，另一端设有泵送沥青的进出口和温控仪传感器触头。根据每次加热沥青 500L 和加热速度的要求，加热器的输入功率为 24kW。为了防止热量从上部散失，设有两个对称的箱盖，同样设有保温层，上部开有接受太阳能装置溶化的沥青的入口、液面显示装置和排气孔。浮子为浮筒式结构，并设有超限报警装置，用以指示箱内沥青容量。

操纵控制部分是独立的箱式结构，分为上、下两部分，上部装设配电、操纵装置和温控元件。主要有电气过载保护装置、电压电流显示仪表、XET-413 型动圈式温度指示调节仪，控温范围为 0～300℃，在加热过程中可根据需要控制和调整加热温度并随时显示温度值。当加热温度达到设定控制值时，加热元件自动停止工作，同时蜂鸣器发出响声以报告加热完成；当沥青温度低于设定温度时，加热元件会自动开始工作，以保持沥青的温度。操控部分的下部为泵箱，泵箱左侧装有 2.2kW 电机及弹性联轴器；右侧装有 CLB-50 型沥青泵、两个三通阀及相应的管路系统，沥青的进出阀门为快装接头。当工作开始时，为了熔化泵、管道和阀门中残余的凝结沥青，便于电机和沥青泵顺利工作，这部分装有板式 SiC 红外辐射元件（输入功率为 2×1.5kW）并设有 LY 型岩棉板保温。通过沥青泵和三通阀组的配套动作，可以实现如图 11-5 沥青的泵进、泵出、箱内沥青的内部循环和清洗四种工况。

加热器的各组成部分以螺栓固定在由槽钢焊接而成的底架上，如果需要流动作业，可以方便地进行吊装运输。

五、导热油加热沥青设备

导热油加热沥青的工作原理导热油加热沥青的工作原理和其他间接加热工艺相似，均为载有较高温度的介质将热能传递给低温物质，其特点是导热油在循环泵作用下在加热系统内部作闭式强制循环，使沥青吸收导热油的热能，直到加热至使用温度。

如图 11-6 所示，在导热油加热炉中，加热到 300℃的导热油由热油泵送入沥青储仓的蛇形管中，导热油以自身的热量去加热沥青，以使沥青升温，降温后的导热油又流回到加热炉中的蛇形管中再次被加热而不断循环。

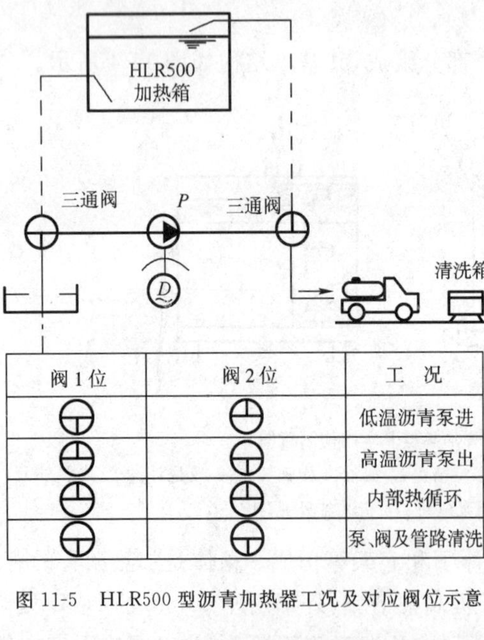

图 11-5　HLR500 型沥青加热器工况及对应阀位示意

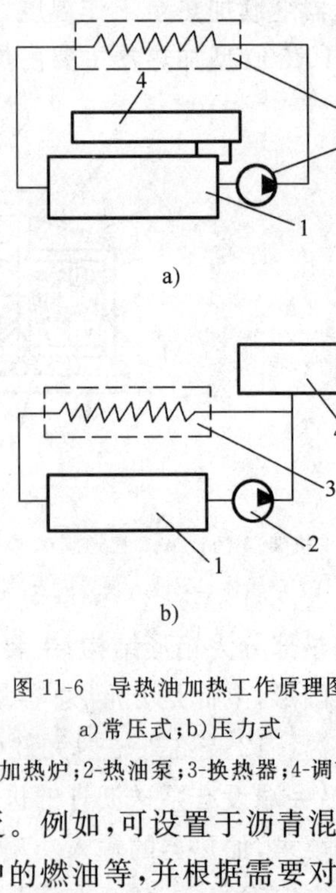

图 11-6　导热油加热工作原理图

a）常压式；b）压力式

1-加热炉；2-热油泵；3-换热器；4-调节罐

图中的导热油加热炉一般为卧式可搬移的，用途也较广泛。例如，可设置于沥青混凝土厂拌设备中而同时加热沥青罐与沥青输送管中的沥青、燃油箱中的燃油等，并根据需要对沥青混凝土搅拌器及成品料仓起保温作用。

导热油有两种不同的热油循环方式，即注入式和吸出式。

注入式循环将循环泵安装在加热炉导热油入口管线前，因此进口油温低，适于加热温度较低的系统；吸出式是将循环泵装于加热炉的导热油出口处，故泵的工作温度较高，适于加热温度较高的系统。表 11-1 列出了它们各自的特点。

注入式与吸出式特点比较 表 11-1

注入式	吸出式	注入式	吸出式
入口压力高，对炉管压力大	入口压力低，对炉管压力小	循环油泵工作温度低	循环油泵工作温度高
用热管道压力低，负荷小	管道以及用热器压力高，负荷大	加热炉内杂质易进入工作系统	加热炉内杂质不易进入工作系统

导热油沥青加热设备主要分为两大系统，即供热系统和用热系统。供热系统为导热油加热炉，提供设备所需的热量；用热系统是将导热油的热能传给沥青，从而达到提高沥青温度的目的。

导热油加热炉的分类及各自的特点见表 11-2。图 11-7 为卧式导热油加热炉的结构简图。

导热油加热炉主要是由内装蛇形加热管的加热燃烧室（火箱）、带鼓风机的燃烧器、热油泵、调节油罐、进油出油手阀门和控制柜等组成。

各种类型导热油加热炉的特点 表 11-2

分类方式	分类	主要特点
炉内导热	常压式	导热油循环走向为加热炉、热油泵、换热器、加热炉。炉内导热油为常压，工作比较安全，另外膨胀调节罐高于加热炉设置即可。但加热炉如设计不当，热油泵容易产生气阻而影响导热油循环
油压力	压力式	导热油循环走向为换热器、热油泵、加热炉、换热器。导热油循环畅通，炉内导热油压力一般都在 0.4～0.5MPa，工作安全性能较常压式差，另外膨胀调节罐必须高于工作系统
结构形式	卧式	整体式维修困难，但搬迁方便，适合于需移动使用的场合；卧式加热炉通常采用常压式，沥青厂使用
	立式	组装式便于维修，供热量大，沥青厂使用
燃料种类	燃煤式	经济性能好，但劳动强度大
	燃油式	使用方便，工作条件好，但成本较高

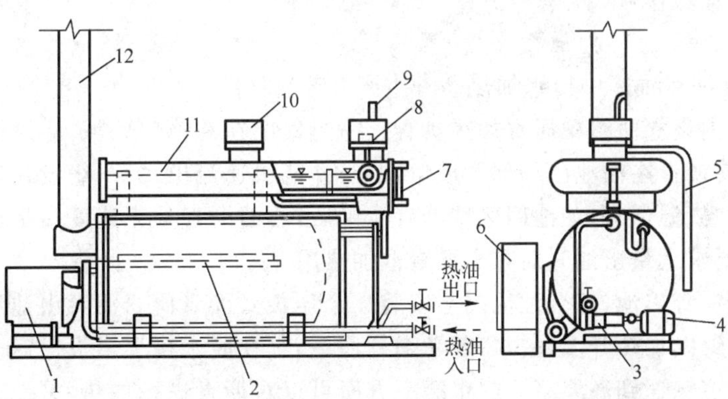

图 11-7 卧式导热油加热炉

1-燃烧器；2-加热管；3-热油泵；4-电动机；5-溢流管；6-控制柜；7-油面指示计；8-检测仪；9-通气管；10-供油口；11-膨胀调节罐

加热箱体的一端有油泵、手阀门、压力开关和电动机等,用以驱使导热油循环流动。导热油可以从储油罐或被加热设备的蛇形管经过过油管和进油手阀被泵入加热火箱中的加热管,加热后的导热油可通过带过滤器的回油阀流回加热火箱内的加热管被再度加热,也可通过出油手阀及出油管流向被加热设备去加热沥青或其他需被加热的物料。

在加热箱体的另一端设置有燃烧器和助燃鼓风机。燃烧器可燃烧轻柴油,也可附设预热器烧重油。工作中利用燃烧器的喷嘴使燃油燃烧,所产生的火焰使加热管内的导热油升温。目前,加热炉中的燃烧器多采用全自动调压喷嘴式,它本身带有鼓风机、燃油泵和燃油滤清器,通过一套自动控制系统进行操作,工作中可自动熄火和在点燃,以使加热炉工作安全可靠。

加热炉的控制柜内设置有油位过低时的断流开关、高低油压开关、火焰的光电监视装置、循环油泵与燃烧器联锁装置、工作温度控制开关、导热油油温上升至极限时燃烧器熄火开关及各种指示器等。工作时可对加热炉进行手动或自动控制。

用热装置也就是热交换器或加热器,是整个系统装备的重要组成部分,是加热系统得以实现热能交换最终达到生产要求工艺温度的关键设备。用热装置主要由沥青储罐、沥青脱水(脱桶)罐、沥青升温罐、沥青泵及沥青管道等组成。

六、中压水加热沥青设备

中压水加热系统是一种新型加热设备,它跟以往导热油加热一样,采用循环水泵液相强制循环达到加热沥青的目的,但其许多优点是导热油加热所无法比拟的。它采用软化水为介质,用增压泵使水压达到 200N 的压力,在不使水汽化的情况下,把温度提高到 220℃左右,从而达到加热沥青的目的,由于水的比热比油要大一倍,因此它加热的速度要比油加热来得快,从而起到节能的效果,并且由于介质为软化水,它的投入成本及安全性要比油加热要好。中压水沥青加热设备是一种闭式循环加热系统。在这个系统中的加热管道内充填着软化水作为热载体,系统中不存在空气,但有一定的未被水充满的空间。当包含在循环系统中的加热炉管组被加热时,管内的水温得以升高,水压也随着升高。借助循环泵的作用,将饱和水或汽水混合物送到用热设备内,在用热设备内完成被加热物体和热载体的热交换。在这个加热循环过程中,饱和水和汽水混合物被逐渐冷却至该压力下的饱和温度之下(此时的热载体被称为过冷水)。在循环泵的推动下过冷水返回加热炉重新加热,当达到系统温度后又输往用热设备参与热交换。如此不断地进行加热、冷却、再加热、再冷却的循环,不断地向用热设备提供热量,直至完成被加热物体的加热作业。

1. 生产工艺流程

图 11-8 为某沥青油厂中压水加热沥青生产工艺流程图。

①在沥青池内设立两组中压水加热盘管。一组集中在油池门区域,启用时对油池门区域沥青迅速加热,使沥青在油池门局部形成熔融区,并能快速流出;另一组设在比油池门更广范围的油池底部,在气温低时,油池门区域沥青流走后,后面沥青补充速度不足或不能流动时做加热用,亦可在要求大量出油时对整个沥青池加热用。

②为了便于沥青出池,每个油池门上安装 4 个压板式沥青阀。沥青出池后,进入脱水罐,沥青在脱水罐中继续加热升温,脱水,若考虑到溢锅,则在脱水罐上增设出返流装置。升温到 120℃左右,经管道输送到高温罐。脱水罐一方面可以对沥青进行加热,另一方面可以对沥青进行脱水,确保后续沥青加热熬炼工序的顺利和安全,杜绝溢锅现象发生。脱水罐为立式钢制罐,加装保温装置,能起到较好的保温节能作用,为以后的工序节约生产时间、提高生产效率。

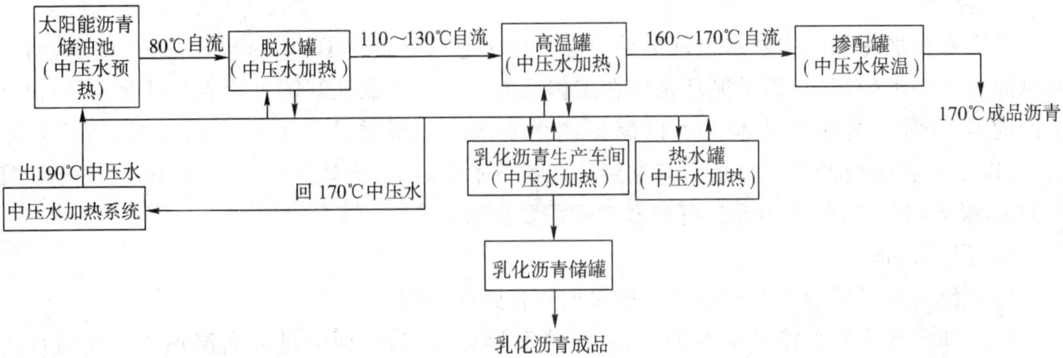

图 11-8　中压水加热沥青工艺流程图

③沥青加热高温罐为两个 20t 的卧式钢制保温罐。在高温罐内设有中压水加热管道，并设有排气、液位测量装置和温度仪表。当沥青达到使用温度后，自流到高温掺配罐中进行掺配。或泵到乳化沥青罐中进行乳化加工。高温罐中先进的液位装置能准确的测量出液位高度，为掺配和从脱水罐进油提供依据。

④高温掺配罐为两个 30t 的立式钢制保温罐。在掺配罐内设中压水保温盘管，其主要装置功能大体上和高温罐相同。高温掺配罐掺配选用机械掺配的掺配方式，掺配更均匀，节约搅拌时间。掺配后的沥青降温后可启动中压水出盘保温、加热，以保证成品沥青的出厂温度。在高温掺配罐放油管道上加装有流量装置，可以准确的计量出装车沥青的数量。

⑤乳化沥青储罐为立式钢罐，其主要作用是进行乳化沥青储存。将乳化沥青罐与高温掺配罐分开不混装，不仅可以防止高温掺配罐对因乳化沥青中的水造成溢罐，而且不会因中压水管道中传过来的热量使乳化沥青在储罐中过早破乳造成储罐管道堵塞。

⑥所有的沥青输送管道、管件均采用中压水加热保温，所有的中压水管线、设备均采用岩棉保温结构，外表采用镀锌钢板进行防水处理。

2. 系统的基本组成

整个加热系统由加热炉、循环泵、过滤器、注水泵、用热设备(沥青储油罐及加热罐)和电器控制部分及其他辅助装置组成。系统的基本组成见图 11-9。

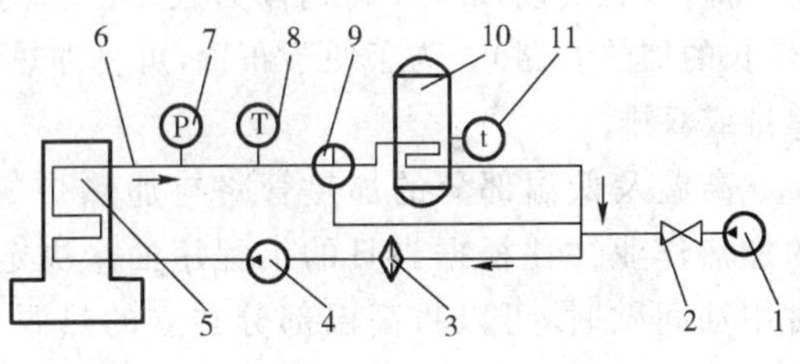

图 11-9　中压水加热系统简图

1-注水泵；2-阀门；3-过滤器；4-循环泵；5-加热炉；6-加热管路；7-压力表；8、11-温度计；9-三通阀；10-用热设备

(1)加热炉

加热炉(中压水加热炉)为整个系统提供热能，它是将燃料的化学能转换为热载体热能的设备。中压水加热炉为强制式锅炉，燃料用二类烟煤，盘管式受热面，固定炉排。燃料在炉排上燃烧后产生高温烟气，经辐射受热面吸热后，烟气从面端折向内外管圈之间形成的烟道，再从锅炉下部的出烟口进入除尘器，然后由引风机引入烟囱排出。中压水加热炉不仅有就地监控仪表，而且还有操作台仪表集中监控，锅炉出水口装有超温报警和超压报警保护装置，当水温升高到超过规定值或循环泵突然发生故障时，能自动断电，停止鼓风机和引风机的工作。为防止突然断电，造成循环泵停止工作，而使锅炉产生气化现象，还配有发电机或手动泵，以保证锅炉内的水继续循环。目前中压水加热炉在我国已能进行系列设计和配套制造，可根据需要选择相应的设备。

(2)循环泵

循环泵是加热系统中热水循环的动力源。由于它泵送的是具有一定压力的高温水,所以对泵的技术要求较高,特别是循环泵应在工作压力和温度下保证其密封性能。目前,我国设计生产的 R 型热水循环泵基本上可以满足使用要求。R 型泵是一种卧式离心泵,适于输送 250℃以下不含颗粒的高压热水。其主要性能和技术参数为:流量 13.1～190.8m^3/h,扬程 28～64m,吸入口径 50～150mm。可根据实际需要选取。

(3)用热设备

用热设备是指盛装沥青和布置中压水加热管路的容器。

低温部分的主要功能是储存沥青,并加热至熔化状态,以便为进入高温加热工序做好准备。沥青在低温部分的温度以保持在 60～70℃为宜。根据沥青的化学稳定性指标,它在低于 70℃的环境中可以长期储存。另外,沥青在生产和长期的运输过程中会有水分浸入(正常指标为含水量 2%～2.5%,有时也会达到 5%以上),这对加热是十分不利的。当加热到流动状态时,沥青和水会因各自密度的不同出现离析,因而低温部分的设计应考虑在底部设置储水槽,以使水分沉于底部后由阀门泄出。由于水分大部分可在低温部分排出,对提高沥青的加热效率和避免高温加热时出现溢流现象具有重要的意义。

高温部分的主要功能是将熔化后处于流动状态的沥青继续加热至工作温度。高温部分的加温速度较快,通常为 3～6h,而沥青的导热性能又比较差,因此,必须设置搅拌装置以使沥青在运动中受热。这将加快沥青的受热速度,缩短加热时间,消除加热死角,同时亦可防止沥青局部老化。

无论是高温部分还是低温部分,均需设置换热管路以实现中压热水与低温沥青之间的热交换。这种管路因其压力不高故选择普通钢管即可。其外形可制成圆盘形,固定于加热容器的下部,布置高度以 1/3 高箱体为宜。由于高温部分加热时间短,因此需要较大的加热面积(较长的加热管路)。为了便于布置,可将加热管路设计为上下两排或多排,低温部分可设计为单排或双排。

高温及低温部分的加热管路与加热炉的高温水出口应并联连接,这是因为高温部分的加热作业往往根据当日的工程用油量决定是否进行以及加热作业的频率。如果出现暂时用油间歇时,可以将高温部分独立的热源切断;而低温部分也会经常因为加热温度和工程用油量情况的需要切断热源。管路的并联可使高、低温部分的加热或停止加热独立工作,互不影响,这对于降低消耗以及消除较长时间的高温储油现象,避免老化问题的出现是必要的。

(4)操纵控制系统

①系统压力的控制

加热系统的压力对于沥青的加热效果以及加热系统的设计制造和设备的使用寿命影响极大,必须掌握在确定的数值范围内。在系统中伴随着加热温度的提高,系统压力也在逐渐提高,对它的控制主要取决于加热炉中的给煤量及加热锅炉的燃烧效率。

②系统温度的控制

中压水加热系统和用热设备中应装设高灵敏度的温度检测和控制系统。温度传感元件应装于加热系统的高温出水和过冷水回水部位;而用热设备中的温度传感元件应装设于加热管路上部,距离加热管路 100～150mm,以便准确地反应所测各点的温度值。

加热系统的温度将为加热炉的给煤量提供数据;而用热设备中沥青各点的温度将决定沥

青的进油、出油时机以及相应的加热时间。当用热设备中的高温部分达到使用温度时应及时排油，然后尽快自低温部分进行补充以便开始下一个加热循环。如果当达到加热温度时因其他原因无法排油，则应及时关闭高温水的进水阀门，并随时根据内部温度的升降情况及时启闭加热阀门，以保证高温部分的沥青随时待出待用。用热设备低温部分的沥青除工作温度不同外，其温度的控制和高温部分相同。

沥青加热的温度直接关系到其自身物化性能的变化和道路工程的修筑及养护质量，因此必须严格掌握和精确控制。对加热系统和用热设备的测温仪表来讲，必须保证传导引线的适当延长不至于影响温度的监测和温度的显示精度。

③注水泵和高温沥青泵送系统

注水泵和高温沥青泵均采用电机驱动，一般采用人工启闭电磁控制即可满足使用要求。

(5)液位显示、过滤装置以及保温等辅助装置

无论是储油熔油部分，还是高温加热部分，均应设置液位显示系统。目前常用的液位显示装置为浮子式，在浮子液位计的上下端可设置声光报警器，当液位到达上下端时可以提供报警信号。

在软化水进入加热系统前进行过滤清除杂质。另外，在管路系统中过冷水回流水路中也必须设置过滤器。经过一段时间的工作，管路系统中会有一些金属氧化等其他原因出现的杂质，这将会对系统的正常工作带来不利影响。

用热设备应具有保温措施，这对于提高加热效率、降低能耗具有重要意义，同时亦对保证安全生产、保护环境具有重要作用。目前，常用的保温材料有膨胀珍珠岩、玻璃丝和岩棉纤维板等，它们均具有良好的保温性能。

七、水蒸气加热沥青设备

目前我国利用水蒸气加热沥青的方法还是比较普遍的。不少的沥青砂石混合料搅拌厂，尤其是固定式的搅拌厂，一般都设有蒸汽锅炉，用水蒸气预热脱水和加热沥青。有的沥青库和沥青混合料搅拌厂，因有蒸汽条件，在进行沥青的掺配、乳化和改性生产的时候，多用蒸汽加热沥青。

为了进行乳化沥青和改性沥青的生产，根据工艺需要应配置以下几个系统：

(1)沥青储存系统：用于原沥青和加工后成品沥青储存。

(2)蒸汽供给系统：蒸汽锅炉以及管道输送。

(3)加热配制系统：按照工艺要求加热沥青和掺配其他各种外掺剂。

(4)成品生产系统：使用相应的设备，将配制后的并符合要求的混合料加工生产出成品。

(5)控制操纵系统：将各种开关、阀门、温度控制仪表都集中在操纵室内控制台上，以便生产过程中的操纵和控制。

(6)测试系统：为了检查和控制产品质量，要有各种检测试验仪器设备。

八、燃油加热设备

重燃油加热沥青的设备主要由燃烧系统、加热系统和储存系统等部分组成。

1.燃烧系统

燃烧系统是设备的热源部分，即将燃料的化学能转变为热能的装置，其主要功能是将燃油进行处理，并在燃烧器内燃烧产生热量，其基本构造如图 11-10 所示。

燃油箱由主油箱(重燃油油箱)和副油箱(柴油油箱)两部分组成。当油箱注油时,应有过滤措施,以防止杂质进入。主油箱应设预热机构,可以使用电加热装置,也可以采用其他加热方式将重燃油加热至 180~200℃(但应注意,加热温度必须低于油品的闪点,其数值以低于闪点 20~30℃为宜)。

主、副油箱均通过三通阀与燃油泵连接。用三通阀控制所用油品品种。当初始加热时,为使加热系统尽快进入正常工作,应使用易于点火燃烧的柴油作燃料;待进入正常燃烧后将燃料转变为重燃油。而当结束加热前,应掌握时机适时将燃料转变为柴油,以使整个加热泵送管路系统被轻质油分清洗一遍,并将管路中的残余重燃油清除并燃烧掉,以免造成堵塞影响以后的工作。

如图 11-11 所示,当燃油泵在电机驱动下开始工作时,空压机应同时启动,将压缩空气(或水蒸气)充入管道于燃油混合,经喷嘴将其喷入燃烧室雾化点火燃烧。

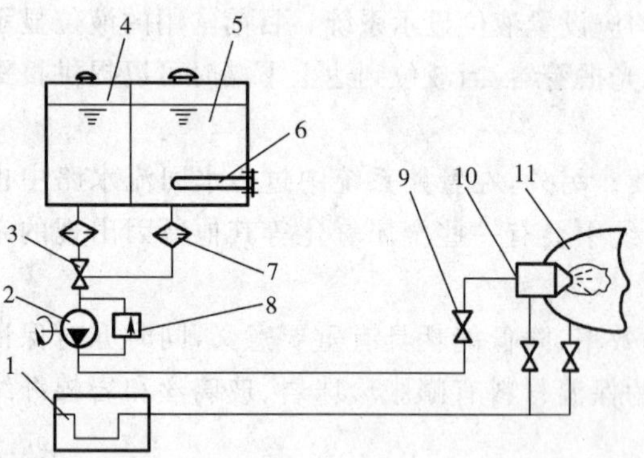

图 11-10　重燃油燃烧系统示意图

1-空压机;2-燃油泵;3-三通阀;4-柴油油箱;5-重油油箱;6-电加热器;7-燃油过滤器;8-溢流阀;9-手动阀门;10-喷油嘴;11-燃烧器

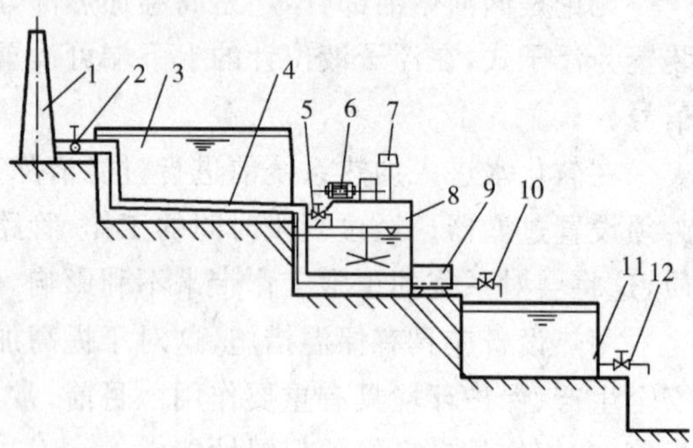

图 11-11　重燃油沥青加热系统及布置示意图

1-烟道;2-排烟调节;3-待加热沥青储存箱;4-火管;5、10、12-放油阀;6-搅拌器;7-液位指示;8-加热箱;9-燃烧器;11-高温沥青储存箱

燃烧系统热能产生的数量与系统的雾化效果有关,但主要取决于进入燃烧的燃料数量,燃料数量的控制由系统中的溢流阀实现。系统的最大供油量为燃油泵的额定流量,在燃油泵的额定供油范围内,可以通过对溢流阀的控制调整燃料供应的多少,进而对系统发热量进行监控。当使用溢流阀工作时,多余的泵出燃料将通过溢流阀由旁路返回燃油箱。

2. 加热系统

加热系统是盛装被加热沥青的容器并承担燃烧系统产生的热量与沥青进行热交换的功能,主要由箱体、加热火管、搅拌装置以及液位测定显示和报警装置组成。

加热箱为夹层保温箱体,保温材料应选择导热性能差的材料,如膨胀珍珠岩、玻璃丝或岩棉纤维板制作,以提高保温性能,降低散热量。加热箱的容积应根据工程单位的实际需要而定,一般为 0.5~2t。加热火管以制成 U 形为好,可以布置成双层或多层。搅拌器应采用立轴叶片式结构,由电机经减速器驱动。

3. 存储系统

当沥青在加热箱内被加热至使用温度后,应尽快将它输入高温沥青储存箱内,以备使用。高温沥青储存箱的容积通常为加热箱容积的 4~5 倍,为保持其温度,储存箱与加热箱一样应具备保温措施,并应装设从加热箱内火管排出的烟气余热散热管用于增温。

为了严格控制沥青的温度,储存箱也应设有温度测定装置。当箱内沥青温度过高或过低时,可以通过火管末端的排烟调节器控制火管中的烟气流量来实现温度的调节。同时,为了掌握箱内沥青的储量,应设有液位计和沥青过量报警装置。储存箱中的高温沥青的输出在有地形落差的地区可以用人工阀门靠重力自动流出,也可以使用沥青泵泵出。

火管(包括余热散热管)内的烟气最后由烟囱排出。为了提高热效率,必须控制烟气在散热管中通过的时间,于是在火管的末端设有烟气流量调节器,以控制烟气的流动速度,充分利用余热。

第二节　沥青洒布机

一、概述

沥青洒布机是一种黑色路面施工机械,它是公路、城市道路、机场和港口码头建设的主要设备。在采用沥青贯入法、沥青层铺表面处治法修筑沥青路面或养护沥青(或渣油)路面时,沥青洒布机可用来运输与洒布液态沥青(包括热态沥青、乳化沥青和渣油);此外,它还可以向已松碎的土壤供给沥青结合料,修建沥青稳定土路面或路面基层。

沥青洒布机主要是由储料箱和洒布设备两大部分组成。储料箱的作用是储存高温液态的沥青,并且具有一定的保温作用;洒布设备的作用是洒布沥青。沥青的加温是由专门的熔化锅进行的。高温液态沥青向储料箱的注入或由储料箱向洒布设备的输出均靠沥青泵来完成。沥青熔化池中已加热好地热态沥青吸入储料箱内,将热沥青迅速运往工地,并保持其工作温度(150～170℃),若温度降低时,可将其重新加热至工作温度。洒布设备具有一定的喷洒压力(300～500kPa),喷洒均匀,并能调节洒布量。洒布作业结束时能抽净管路中的残余沥青,以免沥青凝固堵塞管路和喷嘴。

沥青洒布机可按其用途、运行方式、喷洒方式以及沥青泵的驱动方式等进行分类。

按用途沥青洒布机可分为筑路用和养路用两种。养路用的沥青洒布机的沥青箱容量一般不超过400L;而筑路用的沥青洒布机,其沥青箱容量一般为1 000L以上。

按运行方式沥青洒布机可分为自行式和拖式两种。自行式沥青洒布机的工作装置与操纵机构等安装在工程运输车或专用汽车的底盘上。其沥青洒布动力可直接利用汽车发动机,通过离合器与变速器,从变速器窗口取力齿轮取力。拖式沥青洒布机采用特制的机架,用牵引车(多数为轮式拖拉机)牵引,其沥青箱容量为400～600L,洒布能力一般为30L/min。拖式沥青洒布机多用于公路养护作业。

按喷洒方式沥青洒布机可分为气压洒布式和泵压洒布式两种。气压洒布式是将空气压缩机制备的压缩空气输入耐压性和气密性良好的沥青箱内,迫使沥青经洒布管喷洒出去;泵压洒布式是利用齿轮式沥青泵将沥青从沥青箱内吸出,并以一定压力将其从洒布管喷洒出去。

按沥青泵的驱动方式沥青洒布机可分为发动机驱动和人工手压驱动两种,后者又称为手动式沥青洒布机。手动式沥青洒布机是将储料箱和洒布设备都装在一辆人力挂车上,利用人工手摇沥青泵或手压活塞泵泵送高温液态沥青,通过洒布软管和喷油嘴来进行沥青洒布作业。洒布管是手提的,储料箱较小(容积为200～400L)。这种洒布机的结构较简单,但劳动强度较大,工作效率低,一般只宜用于养路修补工作。机动式沥青洒布机是利用发动机的动力来驱动沥青泵,即以发动机动力取代人力,从而提高了洒布能力,它们的洒布方法与手动相同。目前沥青泵的驱动大多数采用机动的,手动的在国外已基本淘汰。

在国外,沥青洒布机的沥青泵,其转速可以依据不同的洒布宽度进行调整,并用传感器、转速表来显示沥青齿轮泵的即时速度;喷洒沥青时,沥青洒布机用传感器和五轮仪来显示洒布机的行驶速度(m/min),依据不同的洒布量(L/m^2)选择相应的行驶速度。喷洒前,液态沥青能经过洒布管进行循环,预热管道、阀门和全部喷嘴,洒布管整个长度上的全部喷嘴均能同时打开和关闭,喷嘴关闭时,沥青就经过洒布管进行循环而流入沥青罐内。

在国内,液压式沥青洒布机(如交通部郴州筑路机械厂生产的 CZL5101GLQSE 型)和带后置发动机驱动沥青泵的沥青洒布机(如交通部郴州筑路机械厂生产的 CZL5101GLQST 型)都与国外沥青洒布机的技术水平接近,都采用液压无级调速系统来驱动和控制沥青齿轮泵,采用液压或气动油缸控制洒布管的升降、侧移和全部喷嘴的同时启闭,喷洒精确、均匀。

二、拖式沥青洒布机

拖式沥青洒布机有气压洒布式和泵压洒布式两种。它安装在单轴二轮车或双轴四轮车上,由牵引车牵引运行,用于小面积的筑路和养路作业,具有经济、转场方便等特点。

以拖式气压洒布机为例说明拖式沥青洒布机构造和洒布原理。图 11-12 为国产 LS-500 型拖式气压沥青洒布机简图,它主要由底盘 1、压气动力系统 2、沥青箱 3、洒布管路 6、加热装置 7 及报警装置 4 等组成。

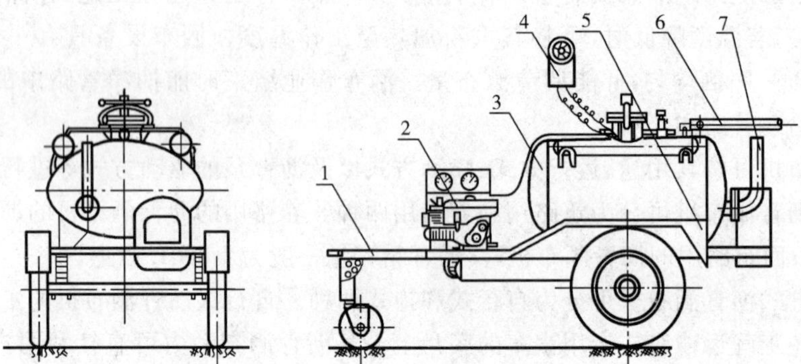

图 11-12　拖式气压沥青洒布机简图

1-二轮车底盘;2-压气动力系统;3-沥青箱;4-报警装置;5-附件;6-洒布管路;7-加热装置

LS-500 型拖式气压沥青洒布机工作原理如图 11-13 所示。储气筒 III 内 0.9MPa 的压缩空气从两条气路流出:一路经控制阀 4、调压阀 5、单向阀 8 输入沥青箱Ⅳ;另一路经输出阀 3 送入清洗箱Ⅴ。向沥青箱中抽送沥青时,空气压缩机应先吸出沥青箱中的空气,使之形成负压,随之将沥青锅中的热态沥青吸人沥青箱中。为此,先将喷嘴换上带滤网的抽吸头,并置于沥青锅中,然后打开抽气阀 2(此时应插上阻气片)、储气筒的排放阀 1 和喷枪开关 13,关闭吹洗阀 11,使三通阀 12 接通沥青箱的进出总管和洒布软管。抽吸沥青作业结束后应将洒布管路中的沥青吸尽,并吹洗干净。为此,关闭抽气阀 2(同时扳起阻气片)和储气筒的排放阀 1,打开储气筒输出阀 3(吹洗阀 11 处于关闭状态),并使三通阀 12 接通清洗油箱和洒布软管。沥青洒布机喷洒作业时,打开控制阀 4,关闭输出阀 3 和吹洗阀 11,使三通阀 12 接通沥青箱的进出总管和洒布软管,于是压缩空气进入沥青箱,并将沥青压送到洒布软管,打开喷枪开关即可进行喷洒作业。

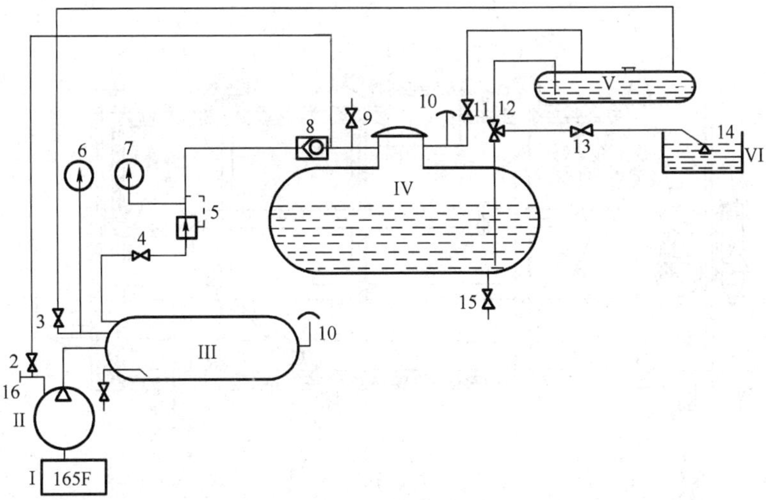

图 11-13　拖式气压沥青洒布机工作原理图

I-发动机；II-空气压缩机；III-储气筒；IV-沥青箱；V-清洗油箱；VI-沥青锅

1-储气筒排放阀；2-抽气阀；3-储气筒输出阀；4-控制阀；5-调压阀；6-储气筒压力表；7-喷洒压力表；8-单向阀；9-放气阀；10-安全阀；11-吹洗阀；12-三通阀；13-喷枪开关；14-喷嘴或抽吸头；15-沥青箱排放阀；16-阻气片

三、自行式沥青洒布机

自行式沥青洒布机是将整套沥青洒布设备装在汽车底盘上，并由汽车的发动机供给沥青洒布设备所需的动力。这种沥青洒布机(图 11-14)除汽车本身外，其洒布设备主要是由沥青箱，加热系统、传动系统、循环洒布系统、操纵机构以及计量仪表等部分组成。

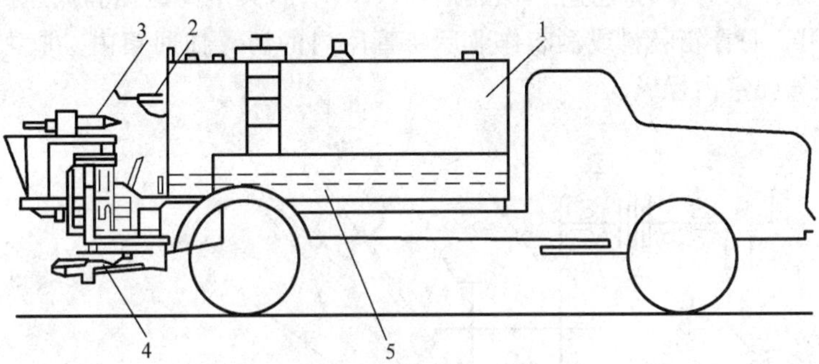

图 11-14　沥青洒布机结构示意图

1-沥青箱；2-操纵机构；3-动力及传动装置；4-洒布系统；5-加热系统

1. 沥青箱

沥青箱主要用于储存热态沥青，并具有保温和加热功能。它是利用钢板焊接而成的椭圆形封闭长筒。在筒体外包有一层玻璃棉或矿渣棉制成的保温隔热层，隔热层外再用薄金属板套壳包住。在静态时，其保温性能要求沥青罐内的沥青每小时的温降应不大于沥青罐内沥青温度与环境温度差值的 3%。其结构图见图 11-15。

2. 加热系统

加热系统是为了在必要时(运距过长或气候过冷)能加热箱内的沥青而设置的，它由燃油箱、燃烧器、喷油嘴、管路等组成，加热系统采用燃油加热。

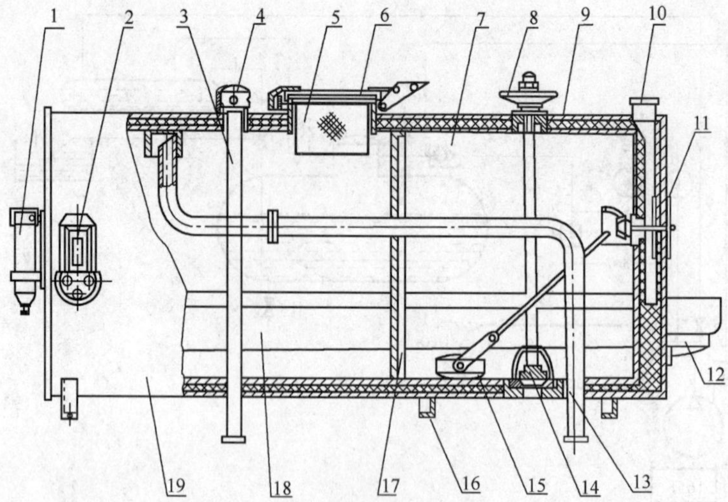

图 11-15　沥青箱结构图

1-灭火器；2-温度计；3-溢流管；4-排气盖；5-进料滤网；6-装料口盖；7-筒体；8-总阀门手轮；9-玻璃棉；10-烟囱；11-刻度盘；12-固定式喷燃器；13-进沥青管；14-总阀门；15-浮子油标；16-沥青箱固定架；17-横隔板；18-加热火管；19-沥青箱外罩

3.传动系统

自行式沥青洒布机的传动系统包括两大部分：一部分是将发动机的动力传递给汽车的驱动轮使车辆行驶的传动系统，这是由汽车底盘部分的传动系统来执行的；另一部分是驱动沥青洒布机的沥青泵工作的传动系统，它是由装在汽车变速箱右侧的分动箱来执行的。

沥青泵传动见图 11-16。汽车发动机的动力传到变速箱后，经取力齿轮、取力器和万向节传动轴驱动沥青泵。取力器有高速挡、低速挡和一个倒挡，其中高速挡和低速挡用于喷洒不同的洒布量；倒挡用于沥青箱吸料或洒布作业后将管路内的沥青抽回箱内。取力器的两个拨叉由变速操纵杆在驾驶室内操纵。

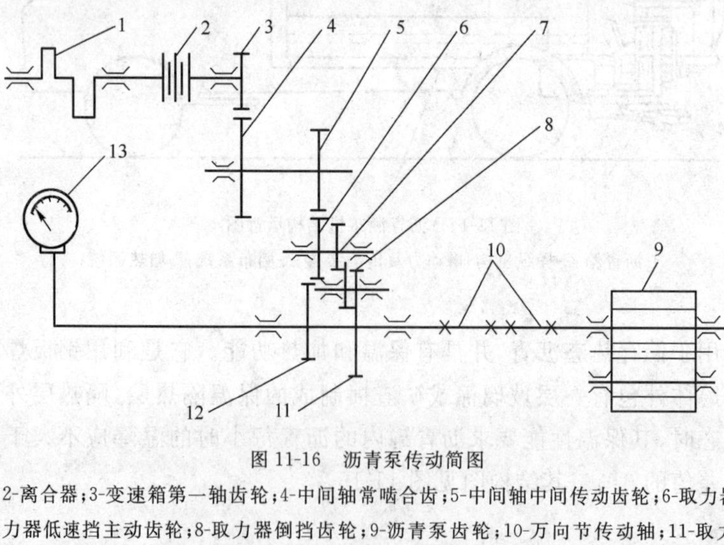

图 11-16　沥青泵传动简图

1-发动机曲轴；2-离合器；3-变速箱第一轴齿轮；4-中间轴常啮合齿；5-中间轴中间传动齿轮；6-取力器第一轴高速挡主动齿轮；7-取力器低速挡主动齿轮；8-取力器倒挡齿轮；9-沥青泵齿轮；10-万向节传动轴；11-取力器第二轴低速挡从动齿轮；12-取力器第二轴高速挡从动齿轮；13-转速表

4. 循环洒布系统

循环洒布系统是沥青洒布机完成全部作业的基本部分，其作用如下：

(1)向沥青箱内吸进高温液态沥青，工作完后抽空沥青箱和洒布管内的余料；

(2)转输液态沥青完成高温液态沥青的洒布工作；

(3)液态沥青通过循环管道的不断循环，便沥青箱内的沥青保持均匀的温度。

常用的沥青洒布机循环洒布系统如图 11-17 所示。

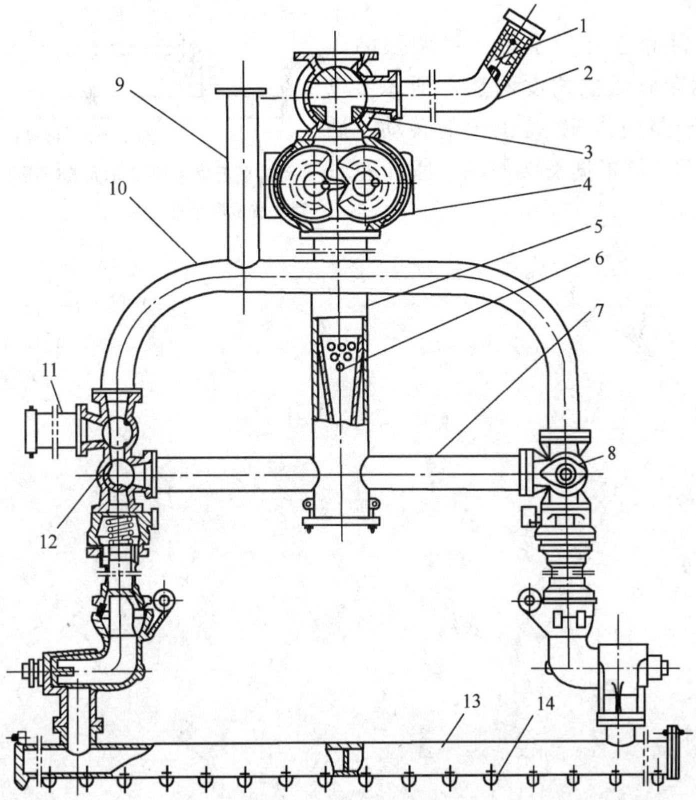

图 11-17　循环洒布系统

1-加油管滤网；2-加油管；3-沥青泵三通阀；4-沥青泵；5-输油总管；6-输油总管滤网；7-横管；8-右横管三通阀；9-进油管；10-循环管；11-放油管；12-左横管双三通阀；13-洒布管；14-喷嘴

它由沥青泵、带球铰的循环洒布管道和三通阀等组成。所用沥青泵为大模数齿轮泵。取力器通过联轴器、万向节和传动轴驱动沥青泵运转。沥青喷洒作业前，用手提式喷燃器加热沥青泵、各三通阀门、管路等进行循环预热。

洒布管由不同长度的钢管组成，中间的钢管为固定管，其中部有一隔板，可实施全段洒布或一侧洒布；另有加长管供选用，可根据实际施工需要选择，以确定洒布管的全长。洒布管端部装有膜片式压力表，可使操作者随时了解喷洒压力，洒布管上装有专用蝶形阀与排放阀，以免洒布管超压。洒布管可横向移动，其最大移动量为左右各为 120mm。

三通阀为一般的通用件，图 11-17 所示的循环一洒布系统中共有四个三通阀：一个是装在沥青箱阀门下面、沥青泵上面的沥青泵三通阀 3，另外三个装在循环管路的横管 7 的两端，右侧的称右三通阀 8，左侧的两个是装在同一个阀体内，称为双三通阀 12。通过改变这些三通阀的位置，在沥青泵正反转的配合下，可使沥青洒布机进行不同方式的作业。

5. 操纵机构

沥青洒布机的操纵是由操作人员站在机后操作台上通过手轮和操纵杆等机构进行操纵的。沥青洒布机的操纵机构包括三通阀的拨动和洒布管的操纵两部分，如图 11-18 所示。三通阀的拨动在作业前一次操作即可。洒布管在洒布过程中则要经常操作与调整。

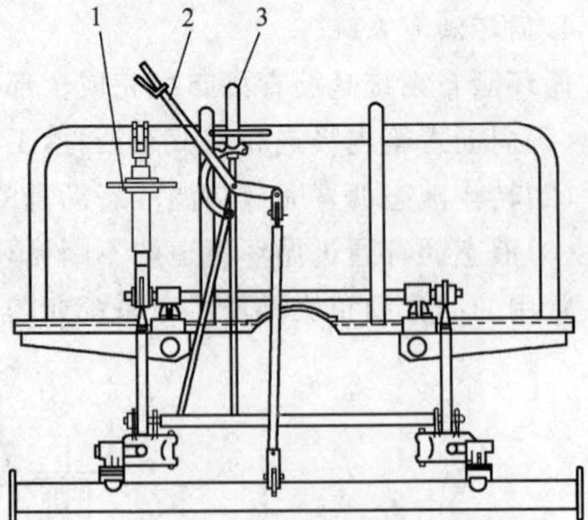

图 11-18　操纵机构

1-洒布管升降手轮；2-洒布管喷洒角度调整手柄；3-洒布管左右摆动推杆

图 11-18 中，洒布管升降手轮 1 可调整洒布管的上下位置；洒布管喷洒角度调整手柄 2 可以使得洒布管相对于路面作 90°范围内的转动。洒布管左右摆动推杆 3 可根据需要使洒布管作左右方向的位置调整。

第十二章　沥青混合料拌和设备

第一节　概　　述

沥青混合料拌和设备是沥青路面施工的关键设备,也是目前机电液一体化技术比较密集的机械设备。随着技术的引进、消化、吸收和企业自主开发能力的提高,我国的沥青混合料拌和设备有了突飞猛进的发展,其技术水平已达到国际先进水平。

一、用途、功能

用于拌和沥青混合料的机械设备就称作沥青混合料拌和设备。沥青路面有时用到不加填料的混合料,称为黑色粒料,它也要用沥青混合料拌和设备来拌制。

除小型移动式沥青混合料拌和设备外,沥青混合料拌和设备一般不是一台单机,而是多种设备的有机组合。由于沥青混合料拌和设备包含一个高高立起的楼状主拌合机组,而且设备的正常运作需要一个较大的固定场地,所以又称之为拌和楼或拌和站。

沥青路面修筑工程中所涉及的多种配套机械中,以沥青混合料拌和设备所占的投资比重最大,其运用技术和生产调度管理也相应较复杂。沥青混合料拌和设备是一个小型生产厂。如果把路面施工工程看作一个系统,则沥青混合料拌和设备相当于一个子系统。沥青混凝土路面采用热铺工艺,摊铺温度在110～140℃之间。无论从混凝土的质量和生产经济性考虑,成品沥青混合料都不宜长时间存放,因此沥青混合料拌和设备的运作不是独立的,而是与整个路面施工密切相关,沥青混合料拌和设备技术运用的好坏,严重影响路面工程施工的质量、进度和生产效益。实践表明,沥青混合料拌和设备是控制路面施工工程的一项关键设备。

按照施工要求,沥青混合料拌和设备所应完成的基本工作如下:

(1)矿料的初步配料、加热烘干、重新筛分与计量;

(2)沥青的加热、保温、输送与计量;

(3)填料的输送与计量;

(4)将按照一定的配合比计量好的热矿料、矿粉与热沥青均匀地拌和成所需要的成品料。

二、分类

沥青混合料拌和设备一般按其生产工艺、额定生产率的大小和机动性三个方面进行分类。其中主要的是按生产工艺进行划分。

1.按生产工艺划分为间歇式(循环式)和连续式(滚筒式)两种

(1)间歇式沥青混合料拌和设备

间歇式沥青混合料拌和设备的工艺特征是,各种成分是分批计量好后投入拌和缸进行拌和的,拌和好的成品料一批从拌和缸卸出,接着进行下一批料的拌和,形成周而复始的循环作业过程。

(2)连续式沥青混合料拌和设备

连续式拌和工艺中,各种原材料是连续地进入拌和缸中,拌好的成品料也是源源不断地从拌和缸卸出。在结构上,这种设备的集料烘干和拌和在同一个滚筒中进行,所以又叫作滚筒式沥青混合料拌和设备。

2. 按设备的额定生产率划分

(1)小型机:额定生产率小于 60t/h;

(2)中型机:额定生产率在 70～140t/h;

(3)大型机:额定生产率大于 150t/h。

目前,用于养路工程中的小型沥青混合料拌和设备,其额定生产率可小于 8t/h,而最大型的沥青混合料拌和设备生产率可达 450t/h。

3. 按设备的机动性划分为固定式、半固定式和移动式

(1)固定式

固定式沥青混合料拌和设备是用地脚螺栓固定在水泥混凝土地基上,一般属于大、中型设备,其安装和搬迁工程量很大。

(2)半固定式

半固定式沥青混合料拌和设备的各独立装置,可分装在几辆平板车上,由牵引车挂接运输,在工地上由挂车的支腿顶升起来,只需完成较小量的安装工程,就可以投人生产,转移工地前的拆卸也比较方便。现在的半固定式沥青混合料拌和设备,往往在设备上附带自充气的轮式行走装置,拆下后可直接由牵引车挂接运输。

(3)移动式

移动式沥青混合料拌和设备的全套装置,安装在一台牵引车底盘上,用牵引车头挂接,就可以转场运输。由于牵引车底盘的承重能力和安装位置有限,这种设备结构设计和生产工艺都比较简单,一般只适应于小型养护作业。

第二节　间歇式沥青混合料拌和设备构造

一、强制间歇式沥青混合料拌和工艺

任何机械设备的出现与发展,都是以能满足使用要求为前提的。传统间歇式沥青混合料拌和设备,以其特有的计量方式保证了各种材料较精确的配合比,并且可以很方便地更换配方,生产出工程上所需要的各种沥青混合料,因此几十年来逐步发展,日趋完善,在各种类型拌和设备中占据了优势。强制间歇式沥青混合料拌和设备特点是冷矿料的烘干、加热以及与热沥青、矿粉的拌和,是先后在不同装置中进行的。即初步级配后的各种冷砂、石料,在烘干滚筒内烘干、加热后,经过二次筛分、储存,每种矿料分别累计计量后,与单独计量的矿粉和单独计量的热沥青,按照预先设定的程序和配合比,分批投入到拌和器内进行强制拌和,成品料分批卸出。这种拌和设备多为楼体式,其工艺流程如图 12-1 所示。

在工业发达的国家,由于高速公路的修建,道路等级的提高,沥青混合料的用量迅速增长,因此大型化、固定化的拌和设备增长很快。随着科学技术的发展,几十年来国外间歇式拌和设备在保证提供质量稳定的各种级配混合料的前提下,一直朝着降低能耗、减少公害、便利操作、

实现生产过程自动化方向不断发展，并达到了较高的技术水平，已成为较完善的一种拌和设备。它的缺点是：在同等生产能力条件下，设备庞杂，对除尘设施要求高，搬迁困难，因此一般固定式或半固定式拌和设备多采取这种作业方式。

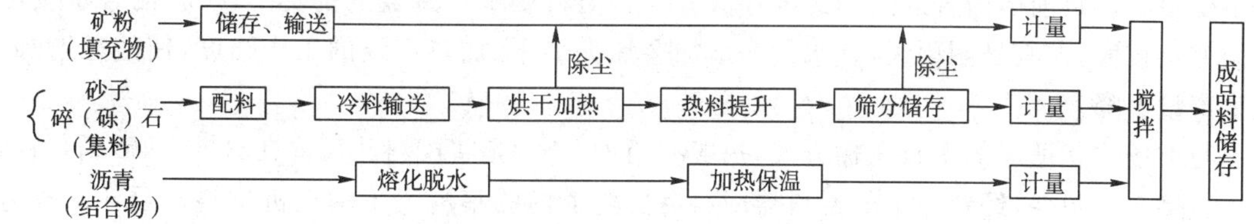

图 12-1 强制间歇式沥青混合料拌和设备工艺流程图

强制间歇式沥青混合料拌和设备的基本结构组成如图 12-2 所示。

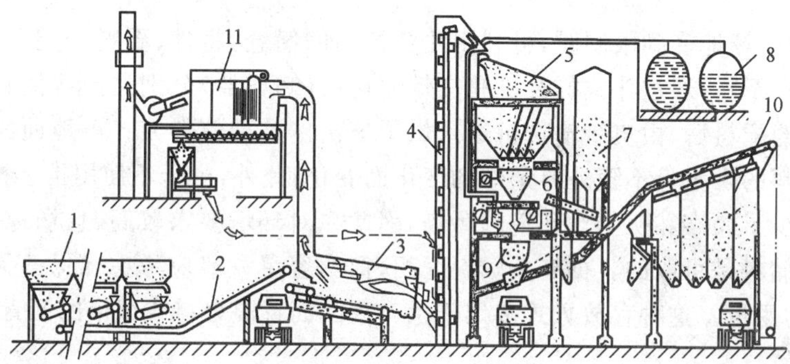

图 12-2 强制间歇式沥青混合料拌和设备的基本结构组成

1-冷矿料储存及配料装置；2-冷矿料输送机；3-冷矿料烘干滚筒；4-热矿料提升机；5-热矿料筛分及储存装置；6-热矿料计量装置；7-矿粉储存仓；8-沥青供给系统；9-拌和器；10-成品料储存仓；11-除尘装置

不同规格的冷砂、石料经冷矿料储存及配料装置的给料机进行初配后，由冷矿料输送机送至烘干滚筒烘干、加热。一般以柴油、重油或渣油作燃料，由燃烧器雾化燃烧，并采取逆流加热方式；矿料被烘干、加热至 140～160℃后从滚筒排出，由热矿料提升机送入筛分装置进行二次筛分；筛分好的各种砂、石料分别储存在热储料仓的隔仓内，然后按预先设定的比例先后进入热矿料称量斗内累计称重计量；同时，储存在专用筒仓里的矿粉由螺旋输送机送至矿粉称料斗内称重计量；储存在保温罐内的热沥青(170～180℃)由沥青输送泵经带保温的沥青管道，抽送至沥青称量桶内称重计量；各种材料按配合比分别计量后，按预先设定的程序先后投入到拌和器内进行强制拌和，待拌和均匀之后，或直接卸入运输车辆中，或送至成品料储存仓内暂时储存。

矿料在烘干、筛分、拌和等生产过程中产生的燃烧废气、水蒸气以及灰尘，通过除尘装置净化处理后排入大气。

间歇式拌和设备采用电网电力或大型柴油发电机组发电驱动，生产过程可以人工操作，也可以自动控制。

二、集料输送系统

1. 冷矿料的储存与配料装置

(1)冷矿料的储存

通常，冷矿料堆放在露天场地上，或存放在特制的筒仓内。前者称为堆场式，后者称为筒仓式。

①堆场式

各种砂、石料分类存放在场地上，如果条件许可，最好加盖雨棚。当场地较小，堆放密集时，可用混凝土墙壁隔开不同规格的材料，以免混杂。这种存放方式不需要专门的设施，储存量不受限制。目前国内普遍采用这种存放方式。但料场不加遮盖的情况下，矿料的含水量随气候变化较大，尤其是阴雨天，含水量的增加会加大烘干、加热系统的工作强度，使能耗增加，或生产量下降。

与堆场式相适应的矿料运输方式，一般有两种：一种是将配料斗设置在料堆下，砂、石料靠自重直接流入料斗，经料斗下的给料器配料后由坑道内的集料皮带输送机将料送至斗式提升机，然后再送入烘干滚筒；另一种是将配料装置放置在地上，用装载机将各种规格的砂、石料分别铲入带给料器的料斗内，配料后再由皮带输送机将料送至烘干滚筒。

②筒仓式

在存放材料的场地受到限制时，可利用几个特制的筒仓，将砂、石料分类存放在其中。由自卸车运入的砂、石料，通过斗式提升机和皮带输送机（卸料器）分别送至各筒仓内，筒仓下设有给料器，矿料经配料后，由皮带输送机送入烘干滚筒。这种储料方式占地面积小，而且筒仓可以加盖，冷矿料的含水量不随外界条件的变化而变化；此外，由于不使用推土机、装载机等工程机械上料，减少了燥声和灰尘对环境的污染，因此在对环境要求较高、且场地受到限制的场合，采用筒仓式储料是可取的。据有关资料介绍，筒仓容量一般应考虑确保 5 天的供料量，至少不低于 3 天的用量。这种存放方式多用于生产商品沥青混合料或城市的沥青拌和站。

(2)配料装置

各种规格的冷矿料，在进入烘干滚筒之前应进行初配。这在沥青混合料的生产过程中是一个很重要的工序。它直接关系到矿料加热温度的稳定，热储料仓内各种砂、石料储料量的均衡，拌和设备生产过程的连续，乃至成品料的质量。因此冷矿料配料的精确度和操作的自动化程度，已成为衡量拌和设备技术先进性的一个重要指标。

配料装置主要由配料斗、给料机、集料皮带输送机和机架组成。

①配料斗和机架

配料斗的数量根据工程需要来确定，一般为 4～6 个。料斗是用钢板拼焊而成的。每个料斗可以由独立的机架支撑，也可用同一机架将几个料斗连成一个整体。料斗是按内装矿料规格的大小沿运动方向依次排列的：大粒径碎石料斗在前，砂料斗在最后。通常在大粒径碎石料斗的上面放置一个隔网，以防止大于某一限定规格（一般为 50mm）的石料进入斗内。料斗上口的尺寸应与上料方式相适应：如采用装载机上料，料斗的宽度要大于装载斗的宽度；料斗距地面的高度，要能满足装载机上料高度的要求。料斗下口的宽度应小于给料机的宽度，并且最好前大后小，以免材料外溢。斗的侧壁倾角要大于材料的自然坡度角；斗前壁的下部设有一个手动调节闸门，用以调节材料流量的大小。在砂料斗的后斗壁上，装有一个小振动器，用以防止砂料在出料口处结拱。破拱振动器是间歇振动的，振动时间的长短，由安装在控制室内的定时器来调节。

此外，有些拌和设备在料斗下部还装有料位指示器，当斗内料位低于设定值时能发出警报，提醒操作者及时上料，以保证设备正常连续工作。

配料装置的机架多用型钢拼焊而成。有时为减轻质量、增大刚度，也有用钢板压制成一定截面形状来取代型钢的。机架拼装时，要注意保证它的几何精度，否则容易造成皮带跑偏。

②给料机

常用的给料机有两种型式:电磁振动式和皮带式。

图 12-3 所示为电磁振动给料器;图 12-4 所示为带式给料器简图。

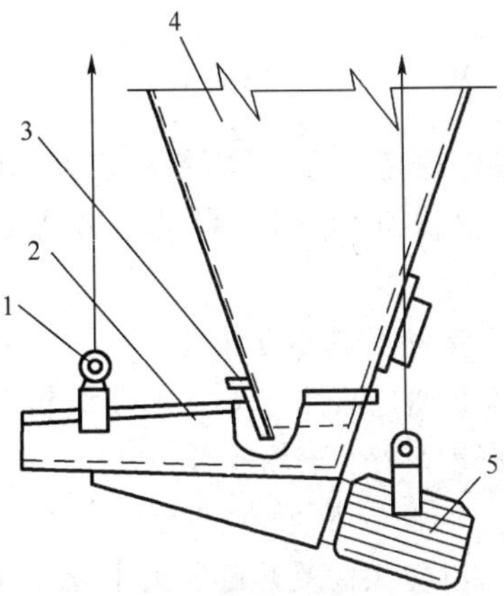

图 12-3　电磁振动给料器

1-吊环;2-卸料槽;3-料斗闸门;4-料斗;5-电磁振动器

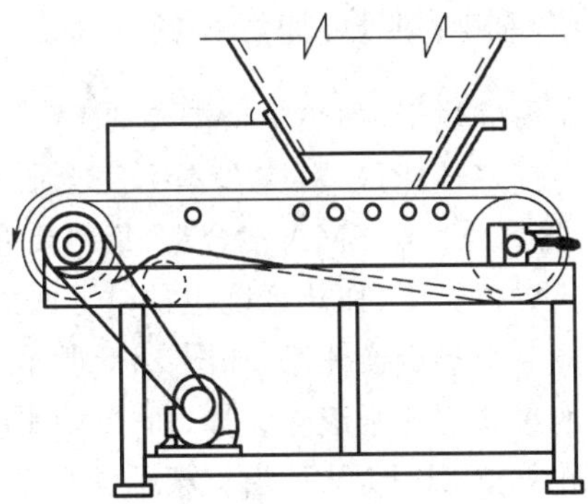

图 12-4　带式给料器简图

电磁振动式给料机在料斗下部弹性地悬挂着倾斜的卸料槽,卸料槽上装有电磁振动器,依靠电磁振动器的高频振动,把在重力作用下压在卸料槽上的材料均匀卸出。供料量的多少,一般是通过改变电磁振动器的振幅和料斗闸门的开度来调节的,闸门的开度用于粗调,并且应在开机前调整好;开机后若要精确调节供料量,则是由调节振动器的振幅来实现。此外,有些设备通过变更卸料槽的倾角,也可以达到调节供料量的目的。同样,这种调整也必须在开机前调好。此外,目前技术较为先进的振动给料机,在卸料槽上装有振幅传感器,用于检测实际振幅与设定值的差距,并将信息反馈到控制室,随时予以调整,以确保供料量的稳定、均衡。这种给料机体积小,安装、维修简单,无旋转零件,不需要润滑,消耗功率小,便于集中控制,而且造价低,但是,它的调整变化曲线是非线性的,并且对潮湿的矿料供料效果较差。所以,通常电磁振动给料机只用于含水量变化较小的石料的供给,对于含水量随气候变化较大的细砂料,电磁振动式给料机效果不好。

皮带式给料机安装在冷料仓下方兼作仓底。材料在重力作用下压在料斗下的皮带给料机上,通过皮带给料机的旋转强制将材料卸出。通过调节皮带给料机的转速或料斗闸门的开度来变更供料量。料斗闸门的开度用于粗调,并在开机前调好;而开机后的精调则是通过改变皮带机的转速来实现的。皮带给料机由电机驱动,调速有两种方法:一种是直流调速,另一种是交流调速,前者动力特性好,且价格便宜,因此被广泛采用。皮带给料机的调速比一般为1∶10、1∶20,最大为 1∶30。在给定的范围内,速度变化是无级的,因此供料量的变化是线性的。相对而言,皮带给料机较电磁振动给料机供料精确,调节范围也大,但价格较贵。

上述两种给料方式均属于体积计量,用于间歇式拌和设备材料的初配已完全满足要求。

2.冷矿料输送机

每一种矿料经给料机卸出后,便汇集在下面的集料皮带输送机上,由于料仓组下集料输送距离较长,而烘干筒入口又有一定调度。集料一般要再通过另一个倾斜的冷矿料输送机转运送入烘干筒内。在一些小型的移动式拌和设备上,两个皮带输送机可以合二为一,但是接近烘干滚筒这一边的皮带输送机，其倾角必须可调，以适应滚筒进料口的高度，通常这部分做成可折叠的。

冷矿料输送机一般采用皮带输送机。皮带输送机噪声小，不易产生卡阻现象，架设容易。在大多数沥青拌和设备上均配置这种冷集料给料装置。

三、矿料烘干、加热系统

矿料的烘干、加热是很重要的工序。为了使沥青很好地裹覆在砂、石料的表面，并使成品料具有良好性能，矿料应基本上完全脱水，并加热至较高温度（普通沥青混合料通常控制在140～160℃）。对 SMA 混合料，集料要升温至 180℃以上。

冷矿料烘干、加热系统包括以下两大部分：一是烘干滚筒及其驱动装置，二是加热装置，它们组成一个热交换体系，如图 12-5 所示。长圆柱型筒体 2 通过滚圈 3、6 支承在滚轮 17 上，中小型的滚筒用 4 个滚轮支撑（每个滚圈下两个），大型滚筒用 8 个滚轮支撑（两个一组）。滚轮安装在支架 21 上，从而由支架承受整个烘干筒的重力。滚筒安装倾角一般为 5°～8°，由轴向限位滚轮 20 限位。滚圈与水平滚轮之间留有一定间隙，以免滚筒受热膨胀后卡死。间歇式沥青混合料拌和设备采用逆流式烘干工艺，燃烧器 12 安装在筒体下端中心孔处。喷出的火焰沿筒内上行至排烟口排向除尘系统。集料从筒体高端的加料箱投入烘干筒内，与燃烧器喷出的火焰逆向对流，升温脱水后由卸料口 15 排出。

烘干筒的驱动方式有三种：链条驱动，齿轮驱动和摩擦轮驱动。齿轮驱动传动可靠，使用寿命长，但齿圈制造成本高，安装调整了较困难。一些较大型的拌和设备，多用链条传动取代齿轮传动，这样既避免了制造大型齿轮的复杂工艺，又减轻了质量，节约了金属材料；此外大链齿多采取装配式结构，磨损后只需单独更换链齿，且安装工艺十分简便。烘干筒传动链常用鞍形布置方式，如图 12-6 所示。

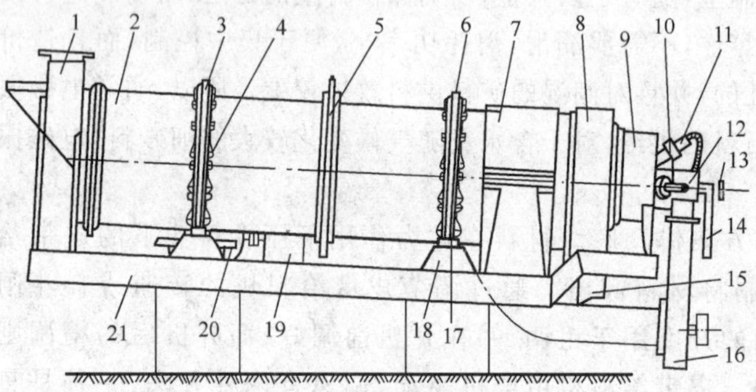

图 12-5　集料烘干加热装置

1-加料箱和排烟口；2-筒体；3、6-滚圈；4-胀缩件；5-传动机构；7-冷却罩；8-卸料箱；9-火箱；10-点火喷头；11-火焰探测器；12-燃烧器；13-供油调节器；14-输油管；15-卸料槽；16-鼓风机；17-支承滚轮；18-防护罩；19-驱动装置；20-轴向限位滚轮；21-支架

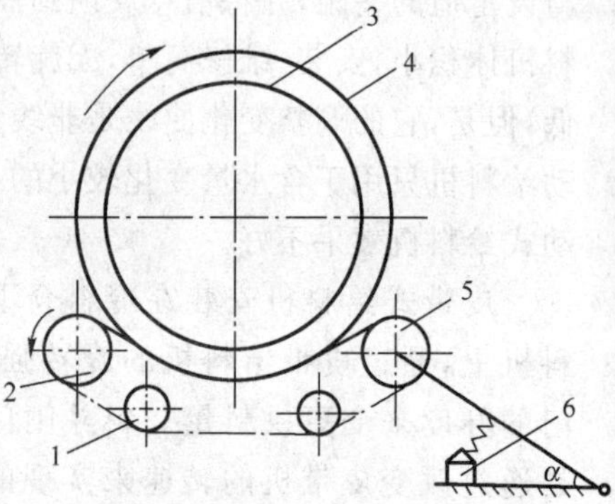

图 12-6　鞍形链传动布置

1-张紧链轮；2-主动链轮；3-筒体；4-链轮齿圈上分度圆；5-从动链轮；6-弹簧张紧振装置；

对于更大型的拌和设备，由于烘干滚筒的质量已足够大，因此常常将前、后滚圈下的托轮作为主动轮，利用摩擦传动的方式驱动烘干滚筒旋转。这 3 种驱动方式的比较见表 12-1。筒体进料端的烟箱和出料端的卸料箱是固定的，它们与旋转的滚筒之间应采取密封措施，以防止漏料和散失热量。

烘干滚筒不同驱动方式比较表 表 12-1

项目	齿轮式	链轮式	摩擦式
适用范围	中、小型	大、中型	大型
安全、密封性	旋转部分暴露在外，易磨损，安全性差	同齿轮式	旋转部分可用密封罩封闭，磨损小，安全
可更换性	需整体更换	可部分更换	不必更换
制造精度	高	较高	一般
噪声	较大	大	运转平稳，噪声小
维护	● 检查齿轮的啮合 ● 定期注油	● 检查链条挠度 ● 检查磨损程度 ● 定期注油	● 对驱动主动轮的皮带传动适时检查即可 ● 啮合部分不需要注油

1. 烘干滚筒

烘干滚筒是烘干、加热矿料的设备。为了使具有一定含水量的湿冷矿料在较短的时间里，用较低的燃料消耗，能充分脱水，并加热至所需要的温度，故要求：

(1)矿料在烘干滚筒内均匀、分散，并滞留足够的时间；

(2)矿料在烘干滚筒内能直接与燃气接触，充分吸收其热能；

(3)烘干滚筒有足够大的空间，不至使内部空气受热膨胀后压力过大，造成粉尘逸散。

烘干滚筒的筒体一般采用耐热锅炉钢板卷制焊接而成。进料端设有喂料环，若滚筒直径大于 2m，通常就不再设喂料环了，矿料可直接喂入筒内。

烘干筒内部可分为三个区域，如图 12-7。烘干筒第一区为受料区，叶片为螺旋线，其旋向与滚筒转动方向的配合便于集料快速进入到筒内。该区的长度约为筒径的 0.5～0.8 倍。第

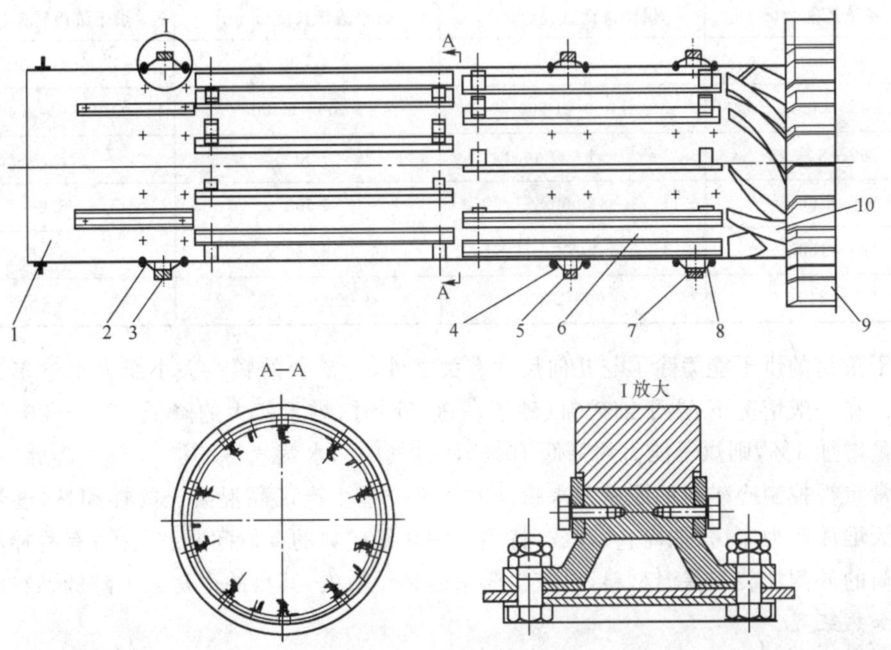

图 12-7 逆流式烘干滚筒

1-筒体；2、8-滚圈架；3、7-滚圈；4-齿圈架；5-齿圈；6-升料槽板；9-进料箱；10-螺旋叶片

二区为烘干区。沿筒体母线方向安装有多种形状的叶片，叶片横断面形状如图 12-7 的 A—A剖面所示。弯曲的叶片便于提升集料使之以螺旋轨迹向排料端运动。集料被提升到顶部时，由于重力作用而下落，形成所谓的料帘，如图 12-8 所示。料帘的形成使集料全面与火焰接触，充分地进行热交换。靠近燃烧器这一端有断面形状为 T 型的叶片，其小端与筒的内壁焊接，T 型的两翼则使部分物料始终留存在其中，防止火焰直接烘烤滚筒，因而起到了保护筒壁的作用，也减少了筒壁热量的散失。第三区为排料区。叶片与筒体纵轴线成 20°～30°安装，便于集料排向卸料口。该区的长度约为筒径的 0.4～0.5 倍。

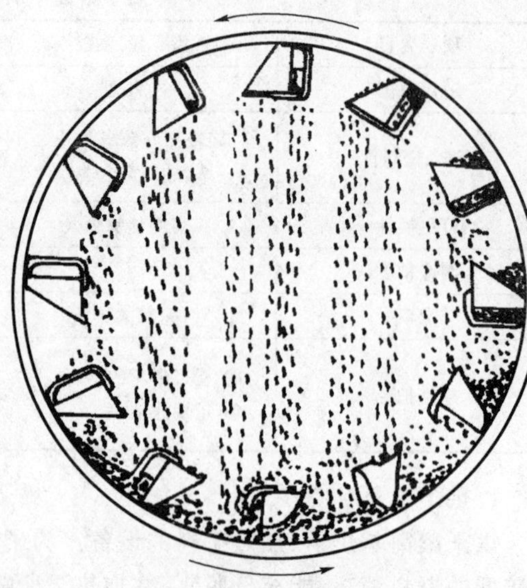

图 12-8　烘干筒内料帘

在滚筒卸料箱出口处装有测温仪，用来检测矿料的出料温度，并在控制室内显示。测温仪有两种，一种是接触式，多用热电偶；另一种是非接触式，常用红外线测温仪。

烘干滚筒的烘干能力与其几何尺寸（直径×长度）有很大关系，应与之相适应。若筒体过小，不仅达不到充分烘干、加热的目的，还会导致污染严重；但是几何尺寸过大，又会引起许多不必要的消耗。据日本资料，烘干滚筒的生产能力与几何尺寸及转速的关系见表 12-2。

烘干滚筒的生产能力与几何尺寸及转速的关系　　表 12-2

拌和设备生产能力(t/h)	烘干滚筒直径(mm)	烘干滚筒长度(mm)	烘干滚筒转速(r/min)
30～40	1 300	4 500	10～11
45～60	1 400～1 500	6 000～6 500	9～9.4
60～80	1 600	7 000	7.5～8.5
90～120	2 000	7 500	6.8～7
120～160	2 200	8 000	6～6.4
180～240	2 600～2 800	9 000～10 000	5～5.3

烘干滚筒的烘干能力除了与几何尺寸有关之外，与矿料的颗粒大小及含水量多少有密切的关系。在一般情况下，烘干细矿料（砂子、石屑等）时，烘干能力约降低 15%～20%；若矿料的含水量增加 1%，则烘干能力约降低 10%，而排气中的水蒸气将增加 20%。为此，许多发达国家非常重视控制冷矿料的原始含水量。尤其是一些生产商品混凝土的拌和站，逐步将冷矿料的露天堆放改为库房（如筒仓）存放，特别应注意细矿料的存放问题。另外，有些拌和设备在烘干滚筒的外侧加装有保温材料，以减少筒壁的热量散失，其目的也是为了降低燃料消耗。

2. 加热装置

(1)燃料的选择

将一定含水量的湿冷矿料烘干、加热需要消耗大量的热能。国内外拌和设备的加热装置几乎都采用液体燃料，国外也有用天然气作燃料的，它有更优良的燃烧特性，但是价格昂贵，仅在获得天然气较方便的地区是可取的;国内也有个别的拌和设备仍然烧煤,煤的发热值低,火焰不稳定,温度不易控制,并且劳动强度大,但是价格便宜。

(2)液体燃料

拌和设备上所用的液体燃料以柴油、重油为主。柴油黏度低,可以直接燃烧;而重油黏度大,为了很好地雾化,燃烧之前必须将黏度降到燃烧器的规定值。降低重油的黏度,通常有两种方法:多数采用加热的方法,也有采用乳化方法的。例如:意大利 MARINI 公司生产的拌和设备,其燃烧器烧重油时,就采用乳化的方法将其稀释到规定值。大多数的拌和设备是利用一套预热装置,通过加热来降低重油的黏度,使其满足燃烧器雾化的需要。不同标号的重油,预热温度不同。国内用于燃烧的燃料油多为渣油,其杂质多,黏度更大,因此在燃烧之前一定要加强过滤,并且预热温度要更高。

为了使燃油很好地燃烧,必须满足下列要求:

①根据拌和设备工艺要求的温度及火焰形状,正确选用燃烧器;

②保证燃油有必须的压力、温度和黏度;

③给足够量的燃烧所需要的空气;

④正确选择燃烧室的形状和尺寸,并保持燃烧室内的高温。

(3)燃烧器的选择

燃油的可燃部分主要由碳氢化合物组成。在燃烧过程中,每个燃油质点都能够与空气中的氧气化合,燃烧才能充分。燃烧器的作用就在于将燃料雾化成尽可能多的细小单独液滴,并使这些液滴均匀分地布在燃烧区的空气流内,与空气充分混合以利于完全燃烧。

用于拌和设备的燃烧器,按照燃油雾化方法的不同,大致有低压空气雾化式燃烧器、油压雾化式燃烧器和混合雾化式燃烧器等三种。

四、热矿料提升机

热集料提升机是把从烘干滚筒中卸出的热集料运送至筛分设备的装置,通常采用链斗式提升机。为减少运料过程中的热量损失,以及作为安全措施,链斗提升机通常安装在封闭的壳体内。

链斗提升机一般多选用深形料斗离心卸料方式,但在大型拌和设备上,也可用导槽料斗重力卸料方式。重力卸料方式因其链条运动速度低,磨损和噪声都相对较小。

值得注意的是,提升机运转一旦停止,在链条有载分支未卸出的矿料质量的作用下,提升机有可能倒转,使得矿料积存在底部,阻碍了提升机的再起动,因此,在提升机的驱动部分应设有防倒转装置。

五、热集料筛分装置

筛分装置(图 12-9)的作用在于把热集料提升机送来的砂石料按不同粒径重新分开,以便在拌和之前分别进行精确计量。

筛分装置有滚筒筛和振动筛等不同形式,作为评价筛分过程的主要技术经济指标是生产率和筛分效率。前者是数量指标,它应与拌和设备的生产能力相匹配;后者是质量指标,它表示筛分过程进行的完全程度和筛分产品的质量。所谓筛分效率即某一规格筛网实际所得筛下的产品质量与被筛分物料中所含小于这一筛孔尺寸物料的质量比。

滚筒筛与振动筛技术经济指标的对比如表 12-3 所示。

滚筒筛与振动筛技术经济指标对比表　　表 12-3

筛子型式	筛分效率(%)	单位面积生产能力(取振动筛生产能力为 1.0)
滚筒筛	40～60	0.1
振动筛	90～96	1.0

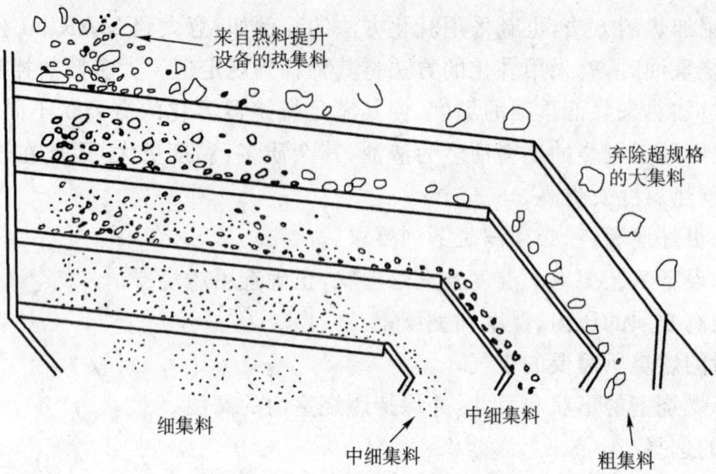

图 12-9　筛分过程示意图

从表中可以看出,由于滚筒筛的技术经济指标较为落后,因此在近代的拌和设备上已基本被淘汰;与滚筒筛相比,振动筛具有体积小、生产效率高、筛分质量好、维修简便等优点,因此被广泛采用。

热集料筛分时会产生大量粉尘,在振动筛的外罩要密封良好,并且在罩壳上有排尘口,将粉尘导入除尘系统。

六、热集料的储存与计量装置

矿料的级配精度和油石比的计量精度是衡量沥青混合料质量的重要技术指标。对于二次筛分后的砂石料再分别予以精确计量,是间歇式拌和设备区别于其他类型拌和设备最显著的特点之一,也是间歇式拌和设备可以获得较高级配精度和油石比精度的重要保证。因为,这种配料方式是将矿料、矿粉、沥青分别予以计量,它们的配合精度仅仅取决于各自称量系统的精度,排除了相互之间的制约。而当前科学技术的发展,可使矿料的计量精度和矿粉的计量精度达到±0.5%,沥青的计量精度达到±0.33%,这足以保证满足任何配合比的沥青混合料的质量要求。

1. 热储料仓

筛分好的各种砂石料在计量之前分别储存在热集料储料仓的几个隔仓内,以便按一定的配合比分别计量。隔仓的数目视所需矿料的规格而定,一般为 4 个。每个料仓的上部均设有溢料口并与溢流管道相通,当热集料在仓内堆积到超过一定高度时可从这里排出。各仓的底部设有能迅速启闭的放料门,放料口尺寸的大小与配合比相适应。放料门的启闭通常是由电磁阀控制气缸来实现的,而电磁阀的信号来自计量装置的控制系统。

冷矿料的初配应使筛分后的热集料在各仓内的料位基本均衡,这样才能保证各种规格的矿料计量准确,并按设定的生产周期正常运行。但有时由于原材料颗粒含量达不到要求,或者材料混掺，或者初配不当等原因，可能会造成各个料仓的料位不均。有的仓材料过满，热集料从溢流管排出，造成浪费；而有的仓材料不足，使计量持续等待，影响设定的生产程序正常运行。因此，大多数热储料仓内都设置了上、下两个料位指示装置，或一个下料位指示装置，并将检测信号送往控制室。这样，在仓满或料不足时便发出信号，通知操作人员调整冷矿料的初配，以期维持各热储料仓材料的基本均衡。

2.热集料计量装置

在间歇式拌和设备上材料的计量采取质量计量方式。它包括称量斗和计量秤两部分。目前，绝大多数拌和设备采用电子计量秤。

称量斗用钢板拼焊而成。它位于热储料仓的下方，并通过4个拉力式称量传感器悬吊在楼体的机架上。运输时需用联接螺栓将其位置固定，以防止其摇摆受力。在有的拌和设备上，矿料称量斗中用一个隔板将石料与砂料分开，以便按照设定的放料顺序先放石料，延迟几秒钟后再放砂料。称量斗斗门的启闭是由电磁阀操纵气缸来实现的，电磁阀的信号同样来自计量秤的控制系统。而称量斗的容量与拌和缸的容量应相匹配。

称量时，不同规格的热集料按预先设定的质量比依次放入称量斗中，拉力式称量传感器将检测到的信号通过屏蔽电缆送至控制台的程控器，并且一一叠加计量，操作人员可从控制台的称量数字显示器上读出计量值。达到设定值后，热储料仓的放料门自动关闭，一批集料称量完成后，称量斗的斗门开启，计量好的热集料便被卸至拌和缸内。集料秤卸空后下一个计量周期开始。

七、矿粉的供给与计量装置

在拌制沥青混合料时需加入适量的矿粉，以减少混合料的空隙率，提高混合料强度。

1.矿粉供给系统

在较大型的拌和设备上，矿粉储存在专用的筒仓内。根据矿粉的供给方式，相应地采用不同的方法将矿粉送至筒仓内；若用粉料罐车供给矿粉，一般采用气力输送的方法上料；若供应的是袋装矿粉，则常用斗式提升机上料，也有采用风动输送而人工拆袋上料的方式。为防止上料时粉尘向外逸散，在筒仓的顶部设有小型布袋过滤器，大约每分钟通入2～3次脉冲压缩空气，将黏附在袋外的矿粉抖落；另外，仓顶最好呈拱形以利于排水。其上通常设有气孔，气孔盖上装有安全阀，当仓内气体压力过大时，顶开安全阀与大气连通，以起到保护筒体的作用，孔盖连接法兰处的密封一定要保持完好，以防矿粉向外逸散。筒仓内装有料位探测器，其信号通入控制室，当料位超过高限或低于低限时会发出警报，通知操作人员停止上料或及时上料。筒仓的下部为倒圆锥形，仓壁上设有几个粉料疏松器，它与压缩空气管路相通。大约每分钟通入4次压缩空气，使矿粉处于悬浮状态以防止矿粉结拱。在筒仓的出口处，设有调节闸门和叶轮给料器（亦称转阀），通过改变闸门的开度和叶轮给料器的转速来调节供粉量的大小。

将筒仓内的矿粉送至矿粉计量装置，有几种不同的方法。最简单的方法是直接用一台螺旋输送机供料，如西安筑路机械有限公司引进英国PARKER公司制造技术生产的拌和设备，矿粉从筒仓经螺旋输送机直接送至矿粉称量斗，但这种供料方式要求矿粉储罐靠近主拌和楼安装，且单级螺旋输送器的输送距离和倾角较大。也可以先将矿粉用螺旋输送器输送到主拌和楼底部，再通过链斗提升机构提升到矿料计量装置上部的容器内。

2.矿粉计量装置

在沥青混合料中，矿粉的含量需要严格控制。有关规范中明确规定：矿粉必须单独计量，不允许与砂石料累计计量。因此，拌和设备上设置了专门的矿粉计量装置，同样矿粉计量装置也由称量斗和电子计量秤组成。

矿粉称量斗通过3个拉力式称量传感器悬吊在楼体的机架上，运输时也需用联接螺栓将其位置固定。称量斗的斗门内侧附有橡胶板，以便与斗的底部很好地贴合。此外制造时要用水做密封实验，确保其不渗漏；称量斗的斗门是由矿粉计量秤的控制系统来操纵的，计量达到设定值后供料螺旋停转，称量斗斗门开启，矿粉被卸至拌和缸内。计量值可从控制台的称量数字显示器上读出。矿粉称量斗的容量通常为拌和缸容量的20%。

八、沥青供给系统

沥青供给系统包括保温罐、沥青泵、计量装置、喷射装置、以及连接管路和阀门等。它用于储存、保温熔化后的液体沥青，并且适时、定量地供给拌和缸。

常温下的沥青呈固体状态，因此拌和设备使用的沥青应先行熔化、脱水、掺配并加热至一定温度。通常，熔化沥青是在专门的储油库内进行的，而熔化后的液体沥青用油罐车运送至拌和场，并放人保温罐内储存。有些固定式的拌和站本身设置了沥青熔化装置，这样通过沥青泵和连接管路就可以将沥青输送至保温罐内。

沥青熔化有多种加热方式，现在国内主要采取导热油或蒸汽间接加热方式。在非永久性拌和站，常用导热油加热系统加热，整个加热系统结构紧凑，便于拆装。如果采用桶装固态沥青一般采用导热油脱桶装置作为拌和站的辅助设备进行沥青熔化；在永久性拌和站，如果采用固态沥青，也有利用太阳能辅之以电加热来熔化沥青的。无论是哪一种加热方式，熔化时的温度必须严格加以控制，防止长时间高温加热或局部过热而导致沥青老化；另外，在沥青熔化、脱水过程中一定要辅之以搅动，以防止“溢锅”等意外事故发生。

九、拌和缸

拌和缸是把按一定配合比称量好的砂石料、矿粉和沥青均匀地拌和成所需成品混合料的装置。拌和时投料顺序有两种：一种是先将砂石料放入拌和缸内干拌3～5s后加入沥青，待拌和几秒钟之后，再加入矿粉继续进行拌和；另一种是在放入砂石料之后先加入矿粉，待干拌几秒钟后，再加入沥青继续进行拌和。目前大多数拌和设备采用第一种投料顺序，因为这种投料顺序在大矿料得到充分裹覆的同时，沥青被均匀地分散在大矿料中间，矿粉投入后可以和沥青很好地结合，不至于成团，因而矿粉表面积能得到充分地利用，大、小料的油膜厚度比较均匀。混合料黏结性能好，稳定性提高，抗低温开裂能力增强，但这种拌和顺序，如果矿粉加入量较多，则混合料灰暗无光泽，矿料表面裹覆的沥青油膜变薄，致使沥青混合料黏结力降低，材料易松散、脱落。因此，加矿粉时矿粉量不宜超过矿粉级配含量的中值。第二种投料顺序则由于矿粉在沥青之前加入，沥青再喷入后容易被矿粉吸附结成团状，并且矿粉的比表面积通常要占到级配料总表面积的70%以上，结团后矿粉表面积不能充分利用，使得沥青相对“过量”，大矿料表面的油膜增厚，混合料中游离沥青增多，因此混合料的黏结力下降，稳定性差，碾压过程中位移增大，低温易开裂，路面使用寿命缩短，故采用第二种顺序放料，相应地矿粉用量要大，拌和时间要长，尤其砂石料与矿粉的干拌时间应不小6s。通常各种材料全部投入后的纯拌和时间为35～45s，每一循环周期为45～60s。

拌和设备的生产能力在很大程度上取决于拌和缸的容量，它们之间的关系如表12-4所示。

拌和缸容量与生产能力关系表　　表 12-4

拌和缸容量(kg)	拌和设备的生产能力(t/h)	拌和缸容量(kg)	拌和设备的生产能力(t/h)
500	30～40	3 000	180～240
1 000	60～80	4 000	240～320
2 000	120～160		

一般说来,拌和设备的生产能力不是固定值,当冷矿料含水量或所拌制的混合料种类不同时,生产率是有所变化。冷矿料含水量较高,或者细矿料的比例增大时,为了充分烘干、拌和,必须相应地减少上料量,或延长拌和时间,此时生产率就会降低;反之,生产率就会增加。另外,成品料的出料温度提高,也会导致生产率的下降。拌和缸的容量,是指每批投入的拌和料的全部质量。拌和缸的有效容积(混合料的体积与拌和缸容积之比)一般为 40%～60%,有的达 70%。间歇式拌和设备的拌和方式为强制式,其构造如图 12-10 所示。

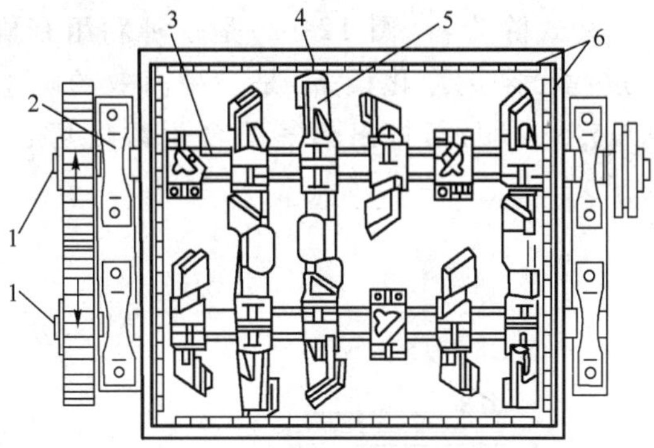

图 12-10　间歇式拌和缸结构图

1-传动齿轮;2-轴承;3-拌和轴;4-拌料板;5-拌和臂;6-衬板

拌和缸的两根轴通过一对啮合齿轮带动而反向旋转(也有采用链轮驱动的,但是必须保证两轴反向旋转)。每根轴上有 6～8 对拌和臂,臂端装有用耐磨材料制成的并可更换的拌和桨叶,拌和桨叶与拌和轴中心线安装成 45°角,同一根轴上相邻的两对拌和臂相错角度为 90°或 45°(角度小有利于拌细矿料),两根轴上对应的拌和臂也相错 90°或 45°。物料投入到拌和缸之后,在拌和桨叶旋转运动的带动下,沿轴线做螺旋推进运动,垂直于轴线又有交叉运动,因而得到均匀混合。拌和臂的排列有多种型式,但是只有在较短的时间里使物料有较长的运动轨迹,才能得到最佳的拌和效果。

十、集尘装置

采用传统式拌和工艺,矿料在烘干、筛分、计量和拌和等生产过程中会逸散出大量灰尘,尤其是在烘干过程中,还有一些燃烧废气排出,造成环境污染。因此集尘装置对拌和设备来说是非常重要的组成部分。

间歇式拌和设备的集尘装置通过管道连接在烘干滚筒进料端的烟箱之后。它主要有三大类:干式集尘器、湿式集尘器和布袋式集尘器。干式集尘器多用作一级集尘装置,后两种集尘器常用作二级集尘装置,它们的配合使用可以达到较理想的除尘效果。但这样往往会使设备庞大,投资费用增高。有的集尘装置的费用甚至占到整个拌和设备成本的 30%～40%,而且管理费用也高,这是在传统式拌和设备上难于解决的矛盾。现有的拌和设备,主要依据生产规模及拌和场地周围环境等因素来考虑集尘装置的设置。

1. 一级集尘装置

作为干式集尘器代表的旋风除尘器(图 12-11)是沥青混合料拌和设备除尘系统的一级集尘器。旋风除尘器的主要优点是结构简单、基建投资、运行和维护费用都较低。旋风除尘器对粉尘负荷和运行负荷的适应性均较好,对于粒径大于 5μm 的粉尘除尘效率也较高,但对微尘的除尘比较困难,因而旋风除尘器只能作为沥青混合料拌和设备除尘器的初级集尘器。

2. 二级集尘装置

湿式除尘器又名洗涤除尘器，其结构形式很多。有液珠、液网和液层三大类型。国内在沥青拌和设备中已使用的湿式除尘器有水浴式、喷淋式和文丘里等几种型式。水浴式和喷淋式湿式除尘器是比较简易的型式，也能取得一定的除尘效果，但效果不明显；文丘里湿式除尘器除尘效率很高，对于 0.5μm 的粉尘除尘效率可达 99%。

袋式除尘器（图 12-12）是一种利用有机纤维或无机纤维为过滤布袋将气体中的粉尘过滤出来的净化设备，是一种高效的除尘器，可捕集 0.3μm 以上的粉尘，除尘效率可达 95%～99%，排出烟气的含尘浓度可达到 100mg/Nm^3 以下，甚至达到更高标准的要求。

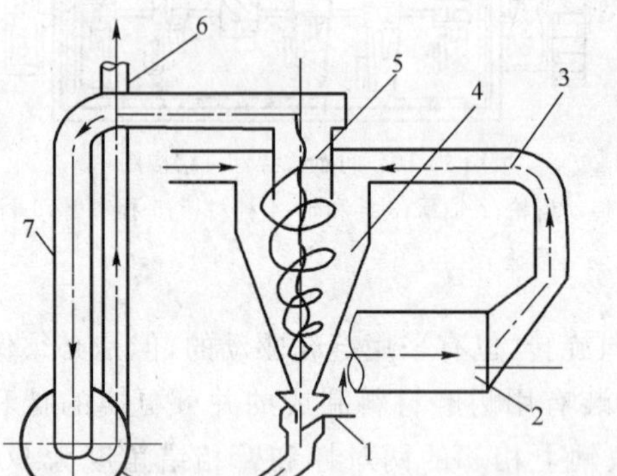

图 12-11 旋风式除尘器示意图

1-卸尘闸门；2-烘干滚筒；3-风管；4-旋风集尘筒；5-吸风小筒；6-烟囱；7-抽风管；8-抽风机

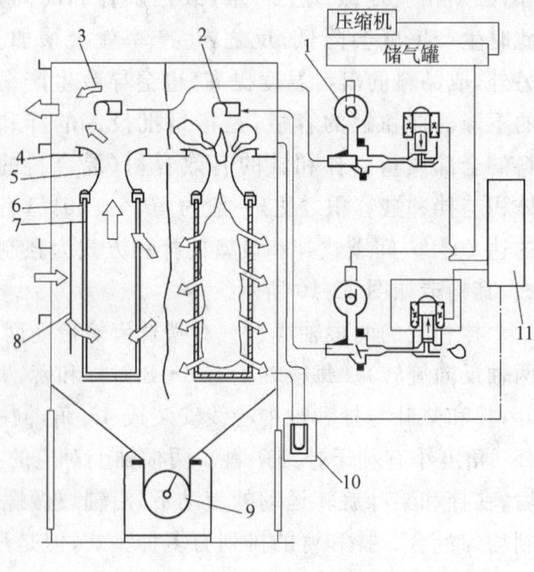

图 12-12 袋式除尘器结构示意图

1-脉冲阀；2-喷吹管；3-净气；4-管座板；5-喉管；6-滤袋；7-袋骨架；8-折流板；9-螺旋输送器；10-差压计；11-控制器

文丘里湿式集尘器与布袋式集尘器性能比较见表 12-5。从该表可以看出，布袋式集尘器的除尘效果要优于文丘里湿式集尘器，尤其对于飘尘的处理更为显著。对环保要求高的场合，应选用布袋式集尘器。

文丘里湿式集尘器与布袋式集尘器性能比较表 表 12-5

粉尘粒径(μm)	文丘里湿式集尘器	布袋式集尘器	粉尘粒径(μm)	文丘里湿式集尘器	布袋式集尘器
＞75	99.9%	99.9%	5～40	99%	99.9%
40～75	99.9%	99.9%	＜5	99%	99.9%

目前国内沥青混合料拌和设备用的袋式除尘器结构虽有不同，但其工作原理大致相同，主要区别是清灰方式，有脉冲喷吹、风机喷吹和大气反吹等几种。其工作过程是烟气在风机的抽吸作用下进入除尘器箱体内，经滤袋过滤的净气由风机送入烟囱排出。这样布置可减少粉尘对风机的磨损，延长风机的使用寿命。

十一、成品斜储存仓

由拌和缸拌和好的沥青混合料(即成品料)可直接卸入自卸车运往工地,也可用一个单斗提升机(运料小车)将其运送至成品料储存仓内暂时存放,以作为保障不间断地摊铺现场供料。目前一些大型的拌和设备,特别是作为生产商品沥青混合料的拌和站,成品料储存仓则是必不可少的基本配置,因为这样可将预先拌制好的、不同配合比的沥青混合料存放在不同的储料仓内,以随时满足不同用户的需求。有些拌和设备仅通过成品料仓向自卸卡车卸料。采用这种方式,可以降低主拌和楼的高度。

成品料储存仓根据用途的不同,即物料在其中存放时间的长短,其结构形式也不同。小型的储料仓因容量有限,在生产过程中仅起到缓冲的作用,成品料在其中存放 1h 左右,因此它的结构型式较为简单,其储料仓用钢板拼焊而成,也不必采取任何保温措施。若存放的时间较长时,通常在钢板拼焊的壳体外面包有 80～100mm 厚的保温材料,最外层再用蒙皮封住。此外,在储存仓下部的倒锥体部分还可装设电加热器;或者通入导热油。这些保温措施,都是为了使成品料在仓内保持一定温度,以满足生产的需要。若存放时间超过 72h,仓内还必须通入惰性气体,以防止成品料氧化,这一点对于生产商品沥青混合料的拌和站是应予考虑的。储料仓内装有高料位指示器,当仓内料位达此高度时,其信号在控制室的操作台上显示,告诉操作人员应停止再向该仓送料。在出料口的上方有一个锥体板,用以减小物料跌落下来所产生的离析,另外可避免物料直接砸到卸料门上,因而起到保护作用。使用中值得注意的是,操作人员需经常检查该锥体板是否脱落,如发现该锥体板脱落时应及时修复。仓的顶部设有仓盖,它的启闭要与运料小车的运行相一致。

作为成品料储存仓配套的装置,有运料小车、轨道、电机、传动装置、卷扬机、钢丝绳、滑轮组、制动装置和控制装置等。其调整、使用、维修、保养,一定要严格按设备使用要求进行。小车运行的周期,必须与拌和周期相一致,它的容量应不小于拌和缸每批次拌和料的质量。

第三节 滚筒式沥青混合料拌和设备

20 世纪 70 年代国外出现了一种新型的拌和工艺,即冷矿料的烘干、加热及与热沥青的拌和是在同一滚筒内进行的,其拌和方式是非强制式的,它依靠矿料在旋转滚筒内的自行跌落而实现集料的混合,并被沥青均匀裹覆。其工艺流程如图 12-13 所示。

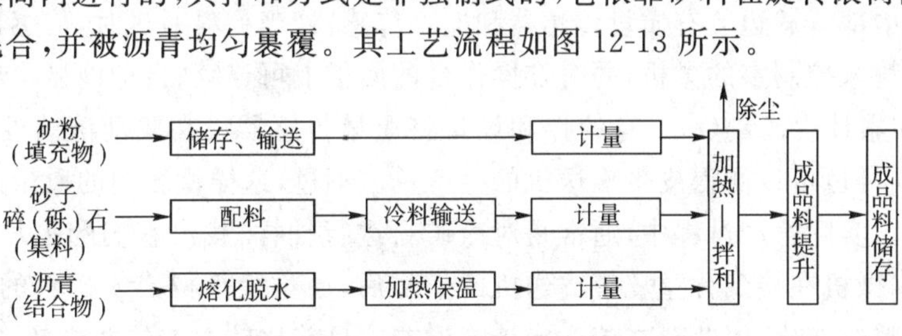

图 12-13 连续滚筒式沥青混合料拌和设备工艺流程图

采用滚筒式拌和工艺,使得所需要的设备得以简化。能耗降低。而最显著的特点是烘干筒兼作拌和装置,湿矿料在滚筒内烘干后随即被液态沥青裹覆,这样粉尘发散量大为减少,不需要设置复杂的除尘设施即可达到环保要求。随着对防止环境污染问题的普遍重视,这种新型的拌和工艺,已引起人们极大的兴趣,近 20 年来获得了很大发展。特别是在美国发展极为迅速,近年来滚筒式拌和设备在国际市场上的销售率高达 98%。

滚筒式拌和设备由于其工艺流程简化,而且生产过程连续进行,因此它的设备组成与强制间歇式拌和设备相比,有很大的不同。

连续滚筒式沥青混合料拌和设备结构如图 12-14 所示。

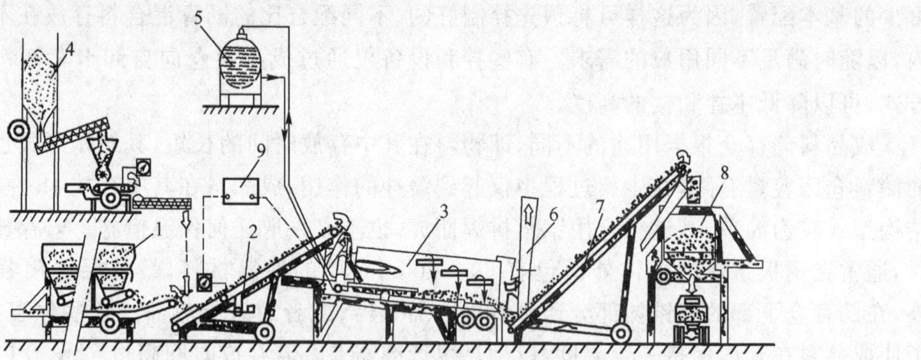

图 12-14 连续滚筒式沥青混合料拌和设备结构图

1-料储存和配料装置;2-冷矿料输送机;3-干燥拌和筒;4-矿粉供给系统;5-沥青供给系统;6-除尘装置;7-成品料输送系统;8-成品料储存仓;9-控制系统

一、冷矿料配料装置

滚筒式拌和设备的冷矿料配料装置同样包括配料斗、给料机、集料皮带机和机架。所不同的是:由于设备中不再设矿料的二次筛分与计量装置,因此矿料的级配精度取决于冷矿料配料装置的给料精度,所以作为调节供料量的给料机多选用皮带式给料机,甚至有的采用电子皮带秤,变体积计量方式为质量计量方式,以提高配料精度。

二、冷矿料称重皮带输送机

各种规格的冷矿料经配料装置配料后,由称重皮带输送机运送至烘干—拌和滚筒。因此,称重皮带输送机不仅是运输装置,而且是各种级配料质量总和的称重装置。在称重皮带输送机的进料端设有一个备用振动筛,用以去除大于某一限定规格的石料(常为 40mm)进入烘干—拌和滚筒。在该机的中部承载边装有质量传感器和速度传感器,当物料通过时,传感器将检测到的质量和速度信号输入控制室的微机,同时在操作台的面板上可连续、自动地显示出冷矿料的瞬时生产量(t/h)和累计生产量(t)。有的拌和设备将质量传感器设在驱动滚筒处,同时检测驱动滚筒的转速,同样也可以测得皮带输送机的生产量。不过,这样检测到的质量是包含冷矿料中的水分在内的。实际生产过程中,通常是对冷矿料进行抽样,找出它们的平均含水率,并事先将其输入微机,微机在接到称重皮带输送机的信号后,通过换算得出于矿料的质量,但这样忽略了含水率的瞬时变化,因此存在着一定计算误差。目前比较先进的办法是,用含水量连续检测仪随时检测冷矿料的含水率,并将此信号同时输入微机,由微机换算出较精确的干矿料的瞬时质量。

此外,在皮带输送机的称重段应加装密封罩,以减少风力对称重精度的影响,同时起到保护传感元件的作用。在输送机的卸荷边装有重力张紧装置,以使皮带的张紧度保持一致。皮带连接不要采用皮带扣，而应使用硫化胶黏法连接，防止皮带扣对传感器的冲击，以提高信号采集的精度。

三、烘干—拌和滚筒

烘干—拌和滚筒是滚筒式拌和设备的核心部分。它的外部结构形式、驱动方式、支撑方式等与强制间歇式拌和设备的烘干滚筒基本一致。最大的区别是它的加热装置设在滚筒的进料端，集尘装置设在滚筒的出料端，物料与热气流同向流动，即采用顺流加热的方式；此外，滚筒内部的结构和叶片的排列方式也有所不同。通常沥青经管路从滚筒的出料端进入滚筒，沥青的出口距出料端为筒长的1/3～2/5，矿料就是在这一区段内实现被沥青裹覆拌和成沥青混合料的。由于沥青和燃烧器的火焰处在同一滚筒内，为防止沥青老化，在滚筒内部的结构和叶片的布置上采取了一些措施。这些措施的目的是使矿料在滚筒的烘干区与拌与区之间形成一个密布的料帘，一方面将火焰与沥青隔开，防止沥青老化；另一方面有利于矿料与热气流之间的热交换，使矿料迅速烘干和加热。例如，有的拌和设备在靠近燃烧器一侧，滚筒内壁焊了两个有一定间距的环板，环板之间被隔成了沿筒壁分布的小料斗。当矿料通过时被料斗提起、又随滚筒旋转而落下，形成了较为密布的料帘。此外，滚筒式拌和设备的加热装置应选用短火焰的燃烧器，火焰长度不要超过筒长的1/3。

此外，烘干—拌和滚筒的方式对回收旧沥青混合料的再生极为有利，因此大多数的滚筒式拌和设备开发了这一功能。

通常在滚筒的中部（料帘之后）增设一个旧沥青混合料的喂料环，环上开了一些投料口，料口用活门密封。回收材料通过皮带输送机从上部的喂料口投人，每个投料口转到顶部时，活门靠自重向内开启，旧料进入筒内。当料口转到下部时，活门又靠自重关闭，材料不会漏出；此后，旧沥青混合料在筒内被热气流加热，沥青逐渐软化并与旧矿料脱离，同时与新矿料和其后加人的新鲜沥青重新一起拌和而成为新的沥青混合料。

四、矿粉的供给与计量

矿粉加入烘干—拌和滚筒常见的有两种方法：一种是单独计量后，用螺旋输送机将矿粉送至冷矿料的称重皮带输送机上，随冷矿料一起进入烘干—拌和滚筒；另一种是计量后，采用气力输送的方式经管道从出料端进入滚筒，它的出口设在沥青管路的出口之下。采用前种方法，简单易实现，但是如果滚筒内风速过大，则容易使矿粉流失，成品料因填料的减少而品质恶化；采用后一种加入方式，由于矿粉从管内排出后即被上面喷洒的沥青黏附，因此不易被吹走，但是极易结团，难于拌和均匀。故保证矿粉的加入量和均匀的拌和效果，是滚筒式拌和设备的一个技术关键。

另外，对于滚筒式拌和设备需要解决一个矿粉连续计量的问题。目前有两种计量方法：第一种是采用电子皮带秤进行计量，即在矿粉仓底部的叶轮给料器之后设一电子皮带秤，该皮带秤将连续采集的信号输入到控制室的微机里，由微机进行数值比较，若与设定的数值有差异时，系统将自动变更叶轮给料器的转速，调整供料量；第二种计量方法称为减重计量法。这种计量装置由加料阀、称重给料仓、减重给料秤和微机四部分组成，并与调速电机驱动的螺旋给料机联机运行。当系统调整好开始给料时，首先将设定的矿粉给料量输入微机并发出给料指令，则加料阀打开，矿粉从储料仓进入称重给料仓；与此同时称重系统进行称重采样，当称重给料仓中的矿粉螺旋给料机开始转动，减重给料秤进入计量状态，此时，单位时间内减少的矿粉质量即为瞬时给料量。随着给料时间的延续，称重给料仓内的矿粉量不断减少，当矿粉量减少到控制下限时，称为一个质量计量周期；这时加料阀再一次打开，向称重给料仓加料，而螺旋给料机和称重显示器仍按加料阀打开前一刻的状态运行，直到称重给料仓内的矿粉达到控制上限时为止，加料阀关闭，称为容积计量周期；随着加料阀的关闭，测重系统进行采样和计算，又进入了质量计量周期，减重给料秤就是这样循环连续工作的。如果检测出的瞬时给料量与设定的数值有偏差时，微机会自动输出一个电信号，改变螺旋给料饥调速电机的转速，以调整瞬时给料量，使之与设定的给料量始终保持在标准偏差之内。

五、沥青的供给与计量

为适合混合料连续拌和的特点，作为结合料的沥青需要稳定、连续地送入烘干—拌和滚筒，同时准确地计量出它的送入量，此外还必须能适时地调节送入量的大小。因此系统中除了必备的沥青保温罐和一些阀门、管路之外，主要是通过下述装置来实现的：由调速电动机驱动的沥青泵、沥青流量计、三通阀、压力表、过滤器和连接管路等，这些装置均为双层结构，内通导热油加以保温。

工作时，通过流量计检测出沥青喷人量的多少，并将此信号输入控制室的微机。微机将根据同时输人的冷矿料和矿粉的称重信号加以运算、比较。若与设定的配合比有差异时，会发出指令自动改变沥青泵驱动电机的转速，从而调整供应量，通常都以矿料的质量作为参照系，并适时、适量地调节沥青的供给量。此外，通过改变三通阀的通流方向，可满足系统调试、流量计标定、沥青回送、沥青计量供给等不同工况的需求。

六、成品料的输送与储存

由烘干—拌和滚筒卸出的成品料，经刮板输送机送至成品料仓储存。刮板输送机是封闭的，在曳引链的牵引下，刮板推动成品料沿机身槽连续不断地向上提升，直至储料仓的进料口。由于沥青混合料的特殊性质，所以工作结束时一定要将刮板输送机内的成品料排空，防止沥青黏结其上，加大再起动时的阻力。每次开工之前，也应先空运转 5min，检查各运动部件有无异常，同时在刮板和曳引链条上涂敷一些轻质油，以避免沥青黏附。为防止在突然断电的情况下，刮板输送机在物料质量作用下产生倒转，通常在驱动轮处设有防倒转机构(如棘轮、棘爪)。

成品料储存仓是滚筒式拌和设备的必备装置。对于连续式卸料，为减少成品料的离析，在仓的顶部接料槽下增设了一个小料仓，当此仓内的料堆集到一定程度，仓底的滑移料门自动打开，集中将料卸入大的筒仓内(这种防止成品料离析的小料仓，也可设在刮板输送机的出料口处，作为它的附属装置)。筒仓里设有高、低料位检测器，其信号在控制室的操作台上显示，当仓内成品料达到设定最高位时，蜂鸣器会自动发出信号报警，通知操作者尽快排料，否则延迟 20s 后(由人设定)，接料槽的旁门自动打开，成品料从废料槽排出。筒仓上部这种排料设施，也可作为系统排出废料之用，例如，由于某种原因产生了不合格的花白料，就可以从这里排出，而不必卸入储存仓内。

对于较大型的成品料储存仓，在筒仓外包有保温材料和蒙皮，锥体部分和底部放料门采取导热油加热或电加热措施等等。若用于较长时间的储存(如超过 72h)，仓内还必须通入惰性气体，以防沥青氧化。

七、滚筒式拌和设备的除尘设施

滚筒式拌和设备产生的初期，引起人们最大兴趣的是以它特有的生产方式，在降低粉尘污染方面表现出巨大的优越性。由于粉尘处理量的减少，可以降低档次来选配集尘装置。对于中小型的滚筒式拌和设备，有时配一个简单的干式集尘装置即可满足环保要求。但是近年来，由于滚筒式拌和设备的生产能力向大型化发展，而且各国的环保标准要求也愈来愈高，因此它的除尘问题也不容忽视。在许多大型的滚筒式拌和设备上，仍选配除尘效果最好的布袋式集尘装置。

八、双滚筒式沥青混合料拌和设备

近几十年来，拌和设备制造厂商设计和生产出了各种型式的沥青混合料拌和设备，以满足道路建设的需求。但需求在不断地变化，因此设备也在相应地不断变化。

在美国，20 世纪 50 年代和 60 年代间歇式拌和设备最为普遍，它可以拌制出各种配方的优质成品料，因而受到承包商的青睐。但是，到 60 年代后期和 70 年代初期，国家对空气污染提出了控制规定，绝大多数间歇式拌和设备因配备了附加的空气污染控制装置，使设备成本大幅度增加，同时由于设备体积的加大，也使移动变得更加困难。70 年代初期，单滚筒式拌和设备在美国问世。它以其特定的防污染性能，简单的工艺流程，良好的经济性、移动性而受到人们的关注。

到 20 世纪 80 年代中朗，人们已经清楚地认识到，由于新鲜沥青含有越来越多的轻质油，对于滚筒式拌和设备必须采用新的方法将其加入到拌和料中，使沥青避开热气流，以防止被高温气体和蒸汽馏化。

双滚筒式沥青混合料拌和设备的主要结构和筒内温度变化曲线如图 12-15 和图 12-16 所示。可以看出，尽管它是由滚筒式拌和设备演变而来，但是失去了原有滚筒式的基本特征，已成为了一种全新的设备：

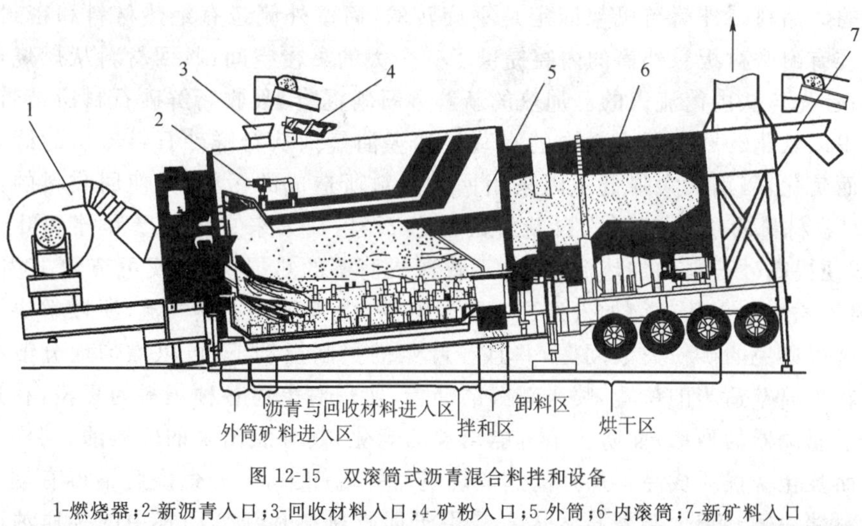

图 12-15　双滚筒式沥青混合料拌和设备

1-燃烧器；2-新沥青入口；3-回收材料入口；4-矿粉入口；5-外筒；6-内滚筒；7-新矿料入口

(1)砂石料与沥青的拌和由连续自行跌落式改变为连续强制式；

(2)砂石料的运动方向和燃烧气体的流动方向由顺流式改变为逆流式；

(3)沥青的喷洒位置不再直接暴露在高温的燃气流当中，因此砂石料可以被加热到较高的温度，以利于与回收材料的热交换；而沥青也避免了因高温而产生的老化。

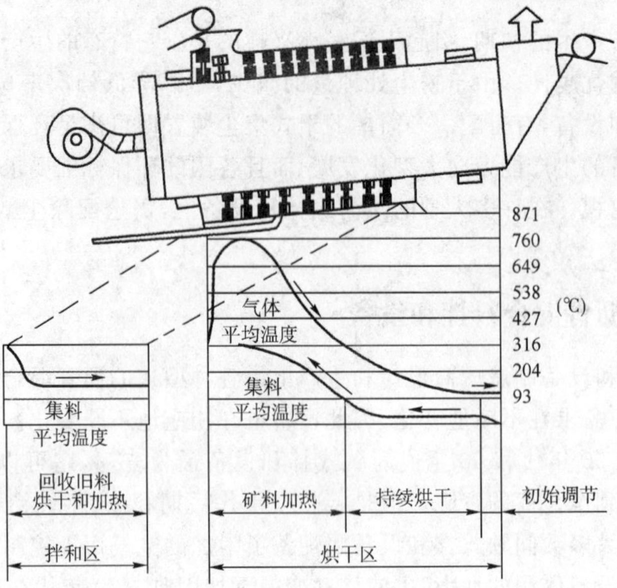

图 12-16　双滚筒式沥青混合料拌和设备筒内温度变化曲线
（成品料温度为 149℃，回收旧料比例为 50%，集料含水量为 5%）

所渭双滚筒，即烘干—拌和滚筒采用了双层结构。内筒相当于一个大的旋转主轴，其内部结构、支撑和驱动方式与间歇式拌和设备的烘干滚筒相类似；筒内仍作为冷矿料的加热空间，但采取了逆流加热的方式。冷矿料在这里被烘干、加热后，从燃烧器这一端的内筒筒壁的缝隙中流入到外筒的内腔中。在内筒的外壁上装有许多可更换的拌和叶桨，当内筒旋转时，叶桨就拨动外筒内腔中的各种混合料向与燃烧器相反的方向作螺旋推进运动，变自落式拌和为强制式拌和，并且沿滚筒经历了较长的运动轨迹（即较长的拌和时间），从而得到了均质的成品料。外筒与机架固定是不旋转的，筒壁外侧包有绝热材料和密封薄铁板，筒壁内侧装有耐磨衬板。外筒的内腔提供了一个大的裹覆空间：收回材料从燃烧器这一端进入外筒；首先与从内筒流入的已加热的新鲜砂石料混合，吸收新鲜砂石料所携带的热量，使旧沥青得以软化、升温；再生料中的水蒸气和轻油气则从新鲜砂石料流出的缝隙中被吸入燃烧器而焚化，因而大大降低了因采用回收材料所造成的污染，并使回收料的比例可高达 50%；回收材料的热量 90%来自新鲜的热砂石料，10%来自内筒壁和拌和叶桨的热传导，因此即便提高砂石料的加热温度，也不致造成筒壁的热损失，相反可节约 10%的燃料；随后，矿粉等添加剂也从外筒加入到这一裹覆空间，由于避开了热气流，所以解决了单滚筒拌和设备难以避免的矿粉失散问题，并且在叶桨的强制搅动下，可以均匀地分散在混合料中；最后，在外筒壁适当的位置，喷入新鲜的沥青，实现对上述各种集料的裹覆，在这里沥青也因避开了燃烧器的烈焰，而防止了可能出现的老化，其分裂出来的轻质油，同样被吸入燃烧火焰中而焚化。优质成品料从外筒远离燃烧器一端卸出，充分燃烧后不再有烟雾的气体从内筒进料端一侧经集尘装置排入大气。由于回收材料和新鲜沥青中的轻质油已被充分燃烧，布袋式集尘装置的过滤袋不再被油污侵蚀，因而大大提高了使用寿命；另外外筒底侧开有一个液压操纵的大的活门，可供操作人员进入腔内检查、维修之用。

双滚筒拌和设备的设计，较成功地实现了如下的目标：

(1)回收材料的利用率可高达50%,并且无黑烟排放;

(2)粉尘排放可降低至95mg/m^3;

(3)较高的砂石料加热温度;

(4)可使用多种再生料;

(5)可使用较软的沥青;

(6)节省燃料达10%;

(7)提高产量15%。

第四节 控 制 系 统

沥青混合料拌和设备是个较复杂的生产设备,其生产过程复杂,工作环境恶劣,灰尘多、干扰源多、振动大,特别是现代的公路施工对沥青混合料成品的质量要求较高,因而对沥青混合料拌和设备的控制系统提出较高要求。

(1)控制系统的实时性:能及时反映及处理生产过程中随机发生的各种问题;

(2)控制系统的可靠性:可靠性通常是用故障频度,可维修性,可用性等三个指标来评价;

(3)安全性;

(4)性价比高:必须提高性能,降低成本;

(5)人机联系方便:有必要的数码显示或CRT显示及打印制表;

(6)功能效果好:功能强,并能在生产中长期发挥功效。

一、冷矿料配料控制系统

冷矿料配料控制的关键是供料量的控制,通常采用皮带给料机或电磁振动给料机来调节供料量。

1.皮带给料机

皮带给料机的供料方式为线性给料方式。一般采用直流电机调速,通过调节速度给定电位器来改变电动机的电枢电压,从而改变电动机的转速(即皮带运行速度),达到控制给料量的目的。它由主回路和控制回路组成:主回路多采用大功率可控硅单相半控桥式整流电路,通过改变可控硅导通角的位置来改变输出电压(即电枢电压);控制回路分为调节部分与触发部分,调节部分的作用是将速度给定电位器的信号调节放大,获得一个可变动的控制电压,并将其送至触发部分,而触发部分产生两组相差180°的双路脉冲,通过控制电压的控制,可获得0°~170°的移相脉冲,然后去触发可控硅导通,则主回路输出一个稳定的直流电压,驱动直流电动机以一定的速度运转。若调节速度给定电位器,使主回路输出不同的电压,则电动机将以不同的速度运转,从而改变皮带运行速度,达到控制给料量的目的。其特点是供料线性好,控制平稳。

目前电动机调速形式还有交流电动机变频调速,其特点是控制平稳、可靠,电动机维修方便。

2.电磁振动给料机

电磁振动给料机的供料方式为非线性给料方式。一般采用电磁振动器作振源,通过调节给定电位器改变电磁线圈的电压,从而改变振动器的振幅,达到控制给料量的目的。它是闭环控制系统,主回路采用大功率可控硅半波整流电路,输出电压为0~170V。电磁振动器的振幅由电位器给定,通过调节部分将信号调节放大再送到触发部分;触发部分产生单路脉冲,在控制电压的控制下，将可控硅导通，主回路输出直流电压，电磁振动器便以一定的振幅振动。与此同时，振动的幅度通过振幅传感器的反馈信号与振幅给定电位器比较，可形成闭环系统，使得振动器的振幅稳定在给定的振幅范围内。若调节振幅给定电位器，主回路将输出不同的电压，振动器将以不同的振幅振动，因此可获得不同的给料量。其特点是控制简单、价格低廉。

电磁振动给料机通常只用于含水率相对变化不大的石料的供给，而相对含水率变化较大的砂子，则选用皮带给料机供料。如意大利 MARINI 公司的 M60E140 型拌和设备就是由一台皮带给料机供砂、三台电磁振动给料机供给不同规格石料；而西安筑路机械有限公司生产的 M　3 000 型拌和设备的冷矿料配料则均采用皮带给料机供料。

二、烘干滚筒燃烧器的控制系统

该控制系统控制的关键是燃烧器的点火程序控制及燃烧过程中的温度控制。

1. 燃烧器点火程序控制

图 12-17 所示为程序控制器结构原理图。

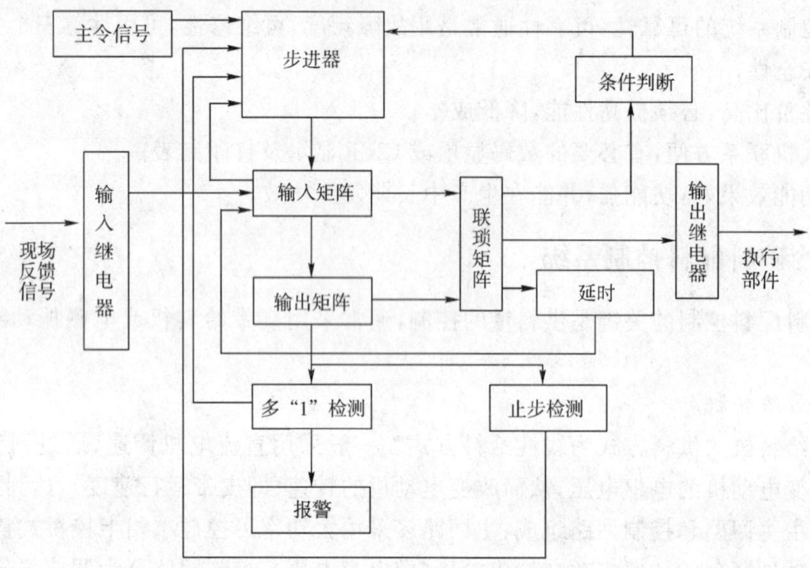

图 12-17　程序控制器结构原理图

沥青混合料拌和设备燃烧器的控制系统是将各部件按照预定的程序，开机、点火、调节火焰大小及稳定燃烧、关机，在各项性能满足要求的前提下，尽量简化操作，提高沥青混合料拌和设备出料温度的控制精度，降低油耗。

沥青混合料拌和设备燃烧器控制系统分自动工作方式和手动工作方式。不同的沥青混合料拌和设备对燃烧器控制系统的工作方式有不同的要求，控制系统按照工作方式及用户要求选择控制方式。目前控制方式大致可分为继电接触控制、PLC（可编程逻辑控制器）控制和计算机控制三类。继电接触控制操作简单、可靠，且制作成本低，但自动化程度低，控制精度差；PLC 控制可实现时序控制，且标准化、通用化及可靠性都较好，控制精度较高；计算机控制精度高，信息处理量大且快，可实现自动控制及生产过程管理自动化，但系统复杂，成本高，适用于大吨位且出料温度控制精度要求高的设备。

燃烧器控制系统的计算机控制硬件主要由 CPU、接口电路以及外部设备组成。目前市场上已有各种功能的插件板供选择，这些功能板用标准总线连接起来可构成工业控制计算机，如STD总线构成的工业控制计算机。

工业控制计算机系统主要由CPU、数据采集及放大部分、A/D模数转换、模拟放大、通讯、I/O输入输出开关量及总线等组成。图12-18是沥青混合料拌和设备主燃烧器计算机控制系统。控制的主要目标是粒料温度及其稳定性，控制信号输出主要有点火、温度升、温度降；信号输入状态主要有火焰状态、排风机、滚筒状态、油门上限、油门下限，其前沿控制CPU是8 098单片机。粒料温度采集系统选用红外温度传感器，并在使用前先进行标定。

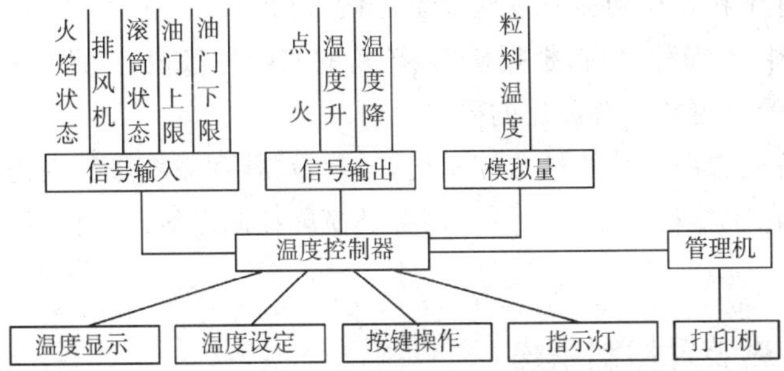

图12-18　沥青混合料拌和设备主燃烧器计算机控制系统

控制系统的工作过程：沥青混合料拌和设备先开动滚筒、排风机、鼓风机，再同时点火和开油泵，并以小火预热滚筒3～5min后开始上料；慢慢加大油门升温，待料温升至设定温度值±10℃并稳定一段时间后，开始启动自动控温，温度控制器将自动调整油门大小，使料温控制在设定温度值±5℃范围内。管理计算机可以设定粒料温度，监视火焰状态、控制过程及故障报警，并与打印机配合随时打印温度值和其他参数。

2.温度控制

燃烧过程中的火焰大小受温度的控制。通常采用非接触式的红外测温仪检测矿料的温度，并将信号传给温度控制器。温度控制器将实际温度与设定温度进行比较，并根据比较的结果自动调节火焰大小，使矿料温度控制在设定值范围内。温度控制器自身带有PID调节功能，并具有自适应、自整定功能，可根据现场的实际情况自整定出PID的参数。参数调整好后，温度控制器选择自动工作状态，其温度控制稳定、准确，误差在±5℃以内。目前，温度控制器多数采用线性数字式。其输入信号为标准信号，与其配套使用的红外测温仪多采用两线制线性标准信号输出；此外也有采用其他形式的，如非线性的红外测温仪，但这时必须配套使用非线性的温度控制器。

三、称量、拌和控制系统

1.电子称量系统

电子称量系统由重力传感器、电子秤处理单元、称量显示仪表组成。传感器将信号传送到电子秤处理单元上，电子秤处理单元采用高精度线性放大器，将信号调整放大并输送到显示仪表及控制系统中，其零点、线性均可调；传感器要求线性好、稳定性高，不同的设备其传感器的选择也各不相同，传感器的灵敏度有1mV/V、1.5mV/V、3mV/V等，可根据设备的具体精度要求进行选择。电子秤处理单元上使用的线性放大器是高精度的运算放大器，它要求线性稳定、温度漂移（俗称温漂）小，尤其是线性放大部分的元件其温漂越小越好，这样能够保证电子秤的计量精度较高。如西安筑路机械有限公司生产的系列拌和设备,其计量精度为5‰,它采用的运算放大器是美国AD公司生产的AD524BD芯片,其线性、温漂、调零等方面的使用情况都较好。

2.称量、拌和控制系统

称量、拌和控制系统包括配方输入、称量、拌和、放料等步骤的过程控制。在称量、拌和控制系统中,通常采用可编程控制器、工业控制机等控制方式。将采集到的信号如开关量、模拟信号、温度信号等送到控制器中,按照称量、拌和的顺序控制其输出,满足设备要求。一般来讲,控制系统均设有飞料补偿功能。有些设备还设有沥青二次称量功能,即沥青第一次称到设定值的80%,待矿料、矿粉称完后,根据矿料、矿粉的实际称量值,按照配比再进行沥青的第二次称量,这样,拌出的料更能符合配比的要求。

目前,一些设备还选用了计算机监控系统,对称量、拌和系统进行动态监视;主要电机的电流检测、配方输入、每次拌料打印等。另外还有触摸屏控制系统,所有控制功能在屏幕上操作,操作更直观方便。

四、导热油加热装置控制系统

导热油加热器关键控制部分是燃烧器的自动控制,其控制过程包括:清吹、点火、检测、风门大小调整、高低火转换、故障关闭、锁定报警等内容。图12-19为基于PLC控制的导热油加热器控制梯形图程序,包括以下几个主要方面:

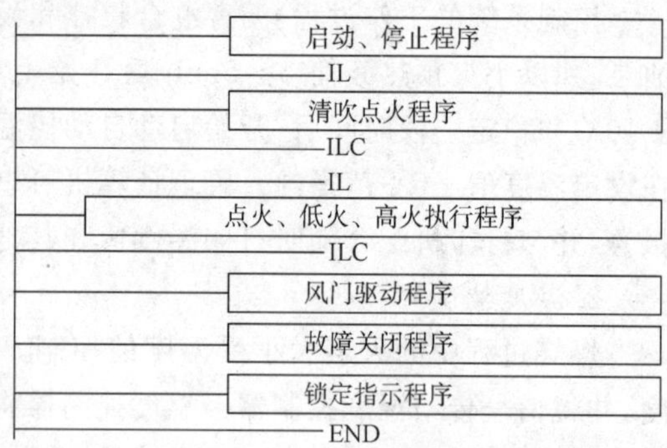

图12-19　基于PLC控制的导热油加热器控制梯形图程序

(1)由于清吹点火过程是一个固定的程式,每次启动工作都要进行一次,因此将这一过程放于联锁指令IL和ILC中,使程序简化可靠。

(2)由于点火时必须达到所要求的点火条件(如燃油压力、导热油的压力、浮子开关位置、温度等),因此各检测点要与点火联锁。

(3)在清吹、高低火转换、停火以及故障关闭过程,风门大小都有所变化。导热油加热装置的温度控制有三个温度设定值,即工作温度、上限温度和极限温度,不同的温度区段有不同的控制。当实际温度低于工作温度时,则燃烧器工作在高火区,即低火阀、高火阀都打开,两个喷嘴同时工作;当实际温度高于工作温度而低于上限温度时,则燃烧器工作在低火区,即低火阀打开,高火阀关闭,仅一个喷嘴工作;当实际温度高于上限温度,低于极限温度时,则燃烧器工作在无火区,即低火阀、高火阀都关闭;当实际温度高于极限温度时,导热油加热装置停止工作,并报警输出信号。

(4)燃烧器点火器工作,高低火燃烧,都要在没有故障的情况下进行,因此将这几个燃烧执行元件的程序段放在联锁指令IL与ILC中。

(5)当发生点不着火或各种锁定情况时,燃烧器将停止工作,因此相应有锁定报警程序。

①电源故障:一旦电源出现故障,系统将停止运转,直到电源故障排除后,燃烧器才重新自动点火。

②油温超限报警:当油温超过极限温度时,燃烧器将进入锁定工况。这说明高温仪表有故障,应立即修复或更换。

③低油位报警：膨胀罐内导热油液位不足时，会导致浮子开关切断燃烧器并报警指示，要求补充导热油。当导热油加至足以使低油位指示灯熄灭时，燃烧器方可重新起动。

④油压高限报警：导热油循环系统出现阻塞，或错误关闭了不该关闭的截止阀，都会引起系统油压升高。若油压超过设定的高限，燃烧器被切断，且报警指示灯被点亮，此时应查明原因并予以排除。

⑤油压低限报警：热油泵的缺陷、管子的裂纹和管路中的泄漏等都会引起油压降低，若油压低于设定的低限时，燃烧器将切断，且报警指示灯被点亮，此时操作人员应查明原因，并应立即予以修复。

⑥光电眼故障：光电眼没有监测到火焰，引起燃烧器锁定。这可能是光电眼安装位置不对或已损坏，应立即予以调整或更换。

五、拌和装置控制系统

拌和装置控制系统控制的主要目标是沥青、石料、粉料、温度计量控制精度，控制的输入输出信号主要来自拌和楼、成品料提升机、主燃烧器、滚筒等，其前沿控制核心是工控机。图12-20是沥青混合料拌和设备计算机控制系统，该控制系统硬件由工业控制计算机系统、管理计算机、打印机、电源 UPS、中间继电器、接触器、数字表和若干按钮组成。工业控制计算机系统主是要由 CPU、数据采集及放大部分、A/D 模数转换、模拟放大、通信、I/O 输入输出开关量及总线部分等组成。

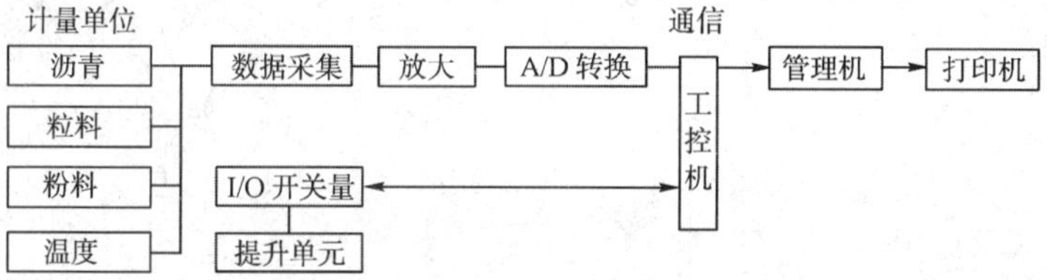

图 12-20 沥青混合料拌和装置计算机控制系统

该控制系统的工作过程：先开烘干滚筒、热提、振动筛、引风机、鼓风机，再同时点火和开油泵，并以小火预热滚筒 3～5min，然后冷料级配机开始上料，慢慢加大油门升温，待料温升至设定温度后，启动自动控温，使温度控制在设定值±5℃以内；观察热料仓料位，待热料达到一定料位后，启动自动键开始拌料。各种料的进料、称量及下料与拌和都是自动进行，管理计算机可以设定和显示各种料的质量和配比、粒料温度，控制生产过程及故障报警，并与打印机配合随时打印。

六、成品料仓控制系统

成品料仓的控制系统较为简单，有采用分立元件控制、可编程控制等方式，主要是小车电机的控制及小车运行位置的控制。小车电机的控制有直接起动运行、调速起动运行等方式。直接起动方式控制简单，但冲击较大，而调速起动方式则较为平稳。因此，目前拌和设备大多采用调速起动运行的方式，调速的方法有多种，如串联电阻调速、变频调速等。

小车运行位置的控制有不同的方法，如行程开关定位法、接近开关定位法、转速定位法等。其中转速定位法即根据电机的转速，通过光栅、读码器确定小车的位置。另外，为防止小车出现失控现象，还需在上、下极限位置设置保护开关，以确保设备正常安全工作。图 12-21 为沥青混合料拌和设备成品料提升机 PLC 控制，系统的动作是：提升斗起始位置在底端装载位 A，当 PLC 检测到拌和缸为开状态时，提升斗延时 10s 后开始提升，提升至高端卸料位 B，延时 10s 卸料后，卷扬机换相通电，提升斗下降，下降至底端接近开关 C 时，卷扬机延时 1s 断电，提升斗下滑至底端装载位 A 待命；当检测到拌和缸为开状态时，下一循环重新开始。

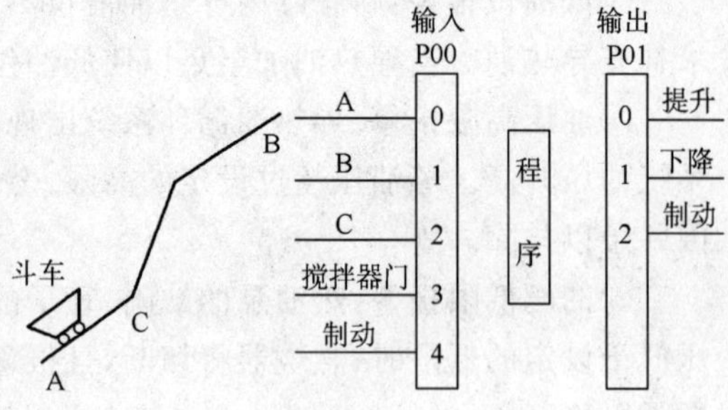

图 12-21　沥青混合料拌和设备成品料提升机 PLC 控制

拌和设备控制系统中还有一些较为简单的控制，如集尘装置控制、热料仓的料位指示、热料仓和沥青温度的显示、沥青称量桶加热、气压指示等。

第十三章　沥青混合料摊铺机

第一节　概　　述

沥青混合料摊铺机是用来铺筑沥青混合料和其他级配材料的专用机械，它将拌和好的混合料按照一定的技术要求(截面形状和厚度)均匀地摊铺在下承层上，并给以初步捣实和整平，既可以大大提高铺筑路面的速度和节省成本，又可以提高路面的质量。

一、用途

沥青混合料摊铺机可以用来摊铺各种沥青混合料、稳定土材料、级配集料、砂、石、铁路道渣等筑路材料。

沥青混合料摊铺机广泛应用于高速公路、汽车专用路、等级公路、机场道面、城市道路、修补道路、铁路路基、水利工程的沥青面层施工。

按照沥青混合料摊铺机的施工工艺，混合料由自卸车直接从摊铺机前部倒入料斗，刮板输送机将混合料输送至摊铺室，螺旋布料器将混合料横向均匀摊开，最后由熨平装置将混合料摊铺和进行初步的压实。自动找平系统保证摊铺机在工作过程中，使摊铺的路面按照预定的形状和厚度成型。

二、分类

沥青混合料摊铺机主要按行走装置分类。此外，传动系传动方式、熨平装置的加宽方式和振捣梁的形式，也可作为沥青混合料摊铺机的分类依据。

(1)按行走装置不同分为轮胎式沥青混合料摊铺机和履带式沥青混合料摊铺机，见图13-1和13-2。

图 13-1　轮胎式摊铺机

图 13-2　履带式摊铺机

小型摊铺机多采用轮式行走装置。轮胎式摊铺机由于其结构形式的特殊性,一般应用于铺筑宽度较小的施工中。

履带式摊铺机的履带宽减轻了对地面的接触压力,可以防止对非坚硬地基或下垫沙层的损坏,应用较为广泛。

(2)按传动系传动形式的不同分为机械传动、液压机械传动和液压传动。

机械传动的传动机构由离合器、变速箱和减速器构成。机械传动传动可靠,制造简单、传动效率高、维修方便等优点,但操作费力,传动装置对载荷的适应性较差,容易引起发动机熄火。机械传动一般应用于小型的轮胎式沥青混合料摊铺机。

液压传动是由液压泵和液压马达构成。具有无级变速,操作简便。这种传动方式为现代大部分沥青混合料摊铺机的传动装置。但液压传动制造精度较高。

液压机械传动是由液压泵、液压马达以及变速箱减速器构成。这种传动方式具有液压和机械传动的优点,实现无级调速,可以提高沥青混合料摊铺机的自行转场速度。

(3)按熨平板的加宽形式不同分为液压无级伸缩式沥青混合料摊铺机和机械有级加宽式沥青混合料摊铺机。

液压无级伸缩式熨平板的摊铺宽度在一定范围内可任意调节,从工作状态变成运输状态或者从运输状态变成工作状态都比较方便,当活塞杆伸出后,熨平板刚度变小,所以摊铺宽度不能太大,一般不超过 9m,调整作业十分简便。其缺点是调整范围小,而且结构复杂。可连续伸缩式熨平板摊铺机通过液压油缸无级改变摊铺宽度,适用铺筑于高速公路匝道和宽度经常变换的场合,特别适合于市区街道和复杂地形的摊铺作业。

机械有级加长式摊铺机铺筑精度较高,但熨平板宽度不能连续变化,摊铺宽度只能以 0.25mm的间距来调整。适合在新道路工程的大规模施工中使用。

(4)按振捣装置的不同分为单振捣梁式和双振捣梁式。

单振捣梁式结构简单,预压实效果较差;双振捣梁式有很好的预压实效果。

第二节 总体构造

沥青混合料摊铺机的总体构造包括:发动机、底盘和工作装置三部分。用于高等级路面施工的沥青混合料摊铺机一般还要另配一套自动找平系统。

图 13-3 所示为沥青混合料摊铺机基本结构示意图(履带式)。

本节以 ABG423 为主介绍沥青混合料摊铺机的构造。

一、发动机

ABG423 沥青混合料摊铺机发动机采用道依兹水冷柴油发动机。发动机带有增压器,使发动机功率增加。

发动机飞轮端通过分动箱分别驱动 4 个用于行走和布料器的轴向变量泵、风扇端输出驱动振捣梁变量泵。这些液压泵都装有压力切断装置,防止系统超载和过热。另外还有两个刮板输送机液压泵,一个定量齿轮泵控制熨平板提升油缸和料斗收缩油缸,以及一个变量液压泵驱动熨平板振荡。

二、底盘

ABG423沥青混合料摊铺机底盘由机架、传动系统和履带式行驶装置等组成。在机架上装有发动机、传动系统、工作装置、转向机构、供料装置及电液控制系统等。

ABG423沥青混合料摊铺机传动方案如图13-4所示。传动系统为两个变量液压泵，两个变量液压马达和轮边减速器组成。两个变量液压泵和两个变量液压马达组成闭式液压回路，分别驱动两侧的履带。液压驱动系统和电子控制的两个履带可独立驱动，在负载改变的条件下可产生最大与之相适应的牵引力，在弯道上亦可产生最大的牵引力。计算机同步控制系统，精确保持预选速度和转弯半径，准确的直线行走和恒速平滑的弯道转向。传感器测定每侧履带的行驶速度，将这些被测值与控制电位器中的预选值进行比较，通过电控系统纠正预置与实际值之间的偏差。即使在遇到极大冲击的情况下，也能保证按预定的速度和转角行驶。两侧履带反向旋转驱动用于就地转向，极大减小了摊铺机的转向半径。变量泵上装有压力切断装置，防止牵引系统超载和过热。全液压驱动系统，无级变速，调速范围宽。

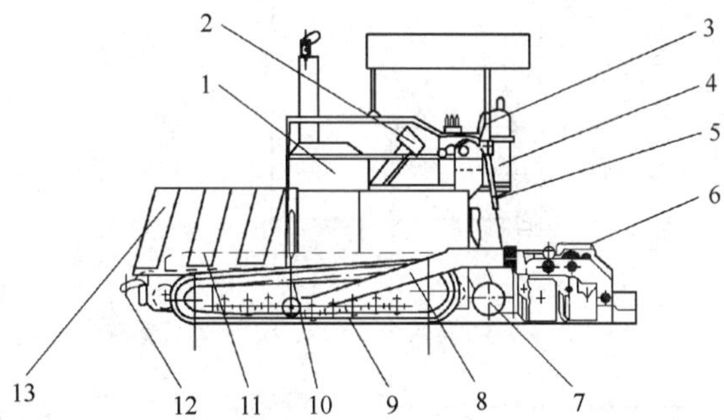

图13-3　沥青混合料摊铺机基本结构示意图(履带式)

1-柴油机及其动力传动系统；2-驾驶控制台；3-坐椅；4-加热丙烷气罐；5-大臂液压油缸；6-熨平装置；7-螺旋摊铺器；8-大臂男；9-行走机构；10-调平系统液压油缸；11-刮板输送器；12-顶推辊；13-接收料斗

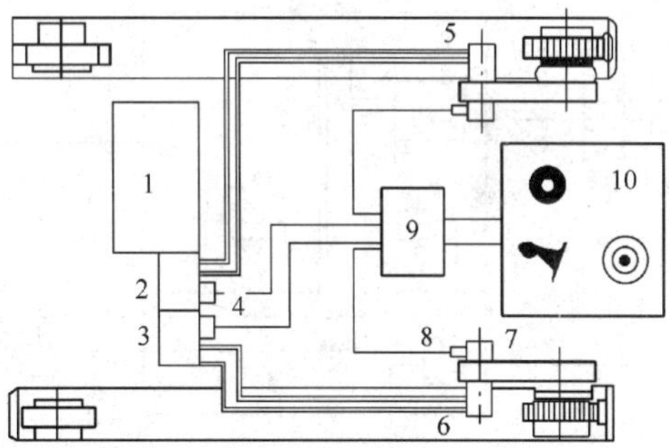

图13-4　ABG423传动方案

1-发动机；2-右行走变量泵；3-在行走变量泵；4-比例调节装置；5-右行走变量马达；6-在行走变量马达；7-弹簧储能式制动器；8-转速传感器；9-电子控制装置计算机；10-控制台

履带式行驶装置由驱动轮、支重轮、托轮和张紧轮等组成。履带式行驶装置的张紧采用液压油缸张紧，缩回依靠弹簧自身的弹力使液压油压出，放松张紧轮。液压油缸中装有蓄能器，在行驶过程中可以吸收地面带来的冲击，保护行驶装置。专用坚固的履带驱动系统具有强大的牵引力，履带由锻造加淬火的链轨以及密封铰接销轴制成。履带系统具有接地较长的履带，坚固耐用，牢固的焊接支架。享受“免润滑”的履带承重轮轴承。可更换的橡胶履带板。橡胶履带板的强大静摩擦力和主机较大的自重，使履带具有很强的牵引力。由于履带的接地面积很大，而且具有最优的质量分配，即使在稳定性较差的基础上也可以确保摊铺作业的顺利进行。

左右履带行走系统采用2个电子控制的闭式液压回路驱动，每个回路包括一个变量液压泵和一个变量液压马达。

三、行走装置液压系统

行走装置液压系统如图13-5所示。

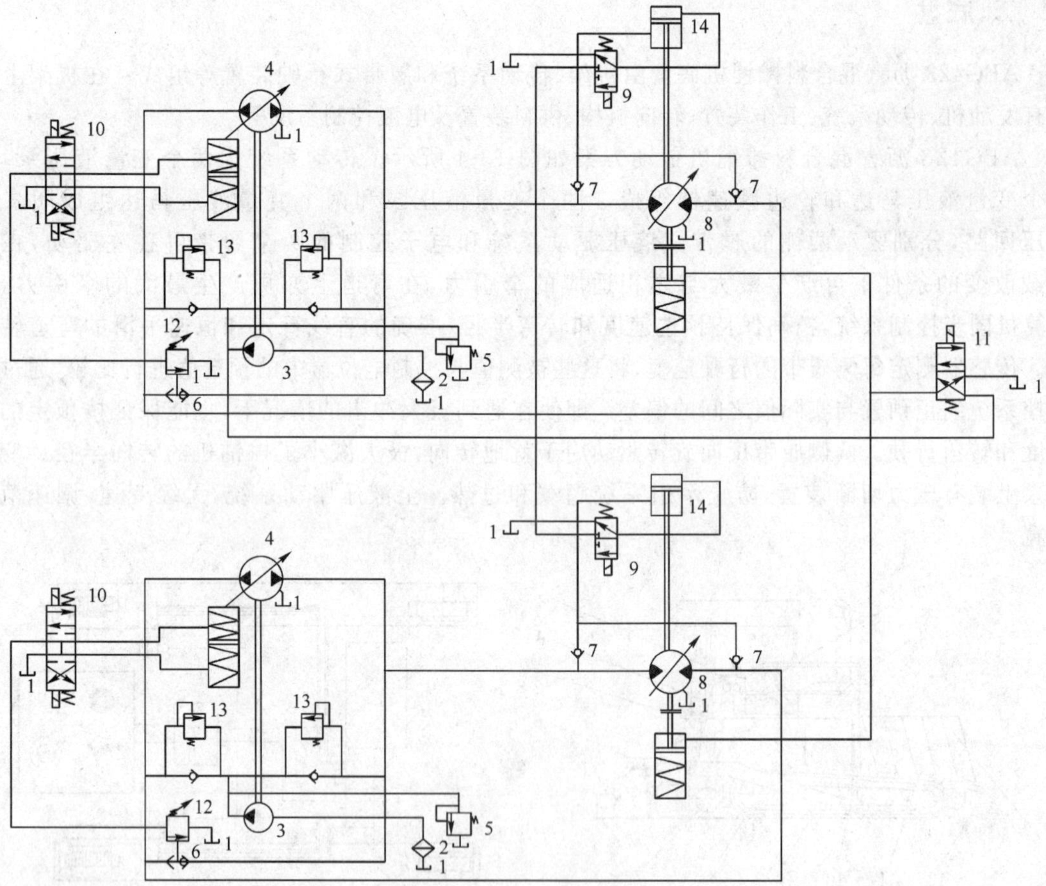

图 13-5　行走装置液压系统原理图

1-油箱;2-滤清器;3-补油泵;4-双向变量泵;5-溢流阀;6-液控梭阀;7-单向阀;8-双向变量马达;9-二位三通电磁换向阀;10-伺服比例三位四通电磁换向阀;11-二位四通电磁阀;12-卸荷阀;13-过载补油阀;14-控制油缸

该系统是闭式液压回路,其主要由双向变量泵 4,双向变量马达 8、补油泵 3、伺服三位四通换向阀 10、二位三通换向阀 9、控制油缸 14、过载补油阀 13、液控梭阀 6、卸荷阀 12、溢流阀 5 等组成。双向变量泵 4,双向变量马达 8 为柱塞式,泵的压力油直接驱动马达旋转,从而驱动摊铺机行走。泵的排量的大小取决于变量系统中伺服比例三位四通电磁换向阀 10 输入的电信号的大小。当伺服比例三位四通电磁换向阀 10 通过装在控制台上的速度电位器接受一个连续的、线形变化的电信号时,就按比例输出一个连续地变化的压力油,这个压力油再通过控制油缸 14 的位移大小作用于变量泵 4,变量泵 4 的斜盘夹角也就相应地有一个连续地变化,因而变量泵的排量也就连续地变化。过载补油阀 13 使回路高压侧油压维持在 35MPa 之内,过载的压力油可向低压侧补油,起到对液压回路安全和真空补油防气蚀的作用,因而变量马达两侧都可能成为高压,故液控梭阀 6 也是可双向控制卸放低压侧热油的作用。卸荷阀使低压侧压力维持在 1.6MPa 之内,当低压侧油压高于 1.6MPa 时,液压油便通过液控梭阀 6 和卸荷阀 12 卸荷回油箱。补油泵 3 主要想闭式回路低压侧补油及双向变量泵 4 提供控制油,当向低压侧补油时,是通过过载补油阀 13 的单向阀完成。当提供控制油时,通过节流阀伺服比例三位四通换向阀等进入控制油缸,从而以较小的压力油控制变量泵的斜盘倾角,使摊铺机换向平稳，微动性好。

双向变量马达 8 通过单向阀伺服二位三通换向阀 9 控制油缸 14 控制其斜盘倾角，从而对行走系统进行二次调节。当伺服二位三通换向阀 9 没有输入信号时，由于其弹簧作用，阀处于下位工作。当有信号输入时，阀处于上位工作。

四、工作装置

沥青混合料摊铺机的工作装置包括：推辊、料斗、刮板输送机及供料闸门、螺旋布料器、振捣梁和熨平装置六部分以及相关的液压操纵回路。

1. 推辊

推辊位于摊铺机的最前端的凸出部分，有两个左右对称的推辊。推辊的作用是配合自卸车倒车卸料，如图 13-6 所示。当装满混合材料的自卸车倒退至摊铺机的正前方位置时，汽车后轮顶住摊铺机的两个推辊为止，自卸车的变速杆置于空挡位置，让自卸车在摊铺机的推动下前进。升起自卸车车厢向摊铺机料斗卸料。摊铺机一边推着自卸车前进，一边完成摊铺作业，直至自卸车车厢的混合料卸完为止。空载自卸车驶离，下一台自卸车重复同样的作业配合。

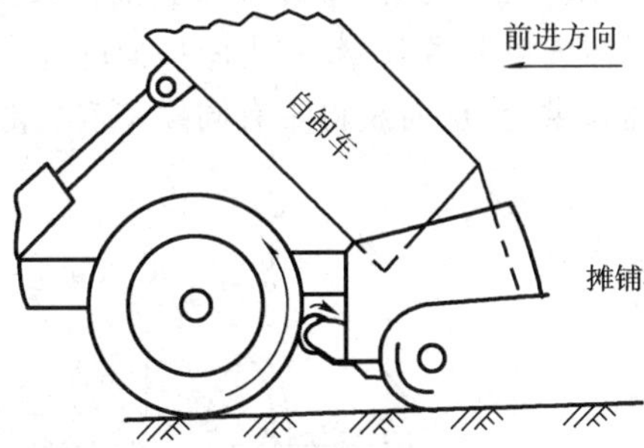

图 13-6　推辊工作示意图

2. 料斗

料斗位于摊铺机的前端，用来接收自卸车卸下的混合料。料斗由左右两扇活动的斗壁组成，斗壁的下端铰接在机体上，用两个油缸控制其翻转。两扇活动斗壁放下时可以接收自卸车卸下的物料，上翻时可以将料斗内的混合料全部卸至刮板输送机。料斗靠近发动机侧有两个手动的销子，当料斗收起时可以将料斗固定在收起位置。摊铺机运输过程中，收起料斗并固定，可以减小摊铺机的运输宽度，保证安全。

3. 刮板输送机

刮板输送机装在料斗底部，可在料斗的底板上滑移。刮板输送机的作用是，将自卸车倒入摊铺机料斗内的混合料，输送至尾部摊铺室。

刮板输送机有单个和两个之分，较大型的摊铺机都并排设两个。每个刮板输送机有左右两根同步运转的传动链，每隔数个链节用一条刮料板将左右链条连接。当链条运转时，刮板就将料斗中料运向摊铺室。采用液压传动系的摊铺机，两个刮板输链分别由两个变量马达和减速装置驱动。可以实现刮板输送机的无级调速，控制刮板输送机的速度，进一步控制混合料进入螺旋布料器的数量。ABG423 摊铺机在刮板输送机的末端上方机架上装有两个控制开关，控制开关常态时，处于闭合状态，当混合料输送量较大时，顶起控制开关摇臂，控制开关断开，刮板输送机停止工作，达到减小供料量的目的。

在许多摊铺机上，料斗的后方安装有供料闸门，一般以液压油缸控制。改变闸门的开度，可以调节刮板输送机上料带的厚度，从而改变刮板输送机的生产率。

刮板输送机在工作时，由于经常与混合料和刮板输送机底板摩擦，容易磨损，所以刮板输送机和底板均选用耐磨的材料，高锰钢制成。每侧刮板输送机底板由一块圆弧板和两块平板构成。平板焊接在机架上，而圆弧板用螺栓联接在机架上。当底板磨损到一定的程度后，可以更换。

刮板输送机的张紧，一般采用螺栓螺杆调节从动轴支座，改变主、从动轴的轴距。调整完毕，用双螺母锁定。刮板输送机的正确调整，可保证刮板输送机、链轮和轴具有最长的使用寿命。正确调整的刮板输送机离地面有一定的高度，可防止拖碰障碍物。刮板输送机不得过紧，刮板输送机应有足够的垂度，使通过链轮时不发生滞阻。

4.螺旋布料器

螺旋布料器也有左右两个，安装在摊铺室，其作用是将刮板输送机送来的混合料，均匀地横向摊铺开来。左右螺旋的旋向相反，左侧螺旋布料器为左旋，右侧螺旋布料器为右旋。如图13-7所示。工作时，两个螺旋布料器的转向相同，使混合料向摊铺机的两侧输送。在左右螺旋布料器内侧的端头，装有中间反向叶片，用以向中间填料，保证摊铺机后部中间具有同样均匀的物料供应，从而获得具有同样密实度的摊铺层。

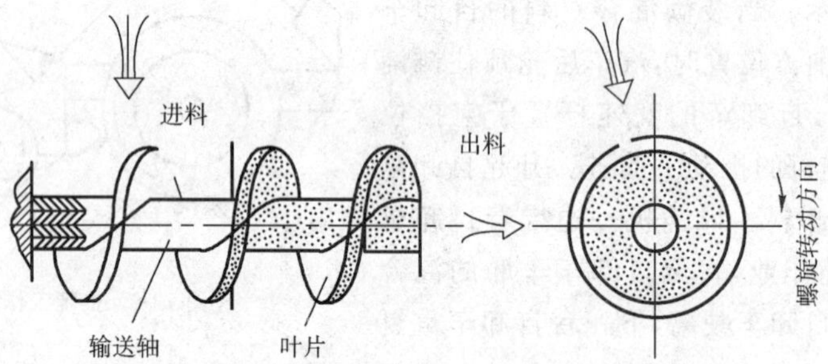

图 13-7　左螺旋布料器工作示意图

ABG423 沥青混合料摊铺机的左右螺旋布料器分别有两个定量液压马达和链传动机构驱动。采用超声波料位自动控制技术，可以确保作业连续，减少停机待料。

ABG423 沥青混合料摊铺机的螺旋布料器的高度可以调节，螺旋布料器中心线的离地高度有 300cm、400cm、500cm 三种位置。根据所铺筑的混合料种类和铺筑厚度的不同，分别对螺旋布料器的高度进行调节。当铺筑沥青混合料时，因为沥青混合料层的厚度较小，一般小于10cm，所以螺旋布料器的高度应调到最低，即螺旋布料器中心线离地 300cm。当铺筑混合料厚度为 10～25cm 时，螺旋布料器应调到中间位置，即螺旋布料器中心线离地 400cm。当铺筑材料厚度大于 25cm 时，螺旋布料器的高度应调到最高位置，即螺旋布料器中心线离地500cm。

螺旋布料器的螺旋叶片由于经常与各种铺筑材料接触摩擦，容易磨损，所以采用高锰合金铸钢铸造而成，叶片通过高强度螺栓连接到螺旋布料器的轴上。叶片有三种不同的大小，直径分别为 300cm、400cm、500cm。根据具体施工时的要求，选用不同的叶片。螺旋布料器宽度较大时，应选用大直径叶片。

螺旋布料器轴由于驱动的要求，其连接采用轴套结构，并用高强度螺栓连接。螺旋布料器轴外侧为轴，内侧为套。如果螺旋布料器轴外侧不加装布料器，要装保护套，防止磨损。

沥青混合料摊铺机螺旋布料器为适应不同的摊铺宽度的要求，采用几种基本件和加长件进行加长。基本件为与主机有连接的螺旋布料器。基本件有 1.25m、2.7m 两种左、右旋各一根，加长件有 0.3m、0.8m、1.1m、1.5m 的带连接四种，每种均有左、右旋各一根。螺旋布料器的组合长度根据熨平板的宽度选择。螺旋布料器的长度一般应小于熨平板的宽度 0.5～0.6m 左右，因为螺旋布料器可以将混合料输送至布料器外。当摊铺宽度等于螺旋布料器的宽度时，应将最外端的一片螺旋叶片拆除。这样可以避免过多的冷料积存在熨平板两端，影响摊铺层的结构均匀性和平整度，同时还可以减轻螺旋叶片的磨损。

熨平板宽度不同时选用的螺旋布料器长度如表 13-1 所示。

不同熨平板宽度时的螺旋布料器长度 表 13-1

熨平板宽度(m)		2.5	5.5	6	7.5	9	12
选用的螺旋布料器	基本件尺寸(m)×数量	1.25×2	1.25×2	2.7×2	2.7×2	2.7×2	2.7×2
	加长件尺寸(m)×数量		1.1×2	0.3×2	0.8×2	1.1×2	1.1×2 0.3×2 1.5 带连接×2

5.振捣装置

振捣装置布置在螺旋布料器之后、熨平板之前。由偏心轴和铰接在偏心轴上的振捣梁组成。通常将整套振捣装置简称振捣梁。与螺旋布料器一样，机上有两套并排布置结构相同的振捣装置。振捣梁的作用是将横向铺开的料带进行初步捣实，将大集料压入铺层内部。振捣装置有单振捣梁式和双振捣梁式，如图 13-8 和 13-9 所示。

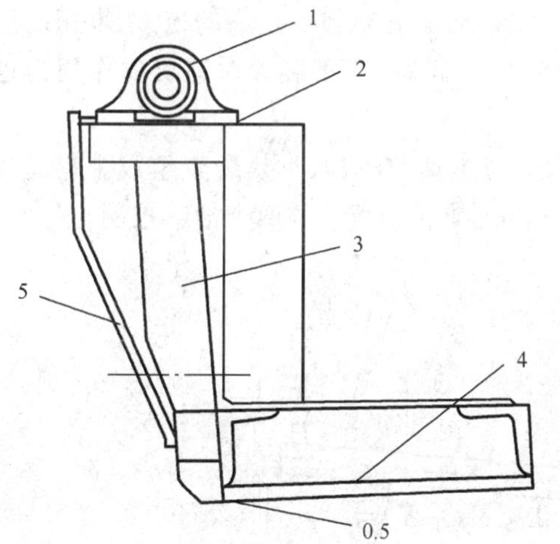

图 13-8 单振捣梁

1-偏心轴轴承座；2-调整垫片；3-振捣梁；4-熨平板；5-护板

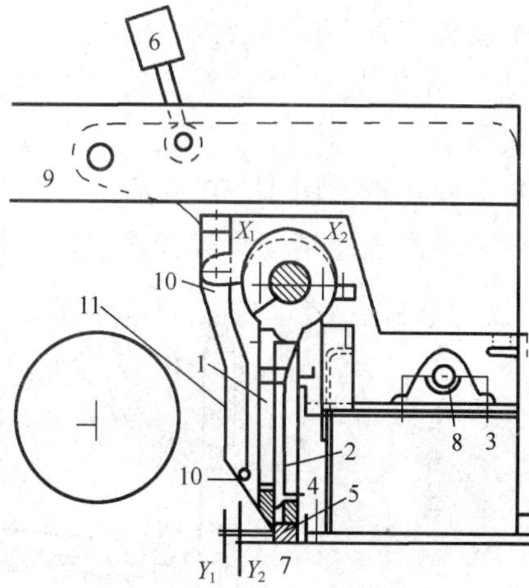

图 13-9 双振捣梁

1-偏心轴；2-主振梁；3-预振捣梁；4、5-刀条；6-液压油缸；7-熨平板；8-振动器；9-主架；10-挡料板；11-螺旋布料器

振捣以熨平装置为机架，以液压马达驱动偏心轴，梁被夹在熨平板前端板和挡料板之间。当偏心机构转动时，振捣梁只作上下往复运动。

振捣梁的底部前沿切有斜面(图 13-7)，当机器作业时，振捣梁对松散混合料的击实作用逐渐增强。为了保证铺层顺利进入熨平板下，机构设计时应保证振捣梁的下止点位置低于熨平板底面约 3～4mm。

单振捣梁结构比较简单，但振捣的密实度较低。为了提高铺层密实度，有的摊铺机配备双振捣梁。

双振捣梁式振捣装置，前后有两套振捣装置，前面的是预捣实梁，后面为主振捣梁。两根振捣梁的偏心相位配置相差 180°。

ABG423 沥青混合料摊铺机的振捣梁频率可以进行调整。振捣梁的偏心轴由一台液压变量马达驱动,振捣梁的振捣频率可以在其范围内任意调节。根据铺筑路面的材料和厚度,选择振捣频率。

振捣梁的往复行程,可进行无级调整,视摊铺厚度、摊铺温度和密实度来选择行程的大小。通常来说,薄层小粒径宜选用短行程。反之,摊铺层厚度大,集料粒径大、摊铺温度低时宜选用长行程。摊铺面层时只能选用短行程。

根据不同的摊铺层厚度通过调整偏心量 X_1 和 X_2,即可调整振捣梁冲击行程 Y_1 和 Y_2,X_1 和 X_2 的相位差为 180°,有利于振捣梁的质量平衡而使熨平板平稳工作。前后振捣梁的振动幅度分别为 0～12mm 和 0～9mm,振动频率和激振力均可调节。前振捣梁的迎料坡角为 45°,后振捣梁的迎料坡角为 30°。振捣梁振动可带动熨平板振动,使摊铺后的混合料更加密实。

振捣梁行程调整后,需满足下列技术要求:

(1)熨平板宽度方向,振捣梁下横梁在熨平板全宽范围内必须等高,即横梁底边应与熨平板底面平行。

(2)振捣梁横梁底边与熨平板平面的相对位置符合规定。摊铺薄层选择短行程时,横梁底边在下死点时应与熨平板底面等高。

6. 熨平装置

熨平装置布置在振捣装置之后,它的主要作用是将前面螺旋布料器送来的松散、堆积的混合料,按照一定的宽度、拱度和厚度,均匀地摊铺在路基上,同时,熨平装置对铺层的作用力也有预压实作用。

熨平装置构造如图 13-10 所示。它主要由熨平板、拱度调节机构、加热装置组成。它通过两侧大臂前端的连接销与机架铰接。熨平板的升降,由机架后端板上的两个油缸控制。

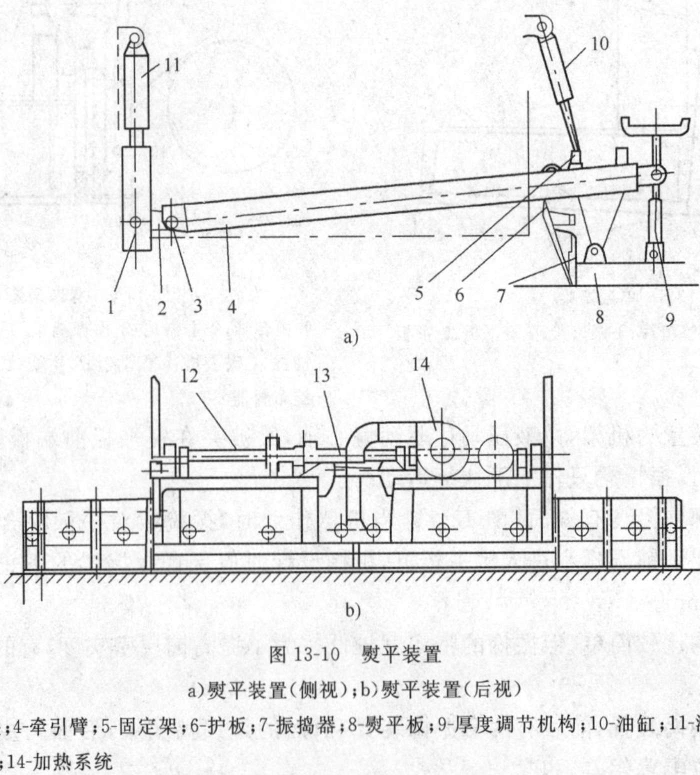

图 13-10　熨平装置

a)熨平装置(侧视);b)熨平装置(后视)

1、3-销子;2-连接块;4-牵引臂;5-固定架;6-护板;7-振捣器;8-熨平板;9-厚度调节机构;10-油缸;11-液压执行机构;12-偏心轴;13-调拱螺栓;14-加热系统

ABG423沥青混合料摊铺机的熨平板为机械有级加长型，即摊铺机有多个不同长度的熨平板。工作时需要根据路基的宽度，选择不同的熨平板进行组装。

ABG423沥青混合料摊铺机有一节主机熨平板宽度为2.5m，其他附加熨平板均分左右，宽度和数量分别为0.25m左右各一块、0.5m左右各一块、1m左右各一块、1.5m左右各两块。由这些熨平板可以组成2.5～12m之间的间隔为0.25m长的任意长度的熨平板。

组装2.5m熨平板即主机宽度时，不用附加熨平板。而组装12m熨平板时，要用所有的附加熨平板。熨平板常用宽度的组装方式见表13-2。

熨平板常用宽度的组装 表13-2

熨平板宽度(m)	5.5	6	7	7.5	9	11
附加熨平板(m)×数量	1.5×2	1.5×2 0.25×2	1.5×2 0.5×2 0.25×2	1.5×2 1×2	1.5×4 0.25×2	1.5×4 1×2 0.25×2

熨平板宽度是依据施工现场的路面摊铺层宽度、作业方式(单机作业还是多机作业、预定通过次数等)进行调整的，同时还要考虑有无路拱和两机作业以及两次通过的重叠量的大小等因素，尽量减少拆装摊铺机熨平板的次数。当拆装次数不能减少时，应减少拆装的工作量。

当摊铺层有路拱时，应在第一次通过时将路拱铺出，然后根据两侧的剩余宽度来调整熨平板的组合宽度，统筹兼顾，合理安排。如果摊铺层外侧有路缘石或者其他构筑物，且又无法一次组合宽度铺完时，应将最外侧先行摊铺好，然后调整熨平板宽度，将最后一次通过放在接近中心处，否则机械无法通过。

无论是液压无级调整或是机械分段接长调整，熨平板必须左右对称，否则由于牵引负荷不平衡，影响摊铺机的直线行驶(特别在有横坡时)，加剧行走机构的磨损和不必要的转向操作，而且由于频繁转向，会导致摊铺层平整度降低。在不得已的情况下，可允许不对称，宽度不大于该机器的一个最小接件宽度尺寸。

ABG423沥青混合料摊铺机的加热方式为丙烷气加热。摊铺机配有专用的液化气管道。

第三节 熨平装置的调整和自动找平系统

一、熨平板的浮动原理

熨平装置仅在前端通过侧臂控制油缸与机架铰接，熨平装置后部在重力作用下支承在铺层上。机械行进时，熨平装置可以随铺层的作用绕侧臂铰点上下摆动。这种结构称为浮动式熨平装置。

沥青混合料摊铺机工作时，熨平板在自重及振动器振动力作用下，给予混合料一个接触压力以初步压实混合料，同时熨平板在混合料表面浮动并向前滑行，熨平板底平面与运行方向构成仰角α，α角的存在是熨平板能够压实混合料和正常工作的前提，而熨平板底平面所受法向合外力的大小与混合料的最大料径、级配、黏度、摊铺室混合料的数量都有关系。

熨平板前混合料的多少影响摊铺层的厚度及密实度。该数量又与刮板输送机的供料速度、螺旋布料器的布料速度、摊铺层的作业速度基层表面质量有关。由于供料速度、作业速度之间存在不协调性，基层表面的凹凸起伏，摊铺机内混合料的数量变化等，使摊铺层厚度、密实度和表面质量也发生变化。例如，当摊铺机内混合料的数量增加时，摊铺层厚度增加，密实度增加，熨平板被抬起；反之，摊铺层变薄，密实度下降，熨平板下沉。在摊铺过程中，应尽量保证摊铺机内混合料的数量，及时调整刮板输送机的送料速度和左右螺旋布料器的旋转速度及其均匀性。摊铺机的作业速度应使摊铺室内混合料的高度始终略高于螺旋布料器轴线，大概为混合料覆盖整个螺旋布料器叶片的 2/3 左右，以保证摊铺机的均匀摊铺。ABG423 沥青混合料摊铺机采用超声波料位传感器，通过电控系统自动调节刮板输送机和螺旋布料器的速度。

假设摊铺机的工作条件稳定情况下，α 角增大时，熨平板下混合料的进给量增加，导致熨平板下混合料的垂直变形量增加，这将引起最大接触压力的增加，从而导致混合料对熨平板的法向合外力增加，而法向合外力的增加打破了熨平板原有的力学平衡，使熨平板抬高，摊铺层厚度随之增加，直到 α 角减小到力学平衡恢复为止。所以摊铺层厚度会随着熨平板仰角的增大而增大，随着熨平板仰角的减小而减小。但是，铺层厚度随熨平板仰角变化有一较大的滞后。一般要在机械驶过 3 倍侧臂长的距离后，才能稳定地工作在新的摊铺厚度上。

在工作过程中，如果摊铺机运行的路基表面是平整的，并且在熨平板上的外力不发生变化，熨平板将以不变的工作倾角向前移动，此时摊铺的路面是平整的。反之如果路基表面起伏不平，两大臂牵引铰点在摊铺过程中也会上下波动，使熨平板上下偏移；或者作用在熨平板上的外力发生变化（如供料数量、温度、粒度、摊铺机行走速度等发生变化），则都将引起熨平板与路基基准之间工作仰角的变化，从而造成铺层表面的不平整。

当原有路基起伏变化的波长较短时，由于铺层厚度随熨平板工作仰角的改变还没有达到最终的稳定值时，熨平板工作仰角已开始逆向变化，在这种情况下，铺层的厚度是按射线原理改变的。如图 13-11 所示，当摊铺机越过起伏变化的路基时，如果熨平板两侧臂铰点随机架上升了 H 距离，整个熨平装置以后边缘为支点转动一个角度。熨平板前缘抬起高度 h 为：

$$h = (b/a)H$$

当摊铺第二层时，熨平板前缘抬起量 h' 为

$$h' = (b^2/a^2)H$$

当摊铺第三层时，熨平板前缘抬起量 h'' 为

$$h'' = (b^3/a^3)H$$

由于大臂长度 a 远大于熨平板长度 b（b/a 一般为 1/5.5 左右），铺层厚度变化比原路基高低不平的变化衰减了许多。第二次摊铺时，这种不平度将进一步衰减，对原有路基不平度起到一种“滤波”作用，如图 13-12 所示。浮动熨平板的这种特性，称为自找平特性。

浮动熨平板的自找平性能，就机械本身结构而言，取决于熨平装置大臂的长短。大臂越长，自动找平能力越强，大臂越短，自动找平能力越弱。

当路基不平度的波长很大时，自找平效果变差。若波长长到一定程度，则自找平作用完全消失，铺层将再现道路线形的坡度变化。

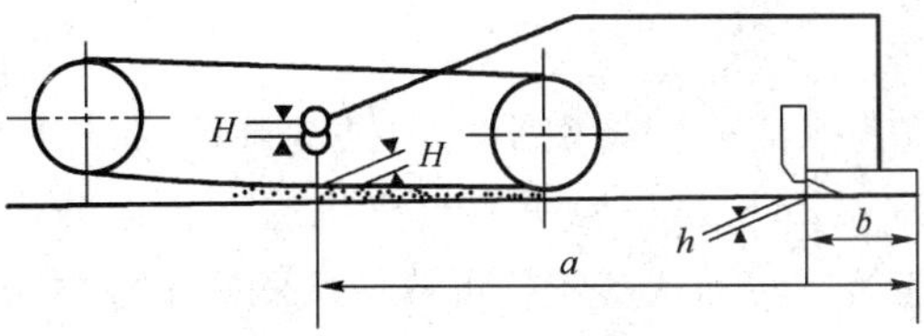

图 13-11　熨平板自找平的射线原理

图 13-12　浮动熨平板的滤波情况

二、熨平板初始仰角的调整

熨平板的仰角影响摊铺层的厚度和表面质量，若要增加摊铺层的厚度，则需要逐渐调整熨平板仰角。仰角不能一次调整太大，否则在熨平板前会形成混合料的堆积，若此时熨平板温度偏低，沥青混合料容易形成冷楔，部分沥青混合料不仅难以进入摊铺层，而且还会黏结、撕裂摊铺层，使摊铺质量下降。

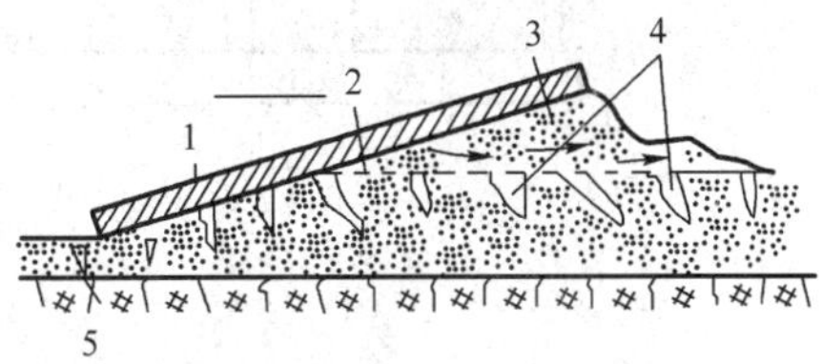

图 13-13　熨平板前混合料过多时工作状况

1-熨平板；2-铺层摩擦面；3-楔形料堆；4-大裂缝；5-熨平后的小裂缝

图 13-13 所示为熨平板前堆积沥青混合料过多时铺筑情况。

在其他结构参数、运行参数及材料规范不变的情况下，改变工作角可以调整摊铺厚度；反之，也可用改变工作角的方法，来调整因其他因素变化对摊铺厚度的影响。所以在每次摊铺作业前，应根据其他摊铺参数和材料规范来调整工作角的初始值。

ABG423 沥青混合料摊铺机初始工作角的调整。在调整之前，要彻底解除调整机件对熨平板的约束，将熨平板自由地放在水平基面上，然后将熨平板左右两端的调整螺母松开，旋转调整螺杆调整初始工作角的大小，最后锁紧螺母。调整是否正确，只能通过实际摊铺的厚度来检验。每调整一次，必须在 5m 范围内作多点厚度检测，取其平均值。根据是否满足要求，继续进行调整。

摊铺开始时，需要用手动调节给定仰角油缸的初始位置(有标尺指示)，而且由于浮动熨平板的质量惯性必须经历一段“反应时间”才能起作用。在摊铺开始阶段，摊铺层的厚度平整度等都较差。

一些靠自动调平装置工作的摊铺机(如徐州工程机械制造厂生产的 VOGELE 沥青混合料摊铺机 S1800)，在机器结构上可以改变熨平板侧臂铰接安装位置来获得有限级别(例如三种)的初始工作角。每一初始工作角适合一定范围的摊铺厚度。当初始工作角为零时，可用来摊铺 10cm 以下的摊铺层；最大一级的工作角，可以保证机器最大摊铺厚度的摊铺。

液压无级伸缩的熨平板，由于中央基本熨平板与左右伸长熨平板不在同一纵向位置上，当初始工作角改变后，二者的后缘距地面的高度会变得不一致。所以在调整工作角之后，要使用同步调整机构，调整左右伸长熨平板的高度，使其后缘与中央熨平板后缘处于相同的高度上。如发现伸长熨平板的工作角与中央熨平板不一致，应拆除同步调整机械中的同步元件，按需要加以调整。如果调整不好，将会在摊铺层表面上出现纵向台阶，同时导致摊铺层密实度不均匀。

三、熨平板拱度的调整

路拱的形状与大小在道路设计时已经确定，在摊铺前应将熨平板的拱度调整到设计值。沥青混合料摊铺机上都设有拱度调节机构，如图13-14所示。熨平板自整机纵对称面分成结构相同、对称布置的两部分，上边以双向螺纹杆连接。转动调节螺杆可以使两侧熨平板框架上端分开或靠拢，使熨平板底板抬高或下降，改变底板拱度。拱度调节机构配合左右两边的厚度调节机构的上下不同移位，使底板呈水平、双斜坡和单斜坡三种横截面形状，以适应不同路面拱度的要求。

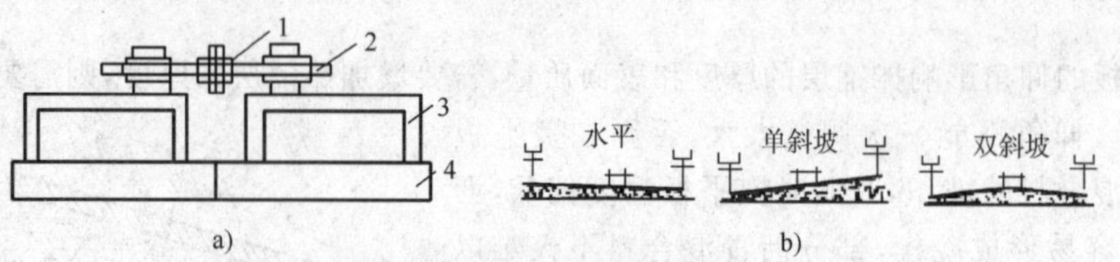

图13-14　拱度调节机构

a)拱度调节机构；b)铺层拱度

1-锁紧螺母；2-调节螺杆；3-栅板；4-振捣梁

调整好的拱度，应该在首次摊铺过程中，用水准仪器来检测。如果不符合标准应重新调整，直到符合为止。

四、自动找平系统

摊铺机的浮动熨平板具有较大的质量，是一个惯性较大的元件，具有自调平功能，不会机械地再现路基不平度的原始波形，也就是具有“滤波”作用。这一作用随机器的结构、类型的不同而不同。一般说，轮式机械优于履带式机械。履带式机械中，支重轮架为弹性摆动式悬挂优于刚性悬挂。熨平板侧臂愈长，自调平功能愈佳。侧臂长度对某一机器来说是一定值，直接影响对路基不平度波形的“反应时间”，故该长度值又称“时间常数”。侧臂长度值愈大，基波的波长愈小，则滤波作用愈强。反之则弱。此外，机械轴距、牵引点位置、熨平板质量等也是影响自调平功能的因素。

但是，在实际工作中，浮动熨平板是在十分复杂的干扰条件下工作，这些干扰因素错综复杂，随机性强，很少有规律性，这样使得熨平板牵引点不断产生位移，单纯依靠自调平功能来“滤波”，不可能完全消除干扰因素所产生的不良后果，更不能保证铺层的标高完全符合设计的铺层标高。为此，必须另外采取找平措施。即加装自动找平系统。

摊铺机中自动找平系统的控制精度反映到路面即是该摊铺机的摊铺平整度。摊铺机自动找平控制系统机构如图13-15所示。

图13-15　摊铺机自动找平控制系统简图

自动调平系统包括纵向调节和横向调节两个子系统。每一子系统都包括误差信号传感装置、信号处理及控制指令装置和终端执行装置三大部分。全液压伺服机构可以随机械误差信号的大小，通过液压传动对熨平板进行比例调平。绝大多数摊铺机采用电—液控制调平装置，即用传感器将机械信号变成电信号，经过处理放大后，由控制指令装置传给终端执行机构。执行机构可以是电动的或液压的。无论如何，系统中的机械、电控和液压三者必须形成合理的匹配关系，否则，不能达到预期目的。不能想象任取一种自动调平装置安装在任何一种摊铺机上，会产生良好的自动调平效果。

1. 自动调平系统的类型

(1)按调平系统的工作原理，自动调平系统可分为三种形式。

①开关调节式

系统只有“开”和“关”两种状态，从而执行恒速调节或不调节。这类装置的结构简单，对器件要求不高，故制造成本低廉，使用可靠性好，但调节精度不高。为了防止系统产生振荡或超调，仪器死区不能过小，一般最小分辨率达 2mm 以上。

②全比例调节式

系统调节作用的强弱随传感的误差信号的大小成比例变化，因此，系统静态精度高，这对集中处理多点不等值传感信号的设备是十分必要的。但结构复杂，对元器件要求高，价格昂贵。

③比例脉冲式

比例脉冲式综合了上述两种调节系统的特点，克服了各自的缺点。它将调节过程按误差大小分为死区、脉冲调节区和恒速调节区三个范围。当外界干扰大，传感信号值处于恒速调节区时(例如某些设备规定基层纵向不平等度大于 5mm、横向坡度大于 0.3%)，此时，系统的控制指令装置连续发射脉冲，使终端执行装置持续动作，系统作恒速调节。在这种情况下，可能产生超调现象，但不影响调平精度。当外界干扰降低，传感的偏差信号值处于脉冲调节区时(例如小于 5mm)，系统的调节作用，随偏差信号值成比例变化。其工作方式有两种：一是自某一脉冲频率开始(例如 3Hz)，脉冲频率随偏差信号的强弱成比例变化，从而改变其终端调节强度，直到脱离脉冲区进入死区后，调节终止。另一种工作方式是脉冲频率不变，进入脉冲区后，系统以固定的频率作开关式调节，但脉冲宽度随偏差信号成比例变化，从而改变其调节强度。

这类自动调平装置的调节精度很高，其最小分辨率纵向高度可达±0.3mm，横向坡度可达±0.02%，即可分辨出 40″的角度变化。

(2)按照自动找平方式不同可以分为以下四种。

①挂线控制找平。这种找平方式中，作为基准的张紧钢丝的标高是按铺层设计标高预先测量架设的。纵坡控制传感器装在熨平装置上。传感器探臂压在基准线上，摊铺过程中，当熨平装置的高度偏离基准设定的高度时，传感器探臂转角变化。这个变化的信号经系统处理后控制侧臂控制油缸的伸缩，改变摊铺厚度，使熨平板的标高重新回到基准设定的标高上。这种基准能使铺层的标高严格地受控于基准标高。

以张紧钢丝绳为基准的横坡控制有两种方式。一种为双面挂线分别控制两侧高程的控制方式，即两侧都放钢丝基准线，用两个纵向传感器(即角位移式传感器)进行控制。另一种为单面挂线控制高程的控制方式，即一侧用纵坡传感器，另一侧用横坡传感器进行控制。

如果一次摊铺宽度超过 6m，由于熨平板横向刚度降低，容易出现变形，而用横坡传感器进行控制时不能立即调整横坡，要在摊铺机行驶过 3 倍于牵引臂的距离后，才能完成一次调整，传感器灵敏度因此降低，影响了摊铺质量。因此，这种情况下应选择双面挂线的控制方式。把纵坡传感器放于测定好的钢丝基准面上，转动机械部分的手柄，把传感器两个指示灯都调灭。传感器调整完毕后，把传感器的开关拨到 ON 位置，自动调平装置开始工作，传感器的指示灯提供了一种视觉控制，并在修正工作时进行指示。如果两个指示灯都不亮，那么传感器就是按照正确的方式进行纵坡高程控制，摊铺机控制的平面位置与所设置的坡度值相吻合，手动控制适用于中面层和上面层的摊铺，并辅以自动浮动梁进行控制。

使用横坡传感器时，在起动摊铺机时应检查熨平板横坡度是否与横坡传感器的显示值一致，横坡传感器的指示灯提供一种视觉手段。如果横坡传感器所设置的横坡度与熨平板的实际横坡度不符，指示灯会亮。摊铺过程中，应定期用水准仪检查路面的横坡度，并于传感器的设置值相比较，可以即时纠正外界因素的影响所导致的误差。

当摊铺机并列作业或分带摊铺时，常常直接以铺好的铺层作基准，纵坡传感器的探臂上安上滑靴在已铺好的铺层上滑行。以此来控制新铺层表面标高与原铺层标高一致。

②机械式浮动梁找平

机械式浮动梁找平方式如图 13-16 所示。机械式浮动基准梁是一种随摊铺机一起运动的基准，实质上是以较大范围内多点高度的平均值来控制摊铺厚度，它通常用于高程已经精确校正后的下面层上摊铺上面层。

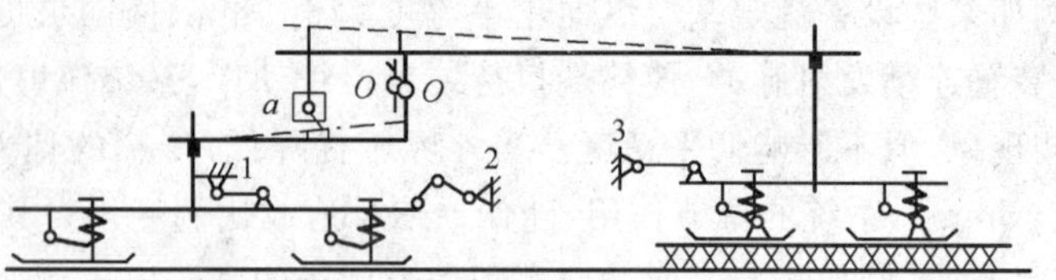

图 13-16　机械式浮动梁结构示意图（a 为纵向传感器）

1、2、3-铰接于摊铺机；O-铰接于动臂

由于道路靠路边区域的平整度要比靠中心区域的平整度差很多，找平的误差比较大。为了解决老式平均梁的不足之处，工程上采用一种跨越熨平板、适于大型摊铺机整幅摊铺作业的超长浮动基准梁。这种浮动基准梁如图 13-17 所示。

跨越式浮动基准梁安装形式可以多样化，在摊铺宽度比较窄时，可以将一边的 15m 浮动基准梁分解组成两个 9m 浮动基准梁（滑靴式）或两个 6m 浮动基准梁（轮式），在摊铺机两侧形成双基准，非常灵活方便。

位于熨平板前后行驶在路基上的都是弹簧浮动式浮动基准梁，前部梁的中点 A 的误差被平均后小于路基误差的 1/12，后部梁行驶在已铺路面上，它的中点 B 的误差被平均后小于刚铺路面误差的 1/8。于是在 A、B 两点形成了两个近似不动的参考点。由 AO、BO 组成的杠杆式上部结构，跨过了摊铺机的熨平板，并通过 O 点铰接在摊铺机的牵引臂上，以 A、B 两点为参考点，在 E 点反应出机身 O 点的误差，通过固定在 E 点的自动调平控制器加以调整。这个结构的变化过程如图 13-18 所示。

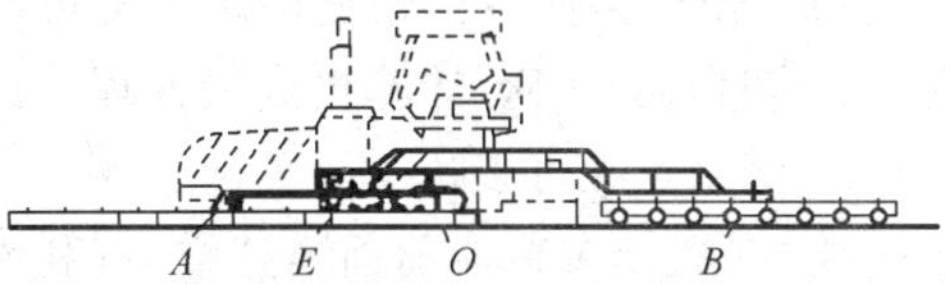

图 13-17 机械式浮动基准梁

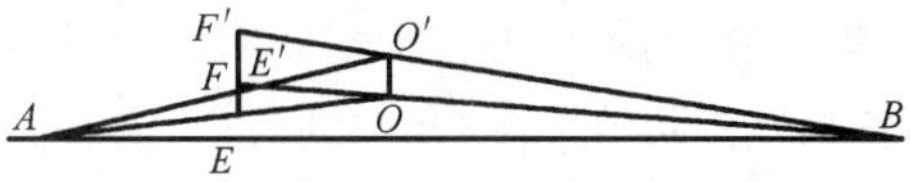

图 13-18 机械式浮动基准梁结构变化过程

③声纳非接触平衡梁找平方式

由于非接触式平衡梁较轻便，采用数字电路控制，适用于匝道、变坡、立交互通等特殊地段的铺平控制。而且非接触式平衡梁，具有与老路表面黏层油无黏连的优点，同样比较适宜配置在对老路面直接进行面层加铺改造的摊铺机上。非接触式平衡梁(SAS 系统)即声纳平衡系统，它由声纳追踪器和控制盒、平衡杆组成。一根平衡杆上装有 4 个声纳追踪器，声纳追踪器以地面为基准，每个探头每秒发射 39 次声脉，精确测出距离平均值，再通过传感器指挥机械本身的液压浮动装置来控制升降高度，以达到更好的光滑平整的摊铺效果。处理过程为：声纳追踪器是一个高程控制传感器，它发射高频声脉冲，并测出从物理参照物(如地面)反射回来的回脉之时间，然后发出信息给控制盒，控制盒检测此信息并控制升降油缸以维护适当的面层厚度，达到平整的摊铺效果。

非接触式平衡梁的使用特点：外观轻巧、使用方便、易于搬运。

非接触式平衡梁是采用非接触方式来测定摊铺机熨平板工作前后路面的高程，工作时展开长度为 7.3m，在摊铺机上折叠后长度为 3.9m，体积小、质量轻、结构紧凑，储存运输方便，使用时随机性强，且压路机可紧随碾压。而移动式浮动梁是采用接触方式即每边平衡梁上前边安装 8 个滑靴，后边安装 8 个轮子在基面上"行走"，工作时长度为 16.77m，不够灵巧。

由于非接触式平衡梁采用非接触数字处理技术，数字控制电路没有机械误差，消除了移动式浮动梁与沥青黏层及碎石接触所产生的机械误差，比接触式浮动梁精度高。

④RSS 非接触式激光扫描自动找平方式

RSS 非接触式激光扫描自动找平方式是一种全新的扫描技术，Roadware 开发的一种性能先进的摊铺机非接触式激光扫描自动找平系统。

RSS 的工作原理如图 13-19 所示，使用一种激光扫描器，由其发射出多束不可见的激光 A 到路面上，这些激光波从路面反射回扫描器 B，扫描器内的电子装置计算出从发射到接收激光波所经过的时间，从而测量出激光波所运行的距离，时间越长，距离越大。

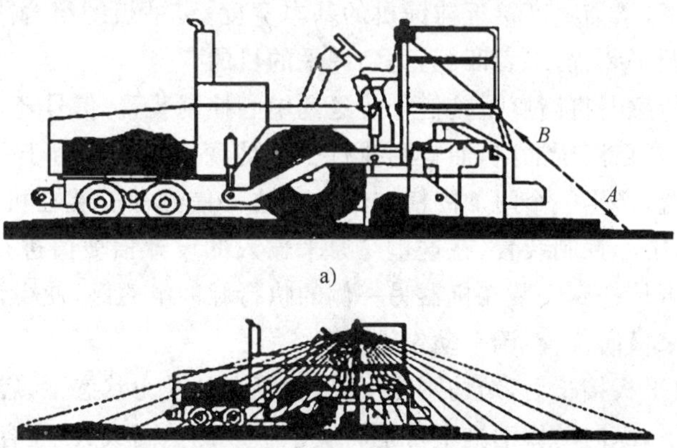

图 13-19 非接触式激光找平

a)工作原理；b)扫描范围和测点

机器工作时通过安装在扫描器上的旋转镜头，从扫描器到路面各个角度的距离都可以测量，而所有数据从扫描器送入RSS计算机，路面的详细信息经过RSS计算机进行处理。机器的扫描范围可在7～30m之间进行调整，一般推荐16m，测量点数可多达150个。

扫描器的安装高度离地2～2.5m，位于熨平板的前方(螺旋布料器前面)，这样，有利于找平系统灵敏响应。RSS系统使用了大范围的多点扫描测量。当测量长度超过12m时，可等效于机械式平衡梁的30m测量长度，消除了油缸的误动作。

2.自动调平系统的合理运用

(1)应正确选择和安装参照基准和传感跟踪元件

常用的纵向参照基准有浮动拖梁、张紧钢丝或钢绳、已完工的摊铺层或旧构筑物等。

①浮动拖梁随摊铺机同步在基面上滑动或滚动，是一种相对基准件。随着梁的结构不同，可将基波均化、分解或部分消除。长度稍大于路基波长的滑动拖梁，可将波长拉大。但不能减小波幅高度，只能达到“均化”目的，故称“平均梁”。两点或多点支承(支承轮或弹性支承垫)的拖梁，不仅能将基波分解，而且能降低波幅，效果比滑动拖梁好得多；但结构复杂，质量大，不便于安装和运输。

②张紧钢丝或钢绳是以地球为参照系的绝对基准，从理论上讲是绝对精确的，但也存在人为的误差、测量误差和器材的变形。所以在使用时要严格遵守张拉长度、张拉载荷、支柱间距等方面的规定，并严格检测，细心保护和管理，在摊铺时不得碰撞基准线。如果张紧钢丝还兼作摊铺机行进导向基准时，钢丝本身的走向必须与路面设计中心线保持平行。

③用已完工的摊铺层或旧构筑物作基准，只有在具备条件时才能使用。如旧构筑物本身的精度和摊铺机传感装置的可及性，而且要使用特殊的跟踪件(如滑靴)。

如果路基平整度不好，或摊铺机两侧地带不适于拖梁滑行，应选用张紧钢丝绳作基准。

经验证明，多层摊铺时，最上面的一层摊铺，不应使用调平装置，只靠摊铺机本身的自调平功能去工作，其平整度往往比使用调平装置好得多，摊铺机愈大，效果愈明显。如使用轻型摊铺机或自调平功能不佳的机器，应尽量使用长拖梁作基准，切勿使用张紧钢丝。这是因为经过几次摊铺之后，原来的基波已被均化、分解或消除，摊铺机在平整的新铺基面行驶，其自调平功能得到充分发挥。

(2)正确选用纵向和横坡装置，使之形成最佳匹配，有助于提高摊铺质量

在大多数情况下，摊铺宽度接近摊铺机的基本宽度，熨平板的组合刚度大，应使用一侧纵向基准和一个横坡调平装置，二者匹配，达到调平的目的。

当一侧的纵向传感器将高度误差信号传送到中心控制装置，信号经过处理和放大，指示该侧执行脉冲电磁阀，开启液压油路，油缸则执行一侧的调整动作。由于一侧油缸动作，改变了机器原来的横向位置，产生一个附加的横坡信号。这一信号被安装在机器中部的横向传感器收集，传送到另一个中心控制装置，在这里与原来输入的设计横坡值进行比较，得出偏差信号值，经过处理放大，再传送到安装在机器另一侧的执行脉冲电磁阀，使得该侧的液压油缸动作，直到机器回复到原来横向位置，调平动作结束。

摊铺宽度大，熨平板接长后，结构刚度下降，在复杂的受力状态下，容易发生变形。如采用纵向—横向组合调平，纵向动作油缸不可能将熨平板一侧抬高或放下，容易产生振荡使横坡传感器所传输的信号严重失真，从而产生误调，调平系统不能正常工作。

这时，不应使用横坡系统，而改用双侧纵向调平系统。其过程如下：在摊铺层两侧各设一

条基准线，用两纵向基准线的标高差来控制横坡。在机器两侧各安装一个纵向高度传感器分别跟踪，达到调平目的。

在弯道上摊铺时。横坡随着道路曲率半径的变化而变化。如果使用纵向横向调平组合，则在曲率半径发生变化处，摊铺厚度会产生增值。这一现象在整个弯道内，每当横坡发生变化时都会发生，从而使平整度恶化。

3.自动调平装置使用前的安装、调整和校正

在实验室里，传感器能将极小的偏差信号用电量形式反映出来，但在实际现场摊铺作业中，传感器处于各种复杂干扰条件下工作，如机械振动、温度变化等。因此，它必须具有识别真伪偏差信号的能力，把真正的路基偏差信号和其他由于振动、加速度而产生的输入信号区别。严重振荡会使仪器精度降低，由此而产生误调动作（误调或调整不足），因此，安装传感器时要使其振动影响保持在最低程度。

在横坡传感器中，为了防止机械振荡而产生误信号传入调平系统，通常都装有黏滞阻尼装置，用以消除元件的机械振荡和由此而产生的电振荡。因此，横坡传感器的反应时间从理论上讲略有延迟，同时，由此而向调平系统输入一滞后信号，也会使熨平板的校正特性曲线偏移理论位置。

自动调平装置各元件的安装，应严格按规定执行。一般地说，不论熨平板处于何种角度，纵横坡传感器都应安装在熨平板前方。纵坡传感器的跟踪点至少距熨平板前缘0.5m。如果摊铺厚度不大（6cm或更小），熨平板工作角变化很小，这一距离还可增大。这样，厚度的校正将及时而准确，大大减弱机器振动的影响。

在可能的情况下，参照线应尽可能距熨平板侧面近一些，但不得超过制造厂规定的距离。拖梁各铰接点应能灵活转动，牵引件尽可能安装得平一些，防止将拖梁抬离地面。

横坡传感器安装在熨平板中部，安装接触面应加清理，同时注意传感器前后方向是否正确。如果方向弄错，在仪表上将显示反向横坡值，从而产生误调。安装误差以不超过0.1%为宜。

纵坡传感器的跟踪件应妥善保管，防止变形。跟踪件与基准线的接触范围应与熨平板底板平行，否则也会产生误调。

安装好的自动调平装置，在使用之前要进行校正。校正之前，摊铺机停放在水平的平坦地面上，将熨平板放下。调好摊铺厚度和初始工作角。用手动开关将左右仰角油缸的活塞杆调到等高位置；接好全部控制电路，然后启动发动机，向调平系统供电，同时检查调平系统液压供油压力是否达到规定值。上述各项检查完毕，开始检查纵向高度和横向坡度仪表指针和灯光显示情况。

当纵向传感器相对于基准调到规定位置时（某些摊铺机用跟踪件与基准件的夹角来衡量），显示纵向高度误差的仪表指针必须指在零位上（中间位置）。因摊铺机停放在水平地面，横坡指针也应在零位置上，否则也必须予以校正。

横坡控制系统的校正程序如下：将摊铺机停放在水平平坦地面上，放下熨平板，转动遥控坡度给定器上的旋钮，这时中心控制装置和坡度给定器上的两个横坡指示仪表的指针将同时移动，直到双双指在中间零位置上为止。然后使用遥控坡度给定器上的转换开关，将电位计电路切断，再转动旋钮，将机械计数器上的数字调到设计横坡值，再将电位计电路恢复。这样完成设计横坡值的输入工作。熨平板放在水平地面上，将机械计数器上的数字调到零，横坡控制系统就可开始工作。如果摊铺机停放在已有横坡值的基面上（例如做好横坡的基层），机械计

数器上的数值不得转回零位，而应调到已知的基面横坡值处。

校正后的自动调平系统，在开始工作阶段要加强对摊铺厚度和横坡值的检测，如发现问题，应及时修正。

当用改变熨平板牵引点垂直高度来调整摊铺厚度时，调整必须在3m行进距离的范围内进行，切勿急剧升降。每调整一次，需要行驶一段距离后方可再进行检测，此距离不得小于该摊铺机的全长。

使用按比例二脉冲原理工作的自动调平装置，首层摊铺之前要检测一下基面不平度，从而决定系统工作区域。

自动调平装置由精密的机械、电子和液压元件组成，价值昂贵，在使用中应避免意外碰撞，严防潮湿，保持清洁。工作结束后要妥善保管，冬季应放在干燥洁净的环境中保存，并进行必要的检测和维护，以利延长其使用寿命，确保其精度。

检测传感器测出基层面实际高度并与标准高度进行比较，当偏差值达到一定的程度时，认为需要加以调整，这时由控制器发出指令，通过液压泵驱动找平液压缸使牵引大臂产生一定量的位移，牵引点位置改变引起熨平板相应垂直运动，从而使铺层产生变化，弥补路面波动，使铺后表面均匀一致，实现所要求的路面平整度。沥青混凝土摊铺机由于其作业环境十分恶劣，环境温度高，温度变化大，灰尘多，故检测路面高度传感器的选取非常重要。

4. 找平传感器

目前在摊铺机自动找平系统中常采用的有以下几种传感器：角位移式传感器、超声波传感器、光学传感器。

现就这几种传感器进行分析与比较

(1)角位移式传感器

角位移式高度传感器工作原理如图13-20所示。它将测得滑臂与基准线的夹角的大小来换算出相应的熨平板的高度。这种方法为接触式测量。测量角位移的传感器有多种，即电位器式传感熨平板相应垂直运动，从而使铺层产生变化，弥补路面波动，使铺后表面均匀一致，实现所要求的路面平整度。沥青混凝土摊铺机由于其作业环境十分恶劣，环境温度高，温度变化大，灰尘多，故检测路面高度传感器的选取非常重要。

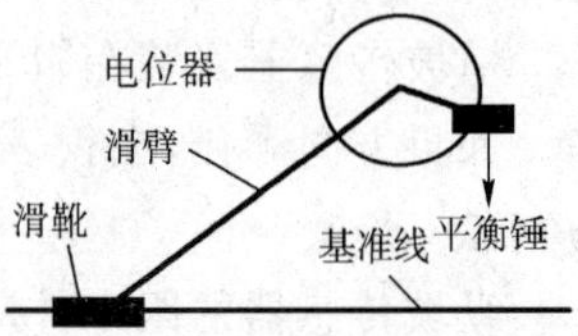

图13-20　角位移传感器示意图

传感时安装在牵引大臂上角度传感器的相应转角，从而可以换算出相应熨平板的高度。角位移高度传感器的一个共性特点是线性度好，工作温度范围宽，工作寿命长。但在施工中由于角位移传感器为接触式测量高度，传感器在基准线上滑动时容易引起其在基准线上振动，因此，此种传感器的滑臂垂直对称端常装有一个平衡锤。

(2)超声波传感器

由于超声波传感器实质上是一种可逆的换能器，它将电振荡的能量变为机械振荡，形成超声波，或者由超声波能量变成电振荡。超声波传感器可分为发送器和接收器，发送器将电能变为超声能而接收器则将接收超声波的能量变为电能。超声波在待测高度的空气介质中传播时，若测出超声波发出或回波接收时间差及传播速度，则可计算出待测熨平板的高度。超声波传感器常采用多探头超声波技术。

图13-21所示为摊铺机上使用的一种较先进超声波高度传感器。该传感器通过多点探测，可以精确地检测到面或线的细微变化。对一个超声波探头，其原理可用公式表示为$L=$

12vt，其中 t 为传播时间；v 为已知超声波在介质中的传播速度。由于超声波传播速度也受温度、空气介质等环境因素的影响，这可以通过校准超声波探头来检测 l 间的超声波传播时间 t_1 进行校正。超声波传感器由于为非接触式测量，因而在实际摊铺时比角位移式传感器使用更为方便。尽管超声波传感器加了不同的补偿和校正方式，但其测量精度不如角位移式传感器。上图所示超声波传感器在测量 40cm 范围时精度为±2mm。

(3)光学传感器

光学式高度传感器是利用光学原理来获取路面高度信息。高度信息的获取技术根据光源又可分为主动测距成像和被动测距成像两种。主动测距成像是利用特别光源所提供的结构信息来获取高度信息。显然对于沥青混凝土路面这种测量对象而言。仅仅靠自然光源来完成图像采集和灰度提取，其分辨率和测量精度是难以保证的。摊铺机在夜间施工也不可能。主动测量成像法是从景物目标的表面提取离散化的坐标信息的一种方法，具有测量精度高、抗干扰性能好和实时性强等优点。目前，已经有多种技术用主动测距成像系统，如成像雷达法、激光三角形法、几何光学聚集法、全息干涉测量法及 FRES-NEL 衍射技术和光纤图像传感器技术等。由于沥青混凝土摊铺机高度测量的特点是测量范围小(小于 50cm)、测量精度要求高(小于 2mm)，而激光三角法传感器具有测量速度快、抗干扰能力强、测量精度高等特点，因此激光三角法传感器是摊铺机中可应用的较先进的传感器之一。

如图 13-22 所示为激光三角法基本原理。从光源发出的光聚焦到被测物体表面上，其中被物体表面散射的光线通过接收透镜会聚到高分辨率的光电检测器件(位置敏感探测器 PSD)上，形成一个散射光斑，其中心位置由传感器与被测物体表面之间的距离决定，而光电检测器件输出的电信号与光斑的中心位置有关。因此，通过对光电检测器件输出的电信号进行运算处理就可获得传感器与被测物体表面之间的距离信息。

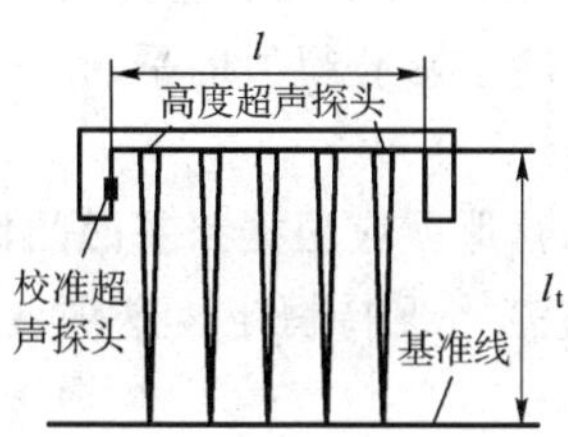

图 13-21　超声波传感器示意图

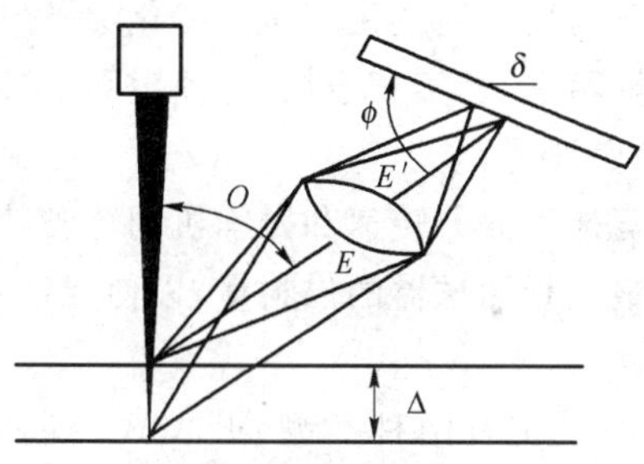

图 13-22　激光三角形原理

第四节　电液控制系统

为了获得更好的路面摊铺质量，在沥青混合料摊铺机上，广泛成功地运用了液压技术及电子技术。机电液一体化的控制系统成为现代摊铺机的一个重要组成部分，而新一代微机控制的高精度、高性能摊铺机也即将成为现实，因此，电液控制系统已成为衡量摊铺机水平的一个重要标志。

一、液压控制系统

沥青混合料摊铺机主要由发动机、传动系统、供料系统、行驶系统、工作装置及操纵控制系统等组成。而对全液压驱动的摊铺机,其传动系统、供料系统及工作装置的动力传动基本上都采用液压传动。下面简要介绍沥青混合料摊铺机的液压控制系统。

1.传动装置液压系统

传动装置液压系统即液压行驶驱动系统是由两套独立的左、右履带驱动回路组成,每套驱动回路由两个可调(一次及二次调节)液压驱动系统组成。该两套独立的液压系统为闭式液压回路,主要由双向变量泵、双向变量马达、补油泵、补油压力阀、高压溢流阀、梭阀、泵的电控压力比例阀及液压马达的液控装置组成。该系统由电子系统控制调节,另外摊铺机的转向是通过操纵台上电于差速锁来控制,也可通过微调电位器来控制。

2.供料装置液压系统

(1)刮板输送器的驱动系统

刮板输送器的驱动装置由变量泵以及左、右可调电液比例阀及定量马达组成,变量泵的输出流量控制是由带有电子比例操纵两组相互独立的定向滑阀组来实现的,用以左、右输料马达的驱动。每个间组设有压力补偿以确保左、右刮板输送器负载单独控制。

(2)螺旋摊铺器驱动系统

螺旋摊铺器的驱动装置由变量泵以及左、右可调电液比例阀及定量马达组成。变量泵的输出流量控制是由带有电子比例操纵的两组相互独立定向滑阀组来实现的。每个阀组装有压力补偿器,以确保左、右两侧螺旋摊铺器负载可单独控制。

(3)供料自控系统

供料自控系统就是根据摊铺机的行驶速度、路面凹凸等情况自动控制刮板输送器的速度或调节闸门开度,以调节其供料量,从而保证摊铺层表面平整度。

由于供料、摊铺和行驶三种速度的不均匀以及路基原表面的凹凸相差过大,都会立即引起摊铺室内材料高度发生变化。这个变化除了影响牵引力外,还会改变摊铺室内混合料的密实度。材料数量增多,密实度增加,并使熨平板被抬升,这样才能重新获得力的平衡,于是铺层增厚。反之,铺层变薄。

如果螺旋摊铺器的转速和摊铺机的行驶速度都是恒定的,那就应根据路基凹凸情况,即需料数量来调整刮板输送器的供料量,以使摊铺室内料堆高度基本保持恒定。这项调节由供料自控系统来完成。

供料自控系统有两种类型:开关式控制系统和比例式控制系统。它们都能使刮板输送器与螺旋摊铺器二者的速度相互配合并得到相应的控制。不过前者是利用开关简单地执行开停工作,开时以一定常速运转,关时即完全停转,后者是以快慢速度比例地配合料量的变化。二者的布置基本相似,只是采用的执行元件有所不同,如图 13-23、图 13-24 所示。

(1)开关式供料自控系统

开关式供料自控系统由两套带监测片的传感器、电磁阀、执行油缸、油泵操纵臂和管路等组成。它可分别控制左。右两边混合料的供给和输送量,并使它维持在调定范围之内。

摊铺室内的料堆高度以平齐螺旋轴线为最佳,两套传感器元件分别安置在左、右螺旋外端符合这个平面的地方。由于摊铺室内的料堆是稍有向前的自然坡度,所以传感器 2 的安置应略低于螺旋轴线水平面,并令监测片互自由下垂。监测片是转臂式的,它悬浮在螺旋摊铺器两外端处的材料料堆上,随着料堆高度的变化而对供料进行开、关操作,以间断的开、停工作来维持料堆的一定高度。

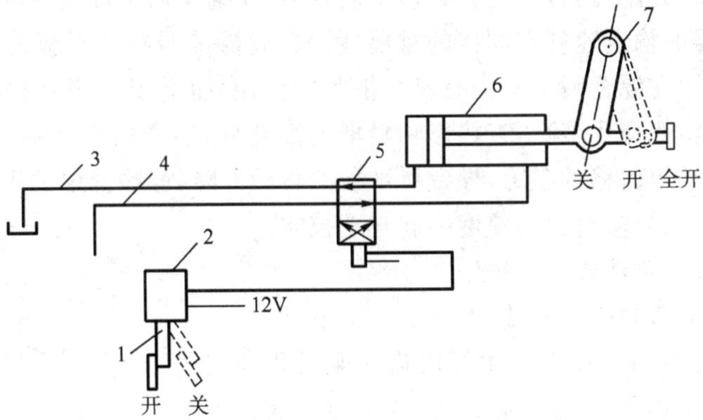

图 13-23　开关式供料自控系统

1-监测片；2-传感器；3-回油油路；4-压力油路；5-电磁阀；6-执行油缸；7-油泵操纵臂

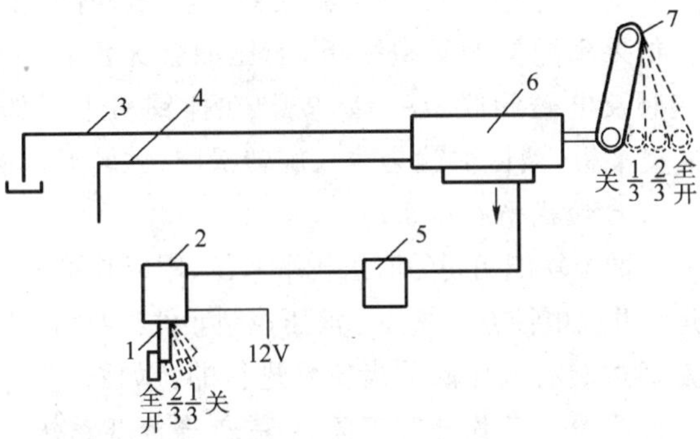

图 13-24　比例式供料自控系统

1-监测片；2-传感器；3-回油油路；4-压力油路；5-速度选择器；6-比例控制阀；7-油泵操纵臂

左、右两套刮板螺旋供料系统是独立工作的，在机械式传动中，由离合器来控制其运转或停转；在液压传动中，则由油泵的供油或断油来控制其运转或停转。如果摊铺宽度与厚度、机械行驶阻力与速度等条件都不变，混合料的需求量恒定，两个系统在调定的速度下恒速运转，保持恒定供料与摊铺，摊铺室内料堆高度也就不增减。只要上述条件之一有了变化，就会引起料堆高度发生变化，则左、右两边传感器的监测片 1 就会随之浮起或下垂，指令电磁阀将压力油路 4 和回油油路 3 按需要接通执行油缸 6 的这一端或那一端，从而使油泵操纵臂推向开或关的位置。

当系统处于"开"的时候，它们恒速运转；"关"的时候则立刻停转，料堆高度下降。等料堆下降到一定程度，又转为"开"。系统打开后要运转一定间隔时间才能使料堆高度恢复原标准。因此，这种开关式系统难以使料堆高度维持恒定。此外，由于载荷的瞬时交变，对发动机传动系统的工况很不利，转而又会影响行驶速度的不稳定以及作用于熨平板上的某些外力发生变化，由此又会招来铺层厚度的变化，造成路面的不平。这是开关式控制系统的一个最大缺陷。

(2)比例式自控系统

比例式自控系统可以克服开关式自动控制系统的缺陷。它除了有"开"、"关"两个动作外，还有快、中、慢三个挡位的速度，在每挡速度的转换间隔内又有一定的速度变化。所以它在开动后就在调定的最大工作速度以内，有 100％的时间处在各种不同速度下工作，速度瞬时变换及时。这样既可保证铺层有均匀的质量（料不过多或过少），又有较高的生产率（比开关式高 10％～15％），由此可给整机带来较高的生产能力。

图 13-24 中所示的速度选择器 5 根据混合料的性质和需料量（视路面宽度、铺层规定厚度、原路表面的凹凸起伏情况和摊铺速度等而定）定出其最大值和最小值范围，比例控制阀 6 是一种线性操作机构，它根据监测片所测得的关、慢速、中速、快速四种相应的料堆高度，使油缸活塞按比例地来回推动，从而使油泵操纵臂也按比例左右摆，以改变油泵的供油量，于是刮

板螺旋输送系统给出相应的运转速度。必须说明，维持摊铺室内料堆高度的恒定，螺旋摊铺器的转速与刮板输送器的输送速度有同样的重要性。螺旋摊铺器在熨平板前面将材料向左、右两边输送铺开，它作用在混合料上的力有对料挤紧的作用，也有反对熨平板向前移动的作用。因此，螺旋摊铺器的转速变化，除了直接影响料堆的高度外，还会引起摊铺室内混合料密实度的变化，从而改变熨平板前移的阻力，导致熨平板的自动升降，影响铺层的平整度，故而螺旋摊铺器的转速必须配合刮板输送器的速度一起自动控制。

3.振捣—熨平装置驱动液压系统

(1)振捣器及振动器的驱动系统

两个开式液压回路的驱动系统主要由齿轮泵及齿轮马达组成，同样也包括电磁控制阀。溢流阀、流量控制阀以及检测点，它们均汇集在一个控制阀块内。

(2)压实梁驱动系统

开式回路包括两个功能相同的液压回路，由齿轮泵供油。如果不配置 HV 熨平板，液压油会无负载地流向油箱。溢流阀及电磁阀联成一体，安装在摊铺机上。如果配置了 HV 熨平板，液压油就会输入旋转滑阀，并转换成脉冲。

4.自动找平液压系统

由两个功能相同的液压找平系统，用以找平液压油缸的渐进运动并以电控方式供油。液压控制元件与两结构组连接。供油是通过装有减压阀的齿轮泵进行的。如图 13-25 所示。

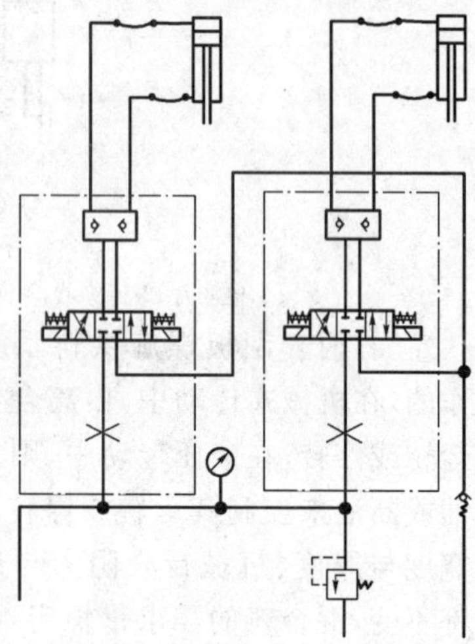

图 13-25 自动找平液压原理图

5.熨平板的提升与下降、料斗开合液压系统

熨平板提升与下落以及料斗开合的液压油缸运动的供油是通过液压齿轮泵供给的。所需的电磁阀、溢流阀以及止回阀装配在一个液压控制组合阀内。

6.液压油冷却装置

液压马达驱动风扇，将其接通可对液压油工作温度起调节作用。为便于控制，装有两个温度开关，其中一个装在泄油管，另一个装在回油管，由直流电控制的电磁阀装配在振捣器及振动器控制组合阀上。

二、电控系统

电控系统是沥青混合料摊铺机的一个重要组成部分。在保证摊铺机作业速度恒定，供料速度与行走速度合理匹配，浮动熨平板随道路状况变化而自动调平，以及在摊铺机监控报警等方面，电控系统起着重要的作用。现代化的摊铺机几乎所有操作都已采用电控方式控制，而电控系统的品质，将直接影响到摊铺机的可靠性、摊铺作业效率以及施工路面的质量。

摊铺机的电控系统按其功能可分为以下几个部分：

(1)车辆电系，包括启动与供电、仪表与报警、行驶照明信号；

(2)简单功能电系统，包括摊铺机料斗、料门、熨平板升降和延伸油缸的控制，以及振动振捣马达的控制；

(3)行驶电系；

(4)供料电系；

(5)调平电系；

(6)加热电系。

1. 简单功能电系

简单功能电系通常是以电开关控制电磁液压换向阀的电磁铁通电与否，从而控制相应液压回路执行元件动作。简单功能电系通常控制振动、振捣马达、料斗油缸、左右料门油缸、熨平板升降油缸、左右延伸熨平板伸缩油缸以及发动机油门调节油缸、驱动桥差速锁调节油缸、制动油缸等。这些液压缸和马达采用电控与否根据摊铺机的具体情况有不同的选择取舍。图13-26为典型电路，这里熨平板升降，料斗左料门、右料门电磁阀任意一个通电将使电流继电器在 $K4$ 吸合，则主控阀也同时通电动作。即 $Y10$ 与 $Y12 \sim Y19$ 是连锁动作的，这是液压系统所要求的功能，由电控系统实现。

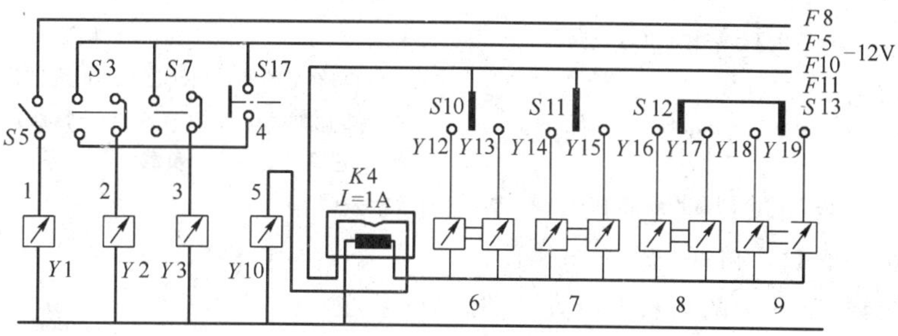

图 13-26 摊铺机简单功能电系电路

1-油门；2-振捣；3-振动；4-牵引开关；5-主控器；6-熨平板升降；7-料斗；8-左料门；9-右料门

2. 行驶电系

摊铺机行驶电控系统根据其总体设计，行驶液压系统设计不同而变化很大，德国Vogele1700/1704型全液压摊铺机行驶电系采用电子自动调节控制器，其功能是：

(1)在摊铺作业过程中，保证机器运行速度恒定，以确保摊铺路面质量；

(2)在行驶过程中，保证柴油机功率得到充分利用，降低燃油消耗；

(3)避免柴油发动机过载损坏。

Vogele1700/1704 摊铺机行驶电系如图 13-27 所示。

电子自动调速器 $A1$ 通过测速电机反馈柴油机和液压马达的转速信号，与预先由手动电位器 $W2$ 或脚踏电位器 $W1$(摊铺工作使用 $W2$，运输时用 $W1$)设定的行驶速度信号进行比较鉴别，及时修正控制行驶变量泵比例电磁阀 $Y4$、$Y5$ 的电信号，改变变量泵排量从而使机器行驶速度接近直到吻合于设定车速。当外负荷突然增大，发动机转速下降，电子调速器可自动调节行驶泵排量减少直至为零，外负荷也随之减少，保护发动机不因负载过大而损坏。

图 13-28 为电子调速系统简图。该系统是戴纳帕克(Dynapac Hols)公司的摊铺机上采用的福里特(Frity Heinzmann)公司电子速度调节器，它只监测和反馈发动机转速。当发动机转速与要求的设定值有偏差时，电子控制装置即发出指令给调节装置调节发动机的供油量，使发动机回到设定转速，从而保证机器恒速以及发动机不过载等功能要求。

3. 供料电系

摊铺机供料电系一般设计为自动和手动两种供料控制方式。手动供料时，控制开关接通供料电磁阀的电磁铁，供料马达即驱动刮板输送器和螺旋摊铺器供料。在自动供料过程中，供料电磁阀在由供料开关控制的同时，还接受来自料位传感器料位信号的控制，供料泵为变量泵并采用电磁控制时，可用料位传感信号控制供料泵比例电磁间进行无级变速。料位传感器也

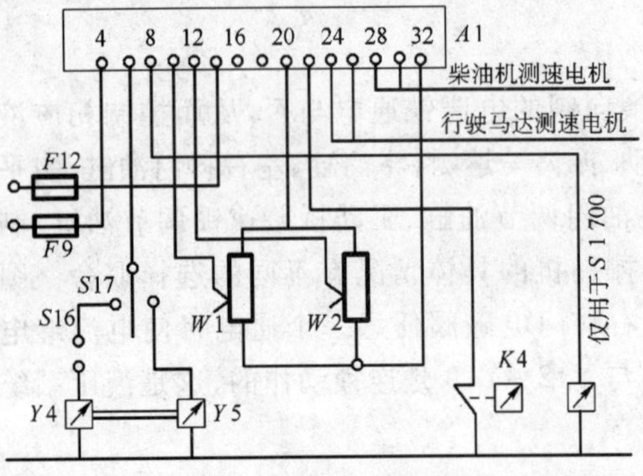

图 13-27　Vogele1700/1704 摊铺机行驶电系

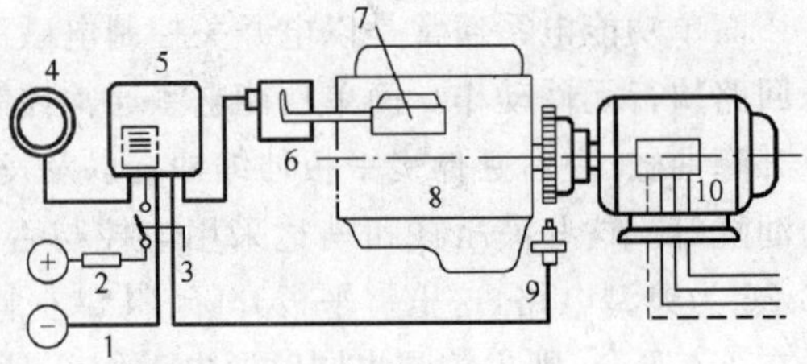

图 13-28　电子调速系统图

1-电源；2-熔断器；3-通断开关；4-速度设定钮电位器；5-电子控制器 KG；6-调节装置；7-燃油计量装置；8-发动机；9-速度传感器；10-负载

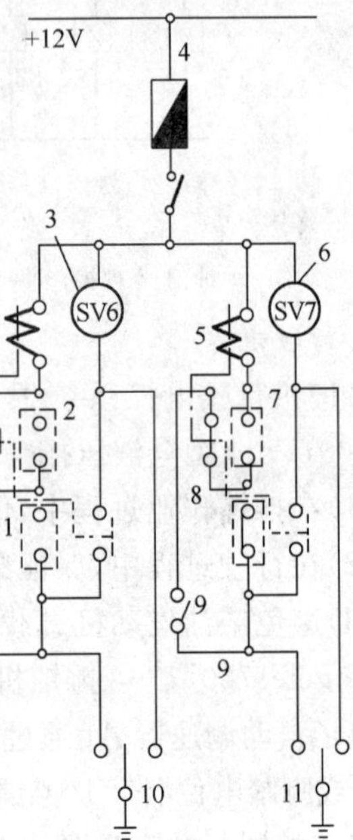

图 13-29　新泻 NF220AV-DM 摊铺机供料电路

1-SW 上限水银；2-SW 下限水银；3-SV6 左给料器电磁阀；4-作业开关；5-控制继电器；6-SV7 右给料电磁阀；7-SW 下限水银；8-SW 上限水银；9-左倾度；10-驾驶台手动/自动开关；11-右驾驶台手动/自动开关

可选用位置开关，自动供料即为通断型控制。图 13-29 为新泻 NF220AV—DM 摊铺机供料电路图。

其自动供料装置安装两只水银位置开关，当叶片在下限位置时，两只水银开关接通，系统送料，随着料位增高，传感叶片向上转动并带动水银开关一起转动，当转到上限位置时，两只水银开关向下转动，此时，供料系统不运转，直到转至下限位置时，两只水银开关同时接通。系统重新运转供料，上述过程反复循环实现摊铺机的自动供料。

4. 加热电系

摊铺机熨平板加热有燃气、燃油、通电加热三种型式。

燃气加热电系包括点火控制、燃气阀、鼓风机控制以及温度自动控制装置。

燃油加热电系与上述燃气加热电系相似，但燃油控制通常是通过控制液压泵的启、停，来实现喷油加热的控制。

电加热系统包括发电机、控制保护开关装置及加热棒。电加热系通常采用 DC220V 或 AC220V 电源。开关装置控制加热棒通电或断电；在通电的情况下，均匀分布在熨平板及振捣器上的加热棒即可对熨平板实施加热。

5. 自动调平电系

电液调平系统是一个机电液一体化的闭环控制系统，它将摊铺机的倾斜角度通过传感器变为相应的电信号，再去控制液压电磁阀开闭，液压系统调节摊铺机的倾斜角度，从而达到所需的设定角度，并自动保持这个角度工作。在前面已介绍了各种调平系统的原理，这里只简要介绍调平系的组成及其工作过程。

图 13-30 所示为调平系统基本组成，其工作过程为：

由设定器输出一个固定电压 U_1（手动设定角度），其电压值相应代表一定的倾斜角度。假定车体此时不是在这个角度工作，那么传感器的输出电压 U_2 值与 U_1 就有电压差，即 $U_2-U_1=\Delta U$，我们称 ΔU 为误差电压。这个误差电压 ΔU 经过误差放大器放大，并判定调节极性，再送给电压比较器，将这个连续的误差电压 ΔU 信号，变为断续正脉冲电压信号，其脉冲的个数及宽度与误差电压 ΔU 成正比，然后将这些脉冲电压送到驱动电路，推动相应的液压电磁间工作。

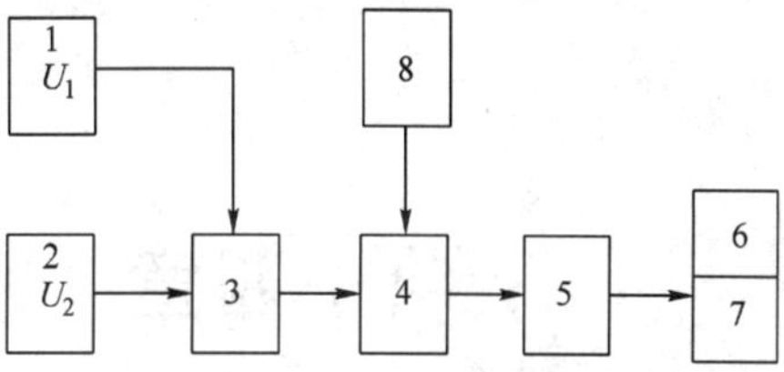

图 13-30　调平系统组成

1-手动设定器；2-传感器；3-误差放大器；4-电压比较器；5-驱动电路；6、7-液压电磁阀；8-锯齿波发生器

当液压电磁阀连续通断几次后，液压系统使摊铺机的倾斜角与设定值渐渐接近，此时传感器输出电压值 U_2 也渐渐接近设定器电压值 U_1，最后当 $U_2=U_1$ 时，即误差放大器两端误差电压为零，电路处于平衡状态，调节工作停止。当车体再次偏离设定角度时，调节器又重复上述工作过程，从而达到自动保持设定角度的目的。

第十四章　水泥混凝土搅拌设备

第一节　概　　述

水泥混凝土搅拌设备包括混凝土搅拌机和混凝土搅拌站。

一、混凝土搅拌机的用途与分类

水泥混凝土搅拌机是将一定配合比的水泥、砂石、水、外加剂和掺和料拌制成具有一定匀质性、和易性要求的混凝土拌和物的机械设备。

混凝土的强度不仅与组成材料服役期配合比有关，而且也取决于搅拌的均匀性。所以我国国家标准《混凝土搅拌机技术条件》(GB/T 9142—2000)和《混凝土搅拌机性能试验方法》(GB 4477—84)规定，用混凝土拌和物的匀质性来评定拌和机的搅拌性能，即经过规定的搅拌时间的搅拌，同一罐不同部位的混凝土拌和物中砂浆容重的相对误差应小于0.8%，单位体积混凝土中粗集粒质量的相对误差应小于5%。同时，拌和机搅制的混凝土稠度也应均匀一致，每罐次混凝土的坍落度差值也应符合规定的要求。

为适应不同混凝土搅拌要求，搅拌机有多种机型。按工作性质分：有周期式和连续式搅拌机；按搅拌原理分，有自落式和强制式搅拌机；按搅拌筒形状分：有鼓筒式、锥式和圆盘式。此外，还有裂筒式、圆槽式(即卧轴式)等混凝土搅拌机。

二、混凝土搅拌站的用途与分类

混凝土搅拌站是由供料、储料、配料、出料、控制等系统及结构部件组成，用于生产混凝土拌和物的成套设备。用混凝土拌和站进行集中搅拌具有许多优越性：

(1)水泥混凝土的集中搅拌便于对混凝土配合比较作严格控制，保证了质量。从根本上改变了现场分散搅拌配料不精确的情况；

(2)混凝土的集中搅拌有利于采用自动化技术，可使劳动生产率大大提高，节省劳动力，降低成本；

(3)采用集中搅拌不必在施工现场安装搅拌装置、堆放沙石、储存水泥，从而节约了场地，避免了原材料的浪费。

搅拌主机型式分自落式和强制式。自落式的搅拌筒容量可以做得很大，适应大集料搅拌。美国的移动搅拌站主机采用自落式的多。强制式混凝土搅拌机又有立轴与卧轴之分，它搅拌的混凝土质量好，适合搅拌低坍落度和干硬性混凝土。西欧国家用强制式的比较多。

单卧轴和双卧轴在搅拌性能上和能耗以及易损件寿命等无大的差别，但双卧轴的容量可以做得更大，最大已经一罐可搅拌 $9m^3$ 混凝土。

立轴强制式有涡桨式和行星式两种。过去涡桨式的生产品种、规格、数量都比较多。近年来行星式发展比较快，生产厂家也增多。这种搅拌机搅拌运动强烈，混凝土搅拌质量好，适合搅拌常规混凝土,应用面在不断扩大。

对开式搅拌机是比利时 SGMSJ 公司的专利产品,在欧洲应用多一些。该搅拌机属自落式,但搅拌叶片布置特殊,能拌低坍落度混凝土。卸料时拌筒从中部分开,卸料迅速干净。对开式搅拌机所需配套功率是双卧轴的 50%,而衬板寿命是双卧轴的两倍,搅拌周期与强制式差不多。该机种在搅拌站中应用还不多。

第二节　混凝土搅拌机

一、基本结构与工作原理

混凝土搅拌机按工作原理分,有自落式和强制式,如图 14-1 所示。

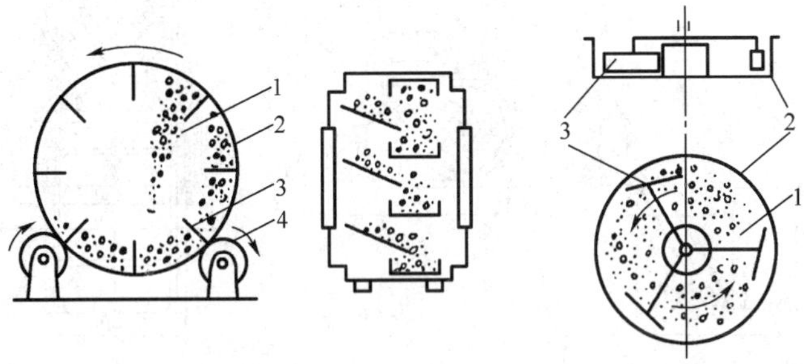

图 14-1　自落式与强制式搅拌机工作原理

a)自落式;b)强制式

1-混凝土拌和料;2-搅拌筒;3-搅拌叶片;4-托轮

自落式搅拌机[图 14-1a)]工作机构为筒体,沿筒内壁圆周安装若干搅拌叶片。工作时,筒体绕其自身轴旋转,利用叶片对筒内物料进行分割、提升、洒落和冲击,使配合料的相互位置不断进行重新分布而得以拌和。其特点是搅拌强度不大、效率低,只适于搅拌一般集料的塑性混凝土。

强制式搅拌机[图 14-1b)]搅拌机构是水平式垂直设置在筒内的搅拌轴,轴上安装搅拌叶片。工作时,转轴带动叶片对筒内物料进行剪切、挤压和翻转推移的强制搅拌作用,使配合料在剧烈的相对运动中得到均匀拌和。其搅拌质量好、效率高,特别适合于搅拌于硬性混凝土和轻质集料混凝土。

混凝土搅拌机一般由以下几个主要部分组成。

(1)搅拌机构:它是搅拌机的工作装置,有搅拌筒内安装叶片和搅拌轴上安装叶片两种结构形式。

(2)上料机构:向搅拌筒内投放配合料的机构,常见的有翻转式料斗、提升式料斗、固定式料斗等型式。

(3)卸料机构:将搅拌好的新鲜混凝土卸出搅拌筒的机构,有卸槽式、倾翻式、螺旋叶片式等。

(4)传动机构:将动力传递到搅拌机各工作机构上的装置,主要型式有带传动、摩擦传动、齿轮传动、链传动和液压传动。

(5)配水系统:按混凝土配比要求,定量供给搅拌用水的装置。一般有水泵—配水箱系统、水泵—水表系统以及水泵—时间继电器系统。

二、双锥反转出料混凝土搅拌机

双锥反转出料搅拌机的搅拌筒呈双锥形，按自落式工作原理进行搅拌，它是逐步取代鼓筒式搅拌机的一种机型，主要有 JZ 系列和 JZY 系列。

1. JZ350 型搅拌机

图 14-2 为 J2350 型搅拌机，主要由搅拌系统、进出料装置、配水系统、底盘及电气控制系统等组成。

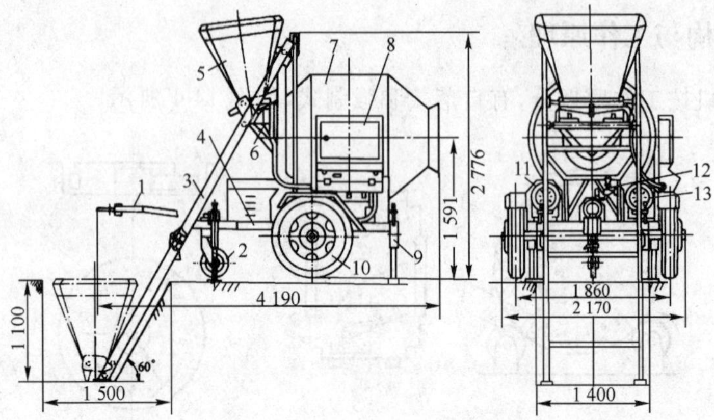

图 14-2　JZ350 型混凝土搅拌机

1-牵引架；2-前支轮；3-上料架；4-底盘；5-料斗；6-中间料斗；7-搅拌筒；8-电气箱；9-支腿；10-行走轮；11-搅拌动力和传动机构；12-供水系统；13-卷扬系统

2. JZYl50 型搅拌机的构造

图 14-3 为 JZY150 型搅拌机，它是一种小容量移动式混凝土搅拌机，进料斗的升降机构采用液压传动，其液压系统如图 14-4 所示。

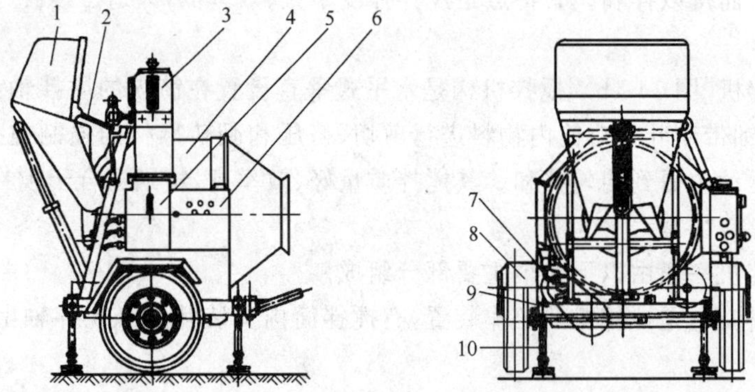

图 14-3　JZY150 型混凝土搅拌机

1-料斗；2-拉杆；配水系统；4-搅拌筒；5-油箱；6-电器箱；7-动力及传动系统；8-车轮总成；9-机架和牵引机构；10-支腿

3. 搅拌系统

(1)JZ350 型搅拌机的搅拌系统

该系统由搅拌筒、托轮和传动机构等部分组成。搅拌筒由两端的截头圆锥和中间的圆柱体组成，常采用钢板卷焊而成。搅拌筒内焊有两组交叉布置的搅拌叶片，分别与搅拌筒轴线成

45°和 40°夹角，且呈相反方向，如图 14-5 所示。较长的主叶片直接与筒壁相连，较短的副叶片则由撑脚架起，搅拌筒的进料圆锥一端焊有两块挡料叶片，以防止进料口处漏浆。在出料圆锥一端，对称地布置了一对与副叶片倾斜方向一致的螺旋形出料叶片。当搅拌筒正转时，螺旋运动方向朝里，将物料堆向筒内；搅拌筒反转时，螺旋叶片运动方向朝外，将搅拌好的混凝土卸出。

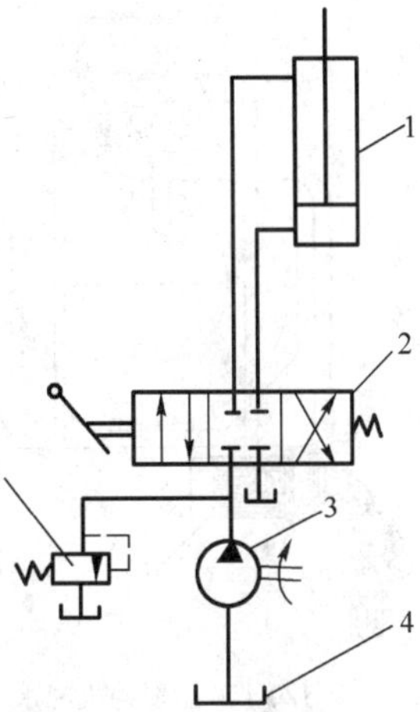

图 14-4　JZY150 型搅拌机进料斗升降液压系统

1-液压油缸；2-换向阀；3-齿轮泵；4-油箱；5-溢流阀

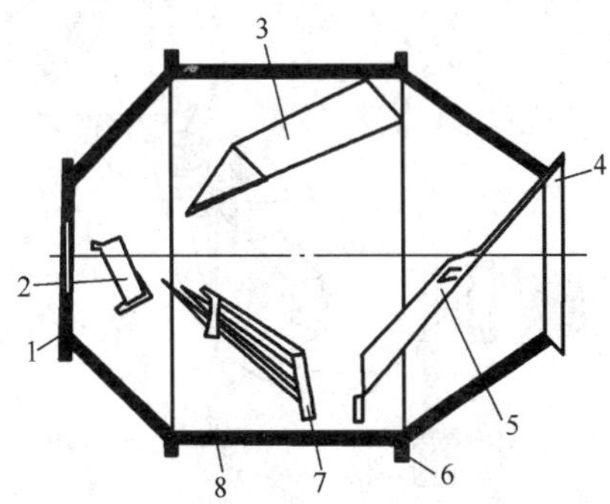

图 14-5　JZ350 型搅拌机的搅拌筒

1-进料口圈；2-挡料叶片；3-主叶片；4-出料口圈；5-出料叶片；6-挡圈；7-副叶片；8-筒身

(2)JZYl50 型搅拌机的搅拌系统

该系统由搅拌筒、托轮、传动系统等组成，其搅拌筒如图 14-6 所示，传动系统如图 14-7 所示。

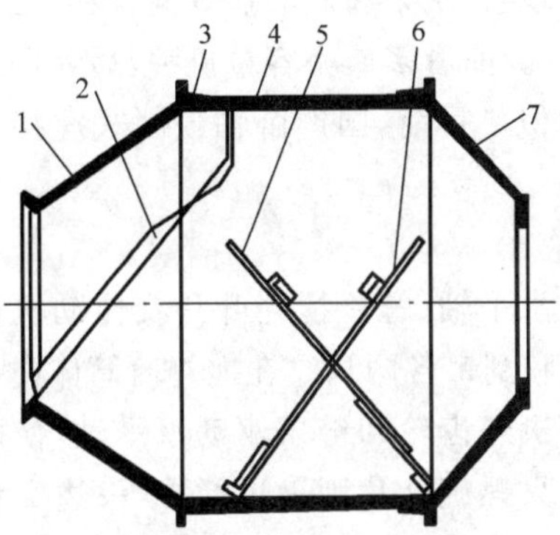

图 14-6　JZY150 型搅拌机搅拌筒

1-出料堆；2-出料叶片；3-滚道；4-筒体；5-高叶片；6-低叶片；7-进料堆

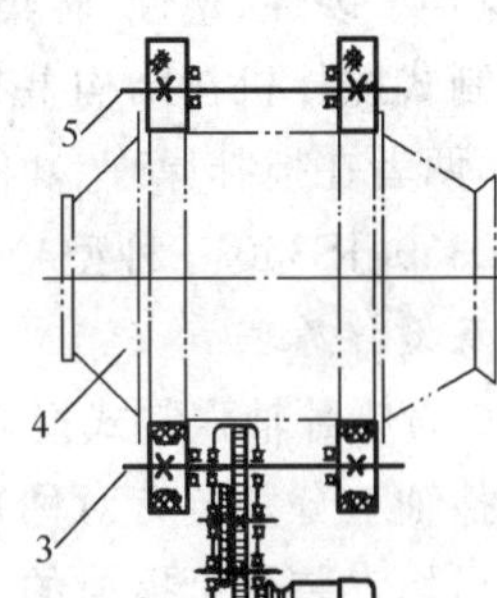

图 14-7　JZY150 型搅拌机传动系统

1-电动机；2-减速箱；3-主动轴；4-搅拌筒；5-从动轴

搅拌筒为双锥形，进料端的截头圆锥短于出料端的锥体长度，以便缩短物料进入筒体作搅拌运动的时间。在筒体内装有两对搅拌叶片，每对叶片由高叶片和低叶片组成，两叶片相交角为 78°并垂直于筒体排列，搅拌筒的出料锥体一端，装有一对呈螺旋状布置的出料叶片。当混凝土拌好后，搅拌筒作反向旋转，混凝土即顺着出料片迅速排出。

4. 配水系统

JZ350 型搅拌机的配水系统它由电动机、水泵、三通阀、量水器(水箱)和管路等组成，如图

14-8 所示。该配水系统利用虹吸原理工作。ZJZY150 型搅拌机的配水系统如图 14-9 所示，它由电动机、水泵、水箱等组成。使用时，先将水箱 7 上的指针 9 调至所需配水刻度上，拧紧指针上的定位螺钉 6。操纵三通阀 10 的控制杆 11，使其处于进水位，水即充满水箱；放水时，水箱中水即流入搅拌筒。

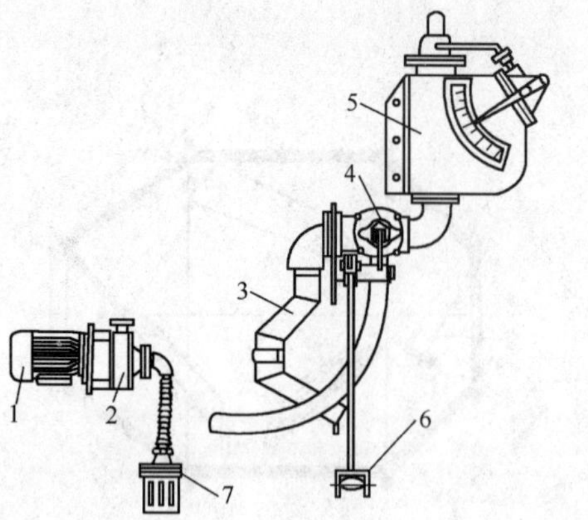

图 14-8　JZ350 型搅拌机配水系统

1-电动机 2-水泵；3-出水管；4-三通阀；5-水箱；6-拉手；7-吸水阀

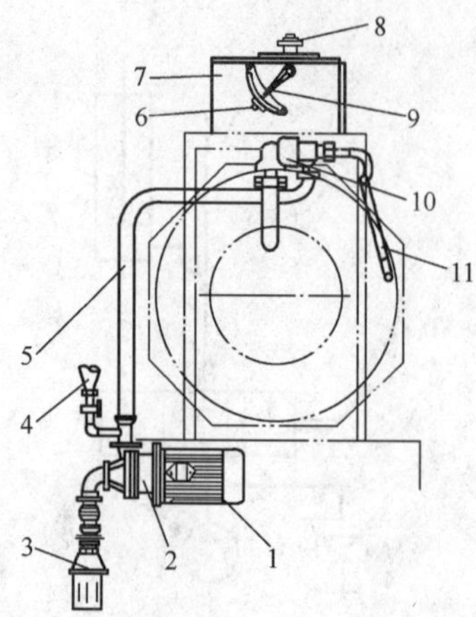

图 14-9　JZY150 型搅拌机配水系统

1-电动机；2-水泵；3-吸水阀；4-引水杯；5-进水管；6-定位螺钉；7-水箱；8-空气阀；9-指针；10-三通阀；11-操纵杆

三、卧轴强制式混凝土搅拌机

1. 分类

卧轴强制式搅拌机兼有自落式和强制式两种机型的优点，即搅拌质量好、生产率高、能耗低，可用于搅拌干硬性、塑性、轻集料混凝土，以及各种砂浆、灰浆和硅酸盐等混合料。

卧轴强制式搅拌机在结构上有单卧轴、双卧轴之分。前者多属小容量机种，后者则适用于大容量机种，两者在搅拌原理、功能特点等方面十分相似。目前，国产卧轴强制式搅拌机主要有 JD200、JD350、JS350 三种型号。

2. 结构及搅拌原理

图 14-10 为单卧轴强制式搅拌机，由 C 形搅拌筒、水平轴、螺旋搅拌叶片及传动机构等组成。水平搅拌轴上分别装有对称布置的螺旋搅拌叶片和刮铲各两只。在搅拌筒筒体内和搅拌叶片、刮铲上，均安装有可拆换的耐磨陶瓷铜觅。电动机经齿轮和链条驱动水平轴，使两个刮铲分别靠近搅拌筒两面端壁的拌和料，并向内摧送，两只螺旋叶片则一边搅拌，一边又将拌和料推向搅拌筒另一端。因此，拌和料形成强烈对流搅拌，并很快制成均匀的混凝土。

图 14-11 为双卧轴强制式搅拌机。它是由搅拌系统、传动装置、卸料机构等组成。搅拌系统由圆槽形搅拌筒和搅拌轴组成，在两根搅拌轴上安装了几组结构相同的叶片，但其前后上下都错开一定的空间，便拌和料在两个搅拌筒内不断地得到搅拌，一方面将搅拌筒底部和中间的拌和料向上翻滚，另一方面又将拌和料沿轴线分别向前堆压，从而使拌和料得到快速而均匀的搅拌。JS350 型搅拌机的卸料机构如图 14-12 所示，设置在两只搅拌筒底部的两扇卸料门，由气缸操纵，经齿轮连杆机构后，获得同步控制。卸料门的长度比搅拌筒长度短，故有 80%～90%的混凝土靠其自重卸出，其余部分则靠搅拌叶片强制向外排出，卸料迅速干净。

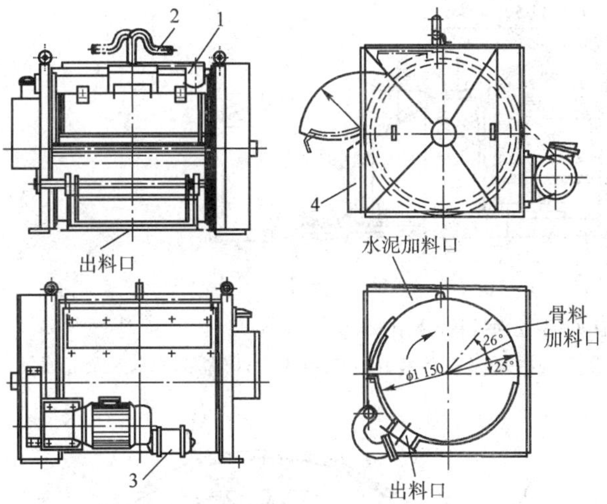

图 14-10 单卧轴强制式搅拌机构造

1-气化管；2-水管；3-气管；4-防护罩

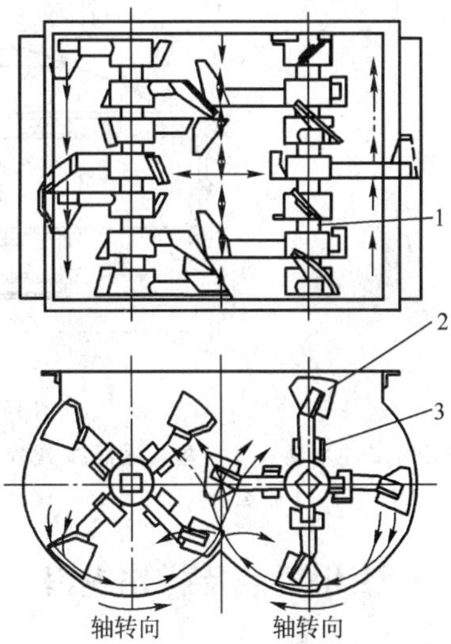

图 14-11 双卧轴强制式搅拌机构造

1-水平轴；2-搅拌叶片；3-中心叶片

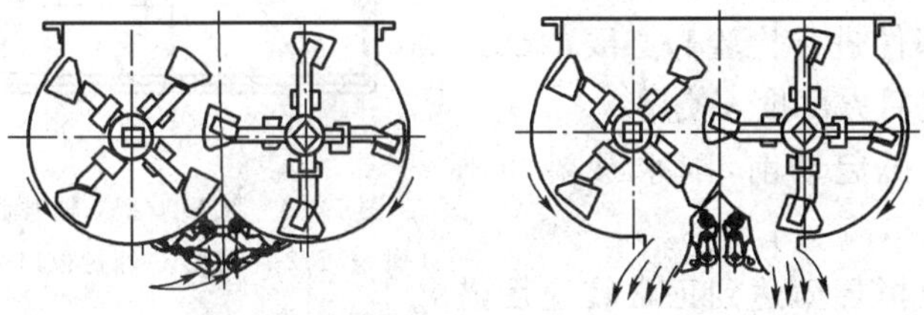

图 14-12 双卧轴强制式搅拌机卸料机构

四、立轴强制式混凝土搅拌机

1. 分类

立轴强制式混凝土搅拌机是一种适用于搅拌干硬性、高强和轻质混凝土的搅拌机，在国内外普遍采用。与自落式搅拌机相比，它具有搅拌质量好、搅拌效率高的特点。

立轴强制式搅拌机分涡桨式和行星式，其搅拌筒均为水平放置的圆盘。涡桨式的圆盘中央有一竖立转轴，轴上装有搅拌叶片；行星式的圆盘中则有两根竖立转轴，分别带动几个搅拌铲。在定盘行星式搅拌机中，搅拌铲除绕本身轴线自转外，两根转轴还绕盘中心轴线公转。在转盘行星式搅拌机中，两根转轴只自转，不公转，而是整个圆盘作与转轴回转方向相反的转动。由于转盘式能耗大、结构不理想，已逐渐被定盘式所取代。

目前生产的立轴强制式主要有 JQ 和 JQR 两个系列型号。

2. 结构及原理

图 14-13 为 JQ1000 型搅拌机。该机属于固定涡桨式强制搅拌机，主要由搅拌系统、传动系统、气动系统、供水系统和电气系统等组成。

搅拌系统如图 14-14 所示，主要由搅拌筒、搅拌叶片总成及罩盖等组成。它靠安装在搅拌筒内带叶片的立轴旋转时，将物料挤压、翻转、抛出等复合动作进行强制搅拌。搅拌筒由内外筒及底板焊接而成，内外筒壁装有刮板，从而使拌和料的搅拌均匀迅速并不致黏在内外筒壁上。

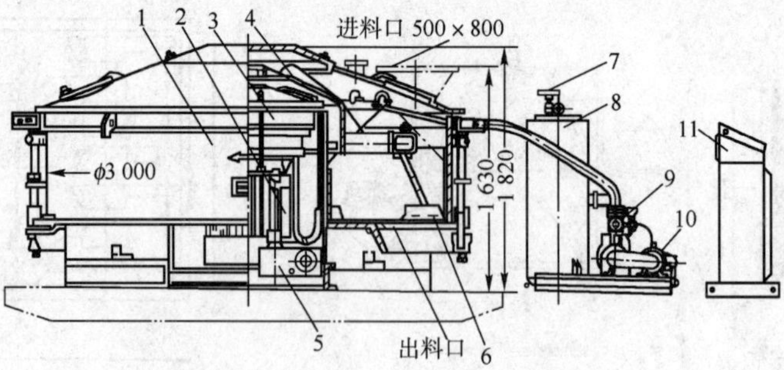

图 14-13　JQ1000 型立轴强制式搅拌机

1-搅拌筒；2-主电动机；3-行星减速器；4-搅拌叶片总成；5-润滑泵；6-搅拌叶片；7-调节手轮；8-水箱；9-水泵及五通阀；10-水泵电动机；11-操纵台

五、使用要点及操作规程

1. 使用要点

(1)自落式混凝土搅拌机使用要点

①新机使用前，应严格按照使用说明书的要求，对系统及各部件进行检验和必要的试运转，达到规定的要求后方可投入使用；

②混凝土搅拌机起动前，配水泵要加满引水；

③起动后，应使搅拌筒达到正常转速后进行上料，上料后要及时加水；

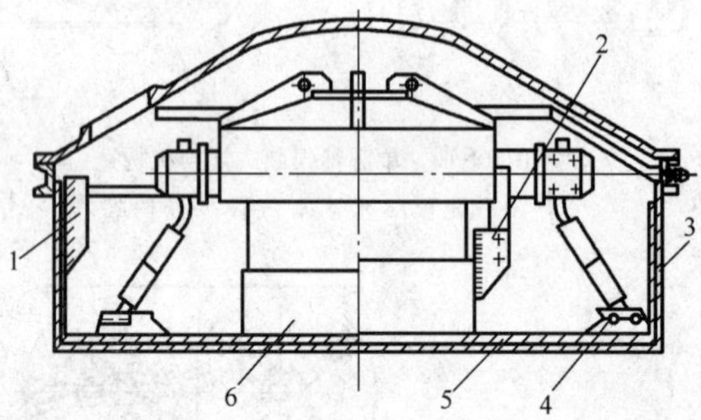

图 14-14　JQ1000 型立轴强制式搅拌机的搅拌系统

1-外刮板；2-内刮板；3-外衬板；4-搅拌叶片；5-底衬板；6-内衬板

④电力驱动的混凝土搅拌机，配电设备应有良好的接地装置；

⑤工作完毕后，应按清洁、紧固、润滑、调整、防腐等要求进行日常保养。

(2)强制式混凝土搅拌机的使用要点

①应严格筛选搅拌的混凝土集料，最大粒径不得超过允许值；

②应经常检查搅拌叶片和搅拌筒底及侧壁间隙是否符合规定的要求；

③必须保证各部件良好的润滑；

④其他使用要点参照自落式混凝土搅拌机的使用要点。

2. 操作规程

(1)应严格按搅拌机操作说明书规定的步骤操作。

(2)操作过程中，要随时注意机械的运转情况，如发现不正常的声音，应停机检查，待排除故障后，方可重新使用。

(3)正在混凝土搅拌机使用中，切勿使砂石落入机器运转部分，以免坏运转部件。

六、维护保养

1. 日常保养

混凝土搅拌机的日常保养工作，在每班工作前、工作中和工作后进行。

(1)保持机体的清洁，清除机体上的污物和障碍物。

(2)检查各润滑处的油料及电路和控制设备，并按要求加注润滑油(脂)。

(3)每班工作前,在搅拌筒内加水空转1～2min,同时要检查离合器和制动装置工作的可靠性。

(4)混凝土搅拌机运转过程中,应随时检听电动机、减速器、传动齿轮的噪声是否正常,温升是否过高。

(5)每班工作结束后,应认真清洗混凝土搅拌机。

2.一级保养

混凝土搅拌机一般工作100h以后进行一级保养。

自落式混凝土搅拌机在一级保养中,除包括日常保养的工作内容外,尚需拆检离合器,检查和调整制动间隙,如离合器内、外制动带磨损过大则须更换。此外,还需检查钢丝绳、V带、滑动轴承、配水系统和行走轮等。

强制式混凝土搅拌机在一级保养中,须检查和调整搅拌叶片及刮板与衬板之间的间隙、上料斗和卸料门的密闭及灵活情况、离合器的磨损程度以及配水系统是否正常。孔采用链传动的混凝土搅拌机,需检查链条节距的伸长情况。

3.二级保养

混凝土搅拌机的二级保养周期,一般为700～1 500工作小时。二级保养中,除进行一级保养的工作外,须拆检减速器、电动机和开式齿轮等。此外还须检查机架及进出料的操纵机构,清洗行走轮和转向机构等。

(1)拆检减速器时,须清洗齿轮、轴、轴承及油道,检查齿廓表面的磨损程度;拆检完毕,加注新的齿轮油。

(2)拆检电动机时,应清除定子绕组上的灰尘,清洗轴承并加注新的润滑脂,检查并调整定子和转子间的间隙。

(3)拆检开式齿轮时,需清洗齿轮齿廓、轴和轴承,检查磨损情况。磨损过度时应予以更换。

(4)上料离合器的内、外制动带,如磨损过度应及时更换。

(5)混凝土搅拌机的机架发生歪斜变形时,应予以修复或校正。

(6)拆检量水器时,摆正套管位置,清除吸水管和套管周围以及内杠杆和拉杆上的腐锈并刷上防锈漆。

(7)拆检三通阀时,应清除阀腔和管道接口附近的腐锈和水垢,使水路保持畅通。

(8)对特有的机构,如橡胶托轮、行程开关、水表、电磁阀等,可根据情况定期检查、调整和清洗。

第三节 混凝土搅拌站

一、概述

混凝土搅拌站(也称搅拌楼)是用来集中搅拌混凝土的机械设备,也称为混凝土工厂。它具有机械化和自动化程度高、生产率高的特点,常用于混凝土工程量大、施工周期长、施工地点集中的大中型工程。

混凝土搅拌站型号较多,但其结构基本相似,均采用电气程序控制。混凝土搅拌站按作业形式可分为周期式和连续式;按搅拌机平面布置形式可分为巢式和直线式;按工艺布置形式可分为单阶式和双阶式。单阶式搅拌楼的砂、石、水泥等材料可以一次就提升到搅拌楼的最高层,然后按工艺流程进行,如图14-15所示,主要适用于大型永久性搅拌站。双阶式搅拌楼的砂、石、水泥等材料则分两次提升,第一次将材料提升至储料斗,经配料后,再将材料提升并卸入搅拌机，其工艺流程如图 14-16 所示，主要适用于中小型搅拌站。

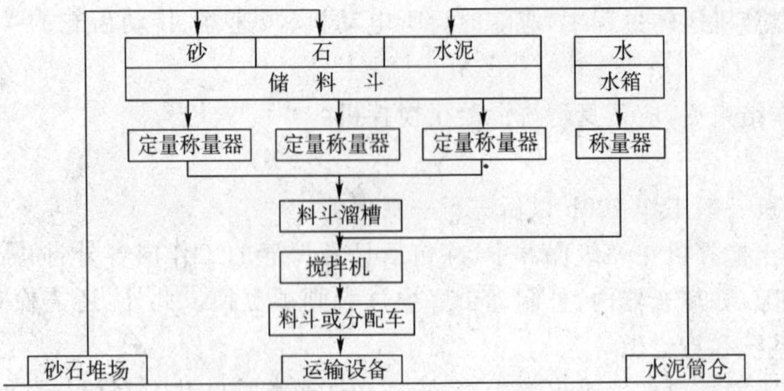

图 14-15　单阶式搅拌站工艺流程

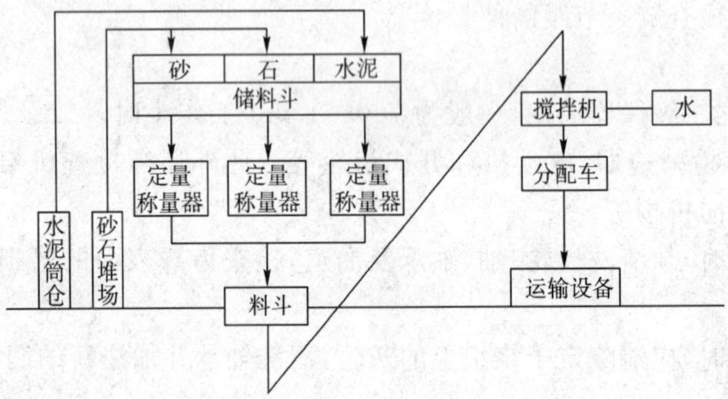

图 14-16　双阶式搅拌站工艺流程

二、主要结构及原理

混凝土搅拌站主要由集料供储系统、水泥供储系统、配料系统、搅拌系统和控制系统等组成。搅拌站的结构组成如图 14-17 和图 14-18 所示。

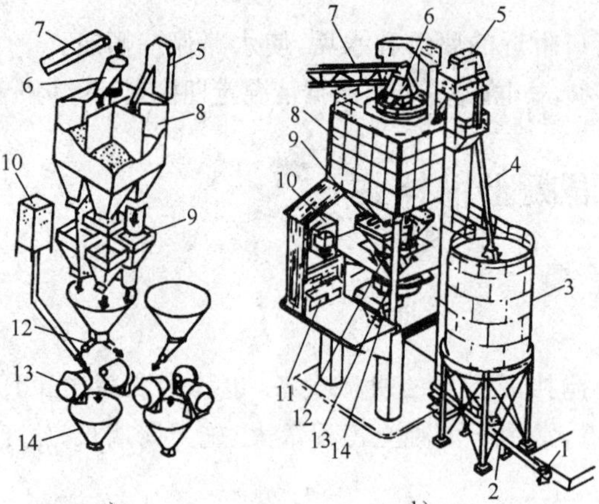

图 14-17　混凝土搅拌站

a）台状机的锥形倾翻出料式搅拌站；b）1 台状机的涡桨式搅拌站

1-水泥受料口；2-螺旋输送机；3-水泥溜管；4-水泥提升机构；5-斗式提升机；6-回转分料器；7-集料带式输送机；8-储料仓；9-称量装置；10-水箱；11-操纵台；12-集中料斗；13-搅拌机；14-混凝土储料斗

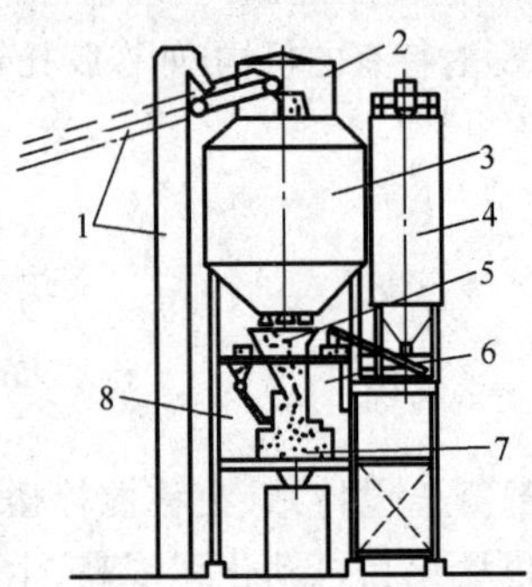

图 14-18　水泥单独进入搅拌机的混凝土搅拌站

1-集料斗式提升机（或带式输送机）；2-回转分料器；3-集料储存仓；4-水泥储存仓；5-集料称量装置；6-水泥称量装置；7-搅拌机；8-水称量装置

1.集料的供料和储料系统

集料供储系统包括集料带式输送机7和集料储料仓8。集料运输是把料场上的砂石材料运送到各相应的集料储料仓的设备。储料仓是直接向称量装置9供料的中间仓库,它只需存放少量材料保证称量不中断。储料仓中装有料位指示器(料满和料空两个指示器或连续料位指示器),可实现自动供料。当料满时,料满指示器发出指令,使输送设备停车;当储料仓中的料面下降到最低位置后,料空指示器发出指令,输送设备启动,向储料仓装料。储料仓的卸料口装有气动式扇形闸门控制卸料口开启程度,以调节给料量。粗集料储料仓常用两个反向回转的扇形闸门。砂子储料仓外壁还需加装附着式振动器进行破拱。集料的供储方案主要有以下几种:

(1)带式输送机(或斗式提升机)和钢储料仓

带式输送机(或斗式提升机)的运送高度大,能满足大产量连续作业的要求,所以混凝土搅拌站均采用这种形式。同时,由于这种运输设备操作简单可靠,维修方便,所以在产量较大的搅拌站中也被广泛采用。这种形式的缺点是不能自己上料,必须用其他设备上料,或把它的受料部分装在地坑里(图14-19),由装卸卡车直接卸入。

带式输送机比斗式提升机工作平稳,噪声小,速度快,连接作业生产率高,但占地面积比斗式提升机大。

钢制储料仓(大型搅拌站中也有采用钢筋混凝土料仓)是被分割成多个隔仓(图14-17中件8),利用上面的回转分料器6把带式输送机(或斗式提升机)送上来的不同种类、规格的集料装入相应的隔仓中。这种料仓做成防尘防潮隔声的密封式,输送带也安装防护罩,所以材料不受外界影响,也为冬季加热提供了方便。

(2)悬臂拉铲和星形料仓

悬臂拉铲与星形料仓见图14-20所示。悬臂拉铲不需要辅助设备可自行垛料扒升,把材料堆高,在受料口上面形成一个活料区,这部分材料靠自重经卸料口闸门卸出。星形料仓既是料场,又是储存仓,用挡料墙分隔成多仓,节省了大量钢材。由于堆料高,星形料仓的扇形角大(一般为210°),所以集料储存量大,品种规格多。悬臂拉铲的缺点是劳动强度大,满足不了大批量连续生产的需要;转移和安装较麻烦,而且材料受外界影响。这种形式在中等产量的拆装

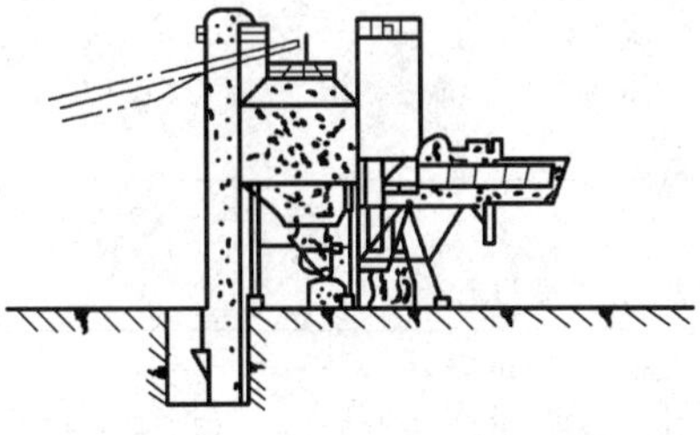

图14-19　带式输送机(或斗式提升机)运输集料的搅拌站

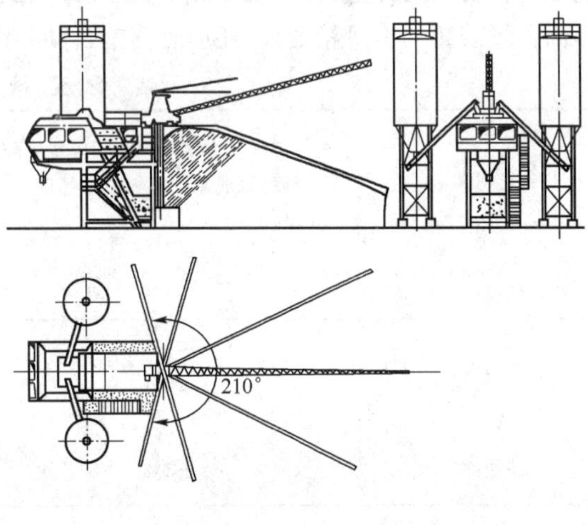

图14-20　悬臂拉铲运输集料的搅拌站

式搅拌站中得到广泛应用。

(3)链斗式输送机和星形料仓

储料仓是星形料仓,但不需要挡料墙,也可不要活料仓。集料围绕搅拌站散堆堆放,由链斗直接运入称量斗中。这种形式也能自行装卸,堆料无死角,设备拆装运输比较简便,但速度慢,效率低,应用于产量在 $30m^3/h$ 以下的搅拌站中。

(4)装载机和小容量钢储料仓

装载机可以自装自卸,机动灵活,但装载机运送高度较小,只适用于小产量的移动式搅拌站。这种运输形式配以小容量的钢储仓。

2.水泥的供料和储料系统

水泥供储系统包括水泥输送设备、水泥筒仓和水泥储料斗。水泥筒仓中的水泥通过输送设备运送到水泥储料斗,或直接运送到水泥称量斗中。为了使水泥均匀地卸入称量斗,采用给料机作为配料装置,一般采用螺旋输送机兼作配料和运输用。通常的水泥供储系统由一条与集料分开的独立的密闭通道提升、称量,单独进入搅拌机内,从根本上改变了水泥飞扬现象。水泥筒仓和储料斗采用气动破拱器进行破拱。在水泥筒仓和储料斗内有料位指示器以实现自动供料。水泥输送设备分机械输送和气力输送。

(1)机械输送分两种。一是由作水平运输的螺旋输送机和作垂直运榆的斗式提升机组成;二是采用集水平和垂直运输于一体的倾斜式螺旋输送机。机械输送可靠,但投资大。

(2)气力输送由输送泵、输送管道、吸尘器组成。水泥在输送泵中被压缩空气吹散呈悬浮状态,混合气体沿管道输送到目的地,再由吸尘器把水泥从气流中分离出来。气力输送设备简单,占地面积小,工艺布置灵活,没有噪声,但能耗大。

3.配料系统

配料系统是对混凝土的各种组成材料进行配料称量,控制混凝土配合比。配料系统由配料装置(给料闸门或给料器等)、称量装置和控制部分组成。

(1)称量装置的基本要求

①称量要准确。影响混凝土质量的因素很多,但准确地实现设计的配合比(特别是其中的水灰比)是保证混凝土质量的关键。我国现行国家标准《混凝土搅拌站技术条件》(GB 10172—88)规定了各种材料的称量精度(表 14-1),其中对水泥和水的称量精度提出了较高的要求。为此,除了提高称量装置的本身精度外,还应有落差自动补偿和砂含水率测定补偿。

称量精度 表 14-1

配料	在大于称量 1/2 量程范围内单独配料称量或累计配料称量精度	备注
水泥	±1%	
水(按容积或质量计量)	±1%	一等品、合格品为±2%
集料	±2%	集料粒径≥80mm 时为±3%
掺合剂(粉煤灰)	±2%	当水泥与粉煤灰累计称量时,先水泥后称粉煤灰,累计误差≤±1%
外加剂	±3%	

②称量要迅速,以满足搅拌站工作循环的要求。

③称量值预选的种类要多,变换要方便,以适应多种配合比和不同容量的需要。

④称量装置应结构简单、操作容易、牢固可靠、性能稳定。

(2)称量过程

称量过程分为粗称和精称两个阶段。粗称以缩短称量时间,精称以提高称量精度。

先按配合比设定称量值。控制系统通过电磁气阀操纵气缸来驱动储料仓的给料闸门完全打开,进行粗称。在称量时测定值不断与设定值比较;当接近设定值 85%～90%时,控制系统使储料仓给料闸门逐渐关小,进行精称。当达到设定值时,闸门完全关闭,并由显示部分显示测定值。

(3)称量装置的分类

称量装置的分类见图 14-21。

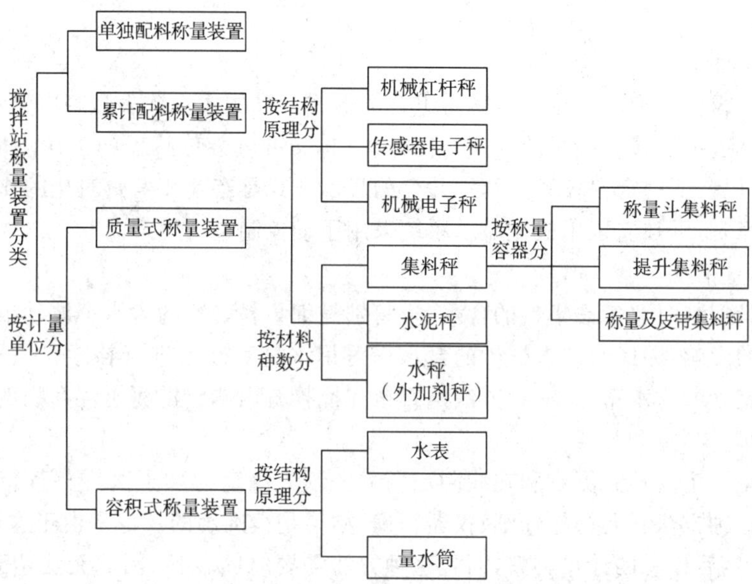

图 14-21 称量装置的分类

单独配料称量精度高、称量时间短。但称量设备多,难以布置。所以这种形式用得不多,一般只用于搅拌站中,以适应搅拌站生产率高的特点。累计配料称量可以节省称量设备,但称量时间长,并易产生积累误差,所以累计配料称量只在称量时间限制的许可范围内部分地采用,一般多用于称量精度较低的集料称量。而大部分搅拌站均采用单独配料称量和累计配料称量组合的形式。

质量式称量装置以质量为计量单位,由于混凝土配合比是质量配比,所以这种装置称量精确,用于水泥、砂、石和水等各种材料的称量。容积式称量装置以容积为计量单位,不能精确控制配比,故很少采用,但因水(或外加剂)在外界条件变化时其容积变化很小,所以水(或外加剂)的称量除采用质量式称量装置(水秤)外,也允许采用容积式称量装置(水表、量水筒等)。

质量式称量装置按其构造又可分为机械杠杆秤、传感器电子秤和机械电子秤三种。

①机械杠杆秤

它是利用杠杆系统进行称量的装置。最终测力有杠杆秤和弹簧秤两种。称量值的显示方法分别为秤杆刻度显示或指针表盘刻度显示。

机械杠杆秤牢固可靠,性能稳定、维修方便。但称量值的设定麻烦,配合比变换的种类不能太多,自动化程度低,难于满足大容量混凝土生产的需要,而且多级杠杆结构笨重,积累误差较大。

②传感器电子秤

它是利用拉力传感器传为进行称量的装置。称量时传感器输出一个与外力量值成正比的模拟电信号，此信号通过测量电桥与设定值比较测出被称材料的质量，或者经 A/D 转换由微机处理实现计量。称量值的显示方式有指针表盘刻度显示和屏幕数字显示两种。称量值的设定方式有电位器方式、穿孔卡片方式和微机直接键并存储方式三种。

传感器电子秤没有繁杂的杠杆系统，体积小、质量轻、结构简单、称量精度高、变换配合比方便且种类多；由于电子秤的输出是一个电信号。便于自动控制，生产能力较大；其中微机控制形式便于按连续计量信号进行跟踪补偿，进一步提高了称量精度。但是传感器对空气的温度、湿度和周围环境的清洁度等有一定要求，操作过程中易发生故障，称量精度的稳定性受到影响。

③机械电子秤

一般采用一级杠杆和一个拉力传感器组合的形式。机械式指针表盘刻度显示和屏幕数字显示两种并存。这种形式既可减少复杂的杠杆机构，又可改善传感器的工作环境。虽然精度不如纯电子秤，但精度稳定性较高。两种并存的显示方式具有互相监督对比的作用，而且在微电系统发生故障时，可独立运用机械显示系统采用手动控制进行生产。

(4)水的称量精度

在进行水量配制时要考虑集料的含水率，特别是细集料(砂)的含水率波动很大，对混凝土的稠度有明显的影响，因此必须根据砂的含水率对用水量和砂量进行补偿。一种方法是在砂储料仓出口测定砂的含水率，另一种方法是直接在搅拌机内测定混凝土拌和物的稠度。

①砂的含水率测定和补偿

砂的含水率测定有预先测定和在线测定两种。预先测定为烘干法，是利用干湿对比测定砂的含水率。这种方法只要操作仔细、仪器精确，结果是很准确的。但是由于这种方法是生产前的预先测定，然后作总的计量调整，而且这种方法需要时间较长，因此无法达到自动补偿的要求。这种方法目前使用仍较普遍。

在线测定是使用砂含水率测定仪在生产过程中进行测定，即对每一罐混凝土进行控制。在储料仓上装有测定探头，测得的含水率输控制系统进行增砂减水。在线测定主要有中子法、电容法、电阻法等。中子法精度高，对颗粒中水分敏感，不受温度变化和水清洁度的影响。但反应时间较长，成本过高，安全保护措施要求严格，所以使用还不普遍。电容法和电阻法由于影响电容量和电阻量的因素较多，故精度较低，其中材料密实度对其精度影响最大，所以国外采用取样经振动密实后的测定数据以及采用平均值的方法，其精度有明显提高且比较稳定。微机控制系统可以快速取样、多次平均、及时补偿，以消除随机误差。我国多采用电容法。

②直接测定混凝土拌和物的稠度

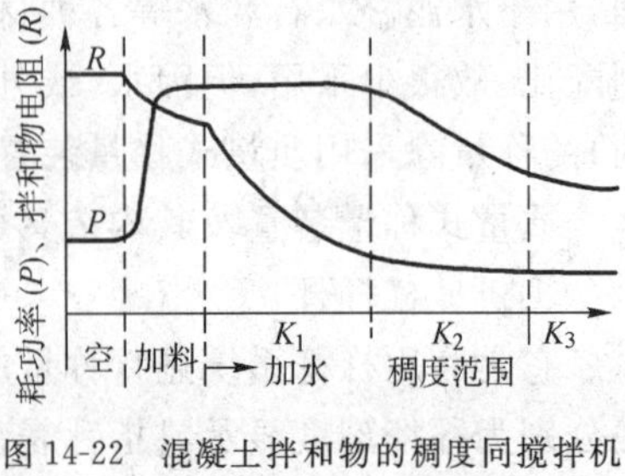

图 14-22 混凝土拌和物的稠度同搅拌机消耗功率(P)和拌和物的电阻(R)的关系曲线

混凝土拌和物的稠度同搅拌机消耗功率(P)和拌和物的电阻(R)的关系曲线见图 14-22。干硬性混凝土拌和物的维勃稠度 K_1 的变化，对消耗功率影响不大，而对拌和物的电阻数有敏感的关系，所以测定干硬性混凝土拌和物的稠度可用电阻法。塑性和流动性混凝土拌和物的坍落度 K_2、K_3 的变化对消耗功率比较敏感，坍落度越大，消耗功率越小，所以测定塑性和流动性混凝土拌和物的稠度用功率法。目前有适用于干硬性混凝土拌和物的稠度计、适用于塑性和流动性混凝土拌和物的稠度计和适合所有稠度混凝土拌和物结合使用的稠度计。

4. 搅拌系统

自落式和强制式搅拌机均可作为搅拌站的主机。搅拌站配 2～4 台搅拌机，因为一台搅拌机不能充分发挥搅拌站其他设备的效率，而且由于搅拌机故障或检修将使整座搅拌站停产是很不经济的。混凝土搅拌站通常只装一台搅拌机，但也有装两台的。

三、HZ25 型混凝土搅拌站

HZ25 型混凝土搅拌站是一种移动式自动化混凝土搅拌设备。它将砂、石、水泥等的储存、配料、称量、投料、搅拌及出料装置，全部组装在一个整体车架上，具有结构紧凑，质量轻，占地面积小的特点。它主要是由搅拌装置、供料系统、称量系统、电控系统以及外部配套设备等组成，如图 14-23 所示。

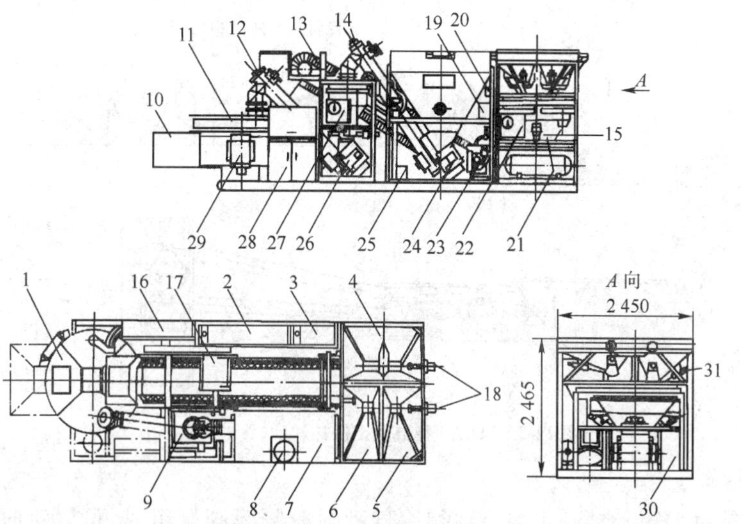

图 14-23　HZ25 型混凝土搅拌站

1-搅拌机观察口；2-水箱；3-添加剂箱；4-砂储料斗；5-石$_1$ 储料斗；6-石$_2$ 储料斗；7-水泥储存斗；8-水泥进料口；9-水泥称量斗；10-混凝土出料口；11-搅拌机；12-螺旋输送机；13-裙边胶带输送机；14-水泥称量螺旋输送机；15-砂石称量斗；16-电气控制箱；17-电动机；18-料位指示器；19-电磁阀箱；20-接线盒；21-储气筒；22-计量表头箱(砂、石)；23-空气压缩机；24-水泥计量螺旋输送机电；25-按线盒；26-水泥投料螺旋输送机电机；27-计量表头箱；28-电气操作箱；29-搅拌机电动机；30-外部电源箱；31-振动器

1. 搅拌机

HZ25 型搅拌站采用的搅拌机如图 14-24 所示。它是由电动机驱动的，动力经 V 型皮带传动，通过行星摆线针轮减速器，带动涡桨旋转进行搅拌。搅拌筒内装有 4 块侧衬板、8 块底衬板和 2 块筒衬板。涡桨有三片外铲、二片内铲、一片外刮板和一片内刮板，如图 14-25 所示。

2. 供料系统

(1)砂石供料系统

砂、石供料系统如图 14-26 所示。采用装载机分别将砂、石备料输砂、石料斗，经累计称量后，通过胶带输送机向搅拌筒内投料。

(2)水泥供料系统

水泥由储料斗输送至称量斗，经过称量后投向搅拌筒。

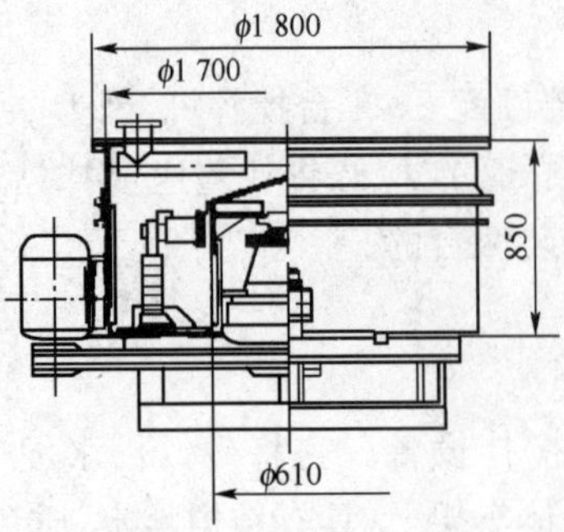

图 14-24　HZ25 型混凝土搅拌站搅拌机

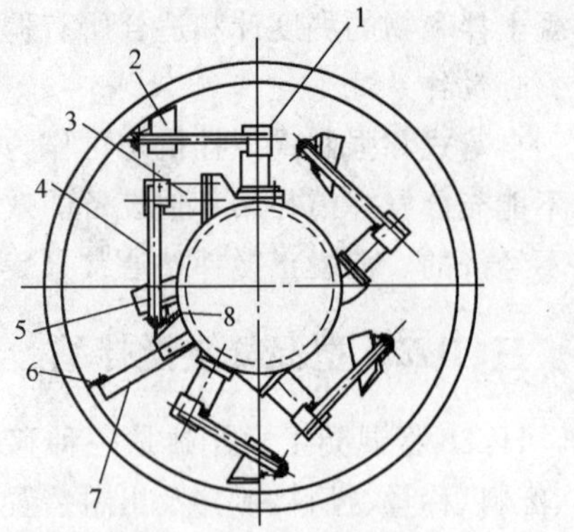

图 14-25　搅拌机涡桨及叶片

1-涡桨；2-外铲片；3-铲臂固定座；4-铲臂；5-内铲片；6-外刮板；7-外刮板臂；8-内刮板

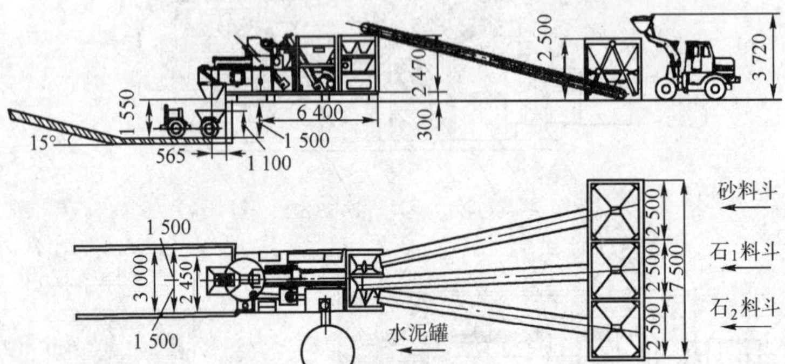

图 14-26　HZ25 型混凝土搅拌站砂、石供应系统

(3)配水系统

配水系统是由水箱、滤网、水泵、流量计、气动衬胶隔膜阀等组成，可以定时定量向搅拌筒内供水。

(4)外加剂供料系统

外加剂供料系统是由外加剂箱、滤网、附加剂泵、流量计及气动衬胶隔膜阀等组成。

3.称量系统

HZ25 型混凝土搅拌站有两套杠杆秤，一套用于水泥称量，如图 14-27 所示；另一套用集料累计称量，如图 14-28 所示。杠杆秤的称量料斗通过 II 级或 III 级杠杆减力后，作用于显示器的钢带拉索上，通过卷筒旋转，使扇形齿轮转动，带动固定在小齿轮上的指针转动，指出称量数据。

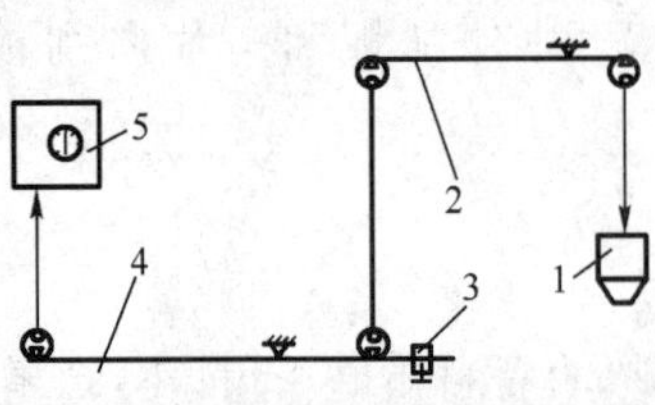

图 14-27　水泥计量器原理图

1-水泥称量斗 II；2-I 级杠杆；3-游砣；4-II 级杠杆；5-计量表

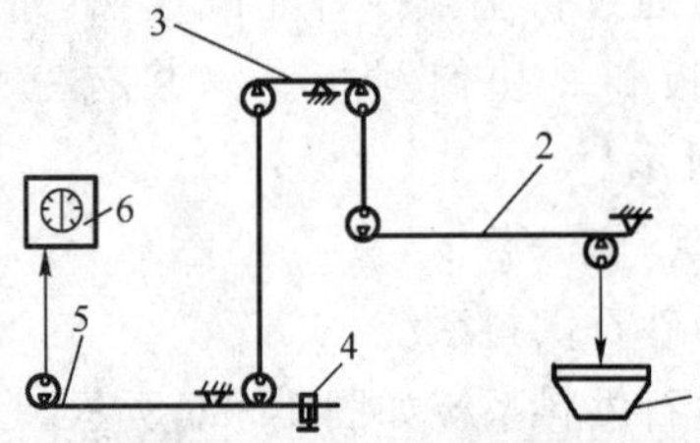

图 14-28　砂、石计量器原理图

1-砂石称量斗；2-I 级杠杆；3-II 级杠杆；4-游砣；5-III 级杠杆；6-计量表

4. 外部配套设备

外部配套设备包括水泥筒仓、装载机、移动式胶带输送机等。

5. 计算机控制系统

(1)混凝土搅拌站的计算机控制系统

硬件构成如图 14-29 所示。称量仪显示称量值,并向 PLC 输出 0～10V 模拟信号,PLC 采用 OMRONCQMl 型模块结构,主要包括基本模块 CQMl-CPU2l,模数转换模块 CQM-AD041,输出模块 CQMl-OC222 等,工控机采用工业控制计算机,如研华 IPC-610486 工控机。

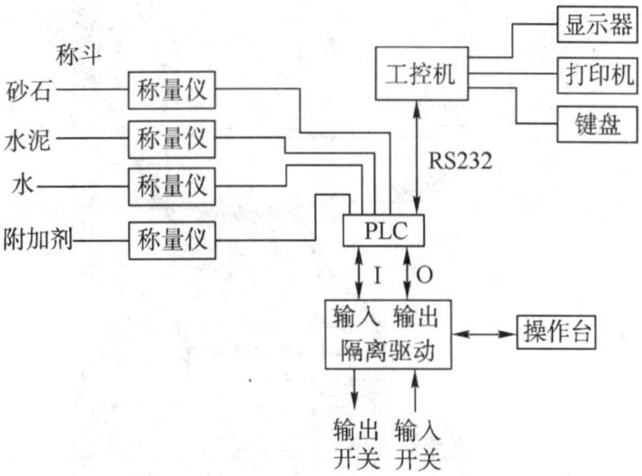

图 14-29 硬件构成框图

(2)计算机控制程序

图 14-30 为计算机控制软件框图。整个控制程序分成两大部分,工控机为上位机,PLC 机为下位机,两大程序为上位机程序和下位机程序。上位机程序为主控程序,包括控制参数修改、实时监控、通信处理、级配登录数据管理等;下位机程序包括实时处理输出、开关信号输出、AD 模拟处理、响应上位机通信命令等。

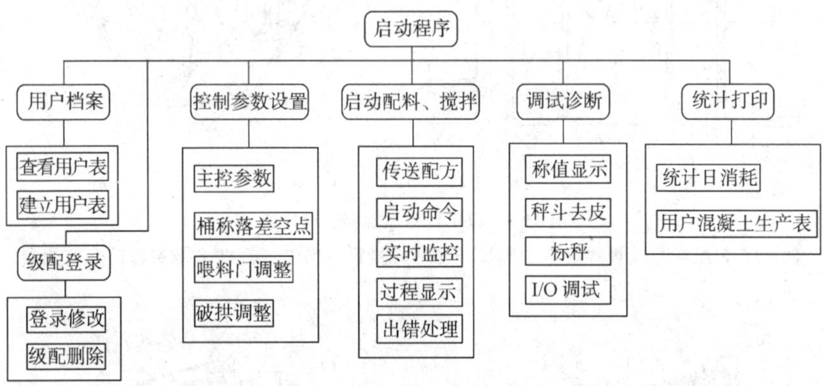

图 14-30 控制程序框图

四、HL140 型混凝土搅拌站

HL1-90 型混凝土搅拌站为垂直布置单阶周期作用式混凝土搅拌装置,每小时能拌制混凝土 72～90m³。除自身基础就地浇筑外,全部采用配装式钢结构,以便于搬拆转移。用料可储备四种石子、两种砂子、两种标号水泥,水及塑化剂或加气剂,供搅拌不同级配的混凝土使用。HLl-90 型搅拌站主要由水泥、砂、石供应系统、主楼、配水系统、塑化剂供应系统及电气系统等组成,如图 14-31 所示。

1. 供应系统

(1)水泥供应系统

水泥由螺旋输送机及斗式提升机经溜管输送到主楼水泥仓和 4 个筒仓内储存,筒仓中水泥可经螺旋输送机及斗式提升机送至主楼水泥仓内和 4 个筒仓内。

(2)砂石供应系统

砂、石由设在主楼右后方的带式输送机供给,砂、石备料进入加料斗后,由运输带输送到最高处，然后经回转进料斗进入任一个料仓中储存，如图 14-32 所示。

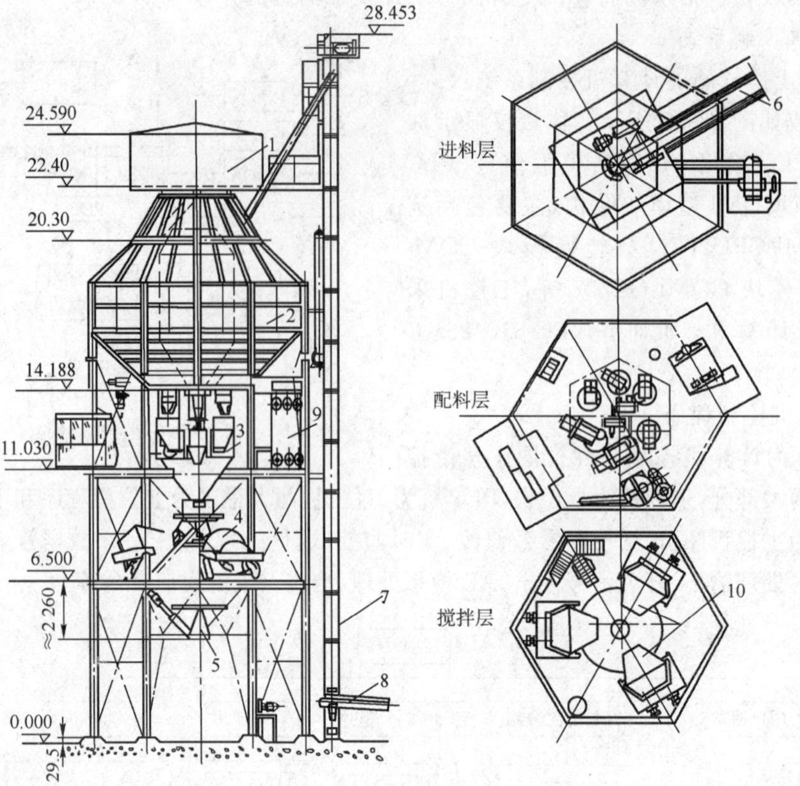

图 14-31　HL1-90 型混凝土搅拌站

1-进料层；2-储存层；3-配料层；4-搅拌层；5-出料层；6-胶带输送机；7-斗式提升机；8-螺旋输送机；9-尘器；10-搅拌机

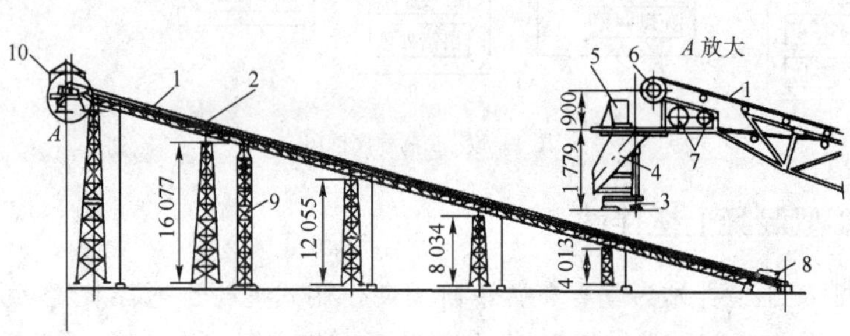

图 14-32　HL1-90 型混凝土搅拌站带式输送机

1-运输带；2-型钢支架；3-回转进料斗传动装置；4-回转进料斗；5-挡板；6-卸料辊筒；7-驱动辊筒；8-加料斗；9-重锤式张紧装置；10-机房

2. 主楼

主楼自上而下由进料层、配料层、搅拌层和出料层组成。

3. 配水系统

水由工地供水网供应，直接输配料层水箱中，其余各层均设有阀门可供清洗使用。

4. 外加剂供应系统

外加剂供应系统由设在出料层地面的外加剂储存箱、外加剂泵及配料层的料筒和料斗等组成。

5. 压缩空气系统

压缩空气系统是由储气筒、电磁阀、气缸、破拱装置等组成，它是搅拌站气、电控制系统的重要组成部分，用以控制各弧门(斗门、仓门)的启闭和水泥仓的破拱。

6. 电气系统

电气系统采用的电源为380/220V，50Hz。各电动机均采用380V三相供电，控制系统、电子秤、照明则采用220V单相供电，行灯和电动工具等则另用变压器将电压降至36V使用。

7. 计算机控制系统

目前，搅拌站的控制系统为计算机全自动控制方式和辅助手动按钮操作台并用。

(1)硬件结构

搅拌站控制系统中心计算机称为微电系统，分管计量控制、搅拌控制、卸混凝土控制、用户管理等工作，系统构成如图14-33所示。

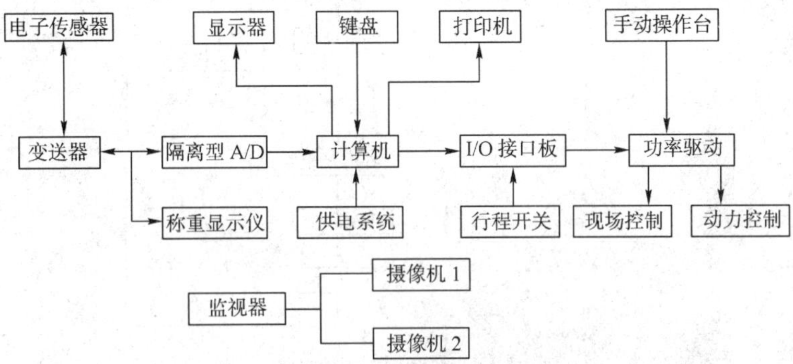

图14-33 控制系统硬件结构框

计算机采用工业控制计算机、隔离型A心板、I/O接口板，模拟信号采用现场放大、电流传送，以提高抗干扰能力，监视器可以观察远处现场状态。

(2)程序流程

软件设计程序采用MSC6.0语言编制，程序流程图见图14-34。

故障处理分两类，一类是轻微故障，如超时、计量时少量超欠称等，这类故障只报警，不影响程序继续执行控制；另一类是重大故障，系统在报警同时关闭所有的有关输出控制，但系统仍可做管理工作及各10点的检测工作。故障监测有两大内容，一是各开关量10点的状态显示，二是计量秤的动态显示。

五、使用要点及操作规程

1. 使用要点

(1)启动：接通电源，按预拌混凝土配合比，设定砂、石、水泥、水及外加剂的数值，在确保输送机、空气压缩机及外部供料设备均起动运转的情况下，起动搅拌机。

(2)计量：根据计量方式，确定称量选择开关位置。自动计量时，将砂、石、水泥称量选择开关扳至自动位置；手动称量时，将其开关扳至手动位置，即可开始按照各自方式进行称量。

(3)投料：自动放出时，砂、石、水泥、水和外加剂将自动依次放入搅拌机进行搅拌，手动放出时，则需将各有关开关扳至手动位置，选择各手动按钮。

(4)出料：混凝土搅拌完毕，打开搅拌机出料斗门，放出混凝土，放出完毕，关闭搅拌机出料斗门。

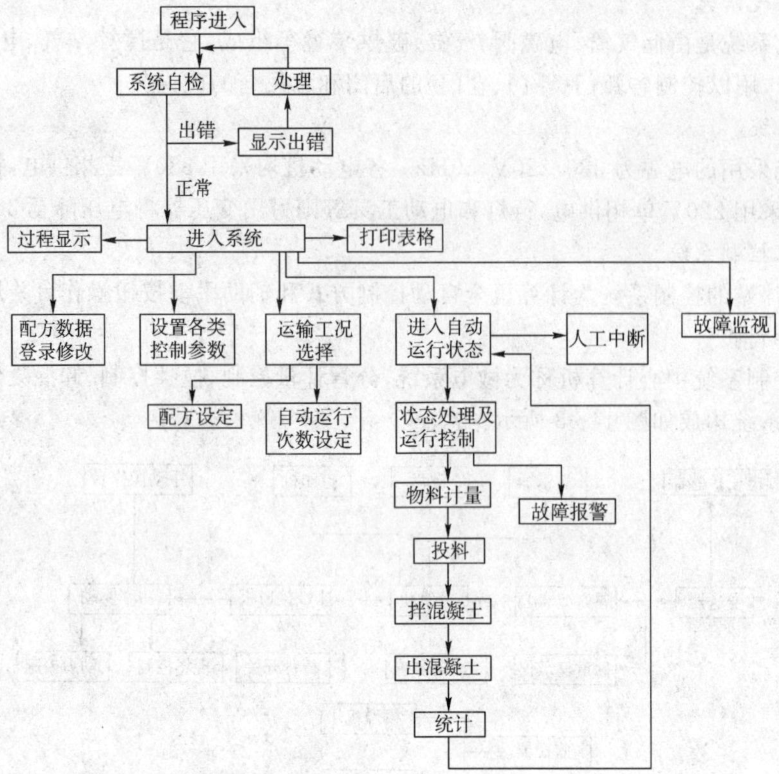

图 14-34　控制程序流程图

2. 操作规程

(1)作业前检查

①检查搅拌机润滑油箱及空压机曲轴箱的液面高度。搅拌机采用 L-AN32 全损耗系统用油,空压机冬季用 1 号压缩机油,夏天用 19 号压缩机油;

②冰冻季节和长期停放后使用,应对水泵和外加剂泵进行排气引水;

③检查气路系统中气水分离器积水情况。积水过多时,打开阀门排放。检查油雾器内油位,过低时应加 20 号或 30 号锭子油;打开储气筒下部排污螺塞,放出油水混合物;

④空运转 5～10min 后,检查油路、水路、气路通畅情况,有无溢漏现象。各料仓门启闭是否灵活。

(2)作业后清理维护

①清理搅拌筒内外积灰、出料门及出料斗积灰,并用水冲洗干净;

②用水冲洗外加剂和外加剂供给系统;

③冰冻季节,应放尽水泵、外加剂泵、水箱及外加剂箱内存水,并起动水泵和外加剂泵运转 1～2min。

六、技术保养

1. 日常保养

(1)检查气路系统气水分离器中的积水情况,积水过多时,应打开阀门排水。

(2)检查各润滑处润滑情况,必要时加注润滑油。

(3)工作结束后,清理搅拌筒内外积灰、出料门及出料斗积灰,并用水冲洗干净。用水冲洗外加剂箱及外加剂供应系统。冰冻季节，应放尽水泵、外加剂泵、水箱及外加剂箱内存水。

(4)任一装置出现异常噪声时，应停机检查，查明原因排除故障。

2.一级保养

每工作200h后必须进行一级保养。

(1)对各润滑点，必须进行润滑。

(2)检查搅拌机叶片等磨损情况，必要时调整间隙或更换。

(3)检查各传动装置工作情况，必要时进行调节。

(4)检查各接触器、继电器的静、动触头损伤情况，如有损伤或烧坏，应及时修复或更新。

3.二级保养

每工作600h后必须进行二级保养。

(1)检查搅拌机搅拌叶片磨损情况，修复或更换磨损严重的叶片。

(2)更换减速器润滑油，消除漏油现象。轴承及齿轮磨损严重时，应予更换。

(3)按润滑表的规定对各润滑点进行润滑。

(4)检查电气控制系统，消除各电气元件表面的尘土。电气元件如有损坏，应予更换。

(5)检查各结构件的联结，如有松动，应予紧固，如有变形或损坏，应予修复或更换。

(6)检查水泵泄漏情况，必要时拆检水泵清除漏水现象。

第十五章　滑模式水泥混凝土摊铺机

第一节　概　　述

一、用途

水泥混凝土摊铺设备是用来将符合路面材料规范要求和摊铺要求的水泥混凝土均匀地摊铺在已修整好的基层上，经振实、抹平等连续作业程序，铺筑成符合路面标准要求的水泥混凝土面层的设备。它已广泛应用于公路、城市道路、机场、港口、广场以及水库坝面等水泥混凝土面层的铺筑施工中。

水泥混凝土路面，以其具有较高的抗压、抗弯、抗磨耗能力，较好的水稳定性、热稳定性，较强的抗侵蚀性等优点，已广泛地应用于高等级公路的修建中。因此，能够保证水泥混凝土路面施工质量和施工进度、技术水平先进、性能优良的水泥混凝土摊铺机，越来越多地应用于公路水泥混凝土路面工程施工中。

水泥混凝土摊铺机铺筑的水泥混凝土面层，必须达到设计、规范要求的质量标准，因此，水泥混凝土摊铺机应满足以下技术要求：

(1)达到规定的摊铺宽度和摊铺厚度；

(2)摊铺后的路面平整度误差在设计规范允许的范围内；

(3)振捣均匀、充分，达到规定的密实度；

(4)布料均匀，不得产生混合料离析现象；

(5)可靠性及操纵性好；

二、分类

水泥混凝土摊铺机的分类方法较多，按行走方式不同，可将水泥混凝土摊铺机分为两大类：一类是轨道式摊铺机；另一类是履带式摊铺机。轨道式摊铺机采用固定轨道和固定模板进行摊铺作业，因此，又叫做定模式摊铺机。履带式摊铺机采用随机滑动模板进行摊铺作业，因此又叫做滑模式摊铺机。

美国最先将滑模技术应用于水泥混凝土路面修筑施工中。在20世纪60年代初，美国制造出世界上第一台滑模式摊铺机。早期的滑模式锥铺机的行走系统是两履带电驱动。70年代初，出现了四履带滑模式摊铺机。1967年，美国CMI公司申报了一种电找平传感器的专利，80年代出现了液压式找平传感器。80年代末90年代初，德国WIRTGEN公司从其他滑模式摊铺机公司，如比利时的SGME公司获得了专用技术，开发出自己的滑模式推铺机，共四个型号。WIRTGEN公司把自己过去承包道路施工工程的经验应用于滑模式摊铺机的生产制造中，使其产品具有一定的特色。它生产的500型和750型锥铺机具有多种功能，除了修筑路面以外，还可以装置偏置模板进行路肩、边沟和安全护栏的施工。900型系列产品的摊铺宽度达 9m。1600 系列产品的摊铺宽度达 16m，且采用电子控制，具有钢筋插入功能。

水泥混凝土滑模式摊铺机可按路面滑模摊铺的工序、自动调平系统的型式、行走系统履带的数量、振动系统采用的振动器的型式来进行分类。

按路面滑模摊铺工序的不同，水泥混凝土路面摊铺机主要有两种类型：一种是以美国 COMACO 公司生产的 GP 系列为代表。它把内部振捣器置于整机前方螺旋布料器的下方，然后通过外部振捣器振捣和成型盘成型，最后由抹光板抹光。另一种是以美国 CMI 公司生产的 SF 系列为代表。它首先用螺旋布料器分料，由虚方控制板控制摊铺宽度上的水泥混凝土高度，然后通过内部振捣器振捣，再进入成型模板，之后再由浮动抹光板抹光。这两种类型中，前者可使水泥混凝土提早振实且水分上升，但对纵向上的密实度会带来影响，其优点是机械的纵向尺寸短，易于布置；后者纵向尺寸大，但能使水泥混凝土路面的摊铺质量得到保证。另外，按照第一种滑模摊铺工序施工，要有两台机器才能完成路面的摊铺作业，因此，第一种型式主要用于那些对工作速度要求较高，摊铺厚度大于 0.5m 的特殊水泥混凝土施工工程，否则，选择第一种型式是不经济的。

按自动调平系统的型式不同，滑模式摊铺机可分为两大类：一种是电液自动调平系统（以美国 COMACO 公司 GP 系列为代表）；一种是机液自动调平系统（以美国 CMI 公司的 SF 系列为代表）。电液自动调平系统的基本结构是把电路元件装在一个长方体盒子内，一根转轴从盒子里面伸出来，在转轴上装有探测杆，工作时该探测杆与基准线相接触。这种自动调平系统结构简单，便于安装，对电气元件的保护可靠，但对环境的湿度反应比较敏感。而机液自动调平系统的基本结构是在其转轴上装有一个偏心轮，偏心轮推动一个高精度的滑阀阀芯，工作时利用滑阀阀芯的位移直接改变系统液压油的流量和方向。这种自动调平系统的特点是由全液压传感器从基准线上得到的信号直接反馈，控制油缸升降实现自动找平。第二种型式的控制系统结构简单，工作可靠，成本较低，对环境的要求不高，但对系统中液压油的品质和滤清的精度要求较高。美国 PRO-HOFF 公司生产的 PAV-SAVER 系统滑模式摊铺机也采用这种自动调平系统。

按行走履带的数目不同，滑模式摊铺机可分为四履带、三履带和两履带式摊铺机。美国 COMACO 公司生产的 GP1500、GP2500 型摊铺机和 CMI 公司生产的 SF250 型摊铺机都是两履带式摊铺机。POWERCURBER 公司生产的 8700 型多功能摊铺机为三履带式摊铺机。20 世纪 70 年代出现了四履带滑模式摊铺机。与两履带相比，四履带式摊铺机具有找平能力强，行走直线性能好等优点。另外一方面，在要达到相同的路面整平度指标的前提下，四履带摊铺机对基层平整度的要求比两履带更高一些。在两履带和四履带的选择上，主要依据路面摊铺的宽度与厚度来选择。一般摊铺宽度在 7.5m 以下，可以选择两履带滑模式摊铺机；摊铺宽度在 7.5m 以上宜选择四履带滑模式摊铺机。三履带滑模式摊铺机主要用来铺筑边沟、防撞墙、路肩等车道以外的水泥混凝土构造物，如美国 POWECURBER 公司生产的 8700 型多功能摊铺机。

按振动系统的振动器的型式，滑模式摊铺机分为电动振动式和液压振动式。电动振动采用的电动振捣棒。目前在比较先进的摊铺机上均采用高频交流电源，其内部电动机直接驱动偏心块，没有普通电动振动捣棒上的行星滚锥高频机构，因而更为可靠。CMI 公司生产的摊铺机采用了液压振动棒，同步转速为 10 800r/min；Wirtgen 公司所有的滑模式摊铺机均采用电动振动棒，同步转速可达 12 000r/min，并采用调节发电机转速的办法来实现调速。液压振捣系统是采用液压振动电动机的偏心块高速旋转来达到振动的目的。这种系统操作简单，易于调速，但由于振动棒内空间有限，转速又高，内泄漏难以控制。CMI 公司生产的 SF250、SF350、SF450、SF5004、SF6004 型摊铺机，以及 COMACO 公司生产的摊铺机均采用了液压振动式。

按摊铺工序不同，滑模式摊铺机有两种类型：一种是内部振动器在布料器之前，如美国 COMACO 公司生产的 GP 系列滑模式摊铺机；另一种是内部振动器在布料器之后，如美国 CMI 公司生产的 SF 系列摊铺机等。

另外，按自动调平系统型式不同，可分为电液自动调平摊铺机和机液自动调平摊铺机两类。

滑模式水泥混凝土摊铺机自动化程度高，可实现自动找平、自动导向、自动调速等自动控制，可一次成型地完成各种道路施工工序。但滑模式水泥混凝土摊铺机结构较复杂，对操作人员技术素质及水泥混凝土质量要求相对较高。

第二节　总 体 结 构

一、工艺流程

滑模式摊铺机的主要结构一般由动力传动系统、机架、行走机构，自动控制系统、工作执行机构、喷水系统等几部分组成。CMI 公司生产的四履带滑模式摊铺机主要由下列系统组成：动力传动系统、主机架系统、四条履带支腿总成系统、螺旋布料器系统、虚方板控制系统、振动棒系统、捣实板系统、拉杆插入系统、成型模板系统（含侧模板和超铺板）、浮动模板系统、自动找平和自动转向等自动控制系统等。图 15-1 所示为滑模摊铺机总体结构图。

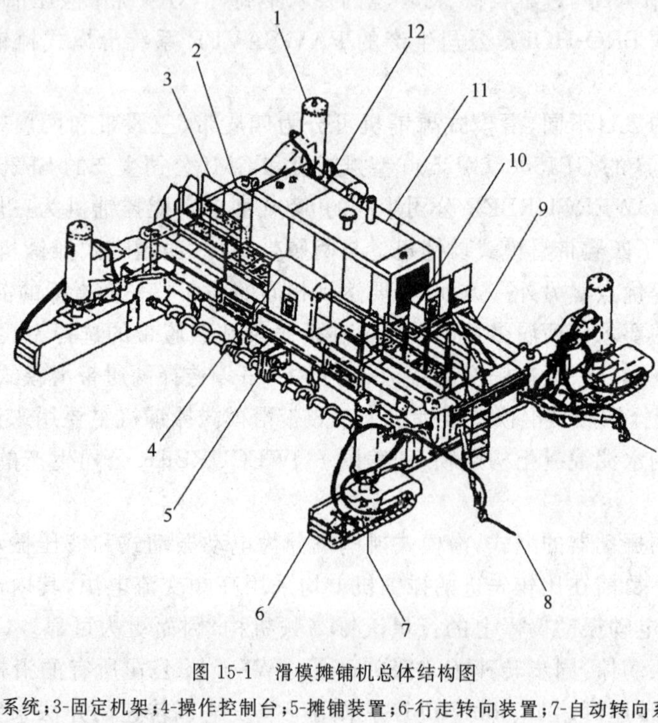

图 15-1　滑模摊铺机总体结构图

1-浮动支腿；2-喷洒水系统；3-固定机架；4-操作控制台；5-摊铺装置；6-行走转向装置；7-自动转向系统；8-自动找平系统；9-伸缩机架；10-人行通道；11-动力系统；12-传动系统

滑模式摊铺机的工艺流程：螺旋布料器—虚方控制板—振动棒—捣实板—成型模板—拉杆插入器—浮动模板—超级磨平器—拖布。如图 15-2 所示。

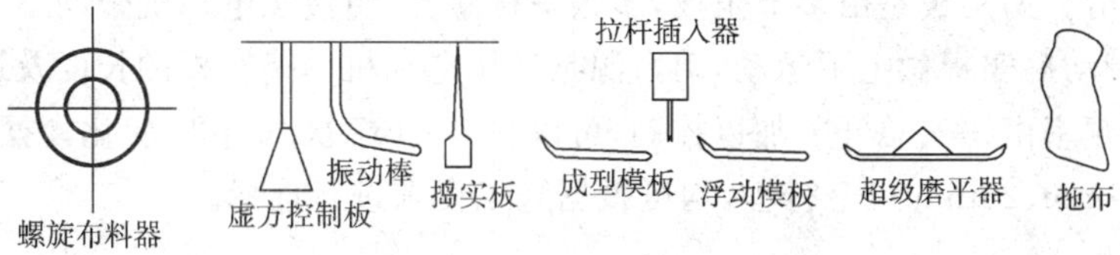

图 15-2　SF6004 摊铺机主要工艺流程图

二、总体结构

1. 主机架

SF6004 摊铺机的主机架是由厚钢板焊接而成的箱形结构，属重型结构伸缩式机架，由两根大梁和加强梁组成。机架的加宽和收缩由两个液压油缸控制，机架可以伸缩扩展到 2 438mm，且调整十分方便。主机架可在四根方型支腿上升降，这样不但可以改变摊铺层厚度，而且可以将机架及工作装置提升到离地面 1 067mm 处，十分有利摊铺机的转移。主机架支腿支撑在四条履带上，支腿不但可使机架升降，而且各支腿可以绕各自枢轴转动，使履带变化多种位置，满足摊铺机作业和装运的要求。

摊铺机的主机架是摊铺机的骨架部分，它由 11 个部分组成：两根中心梁，一根辅助边梁，一根托梁，支撑纵梁，两伸缩梁，两个伸缩套和两根支撑梁。

2. 螺旋布料器

布料器的外径为 457mm，表面经过特殊硬化处理，因此比较耐用。当加宽摊铺机的宽度时，螺旋布料器可根据实际摊铺需要而加长，加长节有三种规格：1m、0.5m、0.25m，由螺栓连接，拆装比较方便。两个液压电动机分别驱动左、右摊铺螺旋进行正、反转，左、右同向或异向可随意选择，因此，可以实现从中间向两边分料，也可以从两边向中间集料，以及从一边向另一边移料。由于采用液压电动机驱动，可实现无级调速，因此，可根据前方料堆的变化随意调节转速和方向。以使布料达到最佳效果。

3. 虚方控制板

虚方控制板是用来控制混凝土进入成型模板的数量，进料过多或过少，都会直接影响到摊铺质量。进料过多，水泥砂浆停留在振动框里，难以进入成型模板内，影响表面光滑；进料过少，摊铺厚度得不到保证。虚方控制板由三个液压缸控制，该板可以整体升降，最大升降高度为 200mm。也可以单独左边、右边或中间升降，升降多少由左边、中间和右边的刻度尺直接显示出来，驾驶员可以根据振动框内混凝土砂浆的多少来调整虚方控制板的高低。

4. 振动棒

振动棒是水平振动器，由单独的液压回路控制。液压振动棒可变频，最高频率为 11 000 次/min。独立控制，深度可调。每台机器上液压振动棒的数量，标准宽度上设计为 25 个振动棒，同时设置有 25 条油路，振动棒采用液压传动，可实现无级变频，这一点是非常重要的。对不同性质的混凝土（如不同坍落度），使混凝土充分液化的最佳振动频率也不同。因为材料、级配、水灰比、坍落度及设计上的要求是经常变化的。因此，也要求频率可调，以达到最佳效果，使混凝土在最短时间内即达到充分液化状态，使路面施工质量达到最佳。

5. 捣实板

振动过的混凝土，经过捣实板捣实，把表面上的粗料压入混凝土之中，然后进入成型模板，以达到表面光滑。捣实板是由多节组成，多根垂杆悬挂，由液压电动机带动一个偏心轮做回旋运动，经拐臂带动捣实板做上下运动，动力源是液压电动机。捣实板的长度及运动频率是可以调整的。捣实频率由捣实总开关加以控制，可以在 0～137 次/min 内变化。摆幅是机械调整，分为 13mm、19mm、25mm 三个行程，均可根据施工要求进行选择。

6. 成型模板

经过捣实后的混凝土进入成型模板。成型模板是由多单元组成，纵向长度为 1 372mm，根据施工要求可组合成不同的摊铺宽度。成型模板还可以根据施工要求调整成喇叭口、内八字形、仰角及路拱等。

7. 浮动抹光板

在成型模板后端，有一块钢性结构的弹性悬挂浮动模板，模板纵向长为 813mm，用来对浮动抹光板的两端可进行超铺的调整，并设计为与机械式或液压式拉杆置放装置相连接，拉杆打入后，随着机器的前进，拉杆自动脱模。浮动抹光板两侧压板（边模）的扩展与收缩是由液压油缸进行控制的。

8. 拉杆插入器

拉杆插入器分为侧置式和中置式两种型式，其中中置式又分前置式和后置式。

中置式拉杆插入器是在摊铺机后部中间处设置有自动打入拉杆的机构，又称为后置式拉杆插入器，液压全自动控制（电脑控制）。根据施工设计要求，通过电脑计算拉杆间距和深度，给出信号，自动打入拉杆。在摊铺机前部中央处设置一个半机械式拉杆打入机构，称为前置式中间拉杆插入器。

侧置式拉杆插入器分为半机械式和机械式两种。拉杆间距的大小，由施工设计决定。放置拉杆的信号是由安装在履带上的小车轮直径决定。履带在转动，带动小车轮反向旋转，当轮子上的定位块与电触点接触时，自动发出喇叭声，操作人员听到响声便拨动液压手动开关或用自动控制开关使拉杆插入器在规定的距离设置拉杆，此时，液压油缸迅速把放置好的拉杆（螺纹钢）压入水泥混凝土中，自动脱模，周期循环，不断地打入拉杆，这种方式称为半机械式；机械式则是操作人员听到响声便迅速用人工打入拉杆，周期循环，不断打入拉杆。拉杆可以两边同时打入，也可单边打入。

9. 超级磨平器

超级磨平器能够抛光由滑模式摊铺机所完成的具有任何标准宽度的铺层。在大多数情况下，只要被加工路面小于超级磨平器的最大成型尺寸，就不必改变超级磨平器的宽度。

10. 拖布

拖布装在浮动模板后面，主要作用是消除气泡，形成路面的粗糙度。

11. 液压系统

该机采用全液压系统进行行驶、作业和运输举升控制。

12. 清洗系统

本机采用液压水泵进行清洗，它有较高的压力（5.585MPa），清洗用水箱容量 757L，可以对模板、机身、布料器等到部件进行清洗。

13. 调平与转向系统

在所需要铺筑的水泥混凝土路面的旁侧，按照路面施工的要求标高及路形，预先拉设一根尼龙绳，作为机器调平和转向的基准线。尼龙绳是由拉线桩支承，拉线桩由1m长的圆钢制成。拉线桩之间的间距为5～10m，最长不超过15m。尼龙绳通过一组绞盘，能很方便地被拉紧。机器的调平与转向由液压控制系统自动实现，即不管道路是高低不平，或者是直线还是弯线，自动装置都能根据尼龙绳的基准线使摊铺的路面保持预定的高度和方向。

(1)调平原理

在主机架左、右侧安装有四个支柱臂，在臂端分别安装有水平传感器(液压随动器)，其上铰接有触杆。触杆的一端靠其自重始终压紧在尼龙绳上，其压力大小可通过调整触杆上的平衡配重加以改变。当摊铺机进行施工作业时，如果路基低了，机器的行走机构将下降，此时，压紧在尼龙绳上触杆的偏转使液压随动器产生随动，从油泵出来的高压油通过随动器进入升降油缸的上腔，使机器上升(机架与油缸连接为一体)，直至机架达到基准的水平位置为止；反之，路基高了，同样的道理，机架就会相应地下降。

(2)转向原理

在行走机构两边的前、后支腿上安装有一个方向传感器(液压随动器)，可用数种不同的放样布置来实现自动驾驶。

①双放样线。道路两旁各设一放样线，可用任一线控制行驶方向；

②单放样线。道路两旁的任一旁设一放样线，由该放样线控制行驶方向；

③无放样线。以现场已经存在的一个水泥混凝土路面控制行驶方向。

不管采用何种放样布置，在机车上都得设置两个导向感受器，其中一个架设在机车前履带的前方，另两个架设在机车后履带的前方。当摊铺机在弯道上作业时，方向传感器使得其支腿上的转向油缸动作，其履带轮(前或后)产生偏转，履带轮的偏转使得转向臂动作，带动对应的转向油缸动作，从而使对应的履带轮(前或后)产生同步偏转，实现自动转向。转向方式为全轮转向。

第三节　行走系统

一、行走系统总成

1.履带总成

履带总成组成：支腿(含升降油缸、方形支柱、连接箱体)、履带、张紧装置、油压元件。履带张紧装置由两个部分组成：一个是弹簧张紧装置，一个是油压张紧装置。其工作原理：张紧装置主要由张紧弹簧、油缸以及导向轮组成，油缸中的油压力作用在导向轮上，使导向轮前移，从而张紧履带，张紧装置上有两个油阀，其中一个用于增压注油，使履带张紧；另外一个用来减压泄油，使履带稍有松弛，以减少过紧疲劳。

2.支腿总成

支腿长达1.75m，最大行程达1 067mm，因而在提升过程中可能由于重载而偏斜，所在支腿圆筒内设计了一根导向支柱。此导向支柱与轭板焊在一起，当机器达到最低位置时支柱顶部应承受重力，使油缸活塞杆卸荷。由于支柱与轭板焊在一起，转向的时候同行走机构一起转动，所以它必须承受由转向油缸传来的推力，带动履带转向，因而将支柱设计成正方形空心结构。

支腿油缸可以通过转向臂安装在支腿行走机构上。转向时，转向油缸带动行走机构偏转而整个机架不动，所以转向接盘应与支腿圆筒作相对转动，但与支柱之间不能有转动，故将转向接盘设计成内方外圆结构。它里面与支柱配合，外面与支腿内壁配合，且这个配合为动配台设计成间隙配合。为了安装此转向接盘，支腿圆筒内加工一个台阶，再在此转向盘顶部用螺栓接上一个凸台，与上台阶配合。此外不用焊接方法是为了装拆方便，便于维修。

支腿升降是靠油缸来完成的，油缸伸缩带动支腿及整个机架的升降，油缸设计成一端固定，另一端自由，用以提供支反力。固定端通过锁紧螺母与轭板相连，自由端通过盖板与支腿圆筒上凸缘用螺栓连接，这样支腿就可随油缸自由端升降。

履带行走装置与其他工程底盘结构一样，履带宽度为 460mm，节距为 200mm，采用 CATD-3 底盘上的零部件，它通过履带轴与支腿扼板相连，履带轴支承在辗板撑条和履带架上，为不增大接触面，履带箱上焊接一凸块，供支承履带轴用。

3. 支腿固定器

支腿可绕其枢轴旋转而机架部分不动，因而支腿与主机架采用铰连接加一个螺旋固定器，以便在施工中将其固定。铰连接可用一根轴穿过连接箱体和主机架上的连接板，再用锁紧螺母固定。如图 15-3 所示。

支腿固定器的作用是能自锁在某一位置，以便能伸长或缩短，因而采用螺杆机构。固定器一端与支腿相连，另一端与机架相连。将其设计成如图 15-4 所示的结构。

行走变量泵安装在变速箱输出部分的后上部。行走变量电动机安装在履带部分的后端。速度选择阀安装在发动机的下方。正向履带阀安装在机器的左端，发动机的前左方。

二、行走液压回路

行走液压系统如图 15-5 所示。

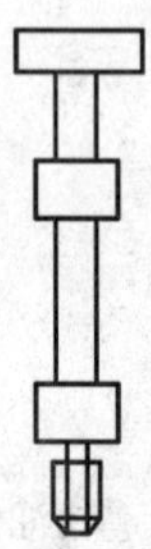

图15-3 轴

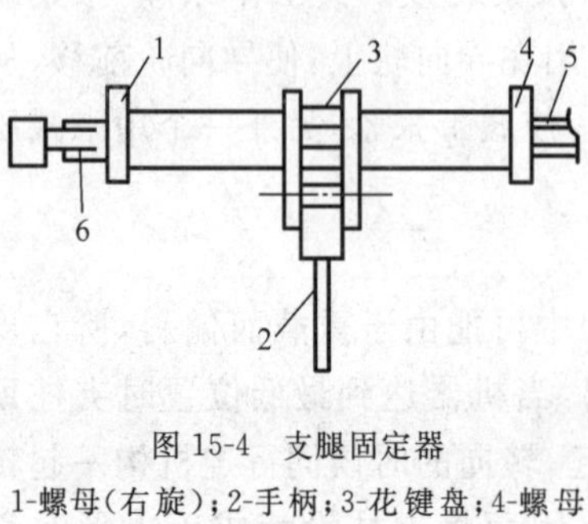

图 15-4 支腿固定器

1-螺母(右旋)；2-手柄；3-花键盘；4-螺母(左旋)；5-螺杆(左旋)；6-螺杆(右旋)

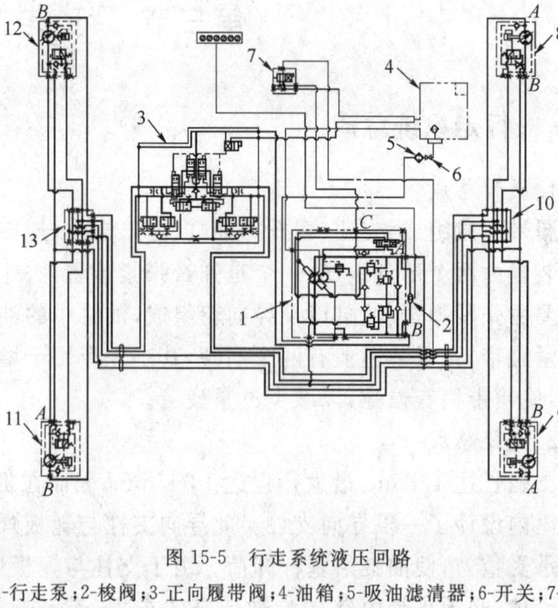

图 15-5 行走系统液压回路

1-行走泵；2-梭阀；3-正向履带阀；4-油箱；5-吸油滤清器；6-开关；7-速度选择阀；8、9、11、12-行走电动机；10-右端架歧管；13-左端架歧管行走系统为闭式变量系统。一个行走泵和一个供给泵提供系统液压能源。供给泵通过吸油滤清器 5 吸油，给行走泵和行走系统控制回路提供一定压力的液压油。液压电动机采用并联式供油，其摊铺或行走的转速由速度选择阀 7 控制行走泵和行走电动机的斜盘来实现。前进时，行走泵 1 从油口 B 泵油，经过正向履带阀 3，油被等量分成四路，分别经过左端架歧管 13、右端架歧管 10 流到左边电动机的 *B* 油口和右端电动机的 *A* 油口(因为机器左边行走电动机与机器右进行走电动机转向相反，为使履带按同一方向转动，进入左侧电动机的油口和进入右侧电动机的油口要相反)，驱动左边和右边的电动机转动，使机器前进。从左边电动机 *A* 油口和右端电动机 *B* 油口流出来的回油合到一处流进行走泵的入油口。如此循环下去。后退时，行走泵 1 从油口 *A* 泵油，然后分成四路，不经过正向履带阀直接分别流经左端架歧管 13、右端架歧管 10 进入左边行走电动机的入油口和右边行走电动机的 *B* 油口，驱动左边和右边的电动机转动，使机器后退。经过电动机之后从左边行走电动机 *B* 油口和右边行走电动机 *A* 油口回油，经过正向履带阀回到行走泵的 *B* 油口(此时正向履带阀不起分流作用相当于普通歧管)。如此循环下去。行走泵 1 从油口 *C* 泵油，到达速度选择阀，速度选择阀控制行走电动机的斜盘倾角，速度选择阀的工作与否由控制台上的速度选择开关控制。当速度选择开关打在 PAVE 时，速度选择阀的电磁线圈不通电，阀芯不打开，没有液压油流到电动机斜盘的控制油缸。电动机的斜盘在弹簧的作用下保持在最大倾角位置，输出最小速度和最大扭矩。当速度选择开关打在 TRAVEL 时，速度选择阀的电磁线圈通电，阀芯打开，液压油流经速度选择阀到电动机斜盘的控制抽缸，推动与电动机斜盘相连的活塞，使斜盘转动到最小倾角位置。这时，输出最大速度和最小扭矩。这样，速度选择阀就实现了速度选择功能。电动机斜盘控制油缸的回油、行走电动机的泄漏油及行走泵的泄漏油合到一处，流经行走泵返回油箱，对行走泵起冷却作用。梭阀 2 接压力表。它能保证高压油口始终和压力表相通。使压力表测出其压力。

三、行走系统电路

该机行走速度的选择，均由行走系统电路控制。行走系统电路如图 15-6 所示。在行走系统电路起作用之前，应先把切断开关和总电源开关 3 都接通，这时有电流到空挡开关 4，同时又到行走止/动开关 5 和速度选择开关 9。选择开关 9 的两个不同位置 TRAVEL(运输)、PAVE(摊铺)置行驱动电动机的斜盘于最大和最小两位置之一，从而决定电动机用于运输或摊铺工况的输出量。当速度选择开关 9 处于 TRAVEL 位时，速度选择阀 15 的线圈获能，电磁阀工作，使行走电动机的斜盘处于最小位置，电动机转速高、扭矩小，满足运输工况的高速低扭要求；当速度选择开关 9 处于 PAVE 位时，速度选择阀 15 的线圈不通电，电磁阀不工作。使行走电动机的斜盘处于最大位置，电动机转速低、扭矩大，可以满足摊铺工况的低速大扭要求。行走止/动开关 5 有两个位置：GO 和 STOP。当处于 GO 位时，从总电源开关 3 来的电流直接通过止/动开关到达行走控制器 6，行走控制手柄有三个位置：FORWARD、中位和 REVERSE，操纵该手柄于不同的位置就可使机器前进、停止不动和后退。行走控制器 6 控制着行走泵的输出量和输出方向。行走控制器包括两个开关(换向开关、空挡开关)，一个可变电阻器和一个行走控制手柄。

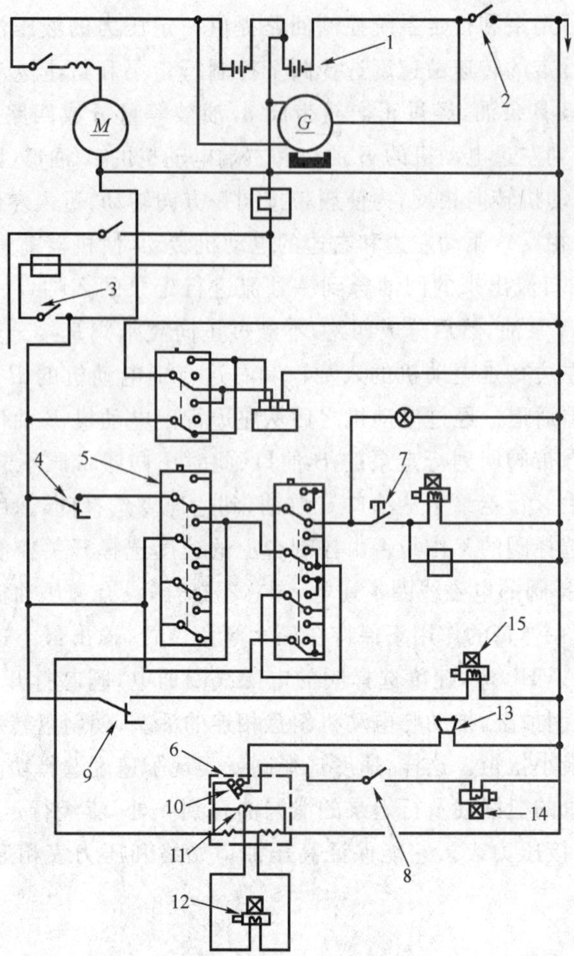

图 15-6　行走系统电路图

1-系统电源；2-切断开关；3-总电源开关；4-空挡开关；5-行走止动开关；6-行走控制器；7-启动按钮；8-履带前进选择开关；9-速度选择开关；10-换向开关；11-可变电阻；12-电位移控制阀；13-报警器；14-正向履带阀；15-速度选择阀

第四节　螺旋布料器及振动捣实系统

一、螺旋布料器系统

1.结构与工作原理

SF6004 型滑模式摊铺机的螺旋布料器与传统的布料器相似，外径为 45cm，表面经过特殊硬化处理，比较耐用。当加宽摊铺机宽度时，螺旋可机械加长，每个加长节约为 49cm，拆装比较方便。两个液压电动机分别驱动左、右摊铺螺旋，正、反转随便选择，因此可实现从中间向两边摊铺布料，两边向中间集料，以及从一边向另一边移料。由于采用液压电动机驱动，可无级调速，因此，可根据前方料堆的变化随意调整转速，以使布料达到最佳效果。

(1)螺旋布料器结构

图 15-7 所示为螺旋分料装置图，从螺旋布料器电动机传出的动力，通过变速箱，再经链传

动箱，达到减速增扭的目的。

(2)齿轮减速箱

图 15-8 为齿轮减速箱结构图。分料器的输入动力来自螺旋布料器电动机的输出轴，然后减速增扭，并由链条传给布料器。在布料器驱动箱内的行星架由三个行星齿轮组 6 通过行星齿轮销固定在托架 11 上组成。联轴器 9 套配在输入轴 10 上，并通过花键把布料器电动机轴连续接到输入轴，该输入轴安装在传动系内部，并和少部分行星齿轮相啮合，通过挡圈 3 防止内齿轮 4 和内齿轮轮毂 2 啮合，通过防松螺母 12 防止内齿轮轮载与输出轴 14 相啮合，该输出轴和内齿轮轮毂通过轴承 13 支撑在轮载 1 上。行星齿轮组的大部分齿和齿圈 5 的齿相啮合，该齿圈用螺栓固定在轮载 1 和端盖 7 之间，轮载用螺栓固定在链传动箱上。

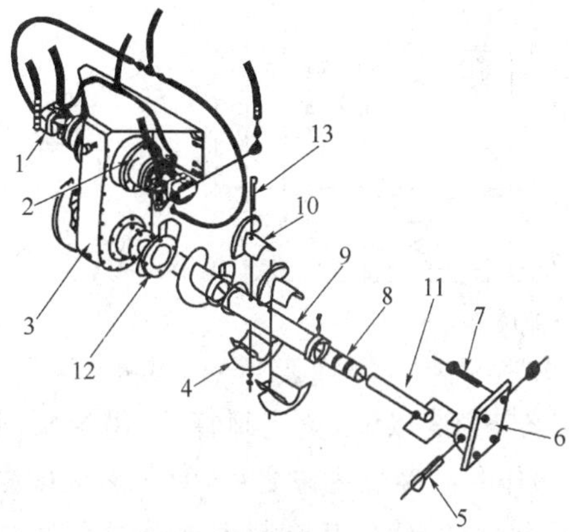

图 15-7　螺旋分料装置

1-液压电动机；2-减速器；3-链传动箱；4-下螺旋叶片；5-螺栓；6-支座；7-螺栓；8-轴承；9-螺旋传动轴筒；10-上螺旋叶片；11-支承轴；12-法兰盘；13-螺栓

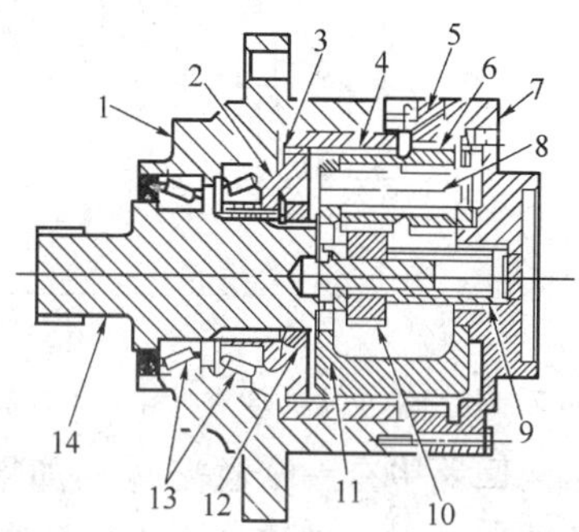

图 15-8　齿轮减速箱结构图

1-轮毂；2-内齿轮轮毂；3-挡圈；4-内齿轮；5-齿圈；6-行星齿轮组；7-端盖；8-行星齿轮销；9-联轴器；10-输入轴；11-托架；12-防松螺母；13-轴承；14-输出

当电动机轴旋转时，联轴器和输入轴带动行星齿轮旋转。行星齿轮带动行星轮轴在齿圈内旋转，从而带动传动系旋转。同时，内齿轮由行星齿轮转动，带动内齿轮轮载和输出轴旋转。每一级不同部分的齿和其他元件相啮合时，可得到速度和增加的扭矩最终传动到输出轴。

(3)链传动箱

链传动箱由箱壳体、链轮、链箱盖、链箱支承板(链箱支承板用来支承链箱)、轴承座(轴承座主要用来对轴定位)、心釉、叶片轴、叶片组成。从电动机输出的动力经齿轮减速箱后，带动一小链轮，小链轮再带动一大链轮，大链轮再带动轴转动。

2. 螺旋布料器液压系统

螺旋布料器液压回路由螺旋布料器泵、螺旋布料器电动机、油箱、空吸滤清器组成。

螺旋布料器液压系统如图 15-9 所示，左布料器泵 1 和右布料器泵 3 分别为两个液压回路，分别有各自的液压输出，但两泵的回油管串联安装，两泵由一个供给泵 6 提供压力油。供给泵经吸油滤清器从油箱中吸油，当控制板上的螺旋布料器控制手柄打到中位时，液压油不经过电位移控制器 5 而顶开单向阀 7 给主泵的低压仍供油，但这时由于没有油流到控制泵斜盘的伺服机构，斜盘倾角为零，泵空转没有输出。当控制板上的布料器控制手柄打向左方时，电位移控制器一端的电磁线圈通电，电位移控制器在上位工作，液压抽流到控制斜盘的伺服机构使斜盘倾角为正，同时液压油顶开单向阀 7 中的一个给主泵低压侧供油。主泵高压油流到布料器电动机，布料器电动机正转。左泵和右泵的工作情况完全一样，但它们是由各自的布料器控制杆控制的，互不干涉,可分别调整左布料器电动机和有布料器电动机的转速从而适应各种工况。当布料器控制手柄打向左方时、电位移控制器5在下位工作,主泵斜盘为负,布料器电动机反转。

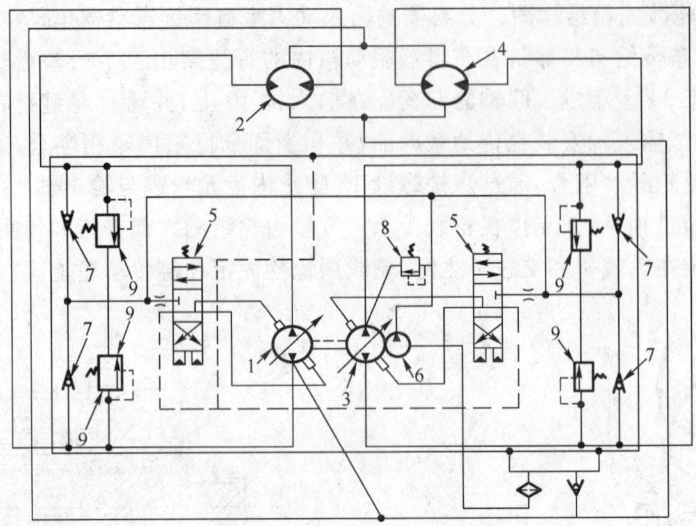

图15-9　螺旋布料器液压系统图

1-左布料泵;2-左布料电动机;3-右布料泵;4-右布料电动机;5-电位移控制器;6-供给泵;7-单向阀;8-溢流阀;9-过流阀

供给泵回路中有一个溢流阀8,如果供给压力在1 655kPa以上,溢流阀打开,供给泵回路中多余的液压油由此溢流流入主泵泵体,对主泵起冷却作用。经过主泵之后,液压油从排油口流出,再进入布料器电动机底部的泄油口,冷却布料器电动机,然后从布料器电动机顶部的排油口流出。如果排油压力超过172kPa,单向阀打开,过量的压力油直接流回油箱。每一个泵都含有两个溢流阀和两个单向阀连接在主回路上。溢流阀可防止回路中的高压冲击,在快速加速、制动或突然加载时,高压侧的油可以通过溢流阀过载溢流回到低压侧。同时两个单向阀可起到补油作用。因此这四个阀为组合闭式回路里的过载补油之作用。操作台上的压力仪表与泵之间有梭阀连接。这样使泵无论在正转还是反转时都可保证高压油和压力仪表相通从而测出系统的液压油压为值。

二、振动棒系统

1.结构与工作原理

振动棒系统的作用是对物料进行振实,保证一定的密实度。振动棒由单独的液压系统控制,振动频率可调,深度位置可调。该机共有25个液压振动棒,设置20条油路,另设5条附加油路。振动棒由于采用液压传动,因此可实现无级调频。因为对不同性质的混凝土(如坍落度不同),使混凝土充分液化的最佳振动频率也不同。因为材料、级配、水灰比、坍落度及设计上的要求是经常变化的,因此也要求振动频率可调,以达到最佳效果、使混凝土在最短时间内即达到黏稠状态。振动器最高频率为11 000次/min。为便于使用,振动棒除设总开关用来控制振动和停止振动外,每个振动器还设有手动旋钮开关。盖上标有数字0～11,每挡相差1 000次/min,顺时针转是由最大到最小,逆时针转是由最小到最大。实践证明,振动棒频率偏高为好,最低也不能低于7 000次/min。

为适应不同路拱的施工需要,摊铺机振动器装置设计成振动棒可整体垂直升降,也可单独左边、右边及中间段的升降,由操作者操作液压平行连杆机构来实现。

振动棒结构如图 15-10 所示。

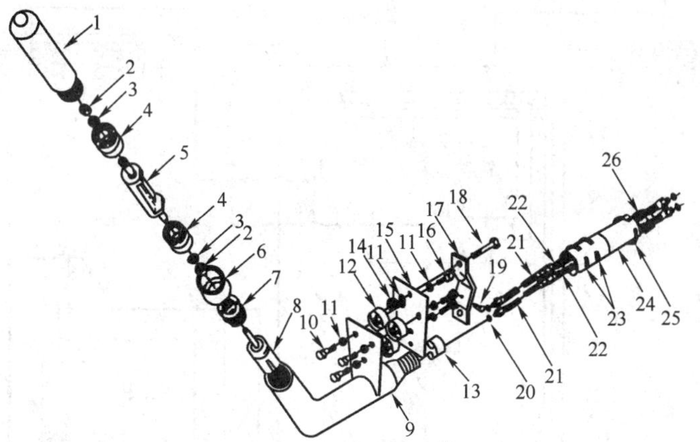

图 15-10　振动棒结构图

1-偏心器壳;2-锁紧螺母;3-锁紧垫圈;4-支承座;5-偏心器;6-偏心器支承座;7-锁紧螺母;8-液压电动机;9-电动机外壳;10-螺栓;11-锁紧垫圈;12-橡胶隔振体;13-闭锁装置;14-螺线;15-装配托架;16-螺栓;17-装配压板;18-螺栓;19-定位螺钉;20-O 形密封;21-软管;22-软管;23-夹管;24-软夹管;25-塞子;26-O 形密封圈

(1)液压平行连杆机构

液压平行连杆机构固定于成形盘上,油缸的油来自于中央组合阀。当油缸伸出时,支撑上臂和支撑下臂绕其轴向下转动,从而带动支架向下移动,由夹板夹住的支撑横梁也向下方移动。当油缸回缩时,支撑上臂和支撑下臂绕其轴向上转动,从而带动支架向上移动由夹板夹住的支撑横梁向上方移动。因该摊铺机是由液压驱动,可无级调速,所以操作者可根据施工需要,把悬挂振动棒的支撑横梁首先调定到某一合适的位置,然后再具体控制振动棒的工作。

(2)支撑横梁

悬挂振动棒的支撑横梁有三根,每根支撑横梁的升降均可由操作者在操作台上单独进行控制。

(3)振动棒与横梁的固定装置

振动棒与横梁的固定靠两夹板夹杆。

(4)振动棒

每根振动棒均有一个单独的油路,均可单独调频,每根振动棒上面都安装有一个液压电动机,靠其输出的动力来单独控制振动棒的工作。

2. 振动棒系统液压回路

振动棒液压系统由振动泵、振动增压泵、振动压力歧管、流量控制阀、液压油冷却器、回油冷却歧管、控制阀及油箱组成,如图 15-11 所示。振动泵位于变速箱输出部分的前下方;振动增压泵位于变速箱输出部分后下方的末端(变速箱输出部分的后下方共有三个泵串联在一起,分别为:辅助泵、捣实泵和振动增压泵);振动压力歧管位于机器的前中部,紧贴着伸缩套;流量控制阀分为三个部分,分别位于机器的左、中、右方;液压油冷却器位于发动机的左端;回油冷却歧管位于机器的后中部,和后面的伸缩套挨在一起。

振动增压泵 10 从油箱 7 中吸油,经过泵体输送液压油到回油冷却歧管 12,然后经回油冷却器 13 或旁通单向阀 14 流入振动回油滤清器 6。液压油经过过滤后流入振动泵 5 的吸口,这时的液压油已具有一定的压力,可以满足振动泵的自吸要求。振动泵吸油后,经过振动泵体把液压油送入振动压力歧管 2,振动压力歧管把液压油分成左、右两路,分别送入左、右流量控制阀 1、通过流量控制阀驱动振动器产生振动。

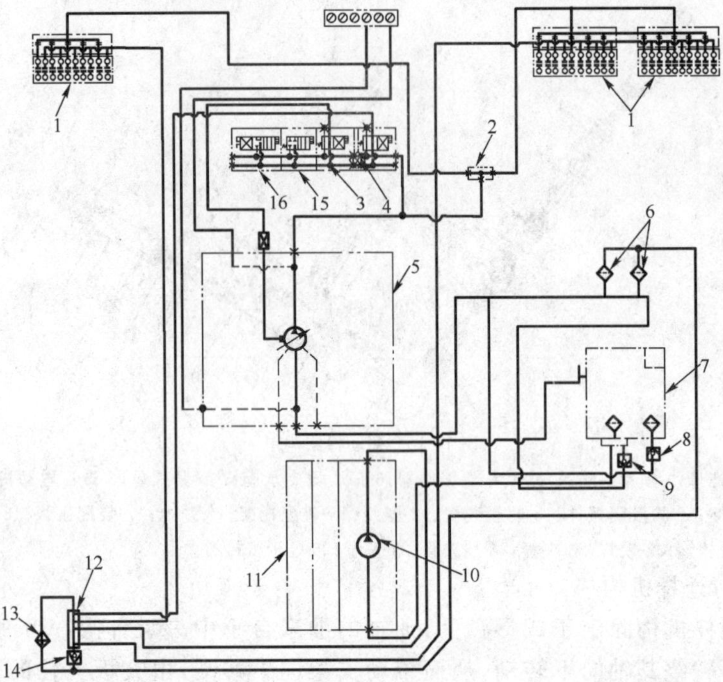

图 15-11　振动棒液压系统图

1-流量控制阀;2-振动压力歧管;3-振动开关控制阀;4-卸荷阀;5-振动泵;6-回油滤清器;7-油箱;8、9-单向阀;10-振动增压泵;11-液压串联泵;12-回油冷却歧管;13-回油冷却器;14-旁通单向阀;15-喷水电磁阀;16-机架伸缩电磁阀

当发动机通过启动电动机启动时,振动器系统中的卸荷阀 4 将把振动泵输出的液压油自动输入液压油冷却器,然后返回油箱。这时液压油就不会流入振动压力歧管 2。具体工作过程是这样的:当按下启动按钮,电流便到达卸荷阀的电磁线圈,使卸荷阀阀芯移到右位,使振动泵输出油直接到回油歧管。若发动机开始运转,并且放开启动按钮,电磁线圈不通电,阀芯在弹簧的作用下回到左位,卸荷阀关闭,振动泵输出的液压油流入流量控制阀,驱动振动器产生振动。

流量控制阀 1 是组合阀,每个组合阀包括 5 个独立的流量控制阀。振动泵的压力补偿机构可以提供一个恒定的液压油压力,把一定量的液压油送到需要的振动棒中。从振动棒返回来的油流入回油歧管。振动泵的泄漏油经泵体上的排油口流入液压油箱。液压油冷却回路冷却返回的液压油,并为振动系统提供补偿液压油。从捣实电动机和振动器返回的液压油也流经冷却器回路。在液压油冷却回路中,从各元件来的液压油流入回油歧管,回油歧管将油送入回油滤清器,回油滤清器直接地将油液送入振动泵吸口,振动泵不需要的过量的油液返回液压油箱。旁通单向阀控制回油歧管的油流方向。若液压油足够冷却,使液压油压力高于 450kPa,则旁通单向阀打开。液压油在进入振动器回油滤清器前必须先通过回油冷却器。系统中还有一振动开关控制阀 3,它由控制板上的振动开关控制。当振动开关打在 OFF(关闭),开关控制阀 3 的电磁线圈没有通电,把从辅助泵来的控制压力油输入到振动泵斜盘控制机构,压力抽移动泵的斜盘到零倾角位置,停止泵输出。

当振动控制开关打在 ON(开启)位置,振动开关控制阀 3 中的电磁线圈通电,移动阀芯,关闭从辅助泵来的控制压力油到振动泵斜盘控制机构,泵斜盘在弹簧的作用下移到最大倾角位置。通常泵在输出时是处在这个位置。

当采用了振动增压泵10给振动泵供油以及在回油路上用了单向阀9之后，液压油箱就不必采用压力油箱，而且保证了振动泵的吸口有一定压力，这是此系统的重要特点之一。如果把普通油箱改为压力油箱，则可通过单向阀所在的油管吸油而不需要振动增压泵了。有压力表与泵入口及出口相连，可测出系统的压力。图中15-11为液压串联泵组，是振动增压泵10、捣实泵、辅助泵三个串联在一起的泵组，后两个泵在图中未画出。

三、捣实系统

1. 捣实系统结构与工作原理

振动过的混凝土，经过捣实板捣实，把表面上的粗粒压入混凝土之中，然后进入成型模板。捣实系统由驱动电动机、偏心轮、凸轮盘、主动杆、驱动棒、支撑杆、臂架、锤杆和捣实板等组成。

液压电动机转动时，带动偏心轮运动，偏心轮把驱动力通过驱动臂的连杆机构传给捣实板的驱动棒，驱动棒再带动捣实板的支撑杆做平移运动，从而使捣实板做上下和左右运动。

捣实板系统电动机和偏心轮装置如图15-12所示，捣实板锤击取决于驱动偏心轮10上的凸轮盘11的位置。锤击冲程等于凸轮盘曲柄最近的、印铸在驱动偏心轮上的数字，即0.5in(13mm)、0.75in(19mm)、1in(25mm)。一般情况下，对绝大多数的工程来讲25mm已经足够了。

2. 液压系统

捣实系统液压系统如图15-13所示。捣实泵1经单向阀4从液压油箱5中吸油，经过泵体将油送入流量控制阀3。当控制板上的捣实开关打在OFF位置时，流量控制阀3中的电磁线圈断电，阀内的弹簧移动阀芯，打开通往液压油箱的油道。因为发动机一运转，捣实泵就工作，从泵来的液压油通过阀流道，不经捣实电动机6而返回液压油箱。当控制板上的捣实开关打在POWER位置时，流量控制阀3中的电磁线圈通电，阀芯克服弹簧力移动，打开通往捣实电动机的油道。从捣实电动机返回的液压油流入回油冷却歧管2，它的作用和振动系统中相同，从冷却器8或旁通单向阀9流出的油流入到回油滤清器13，由此流回油箱或再循环进入捣实泵。旁通单向阀控制回油歧管的油流方向，若液压油足够冷却，液压油压力高于450kPa，则旁通单向阀打开。液压油在进入滤清器前必须通过回油冷却器。

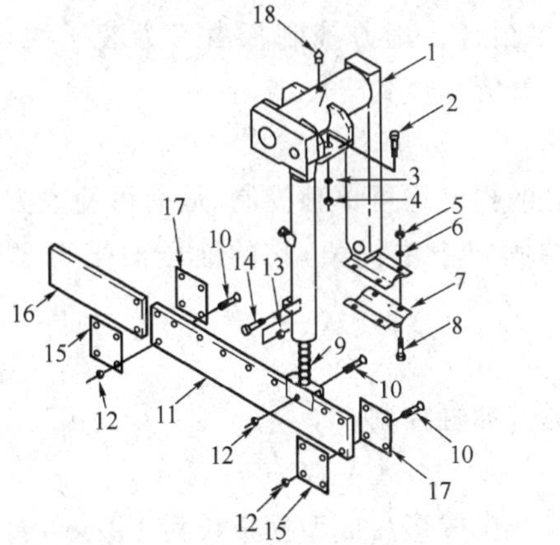

图15-12 中央捣实板结构图

1-捣实支架；2、8、10、14-螺栓；3、6-垫圈；4、5、12、13-螺母；7-夹板；9-调整杆；11、16-捣实板；15、17-固定垫板；18-润滑油嘴

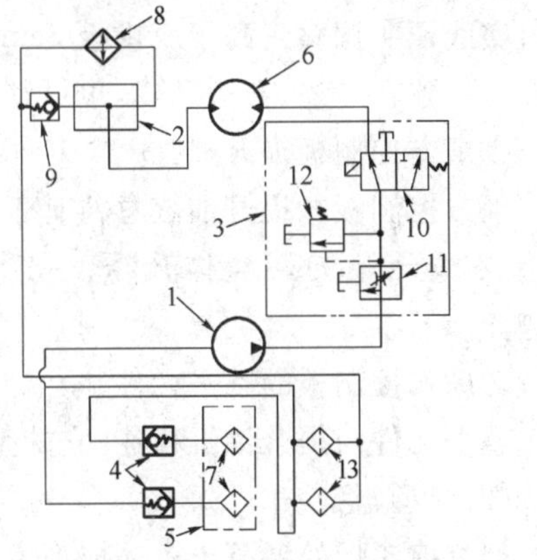

图15-13 捣实系统液压回路

1-捣实泵；2-回油冷却歧管；3-流量控制阀；4-单向阀；5-油箱；6-捣实电动机；7-滤清器；8-回油冷却器；9-旁通单向阀；10-电磁阀；11-流量阀；12-溢流阀；13-回油滤清器

第五节　摊铺及辅助装置

一、摊铺装置

1. 摊铺装置结构

图 15-14 所示为滑模摊铺机摊铺装置的构成图。摊铺装置包括虚方控制板、成型模板、振动棒悬挂梁、浮动抹光板、侧模板和拉筋板等。

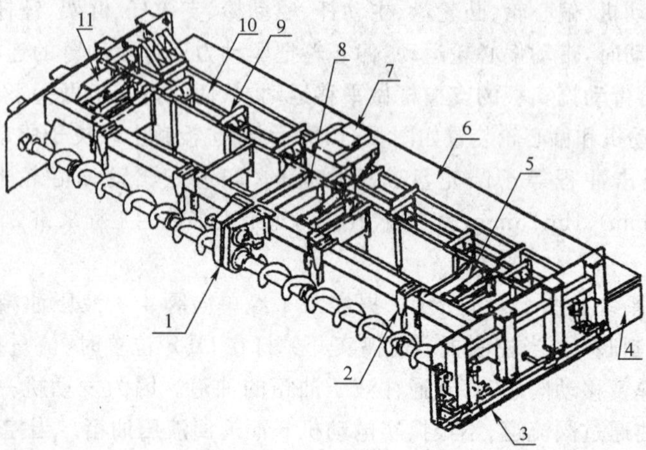

图 15-14　滑模摊铺机摊铺装置的构成

1-螺旋分料装置;2-计量装置;3-侧模板;4-修边器;5-内部振捣装置;6-定型抹光装置;7-调拱装置;8-中间支梁;9-外部振捣装置;10-成型装置;11-两端支梁

(1)虚方控制板

虚方控制板主要用来控制混凝土进入成型模板的数量,进料过多或过少都会影响摊铺质量。实践证明调整到高于底拱板 3cm 时,摊铺效果最佳。虚方控制板由三个液压油缸操作,该板可单独在左边、右边升降,也可整体升降,最大升降高度为 30cm。

①虚方控制板提升油缸

虚方控制板的提升油缸总共有三个,每个油缸的提升均可单独控制,从而可使虚方控制板左边、右边升降,亦可整体升降。提升油缸的上端固定于主机架,它的液压油来自于中央组合阀。

②虚方控制板的整平元件

整平元件与提升油缸相连,它的整平动作由提升油缸控制。

(2)成型盘

经过捣实后的混凝土进入成型模板,被路面板挤压成形。成型模板长为 150cm,通过液压电动机可调整中央路拱。在弯道作业时,也可调整单边坡,具体步骤是:通过液压装置改变路面模板一侧的拱度,使中央路拱逐渐消失,直至成为单边坡。这一使路面模板随机器的前进不断变平的过程是由驾驶员通过液压装置控制的。驶出弯道后驾驶员再将路拱恢复到原设定值,以满足施工要求。成型模板还可根据施工需要调整仰角的大小,仰角过大会影响摊铺质量，一般控制在 6mm 之内。

喇叭口的调整：成型模板利用左、右两侧模板组合，可调整成前宽后窄的喇叭口。其作用是使水泥混凝土受到挤压，增加边上密实度。也可以不调成喇叭口，视施工情况而定。

为减少坍落度，本机在成型模板左、右两侧设置有一块超铺板，它与侧模板组合，可调整成前侧模上端窄，下端宽；后侧模上端窄，下端宽，上边缘略高且向内收，成为一内八字形。当摊铺机过后，由于混凝土的收缩作用，上边坍落，消除了内八字形，使两侧边上、下轮廓正好成为直角，而表面横坡又正好符合要求，这样可防止混凝土因坍落度稍大而坍边，从而保证了施工的质量。这也是 CMI 公司产品不同于其他公司产品的地方之一。

摊铺机摊铺宽度为 3.6～11.75m。成型模板可以通过加长标准组个数，再根据需要而调整到 4m、6m、7m、8m、9m、11.75m 等不同摊铺宽度。

成型模板由几个相互独立的螺栓连接而成，中间部分是以铰接形式保证路拱的调节。路拱调节装置不仅用于摊铺时调节路拱，而且也对拖架的中央部分起支持作用。路拱调节装置由路拱上部总成和路拱下部总成两部分组成，上部总成安装在与主机架相连接的壳套内，而下部总成用销与成型顶模板的中央部分相连接。上部总成由二对摊铺轴承，二个调路拱链轮，一个主动链轮，路拱电动机和驱动链条组成。链条与三个链轮相啮合。路拱的上部总成和下部总成通过路拱轴而连成一体。路拱轴末端的凸缘螺栓连接到下部路拱总成中。在轴的上部结构有轴承、链连接套和上部路拱总成。

(3)超铺板和侧模板

①超铺板

超铺板位于成型模板两侧，它的主要作用是与成型模板、侧模板组合，减少摊铺机在施工时的边缘坍落问题。此点是 CMI 公司产品不同于其他公司产品的地方之一。

②侧模板

侧模板的主要作用有两点，一是摊铺机作业时使边缘两侧挤压成形；二是和超铺板一起作用减少边缘坍落。

(4)浮动盘

在成型模板的后端还带有一块刚性结构的弹性悬挂浮动盘。盘长 100cm，不振动，它用来对路面进行第二次平整，以较小的变形在混凝土表面进行修整。要注意弹性连接处，不能把悬挂弹簧锁得太紧，否则影响其浮动功能。浮动模板两侧的扩张与收缩由边缘油缸控制。调整弹簧而使浮动盘成一定的倾角，这一倾角对混凝土产生轻微压实作用，提高路面质量。

(5)拉杆插入器

设有机械拉杆插入器，拉杆打进去后，随着摊铺机的前进，拉杆自动脱模，拉杆间距大小的设置，由施工设计决定。打拉杆的信号是由安装在履带上的小车轮发出，小车轮被履带行走带动旋转。当转到设计所需的距离时，轮子上的定位块与触点接触，自动发出喇叭声，操作人员听到响声便迅速打入拉杆，周期循环，不断打入拉杆，拉杆可以两边同时打入，也可单边打入，由施工设计决定。

(6)拖布

麻布块装在浮动模板后面，主要作用是消除气泡。麻布长度不宜过长，实践证明，与混凝土路面接触在 1m 内效果最好。每次工作开始前，应把麻布湿润透，工作完毕后要清洗麻布，防止凝结小水泥点破坏路面的平整度。

2.液压系统

摊铺装置液压系统图如图 15-15 所示。

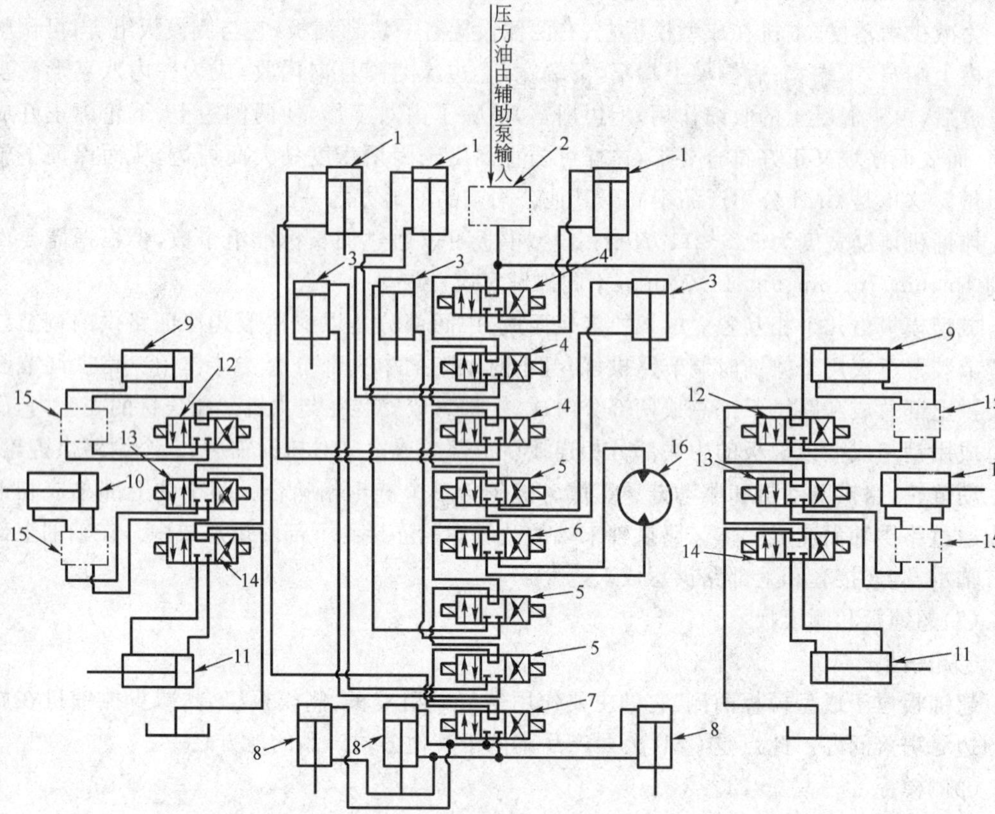

图 15-15　摊铺装置液压系统图

1-成型盘提升油缸;2-压力歧管;3-振动棒提升油缸;4-中间成型盘电磁阀;5-中间振动棒电磁阀;6-路拱电动机电磁阀;7-浮动盘电磁阀;8-浮动盘提升油缸;9-前边模油缸;10-后边模油缸;11-边模油缸;12-前边缘电磁阀;13-后边缘电磁阀;14-边缘电磁阀;15-液压锁;16-电动机

摊铺装置液压系统应是辅助液压系统的一部分,由于它执行元件比较多,功能很强,是摊铺机能高质量完成工作的关键所在,因此把它分离出来单独介绍。

摊铺装置液压系统的主要组成元件是:辅助泵、高压滤清器、压力歧管、中央电磁组合阀、左端电磁组合阀和右端电磁组合阀等。

按照控制元件的位置不同,摊铺装置液压系统又可分为中央电磁组合阀系统,左端电磁组合阀系统,右端电磁组合阀系统。

(1)中央电磁组合阀系统

摊铺装置电磁组合阀系统如图 15-16 所示。中央电磁组合阀位于机器的后中部,由 8 个双作用电磁阀组成,分别控制着虚方控制板的升降油缸、振动棒的升降油缸、成型模板的调拱电动机和浮动抹光板的升降油缸。

如图 15-17 所示,虚方控制板升降油缸 9 由中央虚方控制板电磁阀 2、左虚方控制板电磁阀 3、右虚方控制板电磁阀 1 控制,振动棒升降油缸 10 由右振动棒电磁阀 4、中央振动棒电磁阀 5、左振动棒电磁阀 6 控制,浮动抹光板升降油缸 11 由浮动抹光板电磁阀 7 控制,成型模板调拱电动机 12 由调拱电动机电磁阀 8 控制。

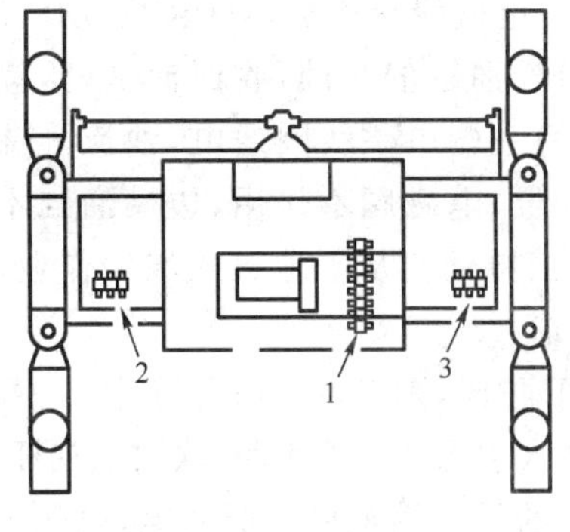

图 15-16　摊铺装置电磁阀

1-中央组合阀；2-左端组合阀；3-右端组合阀

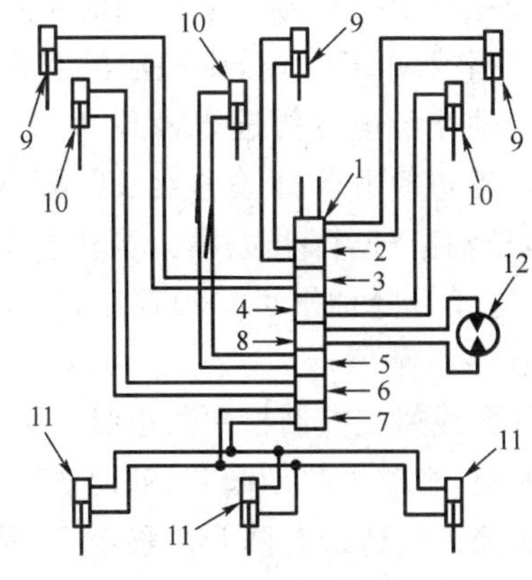

图 15-17　中央电磁组合阀液压回路

1-右虚方板电磁阀；2-中央虚方板电磁阀；3-左虚方板电磁阀；4-右振动棒电磁阀；5-中央振动棒电磁阀；6-左振动棒电磁阀；7-浮动盘电磁阀；8-调拱电动机电磁阀；9-虚方板升降油缸；10-振动棒升降油缸；11-浮动盘升降油缸；12-调拱电动机

从辅助泵来的压力油经过压力歧管到达中央电磁组合阀，若控制板上的虚方控制板升降开关、振动棒升降开关和浮动抹光板升降开关移至 RAISE 位，则相应的双作用电磁阀的某一电磁线圈通电，电磁力移动阀芯，使辅助液压油经过电磁阀输给相应油缸的小腔，收回活塞杆，提升虚方控制板、振动棒和浮动抹光板。若控制板上的各升降开关移至 LOWER 位，则相应的双作用电磁阀的另一电磁线圈通电，电磁力反方向移动阀芯，使辅助液压油经过电磁阀输给相应油缸的大腔，伸长活塞杆，降低虚方控制板、振动棒和浮动抹光板。当升降开关移至中位，则各电磁阀不动作，没有液压油流到升降油缸，虚方控制板、振动棒和浮动抹光板维持原来的位置。升降油缸的回油经电磁阀直接回油箱。

虚方控制板和振动棒都有三个升降油缸，每个油缸可单独控制，这样设计的目的是便于调拱。浮动抹光板的三个油缸由一个升降开关控制，只能同时动作，不允许独立工作，这样做有利于路面的最后成型。路拱电动机位于成型模板中心，它驱动路拱机构实现调拱，当控制板上的调拱开关移至 RAISE 位时，双作用电磁阀的某一电磁线圈通电，移动阀芯使液压油注入路拱电动机的一侧，电动机旋转，带动路拱机构的两螺纹轴旋转，提升成型模板产生路拱。当控制板上的调拱开关移至 LOWER 时，双作用电磁阀的另一电磁线圈通电，反向移动阀芯，使液压油注入路拱电动机的另一侧，电动机反向旋转，带动路拱机构的两螺纹轴反向旋转，降低成型模板，减少或消除路拱，电动机回油经电磁阀直接返回油箱。

(2)端部电磁组合阀系统

端部电磁组合阀有两套系统：一套是手动边模端部电磁组合阀系统，另一套是自动边模端部电磁组合阀系统。任意一套都满足工作要求，但第二套功能更强，效果更好。

①手动边模端部电磁组合阀系统

手动边模端部电磁组合阀分为两块，分别位于机器的左、有两端，每块由 3 个三位四通电磁阀组成，分别控制着左、右边模升降油缸和左、右边缘升降油缸。手动边模液压回路如图 15-18 所示。左端部电磁组合阀控制机器左侧的前、后边模升降油缸 5、6 和边缘升降油缸 7；右端部电磁组合阀控制机器右侧的前、后边模升降油缸和边缘升降油缸。从辅助泵来的液压油，流经辅助压力歧管、中央电磁组合阀然后进入左端电磁组合阀。同时，在中央组合阀前面有一个丁字形接头使油同时可进入有端电磁组合阀，当控制台或遥控板上的边模控制开关移至 RAISE 位时，则相应的双作用电磁阀的一端电磁线圈通电，电磁力移动阀芯，使辅助液压油流经电磁阀进入液压锁，然后进入前、后边模油缸的小腔，收回油缸杆，提升边模油缸。若边模升降开关移至 LOWER 位，电磁阀的另一端电磁线圈通电，油流入油缸的大腔，伸长油缸杆，降低边模。当边模升降开关移至中位，电磁阀不作用，边模油缸不动作。前、后边模升降油缸可单独控制，便于调出一倾角。当摊铺机从平地进入坡度作业时，需要边模有一小倾角。

当控制台或遥控控制板中的边缘升降开关移至 RAISE 位时，则三位四通电磁阀 4 一端的电磁线圈通电，电磁力移动阀芯，辅助液压油经过电磁阀注入边缘油缸的小腔，收回油缸杆，提升浮动板边缘。若边缘升降开关移至 LOWER 位，电磁阀的另一端电磁线圈通电，电磁力反向移动阀芯，辅助液压油经电磁阀注入边缘油缸的大腔，伸长油缸杆，降低浮动抹光板的边缘。液压油缸的回油经电磁阀直接返回油箱。右端电磁组合阀和左端电磁组合阀的工作情况完全一样。

②自动边模端部电磁组合阀系统

自动边模端部电磁组合阀系统如图 15-19 所示。自动边模端部电磁组合阀也分为两块，位于机器的左、右两端。每块组合阀由两个三位四通电磁组合阀和一个二位四通电磁阀组成，二位四通电磁阀在中间。另外，自动系统还包括 4 个转阀实现自动反馈控制。自动系统既可实现自动边模控制，也可实现手动边模控制。自动边模控制时，前、后边模油缸可单独控制。手动边模控制时，前、后边模油缸只能同时动作。左端电磁组合阀控制机器左侧的边模油缸和边缘油缸，右端电磁组合阀控制机器右侧的边模潞缸和边缘油缸。

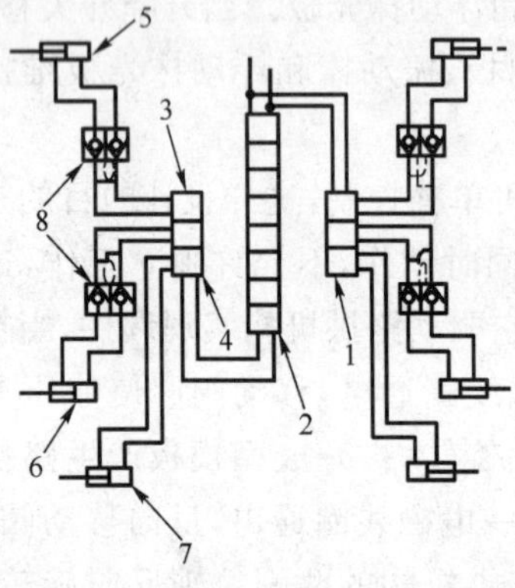

图 15-18　手动边模液压回路

1-右端组合电磁阀；2-中央组合阀；3-左端组合电磁阀；4-左边缘三位四通电磁阀；5-前端边模升降油缸；6-后端边模升降油缸；7-边缘升降油缸；8-液压锁

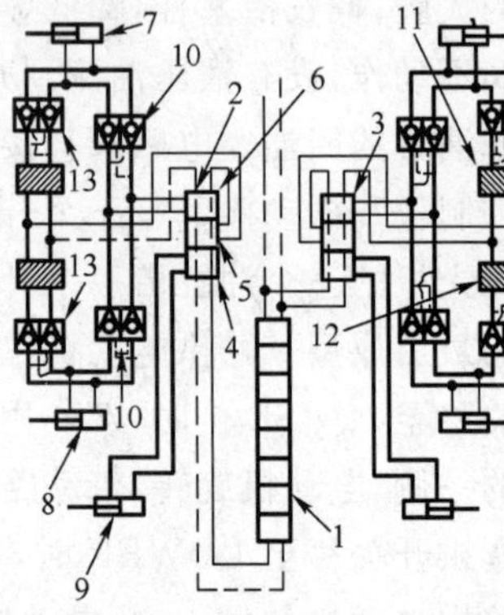

图 15-19　自动边模液压回路

1-中央组合阀；2-左端组合阀；3-右端组合端；4-左边缘三位四通电磁阀；5-左边模二位四通电磁阀；6-左边模三位四通电磁阀；7-前端边模油缸；8-后端边模油缸；9-边缘油缸；10-液压锁；11-前端转阀；12-后端转阀；13-液压锁

从辅助泵来的液压油，经过辅助压力歧管、中央电磁组合阀进入左端电磁组合阀，同时在中央电磁组合阀前有一丁字形接头，液压油经丁字形接头也进入右端电磁组合阀。当控制板上的自动/手动边模开关打在 MANUAL 位置时，电磁阀 5 中的电磁线圈不通电，阀芯在弹簧的作用下移动，堵住和转阀 11、12 相连的油道，这时由操作者操作控制台上的手动边模升降开关就可使边模升降；但前、后边模只能同时动作。若控制板上的自动/手动边模开关打在AUTO位置时，电磁阀5中的电磁线圈通电，阀芯在电磁力的作用下反向移动，打开到转阀11、12的油道，关闭双作用电磁阀6的油道。转阀由传感器控制，这样可实现边模自控。

每个自动边模装有2个四位转阀，前转阀控制前边模油缸7，后转阀控制后边模油缸8，两个转阀通过连杆连接，与一传感滑靴接触。传感滑靴的长度与边模的长度差不多。

前转阀的连杆与滑靴前端紧密接触，后转阀的连杆与滑靴后端紧密接触，使前、后转阀单独作用。当滑靴抵在已经完成的表面上时，任何表面的变化都通过滑靴端感应出来，并能通过连杆装置直接传给转阀，转阀再根据感受到的信号决定将液压油注入边模油缸的大腔或小腔。当滑靴前端开始提升时，连杆上移，使前转阀轴转动，液压油直接进入前边模油缸小腔，油缸杆收回，向上提升边模前端，转阀阀体连杆通过滑靴重力固定。由于连杆固定，阀体的上移使转阀轴转回零位，液压油不再进入油缸小腔，油缸运动停止，边模前端保持在此位置，直到滑靴再收到表面改变的信号。

若滑靴收到表面降低的信号，连杆下移，转阀轴反方向转动，液压油直接进入前边模油缸大腔，伸长油缸杆，边模前端下移，转阀阀体也下移，连杆固定，阀体的下移使转阀轴转回零位，液压油不再进入油缸大腔，油缸运动停止，边模前端保持在此位置，直到滑靴再收到表面的又一次改变信号。边模后端转阀的工作过程与前端相同。边模油缸的回油经双作用电磁阀或转阀回到油箱。若控制板上的边缘升降开关移至RAISE位，双作用电磁阀4一端的电磁线圈通电，电磁力移动阀芯，将辅助液压油注入边缘油缸的小腔，收回油缸杆，提升浮动模板的边缘。边缘油缸回油经电磁阀返回油箱。机器右侧边模和边缘油缸的工作情况与左侧相似。

(3)拉杆插入系统

拉杆插入器设有单独的液压回路，并且每一个中置式拉杆插入器就对应有这样的一套回路，这样就保证拉杆插入器既能单独也能同时协同工作，操作灵活简单，减了工人的劳动强度。拉杆插入器液压图如图15-20所示。

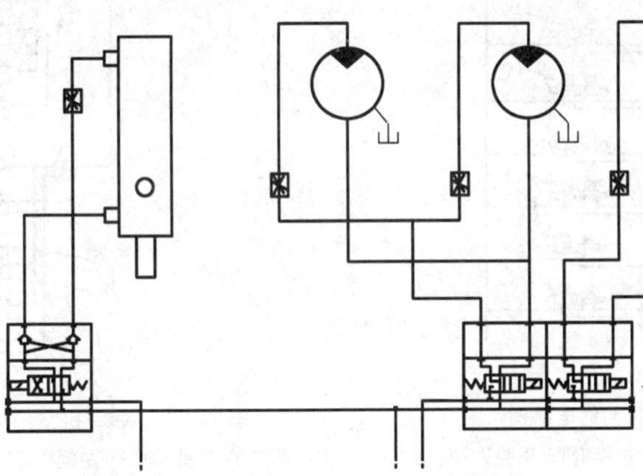

图15-20 拉杆插入器液压回路

回路的工作原理如下：当履带上的行程开关收到电信号时，电磁阀通电，阀芯被吸合，电磁接通油路，来自辅助泵压力歧管的油液进入到油缸的无杆腔，推动活塞杆向下运动，将拉杆插入到混凝土中；在插入拉杆的同时，拉杆插入器拨叉振动电动机起振，减小拉杆在插入过程中所遇到的阻力；两个并联的浮动盘电动机的振动频率可进行有级调节，频率的调节视具体情况而定。

3.摊铺装置电路

(1)中央组合阀电路系统

中央组合阀电路系统如图 15-21 所示,中央组合阀由 8 个三位四通电磁阀组成,分别控制虚方控制板的升降、成型模板的调拱、振动棒的升降和浮动抹光板的升降。控制中央组合阀的开关都设在控制台上。

在摊铺装置起作用之前,必须先把电源切断开关和总电源开关打开。从系统电源传来的电流经主电路继电器、总电源开关和两个熔断器到达摊铺机构控制台总开关 1 的两个终端。当开关 1 在 OFF 位时,指示灯不亮,表明该区的所有开关均没有电流;当开关 1 在 POWER 位时,指示灯 2 亮,表明该区的所有开关有电流。每个开关均控制一个三位四通电磁阀。

开关 3、4、5、6 均有三个位置:RAISE 位、中位和 LOWER 位。当虚方控制板、振动棒、浮动盘的任一开关移到 RAISE 位时,电流流到该开关控制的双作用电磁阀的一端,电磁力移动阀芯,由辅助泵来的液压油进入对应的液压缸的有杆腔,液压缸推杆收回使机构提升;当开关移到中位时,则电磁阀不通电,机构不动作;当移到 LOWER 位时,电流流到该开关控制的双作用电磁阀的另一端,电磁力移动阀芯,由辅助泵来的液压油进入对应的液压缸的无杆腔,液压缸推杆推出使机构下降。成型盘调拱开关 6 移到 RAISE 位或 LOWER 位时,路拱电动机电磁阀 14 工作,由辅助泵来的高压油进入到路拱电动机的相应入口,路拱电动机正转或反转,升起或降低路拱机构,路拱的高低可由驾驶台上的标尺读出。

(2)端架组合阀电路系统

端架组合阀电路系统如图 15-22 所示。

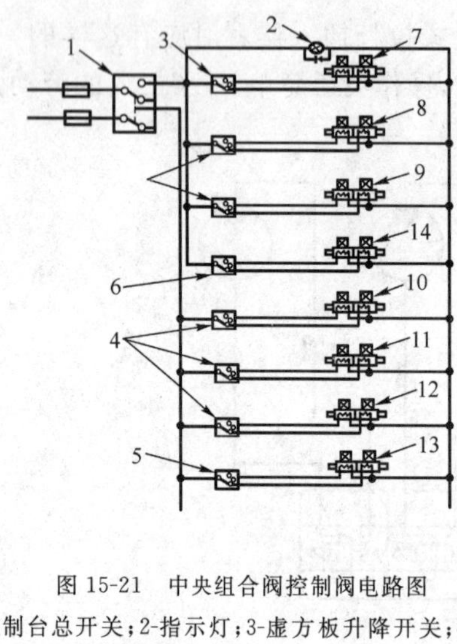

图 15-21　中央组合阀控制阀电路图

1-控制台总开关;2-指示灯;3-虚方板升降开关;4-振动棒升降开关;5-超级抹平器升降开关;6-成型盘调拱开关;7-虚方板右边油缸电磁阀;7-虚方板右油缸电磁阀;8-虚方板中间油缸电磁阀;9-虚方板左边油缸电磁阀;10-振动棒右边油电磁阀;11-振动棒中间油缸电磁阀;12-振动棒左边油缸电磁阀;13-浮动盘电磁阀;14-路拱电动机电磁阀

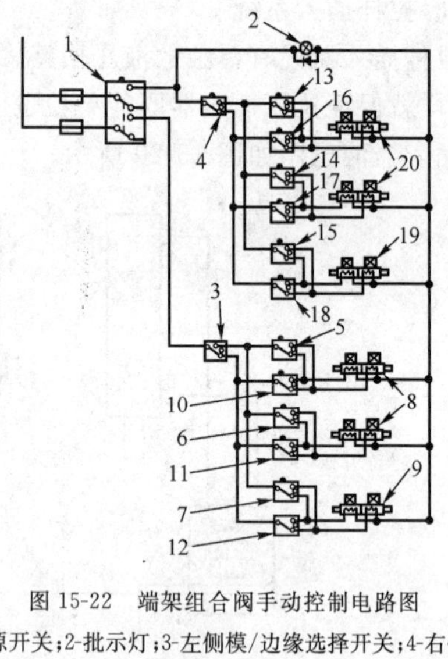

图 15-22　端架组合阀手动控制电路图

1-电源开关;2-批示灯;3-左侧模/边缘选择开关;4-右侧模/边缘选择开关;5-左边模前油缸控制开关;6-左边模后油缸控制开关;7-左边缘板开头左侧模电磁阀;8-左侧模电磁阀;9-左边缘电磁阀;10 远控左侧模前油缸开关;11-远控左侧模后油缸开关;12-远控左边缘开关;13-右边模前油缸控制开关;14-右边模后油缸开关 15-右边缘板开关;16-远控右侧模前油缸开关;17-远控右侧模后油缸开关;18-远控右边缘板开关;19-右边缘板电磁阀;20-电磁阀

端架组合阀由 3 个三位四通电磁阀组成，左端架组合阀控制着左侧模板和左边缘板的升降，右端架组合阀控制着右侧模板和右边缘板的升降。侧模板的作用是在摊铺过程中从两边挡住水泥混凝土，以利于水泥混凝土挤压成型；边缘板的作用是在摊铺过程中置放拉筋和打入拉筋。侧模板的升降可由人工控制也可自动控制，摊铺装置起作用之前，必须先把电源切断开关和总电源开关打开。从系统电源来的电流经主继电器、总电源开关、两个熔断器到电源开关 1 的两个终端。当电源开关 1 处于 OFF 位时，指示灯 2 不亮，表明该端架组合阀手动控制电路不起作用；当电源开关处于 POWER 位时，指示灯 2 亮，此时有电流到左侧模/边缘板选择开关 3 和右侧模/边缘板选择开关 4。

二、辅助系统

辅助液压系统由主机架伸缩系统、水喷射系统、调平系统、转向系统组成。如图 15-23 所示。

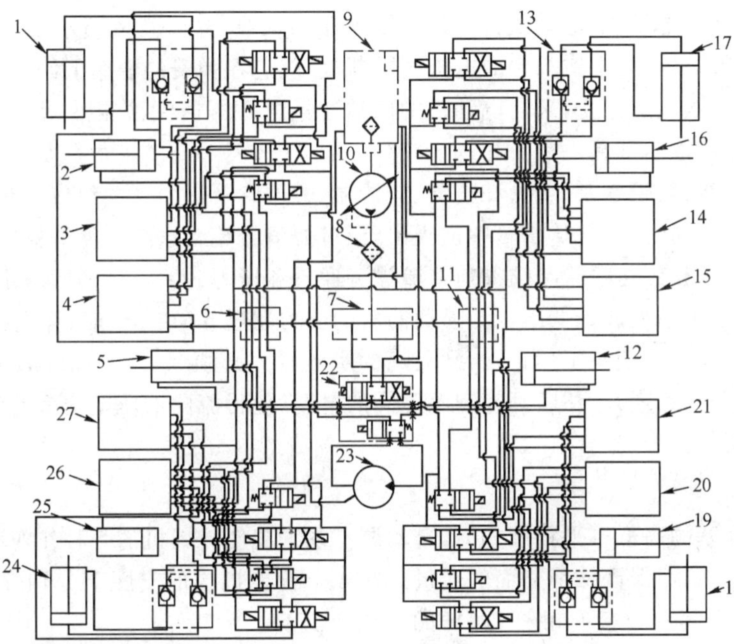

图 15-23　辅助系统液压回路（主机架伸缩、调平、转向、喷水）

1-左前升降油缸；2-左前转向油缸；3-左前调平传感器；4-左前转向传感器；5-主机架伸缩油缸；6-左端架歧管；7-压力歧管；8-高压波清器；9-液压油箱；10-辅助泵；11-右端架歧管；12-主机架伸缩油缸；13-液压锁；14-右前调平传感器；15-右前转向传感器；16-右前转向油缸；17-右前升降油缸；18-右后升降油缸；19-右后调平油缸；20-右后转向传感器；21-右后调平传感器；22-电磁组合阀；23-喷水电动机；24-左后升降油缸；26-左后转向传感器；27-左后调平传感器

1. 主机架伸缩系统

摊铺机的主机架是摊铺机的骨架部分，它由 11 个部分组成：两根中心梁，一根辅助边梁，一根托梁，一根支撑纵梁，两根伸缩梁，两根伸缩套和两根支撑梁。机架的伸缩是靠伸缩梁从伸缩套里伸出或缩回来实现的。主机架伸缩回路由电磁阀 1 和主机架伸缩油缸 2 组成。伸缩油缸的液压油由辅助泵供给，并由控制台上的操作者进行电控。主机架伸缩回路的作用是改变摊铺机的摊铺宽度。

如图 15-23 所示，来自辅助泵的液压油经过辅助压力歧管到达电磁阀，此电磁阀为一双作用电磁阀。当主机架伸缩动力开关在 POWER 位时，而主机架伸缩开关在 IN 或 OUT 时，电磁阀中的某一电磁线圈通电，移动阀芯，把液压油注入机架伸缩油缸的大腔或小腔，机架伸出或缩回。来自机架伸缩油缸的回油通过电磁阀回到油箱。当伸缩动力开关不打到POWER位时，不论伸缩开关打到IN位或OUT位，都没有电流到达电磁阀中的电磁线圈，阀芯在弹簧的作用下处于中位，关闭到主机架伸缩油缸的油路，主机架不动作。

2.水喷射系统

喷水系统为电控液压系统，其功能有二：一是为机器的清洗提供压力水；二是在需要时，为混凝土的拌和加水。该系统主要由水箱、驱动电动机、水泵、喷管和喷嘴组成。驱动电动机通过联轴器与水泵相连。

水喷射液压回路由辅助泵、电磁阀、液压电动机组成。来自辅助泵的液压油经过辅助压力歧管流到安装在主机架上的电磁阀(此阀和振动系统中的卸荷阀、机架伸缩回路的电磁阀以及水喷射回路的电磁阀做在一起形成一电磁阀组)，此电磁阀为单作用电磁阀。当控制板上的水喷射开关在RUN位时，电磁阀中的电磁线圈通电，阀芯移动，打开液压油到液压电动机的油道，液压油驱动液压电动机，电动机再通过联轴器驱动水泵，这样就能喷水了。当控制板上的水喷射开关在OFF位时，电磁阀中的电磁线圈断电，阀芯在弹簧的作用下回位，关闭到液压电动机的通道，这样水喷射停止，来自电动机的回油通过电磁阀回到液压油箱，电动机的泄漏油通过泄漏油管流到液压油箱。

喷水回路由水箱、喷水泵、喷管和喷嘴、滤清器、旁通阀及压力开关组成。当水泵被液压电动机通过联轴器带动时，水会从水箱中被吸出，经过滤清器流到水泵。滤清器能清除水中的污染物。水泵中的水在到达喷管与喷嘴前要流过旁通阀和压力开关。旁通阀限定了系统的最高压，压力开关限定了系统的最低压。当喷嘴的水的压力超过5 516kPa时，旁通阀打开，多余的水流回到水泵入口。为使泵工作正常，到喷嘴的水的压力必须保持在1 380kPa。当水压低于此值时，压力开关触点断开，切断到控制电磁阀的电路，使得流向液压电动机的液压油被关闭，从而水泵停止工作。

3.调平系统

不管路面地基的高低不平程度如何，自动调平系统能使摊铺机的各种作业装置，始终能保持在预定高度上，从而保证摊铺路面的质量。在4个行走机构的支腿上分别安装有水平传感器(液压随动器)，其上铰接有触杆，触杆的一端靠其自重始终压紧在尼龙绳上，其压力可通过调整触杆上的平衡配重加以改变。当摊铺机施工作业时，如果路基低了，机器的行走机构将下降，此时压紧在尼龙绳上的触点就相应地升高，触杆的偏转使液压随动器动作，从油泵出来的高压油通过随动器进入升降油缸的上腔，使机架上升，直到机器达到基准的水平位置为止；反之，如果路基高了，机器会相应地下降。

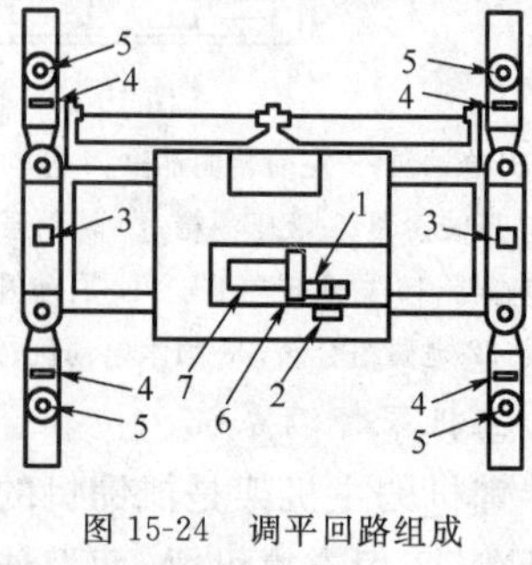

图15-24　调平回路组成

1-辅助泵；2-压力歧管；3-端架压力歧管；4-电磁组合阀；5-升降油缸；6-变速箱；7-发动机

调平液压系统由辅助泵1、压力歧管2、端架压力歧管3、电磁组合阀4、升降油缸5等组成，如图15-24所示。

调平回路是个电控液压回路，其作用是通过4个升降油缸进行手动或自动控制机器调平。液压油由辅助泵泵出，流到压力歧管，压力歧管再把油液送到每个端架压力歧管，由此到达每个支腿的电磁组合阀，每个电磁组合阀中的两个电磁阀与垂直安装于支腿内的升降油缸液压连接，这样电磁阀就能控制支腿的升降，升降油缸的回油通过电磁阀再回到油箱。

(1)手动调平回路

当控制板上的调平开关移至 RAISE 位时，回路中双作用电磁阀中的某一电磁线通电，电磁力驱动阀芯移动，打开进入升降油缸的油道，压力油流经液压锁到达升降油缸的大腔，活塞杆推出，支腿升高，小腔中的液压油经电磁阀流回油箱。当控制板上的调平开关移至 LOWER 位时，双作用电磁阀中的另一电磁线圈通电，电磁力驱动阀芯向相反的方向移动，打开进入升降油缸的油道，这时压力油流经液压锁到达升降油缸的小腔，活塞杆缩回，支腿降低，大腔中的液压油经电磁阀回油箱。当调平开关打在中位时，双作用电磁阀中的电磁线圈不通电，弹簧使阀芯处于中位，关闭进入升降油缸的油道，这时没有液压油流进升降油缸，支腿不升降。回路中液压锁的作用是：维持支腿的升降位置，防止油缸推杆自动缩回。当油缸一腔进油时，压力油给另一腔的液控单向阀提供一个先导压力，使单向阀打开，这样另一腔能够回油。当没有压力油流进升降油缸时，两腔的液压油被单向阀锁住，使活塞杆的位置得已保持。

(2)自动调平回路

如图 15-25 所示，当手动/自动选择开关在 AUTO 位时，控制传感器的单作用电磁阀起作用，输送液压油到传感器。此时手动回路中的双作用电磁阀不起作用，在弹簧的作用下处于中位。若此时路面降低，支腿降低，则触杆带动传感器的偏心轴顺时针转动，滑阀关闭 C2 口，打开 C1 口，液压油从 C1 口流出来，经液压锁流到升降油缸的大腔，活塞杆伸出，使机架升高，机架升高又使触杆带动传感器的偏心轴逆时针转动，滑阀逐渐关闭 C1 口直到机架又恢复到原来的高度。若此时路面升高，支腿升高，则触杆带动传感器的偏心轴逆时针转动，滑阀关闭 C1 口打开 C2 口，液压油从 C2 口流出来经液压锁流到升降油缸的小腔，活塞杆缩回，使机架降低，机架降低又使触杆带动传感器的偏心轴顺时针转动，滑阀逐渐关闭 C2 口，直到机架又恢复到原来的高度。若路面一直很平，触杆及偏心轴都将不动，滑阀关闭到升降油缸的油道，升降油缸不动作，机架保持在原来的高度。

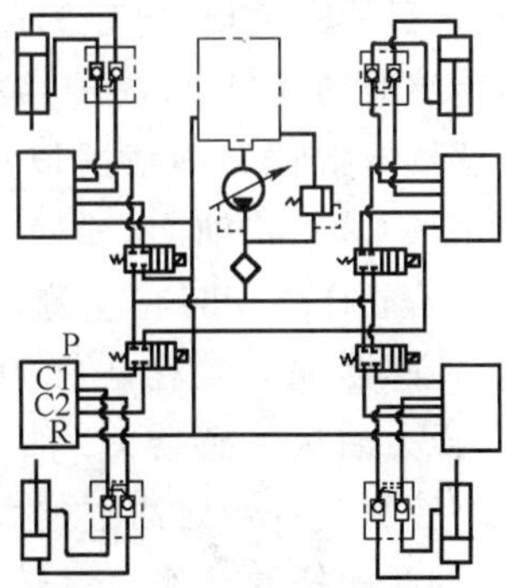

图 15-25　自动调平液压回路

4. 转向系统

(1)转向原理

在行走机构的前后支腿上，各安装有 4 个方向传感器。当摊铺机在弯道上作业时，方向传感器将使其支腿上的转向油缸动作而使履带轮产生偏转，履带轮的偏转使得转向臂动作，并带动对应的转向油缸动作，从而使对应的履带轮，前轮或后轮产生同步偏转而实现全轮转向。

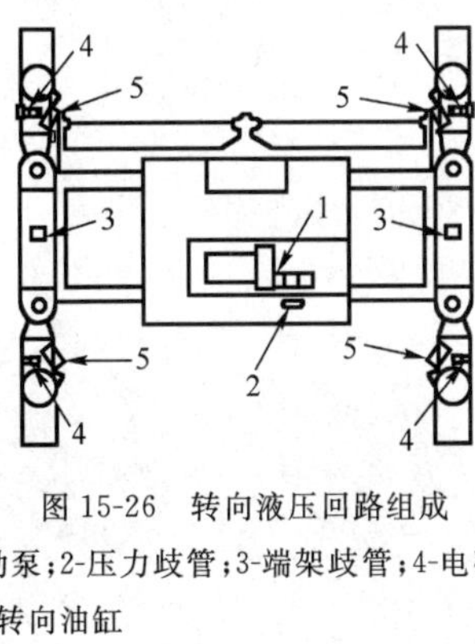

图 15-26　转向液压回路组成

1-辅助泵；2-压力歧管；3-端架歧管；4-电磁组合阀；5-转向油缸

(2)转向液压回路

如图 15-26 所示，转向液压回路由辅助泵 1、压力歧管 2、端架歧管 3、电磁组合阀 4、转向油缸 5 组成。辅助泵位于变速箱输出部分的后下部，属串联泵的一部分，紧挨着变速箱；压力歧管位于机器的后部，挨着伸缩套；端架歧管位于机器的两端，支腿横梁的下部；电磁组合阀位于支腿箱里面;转向油缸位于支腿上。转向液压回路是个电控液压回路,其作用是:通过转向油缸的伸出和缩回,使机器进行手动或自动转向。从辅助泵来的液压油流经压力歧管把液压油送到每个端架歧管,然后液压油流到每个支腿的电磁组合阀。电磁组合阀中有两个电磁阀与垂直安装于支腿的转向油缸液压连接,这样,电磁阀就能控制摊铺机的转向。转向油缸的回油经电磁阀返回油箱。电磁阀由控制台上的一系列转向开关控制,可手动转向,也可通过传感器自动转向。转向传感器安装在机器放样线那边的履带上,一个在前,一个在后。

①手动转向回路

当前手动转向开关移向 LEFT(左)位时,双作用电磁阀 1 的电磁线圈通电,产生的电磁力使阀芯移动,一个电磁阀打开到转向油缸的压力油口,此压力油注入左前转向油缸的大腔,活塞杆伸出;另一电磁阀打开使液压油注入到右前转向油缸的小腔,活塞杆缩回,这样,两履带向左转动,转向油缸回油经过电磁阀到油箱。当转向开关处在中位时,电磁阀中的电磁线圈不通电,阀芯在弹簧的作用下处于中位,阻止液压油流过电磁阀。

②自动转向回路

如图 15-27 所示,当控制板上的转向开关在 AUTO 位时,控制自动转向的单作用电磁阀起作用,电磁线圈通电,电磁力驱动阀芯,打开通往转向传感器的油口,转向传感器从 P 口接收液压油,传感器再根据路面情况以决定是从 C1 口供油,还是从 C2 口供油。

若放样线安装在左侧,当机器太靠近放样线时,传感器偏心轴在触杆的带动下,将逆时针转动,压力油从传感器 C2 油口流到左前转向油缸的小腔和左后转向油缸的大腔,使左侧的履带转向,同时触杆的动作通过转向反馈缆绳装置也传到了反馈阀,使液压油从反馈阀 C2 油口流到右前转向油缸的大腔和右后转向油缸的小腔,这使整个摊铺机向右转向。若放样线安装在右侧时,情况相似。当机器远离放样线时,压力油从传感器和反馈阀的 C1 油口流出,使机器向左转向。

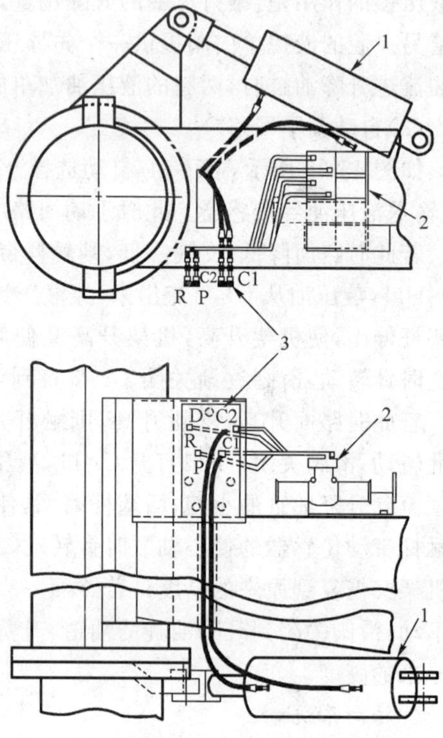

图 15-27 自动转向液压回路

1-转向油缸;2-单作用电磁阀;3-快速分离盘

参考文献

[1] 何挺继,朱文天,邓世新.筑路机械手册.北京:人民交通出版社,1998.

[2] 中国公路学会筑路机械学会.沥青路面施工机械与机械化施工.北京:人民交通出版社,1999.

[3] 何挺继,展朝勇.现代公路施工机械.北京:人民交通出版社,2001.

[4] 李自光.桥梁施工成套机械设备.北京:人民交通出版社,2003.

[5] 展朝勇,陈新轩.桥梁施工机械结构与使用.北京:人民交通出版社,2002.

[6] 颜荣庆.液压与液力传动.北京:人民交通出版社,1988.

[7] 颜荣庆,李自光,贺尚红.现代工程机械液压与液力系统.北京:人民交通出版社,2001.

[8] 颜荣庆,李自光.滑模式水泥混凝土摊铺机及施工技术.北京:人民交通出版社,1997.

[9] 颜荣庆,李自光.现代工程机械液压系统分析.北京:人民交通出版社,1998.

[10] 周萼秋,李自光.现代工程机械应用技术.长沙:国防科技大学出版社,1999.

[11] 李冰,焦生杰.振动压路机与振动压实技术.北京:人民交通出版社,2001.

[12] 陈新轩,展朝勇,郑忠敏.现代工程机械发动机与底盘构造.北京:人民交通出版社,2002.

[13] 何挺继.振动压路机水银变幅激振装置的设计.公路施工机械,1987(4).

[14] 杨文渊.简明工程机械施工手册.北京:人民交通出版社,2001.

[15] 中国筑养路机械与设备编委会.中国筑养路机械与设备.北京:中国公路杂志社、中国道路运输协会筑养路机械分会,2001.

[16] 倪寿璋.黑色路面成套机械与设备.北京:人民交通出版社,1988.

[17] 王健.工程机械构造.北京:中国铁道出版社,1999.

[18] 韩岐山.铲运机.北京:中国建筑工业出版社,1990.

[19] 张家聪.机械基础与建设机械.南京:东南大学出版社,1995.

[20] 土建教材编写组.建筑机械.上海:上海科学技术出版社,1985.

[21] 戴强民.公路施工机械.北京:人民交通出版社,2001.

[22] 曹善华.建筑施工机械.上海:同济大学出版社,1998.

[23] 张清国.建筑工程机械(修订版).重庆:重庆大学出版社,1998.

[24] 狄赞荣.施工机械概论.北京:人民交通出版社,1996.

[25] 朱军,孙金水,张占峰,等.国外公路工程机械技术性能手册.北京:人民交通出版社,1999.

[26] 建筑机械使用手册编写组.建筑机械使用手册.北京:中国建筑工业出版社,1989.

[27] 同济大学路桥系,上海市城市建设工程学院合编.路桥施工机械.北京:人民交通出版社,1982.

[28] 王梦恕.工程机械使用手册.北京:中国铁道出版社,1981.

[29] 张树猷,周继祖等.工程机械施工手册.北京:中国铁道出版社,1991.

[30] 毛祥洋.道路和桥梁施工机械基础.上海:上海科学技术出版社,1993.

[31] 中国水利水电工程总公司编.工程机械使用手册.北京:水利水电出版社,1998.

[32] 水利部、电力部工程机械使用手册编写组编.工程机械使用手册.北京:水利电力出版社,1983.

[33] 周萼秋,邓爱民,李万莉.现代工程机械.北京:人民交通出版社,2000.
[34] 郑训等.路基路面机械.北京:机械工业出版社,2001.
[35] 赵显新.工程机械液压传动装置原理与检修.辽宁:辽宁科学技术出版社,2000.
[36] 何社全.YZ18GD 压路机液压行走闭式系统分析.建筑机械,1998(8).
[37] 李云辉.YZ16H 振动压路机驱动液压系统分析.建设机械技术与管理,2001(1).
[38] 沈志龙,廖晓明.YZ18 全液压重型振动压路机.工程机械,1999(3).
[39] 许振明.YZC12 串联式振动压路机液压系统分析.建筑机械,2001(3).
[40] 谢志文.沥青混合料搅拌设备控制系统的设计.筑路机械与施工机械化,2001(3).
[41] 余建辉　王元堃.沥青混合料搅拌设备自动控制系统设计.筑路机械与施工机械化,1999(5).
[42] 朱文天.沥青混凝土搅拌设备的除尘技术.筑路机械与施工机械化,2000(4).
[43] 郭小宏等.高等级公路机械化施工技术.北京:人民交通出版社,2001.
[44] 王志廷等.沥青加热技术.北京:人民交通出版社,1998.
[45] 吉林工业大学等.工程机械液压与液力传动(上、下册).北京:机械工业出版社,1985.
[46] 齐英杰.液压设备故障诊断分析.黑龙江:东北林业大学出版社,1990.
[47] 徐希民,黄宗益.铲土运输机械设计.北京:机械工业出版社,1988.
[48] 建筑机械使用手册编写小组.建筑机械使用手册.北京:中国建筑工业出版社,1990.
[49] 龚铁平.国外混凝土机械.北京:中国建筑工业出版社,1983.
[50] 交通行业岗位培训教材编委会.筑养路机械.北京:人民交通出版社,1992.
[51] 鄂俊太,韩志强,林慕义编著.压路机选型及压实技术.北京:人民交通出版社,1991.
[52] 陈振春.压路机构造及技术应用.北京:人民交通出版社,1991.
[53] 黄韬.道路摊铺机的使用技术.中国公路学会筑路机械学会交流论文,1998.
[54] 郑训等.路基路面机械.北京:机械工业出版社,2001.

人民交通出版社公路类教材一览

（◆教育部普通高等教育“十一五”国家级规划教材 ▲建设部土建学科专业“十一五”规划教材）

一、交通工程教学指导分委员会规划推荐教材

1. ◆交通规划（王　炜）………………………… 33 元
2. ◆道路交通安全（裴玉龙）………………………… 36 元
3. ◆交通设计（杨晓光）………………………… 35 元
4. 交通系统分析（王殿海）………………………… 31 元
5. 交通管理与控制（徐建闽）………………………… 26 元
6. 交通经济学（邵春福）………………………… 25 元

二、21 世纪交通版高等学校教材

（一）交通工程专业

1. ◆交通工程总论（第三版）（徐吉谦）………………… 36 元
2. ◆交通工程学（第二版）（任福田）………………… 38 元
3. ◆交通管理与控制（第四版）（吴　兵）……………… 35 元
4. ◆道路通行能力分析（陈宽民）………………… 27 元
5. ◆交通工程设计理论与方法（第二版）（马荣国）……… 40 元
6. ◆公路网规划（裴玉龙）………………… 27 元
7. 交通工程专业英语（裴玉龙）………………… 28 元
8. ◆交通运输工程导论（第二版）（姚祖康）……………… 23 元
9. 交通流理论（王殿海）………………… 21 元
10. 交通系统仿真技术（刘运通）………………… 26 元
11. 停车场规划设计与管理（关宏志）………………… 30 元
12. 交通工程设施设计（李峻利）………………… 35 元
13. ◆智能运输系统概论（第二版）（杨兆升）……………… 25 元
14. 智能运输系统概论（第二版）（黄　卫）……………… 24 元
15. ◆运输经济学（第二版）（严作人）……………… 44 元
16. ◆道路交通工程系统分析方法（王　炜）……………… 28 元
17. 交通调查与分析（第二版）（严宝杰）……………… 38 元
18. ◆交通运输设施与管理（郭忠印）………………… 33 元
19. 道路交通安全管理法规概论及案例分析（裴玉龙）…… 29 元
20. 交通地理信息系统（符锌砂）………………… 31 元
21. 公路建设项目可行性研究（过秀成）……………… 27 元
22. 交通工程专业生产实习指导书（朱从坤）……………… 7 元
23. 土木规划学（石　京）………………… 38 元

（二）城市轨道交通系列教材

1. 城市轨道交通概论（孙　章）……………… 30 元（估）
2. 城市轨道交通系统（彭　辉）………………… 32 元
3. 轨道工程（练松良）………………… 36 元
4. 城市轨道交通设备系统（周顺华）………………… 32 元
5. ◆地铁与轻轨（第二版）（张庆贺）………………… 40 元

（三）土木工程专业（路桥）/道路桥梁与渡河工程专业

I. 专业基础课教材

1. 土木工程概论（项海帆）………………… 32 元
2. 道路概论（第二版）（孙家驷）………………… 20 元
3. 土质学与土力学（第四版）（袁聚云）……………… 30 元
4. 公路工程地质（第三版）（窦明健）……………… 23 元
5. ▲道路工程制图（第四版）（谢步瀛）……………… 36 元
6. ▲道路工程制图习题集（第四版）（袁　果）………… 26 元
7. ◆道路工程材料（第五版）（李立寒）……………… 45 元
8. ◆测量学（第四版）（许娅娅）……………… 37 元
9. ◆基础工程（第三版）（王晓谋）……………… 33 元
10. 结构设计原理（第二版）（叶见曙）……………… 51 元
11. 公路经济学教程（袁剑波）……………… 23 元
12. 专业英语（第二版）（李　嘉）……………… 33 元

II. 专业核心课教材

13. ◆路基路面工程（第二版）（邓学钧）……………… 52 元
14. ◆道路勘测设计（第三版）（杨少伟）……………… 42 元
15. 道路结构力学计算（上、下）（郑传超、王秉纲）……… 50 元
16. 水力学（王亚玲）………………… 19 元
17. ◆桥梁工程（第二版）（姚玲森）……………… 62 元
18. 桥梁工程（第二版）（土木、交通工程）（邵旭东）……… 52 元
19. ◆桥梁工程（第二版）（上）（范立础）……………… 42 元
20. ◆桥梁工程（第二版）（下）（顾安邦）……………… 38 元
21. 桥梁工程（陈宝春）………………… 45 元
22. ◆桥涵水文（第四版）（高冬光）……………… 28 元
23. ◆预应力混凝土结构设计原理（第二版）……… 28 元（估）
24. ◆现代钢桥（上）（吴　冲）………………… 34 元
25. ◆钢桥（徐君兰）………………… 16 元
26. ◆公路施工组织及概预算（第三版）（王首绪）……… 32 元
27. ▲桥梁施工及组织管理（第二版）（上）（魏红一）…… 39 元
28. ▲桥梁施工及组织管理（第二版）（下）（邬晓光）…… 39 元
29. ◆隧道工程（第二版）（上）（王毅才）……………… 65 元

III. 专业方向选修课教材

30. ◆道路工程（严作人）………………… 40 元
31. 道路工程（第二版）（土木工程专业）（凌天清）……… 35 元
32. ◆高速公路（第二版）（方守恩）……………… 21 元
33. 高速公路设计（赵一飞）………………… 38 元
34. 城市道路设计（吴瑞麟）………………… 22 元
35. GPS 测量原理及其应用（胡伍生）……………… 28 元
36. 公路测设新技术（维　应）………………… 36 元
37. 公路施工技术与管理（第二版）（魏建明）……………… 40 元
38. 土木工程造价控制（石勇民）………………… 30 元
39. 公路工程定额原理与估价（石勇民）……………… 36 元
40. 道路桥梁检测技术（胡昌斌）………………… 31 元
41. 特殊地区基础工程（冯忠居）………………… 29 元
42. 道路与桥梁工程计算机绘图（许金良）……………… 31 元
43. ◆公路小桥涵勘测设计（第四版）（孙家驷）………… 31 元
44. 路基设计原理与计算（李峻利）………………… 40 元
45. 路基路面工程检测技术（李宇峙）……………… 46 元
46. 公路土工合成材料应用原理（黄晓明）……………… 22 元
47. 水泥与水泥混凝土（申爱琴）………………… 30 元
48. ◆环境经济学（董小林）………………… 32 元
49. 公路环境与景观设计（刘朝辉）………………… 30 元
50. 桥梁工程概论（第二版）（罗　娜）……………… 27 元
51. 桥梁检测与加固（王国鼎）………………… 27 元
52. 桥梁钢—混凝土组合结构设计原理（黄　侨）……… 26 元
53. 桥梁结构试验（第二版）（章关永）……………… 22 元
54. 桥梁结构电算（第二版）………………… 35 元
55. 桥梁抗震（叶爱君）………………… 15 元
56. ◆桥梁建筑美学（第二版）（盛洪飞）……………… 30 元
57. 大跨度桥梁结构计算理论（李传习）……………… 18 元
58. 隧道结构力学计算（夏永旭）………………… 29 元
59. 公路隧道运营管理（吕康成）………………… 22 元
60. 隧道与地下工程灾害防护（张庆贺）……………… 45 元

IV. 实践环节教材及教参教辅

61. 《道路勘测设计》毕业设计指导（许金良）……………… 30 元
62. 桥梁计算示例丛书—桥梁地基与基础（第二版）（赵明华）………………… 18 元
63. 桥梁计算示例丛书—混凝土简支梁（板）桥（第三版）（易建国）………………… 27 元
64. 桥梁计算示例丛书—连续梁桥（邹毅松）……………… 20 元
65. 结构设计原理计算示例（叶见曙）……………… 40 元
66. 道路工程毕业设计指南（应荣华）……………… 34 元
67. 桥梁工程毕业设计指南（向中富）……………… 35 元

V. 研究生教学用书

道路与铁道工程

1. 现代加筋土理论与技术（雷胜友）……………… 24 元

2. 道路规划与几何设计(朱照宏) …… 32元
3. 沥青与沥青混合料(郝培文) …… 35元
4. 工程机械机电液系统动态传真(王国庆) …… 18元

桥梁与隧道工程

1. 高等桥梁结构理论(项海帆) …… 35元
2. 高等钢筋混凝土结构(周志祥) …… 27元
3. 结构分析的有限元法与MATIAB程序设计(徐荣桥) …… 28元
4. 工程结构数值分析方法(夏永旭) …… 27元
5. 箱形梁设计理论(第二版)(房贞政) …… 32元

(四)公路工程管理专业

1. ◆工程项目融资(第二版)(赵　华) …… 35元
2. 管理信息系统(李友根) …… 31元
3. 公路工程定额原理与估价(石勇民) …… 36元
4. 工程风险管理(邓铁军) …… 21元
5. ◆工程质量控制与管理(邬晓光) …… 29元
6. 公路工程造价编制与管理(第二版)(沈其明) …… 43元
7. 工程项目招标与投标(周　直) …… 30元
8. 高速公路管理(王选仓) …… 35元

(五)工程机械专业

1. ◆施工机械概论(王　进) …… 35元
2. ◆公路施工机械(第二版)(李自光) …… 43元
3. 现代工程机械发动机与底盘构造(陈新轩) …… 38元
4. 工程机械维修(许　安) …… 38元
5. 工程机械状态检测与故障诊断(陈新轩) …… 29元
6. 工程机械底盘设计(郁录平) …… 36元
7. 公路工程机械化施工与管理(第二版)(郭小宏) …… 37元
8. 工程机械设计(吴永平) …… 38元
9. 工程机械技术经济学(吴永平) …… 23元
10. 工程机械专业英语(宋永刚) …… 36元
11. 工程机械机电液系统动态仿真(王国庆) …… 18元

三、普通高等学校规划教材

1. 现代土木工程(付宏渊) …… 36元
2. 理论力学(东南大学) …… 29元
3. 材料力学(东南大学) …… 25元
4. 工程力学(东南大学) …… 29元
5. 交通土建工程制图(第二版)(和丕壮) …… 38元
6. 交通土建工程制图习题集(第二版)(和丕壮) …… 20元
7. 画法几何与土建制图(第二版)(林国华) …… 39元
9. 画法几何与土建制图习题集(第二版)(林国华) …… 25元
9. 土木工程制图(丁建梅　周佳新) …… 36元
10. 土木工程制图习题集(丁建梅　周佳新) …… 18元
11. 土木工程制图(张　爽) …… 36元
12. 土木工程制图习题集(张　爽) …… 15元
13. ◆土木工程计算机绘图基础(尚守平) …… 39元
14. 工程经济学(李雪淋) …… 22元
15. 工程测量(胡伍生) …… 25元
16. 交通土木工程测量(张坤宜) …… 33元
17. 结构设计原理(毛瑞祥) …… 26元
18. 路基路面工程(何兆益) …… 45元
19. 道路勘测设计(第二版)(孙家驷) …… 46元
20. 道路勘测设计(裴玉龙) …… 38元
21. 道路工程材料(申爱琴) …… 45元
22. 道路与桥梁工程概论(黄晓明) …… 32元
23. 道路经济与管理 …… 16元
24. 公路施工组织与管理(赖少武　李文华) …… 35元
25. 公路工程施工组织学(第二版)(姚玉玲) …… 38元
26. 公路施工与组织管理(廖正环) …… 22元
27. 公路养护与管理(许永明) …… 18元
28. 水力学与桥涵水文(叶镇国) …… 38元
29. 桥位勘测设计(高冬光) …… 20元
30. 道路规划与设计(李清波) …… 46元
31. 道路交通环境工程(张玉芬) …… 19元
32. 公路实用勘测设计(何景华) …… 19元
33. 公路计算机辅助设计(符锌砂) …… 30元
34. 交通计算机辅助工程(任刚) …… 25元
35. 公路工程预算与工程量清单计价(雷书华) …… 35元
36. 公路工程造价(周世生) …… 42元
37. 软土环境工程地质学(唐益群) …… 35元
39. 公路与桥梁施工技术(盛可鉴) …… 30元
39. 桥梁美学(和丕壮) …… 40元
40. 桥梁结构理论与计算方法(贺拴海) …… 58元
41. 钢管混凝土(胡曙光) …… 38元
42. 隧道施工(于书翰) …… 23元
43. 公路隧道机 电工程(赵忠杰) …… 40元
44. ◆道路交通管理与控制(袁振洲) …… 40元
45. 交通工程学(第二版)(李作敏) …… 28元
46. 交通项目评估与管理(谢海红) …… 36元
47. 工程项目管理(周　直) …… 20元
48. 道路运输统计(张志俊) …… 28元
49. 测绘工程基础(李芹芳) …… 36元
50. 工程机械运用技术(许　安) …… 40元
51. 现代工程机械液压与液力系统(颜荣庆) …… 39元
52. 水泥混凝土路面施工与施工机械(何挺继) …… 30元
53. 现代公路施工机械(何挺继) …… 45元
54. 工程机械机电液一体化(焦生杰) …… 28元
55. 工程机械可靠度(吴永平) …… 20元
56. 工程机械地面力学与作业理论(杨士敏) …… 35元

四、高等学校应用型本科规划教材

1. 结构力学(万德臣) …… 30元
2. 结构力学学习指导(于克萍) …… 22元
3. 道路工程制图(谭海洋) …… 28元
4. 道路工程制图习题集(谭海洋) …… 24元
5. 道路建筑材料(伍必庆) …… 37元
6. 土木工程材料(张爱勤) …… 39元
7. 土质学与土力学(赵明阶) …… 30元
8. 结构设计原理(黄平明) …… 47元
9. 结构设计原理学习指导(安静波) …… 35元
10. 结构设计原理计算示例(赵志蒙) …… 40元
11. 工程测量(朱爱民) …… 30元
12. 基础工程(刘　辉) …… 26元
13. 道路勘测设计(张维全) …… 32元
14. 桥梁工程(刘龄嘉) …… 45元
15. 公路工程试验检测(乔志琴) …… 47元
16. 路桥工程专业英语(赵永平) …… 44元
17. 水力学与桥涵水文(王丽荣) …… 27元
18. 工程招标与合同管理(刘　燕) …… 33元
19. 工程项目管理(李佳升) …… 32元
20. 公路施工技术(杨渡军) …… 64元
21. 公路工程机械化施工技术(徐永杰) …… 32元
22. 公路工程经济(周福田) …… 22元
23. 公路工程监理(朱爱民) …… 33元
24. 道路工程(资建民) …… 38元
25. 道路工程CAD(许金良) …… 23元
26. 路基路面工程(陈忠达) …… 46元

公路工程现行标准、规范、规程、指南一览表

序号	类别		编　　号	书名(书号)	定价(元)
1	基础		JTJ 002—87	公路工程名词术语(0346)	22.00
2			JTJ 003—86	公路自然区划标准(0348)	16.00
3			JTJ/T 0901—98	1：1000000 数字交通图分类与图示规范(0242)	78.00
4			JTG B01—2003	公路工程技术标准(04957)	28.00
5			JTJ 004—89	公路工程抗震设计规范(0347)	15.00
6			JTG/T B02-01—2008	公路桥梁抗震设计细则(1228)	35.00
7			JTG B03—2006	公路建设项目环境影响评价规范(0927)	26.00
8			JTG B04—2010	公路环境保护设计规范(08473)	28.00
9			JTG/T B05—2004	公路项目安全性评价指南(0784)	18.00
10			JTG B06—2007	公路工程基本建设项目概算预算编制办法(06903)	26.00
11			JTG/T B06-01—2007	公路工程概算定额(06901)	110.00
12			JTG/T B06-02—2007	公路工程预算定额(06902)	138.00
13			JTG/T B06-03—2007	公路工程机械台班费用定额(06900)	24.00
14			交通部定额站 2009 版	公路工程施工定额(07864)	78.00
15			JTG/T B07-01—2006	公路工程混凝土结构防腐蚀技术规范(0973)	16.00
16			交通部 2007 年第 30 号	国家高速公路网相关标志更换工作实施技术指南(1124)	58.00
17			交通部 2007 年第 35 号	收费公路联网收费技术要求(1126)	62.00
18	勘测		JTG C10—2007	公路勘测规范(06570)	28.00
19			JTG/T C10—2007	公路勘测细则(06572)	42.00
20			JTJ 064—98	公路工程地质勘察规范(0220)	28.00
21			JTG/T C21-01—2005	公路工程地质遥感勘察规范(0839)	17.00
22			JTG C30—2003	公路工程水文勘测设计规范(0604)	22.00
23			JTG/T C22—2009	公路工程物探规程(1311)	28.00
24	设计	公路	JTG D20—2006	公路路线设计规范(0996)	38.00
25			JTG D30—2004	公路路基设计规范(05326)	48.00
26			JTG/T D31—2008	沙漠地区公路设计与施工指南(1206)	32.00
27			JTG D40—2002	公路水泥混凝土路面设计规范(04621)	26.00
28			JTG D50—2006	公路沥青路面设计规范(06248)	36.00
29			JTJ 018—96	公路排水设计规范(0147)	12.00
30			JTJ/T 019—98	公路土工合成材料应用技术规范(0218)	12.00
31		桥隧	JTG D60—2004	公路桥涵设计通用规范(05068)	24.00
32			JTG/T D60-01—2004	公路桥梁抗风设计规范(0814)	28.00
33			JTG/T D65-01—2007	公路斜拉桥设计细则(1125)	28.00
34			JTG D61—2005	公路圬工桥涵设计规范(0887)	19.00
35			JTG D62—2004	公路钢筋混凝土及预应力混凝土桥涵设计规范(05052)	48.00
36			JTG D63—2007	公路桥涵地基与基础设计规范(06892)	48.00
37			JTJ 025—86	公路桥涵钢结构及木结构设计规范(0176)	20.00
38			JTG/T D65-04—2007	公路涵洞设计细则(06628)	26.00
39			JTG D70—2004	公路隧道设计规范(05180)	50.00
40			JTG/T D70—2010	公路隧道设计细则(08478)	66.00
41			JTJ 026.1—1999	公路隧道通风照明设计规范(0397)	16.00
42			JTG/T D71—2004	公路隧道交通工程设计规范(0810)	26.00
43		交通	JTG D80—2006	高速公路交通工程及沿线设施设计通用规范(0998)	25.00
44			JTG D81—2006	公路交通安全设施设计规范(0977)	25.00
45			JTG/T D81—2006	公路交通安全设施设计细则(0997)	35.00
46			JTG D82—2009	公路交通标志和标线设置规范(07947)	116.00
47		综合	交公路发〔2007〕358 号	公路工程基本建设项目设计文件编制办法(06746)	26.00
48			交公路发〔2007〕358 号	公路工程基本建设项目设计文件图表示例(06770)	600.00

续上表

序号	类别	编　　号	书名(书号)	定价(元)
49	检测	JTG E40—2007	公路土工试验规程(06794)	79.00
50		JTJ 052—2000	公路工程沥青及沥青混合料试验规程(0429)	40.00
51		JTG E30—2005	公路工程水泥及水泥混凝土试验规程(0830)	32.00
52		JTG E41—2005	公路工程岩石试验规程(0828)	18.00
53		JTJ 056—84	公路工程水质分析操作规程(02971)	8.00
54		JTG E42—2005	公路工程集料试验规程(0829)	30.00
55		JTG E50—2006	公路工程土工合成材料试验规程(0982)	28.00
56		JTG E51—2009	公路工程无机结合料稳定材料试验规程(08046)	48.00
57		JTG E60—2008	公路路基路面现场测试规程(07296)	38.00
58	施工 公路	JTG F10—2006	公路路基施工技术规范(06221)	40.00
59		JTJ 034—2000	公路路面基层施工技术规范(0431)	20.00
60		JTG F30—2003	公路水泥混凝土路面施工技术规范(04622)	46.00
61		JTJ 037.1—2000	公路水泥混凝土路面滑模施工技术规程(0425)	16.00
62		JTG F40—2004	公路沥青路面施工技术规范(05328)	38.00
63		JTG F41—2008	公路沥青路面再生技术规范(07105)	25.00
64	施工 桥隧	JTJ 041—2000	公路桥涵施工技术规范(03770)	52.00
65		JTG/T F81-01—2004	公路工程基桩动测技术规程(0783)	20.00
66		JTG F60—2009	公路隧道施工技术规范(07992)	42.00
67		JTG/T F60—2009	公路隧道施工技术细则(07991)	58.00
68	施工 交通	JTG F71—2006	公路交通安全设施施工技术规范(0976)	20.00
69		JTG/T F83-01—2004	高速公路护栏安全性能评价标准(0809)	15.00
70	质检安全	JTG F80/1—2004	公路工程质量检验评定标准　第一册　(土建工程)(05327)	46.00
71		JTG F80/2—2004	公路工程质量检验评定标准　第二册　(机电工程)(05325)	26.00
72		JTG G10—2006	公路工程施工监理规范(06267)	20.00
73		JTJ 076—95	公路工程施工安全技术规程(0049)	12.00
74	养护管理	JTG H10—2009	公路养护技术规范(08071)	49.00
75		JTJ 073.1—2001	公路水泥混凝土路面养护技术规范(0520)	12.00
76		JTJ 073.2—2001	公路沥青路面养护技术规范(0551)	13.00
77		JTG H11—2004	公路桥涵养护规范(05025)	30.00
78		JTG H12—2003	公路隧道养护技术规范(0695)	26.00
79		JTG H20—2007	公路技术状况评定标准(1140)	15.00
80		JTG H30—2004	公路养护安全作业规程(05154)	36.00
81	加固设计与施工	JTG/T J22—2008	公路桥梁加固设计规范(07380)	52.00
82		JTG/T J23—2008	公路桥梁加固施工技术规范(07378)	30.00
1	技术指南	中建标公路[2002]1号	公路沥青玛蹄脂碎石路面技术指南(0634)	20.00
2		交公便字[2005]330号	公路机电系统维护技术指南(0922)	30.00
3		交公便字[2006]02号	公路工程水泥混凝土外加剂与掺合料应用技术指南(0925)	50.00
4		交公便字[2005]329号	微表处和稀浆封层技术指南(0920)	18.00
5		交公便字[2005]329号	公路冲击碾压应用技术指南(0921)	15.00
6		交公便字[2006]02号	公路工程抗冻设计与施工技术指南(0926)	26.00
7		厅公路字[2006]418号	公路安全保障工程实施技术指南(1034)	40.00
8		交公便字[2006]02号	公路土钉支护技术指南(0995)	22.00
9		交公便字[2006]274号	公路钢箱梁桥面铺装设计与施工技术指南(1008)	25.00
10		交公便字[2006]243号	盐渍土地区公路设计与施工指南(1006)	20.00
11			横张预应力混凝土桥梁设计施工指南(0831)	15.00
12		2008年第25号公告	汶川地震灾后公路恢复重建技术指南(1246)	10.00
13		交公便字[2009]145号	公路交通标志和标线设置手册(07990)	165.00

注:JTG——公路工程行业标准体系;JTG/T——公路工程行业推荐性标准体系;JTJ——仍在执行的公路工程原行业标准体系。

批发业务电话:010-59757969;零售业务电话:010-85285659(北京);网上书店电话:010-85285949;业务咨询电话:010-85285922。我社各地经销商联系方式见 www.ccpress.com.cn 网站首页。